小说 历史人物

大秦相国

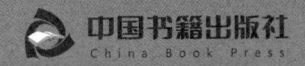

上册

吕志勇 著

中国书籍出版社

图书在版编目（CIP）数据

大秦相国：吕不韦. 上册 / 吕志勇著. -- 北京：
中国书籍出版社，2023.10
　ISBN 978-7-5068-9627-6

Ⅰ.①大… Ⅱ.①吕… Ⅲ.①吕不韦（?—前235）—
传记 Ⅳ.①B229.2

中国国家版本馆CIP数据核字（2023）第203236号

大秦相国：吕不韦（上册）
吕志勇　著

责任编辑	王志刚
责任印制	孙马飞　马　芝
封面设计	东方美迪
出版发行	中国书籍出版社
地　　址	北京市丰台区三路居路 97 号（邮编：100073）
电　　话	（010）52257143（总编室）　（010）52257153（发行部）
电子邮箱	chinabp@vip.sina.com
经　　销	全国新华书店
印　　刷	北京睿和名扬印刷有限公司
开　　本	710毫米×1000毫米　1/16
字　　数	678千字
印　　张	38.75
版　　次	2023年10月第1版　2023年11月第1次印刷
书　　号	ISBN 978-7-5068-9627-6
定　　价	118.00元（上、下册）

版权所有　翻印必究

目录

上 册

第一章 无意中卷入乱局 ·············· 1
一、夜宿神秘村庄 ·············· 1
二、郊外截杀 ·············· 5
三、中牟惊魂 ·············· 10
四、借刀杀人夜 ·············· 16

第二章 谍都邯郸识奇货 ·············· 23
一、连环计中计 ·············· 23
二、赵国秘闻 ·············· 30
三、马场识人 ·············· 37
四、歌舞场 ·············· 43
五、放飞知音 ·············· 48
六、年轻小子很现实 ·············· 53
七、奇货可居 ·············· 57

第三章 巧妙布局，赢得绝对信任 ·············· 61
一、步步紧逼 ·············· 61

二、两个落魄人 ………………………………………… 72
　　三、父子相左 …………………………………………… 78
　　四、高深的秦公子 ……………………………………… 84
　　五、谋略步步稳妥 ……………………………………… 96
　　六、三次宴请 …………………………………………… 104
　　七、舍与得 ……………………………………………… 121
　　八、要阳谋不要阴谋 …………………………………… 130

第四章　入秦游说，牢牢把控投资 ……………………… 141
　　一、邯郸滴血 …………………………………………… 141
　　二、西行见闻 …………………………………………… 148
　　三、亲娘的忧喜 ………………………………………… 159
　　四、说服阳泉君 ………………………………………… 168
　　五、深谈后宫大势 ……………………………………… 180
　　六、枕边风促成符约 …………………………………… 191
　　七、七波八折 …………………………………………… 200
　　八、杀出关口 …………………………………………… 215

第五章　突出重围 ………………………………………… 224
　　一、危险逼近 …………………………………………… 224
　　二、逃出邯郸 …………………………………………… 237
　　三、又遭凶险 …………………………………………… 250
　　四、异人回国 …………………………………………… 263

第六章　咸阳风云 ………………………………………… 273
　　一、老秦王的忧虑 ……………………………………… 273
　　二、多事之秋 …………………………………………… 282
　　三、三天之王 …………………………………………… 294
　　四、尘埃落定 …………………………………………… 299

下 册

第七章 相国理政 ················311
　一、声名大振 ················311
　二、瓦解魏国朝政 ················321
　三、伴读风波 ················334
　四、举义兵，倡王治，利兵刃 ················341

第八章 国柄在握 ················349
　一、仲父当权，斩断风波 ················349
　二、求贤若渴 ················367
　三、全面开花 ················376
　四、战争，战争 ················392
　五、再合纵一败涂地 ················404

第九章 培育强君 ················418
　一、暗处 ················418
　二、杂树开花 ················429
　三、一字千金 ················441

第十章 渐成乱局 ················454
　一、平衡中的躁动 ················454
　二、举起反旗 ················466
　三、因恨种下祸根 ················481
　四、苗头 ················492

第十一章　交回政权 ·········· 506
- 一、隐忍是最佳方案 ·········· 506
- 二、强压怒火放烟幕 ·········· 515
- 三、一击即溃 ·········· 528
- 四、立威 ·········· 539
- 五、重组班底 ·········· 551

第十二章　魂归故都 ·········· 564
- 一、免去相位 ·········· 564
- 二、不立王后 ·········· 576
- 三、心中忌惮 ·········· 589
- 四、无愧离世 ·········· 603

参考文献 ·········· 611

第一章　无意中卷入乱局

一、夜宿神秘村庄

方才还是沥沥小雨，忽然间电闪雷鸣，栗色儿马"咴、咴"嘶鸣，惊恐焦躁，甩头摆尾，撒开四蹄，夺命狂奔。

驾车的敦实大汉一见，紧紧拽着缰绳，可这匹栗色儿马扬头甩尾，不肯服帖。

恰在这时，霍亮亮又一道闪电撕破天皮，接着是接二连三的连环响雷。马左右蹦跳，像是躲雷。

还没等主仆二人反应过来，只听"扑啦啦"一阵天兵撒豆，车盖上雨点砸得噼里啪啦。

顾不上回头，赶车汉子瞪圆了眼扯着嗓子喊："公子，只怕跑死马也赶不到大梁城了。"

车上的年轻主人一指前方，豪气十足地吩咐："只管跑，不就十来里路吗！"

得了主人这句话，驾车的荆云猛甩右膀，高抖缰绳，被雨淋湿的湿鞭梢虽不响，却实实在在抽在马屁股上，顿时一道血印。荆云大叫一声："畜牲，跑不到地方，宰了你煮肉！"

要是晴天，这点儿路程算不得什么，大雨天就两样了，车子在泥水里穿行，虽不至于翻倒，却像醉汉一样，蛇行一般。

虽然马儿此时已经从惊厥中缓过劲儿来，通人性地铆足了劲儿拉车，速度还是明显慢于平常。

"实在不行，咱就找个地方躲躲吧。公子金贵，别受这罪了。"荆云再次恳求。

"虽说急雨不会长，可瞧着这雨一时也停不了。天要留人啊！"年轻公子抹一把雨水冲刷的乱发和脸，不无遗憾地慨叹。

此时，前不着村后不着店。空旷的原野上，主仆二人和一辆车，如汪洋里的一叶孤舟。

辎车又艰难地前行一里多地。二人遥遥望见一座院子，喜出望外。荆云像从水里捞出来一样，浑身透湿。车歪歪扭扭地绕来绕去，好不容易才在这户人家门前停下来。

荆云利落地跳下车，蹚水前来求宿。黑色大门并没落锁，一推即开。硕大的院落里，也是一片汪洋。透过雨幕，见房主正站在厅堂内朝着门口张望。荆云隔着雨帘扯开嗓子高喊："先生，我们走不了了。"

雨声很大，听不清楚老人说什么，只见他摆手示意同意暂时避雨。

戴着竹笠的公子只顾护着头，脚扫洪流，蹚着跑入前厅。车夫荆云久在江湖，早已很有眼色地穿过侧门，到东夹房去安顿车马。

待安置妥当马和车，荆云走到厅廊下站定时，见自己的主人已经换了一身干净的灰色夏布曲裾，和房主一同心焦地盯着漫天雨幕皱眉。

房主留了一尺多长的飘逸长髯，身材高挑，面庞清癯，年纪五十多岁，客气地招呼："不妨事，出门在外，天有不便，无妨，无妨！"

可荆云还是规矩地站在檐下，不住地拧长袖上的雨水，保持着一个僮仆应有的谦卑。

老者唤过一个十六七岁的少年，领着荆云转入后堂去换湿衣裳。

"怎么？是要着急回家？"老者见年轻公子一语不发，眉头紧锁，关切地问。

公子行个大礼，解释道："本计划今夜赶到大梁城，看来只好叨扰老先生了。"

"敢问公子尊讳？"老者微微颔首，"为何下瓢泼暴雨，还非要赶到大梁？"

"鄙人吕不韦，从阳翟①过来，回老家濮阳。赶往城内，自然因为城中馆舍多。"

老者一听，拱手作揖，连声说道："失敬、失敬，久仰公子之名。雨中偶遇，也算一段善缘。来来来，小老儿略备薄酒，今日可要好好与君讨教一番经商之道。"吕不韦躬身还礼："请教先生尊号？"

却不料老者嘴片轻启，连连摆手："乡野村夫，不足挂齿。"

既然人家不愿轻露，吕不韦也不多计较。

眼见得天色渐渐黑沉昏暗，老者命家人点灯筛茶，布下酒席，款待吕不韦。两人对面而坐，吕不韦恭敬地举盏言谢。毕竟陌生，开场酒喝得不免拘谨。

吕不韦仔细打量面前老者，瘦长瓜脸，长须飘飘，黑瞳黄膜，精光炯炯，

---

① 阳翟：（yáng dí），古地名，在今河南禹州，为《史记》记载中夏启的都城。

不似一般殷实农户，倒像一位智者隐士。

干喝无聊，吕不韦没话找话："敢问先生，此处唤作……"

老者答："这是榆树里，人口稠时三百多。瞧着北去十三里是大梁城，这里却甚是贫弱。"

吕不韦轻轻地"哦"了一声。

老者慨叹一声："连年征战，百姓九死一生。"

"死了倒省心。可叹我们这草芥之民，真如寒冬里一蓬蒿草，活不成死不成。"

"公子过谦。这来来往往的人，哪个不曾听闻过公子盛名。"老者两指轻弹胡须上的酒渍，"若不嫌弃，倒想讨教一番，也图个肚儿圆。"

吕不韦听老者说话中气十足，咬字清晰，举止得体，又有这么一个大院落，料定不是一般百姓，尊敬地说："先生万不可如此抬举，想您总是德高望重，何苦奚落我一个少年小子。"

"真心讨教，并非虚谦。"老者端起酒盏，高高举起，一饮而尽。

行走社会多年，吕不韦早就养成了"听好话当下酒菜"，不能当真，所以老人的赞美他并未当真。眼看老人一口喝干，他也一口饮尽。

老者亦未入状态，言语不多，一心低头饮酒，默默陪客。

陌生场景下，话多不如话少。吕不韦也默默饮酒。屋外的雨，又急又大，听着这哗哗的雨声，吕不韦不禁担心，只怕明天还不晴，平添了三分忧闷，不知不觉间多饮了几盏，已显微醺。

他抬眼四顾，屋内摆设甚为简陋。

两人的坐榻南边正对着窗户，凉风习习夹着雨水从方正的窗格飘进来；西边竖立一个高大的柜子，里面散乱着数堆竹简。想来主人是个博学之人。

墙上挂着的竹简破破烂烂，墙角还堆放着各种农具……这就奇怪。既然有这么大的院落，又是如此学识渊博，莫非还要自己耕地？看神态又不像闲散老人。吕不韦环顾左右，心中的疑惑越来越多，忍不住想探探虚实。

"先生想来是这里的老住户了，说些乡野俚俗趣事，打发这难挨的长夜吧。"老者朝前一凑身子，鼻尖抵近鼻尖地嬉笑着问："公子，敢问行商何为高？"吕不韦直言不讳："晚辈不过挣些散钱，勉强糊口。但从商多年，窃以为，牟利为上。"这是大路边的话，老者当然听得出来，不逼迫两句，怕听不到真话："如此说来，世人皆说，商人重利轻义，所言不虚。"

吕不韦摇摇头："君子爱财取之有道，义商重义轻利。""你先说牟利为上，又说重义轻利，这是要绕晕老朽？"见他误会，吕不韦两手一摊："吾平生最不喜取不义之财，但重利轻义之徒确实不在少数。"本来只是避雨，陌路相逢，吕不韦不想多解释，可又最烦人说商人坏话，于是就多说了一句，亮明自己的观点。

老者呵呵一笑，呷一口酒，调笑道："公子是君子，多数商人是小人，对吧？"

如此不怀好意地一逼，吕不韦自然说得极难听："岂止是商家，各行各业，不都是这样吗？吕某经商，虽不敢狂称君子，但绝不做奸猾之徒。"

老者撇撇嘴："君子亦小人，小人亦君子。君子行小人事，是小人；小人行君子事，则君子。君子行小人事，又非小人；小人行君子事，并非君子。公子可认同？"

刚刚还想生气，这话一出口，吕不韦一品咂，心中暗喜：好一个辩士！还算有点学问，当即拱手请教："再问先生高名？"

"辩理何必计较人？若吾有名，便是有理？若寂寂无闻，就辩不得理？"

吕不韦见老者咄咄逼人，心中暗忖：莫非今夜得遇"名家"①？大凡名家，多为好辩之士，逞强十足，瞧此人得理不饶人的样子，活脱脱就是这副嘴脸！

吕不韦心头忽然闪过一丝亮光：如此牛气冲天，莫非是他？！

正要细问，年轻侍者进来与老者咬耳几句，老者听罢，一改刚才的锐气，开始眯眯着眼看着吕不韦，不声不响地只管给他添酒。

罢罢罢！吕不韦端起酒盏，恭敬地双手举至齐眉："敬先生！"

老者笑着一饮而尽。

吕不韦又作揖施礼："今日误打误撞，有缘幸会，鄙人言语不周处，请公海涵。资费定不敢少，只是叨扰了。"

老者也顺坡下驴地问起吕不韦一路见闻。

老人似乎无可无不可，你只管说，他就只管听。席间，少年侍者来添加一次灯油，又和老者挤眉弄眼，吕不韦只当未曾发觉，谦笑作陪。

吃喝完毕，两人踱至门前，见雨水愈发狂暴，大雨如注，落地成河。风与风碰撞，呼呼有声。顿时觉得天地之间一股昏昏然之气，聚而不散。墨黑的夜色中，老者悠悠地说："歇息吧，今日不早了……"

---

① 名家：战国时诸子百家之一。以正名辨义为主，主要代表为邓析、惠施、公孙龙等。《庄子·天下》有名家辩词的记录。

不待吕不韦答话，他已飘然而去。

倒床上仰卧，任风雨再大，已有醉意的吕不韦不多会儿就进入了梦乡。

后半夜时分，雨渐渐停了，刮起了凉爽的风。窗外的树叶沙沙作响，吕不韦口渴难耐，迷迷糊糊中隐约觉得身子被人推搡两把，睁眼一看，黑乎乎一个人影站在床边，当即惊出一身冷汗。他顺手拿起床边的"虎子"①防卫，张嘴欲叫，那人一把捂住他的嘴，小声地说："公子，是我。"

来人正是舍人荆云。问他原因，荆云伸手指了指北边。两人蹑手蹑脚走到后窗边，依稀见有数个黑影走动，脚步匆匆，窃窃私语，刀剑轻磕之声可闻。

两人警惕地站在墙角，生怕弄出动静来惊扰了他们。

依稀听得"秦太子"之类的低语，然后看着十多个黑衣人，噌噌噌快步走进侧院，不一会儿听得马蹄声响，渐渐远去。

吕不韦碰了碰荆云手臂，轻声叮嘱，尽快离开这蹊跷的是非之地。

天蒙蒙亮，吕不韦出屋时，悄悄留下一个金饼，算作房费和吃用。

院落里停放着早已套好的辎车，那个少年仆人说，老者早已出门远去。走时吩咐，公子醒来，不必辞行，只管离开。

荆云警觉地站在主人身边，一刻也不敢松开握着剑柄的手。

带着遗憾和狐疑，吕不韦二人朝着大梁城方向急走，要尽快赶回濮阳老家，免得路上节外生枝。

二、郊外截杀

大梁城一路向北，宽敞的官道上，人流如往常一样繁忙，并没有受昨天下雨的影响。

近几年魏国战乱不止，随处可见颓圮的村庄，残垣断壁旁，总少不了躺卧在墙角逃荒的病患饿殍。

每每遇到这样的情况，吕不韦总是尽可能地施舍一些钱物给这些人。

午前时分，来到首垣邑②，主仆二人决定进城里的吕氏商铺歇歇脚。一上午急赶，到濮阳老家计算着还有一百多里，回到家可能就是个大黑天了。二人打算随便找点吃的，下午好多赶点路。

---

① 虎子：便器。
② 首垣邑：一作长垣。战国魏地，在今河南长垣县东北5公里的陈墙村一带。《史记·赵世家》肃侯七年："公子刻攻魏首垣。"

首垣城并不大,商业也不太繁荣。此地本称蒲邑,属卫国,卫被魏国兼并后,改称首垣邑。城池虽不大,城垣却很坚固。吕氏家族在这里设立商铺,主要是因为此地是铸钱场所。

县城东北,最是热闹。各家商铺林立。此城所铸圆钱,无郭①。这种钱币,可以穿绳携带,十分方便,因此广为使用。吕家产业多,用钱量大,当然要专门在这里设立兑换处。

吕家商铺在尚商坊的最南头,面南的院落三进,面阔五间。第一进为处理日常杂务的场所,供商铺总事办公;二进为待客之处;三进才是休息的地方。院子东边,是车辆及下人居住的地方。

商铺老管家五十出头,头发略有花白,是跟随吕不韦父亲多年的家人。一见吕不韦的车辆来到,一把拉住他,急匆匆拽进二院。

坐定后,老管家焦虑地说:"幸好公子今日来到,不然就要飞鸽传书了。"

"可是这里出了什么问题?"

"倒不是这里,是中牟②。"

说话间,老管家将一个丝绸布袋交给吕不韦。丝绸布袋里,装的是封泥竹简。

吕家商铺传递消息,分常、要、急三种方式。最急的用信鸽腿绑铜管传递。这种丝绸布袋里装的,是第二级——要件。各地商铺之间,互有递送人员,一级接着一级。

吕不韦从容地用刀撬开泥封,露出一片小竹简,上书三字:

大事白

说起这封泥手段,本是官方传递简牍文书的缄封手段。

简牍文书,有一套独特的缄封制度。为了使书信的内容保密,要用一块木板盖在上面,此板名"检"。将检与牍用绳捆在一起,于缄绳的交叉处押封泥;若被他人开启,便有痕迹可查。多数封检上只押一枚封泥。内容重要的,押两枚封泥,称为"重封";押三枚的,称"三封";押四枚的,称"累封两

---

① 圆钱:战国中期铜质圆形货币。无郭:无轮廓线。钱币上有"垣""长垣"字样。

② 中牟:唐张守节《史记·正义》所注:"荡阴县西五十八里,有牟山,盖中牟邑在此山之侧也。"在今河南省鹤壁市鹿楼乡。

端";押五枚的则称"五封"。封押的多少，代表普通、重要、秘密、机密、绝密的等级。

封泥多直接押在检面上，称"平检"，常作不规则的扁圆形。之后在检面上刻出横断的凹缺，称"印齿"，用它押封后留下的封泥上下两端与印齿平齐，左右两侧则自然外溢。再后，在检面上挖出方槽，称"玺室"，封泥填在方槽中，四边都受到约束，从而较方整，叫"斗检封"，这也是最牢固的封书之法。以上几种封泥的背面皆有绳痕，有时由于绳压入泥中，遂留下绳孔。也有的封泥背面并无绳痕，比如"露布"文书以及官颁的标准量器等。

吕不韦将官方的封泥用在商业活动中，并不是不相信商铺里的人。他制定严格的保密措施，是杜绝泄露商业机密。这样可以避免下人犯无心之错。最重要的是，通过这样的封泥传递，让负责的人有一种独特荣誉感，可以起到凝聚人心的作用。

每一处使用的印章都由他亲自破残，所以一眼就能看出真伪。发送的内容如果为"要""急"，则内容也相应隐晦。且有一条严规：各处不得私自打听别处的密码，一经发现，立刻辞退。

看到这三个字，吕不韦略一思忖便知：白氏出事了！

一定不是一般的琐事，要不然不会发这种快送封泥件。

但凡做大事者，均能在突发事件时稳住心神。吕不韦也是。虽心中有事，还是有条不紊地询问了此处经营状况、人员调整、未来趋势等问题，后吩咐老管家备饭，吃过就走。

主仆二人用饭期间，处面有人早已收拾妥当，备好了车马。这次换乘一辆辒车①。长途奔袭，这种车可以让坐车人躺在车内休息，同时四周遮挡，又具隐蔽性。

荆云在车厢内放置了刀剑，生怕路上再生意外。

一路紧赶，日落时分来到牟山西侧。仰望山脉，馒头一样凸起，数峰延绵。坡虽缓，山脚下两山交错处却有一段峡谷，半里多宽，三五里长。路边尽是茂密树林，山坡上也是郁郁葱葱，在渐渐落下的夕阳余晖映照下，寂寥无人，空空旷旷。荆云不禁打了个寒战，甩起响鞭，催马急行。

从中午吃过饭到现在，已经跑了快二百里，马也确实累了，任他如何催打，只是疲疲沓沓地慢跑着。

---

① 辒车：有帷盖的车子。既可载物，又可作卧车。

说话间来到狭窄处，眼瞧着天空阴沉，尚在疑惑间，听得头顶上空有响箭飞过，哨音尖厉。

荆云见形势紧急，忙将车马转向，朝西边的树林里躲去。树林是自然生长的，地面坑洼不平，自然跑不快。即使这样，仓促之下还是藏在了百米外的密林中。荆云给马放松辔头，将马嚼子①也刻意松开，从车上拿出草料喂它，生怕它出声招来祸端。

两人躲在树后，警惕地盯着这条不长的土路。

半刻钟光景，从南边奔来二十多个卫士，黑衣黑裤，张弓朝后连射。一眨眼，从后边追过来四五十人，暗红的前后皮甲护身，椎髻上耸，挥舞着手中的宽刀，粗声大喊："赵贼莫逃！"

黑衣人见对方人多，十多个人迅速下马窜上山坡，居高临下，等前头几个追兵来到跟前，突然起跳，扑到对方战马上，"咣当当"的刀剑磕碰声，"扑哧"的皮肉被刀剑刺穿声不绝于耳。

黑衣人虽然个个顽强，终因寡不敌众，七八个人被团团围住。一人吼道："虎狼，休要欺我人少！"

"杀我老秦一个，需得还回两个。"

说话间，追兵越聚越多，一黑衣人高喊："宁死也不做秦奴！"他带头，其余人相随，一齐举剑，惨烈地自刎。

剩余的黑衣人见状，长啸一声，大有血拼到底的劲头。

秦兵终究人多，眼看就要再次围拢。倏地从北边飞来黑压压数百支粗壮的箭矢，射中马上秦兵，巨大的冲击力竟然将人直接射穿滚落马下，矢雨过后，百人队伍呼啸而至，秦兵一看形势不好，急忙转身撤退，跑得慢的，背上忍不住还要挨上几箭。

这顿拼杀，时间虽不长，却残酷异常。只见黑衣人将砍死的几个人草草拖到山坡上，藏于草丛中，便急急忙忙朝中牟城方向跑去。

荆云悄声和吕不韦说："瞧着，和昨晚见到的黑衣人装束一样。"

吕不韦感慨道："这赵人也如此勇猛，真是少见！"

荆云点点头："秦兵何曾受过这种屈辱，之后定有一场恶战。"

"瞧着，秦人似乎不敢大张旗鼓，估计不是官兵。"吕不韦叮嘱，"既是秘事，万不可乱传。"

---

① 马嚼（mǎ jiáo）子：勒马的嚼子。通常为铁制，横在马嘴内，连接缰绳。

待确认安全后，他们才将车赶出来，准备向北边而去。

不想刚出树林，一人忽然猛地爬出来，横在路上。定睛一看，正是方才被砍杀的赵兵。吕不韦二人计划躲开，不想那人低声凄惨地叫道："公子救我，公子救我。"未说完便昏死过去。

眼看着还有气息，吕不韦不忍就这样眼睁睁扔下此人不管，遂让荆云将这人的皮甲脱去，只剩下粗布内衫，两人将他抬入车厢内。

不多时来到城边，天已黑透，荆云接过"传"牌①，关吏冷冷地问："这个时辰入关，可是不懂关禁？"

荆云赔着笑脸答："自然知道，在城外逗留，耽误了时间，行个方便。"

"车内何人？可有什么夹带？"关吏一摇三晃地踱步来到车边，做出要仔细盘查车内物品的架势，荆云很懂行情地递上半块金饼，关吏拿在手里掂一掂，感觉出分量，顿时转脸弯腰赔笑叮嘱道："最近战事紧，当点心。不敢回回这样啊，叫关令知晓，都吃不消。"

进入中牟城，早过吃饭时间，可街上人流穿梭，浑然不觉夜已来临。这正是吕不韦喜欢赵国的原因，热闹、包容。酒肆里影影绰绰的人影左右歪扭，耍酒弄歌。

春秋晚期，战争纷起，晋国分裂为韩、赵、魏三国。赵国始都晋阳，赵献侯元年（前423年）迁都中牟，至赵敬侯元年（前386年）定都邯郸。中牟作为赵国都城38年，见证了赵国由弱到强、由小到大的重大转折，为赵国日后进取河北平原、攻灭中山国、拓广西北边陲疆域，乃至最后定鼎邯郸，提供了休养生息、稳定政局的保障之所，地位举足轻重。

赵迁都邯郸后中牟地位虽有变化，但总体上并未衰落，依然保持着与邯郸政治上息息相关、互为倚重的地位。期间，魏国围攻邯郸三年，攻下邯郸，赵氏就在中牟指挥战争，最后和解，赵魏两国在漳河边签订盟约。

边走边看，车行至城中吕家商铺所在大街。商铺门前的这条道路，全部用碎石板铺成，齐整平坦，算是水准比较高的。为防车辘辘打滑，工匠们还专门在石块上刻画了好多细纹。这条街虽不是很宽阔，却车来车往，因为沿街都是各诸侯国办事机构。

吕家商铺门前挂一木牌：了然居。听名字不是个商铺，倒像个闲聊居所。吕不韦在外做事，尽量保持着冷眼观世的作风。

---

① 传：木片，五寸。上下两片，盖有管辖部门印章。入关由关吏发放，凭此出关。

院门不宽，院子看着不大。后墙挨着山根，朝里掏出六七孔石洞来。一间做了仓库，一间做了通往山上的暗道。余下的尽是寝居。

刚及门口，管家已迎接出来，急促地压低声音说："白姑娘已经火烧眉毛了！"

三、中牟惊魂

"搭牛车来的？"不等吕不韦后脚迈进屋里，白露就抢白一句。

"这已经催得马都喘不上气了。"吕不韦接过她递来的羊乳浆，"咕咚咕咚"一口气灌个饱。

"听你这一说，我倒成了不识好歹的催命人。"白露拿起娟巾边给他擦汗边劝，"你慢点喝，活像个讨吃鬼。"

案几上，铜簋内的醢脯咕嘟咕嘟冒着热气，冰镇的桃杏上还挂着冰碴。

缓过劲儿来，油灯下，吕不韦瞟一眼白露，嫩白的面庞上飞出片片红晕，清澈的眸子里尽是关切，正在不声不响地切剥熏羊腿。心知还有事情，儿女情长要刹住车，他勒住心头野马，不声不响地要抢着自己来。

白露别看只有二十岁，生在商贾之家，自小就懂温暖人心。他夺了一下短刀，竟然仍被她攥在手中。白露拿刀尖对着他的鼻尖问："还夺不夺？你说……"

撒娇是女人百试不爽的利器。吕不韦也是人尖，知道这时必须当好"被照顾"对象，便乖顺地坐到榻上，乐得做个听话的男人，眼睛不错神地盯着白露。

两情相悦的男女，无论多急迫的事，见面总要心里痒够了才说事。对女人来说，事再重要，没人重要。

如果男人跳过或者忽略这个情节，女人说出来的话往往就像怨气泡过的酒，酸涩带苦。

所以，吕不韦此刻就只管荡漾眼神，等白露感觉差不多了，她就会说正事了。

吕不韦并没有到过秦国，与白露在赵国相识后，在秦国的所有生意就都交由白氏来做。日久互相爱慕，两人早已合卺而酹，唯对外不说而已。

白露这次亲自来中牟，按说已经超出了她的管辖范围。只因吕不韦早有交代，所以中牟的商铺当作贵宾招待。

去年秋后，吕家从赵国购了一批战马，约有千余匹，白氏将战马转卖给秦军后，仅半年时间，这些健壮的军马陆续出现了问题。先是十几匹不吃不喝，兽医看后，一时难以准确断出病因。再后来，进食少的马匹越来越多，最后竟十之八九丧失战斗力。由于军中战马饲养极其保密，所以究竟病马全是他们贩卖的赵国马还是另有他国马匹，如今还不清楚具体情形。据说，赵马居多。

"你如何得知的？"吕不韦先要弄清楚消息真假。

"是养马的军卒偷偷带出来的信儿。"

"可靠吗？"

"当然！"白露说，"他伤心得要命，若不是交情够，谁肯这时候舍命捎信儿？"

秦营军士养马，有极严的规定，不但要挑选好的饲养场所，马厩冬天要保温度，夏天要凉快，还要了解马的习性，保持人与马的亲近，培养人与马之间的感情，使马通人性，更为战马配备了完好而舒适的马具。在训练和战争中保护战马，合理地使用战马，不使其积劳成疾。

这个军士饲养的马死了，他极度伤心，可又因为白氏对他有恩，所以带话出来，让她提前有准备，怕军营要深究。

"怎么赔？"吕不韦问。

"不是赔多少的事儿，现在军营里传说不一。有说战马本就有病的。"

这可是大麻烦！做生意最怕和官家博弈，轻则伤筋，重则灭族。吕不韦想一想："当务之急，多送金银，先稳住军帐里大小管事。争取些嬴氏老族，帮我们说两句话。"

白露道出苦衷："现在这时候，谁肯站出来自找麻烦。秦法严苛，你又不是不知。"

吕不韦忽然担忧白露的安危："你什么时间到这里的？"

"十多天了。"

"就是说，秦国那边有没有找你，并不清楚？"

白露说："怕倒是不怕，最多我回去顶罪。叫你来，就是敲定一下，究竟这些马，是否真有病。"从窗孔吹进一股凉风，白露掩了掩怀。

吕不韦稍一愣怔，想起当初介绍他买赵国军马的人就在中牟城中，扶案站起："等我回来。"

白露一见，知道他定是见重要的人，道："我与你同去！"也不问去干什么，进里屋换了一身褐色男袍利落地出来。

"敢问仁兄雅号？"吕不韦故作严肃地问。

"火上房了，还顾得上说笑。"白露大方地拉住吕不韦，迈步出屋。正遇上荆云，吕不韦少不了交代几句，让他把那个赵兵安顿好。

白露听后，多问了一句，吕不韦就把路上所遇一说，白露拉着吕不韦一同来看，这一看，她冷汗直冒。好在这人身子虚弱，尚在迷糊之中。

走出大门上了车，白露才说，方才那"赵兵"，正是传消息出来的秦武卒。

刚刚入夜，街上的行人和车辆很多。

车厢内，白露对吕不韦说，方才那个秦兵，也算是老秦一族。当年，嬴姓一族在商王朝灭亡后，一支进入晋国，一支进入燕国，另一支长期在西部与戎狄作战。进入晋国的一支，后渐渐融入赵氏，所以有"秦赵同姓"一说。这个秦兵叫赵十八，正是当年秦嬴姓老族一支。

晋分魏、赵、韩三国后，嬴姓多恋故土，居赵国。

这个赵十八本在赵国出生，是个熟练的训马士兵。只因犯了军规，四处躲藏。白露贩马入秦时，经人介绍，接纳了他，随着这批战马入秦。入军籍时，是白露多方攻关，他才没有被怀疑，因此对白露心怀感恩。

至于如今赵十八为何成了"赵兵"，白露一无所知。

吕不韦这才说起，他们现在急于要去寻找的，正是介绍给他这批战马生意的人。

三人驱车来到尚商坊中部，有一家灯火通明的酒店，门头上"光华楼"三字照得透亮。

侍童见吕不韦和白露二人衣着光鲜，忙笑脸相迎前面引路。

这座光华楼，虽然不高，但一走进去，好大一个厅堂。木梁连接处，均有蟠虺纹①、金釭②。抬头看，墙壁转角处，也都是陶丁字口或十字口栌斗③，十分精致。

吕不韦暗暗沉吟，之前来过几次，倒没有细看，这时才感觉到，此酒店怕是赵国豪商或贵族控制，不然不会如此高档，因此心里做了几分准备。

这次不同往日，大厅里弥漫着一股浓郁的节日气氛。

---

① 蟠虺（pán huǐ）纹：青铜器纹饰的一种。以盘曲的小蛇的形象，构成几何图形。

② 金釭：古宫殿壁间横木上的饰物。

③ 栌斗：古建筑专业名词，位于斗栱的最下层，是重量集中处最大的斗。又称坐斗、大斗。

大厅的顶部，吊起一个巨大的铁架子，架子上放了足有四五十盏灯，每个都添足了灯油，灯芯发出耀眼的光亮，不时有爆出的灯花噼啪作响，看上去宏大而豪华。

这样的大场面，却并未见熙熙攘攘的人流，吕不韦不免有些疑惑。今晚会是谁来坐坛论道？这样的场合寻找那个贩马人或许并不容易。

疑惑归疑惑，步子却没有停。

隐隐中，吕不韦忽然觉得今晚的气氛有些不对。整座酒楼内尽管弥漫着一种大事将来的气氛，但他从中读到了一种暴雨来临前的宁静。

两人找个厅角坐下。角落有个好处，你可以尽情观察别人而不被别人发现。简单要了几个菜、一壶赵酒。吕不韦问侍者："你家主人呢？"

侍者答："正在陪贵客，公子稍候，我去邀。"

说话间已经倒着出去，吕不韦摆摆手，笑着说："不急，让他先忙。"

少时，见一中年人走到大厅中央，喊一声："公孙先生至！"白露见中年人一袭黑色长袍，内穿暗红的曲裾，脸白白净净，半尺长胡须，倒也体面。不知他是何人，便扭头看吕不韦想叫他解释。吕不韦指一指，暗示静观其变。一楼回廊处，一位老者踱步出来，作揖之后，便快步走上高台，开始高谈阔论，大肆抨击秦刑之酷，极力推崇赵国之仁政……

吕不韦暗暗吃惊，这老者正是昨日榆树里的老人，心中思忖：此人定是大有来头！公孙？会是哪位？尚在疑惑间，听得众人大叫一声："彩！"掌声雷动。

这时，听到台下有人喊："公子悼死有余辜！"这一声，将吕不韦惊得后背发凉，冷汗直冒。秦在东方名声很臭，中原人都恨秦，可听到秦太子悼死了，还是吓了一跳。秦太子这时候死去，秦必不肯轻易罢休。若是发动战争，此时自己经手的战马却病了，连环相扣，很难逃脱！

越想越复杂。联想到牟山之侧的厮杀，顿时觉得自己无形中陷入了一个大漩涡中。虽一时情况不明，判断不出究竟有多严重，可要想安全抽身，只怕很难。

此时朝厅中看去，人群已经越围越多，听得一人又叫："请公孙先生再讲'白马非马'，我等晚辈聆听教诲。"

这一下，将吕不韦彻底唤醒了，暗暗惊叫：原来是公孙龙！怪不得如此声势！

吕不韦正准备听一听公孙龙高论，不想眼神扫过：厅角处，一高个子不声不响，面色冷酷，眼神里射出一股冷冰冰的寒光。此人额头有颗大黑痣，很明显。

刚刚想提醒白露一声，已经迟了。

只见一个人影闪过，沿着楼梯三窜两跳飞到屋梁上，拔出佩刀，"当啷"一声已将灯架中间铁链砍断。

那个硕大的铁架子，发出"哗啦啦"的声响，猛然晃动起来。灯盏里的热灯油开始四处乱洒。台上站着的公孙龙身上顿时有了火苗。还未等众人反应过来，那人影几下跳到一角，将细铁链也砍断。台子"轰"地燃起几尺高的火苗。那人影还不罢休，一手抓住宽宽的布条，顺势荡起，举刀乱砍，嘴里高声叫着："杀我太子，趄赵老秦，血债血偿！"

此时，只见厅内，蹦跳着打滚灭火苗的，四处跑窜躲火苗的，举起温酒樽朝台子上泼水的，朝着门口狂奔的……鬼哭狼嚎声和皮肉烧焦的味道混合在一起，场面惨烈而混乱。

那个秦国武士，早已跳出窗外，沿着屋顶跑远。

纷乱的人群此时都朝门口跑去，吕不韦一见，也拉起白露夺门而出。

吕不韦急促地催："快走，离开这是非之地。"

荆云稳稳地把住缰绳，以免马儿受惊翻了车。渐行渐远，一路上三人都沉默不语，只能听见马儿的喘息声和马蹄"嗒嗒"声，车轮"啪啪"碾压地面声。

进入商铺关上门，白露担忧地说："秦国太子被杀，只怕要血洗六国了。"

吕不韦双手一摊，惊恐地说："怕只怕，你我两家辛苦经营多年的生意，要到头了！"

白露听完这句话，吓得面色惨白。因为之前从没有见吕不韦如此神色凝重过。

吕不韦当即分析，这桩事并不像原先想象的那么简单。

秦国太子死了，这是一个非常不利的消息。怎么死的？看今晚的情形，公孙龙至少是知道此事的。联想起那晚夜宿榆树里，见黑衣武士神秘行动，或许真的就与此有关呢。若真是赵国人所为？他们想干什么？

目前的情况看，秦国的刺客已经来到了中牟城，不会轻易放过赵国人。

若是简单的战马生病，或许还有转圜。可这个传出消息的武卒，为何又突然出现在这里？

"请郎中来。"吕不韦吩咐。

"你是说，从那个人身上找答案？"白露问。

"对，或许他真知晓些什么。"

吕不韦随着郎中来到赵十八躺着的床前，只见他双目紧闭，左肩还摇晃着半截箭杆。

郎中握住赵十八的手腕把脉，时而摇头时而点头，足足有一刻钟，长长地出了一口气，然后剥开衣裳。

不看不要紧，这一打开，吕不韦惊得目瞪口呆。赵十八的前胸，一片黑紫色，这是挨了重击。左肋塌下去一片，郎中将他稍微一翻身，听得"咯嘣"一声响，眼睛虽然还没有睁开，嘴里却发出沉闷的呻吟。

吕不韦问："先生可有良方？"

郎中微微蹙眉说："此人虽有内伤，但此时若不开刀拿出箭镞，只怕日后感染，所以第一步要开刀。"

吕不韦催促郎中，当即开刀。郎中迅速开刀，将箭镞拿出，重新包扎好。赵十八早疼得昏死过去。郎中又开了药方，吕不韦安排人照着医师的方子去拿药，就静静地等在床边。他在想，这个人，明明在赵国犯了罪，入了秦军籍，又为何扮作赵兵模样？什么人在追杀他？一个普通兵卒，为何会有如此多的故事？忽然又想起他是随着赵国军马入秦的，莫非早有预谋？所以一定要等他醒来，好好一问。

夜深人静，院内虫鸣声声，可此刻吕不韦却无一丝倦意。他知道，另外一间屋子里，白露也同样在焦虑地等待着消息。

晨曦微露时，赵十八醒来，吕不韦忙问："可要吃点什么？"赵十八只是要了点水，双眼警惕地望着吕不韦。吕不韦将一个包裹递给他，问："是在寻找这个吧？"

赵十八一把抓过去，想要掏出里面的东西，却办不到。吕不韦帮他解开包裹，赵十八一把攥住一个玉璧。

吕不韦说："你因何被追杀？"

赵十八强忍着疼痛，断断续续地说："我本是猎人，进山打猎迷了路，不小心摔下悬崖，醒来时正好遇到公子。"

吕不韦冷冷一笑，将那日在牟山侧秦赵两国武士厮杀场景复述了一遍，不再追问。白露虽告诉了吕不韦赵十八的底细，但这时显然还不能暴露她，因此吕不韦故意逼一逼，要他自己说出实情，检验他诚信有几分。

赵十八无奈之下才说："我叫赵十八，是秦国武士。"

"这才对嘛！说说，为何被人追杀？"

赵十八实在不想说，可又感觉到，此时命都在吕不韦手中攥着，若是再隐瞒，只怕对自己没有好处。于是就说出，他是去魏国大梁接太子回国的。

这一说，吕不韦大吃一惊："太子死在大梁了，你还不知？"

赵十八听罢，双臂痉挛，瞪大了眼睛，张着嘴却说不出一句话。半天，他才恶狠狠地说："一定是那两个人干的。"

这时，他深吸一口气，仿佛放下了戒心，这才说起。他本是奉命接太子的，没想到刚刚到太子住处，即遭到两个剑客夺命追杀。

"谁派你来的？"

"士仓。"

吕不韦对秦国的事情不太清楚，也不了解士仓是谁。

赵十八此时眼里冒出复仇的火焰，他娓娓道来，士仓是秦国谋士。他本是奉命来接悼太子的，不想刚进大梁城，却成了俎上肉。

"你可知道是谁要杀你？"

"那剑客，我记住模样了！必是魏贼。"

他静静地说出了那一夜在大梁的厮杀，吕不韦听得惊心动魄。这是一场他之前从未接触过的领域，感觉有只无形大手，正一圈一圈将他揉进乱线团中。

四、借刀杀人夜

赵十八抵达大梁城的夜晚，正是吕不韦夜宿榆树里的那一晚。

大梁城处于平原之上，几乎无任何天险可守。都城无险可守，为何还要建都在这里？

大梁城最大的优势，在于其地势开阔平坦，不受山川险隘的限制，"诸侯四通辐辏"，东接齐鲁，南控楚越，西临秦韩，北据燕赵，交通运输十分便捷。迁都后，短短十几年间，便一跃而成为经济发达、人口众多、富甲中原的商业大都市。

所以，选择这里，魏王是要"大都市"的感觉。王何以显大，有大都城自然是其中之一。大梁水道纵横，航运发达。魏国的船只可以驶入韩、楚、卫、齐、鲁、宋等国，促进了魏国与各国的贸易往来和文化交流。

兵强，粮多，商业繁荣，大梁城独具优势。

城中的街道，虽然不是很宽，但都非常平坦。

赵十八和同行的五个人，一副赵国商人打扮，天黑前就摸进了城。天亮时，他们不敢太靠近秦国太子居住的地方，生怕引起别人误会。

秦国太子，尽管是人质，毕竟是强秦的太子，所以魏国对他还是很照顾的。将他安置在距离魏王居住的丹宫附近的士大夫府中。

赵十八等六个人虽然是负责来接秦太子的，但毕竟没有国与国的正式国书，是秘密任务，因此就不敢靠近正南门。六个人披着蓑衣，静静地等候在东院墙外一个小门处，只等深夜来临，便悄然出城。

六个人护送着一辆有厢辎车，所有刀剑都藏在车中。六人已全部换成黑衣黑裤，赵国装束，此时身处魏国，怕招眼，紧张地在墙外等候着。

临近亥时，听得小门一响，一个侍童伸出头，悄声说："稍等片刻，马上就好。"说完这句话，侍童又关上门。

六人总算稍微安心。

不想，就在这时，从南边过来一辆篷车，一帮人簇拥着，虽然也披着蓑衣，能看出同样是黑衣黑裤，对赵十八六人说："快走。"

赵十八看一眼小门，不确定该走还是该留。

尚在迟疑间，从东边的院落屋脊上一前一后跳下两人，一个朝着赵十八就刺，另一个朝其他人刺来。仓促之间，赵十八来不及多想，手上无刀，便一把扯断蓑衣，快速旋转成一条绳子，将刺来头顶的剑搅缠住。剑客趁机一蹬辎车，狠狠一记重拳，"咚"的一声，赵十八左胸一阵撕裂。他眼前一黑，身子一晃，差点跌倒，扶住车子，顺手从辎车内抽出厚刀，双手发力，一推开篷车，大喊："快走！"

这时候已经顾不得多想，所有人都以为篷车上坐着太子。和赵十八六个人混合在一起的，大约也有十多个人，众人护卫着车辆，向北门跑去。

那两个人似乎知道赵十八是头目，同时左右夹攻，扑向赵十八。赵十八一见，正中心意，给太子腾出逃走的时间！

赵十八与这两个人，左右周旋，越战越酣，往来奔突于街巷。战至一处民居前，战至多时，其中一人脸上的黑布却被赵十八挑开，黑布下是一张狰狞的面孔，这人额头有个大黑痣。心中惦记太子，赵十八不敢恋战，乘两人招架之际，匆匆窜上屋脊，连蹿带跳，追赶车辆去了。

不多时，看见车辆了，赵十八快步追过去。二十多个人，护着车辆，遥遥望见城门。来到城门口，早已有人在接应，听见城门沉重的开启声，赵十八心想，这下真是顺利了。不曾想，从城门洞里，猛然又窜出十多个秦兵来，一语不发，张弓搭箭就朝车上射。情况紧急，赵十八毕竟久经江湖经验丰富，低声吩咐："三个人上车。"同行的人听到命令，当即跳到车上，死死挡住车内，听得"噗噗"几声，车上的人已经中箭。赵十八又叫："快走，出城！"他朝着那十多个秦兵死命杀过去。

与他一同厮杀的赵国黑衣人，仿佛也是拼了死命，让对手很难招架。

战了略有一炷香工夫，听得一声哨音，那秦兵忽然散去。赵十八等人也不追赶，只管跑出城，追赶车驾，保护太子。出了城，路上洪水肆意，马蹄溅起泥水，头上雨水猛浇，一行人分不清东西南北，只管顺着大路朝前赶。

赵十八心里开始犯起嘀咕：这帮人是真正的赵国人？还是像自己一样是秦国人？为何事先没人通知自己？那两个追杀的人又是谁呢？为何秦兵会突然出现在城门洞里？

最为奇怪的是，尽管今夜大雨倾盆，可魏国守城的军卒却无一人出动？即便是买通了一两个关吏，总不至于都买通吧？这么大的厮杀声，为何魏国却充耳不闻？带着这么多疑问，等赵十八跑了半个时辰终于赶上车驾时，却发现车上已经空无一人。来接太子却不见人影，赵十八只好和这帮赵国黑衣武士，朝着中牟赶来。他知道，没接到太子，秦国暂时是回不去了，索性就来赵国弄个明白。

吕不韦听到这里，联想起牟山之侧的厮杀，问："就是说，你并不清楚这帮赵兵真假？"赵十八点点头。吕不韦说："叫我说，这帮赵国人是假。""如何得知？""你想啊，若真的是赵国间者，他们不怕暴露？"

赵十八想想，颇为赞同地点点头，可旋即又摇头："若不是赵国人，为何牟山处，赵国人要来相救？"吕不韦说："我说的赵国人，是你提到的，赶着车来的那一帮。"

这一说，赵十八懂了，反问道："公子觉得，会是哪里人？"

吕不韦稍一沉吟，果断地说："非秦即魏。"

他分析说，魏国人想杀太子，却又怕引火烧身，所以装扮成赵国人。这一点，从城门洞里，几方打斗，魏国门令门吏无人动弹可以证明。若说是秦人，则可能是想嫁祸赵国，至于为什么秦人要杀秦太子，这一点暂时想不通。但有一点可以证明，在牟山追杀赵十八等人的是秦兵无疑，门洞里也有秦兵厮杀，所以，可能牵扯到秦国某些利益也说不定。

"有一点可以肯定，那两个刺客，必是秦人。"

"何以见得？"

吕不韦便将在光华楼见过那剑客的事情说了。此人既然追杀赵国人，无非魏人或秦人。若是魏人，何以会知道赵十八的计划？提前准备车辆假装送太子出城？

"可？我就是秦人，来接太子的，为何秦人还要杀我？"

"你一定知道不该知道的秘密。"

此话一出，赵十八后背一阵发凉：可怜天下之大，此时竟然没有我的存身之处。显然这两个刺客还在追杀他，当即拱手对吕不韦说："公子救我！"

吕不韦本不想招惹是非，可此时一想，这个赵十八，或许牵扯着秦国什么秘密。而自己此时也因为贩马之事陷入其中，赵十八又是军营里的人，或许有利于查清楚真相。究竟是什么人要杀秦太子，杀了太子，对各国有啥好处？想到这里，吕不韦陷入沉思。或许，这场所谓的接太子，本身就是个局。

中牟城西的一处院落，三个人正在关切着这个兵卒。

士仓声音低沉地对一高一低两个刺客说："这个赵十八，活要见人死要见尸！"两个刺客低垂双臂，连连点头。高个子刺客弹了一下剑身，发出"嗡"的声音："或许已死了呢。""对剑客来说，嘴里还有'或许'？"士仓不免有些厌烦。矮个子补充说："谅他也不敢乱说。即便说了，也没人信。"士仓脸色白中泛青："一个赵十八当然不算什么。关键是，那块玉璧！"

一说到玉璧，两人都闭嘴了。这对于他们来说，是个耻辱。奉命带队当刺客，却把主人的玉璧弄丢了。这和丢了手中剑一样。高个子不停地擦拭着剑格，若有所思地说："会不会，他叫赵国的人带走了？"士仓哦了一声，问："有几分把握？"

矮个子说："我们眼看要斩草除根了，不想猛地涌出来一百多赵军。"

"你是说，赵军把赵十八也当成赵军救回去了？""有这可能。"高个子答。

矮个子摇摇头："我觉得不会。他自己是干什么的不清楚吗？回赵国死得更快。"士仓问："有没有这种可能，他拿玉璧换取活命？"高个子"噌"的一声把剑入鞘："这孙子，还真敢！"

矮个子说："他当时已经昏迷了，醒不醒得过来……"士仓问："你确定他昏迷了？""我亲自下手的。一共六个人，就他一个没有立时毙命。"

士仓也斜了矮个子一眼，矮个子剑客当即辩白："若不是他们和真正的赵国黑衣搅和在一起，也不至于这么麻烦。"士仓问："他们互相早已串通？"

"那倒未必。依我看，他们也是各自为政。"

士仓又问出最关键的一个问题:"确定玉璧在他身上?"矮个子摇摇头,说:"这不一定。顶多是怀疑。"听到这里,士仓捋出个头绪,即便不在赵十八身上,也必须要确定这个人行踪,反问一句:"你们觉得,他会去哪里?"

"他中箭,又中了我的拳,料也逃不出多远。"

"即便不死也是残了,肯定没有离开这座城。"

同一时刻,赵国邯郸城内,黑衣武士正在向卧榻之上的人汇报,秦太子已经被斩杀。

"不过……"

"不过什么?"

"秦国好像派出了剑客,正在追杀。"

公子起身,举起瘦长的胳膊甩一甩:"可曾知晓是我们?"

"那倒不会,他们在追杀一个人。"

吕不韦一直为到光华楼没有找到贩马给他的中间人懊恼,和白露在屋里商量了半天,依旧毫无头绪。最后定出了主意,不论找没找到这个人,吕不韦都要再去试一次,看能不能找到此人。

忽然瞧门外有人影闪动,出了屋子看却无一人。

清晨起来,吕不韦喊白露吃饭,久久不见应答,派人到屋里一看,已是人去屋空。

一片帛书上,留下八个字:

我已归秦,公子勿急。

吕不韦暗自感叹白露的善解人意,不觉眼窝发热。

正在这时,门外有人递话,声称有事要见吕公子。

来者是光华楼侍者,见了吕不韦,作揖后奉上一个缝好的绢袋子,说是一先生留下的。再问详情,侍者说:"先生交代,只说是鲁生,公子便知该如何。"吕不韦拆开绢袋,小绢巾上也写着八个字:

若要见面,北去邯郸。

吕不韦百般疑惑，这姓鲁的？真是自信十足啊。但目前又无良方。看来，这趟邯郸之行，不去不行了！

说起吕不韦与这个中间人相识，颇为戏剧性。去年，吕不韦往来邯郸，刚做熟一桩珠宝生意，到酒肆里畅饮，不想却遇到贪杯之人，苦苦纠缠要斗酒，正在为难之时，站出来一人，三两下收拾了醉汉。于是吕不韦就邀请这人同饮，越说越投机，不知不觉间说到秦国最近大量收购战马，偏偏此人就有门路。当时，此人说名叫"鲁鲁"，约略觉得是化名，可既然人家不说，他就没有勉为其难。

此人说长期住在中牟，吕不韦最终谈妥的战马生意，就是在中牟谈成的。

这就套车，要去邯郸。

赵十八缠着要去。

吕不韦想想，不乐意。

赵十八放出狠话："我好歹是个死，先生若怕连累，我回秦国找白姑娘去。"

吕不韦闻听，顿时生气："你害苦了我。如今战马有病，现在秦国正在追查责任；我好心医治好你，如今又来要挟我；再说你回去秦国，又多了一条罪证：勾结赵国人，杀死太子。我倒不信，你能翻天。"

"我没有杀太子！"

"你拿什么证明？"

赵十八突然从怀里掏出那个玉璧："这是凭证。"

吕不韦问："这能证明什么？到时候你说士仓给你的，只怕他认都不认。"

赵十八忽然说："你不知道，这是公子子傒的。"

这一说，吕不韦一惊，没想到这个赵十八，此时竟然连着秦国两个公子的命运。虽然不知一时如何是好，但当即决定："走！你跟我上邯郸。"

原先只想着，士仓或许派刺客杀赵十八是夺取他的功劳，现在看来，大有来头。公子子傒要杀太子？难道背后还有更大的阴谋？这成了吕不韦一路上苦苦思索不得解的疑惑。

吕不韦甚至有些后悔，不该一直追问赵十八。若是不知道此事，便不必操这么多闲心。到这时候，赵十八成了烫手的山芋，扔都扔不掉。

秦太子是公子子傒的伯父，他为何要下此毒手？这样想来，牟山侧怪不得秦兵不敢大张旗鼓地追杀赵国人，或许是怕暴露公子子傒。

可是，他为何要这么做呢？理由呢？

临近邯郸城时,赵十八忽然拍拍车厢,伸进来头说:"我想通了,伯父死了,他父亲就成了太子。"

吕不韦醍醐灌顶,是啊,听白露说起过,如今的秦王只有两个公子。太子和公子嬴柱……

看见黑乎乎的城门洞时,他深切感受到了前所未有的震惊。王室的血腥残酷,冷酷无情,让他一下仿佛跌入了无底深渊中。

谁也没有料到,吕不韦见了中间人后,反而陷入了更大的阴谋里。

第二章　谍都邯郸识奇货

一、连环计中计

走到邯郸城南十多里的地方时，遇见一处路边小店。挂的招牌上写着：

　　自酿赵酒　非饮不可

荆云扑哧一笑，说："公子快看，这邯郸人能吹破天。"

吕不韦见了，也觉得，赵酒什么味道？我还不知，瞧这口气，不是狂徒就是别有洞天。看看天色尚早，就对荆云说："停车，尝一尝这自酿酒。"

赵十八忙过去吆喝酒肆店家。

出来一位伙计：肩头搭着灰抹布，身材高挑，穿着皆是粗布，虽破倒也干净。对吕不韦略略施礼，让出半个身子，示意请进店内。

这个酒肆，布置十分简单。只不过三张几案，三张矮榻。吕不韦见此店并无奇特之处，心中想，或许只是虚张声势，但总忍不住想一探究竟，便呼叫："上赵酒！"见他的口气里，带着调戏味道，店家不声不响，兀自走进后院，提出一个木桶来，问："可是要最好的？"赵十八早接过话去："公子贵人，自然是越贵越好。"

店主换了一桶，夹着一只粗盏放到案子上，用木勺高高对准，只见长长的酒线稳稳地落在盏内，勺子倒空，一滴不剩，盏正好满满当当。吕不韦一见，心说，这倒是本事。

端起来尝一口，入口醇厚，带着一丝甘洌，喝罢稍一回味，顿时口齿生香，甜而不腻、烈而不辣，忍不住赞叹一句："好酒，再来一盏。"

店家本来很有自信，这时见吕不韦识货，便又舀一勺，叮嘱说："后劲儿大，公子勿急。"吕不韦招呼荆云和赵十八都坐下同饮。

正要举盏，店家忽然拦住，说："方才已有一盏下去，见公子懂酒，小人再卖弄几句，莫要毁了这美酒。"

赵十八性烈,吼道:"我本赵人,倒不会喝赵酒了,需你来聒噪。"

见他如此一说,店家道:"那就由不得诸位了。"说话间,端起已经倒满的酒盏就要撤掉。

荆云急忙拦住:"你这店家好没道理,我们饮酒,付钱给你,你倒奇怪,作客人的主。"

店家说:"我自酿美酒,不容糟蹋。"

眼看场面僵持,吕不韦不怒不急,反而呵呵一笑,问:"这兄长,你倒说说,如何才不糟蹋。"

店家说:"这饮酒之法,大抵有三:一为感酒法。先轻缓呷一口,慢慢含化。让酒液顺舌而下,和津渗喉,压气鼻腔,感受酒香。鄙人看方才公子即以此法饮;第二为哑酒法。酒入嘴唇,轻哑嘴巴,入口、入喉、入胃后,双唇打开,嘴里发声,哑哑不断;第三为吹酒法。喝酒之前,先是吸气,然后大口饮下,让酒从腹内、口腔、鼻腔夺路而出,释放酒香。这是武侠喝法。"

赵十八听得心醉,迷迷糊糊,捅了捅荆云,暗示服气。

吕不韦问:"那你这赵酒呢?"

"必须是第三种吹酒喝下去,才是燕赵壮士气概,也才最能喝出赵酒滋味。"

"哈哈哈,如此说来,如果不听兄解说,倒真是会毁了你的美酒。来来来,便依这吹酒法,喝它三五盏。"吕不韦豪爽大放。

艳阳高照,屋外炙热。知了聒噪,正好饮酒解渴。

三人说话间多饮了几盏。

荆云虽说喝得少,却也有几分醉意。

上车走了没多远,忽然惊醒:赵十八的包袱不见了!

这一下,都呆住了。

赵十八提刀就要追回去,嚷嚷着:"我早看出,店家不是好人。原来是黑店。"

吕不韦也觉得店家方才劝说如何武侠喝酒,怕是别有用心。但他自知回去人家也不认账,便吩咐赵十八和荆云,回去好好说话,不可轻举妄动。

等了不久,两人回来,带回来一个木牌,上面写着:

要寻物,大北城东市见。

看来这确实是早有预谋。但问店家,他只说是一过路人留下的。再问便死活不再答话。

江湖险恶，真是一点不假。这是中了连环计。

想想好歹有条线索，吕不韦大手一挥："进城。"

邯郸城分为东、北、西三座城。他们拐到东边，从东城入。

一入城中，虽近黄昏时分，可街道上依旧车水马龙，人流熙攘。心中不禁感叹：这几年，白在阳翟耽误时日了。

大北城位于赵王宫东北方向。其东城是百姓聚居地，尤其乱。

大国之都，自需谨慎。为避开麻烦，吕不韦缓步下车，让荆云追随，赵十八赶着车远远跟在后面。

吕不韦今日仍是一件白丝大袍，内着厚衽金丝裹边的浅灰曲裾，脚蹬一双方头獐履，头戴方巾。

路边叫卖的饼摊、杂耍摊、布匹店、铁匠铺眼花缭乱。

虽心中有事，但慌也慌不得。不知不觉来到一处悬挂着长条形幡的"卢氏帻肆"门口，吕不韦回头瞧一眼荆云头上的灰头巾，说："我进去看看。"

其实不为购物，他是想看看店铺里的帻巾样式，也好来日交际熟知邯郸的"口味"。

店家是个矮胖子，双腮饱满，眼似黑豆，一见顾客上门，满脸堆笑："瞧着公子风度翩翩，想是需要一条上好的巾。"吕不韦挺一挺身子，问："可有上品？""有有，小肆虽小，却是货物齐全。"说话间，拿出几个五彩的帻巾来递给吕不韦。吕不韦左右翻看，嘴里不住啧啧。店家见状，问："公子可是不满意？"

"并无不满，只是觉得，如此上好的材料，若是绣上几朵花，岂不更好？"

"公子说笑！你何时见帻巾上绣花？"店家皱起眉头，厚嘴唇上下相碰，眼珠子一滚，"只怕是无心购买，说风凉话。"

吕不韦并不在意，四处看一遭屋内，目光盯住东边，讶异地问："还有亮羽？"

见他穿着华丽，器宇轩昂，店家也吃不透来历，而况装饰的羽远比帻巾生意大，忙又双眉弯弯："有，这可是绝佳的'钟氏染羽'，不看一眼，保准你后悔。"吕不韦微微一笑，问："当真是钟氏染羽法？"

"千真万确，我拿给你看。"

吕不韦踱步朝东边走边问："这齐国之物，你赵国倒能获得？往来路途遥远，不怕赔钱？"

店家一见，夸口炫耀："公子是初次来邯郸吧？不是跟你吹吹，咱这邯郸城内，七国之物，无所不有。如今的商人们，哪个不是抢着来这里做生意。"

吕不韦不声不响地接过这片羽毛，端详起来。

店家所说钟氏染羽法，吕不韦早在《冬官·考工记》中读过，也深知其奥妙。"钟氏染羽，以朱湛丹秫，三月而炽之，淳而渍之。三入为纁（浅绛色），五入为緅（赤黑色），七入为缁（黑色）。"

他虽未亲自见识过这种染料之法，但这些年走南闯北，确实听闻过详细的染法及制作工艺之复杂。

据说，钟氏染羽毛时，先将朱丹和丹秫浸在水里，三个月后，用火炊蒸，并以蒸朱秫的汤浇所蒸的朱秫。这还不算，其后要再蒸一次，使汤更浓，然后用以染羽。

颜色则依靠染的次数，称为"入"。纁、緅、缁各色不同。虽为染羽的办法，亦可用此法染布帛，民间亦称为"石染浸染法"。丹秫是黏性谷物，这里作黏合剂用。

手中拿着的，便是颜色均匀、色泽透亮的几根雁羽，掂量了几下，看着不错，便指使店家："包起来吧。"

店家眉飞色舞，乐呵呵地竖起大拇指："公子果然好眼力！"边包羽毛边意犹未尽地推销，"不再瞧瞧其他了？"

吕不韦问："我可无赵币，散金可否？"

"有金当然可以！"店家连连点头，满口答应，屁颠屁颠跑出去将包好的东西交到在门外等候的荆云手中。

自古做生意的人是最有眼力见的，不需多问，店家就知道荆云是随从。

二人沿街走了不远，仰头看天，黑幕渐垂。

荆云主动说："先找地方住下吧？"

吕不韦点点头，沿途看了几家旅馆，都不满意——门脸小、环境差，继续朝前走。

住宿的地方有两种，逆旅和私馆。逆旅稍差，私馆略好。

私馆又分两种。一种为达官显贵招揽人才，接待朋友，非营利；另一种则专为盈利，方便出行的商贾。

吕家虽有生意在邯郸，也有商铺，但此时一堆事缠身，怕去商铺徒然增加麻烦，何况另有打算，就决定住进私馆。

天色越来越暗，行人依旧匆忙地穿行在街道上。

东城和北城为民居区，西城才是王宫所在。

又前行一段路，方寻得一处较为干净的"西苑"私馆。房屋十几间，后院设有马厩，院里种植了两株高高大大的榆树，树冠遮蔽了半个院子，两个守卫的武士一样。

最叫吕不韦满意的是，这里正是一条巷的尽头，偏僻宁静。

他因为心中有事，今夜便要见青苻，故而中意。

馆主是位年轻人，嘴手都勤快。办理登记时，已经将这个馆舍介绍了个七七八八。他们住在靠北尽头的楼上两间。

待一切安置妥当后，吕不韦把荆云叫来，递给他一个木片，让他到楼下草草吃点饭，速去找青苻。交代他："不可骑马，少些惊动。"荆云点头应允，便匆匆下楼而去。

长途奔波，浑身疲乏，吕不韦让馆主好好做了卤牛肉、烧笋丝、烤乳鸽，又要了一坛老酒，让送到屋里，自斟自饮。

此时赵十八已经将车马赶来，安顿好住进另一房间。

馆主见吕不韦出手阔绰，免不了主动巴结："公子想来好干净，一会儿你吃好喝好，鄙人已烧好了热水，洗涮正好。"

吕不韦微微一笑："好，正合我意。待我喊你。"

馆主又说："洗涮过后，可要寻几个唱曲的？"

"哦？不想你这馆舍倒齐全。"

"并非小人养了歌姬，是这附近有，呼来十分方便。"

"都有什么？"

"呀，这说起来就名目繁多了。鼓缶敲击，笙竽吹奏，琴瑟弹拨，各有千秋。便是唱曲的，也有歌喉清丽、嗓音浑厚之分。说起来这舞者，我和公子说，那真是有绝妙佳人。有个'冷八月'，那长得真是芙蓉出水，仙草带露。鼻子小巧玲珑，像捏上去的一颗珠玉，瞧着都会发光；那小嘴唇，薄的砸吧几下，都担心会磨破；那眼珠子，跟你说，真是黑油发亮，盯你一眼，魂都跑远了……"

吕不韦方才已经领教，知道这馆主是个话痨，若不拦住，只怕今晚的时间全部给他，也能给你说到东方破晓。忙一口打断，问："如此美人，为何叫'冷八月'？"

馆主小眼睛滴溜溜一转，"扑哧"一笑，低下腰，凑到吕不韦耳朵根，笑嘻嘻地说："鄙人也只是听说，如此一个美人，却不懂欢爱。那方面，冷淡得很。"狡黠地一笑，露出滴着涎水的舌头。

"好好好，不必说了，有事我叫你。"吕不韦可不想让他把这份淫心传染给自己。

"公子，那我先告退。但有吩咐，敲一下门口的铃便是。"

听他说完，吕不韦朝门外一扭头，确实在屋檐下挂着一个铁铃，不由赞叹："你倒是个有心人。"

听闻夸奖，馆主兴奋，又要长篇大论："跟你显摆一下，我这里……"

吕不韦连连摆手："好好好，我先吃酒。"

"好好，我知道，不能让您烦，打扰打扰……"馆主边说边退，到门口一转身，悄无声息地下楼去了。

吕不韦方才嫌他烦，但又为他走路不惊动客人而暗自赞赏。

不慌不忙地用完酒菜，又洗了个热水澡，还不见荆云归来，吕不韦就斜倚在床上，不知不觉和衣而眠。

不知过了多长时间，听得门外轻轻的敲门声，吕不韦猛然一惊：环顾四周看看，才想起这是在邯郸。忍不住笑出来声，这一觉竟然睡糊涂了。

门一开，只见荆云领着一个男人走进来。正要发问，那"男人"摘下冠冕和遮发的头巾，原来是青荇。

吕不韦问一声："这是为何？"

荆云已经悄无声息地退到门外，顺手关上了门。

青荇敛衽行礼："还是小心点好。"

吕不韦仔细瞧瞧青荇，见她数日不见，面庞上竟有了一丝晒过的颜色，关切地说："辛苦你了。"

青荇不作回答，手一摆，两人相对坐到榻上。几案上，还没来得及收拾的酒菜依旧摆放在这里。吕不韦抬一抬下巴："要不要吃两口？"

青荇摇摇头，面色羞愧地说："未见鲁生。"

"不妨不妨，"吕不韦将城外遭遇说了说，青荇的面色才有所缓和，说："还听说了几件事。"

吕不韦已知一定有要事，因此稳稳地听她说。

青荇说："这赵国的王，看起来是赵何为王，但听说其已病重，如今是平原君赵胜为丞相。一旦老赵王撒手而去，左右朝政的恐怕就是两个人，平原君和太后。"

吕不韦仔细听完，觉得她说的情报极为珍贵，赞许地点头。

青荇又接着说："平原君为人豪爽，善于笼络各地贤士，门下食客据说已有千人。各流派名士均有，若要打通赵国关节，此人非要结识不可。"

"这个早有耳闻。太后呢？"

"太后却是个强硬的人，听说很有主意，一般人说服不了，也很难接近。"

这是早已料定的事，吕不韦又问："莫非就这两个？"他最清楚青荇，一定还有其他的人物，可为了表示对她的尊重，故意逼她说出来，这样显得她的作用很大。

果然，青荇说："稷下学宫的祭酒，此时正在本国。"

吕不韦一听，顿时两眼放光："哦！这可是个好机会，得结识一下。"

青荇说的这个人，姓荀名况，本就是赵国人。他长期讲学在齐国的稷下学宫。

稷下学宫，又称"稷下之学"，是田齐的官办高等学府，始建于田齐桓公。齐宣王之时，在稷下扩置学宫，招致天下名士：儒家、道家、法家、名家、兵家、农家、阴阳家等百家之学，会集于此，自由讲学、著书论辩。

别看吕不韦是个商人，可他对各种学说极有兴趣，这点青荇是清楚的，也知道他来邯郸后一定会拜访这些人的，所以就专门提供这些信息。

"你可曾见过祭酒？"祭酒是学宫之长。

青荇默不作声，将目光直直地盯着吕不韦。

吕不韦旋即醒悟，青荇是他派来的间者，自然要处处以不暴露为主。她只负责提供信息，这是要他来做这件事："好，你做得对！"

两人又交流了邯郸诸多风俗，看看夜色已深，吕不韦留青荇在屋里睡下。

天色一亮，吕不韦醒来后，见已备好了洗漱用品，打个哈欠，一看身边早已空无一人。桌上放着一把钥匙，钥匙上拴着一个木牌，写着地址。

连自己家人离别都不打一声招呼，吕不韦不禁略有些沮丧。

可仰起头呆呆想一想，她是怕暴露身份，故而趁着天色未亮，提前离去。心中不免佩服，这女子，真是个绝佳的间者人才。自己昨夜召她来见，本以为她和自己均为自己人，不会引起谁的怀疑。或许，她考虑的更长远，是怕将来有什么更重要的任务，所以杜绝一切容易暴露的机会。

不慌不忙地用过早饭，吕不韦缓步下楼，向馆主打了招呼，和荆云、赵十八骑马朝着东市而去。

赵十八早已心里慌张的不行，只顾一个劲儿往前冲，恨不得一步飞到东市，抢回包裹。

吕不韦心里则惦记着，得早点找到鲁生，问问清楚，战马是如何一回事。战马生意连着白露，揪着他的心。

二、赵国秘闻

邯郸的东市，是普通百姓聚集区，因而杂乱喧嚣。

三个人今天都是普通打扮，穿行在街道中。一路上，沿街叫卖的杂食摊、投壶玩耍的手艺人、车来车往的匆忙人流，都构成了一幅街面图画。

尽管三个人刻意扮作普通百姓，可吕不韦的气势还是不断引得人注意。隐隐约约，赵十八感到背后总有人在暗中监视，猛一扭头，却又看不到人影，弄得他一面要着急找到包裹，一面又要提防间者。

三人都佩剑，心中倒也不慌。

也只能走走停停。因为尽管留下的信息是来东市，至于找谁在哪里找，却是一片空白，所以只能等对方找他们。

走到一条巷子，路边是卖青竹的摊儿，成捆成捆的竖着搁在巷子口。摊子上平铺着无数的细条子，一看就是准备编筲用的。闲来无事，吕不韦拿起摊子上的竹简随口问价。

摊主是五十多岁的男人，瘦瘦的，手臂上的青筋暴出，一看就是常年劳作留下的痕迹。双手粗皮厚茧，骨节肥大。见吕不韦的兴趣在竹简上，就介绍说："先生好眼力，我的货，都是足尺足寸。"

吕不韦见他的货物确实有些比一般的长，就问："大家都卖够尺寸的，有的还想短一些，你为何要长出这么二寸来？"

"嗨，先生与所不知。这商人啊，没人看得起，都说奸诈。我是农夫，也是低贱的。你说这两项都赶到一块儿了，要是再不憨厚点，只怕生意做不下去呢。"

如此随口一说，吕不韦心里却忽然针扎一样疼了一下。商人低贱，深深刺痛了他。尽管平日里，他心中明镜一般，可此时叫这个人嘴里说出来，一直保存的优越感顿时消失得无影无踪。

说到底，即便富可敌国又如何？还不就是个商人？低贱的地位不会有任何改变！自古以来如此。一想到这里他就迫不及待想努力改变。改变只有一种办法，摆脱"商人"这顶帽子！

站着的赵十八、荆云和摊主当然不知道吕不韦此时心中变化如此翻江倒海。两人左顾右盼，希望找到线索。

吕不韦又和摊主扯起其他。

摊主反正闲来无事，就介绍说，编制竹编的是从南边进来的货，他从别人手里贱买了,是单竹,也有人叫"苦慈",特点是筒长、质地细腻、韧性强,能启成薄如蝉翼、细如发丝的竹篾丝,编织成似绸、似绢的精档竹编。

像支摊子的这种粗短的竹子,就是硬头簧。坚硬、皮厚,农活时挑、抬东西,最是耐用。

吕不韦的心思不在这些竹子上面,但也只能装出很感兴趣的模样,拿起长有一人多高的一捆竹,说:"这一捆,细长,质地也细腻,得多少钱?"

摊主一看,双手作揖:"公子好眼力,这是上等的'金镶玉',竹中珍品啊!"

吕不韦淡淡一笑,心说,也难怪人说奸商奸商,我这拿起什么你就说什么是珍品,不就是想卖高价嘛!这人看似淳朴憨厚,不想脑子也尽是窟窿眼,不妨逗逗他,就故作惊讶地问:"如此珍品,奇在哪里?"

"你瞧这竹竿,嫩黄嫩黄,巧就巧在,每节生枝叶处都天生成一道碧绿色的浅沟。先生你把竹子放远处看,是不是像一根根金条上镶嵌着碧玉镯子!"

他这样一说,吕不韦仔细一瞧,还真的是!

刚要夸赞,忽然一人碰了他肩头一下,哑声说:"公子请随我来!"

摊主一看,急忙呼叫:"公子,如此好货,给口饭吃!"吕不韦给荆云丢个眼色,荆云忙拿出少半块金饼,对摊主说:"货先存下。"急匆匆随吕不韦而去。

摊主在后面大声高叫:"先生高德!圣人啊!"

几人来到一处院外。刚一推门,便见从正屋中快步走出一人,身材高大,话声朗朗:"公子快来,多有得罪。"

吕不韦一看,正是"鲁鲁",刚要开口埋怨,这人已经挽住他的胳膊,差点算是半拖半拽。

屋内坐定,这人开口说:"小可便是鲁仲连,之前多有误会,公子包容。"

这样一说,吕不韦顿时精神一振:原来是大名鼎鼎的纵横家鲁仲连,怪不得行事一步三招,心中的气恼已经消弭七分。

正待问鲁仲连详细,却见他瞧着赵十八发呆。吕不韦登时醒悟,来者身份不明,或许有些话不便交谈。吕不韦马上就对荆云说:"你们一路辛苦,去歇息吧。"荆云当即明白,与赵十八两人出来,只管站在远处盯着屋内,生怕有什么危险。

鲁仲连这时却不说话了,盯着吕不韦只管仔细看。

吕不韦道一声:"先生害我不浅。"怕他耍赖,上来先将他一军。

不想鲁仲连却十分爽快，说："赵马确实有病！"

短短六个字，在吕不韦听来，不啻惊雷。原先的种种猜疑此时一经验证，顿时头晕目眩，指着鲁仲连说："你，你……何人要害吕某？"

"赵王！"鲁仲连说，"但不是针对公子。"

这样一来，吕不韦愈发显得疑惑，默默无语地只管饮茶。

鲁仲连说，将病马卖给秦国，本就不是赵王的主意，是他说服赵王才实施的，目的就是要削弱秦国。现今秦国残暴，不断挑衅东方六国，不讲礼仪，只顾强征，极大地破坏了原有的平衡。

"纵横家决不能让一家独大！"鲁仲连意气风发地站起来说。

"赵国本就不弱，赵强秦弱不是一样吗？"吕不韦不解。

"不一样，赵人虽说也是彪悍性烈，但毕竟是东方文明，廉耻总是要顾忌的。不似恶秦，蛮武强攻，不尊士子，攻城略地，哪还有一点礼教痕迹。"

吕不韦本无心议论政治，但听鲁仲连如此一说，便发表观点："战国纷争，哪家又不是巧取豪夺，吞并之心暴露。"

鲁仲连说："凡有血气，皆有争心，这才是男儿本色嘛！"

吕不韦慨叹一声："百姓流离失所，居家不定，还不是满足国君的虚荣和奢华。"

"公子何以如此颓废？"

"你是齐人，大国之臣，自然体会不到小国之人的痛心。"

"你们卫君，荒淫无度，也是命该如此。"

吕不韦这就不高兴了，合着我"卫国"自该亡国，你齐国赵国要胜秦国，却来拿我开刀，忍不住悻悻地说："先生倒说说，连累了吕家生意，如何补救？"

鲁仲连双手一拍："只顾漫谈，忘了公子心忧。鄙人还有一计，可保公子无虞。"

"如何？"

鲁仲连说："来、来，我带公子见个人！"说完朝着后院高喊："快快出来，吕公子有请。"

喊了两声，不听动静，急忙跑过去，鲁仲连一看，到柜子里一翻，惊叫一声："毛公害我！"

吕不韦瞧着，一人被绑在柱子上，正是城外酿酒的店家。

鲁仲连急忙解开绳子，对吕不韦说："这是薛公。"

吕不韦冷冷一笑:"好你个薛公,原来这一路上都是你的安排。这又唱的什么好戏?"

薛公深躬行礼:"现在不是解释的时候,快去找毛公。"

鲁仲连也急忙拉起吕不韦,三人就朝外奔去。跑进前院,赵十八一见薛公,当即揪住不放:"还我包裹。"

鲁仲连一把拽开,说:"都在毛公身上,走,寻他去。"

往哪里去,找的毛公什么人,吕不韦等三人并不清楚,但似乎也只能随波逐流地跟着他们往外走。

几人穿过街巷,来到一处赌场。里面真是热闹非凡。呼叫声、叹息声交织在一起,乌烟瘴气的环境中,大白天也灯火通明。来来往往穿梭的人群仿佛都在寻找灵魂,个个血脉贲张,眼睛红红的,嘴里嘟囔有声……

鲁仲连穿过几个圈子,一把揪住一个矮个胖子,低声说:"好啊你,竟然不顾死活。"

毛公个子低矮,胡须不长,却很茂盛;头发也乱蓬蓬的,两只小眼黑漆漆的转来转去,活像茅草堆里藏着两个黑珠子。

他扭动着身子,兴奋地说:"仲连快看,又赢了一把。五十钱啊!五十钱。"

见他邋里邋遢的样子,几个人都不敢相信,鲁仲连竟然低下头去,差点亲吻住他,急促地问:"那包裹呢?"

赵十八听得气恼万分,原来这赌徒拿自己的包裹当赌注,当即就要动手。

毛公挣脱束缚,道:"又不曾少了,为何这等小气。"

果然,包裹就在赌案边,待要去拿,不想赵十八肩头却被一双铁手锁住,动弹不得。扭头一看,正是那高个子剑客。赵十八肩头有伤,此时被捏住,殷殷渗出血来,他待用右手还击,却感到腰部有个锐器顶住尾椎,只怕稍微一动,当即就会被戳个大窟窿。赵十八就这样眼看着包裹却不能去拿,剑客硬逼着他朝赌场外走。荆云一看,举起拳头朝着剑客面目砸去,剑客确实是高手,即便在两手都忙的情况下,抬起肘部,往上一挡,隔开了荆云的铁拳。荆云正待再次出手,鲁仲连拉住吕不韦把头一低,哨音到处,一支铁镖已经朝着荆云面部袭来。

赌场内此时乱作一团,有人趁机抢钱,有人伺机逃窜,人踩着人,有碰破头的、有牙死死咬住双手的、有哭天抹泪的……鲁仲连和吕不韦趁机跑出赌场,却又不见了毛公。回头再看包裹,已经不见踪迹。

这两个剑客，拽着赵十八到了门外，见他们人多势众，匆忙扔了几个铁镖，落荒而逃。

鲁仲连捶胸顿足，后悔不迭。

当一行人沮丧地走回原先的院子时，荆云眼尖，却发现了后院里，毛公正优哉游哉地在喝茶，顿时转怒为喜，快步赶过去。

赵十八顾不得疼痛，急忙打开包裹，瞧见玉璧还在，不禁露出笑意来，紧紧抱住包裹再也不放开。

鲁仲连不住跺脚："毛公啊毛公，你要坏我大事！"

毛公哈哈大笑："落魄鬼一个，你有什么大事！"

鲁仲连苦笑着说："目下，叫你救吕不韦公子，就是大事。"

吕不韦点头赞同。

毛公说："你管害人，却来连累我。吕公子，我来告诉你，你这桩生意，是仲连兄有意坑害你，别听他口吐莲花。"

吕不韦乜斜两眼，见毛公虽然疯疯癫癫，但说话却很耿直，不知不觉把目光转向了鲁仲连。

鲁仲连见状，索性就说了底儿透。只不过，这次还是把荆云和赵十八支出去了。原来，出售病马本来就是鲁仲连害秦的一步棋，无奈一直寻找不到合适的人下手，那次见了吕不韦，这才决定借他的手实施。如今，这赵王丹年轻，才接替王位不久，国柄实由赵太后执掌。赵王的叔父平原君赵胜年富力强，因此，朝中三股势力在角逐。平原君为了显示自己的实力，这才派人杀了秦太子。企图通过嫁祸于魏国的手段，让赵王认识到他的实力。他是要谋取相邦之位。

吕不韦一听恍然大悟，联想起秦国公子子傒也在皇室斗争中露出凶相，顿时觉得心头只打冷战。

没想到自己最不愿意卷入政治中，却偏偏这样阴差阳错地卷了进来。而且，最莫名其妙的理由，鲁仲连说"就是因为你有大财"。

吕不韦哭笑不得："财产大小，与你们讨论的这些有何关系？"

鲁仲连说："所谓大商，即有大财者。而今，兄有大财，但缺少大事支撑，所以终究难成大商。大商者，除非参与国家大事，才名实相符。"

此话出口，吕不韦心头一震，他以往总以为，所谓大商，就是做慈善，挣良心钱，豁达宽容等等，没想到鲁仲连这番言说，竟然具有如此大的吸引力。

他其实并不知道，自己内心深处里，那个大同世界的梦想，是需要政治手段来实现的,是必须与国家前途命运联系起来才能达成的。

他陶醉地听着鲁仲连一连串的绝论,心里已经感到,这个人,遇对了。

吕不韦常觉得:"凡遇,合也。时不合,必得合而后行。故比翼之鸟死乎木,比目之鱼死乎海。"(《吕氏春秋·遇合》)。

此番与鲁仲连、薛公、毛公三人相遇,即如此。

一时越说越热乎,竟然有了相见恨晚的感觉。

痛快归痛快,吕不韦还惦记着他的事情。

毛公说:"屁大点事,瞧我给你推荐个贵人。"

吕不韦一听忙问是谁,结果毛公说,今晚先痛痛快快赌一场,才好运作。看着他嬉皮笑脸公开讹诈的样子,吕不韦真是又好气又好笑,只好先让荆云给他五金,供他玩个够。

翌日一早,准备完毕,吕不韦就静静地等待着毛公归来,一同去见贵人。

贵人不在城内,远在聊城。

进入聊城,却又不在城内,在城北的偏僻地带。一路越走越破落,吕不韦忍不住好奇:这究竟是个什么尊贵的人物,莫非隐士?

及至一见,却是个落魄公子。正是年少岁月,却穿得粗布烂衫,神情落寞,一看就是久不得意之人。

毛公介绍说:"这是秦国公子异人,正是我们要寻找的。"

乍听秦国公子,吕不韦顿时挺直身板,拱手行礼:"不韦有幸,见过公子。"

本想着异人公子该要一耍王家贵族气度,不想他懒懒的轻声答一句:"是了。"便不再言语。

看管异人的赵将呵斥一声:"你这王孙,好无道理,毛公和公子好心看你,瞧你这败兴样。"赵将刚才得了吕不韦一金贿礼,自然说话和气。

要谈话,酒菜自然少不了。

吕不韦本指望从异人这个贵人处寻找出路,可看到的情况却是:酒菜一上来,异人只管吃喝,双手撕扯肉块,大快朵颐。一爵一爵的酒,顺着脖子流下来,他也顾不得擦一擦,嘴里只管嘟嘟囔囔地搭话,却无一句完整的话,活像饿死鬼转世。

毛公也不吃惊,只细声说:"公子,吕公子能广大你的门庭。"

"哈哈,他还是先广大自己的门庭吧。"吕不韦瞧着异人冷冷一笑,从他的眼神里,忽然看到一道寒光——这才是王者之气!心中暗暗思忖:到底是秦国公子，生来的优越感是刻在骨子里的。即便自己如此豪富，他也看不起。心中涌起一股不服输来——凭什么我给你吃喝，满脸带笑，你却如此傲慢！但旋即又心灰意冷——也难怪他，商人自古就贱，何况秦国重法，根本就不通商，难怪难怪！

毛公不离不弃："吕公子的门庭还需要仰仗你的门庭！"

"我？"异人停住吃喝，一手执爵，一手取肉，"唉，反正戏弄的人多了，也不差你一个！"

因来的路上，毛公不便透露，吕不韦也没有细问，这时话头赶到这里，就朝毛公看一眼。毛公自然领会，介绍他，异人是秦国的质子①，来到赵国快一年了，免不了心灰意冷。

这一说，吕不韦当即觉得毛公看起来智慧无比，却原来是拿自己寻开心，本来贩卖给秦国病马就是愁事一桩，如今又拿个败落公子来调笑，心中恼恨，悻悻地说："毛公，难得你好心情。"

又互相搪塞了几句，吕不韦等赶车往回走，路上忍不住埋怨毛公："公真是好兴致，我当贵人是秦伯②，谁知却是个棋子。"

毛公不恼不急："主意我给你出了，对得住你的金子了，听不听不在我。大不了，你做你的生意，我赌我的，薛公忙他的稀浆，互不相干。"

这样一将军，吕不韦又觉得话说得有些足，便不再多言，心里想着，还是瞅机会找鲁仲连想想办法，更可靠些。

晚上回到商铺，听老管家说父亲吕公来邯郸了。

吕公在邯郸置办有府邸，平时没事也常走动。吕不韦于是连忙赶到吕府。

父子俩吃罢饭，在院子里逛游起来。

吕不韦把最近一连串奇奇怪怪的事情细说了一遍，他本以为父亲该大力反对，埋怨自己的所作所为。不想这一次父亲却出奇地冷静，对他"投我以桃，报之以李"的做法极为赞同，父亲还说："我早跟你说过，商圣白圭是不会错的。你瞧瞧，如今你步步还不是步圣人后尘。人弃我取，本就是说你贩卖战马的事，大家都知道这是桩生意，却都犹豫不决，放弃不做，这便是你的勇气和担当；人取我予，正说的是你这几天来回活动，鲁仲连需要你来支撑他，毛公薛公的抱负也都需要你来决断。大家需要什么你就给什么，这是多好的事

---

① 质子：人质。

② 伯：通"霸（bà）"。诸侯的盟主。

情啊。"

父亲说，白圭经商最会把握时机，从来都是速战速决，把瞬息万变的商战机会把握得透透的。白圭概括经商理论四字诀：智、勇、仁、强。经商发财致富，就要像伊尹、吕尚那样筹划谋略，像孙子、吴起那样用兵打仗，像商鞅推行法令那样果断。如果智不能够权变，勇不足以决断，仁不善于取舍，强不足以守业，就无资格谈论经商之术。

父亲又说起了周代另一位商场传奇人物弦高。他是郑国人，深知国家的安危对自己事业发展的重要作用，因此，对国家的存亡非常关注。

周襄王二十五年（前627年），弦高去洛邑经商，途中遇到秦国军队，当他得知秦军要去袭击他的祖国——郑国时，就一面派人急速回国报告敌情，一面伪装成郑国国君的特使，以十二头牛作为礼物，犒劳秦军。秦军以为郑国已经知道偷袭之事，只好班师返回。郑国避免了一次灭亡的命运。

吕不韦有些疑惑，父亲一向反对他参与政治，何以今天却如此热衷谈论这类弦高犒师的往事。

父亲看出他的疑虑，狠狠地说："战国之世，好男儿都该争一争。要不然，只怕连这机会都没有了。"

夜渐深，一扭头，远远望见，站着两个黑乎乎的影子，他知道，那是荆云和赵十八。一看到赵十八，吕不韦的心再次揪了起来：这个小得不能再小的人，却如今连着秦国和赵国。

吕不韦想着，至今还未找到解决病马的办法，看来还是地位不够啊。如果什么时候能认识赵国的平原君，或许这个战国四大公子之一的人物，才能化解自己的愁事。于是决定第二天去找鲁仲连，让他帮忙看能不能牵上平原君这条线。

三、马场识人

依照吕不韦的性格，鲁仲连必须和毛公、薛公一同住到他的吕家商铺里。可这三个人都一个臭脾气，喜欢自由，因此一直住在东市。

吕家府邸距离东市很远，吕不韦这天一早就派荆云去接鲁仲连。

鲁仲连带他来到一处马场，吕不韦不解地问："带我来这里，能解病马之灾？"

鲁仲连点点头："走走看，总有收获。不急一时。"

但见马场约有十亩地，三五百匹马都散养着。这些体力过剩的牲畜们，一旦缺少了束缚，便显得桀骜不驯，恢复原始本性。来回奔跑的，低头啃草的，两匹缠斗的，撅起蹄子尥的，互相撕咬的……三五成群，溜溜达达，形态各异。

鲁仲连和吕不韦绕着场子边看边介绍：这马分筋马和肉马两种。筋马是骑乘种，是良好的战马；肉马则是结实型的乘挽兼用种。又说，相马之法，首先要"除三赢五驽"，然后才看其他。"三赢"是大头小颈、弱脊大腹和小胫大蹄等比例严重失格、赢弱乏力的；"五驽"是大头缓耳、长颈不折、短上长下、大髂短番和浅髋薄髀之流反应迟钝的。

越说越兴奋，鲁仲连滔滔不绝。"大头小颈"，跑起来易于失重；"弱脊大腹"，是背腰下陷，不宜骑乘；"小胫大蹄"，则负重吃力，步伐沉重；"大头缓耳"，显得不甚灵活，行动缓慢；"长颈不折"，是细长脖子的板颈型马；"短上长下"，系身躯与四肢比例失调；"大髂短"，是躯干前后发育不相称；"浅髋薄髀"，是后半部骨骼和肌肉不发达。

以前善于相马的十个人：寒风、麻朝、子女厉、卫忌、许鄙、投伐褐、管青、陈悲、秦牙、赞君，都是绝佳好手。虽然有的看胸胁、有的看口齿、有的看嘴唇，但都能从一处判断出马的骨节高低、腿脚快慢、体质强弱、能力高下。

吕不韦听得仔细，留心揣摩，感觉这相马和识人似有相通之处。一匹马孰优孰劣，全看懂它的人如何看待。看一个人亦如此。而且人做什么事之前也是有征兆的，甚至国家该发生什么事情也是有征兆的。①

看事物，应该学会由表及里地看，从一处判断全局。这就得提前布局。

领悟了这一层，他深深地行拱手礼，问："君让我看马，还有深意吧？"

鲁仲连笑着说："我带你认识个人，或许你的烦恼靠他能解决。"

"哪位？"

"平原君。"

一听这话，吕不韦双眼放光，指着鲁仲连说："我就料到你有深意。"战国四大公子之一的平原君赵胜，吕不韦早有心结识，苦于无人引荐。如今得来全不费工夫，如何能不高兴。

打马扬鞭，二人乘车来到赵胜府邸。

没想到，刚到还未站稳，却见一队赵军，执戟披甲，围住了平原君府邸，

---

① 《吕氏春秋·观表》："非独相马然也，人亦有征，事与国皆有征。"

任何人不得靠近。

赵十八和荆云时刻手不离剑，警惕地盯着四周，远远地看着平原君府邸。

吕不韦忽然低声问："莫不是杀秦太子的事情败露？"

鲁仲连不知所以地铁青着脸，呆望着远处，目光深邃。

灯火如炬。厅内或站或坐十数人。

赵胜气得破口大骂，一扫往日儒雅气度："这虎狼的秦国，哪里还顾一点廉耻。我赵国也是泱泱大国，岂容他这样嚣张。"

公孙龙劝说道："公子莫要生气，不理就是了。"

"你说得轻巧，你还不知道，咱们当今的这大王，耳根子软得很，胆子也老鼠一般，只怕秦国吃了他。"

魏齐羞愧地说："都怪我，连累了公子。"

平原君大手一摆："这倒不是理由，相邦只管住下，我看谁吃了豹子胆，敢来我府上动手。"

说归说，大家都劝赵胜要消消气，好好和赵王说道说道。

赵胜吼道："想我赵人，血气方刚，哪曾受过这等侮辱。先祖赵武灵王，威震四海，哪个国家敢对赵人指手画脚。"

他这一提起，大家纷纷附和道，应该瞅准机会和秦国好好一战，把这西方的蛮夷狠狠教训一顿，叫他们知道赵人的血性。

主人的意愿决定着方向。平日里吃喝过后无所事事的舍人们哪肯放过这难得的留印象的机会，你一言我一语，喋喋不休地讲起赵武灵王的辉煌来。

如今，让这样一个有着辉煌往昔的赵国贵族公子乖乖听从秦王的"召唤"，赵胜自然恼火万分。但同时，此时已非昔日。不去秦国，只怕世人不但耻笑"平原君胆怯"，更会让秦国得理不饶人，公开发难赵国。

出于保全名节，赵胜硬着头皮也不肯丢了战国四公子之一的声誉。同时，他也不能让刚刚坐上王位的侄子（赵王）看不起，更要给掌握实权的赵太后树立个男人气概样子来——遇国难，非男儿不行！

吕不韦和鲁仲连正在府邸外犹豫，究竟是走还是留，忽然见平原君匆匆上了一辆车，朝着王宫而去。粼粼的马队高举着武器，闪耀着寒光。

两人尚未明白咋回事，突然从旁边蹿出一个人，上来一下就抓住了吕不韦的胳膊。仓促之间，荆云还未来得及动手，吕不韦已经反手将此人擒住，定睛一看，是个十五六岁的年轻人。体格消瘦，但双眸里透出一缕寒光，看上去格外聪明。

"公子莫要染手，这是关系三国相邦的事情。"这年轻人倒不惊慌，稳稳地说。

"你认识我？"

"阳翟大贾吕不韦，谁人不识。"

这时荆云和赵十八也来到车前，一下将这年轻人和吕不韦二人隔开，手中的两把剑像两扇门，牢牢守护着吕不韦。

"小心为上，秦国刺客已来。"年轻人说罢，疏忽一下窜了。

四个人扭转车头，就往吕家府邸赶。

经过吕家商铺后不久，拐入一条小巷，迎面扑来两个黑影。正是两名剑客，二人目的很明确，齐力向赵十八扑来。赵十八与荆云和二人纠缠起来。刀来剑往，高个子剑客好像决定自杀，突然不顾危险，一剑便刺向赵十八，眼看着两人就要同归于尽，鲁仲连用剑一拨，这刺客陡然之间竟能借物使力，剑尖借着鲁仲连的剑身，整个人疏忽间后退了三步，脚下一发力，嘴里"嗯"地发一声喊，似一条棍子，直直朝着鲁仲连奔过来。鲁仲连方才用力过猛，此时身体还未转过身来，活脱脱一个背部暴露给刺客，眼看对方就要把他刺中。这时，一道白光，从天而降，只听得"当啷"一声，刺客手中的剑断为两截。一个白衣蒙面人顺势把剑一挑，刺客的面部顿时血流如注。

矮个子刺客一见，慌忙赶来营救。高个子脚下一发力，"蹭"地朝着巷子深处跑去。荆云和赵十八哪肯放过，也一前一后朝着高个子追去。矮个子刺客仓促间只好去救同伴，转身之间，朝后扔出四五个铁镖，朝着吕不韦、鲁仲连和白衣人各自一个。稍一停顿躲闪，已经不见了矮个子的踪影。

众人一齐朝着巷子追去。很快，吕不韦等人发现这条巷子是个断头胡同。只见高个子已经蜷缩在巷子尽头，一手捂住血糊糊的面部，一手持半截断剑朝前伸着，随时都准备同归于尽。

众人正要赶过去，忽然从墙头上，冒出来三五个弓弩手，多箭齐发，将吕不韦等人罩在一片羽箭林中。众人忙用剑格挡，嗖嗖的弓弩发出呜呜的响声。

白衣人武艺高强，边挡箭边朝前走，三五步就逼近了高个子。顺手接住几支冷箭反手扔过去，墙头上的人应声倒地。剩下一人打个哨子，和矮个子刺客一纵身跳上墙头，沿着墙头要跑。似乎又有点担心地看一眼高个子，说一声："保重！"

高个子知道已无退路可走，牙齿一咬，反手将半截剑狠狠插入腹中，狰狞着面目对赵十八等人说："杀我一人，来日赔十人。"说完猛地把剑往外一拔，往后一退靠住墙，一股鲜血喷过来，赵十八抹着脸上的热血哈哈大笑："来吧，来就痛快来！"

矮个子和另外一人三跳两跳，跑出了众人视野。

这时，众人回过神来，再寻找白衣人，已经不见踪迹。

回到府上不多一会儿，荆云送来一方绢巾，吕不韦一看，心中暗喜。和荆云眼神一交流，荆云就出去了。

待等鲁仲连躺下，荆云和赵十八也各自休息后，吕不韦望着窗外，轻声地说："能出来了吧。"

只见白露轻推木门，款款而入。

吕不韦急忙走过去，一把拉住她，怜惜地说："叫我好好看看，几个月时间，憔悴了不少。"

白露也不挣扎，就静静地站在原地，任由他仔细端详。

两人的眼睛里，不知不觉都流出泪水。

吕不韦拉着她，稳稳地坐到一张榻上，抱着她的肩头，生怕一丢手她就会转身离去。白露姑娘轻声地告诉他，病马事件，已经买通秦相国范雎，暂时不追究了。现在范雎正撺掇秦王，要替他复仇。

"这些都不重要，只要你好好的就行。你说说你，那一次突然而走，是不是就准备赴死去了！"吕不韦忍不住埋怨道。

"君多虑了。"

吕不韦一缕一缕摩挲着她的头发，替她拆下簪子，用手指绕着头发打卷，嘴里嘟囔着："再不许你这样了，知道我心里多担忧吗？"

白露不吭不响，像个听话的小猫一样，依偎在他的怀中，静静地享受着这醉人的温馨。这种场面，她曾经期盼了许久，想着就这样隐居山林，做个自在神仙。不问世间烦恼，不问人情世故，就这么两个人相濡以沫，白头到老。

赵王宫大殿内，赵王丹不无担忧地说："叔叔素来好义气，世人皆知，可如今……"

赵胜说："我王勿忧。这只不过是秦国攻我赵国的一个理由，即便没有魏齐与范雎之事，他们也会另找借口。"

"你也知道，魏国与我素来貌合神离，偏偏这时候魏齐又被你收留在府中，不论怎么说，咱找不出理由拒绝啊。"

"我王，秦国说魏齐在臣府上，可有证据？还不是他们的间者胡说八道。"

赵王长叹一声："一年多了，恐怕那魏齐也不是安生的人，这样的消息不好封锁啊。"

赵胜见赵王已经完全不和自己一个心思，知他害怕秦国。现在秦国来信，明着说是仰慕平原君的高义，愿作布衣之友，希望能到秦国去，做十日之饮邀约。暗地里，还不是逞强作祟要闹事。

奇怪得很，明明赵太后国柄在握，可此时看她，眯缝着眼，一副昏昏欲睡的样子，不声不响，听着叔侄俩对话，恍如一个不管事的老人。

赵胜心中疑惑，但嘴上却不饶人："为了一个范雎，秦王可谓处心积虑啊。"

赵丹说："也许是王叔多虑了，他既然是邀请做客，或许，面对面说说话，就和解了呢。"

"哼！和解？"赵胜冷笑一声，"我王有所不知，这范雎是睚眦必报，心中的仇恨一天三念叨，怎会轻易就放弃呢。"

两人你一言我一语，说不出个所以然来。

听得赵太后问一句："莫非，王叔是决定了不去？"

平原君听到这句话，心中一凛，看来她是要丢卒保车，答："臣是想着，去了怎么办？"

赵太后慈祥地一笑："你只管去，兵来将挡嘛！"

赵胜说："去是要去，太后也要做好准备？"

"准备什么？莫非真会打仗？"

赵胜不搭腔了，心中想：真是女人，莫非？你当秦国是绵羊啊！心里这样想，但面色上依旧是笑容可掬。

片刻后，赵胜说："危险嘛，总是有的。"

赵太后忽然关切地问："真有危险，那咱不去了，行也不行？"

赵胜反而看得开，很男人的回答："你当秦国是赵城，想去就去想留就留。"

赵太后面色一寒，不知是怪赵胜还是说秦国："这怎么地，都不按礼仪来了。"

赵胜乘势发怨："战国之世，礼崩乐坏。"

赵太后说："上善若水。水善利万物而不争，处众人之所恶，故几于道。"

赵胜知道，太后这是决心已定，她要赵胜以水之大道，去化解虎狼秦国。

唉！罢罢罢，本来自己就不得不去，此时更无回旋余地了。

十日之饮？赵胜心中确实是恐惧的。只怕这一去，有去无回。可不去呢？不但秦国人会小看他，便是这朝内，赵豹、建信君等人也会借机发难。自己好不容易保住的相国之位，只怕要叫他们夺了去。而况太后和赵王一致要求他去。

忽然心里转念一想，秦国即便再不讲理，我赵胜如今是堂堂赵国贵族，恐怕他们会有所忌惮，不敢轻易下手。

果然不出所料，赵胜见了秦王，饮酒间，秦王对赵胜说："昔日周文王得吕尚以为太公，齐桓公得管夷吾以为仲父，范先生也是我的叔父。范先生的仇人在您家，愿您使人取其头来。不然我不放您出关。"

赵胜说："魏齐是我的朋友，即使在我家，也不应当交出来，何况又不在我家。"他死死撑住赵国四公子的虚荣门面。

秦王又给赵孝成王写信：范君的仇人魏齐在赵胜家，王赶快使人把他的头送来。不然的话，我将发兵攻赵，且不放赵胜出关。

秦国可不是说说而已，顿时发兵攻打赵国。

赵国求救齐国，齐国要求赵国拿长安君当人质。赵太后不忍心。

这时候，吕不韦意识到，所谓人质，原来不仅仅是异人那样没用的人质。赵国挨打，必定怪罪异人，会不会杀了他？一时倒可怜起他来。

四、歌舞场

邯郸，赵国都城，春秋战国时大都市。邯郸北城东市，居住的都是普通百姓，市井处最为热闹。一街两行，斗鸡、走狗、六搏、蹴鞠多种游戏场所，人头攒动，吵吵嚷嚷。热闹的劲儿，吸几口气，都觉得温度比濮阳要高些。

沿街酒楼上吹竽、鼓瑟、击筑、弹琴等各种乐声，悠扬悦耳，免费白听。宽而平的街道上，来往的人，官吏、商贾、农夫、士人均步履匆匆，忙得连打声招呼都不舍得停下脚步。车上富人遥相呼应，尤其吸睛。一街的人都会主动让出一条道中"道"来，羡慕地看车上的两人打招呼。

这样的繁华场景，对于像吕不韦这样的大商人，是最乐意融入其中的。且不说最知名的商都陶邑，即便是他的家乡濮阳，也是相当繁华的，曾一度被世人以"陶卫"并称。国家虽然不富强，但商业的繁荣还是有底气的。濮阳地处河水转弯处，时而咆哮的河水虽然时时冲毁农田和庄稼，遗留下一层又一层的黄沙。可安静时，大河却如恭顺的少妇，娴静温柔。

但濮阳的繁华仅仅是商业的繁华，邯郸却在繁华中裹挟着一种王者气势。尤其是西城，桂殿兰宫，错落有致。围在高高的围墙内的信宫、东宫，远远望去，俨然云端楼阁。

最炫目的，当属"武灵丛台"。此建筑建造于赵武灵王时期（前325—299年），是赵王检阅军队与观赏歌舞之地。当初命名，因其楼榭台阁众多而"连聚非一"，故名"丛台"。台上有天桥、雪洞、花苑、妆阁诸景，结构严谨，装饰巧妙，名扬东方列国。

望着高耸入云的建筑群，吕不韦心中一阵感慨：同样是人，为什么贵族可以如此骄傲，而普通人却只能望而兴叹？人生的差距，出身是抹不去的差别，要想取得上流社会的认可，像自己这样的人，只有通过自己不断奋斗才能走进去。

唯一让他觉得新奇的是，这邯郸城内女人的打扮，确实足够大胆。

女子们高挽发髻，饰品多而华贵，人人都洋溢着一种独有的自信。

吕家府邸位于西城内，是吕公购买的。鲁仲连等人都走了，剩下吕不韦今日独自在府中。来到邯郸，他还没有仔细享受过。

多日劳顿，吕不韦自是少不了大饮特饮一番，不知过了多久荆云进来了，见吕不韦半醉，轻轻地问"公子，原说今日要见一见郭纵的，不知还去否？"

"怎么不去，这就备车去。"

郭纵的府邸，在西城中堪称一景。硕大的庄园内，高楼连阁，陂池灌注，竹木成林，六畜杂果，檀漆桑麻，闭门成市。一路朝里走，吕不韦一路惊叹，蚕室、织室、麹①室、粮仓、铁库应接不暇。

早听说这个郭纵经营冶铁生意，富埒王侯。如今一见，果然名不虚传。吕不韦心里先就一虚，自己一直觉得算个成功的富商，不成想要被这郭纵比下去。但他内心还是不服气的。郭纵的生意，需要这种规模来撑开局面。自家经营的珠宝生意，无须如此张扬，却也价值连城。

富商交际，自然还是离不开歌舞、吃喝。

远远看见郭纵在一帮人的簇拥下，于厅堂之上就座，吕不韦紧走几步，打声招呼。

---

① 麹（qū）：同"曲"。把麦子或白米蒸过，使它发酵后再晒干，称为"麹"。可用来酿酒。

第二章 谍都邯郸识奇货

郭纵一看，连连惊呼："大家都静一静，这便是名满赵、魏、韩三国的富商吕不韦，大家仰慕已久，今日得见，三生有幸吧。"

吕不韦拱手作揖："小生初到，多多依赖各位提携。"

郭纵大大咧咧的一声喊："且坐下饮酒，无酒不欢。"双掌一拍，一群歌姬跑上来，红绿炫目，钟鼓齐鸣，觥筹交错。

坐在吕不韦左边的，是一个面庞肥圆的老头，下巴上的胡子，短而硬。他看到吕不韦紧邻，却目不斜视，一副不屑模样。

"你不理我我不怪，倒要瞧瞧真本事。"吕不韦心中想着，便端起酒，朝他一举："来来来，满饮此杯。"

老者不阴不阳地挤出一点笑："比不得你们年轻人喽。"

"先生鹤发童颜，正是壮年，何必如此谦虚。"

老者冷冷地说："老则不算太老，只是比不过你们这些富人，霸气外露。"

吕不韦见他如此愤世嫉俗，反而觉得可爱，忍不住呵呵一笑："先生看我，哪有半丝霸气。"

"观汝，'田宅丰隆，鼻挺有肉，颈细且长'，藏不住的野心和富贵，哪里是肯谦虚的人。"老者抬了抬下巴，自信地念叨。

吕不韦听罢，颇为吃惊："先生原来好阴阳家。失敬失敬！"

"谁告诉你的？"老者拍一拍脑门，"小子略通方术，最擅谍谋。"

"请教公名讳？"

"楚国一糟朽，何足挂齿。"

吕不韦本就有心结识各类间谍术高人，听闻他是楚国人，当即瞠目结舌地说："您，您不会是楚南公吧？"

老者骄傲地点点头，依旧还是冷冰冰的样子："怎么？贱名也入公子之耳。"

真是意想不到的收获，吕不韦当即双手执爵耳，挪动两步，靠近南公："真心敬酒，来日请入府上指教。"

楚南公也不客气，接过酒爵一饮而尽，喃喃道："还算你识相。"

但凡有些学识的人都有个怪脾气，吕不韦不怪他的不恭，又举起酒爵："再饮再饮，郭公牵线，不醉不归。"

二人只顾窃窃私语，听得高榻之上郭纵叫道："君等久相聚，今日特为邀吕不韦君相见，大家谁能助兴。"

见对面一坐榻上站起一位中年人，长得秀气，身材修长，白光净面，手里拿着一把短剑，对着吕不韦拱手："既郭纵兄言说，我便献丑。"

郭纵叫道："好好，郭夫人最懂好铁，舞上一段。"

吕不韦暗自惊叫：好好的男人，偏偏要叫"夫人"，这算什么名字。正愣怔间，见那郭夫人"欻拉"一声，拔剑出鞘，顿时眼前一亮，剑气逼人，亮晃晃中又带着一丝阴气。

这短剑厚重，舞蹈起来本不如长剑取巧，可见短剑在郭夫人手中上下翻飞，左右冲突，倒好似千军万马也挡不住这一把利剑。隐隐约约中，听得那剑嗡嗡有声，还带着一缕当啷的气息，吕不韦暗叫：真是好剑！

眼前团团剑花，倏地戛然而止，大家都还沉浸在舞蹈中，少顷，大家才一起欢呼鼓掌。

郭夫人弯腰施礼："献丑了。"退回坐榻。

郭纵叫道："怎么样，吕君，这赵国的剑舞，可中意？"

吕不韦朗声说道："此物本非人间有。佩服佩服。"

郭纵不知不觉走下台来，指着郭夫人说："舍弟可轻易不肯舞剑，若非看在君亦是经商之人，才不肯呢。"

听到这里，吕不韦再也坐不住，起身端酒，来到郭夫人面前："请君一饮，感激不尽。"

郭夫人却谦逊地说："莫要听兄长嚷嚷，鄙人本是粗人。"

席间顿时叫嚷道："郭夫人铸剑，赵国一宝。七国之内，如今能锻造这精铁的，恐怕凤毛麟角。"

郭纵说："咱家的生意，多亏有舍弟这张王牌，才做得好啊。"

吕不韦举杯相邀："来来，众人一起，为铸剑师喝彩。"

大家一饮而尽。郭纵深情地说："你我虽不曾深交，但咱们商人最懂商人。介入这种非富非贱之间，纵然富可敌国，又有何用？还不是一样被人看不起！吕君，汝在卫国可曾受辱？……不堪言说呀……"

有人叫道："先生醉了，快扶他下去。"

有人刚到身边，不想郭纵一把推开那人："谁说我醉了，全是胡说。遇到知音，吐露几口真言，莫非还要忌讳？"

吕不韦见此人如此真性情，当即又端一杯酒，满饮而尽："当真如此，吕某不才，幸得郭公如此厚待，敢不以赤胆相对。"

郭纵一见，拍掌叫道："好，吕君果然豪爽，不亏名满天下。来来，我们继续饮酒，喝他个天翻地覆。"

第二章 谍都邯郸识奇货

他将手一摆，顿时丝竹管弦齐声奏鸣，一时间大厅内琴声悠扬，吆喝声鼓噪，真正是人间仙境。

喝至大酣，郭纵搂着吕不韦的脖子问："来到邯郸，可曾好好听过几曲？"

"昨日刚到，哪有时间？"

"那今天愚兄为你安排个绝色歌姬，让你先饱一饱眼福。"说着话，对着门口叫道，"去，唤'赛西施'来，给吕公助兴。"

吕不韦也跟着叫唤："对，赛西施一定要看，赵国歌姬，闻名东方，不见不归。"

几个人迷迷糊糊间，见一个袅袅婷婷的女子抱琴而入。吕不韦恍惚间，觉得这女人就是青荇，拍着手说："快快舞来，大赏大赏。"说话间从袖子里要掏金子，郭纵一把拦住："这是干什么，莫非鄙人小气？"

吕不韦只好作罢，只管呼天抢地烂醉舞蹈，双眼迷蒙地盯着"青荇"直呼过瘾。

女人舞蹈，身姿曼妙是一回事，好的舞者，更要懂得恰当的间歇、停顿，让白白的脚露出来，让飞旋的霓裳飘起来，恰好又配合着观众的掌声、喝彩声，才能起到勾魂摄魄的效果。

吕不韦瞧着，那"赛西施"一颦一笑，缓移小脚，踩着一朵云一般，轻盈舞步仿佛一脚踏入爵中来，忍不住想表达疼爱，便寄托怜爱于酒中，一饮再饮。

虽身为富商，吕不韦也见过无数歌姬表演，但那时候都没有摆脱商人的本性。心里白天黑夜嘀嘀咕咕自己的生意，身心始终不得放松，况且又有父亲时常催促，总觉得有做不完的生意。可这次大不同了，来到邯郸，见了鲁仲连、毛公等人，又刚刚解决了病马事件，仿佛一下挣脱了无形的线，正是寻"大机会"的好时机，所以就格外放得开。这时再欣赏舞蹈，便看出了几分神韵，心也彻底释放开了。

不过，今晚特别异常，他总觉得，在暗处，一直有双眼睛牢牢地盯着他。可是谁，又找不到。

不管他了。吕不韦只当自己醉了眼花，兀自在舞蹈里自我沉醉，舍人荆云悄无声息地提醒："公子，这个……"

吕不韦这才想起，早就准备的匣子里的东西还没送出去，便摆摆手，示意等舞蹈结束。

一曲既了，吕不韦端起匣子，径直走到郭纵面前，双手奉上："这是送给夫人的一点薄礼。"

郭纵客气："公子见外了。想你送的，一定不俗。"

"哪有哪有，都是些女人喜爱，无非珠宝装饰。"

郭纵掀开来看，好大一颗珍珠，圆润透亮，忍不住赞叹："君好用心。"

"自家的生意，不算什么稀罕物件。"

"来，送吕君一把上好的宝剑。"

就在这时，见急匆匆跑进来一个舍人，三步两步窜到郭纵身边，俯身低语数句。郭纵脸色突变，站起身来，高声说："诸位，对不住了，鄙人有要事，你等只管尽兴。"说完，不等众人回话，慌慌张张地离席而去。

留下吕不韦和众人，愣怔的冷清了好一会儿。

直到喝得大醉而归，吕不韦在路上还惦记：究竟什么事情啊，能叫郭纵弃众人于不顾。

"不过也算高兴。好歹还认识了猗顿的公子，这可是赫赫有名的盐商啊。荆云，你瞧瞧，人家的气派。盐商、铁器，这都是大生意啊……"

"公子，咱家的生意也不小啊！"

吕不韦拍一拍荆云肩头，让他停住车，瞪着眼珠子问："不小？"

"不小！"

"当真？"

荆云实实在在地点头。

吕不韦却颓然让车上一坐，摇着头说："你不懂，你不懂啊。珠宝虽贵，却都是做的女人生意，做不大啊。"

荆云巴结说："已经很大了。"

"你还是不懂。"吕不韦呸了一口污秽，"唯女子与小人为难养也，近之则不逊，远之则怨。"

说完话，呼噜呼噜打起鼾来。

临近家门时，吕不韦忽然醒来，问："那名歌姬，怎么那么像青荇？"

荆云沉稳地答："就是青荇。"

吕不韦的酒一下醒了，怔怔地站在车中，茫然地望着远方……

五、放飞知音

青荇本是吕不韦的红颜知己，是他在邯郸城里布下的一颗棋子。可近日见她在邯郸城内如此风光，与郭纵等富商常常见面，吕不韦心里如喝了老陈醋。

不知不觉回想起让青荇来的那一夜场景来。越想越心中酸楚，越想越感觉空荡荡的。回到府上，连白露也没有打招呼，就去睡了。

朦胧中，回到了家乡。

河水①缓缓东去，河滩坦如宽绸铺地，却几乎年年绝收。

每至汛季，农人们几番辛劳耕种的作物，就全泡在一片汪洋中，遭受灭顶之灾。几代人下来，百姓们失去信心，宁可让无边黄沙滩闲置，也不愿再浪费种子。

可偶尔某一年不发大洪水，百姓们又开始后悔不迭。穷人的生活常在这种试探与懊悔中重复。

吕家宅院坐落在濮阳东城，宽门大院，雕梁曲廊，山石珍稀，碧水锁月。吕家经年经商，家境殷实，富甲一方，虽不必受旱涝之灾侵扰，但吕公也时常愁眉不展。

卫国颓废，国君荒淫，国祚一日不如一日。如今，出门在外经商，为求庇护，吕家人也只好自称是魏国人。这种锥心之痛，对于长途跋涉经商的人来说，如无家孤儿一样凄凉心苦。

夜晚来临，微风一吹，吕不韦难以排遣心中的郁闷，独自出来，朝着河边走去。

月亮清白，月色如乳，清风习习，吹凉暗夜。沿途不断有熟人和吕不韦打招呼，他含糊作答。谁也没看出来他此时心中藏着的忧闷。

看着熟悉的家乡，吕不韦心中暗忖：若是没有战争，就这么平安祥和地生活下去，该多好啊。可谁又会给他们这些老百姓这个机会呢——即便吕家这样的富庶之户，和国之战乱一比，如一鸟巢和参天大树。树欲倒，安有巢？

河边小码头，有一艘桃核状的旧船停靠。

吕不韦摸出两枚"二釿②"递给船家。

船夫是五旬老者，个头不高，光着上身，手臂精瘦，肉如铁块。他问一声："公子，老规矩？"

吕不韦轻声嗯了一句，船家不再问话，悄无声息地摇橹使船，离开了码头。

---

① 河水：黄河古称。

② 釿（jīn）：此时各国均有自制货币，多以釿为计量单位，称为"釿布"。有二釿、一釿和半釿三种。

每当吕不韦心无定念时，总会雇他，将船摇到东边的一个蒹葭①丛中，静静地坐半夜。

今夜给了他四釿，足够半月家用，因此十分卖力。

船顺河道行驶约莫五里，远远望见黑压压茂盛一片蒹葭丛，船家提醒："公子小心，最近这滩涂软得黏脚。"

吕不韦朗声说："多谢提醒。你就在此候着。"

说话间，来到岸边一处齐整的硬实处，船家搭上舢板，吕不韦踩板上岸。地面确实濡湿，抬足粘履。他小心地避开那些泛着白光的水洼，径直朝着蒹葭深处钻去。七拐八拐，来到一处茅屋前。月色下看去，茅屋犹如自然从地下长出来一样，栉风沐雨地镶嵌在这座孤岛上。茅屋前面，是一片菜地。再远处，长势良好的粟米秆簌簌作响，像列队的军士欢迎贵宾。

一只小狗，早迎上来，巴结地摇头摆尾。

吕不韦缓缓来到屋前，见屋里有灯光，轻声地问："还未就寝？"

听得屋里柔声轻咳一声，沙哑着嗓音说："公子去南边地里，薅几根萝卜进来。"

借着月色，吕不韦来到南边的菜地，捡长盛好的拔了三根，提着叶子走进屋来。

黄毛的小狗也似一个温情的舍人，跟进屋里来，卧在主人坐榻旁，摇动着尾巴画圈圈；另一边，一只乖顺地白猫，眼睛瞪得圆圆的，直视着客人，"喵喵"叫唤两声，"蹭"地跳起来，窜到梁上。都是动物，表达亲热的方式竟大有差别。

不待主人吩咐，吕不韦自觉地将两个萝卜洗干净，切成片，用个竹箩端过来，稳稳地倒入冒着热气的瓦甑中，用勺搅一搅，这才妥妥坐定在主人对面。又觉得双膝压住曲裾有点太紧，欠欠身子，拽松下摆，舒服地抬起头。

"心又跑了？"

吕不韦默默点头，眼睛盯着主人只管傻看。

主人十五六岁上下，一个粉颈白面的俏女子，梳一个松松的坠马髻，头上插着一把骨簪，眉梢里暗藏的一颗美人痣若隐若现。

"还是老规矩？"女子轻缓地问。

吕不韦听罢，默默闭上眼，深呼吸，缓吐纳，静坐了半个时辰。此时，四

---

① 蒹葭：芦苇。

野里阒无声息，隐隐约约的蛙鸣和虫声传入耳膜，愈发衬的环境幽静。

风在窗外刮过，听得蒹葭叶子哗啦哗啦响，可此时他心如止水。

时辰一到，吕不韦睁开眼，见女子已经分别舀好两碗萝卜汤。案几上，两人面前各有一个粗瓷大盏，盛满了酒。

"气顺些了？"美女笑吟吟地问。

"每次到这里来，这半个时辰的静坐，总觉得一生疏忽间就过去了。"

女子往前凑一凑，盯着吕不韦的脸，问："今日里看着面色格外黑。"

"真是……"他一时觉得，纵有千言，却无从开口，"万蚁穿心，总觉得心口一块重石……"不住地摇头。

"莫非汝丧失勇气了？"

吕不韦淡淡地说："勇气倒还有，只是一时淤积于心一股浊气，难以化解。"

"勇气尚在，还有何惧？"女子吹一口热酒，仰脖饮一口，宽慰道，"公子莫愁，或许此时恰恰是最好的变数。"

"哦？"一听她这么说，吕不韦顿时两眼放光，"细说端详。"吕不韦青年阔富，智商和经验远在女子之上。可行走红尘日久，受俗事侵扰，浊气入心，每每需要这女子洗心，才得定谋。

女子又稳稳地端起粗瓷大盏，将身边咕嘟咕嘟冒热气的热浆盛一盏，"咕咚咕咚"喝干，手一扬盏，问："你看到了什么？"

"一个空盏。还有什么？"

她不说话，再次舀起一勺酒盛在盏中，再饮而尽，问："又看到了什么？"

这一次，吕不韦不明其意，说："还是一个空盏。"

"空盏一直是空盏，可盛什么东西，不全在主人？"吕不韦最佩服青荇的就是这点，六月飘雪她不惧，偏说上苍洗尘世。这些年供她攻读韬略之术，又极力让她保持清醒，像给自己擦亮了一面镜子。

吕不韦望去，见女子双腮潮红、鼻翼翕张，呼出的每一口气，都带着一缕香气，不自然地心旌摇曳，惨笑一声："这世间的人，若都像你青荇姑子一般看穿，还有意思吗？"

"那你还来？"青荇眉目带情、俏皮地还他一句。

吕不韦一吐为快："这世间万物，看似一无所有时，正是左右转圜时。可……扭转局势，主动权总在别人手里呀。"

青荇默默起身，从墙上的竹筒中拿出几朵海棠花瓣来，又缓缓坐回坐榻上，轻轻揉碎，撒在温酒樽里，搅一搅，仰起脖子问："这么说，我该去了？"

吕不韦动了动嘴唇，说："飞一飞吧。"

"好啊，终于可以报君恩了。"她又抿嘴喝了一小口。

"我听你今天的声音，有些哑，是受了风寒？"吕不韦活动一下手指，关切殷殷。

"说吧，到哪儿去？"

"赵国！"吕不韦斩钉截铁地说。

青荇答："明白。邯郸！"

吕不韦见她问也不问，忍不住问："你倒不问问，去赵国做什么？"

青荇说："公子让去，自有道理。"

"先尝尝，这海棠酒滋味如何。"吕不韦此时已经心神全定。

青荇端起一盏，朱唇轻启，慢慢喝干："不错不错，醇香甘洌。"

"似你这般糟蹋，不该不该。"

"说事吧。"青荇冷峻地说。

吕不韦又交代了其他一些细节。

青荇是他布置好的一枚棋子，一想到多年培养，今日终于要放飞，心情有些复杂，既怕她出纰漏，又有几分舍不得，怕她吃亏。

青荇安静地听罢，用纤纤玉指拨一下酒中的海棠叶，抿着嘴喝下满满一盏，悠悠地说："与君一别，再见面就不容易了。"

吕不韦听得心中酸楚："真舍不得你去。"

"大丈夫要成事，岂能似我这小女子，悲悲切切。没出息。"

"我就要没出息，在你这里没出息，怕什么？"

吕不韦此时已经喝的微醺，盯着青荇，肌肤胜雪，微微露粉，一笑一颦都十分迷人，不禁心中痒痒……

青荇起身，将白色曲裾顺手摆动一下，吕不韦眼前如飞过蝴蝶，迷离心醉。只见青荇赤脚踩在地中央的一块毯子上，翩翩起舞，妖娆的神采蝶恋花痴，宛如天外飞仙。

盯着眼前的青荇，吕不韦的思绪一下回到了五年前。

那是一个飞舞大雪的早晨，吕不韦一开家门，见门口一个奄奄一息的女孩儿卧在雪中，鼻孔里已经是有进气无出气。他急忙将她抱回家，熬了姜丝热汤，灌下去后，守候着她，整整一个上午，女孩儿才悠悠醒来。醒来就磕头，跪谢恩人。在吕不韦的细问之下，女孩儿才说，她父母双亡，如今流浪乞讨，昨日一天水米未进，又遇大雪封路，不知如何就倒在了吕家门口。

待吕不韦收留她后，本想着当个使唤婢女，不想这女孩儿越长越漂亮，吕不韦便想着培养他，于是请来乐师、舞师，又教她识字。叫大家都没有想到的是，这女孩儿不但人越长越漂亮，即便是学舞蹈、乐器，也是一点就通，不多久便渐渐成了一个高手。最难得的是，她的见识还很独特，尤其是识人断物，极为准确。

后来，吕不韦接手家族生意后越做越大，更是将青荇好生养着，怕她被世俗污染。恰好青荇也是个喜欢安宁的人，于是便找了这么一块自己家买下的土地，在这大河边的孤岛上建了一座茅屋，让她保持着这份难得的纯净。

他要将她养成一个仙女，做大用处。

如今，见青荇要奔赴赵国，去为吕家铺路抛头露面，何其不忍。而一般人确实难当此重任。青荇不去？谁能担当！

唯一叫吕不韦放心的是，青荇练就了一身好功夫。出门在外，保护自己是没问题的。

六、年轻小子很现实

转天来到街上，吕不韦和白露在前面走，荆云和赵十八在后面跟着。

白露边走边朝后扭扭头，眼神示意：这赵十八就这么收下了？

吕不韦轻轻说："包裹不见了，他还能去哪儿？"

说起这个，白露才想起来问："他怎么到公子子傒府上的？"

吕不韦说："公子喜欢马，就收他当了家卫。"

"就这么简单？"白露显得很不信。

吕不韦说："接近我，他也没有什么理由啊！反正现在看不出，就先留着吧。或许……"

他没有说，白露也知道，他指的是他手里的玉璧。可如今，包裹不见了，去哪里寻找玉璧去。

两人就这么有一句没一句地闲聊着。忽听得后面打斗起来，抬眼望时，一个十五六的年轻人，嬉皮笑脸地逗着荆云和赵十八。年轻人七拐八拐，别说，人稠街窄，两个人愣是抓不住泥鳅一样的年轻人。

吕不韦远远一望，这不正是那天在平原君门口见过的小子吗？

吕不韦尚在疑惑，听得赵十八一个劲儿喊："小东西，再不还爷剑，小心戳你个血窟窿。"

这年轻人四五步窜到吕不韦跟前，突然双手奉上宝剑，还说："我还有宝贝送给公子。"

"什么稀罕物？"

说着话，这年轻人从怀里掏出一块布来，赵十八一见，当即扭住他的胳膊，气恼地骂："原来是你这小贼作祟。看我不撕烂你。"

年轻人手中所拿，正是赵十八包裹皮。

年轻人疼得龇牙咧嘴，却不肯求饶，问吕不韦："公子，可想见稷下学宫的祭酒？"

吕不韦闻听，顿时一惊，忙示意赵十八松手，急促地问"可是荀卿？"

年轻人点点头。

"你是什么人？"

"我是他的学生，名叫李斯。"

街道上围观的人越来越多，有人叫嚷："四五个壮汉欺负一个小孩儿，快报官。"

有妇人喊："可可怜怜的，这年头，连个讨吃的孩子也打。"

吕不韦一见，当即对年轻人说："换个地方说话。"

众人不肯放他们走。

李斯拱手朝着众人行礼，喊叫："这是我家先生，各位腾个空儿。"这样一说，大家就散了。

吕不韦顾不上问话，带着李斯来到一处豪华的酒肆，吩咐赵十八和荆云把守住屋门。

李斯一进门，弯腰施礼，忽然变了一副模样，彬彬有礼。

吕不韦抬抬手："说吧，你一心要见我，所为何事？"

李斯一下被戳穿心思，却面不改色，答："让这个姑娘出去，我就说。"

白露面色一寒，就待发怒。却见吕不韦摆摆手，示意她不必担心。白露不放心地慢慢退出了房间，不知道这李斯葫芦里卖的什么药。

李斯从怀里掏出玉璧，双手奉上，一句话不说。

吕不韦吃惊地盯着李斯，心里思忖：小小年纪，却有如此胆量。遇事不慌不忙，是个人才。

"你想要多少金？"

李斯摇摇头："我李斯虽然穷困，却不做鸡鸣狗盗之徒。"

"有骨气！那你说说，还有什么要求？"吕不韦冷冷地问。

"'赛西施'可还好?"

这句话一出口,吕不韦抽了一口凉气,一时判断不出李斯的真实意图。青荇的行踪,几乎只有他和荆云知晓,连白露都蒙在鼓里,何以这李斯竟然知晓。莫非他是公子子傒的人?可青荇的所作所为,并没有涉及秦国啊?

吕不韦沉吟之间,忽然想起来,在郭纵的府上,一直觉得背后有双眼睛,莫非就是李斯?

不行,或许他是使诈呢!

吕不韦轻轻一笑,道:"怎么?你小小年纪,也喜欢风花雪月?"

李斯苦笑一声:"公子莫要岔开话题。我知她是你的人。"

吕不韦哈哈笑道:"好事啊,吾正要抢到手。"

小李斯正色说:"原道公子是君子,原来是个纨绔子弟。如此不爽,告辞。"

吕不韦叫李斯一教训,当即明白,这人早已清楚,如果放他走,只怕要坏事,当即快言快语:"我承认。你是哪国间者?"

"我是自己的间谍。"

"见我有何目的?"

"要为君谋划大事。"

"何等大事。"

"天下!"

吕不韦张着嘴,吃惊不小。年轻人胸怀如此大,十分罕见,忍不住问:"为何要给我?"

"我观公子有帝王之相。"

战国时代,但凡血性男儿,谁个心中没有个天下梦!此刻,吕不韦被李斯的话撩拨得激情涌动,热血澎湃,不知不觉佩服起李斯来。但旋即,他心中就乐了,自己好歹也经商多年,行走社会,一会儿工夫竟然叫年轻人几句话耍弄了,不禁扑哧一笑:"给你二十金,谢你吉言。"摆出一副起身送客模样。

李斯却急促地说:"可惜公子空有帝王相貌,却无帝王之缘。"

"哦?"吕不韦不得不听。这李斯真是口才好,说话对你又逼迫又引诱,可却时不时抛出个引子来,让你看到了蛇头忍不住想逮住蛇尾看看。

"我有一计,可送予吕公子。"

"说来听听。"

"秦国公子,如今正在赵国。"

真是不敢小觑李斯,如此重要的事情,自己竟然一无所知,忽然想起他手中有玉璧，自然是公子子傒，吕不韦当即问："在哪里？"

"聊城。"

吕不韦又是一惊："哪位？"

"异人！"

原来如此！原来如此！怪不得李斯费尽心机编造出自己有帝王相，却原来是帮落魄秦国公子异人当说客，心中理解，这是穷苦人逮着柴草当珠宝，就不咸不淡地说："知道了。"

李斯见他这个态度，也不吃惊，好像早就料到一样，稳稳地说了一句："来日见了荀子我师，你便信了！"说完，和来时一样，推门而出，只管远走。

荆云等三人急忙来到屋内，生怕吕不韦有什么闪失。看到他无声地把玉璧递给赵十八，长长地吁了一口气，说："你们各自去吧，我静一静再回去。"

白露自然是不肯离开的。待在屋外慢慢吃喝，等他。

吕不韦想不通的事儿有好几宗：李斯究竟是如何知道青荇的身份的？他为何就看准自己不放手？他这么做与公子子傒有无联系？

这天，李斯真的就安排荀子与吕不韦见面了。

见面在一个僻静的酒肆。

吕不韦曾无数次想象荀子的形象，一见面，果然如是。荀子清癯的面庞，一双鹰目，下巴的胡须一尺多长，端坐在一张软榻上，见吕不韦来到，问一声："来了？"

吕不韦点点头。

荀子便开始问起一些经商的学问。说着说着，吕不韦感到他的心中，还是有点看轻自己，于是转而问起富国之道。荀子说出了他的一套理论：

"天下公共的祸患，都是因为混乱的伤害。吕公，你我何不尝试一起寻求令天下混乱的人呢？"

"我本一小小贱商，哪有这种能力？"吕不韦谦逊地回答。但同时，他听到胸腔里另外一个自己在呐喊：我辈不能左右天下，百姓遭殃啊！

"为王则可！"

"贱民岂能为王？"吕不韦懊恼地说。

"若不为王，良相也可。"

吕不韦听得真切，当即如饮下一瓢琼浆，醍醐灌顶！可这念头只是一闪，谦虚地说："子都不为相，我辈……只怕不自量力。"

荀子忽然眼睛里放出光芒来，像鹰隼盯住猎物一般，不错眼神地盯着吕不韦，而后微微一笑："君有这志向，何不试试！"

吕不韦被他盯得后背发凉，拘谨地说："只怕是空有抱负啊。"

"全看你肯不肯去试了！"说完，荀况子轻轻合上眼睑，似乎累了。

一直在旁边伺候茶酒的李斯狡黠地一笑："公子，先生累了！"

离开酒肆，到门口，李斯不失时机地说："公子，为何不为自己谋个天下呢！"

"你既有志向，为何不自己争一争？"吕不韦反问一句。

"我没钱！"

吕不韦一愣：这人倒实在。又问："你推荐给我，对你有什么好处？"

"你帮了异人成事，他感激你，你又感激我，我读书便有个好前程！"

这李斯倒更实际。

不过，吕不韦忽然间非常厌恶这种赤裸裸的行为：这种靠投机得来的利益，和奸商有什么不同！此人，看来以后得时时防着点。今日他会不择手段利用我，来日也会不择手段害我——只要影响到他的利益！

但最终，回到府邸，吕不韦还是做出一个决定。这个决定，让他一下踏上了九死一生、处处波折，与以往完全不同的人生道路。

七、奇货可居

吕不韦两次听到异人，让他不得不思考。一个是博学而洒脱的毛公推荐，一个又是少年奇才李斯。两个完全处处不一样的人，却提出了同一个问题，这就有点意思了。

吕不韦是特别爱思索的人。虽然也知道，当一个人财富达到一定程度后，会有人对你说一些不着边际的话，引诱你上当、投资。如何摆脱这种诱惑或者听从劝告，就成为考验能力的一块试金石。而做出判断，就需要知己知彼。

所以，他决定，叫青苈来问一问。

青苈的消息是：异人的母亲夏姬不受安国君嬴柱宠爱，所以才被派到赵国来当人质。这毫无奇特之处。

"谁最受宠爱？"

"华阳夫人。"

"她有几个孩子？"

"她没有子嗣。"青苈回答。

吕不韦眼里忽然冒出一束光：有戏！

青苈正要继续说，吕不韦截住她的话问："这个安国君，也是公子子傒的父亲吧？"

青苈点点头。

吕不韦联想起赵十八的经历，猛然站起来："容我想想。"片刻后，大手一挥："这简直是奇货可居！"

青苈不明白，何以异人就奇货可居了？

吕不韦条分缕析地说，秦太子悼死在魏国，如今安国君被立为太子，这就给异人将来被立为太子创造了条件。虽然他的母亲夏姬不受宠爱，但最受宠爱的华阳夫人却并无子嗣，这简直就是白捡了个宝贝。

青苈不无忧虑地说："异人的死活并没有人在乎啊？"

"正是因为无人在乎，才说他是奇货。"

他忽然想起自己做生意的心得：人取我先！

对！布局！提前布局，才能占得先机。

一想到这里，他兴奋起来，对青苈说："你想想，无论是公子子傒还是别的公子，想要成为将来的太子，就会极力讨好安国君。可他们的优势是一方，只有自己。而如果这个异人能成为华阳夫人的嫡子，异人，异人！就同时拥有华阳夫人、夏姬、自己，三方面的力量！这是多大一股力量啊。最可贵的地方在哪？在于他现在落魄，无人发现。"

他马上再次进行深度分析：

他母亲不受宠爱，提供了自己出力的基础。倘若异人的母亲很受宠爱，我吕不韦哪里能插上秦国王室的手；

华阳夫人无子嗣，给了异人翻身的可能。假如华阳夫人有儿子，异人根本不可能有机会。华阳夫人收异人当嫡子，虽然有些投机，但毕竟有这种可能。

目前无人投资他，是个绝佳的机会。倘若秦国老贵族插手，自己将永无机会。此时正是难得时机。

如果操作成太子，那么自己将从此走上政治舞台，不再是贱商。

有了秦国国君（将来的异人）做保证，自己的大同世界理想就有实现的可能。

最重要的，秦国谁当王或者别国谁当王，都与自己无关。唯有这个机会，是和自己关联的。

所有这一切，都可以操作。唯一的缺憾是，如果不成，会人财两空。但旋即他就否定了这个后患——有大财不做大事，悔恨终生。

想通了这些，下一步就是筹划如何具体运作了。他的脸色因激动而开始潮红，看着青荇，不知不觉问："要你做王夫人，可愿意？"

青荇把他方才的一切变化都看在眼里，知道他已经拿定主意，但还是忍不住泼一泼冷水："王？公子，你能做王？"

吕不韦当即纠正："非王非王，做相国夫人，如何？"

"妾只怕没有这福气。"青荇忽然酸溜溜地说。

"这是怎么了？"

"你心里有数！你的白姑娘，才是吧。"

吕不韦扑哧一笑："我刚懊悔方才失态，太得意了。却不想眼前还有一位小气鬼。"

遭他如此奚落，青荇反而舒坦了——看来他心里还是把自己当成最亲爱的人！

吕不韦心中暗笑：女人就是女人，你想着拥有天下，她却只想着占有你。再聪明的女人，也被感情牢牢捆住。

他对青荇说："这样，你马上回去，调查清楚秦王年龄，安国君年龄等等。我要好好谋划，这是个长期计划。"

青荇嗔怒道："这就撵我走？"

"那倒不能够，你再想想，还有什么要注意的。"

青荇说："让异人公子成为华阳夫人的嫡子，我觉得，华阳夫人的喜好是非常要了解的。"

"对对，就知道你看事情透透的。"

得此褒奖，青荇脸上带出笑容，说："还有，此事需要异人的生母同意，才好办，毕竟是他生母，再怎么说也是太子妃，若是她不同意，怕不好办。"

"你考虑的都是女人最关心的，十分必要。对了，你的行踪，何以一个叫李斯的人会知晓？"

这一说，青荇出了一身冷汗，说："我是扮作歌姬的，按说已经非常谨慎了，只怕他是猜测吧？"

"他完全是十拿九稳的样子。"

青荇眼珠子转了又转，当即颓然地往榻上一坐，显得十分落寞。

吕不韦一见，忙劝导说："这样也好，索性都知道我娶个赵女。"

青荇一听，堆出笑脸说："只怕委屈公子，那些个富商们要笑话你。"

"哪来的笑话,他们只有嫉妒。"

两人攀谈至夜深,才入寝去了。

第二天一早,吕不韦刚醒,便听家人来报:平原君出事了!

隔着薄薄的木门,吕不韦听到这个消息,还是惊出一身冷汗:千方百计要接近平原君,没想到他却自身难保。

第三章　巧妙布局，赢得绝对信任

一、步步紧逼

家人说，平原君被扣在秦国了。秦国要求平原君交出藏在他府中的魏国相邦魏齐。并且听说，那天在郭纵家中，郭纵突然离去，就是平原君赴秦前有事喊他。听到这一消息，吕不韦这个年轻富商忽然间又被这种无形的地位观深深刺痛。

什么原因导致这种结果呢？商人地位低下，是首要的原因。可反过来一想，郭纵也是商人，为何就如此受宠？

思来想去，自己还是没有进入那个圈子——高地位的圈子。大凡商人，总是以利益为重。"倕，至巧也。人不爱倕之指，而爱己之指，有之利故也。人不爱昆山之玉，江、汉之珠，而爱己之一苍璧小玑，有之利故也。"（《吕氏春秋·重己》）

倕，是尧帝时的能工巧匠，可大家不爱他的手指，偏偏喜爱自己的手指。这是因为，自己的手指对自己有利。昆山的玉，晶莹剔透。江汉的宝珠，玲珑闪烁。可这些，好多人并不爱，却偏偏爱自己那块没有色泽的石头，这也是因为有利益在里面。

商人爱利益，本无错。可一味注重利益，等得到的恐怕也就只有利益了。这时便联系起父亲一代的商人，只求安稳获利，却不想着追求更高。

可这样的利益，好似无根之水，湖上莲蓬，总觉得摇摇晃晃。

"要想争取更大的利益，只怕要先舍得出去。"吕不韦咬一咬牙根，"不进入上层社会，挣到的只能是别人剩下的小财。"

这时他心里愈加坚定要投资异人。

每每做大决定之前，吕不韦爱到街上闲逛，放松心情。正驱车行走间，见路边急匆匆奔过一个身影，十分熟悉，却一时想不起是哪位。车子继续朝前走了一丈有余，吕不韦忽然惊叫道："停车，快停车。"他双脚腾空从车上跳下来，转身朝后跑去。

方才那人也正好来到面前，吕不韦拱手施礼："先生，近来可好？"

那人一愣："你……？"

"莫非先生忘记了榆树里？"吕不韦抬起下巴，用手在头顶上比画着，"一场急雨，好大啊。"

那人稍微一怔，恍然大悟："哦？原来是吕公子。你为何来到邯郸？"

"拜君所赐。"吕不韦狡黠地呵呵一笑。

"是公子有心。"

"先生急匆匆，是要去哪里？"吕不韦在中牟已知他是公孙龙，却不能说透。

公孙龙将吕不韦拉住，轻声地说："今日我有急事，要回平原君府上，来日我们再聚。"

猛然听到平原君三字，吕不韦心中一喜："先生与平原君相熟？"

"在下是平原君上卿。"

"如此说来，我今日有缘。先生便带我见见平原君，如何？"

那人踌躇片刻，说："原本结识一下是可以的，平原君最喜天下名士。可……今日只怕不妥。"

吕不韦哪肯轻易放过这绝好的机会，不觉双手用了些力道："想来府上人数众多。也是，谁都来麻烦公子，确实有些吃不消。"

公孙龙扭动膀子，吕不韦方意识到捏疼了他。忙松了手，尴尬地笑。

公孙龙听吕不韦话里有话，当即脸色一寒："平原君门下食客虽多，但也不都是饱学之士。"

"既然这样，先生为何引我一见，如此为难？"

一句接着一句，将公孙龙逼迫到了墙角。若是再不说出原因，只怕就要落下在平原君跟前吃不开的把柄，他想一想，说："倒也不算什么绝密。如今，秦国范雎，得势小人要挟平原君，让交出魏相魏齐。赵相平素最为仗义，哪肯吃这当头一棒。可，暴秦施压，一催再催，平原君还在秦国。故而，此时引荐公子，不得见也。"

吕不韦脑子一转，有了主意："先生引我见见公子府，或许我有妙计破解。"

"当真？"

"岂有戏言。"

"那好，请随我来。"公孙龙一把拉住吕不韦便朝前走。

"这样不如那样。"吕不韦说话间指了指前方装饰华丽的辎车，摆摆手，荆云将车倒了过来。

相偕上车，公孙龙左右看看，说："想来你这富公子，糟蹋了不少钱财。一部车，叫你打扮得堪比我王车舆。"

"先生尽说笑，区区商贾，哪敢与皇族比较。"

车上交谈，公孙龙才说出自己的名字。在平原君的门客里，算是比较受重用的。眼看着一步步朝相国府走去，吕不韦忍不住问："那日偶遇，先生为何不辞而别？"

公孙龙含糊地说："只因有急事，来不及叫醒先生，故而走得匆忙。"

吕不韦却想起那天夜里众多黑衣人，狡黠地一笑："当真有急事？"

"这能骗你？"

人在邯郸，又是匆忙相见，吕不韦不便细细追问，可不说点什么又冷了场面，便隐晦地发出邀请："先生忙于国事，当然辛苦，改日可否到鄙府一坐？请教请教。"

公孙龙一时没明白，疑惑地看着他。

吕不韦装出谦逊的样子："自然还是榆树里。"

这样一说，公孙龙呵呵轻笑，拍着他的肩膀问："公子莫非听闻什么？"

吕不韦摇头，连连说："仅是猜测，还望不吝赐教。"

"好好，改日倒要听听公子高见。"

来到平原君府邸，但见门楼深阔，庭院硕大，回廊下穿梭的舍人不计其数，又见无数侠客、学者悠游自在地或高谈阔论，或低声细语……吕不韦暗自忖度，早听说平原君门客三千，如此看来所传不虚，愈加想，终究要结识下这位赵国显贵，一定有用。

在平原君府上逗留半日，吕不韦深深感到：作为一国显贵，府中收留这么多士子剑客，如果利用好了，是可以做点大事情的。

怅然若失地回到府上，却有一个人早已等候多时，让吕不韦一时兴奋起来。

进屋一看，是个又矮又瘦的人，几缕胡须在下巴上飘着，像是拈上去的。脸上褶子众多，皮肤却很白皙。

他见吕不韦进来，兀自坐着不动，只管饮酒。

吕不韦慌慌地趋步上前，亲热地叫道："猗公大驾光临，寒舍蓬荜生辉。"

这人约莫六十岁上下，抬起眯缝眼看他一眼，摆摆手说："弄这虚客套，莫非吕公子也成了酸人？"

吕不韦不急不恼，稳稳坐下，招呼荆云："再上好酒，去，把窖藏的佳酿搬出来。我要与猗公一醉方休。"又说，"非小弟愿意酸来酸去，你我初次见面，礼节上总要照顾些。"

"嗨，你我是贱商，何必学他们。"老者举一举杯，"喝酒大口干，莫要扭扭捏捏。"

"这样最好，吾也不喜做派。"吕不韦也举起一杯，一饮而尽。

面前坐着的这人，是大富商猗顿。早在来赵国之前，吕不韦就嘱咐青荇要多多联络此人。不想今日为去平原君府上郁郁寡欢，却差点错过与他相见的机会，因此格外珍惜，便百般伺候，亲自斟酒。

本以为这猗顿富可敌国，该是极难伺候之人，却不料他最是洒脱，毫不拘束，让吕不韦悬着的一颗心总算落到肚子里。

这猗顿，本是个潦倒书生，生计难以维持时，听闻范蠡弃官经商的消息，极为敬佩，便千方百计前去求计。范蠡告知："子欲速富，当畜五牸（母畜）。"猗顿十分听话，便千里迢迢定居于猗氏王寮，大畜牛羊。

由于猗顿辛勤经营，畜牧规模日渐扩大，"十年之间，其息不可计，赀拟王公，驰名天下。"因起家于猗氏，遂号猗顿。

在经营畜牧的同时，猗顿注意到位于猗氏之南的河东池盐。他在贩卖牛羊时，顺便用牲畜驮运一些池盐，连同牲畜一起卖掉。日积月累，他倒把贩运池盐作为更大的一条获利途径。

各国虽然不时战争，需要大量军费开支，但国家不但对商人看不起，就是对整个商业也不重视，譬如这山林川泽利润的开发，名义上虽为官府控制，可官府不直接经营，而是用抽十分之三的税的办法让"民"去经营。这种"民"绝不是一般的手工业者，而是一种有钱有势的豪民。因为这种开发需要大量的投资，需要一定数量的劳动力。

这样的生意，吕不韦是早有耳闻的，因此羡慕不已地赞叹："公所经营的河东之盐，随便泼水于地上，风吹日晒，自然成盐，不需煮炼。这真是天送资财呀。"

猗顿不以为然地鼻孔里哼了一声："那又怎样？富又怎样？还不都是我王的一条走狗。"

"先生可不敢如此说，您在赵王眼里，恐怕比王侯还贵。"

猗顿揉一揉发红的鼻尖，小眼睛眯起来，露出黄牙齿，咬一咬嘴皮，问："你也真信？"

第三章　巧妙布局，赢得绝对信任

"这……"吕不韦支支吾吾，无法作答。

"你也不必为难。老头我就这臭脾气。不是特意为难公子。要我说，咱们这商贾之人，自己要是对不起自己，那是最亏的。所以啊，今朝有酒今朝醉。"

"先生可不敢自贱。"

"不这样又能如何？莫非你我还能做个王？"

吕不韦说："小人自然不能与公相比，您，说不准还真能贵为王侯。"

"瞎扯。"猗顿撕扯着一块牛肉，"像你我这样，连国都没有的人，还配谈什么王侯？给谁当侯？当哪国的侯？"

吕不韦脸上一阵燥热，确实，如今的卫国已经名存实亡，对外，自己都不知道该说是卫国人还是魏国人。眼前的猗顿，本是鲁国人，迫于生计，来到赵国，虽然经商得意，看起来也是一腔愁闷于心啊。

吕不韦劝道："不提这伤心事也罢。"

"说来倒轻松，如何不提？所以啊，咱们要始终牢记，在这礼崩乐坏的年头，谁强硬，道理就在谁那边。你说说，这强秦就时时有理吗？可为什么连楚王、赵王都要屈服于秦王？还不是因为秦国强大！所以啊，咱们多挣点金钱，多享乐就是。国不国的，是那些王侯们的事情。"

"公既这样痛恨王侯，为何还同他们交往？"吕不韦一时也怼了他一句。

"哈哈，好，年轻人问得好。我同他们好，你当我是用心啊？不过是为了赚取这些人的钱。若无金钱满，哪有今日酒？"猗顿瞪着醉意蒙眬的眼，死死盯住吕不韦，"你说是也不是？"手里拿的爵一摇一晃，将酒撒出多半。

看着他似醉非醉的样子，吕不韦怔怔地发呆。自己刚想要交往这些权贵，混进这个圈子里，弄个体面人当当，不想此刻被这个放荡不羁的富商一语戳痛要害，仿佛被剥光了衣服一样，顿时又恼又恨，不知不觉说："总还是有人成功的。"

"是！当然有，就那范雎！不就人前人后，一下觉得成王侯了嘛！"

"范雎？"吕不韦疑惑不解地问。

猗顿喃喃着说："范雎，你不知道？"

"秦相国？"吕不韦不知他为何也说此人。

"除了他，还有谁能靠无耻登上相国之位。"

吕不韦边听边思忖：或许，这个范雎真的可以利用一下。白露也说利用他的关系病马才不追究的。如今平原君的事情，如果自己能插上手，他毕竟是秦相国，也许将来对异人立为太子能有帮助。

· 65 ·

现在，如果自己能找到魏齐，让他离开平原君府，或许对谁都是个交代。

转天，依依不舍地送走白露，吕不韦懒懒地在府上翻看着竹简，从古籍中汲取营养。翻过翻去，心里惦念着一件事：还是魏齐！

吕不韦知道鲁仲连在平原君府上，便想着请他。忽然一想，鲁仲连对秦国恨之入骨，依他那狂狷性格，帮秦相国出气，自然不会答应。转念一想，一事不烦二主。既然公孙龙把自己引进平原君府邸，索性就让他问问魏齐的情况。

公孙龙不久捎信说，魏齐确实在平原君府上，不过人已经不见踪迹。如今，赵王派兵已经围住了平原君府邸，死活索要魏齐。

吕不韦深知情况紧急，当即派荆云和赵十八出头，探听魏齐下落。

吕不韦等不多时，赵十八就满头冒汗地回来禀报，魏齐躲到了赵上卿虞信府上。吕不韦当即布置，在虞信家附近好好守着，不叫出了任何纰漏。

虞信虽然是赵国上卿，府邸却不甚豪华。此时院落里，黑灯瞎火，不见一丝动静。

吕不韦知道，赵军很快就会赶到这里。情况危急，他顾不得那么多，直接敲门进虞信府。门人通报后不久，意想不到的是，竟然同意他进去。

吕不韦留下赵十八在门外守着，他和荆云一同走进府中。

虞信在书房等候。一见面，吕不韦主动声明："我是商人吕不韦，今天有事救上卿一命。"

虞信冷冷一笑："公子口气不小。我有何险？"

吕不韦说："事情紧急，我就不瞒着了。魏国相国在你府上，如今是一块烫手的红铁，上卿非丢掉不可。"

"你是叫我送朋友性命！可恶至极！"虞信大喝一声。

听他倒不隐瞒，吕不韦知道这是个直爽人，便以诚相告："赵王的兵，如今围住了平原君府邸，相信过不了多时，就会找到这里来。"

"那又如何？虞某还从未做过卖友求荣的勾当！"

吕不韦劝说："眼下，不是你我在这里辩论，只怕拖一时就危险一时。我也不再劝你，只问一句，你拿定主意要救魏齐？"

"君子之交，同生共死。"

"好，我敬佩上卿为人。既然这样，我来安排，你和魏相即刻出走魏国，或许还能保得他的性命。"

"我凭什么要走？一走不显得怕了虎狼秦国！"

吕不韦笑不得恼不得，真是一头犟驴子，急促地追问："你和赵国，对赵王来说，哪个重要？"

"自然是赵国！"

"秦国和你，谁的实力大？"

"秦国！"

吕不韦双手一摊："这不就对了嘛。赵王为了本国安危，他连叔公的命都不顾，会顾忌你？"

这一说，虞信一愣怔。

吕不韦当即吩咐荆云："快去准备快马，我与上卿一同到南门。"容不得虞信反应，对他说："你还不快去叫上魏相。"

"等等，你为什么要帮我？"

"还不是敬仰先生的品德！早知道你是战国义士，今日一见，果如是！"

虞信心中一热，说："好，我这就去。"

说完，他却走进里屋，少顷，他捧着一个包裹出来。

吕不韦一见，说："钱财不用准备，我自会为君备好。"

虞信不言不语，稳稳地拆开包裹，原来是一方印信。他朝着方印深深鞠躬，慨叹一声："可惜啊，赵王糊涂！"

拜别过去，掩饰不住内心的伤感，他头也不回地朝着府外走去。

快马四匹，顿时飞奔如电。

大街是要尽量避开的。

就在他们走后不多时，赵兵已经封城，全城禁止消夜。并且，提前去各个城门下达命令。

魏齐已经如丧家之犬，哀哀地趴在马上，不住唉声叹气。

行到距离南城门三里地，众人下马。吕不韦让荆云先去探路，他们来到路边的一所破房子内。这房子正屋已经露出屋顶，蓬乱的蒹葭和茅草在风中舞动，在黑夜的映衬下，张牙舞爪。

院子东边还有个别院，吕不韦到墙边一看，横七竖八堆放着柴草和木棒。左等右等，不见荆云回来，吕不韦对虞信说："你和魏齐躲在别院里，不得出声，我和他上街看看去。"

魏齐听见了，觉得吕不韦是要抛弃他，马上拽住衣袖说："公子好人做到底，今日逃出去，我多拿金子。"

吕不韦鄙夷地冷笑一声："我是缺金子的人吗？"

虞信一见，忙替他打掩护："吕公子一片赤诚，休得猜忌。"说话间自己先从墙上的豁口跳了过去。

吕不韦和赵十八出来，小心地沿着街巷走，眼看到个拐角处，碰到匆匆而来的荆云，一问得知，南门果然已经被封住。

这可怎么办？

正在疑惑间，忽看到刚才的院子里，燃起了熊熊大火。

"坏了，定是那魏齐害怕，生火了。"三人急忙往回赶，刚转过弯，猛地被一个窜过来的人撞了个满怀。荆云扬起手就要举剑，借着微弱的火光一看，却是毛公。

"你怎么在这里？"吕不韦吃惊地问。

"三两句说不清楚，司马郎中今日说家中遭贼，邯郸令便丧心病狂搜查玩乐场，这不，又给搅了一场好戏。"

吕不韦见他脸上依稀有墨，问："那火光咋回事。"

毛公慌张拉着他们来到一处院子前，敲门进屋，这才说："两个冒失鬼，撞在官兵手里，当作贼人被抓去。也不知临走哪一位放的火，只怕这时都在救火，哪还顾得上捕人。"

此时听得周围乱糟糟，鬼哭狼嚎一般。有喊叫着救命的，有往来的官军呵斥声，有拿着木桶浇水的声音，扑扑拍打火苗的声音，鸡飞狗跳的声音，听得还有两声"哞哞"的牛叫声……附近的天空里冒着浓烟，火光映照下，一片狼藉。

吕不韦问起毛公在哪里赌博，听他描述，应该就在那破院子附近。想来，定是虞信临走给他们留下信号，故意放火。

吕不韦问："毛公可有相熟的狱吏？"

"这有何难，只要有金钱。"说完看一眼吕不韦，旋即明白，"公子认识那两个人？"

吕不韦点点头。

"当真要救？"

"当真要救！"

"这好办，待我明日打探打探。"毛公大包大揽。

吕不韦最善于应变。他认为："疾万变，药亦万变。"① 如果按照既定的方

---

① 《吕氏春秋·慎大·察今》。

略，送出去魏齐和虞信就可以了。可现在他的主意变了，准备打探清楚监狱地址后，直接报告赵王，抓住魏齐。这样就省去很多麻烦，也让平原君面子上能过得去。

几个人住在毛公的朋友家凑合一晚。

翌日一早，吕不韦又改了主意。若是就这样交出魏齐，范雎这条线，自己如何搭上？所以，还是先帮他们逃出去再说。让毛公出去打探消息。很快，得知两人关押在南城狱中。

"有人认识吗？"吕不韦关切地问。

"只听说是当流贼抓的。"

"可有关系？"吕不韦认识到，这样的事情要速战速决，否则事久生变，一旦两个人的身份暴露，再想运作就难上加难了。

吕不韦派荆云和毛公同去，只是提醒荆云，不可告诉毛公这两个人的身份，否则他可能不参与，那就前功尽弃了。

上午，吕不韦又派赵十八拿着他的印信，去找城门吏司马豹，希望能网开一面，放几个人出门。他在等待的时间里，见街上一队一队的士兵行过，心里总觉得不稳妥。

临近中午时分，听得院门一声响，看到毛公和荆云陪同两个人回来了，正是虞信和魏齐。仅仅一晚上的工夫，两人已经是蓬头垢面，面部染满灰尘。浑身散发着柴火烧焦的味道。吕不韦本来说想给他俩换身衣服，后来一想，这样更便于伪装。毛公说了不到十句话，又跑出去赌博去了。

人到齐了，却迟迟不见赵十八归来。好不容易等到了，却带回来一个不好的消息：城门已经封上，任何人没有相国符牌，均不得出城。

吕不韦拿出一块金饼，问这家主人，可知道还有什么办法出城。

主人见钱眼开，告诉他们，南城门往东四五里，有一段城墙，年久坍塌了豁子，不过要等后半夜才能出去。

挨到夜幕降临，吕不韦五个人别了主人，沿着小巷排成一队，慢慢向南门靠近。眼看来到城门口，转过一个弯，遇到一队士兵朝这边走来。荆云第一个走在前面，冷不丁被士兵问一句干什么的，竟然没有答上来。士兵一见，当即鸣起锣鼓，呼叫起来。吕不韦拉着虞信和魏齐，扭头就往回跑。荆云和赵十八在后面断后。

朝北跑了几个街巷，吕不韦忽然朝东边跑起来。这时候，魏齐因为平日里养尊处优，哪曾受过这般苦，扶着墙直喘气，再也跑不动了。

追兵的脚步声越来越近，吕不韦惊慌失措间看了魏齐一眼，忽然想：千方百计帮魏齐，无非是要让他摆脱平原君，现在目的达到了，干脆就让官军抓住他，也是一个不错的办法。

不想虞信却是个实在人，他拉起魏齐就跑，说："先生再不跑，人头就落地了。"

见此状况，吕不韦觉得，把虞信搭进去，一是会让天下人看轻，二来如果虞信反咬一口对赵王说魏齐是自己帮助的，那可就百口难辩了，于是只好跟着他俩继续逃。

荆云和赵十八也跟了上来。官兵就在几十米外。

情况紧急，吕不韦气喘吁吁地对荆云说："分两路跑，你和魏齐一道。"

虞信一见，死活不撒手。

吕不韦说："荆云武艺高强，他们三个人一道躲起来，我们去引开官军。"虞信听罢，虽然不舍，却也只有这个办法行得通。

迟疑之间，官军已经到了街巷口，吕不韦拉起虞信，大步流星地朝着官军走过去。

领头的官军是个裨将，见到吕不韦和虞信，当即下令围起来。

吕不韦高叫一声："虞卿在此，谁也不得造次。"

裨将一听当即下马，高声问："可曾看见两个贼人慌张跑过？"

虞信此时恢复了上卿口气，说："我和公子吃酒夜深，眼光迷离，那还顾得上什么贼人。"

裨将把刀晃一晃，粗声道："那就只好委屈二位，回去让鄙人交差了。"

吕不韦一看，当即说："恍惚间，瞧着有两个人朝北边跑了，至于是不是贼人，不得而知。"说话间，奉上一块金饼，"军爷辛苦，吃两杯薄酒。"

裨将趁机找个台阶，对军卒们喊一声："快去追击，莫找二位贵人麻烦。"一队兵马朝北边追去。

停顿一刻钟，二人回头朝东追去，不多时，望见前面几人在打斗。正是荆云三人。

十多个士兵围住三人，荆云和赵十八拼死血战，终于逃脱，却也各自受了伤。五人朝东边跑了五里多路，远远望见，城墙上果然有个豁口。匆匆跑到城边，却苦无绳索。

荆云朝着远处望了望，很快跑到一处榆树林里。他拿出匕首，沿着树皮剥开。一块块大树皮足有一人多高，他仔细地切成三指宽的长条，又吩咐赵十八去割些藤条来。树皮和藤条拿来,找个石头,垫在大石头上,使劲砸下去。树皮和藤条渐渐变得柔软,他将它们挽成疙瘩接成长绳。这还不算,荆云又让个人奉献点衣物,接成绳子附着在藤条绳子外面,以备万全。

那魏齐一听要他割袍子,扭扭捏捏,说是不能丢了脸面。

荆云冷酷地问:"你是要命还是要袍子?"

魏齐说:"脸面没了,活着还有……"唧唧哝哝说不清楚。

荆云双手一翻:"这好办了,我们都不用逃了。在这里等官兵就行。既保住面子也能保住性命!"

如此一逼,魏齐还是吭吭唧唧不肯,倒是虞信利落,不征求魏齐的意见直接拿剑割下数段长条,递给荆云。

接好绳子,荆云又找到城墙的松软处,用匕首作镢头,一个坑一个坑挖下去,硬是攀登着爬上了城墙。上了城墙,荆云手臂上的伤口淌着的血,已经渗透了衣服,他将袍子下摆拽起来,用力拴住流血的胳膊,防止再出血。

这才和赵十八甩下绳索,一个一个将三人拉上城墙,顺着豁口放下去。

五个人逃出城外,只管朝着城南跑,专挑小路僻静处跑。临近天亮时分,来到一处村庄外,吕不韦叫过荆云,让他们想办法买几匹马过来。

好不容易买来四匹马,吕不韦让那个虞信独自骑一匹,他和魏齐各自一匹。荆云和赵十八虽然受伤,体力尚存,两人同乘一匹。

临上马,吕不韦悄声对荆云说:"隔开两人。"荆云心领神会。

荆云朝着虞信的马狠狠抽了一棍,马儿受惊,撒开蹄子狂奔。荆云和赵十八紧随其后。魏齐和吕不韦不紧不慢地走着。

吕不韦问:"何以范雎非要相邦性命?"

魏齐说:"这范雎是个睚眦必报的小人,只因他投齐被我察觉,回到府中教训,他就怀恨在心。如今得势贼人做了秦相,自然是摇头尾巴晃,疯狗一样咬人。"

"我若将君送予范雎,他会怎样?"吕不韦试探地问。

不想这魏齐也是鼠胆,当即瑟瑟发抖地问:"公子当真要送?"忽然一把鼻涕一把泪地嚎叫,"我有金子,吕公切莫要我性命!"说话间双手颤抖,竟然抓不住缰绳,从马上摔了下来。

吕不韦一见,已然明白了七八分,想这魏齐,定也是草包饭袋,得势不饶人,难怪范雎恨他。可如今这荒郊野外,这个累赘杀不得放不得,见他滚在地上屁滚尿流的样子,悔不该昨夜死命保他出城。

二、两个落魄人

吕不韦扶起魏齐，长眉毛一挑，不无揶揄地说："相国再闹一闹，虞卿就自由了。"

一听这话，魏齐像个离开大人的孩子，顿时不再哭闹。他知道，现在虞信不在身边，必须听吕不韦的话。

两人走了一里路，路旁树叶渐黄，天空朦朦胧胧，大地上仿佛倒扣着一个纱帐。左右四顾，了无行人。二人孤寂地驱马缓行，无话可说。

吕不韦此时若是有意取魏齐的项上人头，易如反掌。可真到了这个时候，他却有些犹豫。毕竟是个活生生的人啊。即便眼前的这个家伙是酒囊饭袋，想来那范雎也不是个豁达大器之人。更为可笑的是，就是这么两个人，一个是魏国相国，一个是秦国相国。偌大两个国家，却因为这两个心眼极小的人折腾，甚至不惜动用国家公器。如果自己有朝一日也做了相国，会不会做出这么龌龊的事情来。

在这个以战为荣的时代，士子多不择手段实现自己的腾达，可一旦达到荣华富贵，却又毫不怀恋曾经的苦难岁月，动不动就起杀戮心，动辄谋城，大者谋国。这对吗？为什么就没有人多保留些淳朴的初心，停止战争，还天下百姓太平！

这些士子如此，国君又何尝不是如此呢？今日你称王，明日我立盟，人人争当最耀眼的明珠，从未有人注重道德的修养。现在想来，孔孟之道，并非毫无道理，他们思想里闪耀着如水之德，只是难以滋养如今这大片干涸的土地而已。

精神的龟裂之地，绵延整个战国，以武为荣，以战为强的年代，谁还肯念叨那几句修身养性的词语。

奔跑的道路均是小路，专门避开了宽阔的午道，路旁林木茂盛，所以跑的并不太快。

正行走间，瞧见前面尘土飞扬，一骑飞奔而来。吕不韦急忙和魏齐躲在树林里，待到近处，才发现是虞信返了回来。魏齐一见，高声喊叫："虞卿，我们在此。"

吕不韦此时吃惊地看着虞信，想不到此人倒是有情有义，对魏齐不离不弃。既然如此，索性成就了这段佳话。

就这样，沿途经过宁新中①、荡阴，遂转向东南。朝着濮阳城奔去。因为来这里，是吕不韦家乡，既可以补充食物，又便于隐蔽。

到达大河边时，宽阔的河水泛着黄色的波涛翻滚着向东而去。傍晚时分，来到大河北岸的黎阳津渡口，渡口甚为热闹，靠渡口一溜排开几十条大船。划船的汉子丝毫没有感觉到秋天来临，个个光着膀子，露出腱子肉。船虽然大，却都没有棚子，一船可以载多人。一见他们几个人破衣烂衫，尤其是魏齐和虞信，脸上带有柴火烧过的痕迹，显得狼狈之极，因此大家懒得招呼，觉得他们不是有钱人。由于还有马匹，五个人分乘两艘船。到达南岸的埭津渡口，天色已经黑透。此时已经是进入魏国大半个国家，众人松了一口气。

这埭津渡口，当地人又称白马津，是个极为繁荣的码头。挨着码头的是个菜市，往前走一百多米，是牲畜市场，有拴着的狗、捆成一团的鸡缩在地上、咩咩叫的羊，还有刚杀掉的冒着热气的半片猪挂在架子上；守着大河，最肥美而有特色的是鲤鱼，个个活蹦乱跳，不时从盆里跳出来……小小码头，南来北往的人很多，酒肆最为热闹。别看此处是魏国，倒也有醇厚凛冽的赵国"中山冬酿"，楚国绵柔悠长的"会稽稻米清"，最多的当然是甘美的大梁酒。

吕不韦找了一家略偏僻的酒肆，不要大梁美酒，偏偏要了口味寒冰、雄强辣口的赵酒。魏齐不肯饮，要了魏国大梁酒。

吕不韦边饮边解释："这赵酒，看似最不讲究，陶罐泥封，寒山寒泉酝酿，有肃杀蛮烈之气，寒中蕴热激人热血，饮者如醉如痴。最配这瓦釜雷鸣的战国啊！"

赵国酒好，但此时魏齐仓皇逃命，心境颓然，自然喝不惯凛冽辣酒。酒随心情，喝酒喝的就是心情。

偏偏赵十八也极力赞美赵酒。喝着喝着，就说起赵酒最豪气的那段往事。为了这赵酒，引发了一场旷古第一酒战，留下了"鲁酒薄而邯郸围"的典故。楚宣王会盟诸侯时，鲁赵两国都向楚王献酒，因鲁酒淡薄而赵酒醇厚，楚国主酒官索要赵酒，可恼这赵国偏偏牛脾气上来了，硬是不肯敬献。主酒吏大怒，于是把醇厚的赵酒换成了淡薄的鲁酒，呈献楚宣王。楚宣王觉得赵酒淡薄，认为赵国蔑视楚国，当即兴兵北上，赵敬侯也发兵南下。两军在河外对垒半月，势均力敌，只好偃旗息鼓。但这场因酒而起的战争，最终成为赵国人夸耀不息的资本。

---

① 宁新中：秦战国时始改名"安阳"。

吕不韦要了五斤酱牛肉，又要了满满一桶羊乳浆，两个温酒樽里，盛满了赵酒和魏国烧酒。几个人大快朵颐，吃饱喝足，又烫了脚解乏，这时候魏齐缓过劲儿来，说："不如叫三五歌姬，给大家助兴。"吕不韦瞧了他一眼，心中暗笑：这还真是个没心没肺的家伙，忙着逃命还顾得上娱乐。几个人都不搭理他，魏齐只好悻悻地说："大家都累了，不要也罢。"

奔忙了一天，确实有些疲乏，吕不韦早早就休息了。

半夜时分，听得屋外下起了绵绵秋雨。吕不韦还感慨：这雨下得真不是时候，想着想着就又迷糊过去。

一早醒来，吃过喝过付账时，才发现，夜里睡得太实，又兼昨晚几个人太过招眼，竟然被贼偷了包裹，身上所剩钱已不多。虞信和魏齐凑了点，才勉强结算了饭钱。

再上路时，魏齐唉声叹气，完全没有了昨夜的风采。吕不韦知道，像他这样平日里颐指气使花天酒地，哪里受过如此委屈，倒也理解他。没了钱财，几个人只好先奔濮阳进发，去吕不韦老家歇息。

濮阳老家吕府内的一干人等，一见公子回府，顿时忙如蚂蚁搬家，个个精神抖擞。老管家见吕不韦等人衣服破烂、走得疲惫不堪，忍不住掉下泪来："东主，你可不敢有个好歹，路上难走，你该捎个信儿，叫小的们跑上一程，接一接。"

吕不韦宽慰道："只是赶路着急，并无任何事情，您老不必自责。"说话间，吕不韦问起卫君的情况。老管家说，这个卫君真是荒唐无度，如今国不像国君不是君，还只管吃喝玩乐，最近还来府上摊派了三五百金，本有心不给，奈何吕公往邯郸走时已经交代过，也就如数填了这个窟窿。"这是个无底洞啊，公子说说，以后若是再来讨要，是不是就拒之门外？"

卫国虽还未被魏国吞并，已经是奄奄一息了。吕不韦总想着，卫君能励精图治，发奋自强一番，即使恢复不了国家，也算是给他们这些子民打打气，撑撑面子。可这亡国之君，依旧只会过奢靡的日子，并不曾有半点血性，浑浑噩噩。一想到这里，他的心就会痛。想想自己去韩国阳翟还是去赵国邯郸，总有一种浮萍漂于水面的感觉，可摊上这么个醉生梦死的国君，不亡国才怪。但气归气，终究是老祖宗留下的规矩不可违背，所以他还是叮嘱老总事，卫君来摊派金钱，给还是要给的。

待到傍晚时分，吕不韦才有闲暇，坐下来和夫人叙叙家常，问一问两个儿子的功课。大儿子如今已经十来岁了，敦厚归顺，见了父亲，规规矩矩地站在身边，回答着父亲的询问，白圭经营之道，说得头头是道，吕不韦很是欣慰，连连夸道："我儿有伊吕之风，大贤气度，为父深感欣慰。但不可焦躁自满，须知盈满则亏的道理。"儿子点点头："亮儿记下了。"小儿子才三岁多点，调皮地在地上蹦来蹦去，吕不韦一见，忍不住呵斥一声："男儿家，要稳重些。"

夫人褚莲搭话说："你难得一年回来一次，见面就是吵闹。他小小年纪，天真烂漫，还不是亲你。"

"你莫要娇惯，男孩子要自小就稳重点好。"

夫人微笑着搭话："好好，臻儿，听父亲话，别再疯了。快跟你哥哥学一学。"

小儿子吕臻举起拳头到耳边，说："跟爷爷学，跟父亲学，就不跟哥哥学。"

吕不韦见他顽皮的可爱，也就不再唠叨，和夫人聊起这段在邯郸的见闻，嘱咐要管好家中的事情，人人都不可懈怠。

褚莲也不过问今天带回的都是什么人。她性格温顺，从不过多询问男人的事业。晚上两口子灭灯后，好好努力了一番，听得屋外又下起绵绵秋雨，被窝里暖如春夏。

秦国要攻打赵国，异人的日子更加难过。饭菜质量低劣不说，几乎到了食不果腹的地步。但他只能打碎牙齿往肚里咽。

这天晚上，肚里咕咕叫，饥饿难耐中，他走到院子里，也不找蓑衣，只管站在细雨中，抬起双眼，痴痴地望着西北方向的国家，思乡之情油然而生，忍不住眼中滚落泪花，带着哭腔吟唱起来：

于我乎！
夏屋渠渠。
今也每食无余。
于嗟乎！
不承权与。

于我乎！
每食四簋。
今也每食不饱。
于嗟乎！

不承权与。

守护的兵士喊叫一声："你哭丧啊，半夜不困，老子还睡觉呢。"异人双臂紧紧抱住胸脯，任由泪水无情地淌下。

不知此时，秦王宫内，大父①还想不想得起他这个孙辈。铁血征战的大父只会沉醉于战争中，他想的天下大约早已不包括他这个嬴姓子孙。

他呢喃着又默念了两遍这首讽刺秦国先王冷落贤良的歌谣，愈加怀念以前的时光。在咸阳时，每日里珍馐美味，今日里身在异乡，吃着粗粝饭食，还不能尽情管饱。尤其是今夜，进食时，竟然发现粟米中伴有沙粒，硌得牙生疼，气得他大叫一声："我好歹是秦国公子，竟敢如此糟蹋，不怕我秦国强兵吗？"看护的守卫哂笑一声："哎呀呀，这是哪个贵族公子？有本事早点回国，也省得老子操心伺候。"说话间，一脚踢翻了盆碗，揶揄道，"既然不能吃，省得侮辱公子贵胃。"倒是便宜了那只陪伴的黄狗，趁机大快朵颐。

盯着饱餐的黄狗，一时间，异人觉得自己活像这只狗。有一顿没一顿地在这个世上饱受煎熬。不知不觉中，他轻轻地念出了声："娘啊，亲娘啊，你咋就不想想儿子，这样的日子何时是个头啊……"

隐约中，他听到了秦国古筝的声音，幽怨而悲壮，伴着声声倾诉，讲述着流浪者之歌。忽然，古筝变得若即若离，低声哀鸣，似战士踏着夜色将要出征时发出的低吼，又似少妇在呼唤战死的丈夫的魂魄……筝声陡然高亢起来，异人觉得身体里的血液滚烫起来，他随着激扬的乐曲舞之蹈之，沉醉其中，眼前浮现出道道亮光，看到大父骑着白马，身披黼黻，挥舞着旗帜，满面笑容地朝着自己摇动。秦国铁骑队列整齐，让出一条宽阔大道来，见赵王卑躬屈膝地站在道旁，满脸堆笑地朝自己巴结示好……

雨更猛了，浑身湿透的异人丝毫没有感觉到自己淋在雨中，他就这么神情恍惚地憧憬着，希冀着……

直到守卫一声断喊："你想折腾老子，信不信今晚就锁你在院子里！"异人缓过神来，却突然一扫平日里对守卫的忌惮，期期艾艾地嚎叫起来，继而大哭，他哭叫着喊："我大秦啊，你何时攻打赵国，我大秦啊，你何时……"踉踉跄跄地在雨中紧走几步，不想竟然跌坐在地上，泥水和着泪水，他任由它们肆意流淌，拍打着大腿，一声一声呼叫着："我大秦，我大秦……"竟然倒在雨

---

① 大父：爷爷。

水中。

护卫这时派出两个人过来搀扶他，嘴里念叨着："可怜的，也活该你倒霉，心比天高，命不济啊。"一句一句唠叨里，把他拖回了屋里。

到濮阳后，吕不韦下了决心，让荆云护送魏齐回魏国。他敏锐地感觉到，如果当时一出赵国城，当即抓住魏齐，那时自己是有主动权的，即所谓的"形"有利于自己。而当时迟迟没有动手的原因，主要是因为虞信。

当所有人都知道虞信出于仗义宁愿丢掉赵国上卿的位置，一同出逃。这时，"形"就开始转向虞信。如果自己贸然动手，必会给天下人留下口实，这样，自己无形中就成了众矢之的，绝对的小人。

一个小人范雎心胸狭窄，要报复浪荡的魏齐，已经够乱了。如果自己掺杂在其中，不明真相的人就把他也划入了这个小人圈。人在世上，一旦戴上了失信小人的帽子，要想摘掉可就难了，因此迟迟不能下手。

到这时，只有根据"形"的变幻，适时调整策略，营造"势"。此即：形是势的基础，势是形的发挥。利用优势，制造机变，这就是势。

现在，魏齐还在自己手上，这就是势。如果能有一个合适的机会，或者魏齐自作死，那时自己趁机取之，既解了平原君的围，又能取悦于范雎，还不会惹了虞信，岂不是最佳选择？

所以，他做出决定，让魏齐走。所谓布局，就是不断调整形势的过程。有利时，进攻；不利时，放长线。

他在濮阳逗留两日，便又回到了邯郸。他还在策划着更大更长远的计划——利用异人！这才是大文章！

事实证明，吕不韦的分析是正确而恰当的。当他回到邯郸第六天的时候，一天傍晚，荆云回来了，并且带给他一个极其震惊的礼物——魏齐的人头。

原来，魏齐和虞信的打算是，到了魏国，求见信陵君魏无忌，通过他的保护，逃亡楚国藏匿起来。

可没想到的是，魏无忌听闻，出于国家利益，迟迟不见。

魏无忌不见魏齐，是有道理的。

当年魏齐杀范雎，本来就是他猜忌太重。得知范雎在秦国为相后，出于恐惧，逃亡赵国平原君家中。牵连平原君后，就转投虞卿府上导致秦国攻打赵国。为了自身安全，不顾赵国死活，又来投奔他。

魏齐可以说已经如丧家之犬，毫无魏相国骨气，他索要的，只是个人安危。如果贸然收留魏齐，授以秦国出兵魏国口实，魏齐当然不考虑。他此时已经是彻头彻尾的自私自利者。

一国与一人，魏无忌当然不能不思考。

可毕竟是一国同胞，直接拒绝好不好，魏无忌也有些犹豫，就问周围的人："虞卿这个人怎么样？"他想知道，是什么力量让虞信放弃上卿、爵位肯与魏齐一同逃亡。

贤者侯嬴说："人固然很难被别人了解，可了解别人也不是件容易的事啊。"

魏无忌又问："魏齐胆小如鼠，拿别人的血保自己的命，虞卿值得吗？"

侯嬴答："值得不值得，是我们看到的。或许在虞卿眼里不是这样。"

魏无忌再问："虞卿为何会保护这样一个人？"

侯嬴再答："君子并不是对任何人都君子，小人也不是对所有人都是小人。如果他觉得不值得，自然不会做。"

魏无忌还是犹豫："我还是想知道虞卿这人怎么样。"

侯嬴说："你说这虞卿，好不容易一步步取得赵王信任，封为上卿、万户侯。魏齐走投无路时投奔了虞卿，虞卿却根本不把高官厚禄看在眼里，解印、弃爵而与魏齐逃走，像他这样能把别人的困难当作自己的困难，公子却在问——他是什么人……"

信陵君听得脸红燥热："啊呀，若非君一番提醒，差点冤枉好人。快快，请虞卿。"当即驱车到郊外去迎接他们。

可这时，魏齐早已万念俱灰，因为迟迟等不来魏无忌，觉得他肯定不愿意帮自己，翘首期盼时，又猛然看到魏无忌的车驾，以为是来抓他入狱的，胆怯夹杂着恼怒，刎颈自杀了。

魏无忌见状，邀请虞信，虞信不屑与之为伍，独自走了。

就这样，荆云才割下魏齐首级，回来给吕不韦交差。

三、父子相左

吕不韦献出魏齐人头，解了平原君的围，他很快安全回到赵国。本来吕不韦准备约上郭纵和猗顿一块儿到平原君府上祝贺的，但他忽然感觉到，这样的机会不如让给异人。

从此后，异人便是前台的人物，吕不韦甘愿当幕后支持者。

从濮阳归来后，吕不韦就专门到异人的住处，和他进行了一次长谈。那是一个阴沉的上午。吕不韦到达时，异人刚刚吃过饭，并没有刻意装扮，就随意地见了吕不韦。

吕不韦一见，便说："公子是秦国贵族，不该这样自暴自弃。"

异人嘴角一歪："倒用你来教训我。"显得十分不服气，随手拨弄着一个破筐子。

吕不韦不管异人的态度，平静地说："秦王现在老了。"

说完这句话，他见异人的眉毛跳动了一下，旋即又恢复耷拉的状态。这时吕不韦观察异人，面庞消瘦，颧骨高耸，因营养不良导致肤色发黄，眼睛显得特别大，目光因长久压制而毫无神采。双唇说话时，先抖动一番，似乎要和牙齿商量一样，心神不定。

吕不韦接着说："你父亲安国君如今是太子。"

"要你说！"异人气咻咻地回敬。他现在最烦听到这样刺耳的话。与其说不想听，不如说他不敢听。父亲的荣华富贵，距离他如今很遥远。

可吕不韦仿佛不懂似的，接着说："你不是最大的嫡长子。"

异人反而有些沉住气了，冷冷地说："公子闲来没事，翻出嬴氏家谱来这里絮絮叨叨。"

可接下来吕不韦突然语气加重，快捷地说："你母亲并不受父亲宠爱，你父亲现在最爱的是年轻的华阳夫人。而且，年轻的公子子傒等人的才干并不在你之下。"

异人听到这里，眼里忽然冒出一道凛冽的寒光，逼问道："你究竟想说什么。"

吕不韦一见，心中一喜：毕竟是秦国公子，还有血性！

异人的衣服袖口破了好大一块，他说话时，尽力用手遮挡着，掩饰着贵族公子最后的尊严。一双袜子发黄发软，显然很久没有洗涮了。

"可华阳夫人偏偏没有子嗣。她芈氏千算万算，算不准这个。这就是个机会，如果华阳夫人能立哪个公子当嫡子，这自然是……"

"太子！"异人脱口而出。

"对！安国君也是个耳根子软的人，华阳夫人枕边风如果吹得好，太子几乎就定了！"

"可这，跟我有什么关系？"异人忽然好奇地问。

见他着急，吕不韦心中一乐，面部上却看不出任何痕迹，装作有意无意地反问一句："你说呢？"

"总不会?"异人迟疑着不敢说出来。心底里按捺不住的兴奋,但很快他就冷静下来。凭对面这个商人几句屁话,华阳夫人就肯听他?一时间,想起母亲夏姬,年老色衰,不免又重新耷拉下头,长长地叹了一口气。

"不错,我上次来你就知道了,我能广大你的门庭,帮你圆了这个梦。"

"我凭什么相信你?"

"信不信我,你都只能选择听从我的劝告。"吕不韦娓娓道来,"你现在的处境已经坏到了极点。指望秦国王族来拯救你,你自己也知道这是个不可能实现的梦。赵国更不会放过你,一旦两国战争,你就会成为牺牲品。秦王不会怜惜一个他不喜欢的子嗣的,赵王更会恼羞成怒,拿你来出气。你在邯郸当质子,按说是对秦国的威胁,可你心里也清楚,根本构不成威胁,你现在就是一个弃子,两国都不把你当回事。而只有我,肯用心帮助你,祝你成功回到母国。"

吕不韦边说边观察异人的变化。他先是皱着眉头,听吕不韦越说越觉得胆寒,心惊肉跳,最后竟然脸色变白,冷汗沁出额头,他不住地用袖子擦着汗,尽量掩饰内心的恐慌,但事实的确如吕不韦所言,甚至现实比他描述的更糟糕。吕不韦或许并不知道,最近他连吃饭都填不饱肚子了。想到这里,异人虽然还有疑虑,忍不住问:"你图什么呢?"

吕不韦毫不掩饰地说:"我不想一直做商人,我有很多拯救黎民的想法,却因为我只是个商人无法实现,所以我需要借助你的力量,完成心愿。"

听到这里,异人乐了:"好,假如真的如你所言,能帮我回到咸阳,再假如我能当王的话,我愿意和你共享富贵。"

"太好了,公子一看就是个爽快人。从今天起,我供你吃喝,给你财富,你多多结交赵国贵族,形成一定声势。"

话说到这里,异人忽然眼窝热辣,鼻子一算,差点落泪:"我定不负公子。"他太需要钱财了。如今遭受的一切冷遇,都是因为身无分文的缘故。他已经很久没有闻到金子的味道。一个人太缺少某方面,就会轻易屈服。身边是黄狗乖顺地卧在地上,懒得摇一摇耳朵。

吕不韦知道,异人不是败给了他,是败给了金子,败给了面子。当一个人没面子时,最需要的首先是金子。

吕不韦见话说得差不多了,朝外面喊一声:"上酒!"

异人没想到的是,看守他的司马竟然笑哈哈地亲自端着热乎乎的酱牛肉、煮羊肉进屋来,又急忙出去端来一壶酒,乐呵呵地说:"公子,快趁热吃,吕公可是你的恩人,这是最好的赵酒,还不痛饮一番。"

异人这一刻猛地感受到了吕不韦的威力,端起一杯,恭敬地举起:"来,吕公子,异人但有转机,定不忘先生恩情。"

吃饱喝足,吕不韦又拿出五百金,递给异人,说:"这些公子先用着,记住,你是大秦国公子,从今天开始,你必须活出个公子样来!"

异人双手颤抖,不敢相信这样的好事竟然一个上午就实现了,喜极而泣,他想试试手段,随后拿起一金,扔给守卫,说:"饭菜以后每日照着今天的做,可能做到?"

守卫乐颠颠地答:"能做到能做到,但凭公子使唤。十天不叫重样。"

久不得意的人,一旦有了可供使用的权利,最喜欢做的就是欺负那些往日里欺负他的人。见守卫如此媚态,异人终于抬起了头,深深鞠躬,感谢吕不韦的赠送之恩。

在异人这里谈好后,吕不韦心满意足地回到府邸。

父亲吕公这时并未歇息。

好久没同父亲交谈了。吕不韦感到一丝心灵的谴责。他感到父亲确实有点老了。以前那个时时都意气风发的商贾名家,如今变得谨慎有余,开拓不足。可他又没法对父亲说透心中的这种感受,于是没话找话,他说:"爹,你我父子二人好久没说过话了,坐下来谈谈吧。"

父亲终究是父亲,尽管父子俩已经谈不到一个话题上了,总觉得儿子做事有些冒险,可还是愿意坐下来与儿子交心。

父子二人聊了些经商上无关痛痒的话,话锋一转,吕不韦问父亲:"耕田可获利几倍呢?"

父亲说:"十倍。"

吕不韦又问:"那像我们家一样,贩卖珠玉,获利几倍呢?"

父亲说:"百倍。"

吕不韦感觉说服父亲有了底气,又问:"立一个国家的君主,可获利几倍呢?"

父亲说:"无数。"

吕不韦忽然坦然地说:"如今努力耕田劳作,不能做到丰衣足食;若是拥君建国则可泽被后世。所以,我决定去做这笔买卖。"

父亲吃惊地望着他,恼怒地骂:"胡闹!"

"再没有任何时候比这一刻清醒。"

"谋国岂是我们想的事。这可是要掉脑袋的呀。"

"掉脑袋掉脑袋。我们就这么拼死拼活地经营，还不一样每天提心吊胆？魏国胜利了，我们捐钱粮；魏国战败了，我们同样捐钱粮。路上遇到战乱了，如果哪一支箭不长眼，一下就要命了。我们整天谨小慎微，战战兢兢，还不一样难以难逃厄运。"

"谋国是纵横家的事，我们规规矩矩做好本分才是正道。不要以为你见了几天世面，就一手遮天了。这个家，我还是能做主的！"

"你当然能做主，你做主已经几十年了，不过是从卖粮食转到了贩卖珠宝。如今碰上了这大争的好年代，凡有血性的男儿，哪个不是在争斗出一个前程！你整天就是要守本守本，叫我看，这样守来守去，最终……"

他说不下去了，看到父亲嘴唇颤抖，嘴巴翕张着，脸色气得发紫，一连串地咳嗽起来。

吕不韦心软了，赶紧上去替父亲捶背。父亲一把推开他："滚，不用你来气死我！"

看着父亲气得浑身颤抖地走了，吕不韦颓然地坐在地上，好好后悔起来。

看来，要想让父亲同意自己的计划，还得另择良机。

吕不韦知道，父亲刚强半生，地位不容挑衅！可他又胸怀韬略，苦于找不到一种柔软而有力的方式诉说。

想想自己三十多岁，也经历了很多商海风浪，可还是忍不住遇到事情会动辄发怒，这是一个成功男人最忌讳的性格缺陷。尤其是对亲人时，他总是难以做到心平气和。

走到院子里，吕不韦不知不觉心头袭上一丝惆怅。他甚至分不清，当前自己为何而忧愁。衣食无忧的家境，他本能安逸地过自己的生活，可骨子里，他又总觉得有个另外的自己在较劲儿，那个"我"似乎更本真，更纯粹，既希望世界和平，又期盼在乱世出英豪的时代里能大显身手。当前的这个乱世中，这个"我"就像一匹奔驰的野马，从不受任何人的束缚，可以按照自己的方式自由驰骋，来去无踪。

老管家或许刚才听到了父子的吵闹，悄无声息地走过来问："公子，要备酒吗？"

"要，最好是辣酒。"

"公子，吕公是为了您好。"

吕不韦感慨地看着这个从小就看着自己长大的管家，慈祥而从不多言语，他忽然觉得也许老管家可以帮上忙，站在榆树边，顺手拍着树干，问："老伯，你说，父亲是不是老了？"

"吕公的骨头从来都是硬的。"

"那他为什么阻拦我？"吕不韦抬头望着满天星星问。

"没有月光，星星们多沉闷啊。"老管家仿佛自言自语。

"月亮总会出来的，用不了几天。"

"是啊，月亮一出来，星星们就知道家了。"

吕不韦依稀听懂了，他摆摆手，示意自己想安静。老管家又悄无声息地退下去了。

天气有点凉，吕不韦裹了裹衣服，独自喃喃道：是的，月亮总会出来的。

躺在床上，他还一直在想，如何找个巧妙的办法，说服父亲同意自己帮助异人。

翌日一早，没有等到和父亲见面，吕不韦首先听到了一个令他震惊的消息：异人不见了！

他脑子嗡嗡直响，一下愣在原地，荆云连呼几声，他都没有答应。此刻，守卫就在前厅等着，要他提供异人的消息。

事情紧急，缓过神来，吕不韦当即吩咐：荆云速去联络青荇，打探消息。又派赵十八去告诉毛公、薛公，务必探得异人的消息。

他到前厅见了守卫，一问情况才知道，吕不韦走后，异人就派守卫去买了几件华丽的衣服，然后又购置了一辆轺车，告诉守卫，他要出去会客。守卫也是受了不少恩惠，这次破天荒地没有跟着他，觉得他现在有钱了，又有吕不韦的面子打包票，应该不会出什么问题。不想今天早上醒来一瞧屋里，异人连影子都没有。屋子里翻来覆去，就是几件破衣裳。

"八成，这家伙是跑了！"守卫沮丧地捶胸顿足。

吕不韦先稳住他，安慰道："不会的，没有钱时，他受了那么多罪都没有跑，现在有钱了，更不会轻易逃跑。"

"以前他跑没有资本，现在有钱了，才敢跑啊！"守卫龇牙咧嘴地敲着自己的头皮，恶狠狠地分析。

"他能往哪儿跑？回秦国吗？他毕竟是公开的质子，回去了怎么向秦王交代？赵王和秦国要人怎么办？总不会再换个公子来邯郸吧？"吕不韦巧妙一解。

说归这样说，吕不韦也觉得有几分心里没底，就劝说守卫，赶紧去城门问问门吏。

众人的焦虑不无道理。异人如果就此人间蒸发，吕不韦不但赔了钱财，丢了名声，最重要的，可能牵扯到官司。一国质子，岂容他随便插手。这时想起父亲的阻挠，依稀觉得有些道理，但吕不韦总觉得异人不会就这样轻易失踪，毕竟自己观察思考了好久，这个人秉性懦弱，又兼长期压抑，一时间不会生出如此雄心，敢于逃跑。

派出去的几路人马陆续回来了，都没有消息。这个上午，吕府上下在仓皇、焦虑与无奈中煎熬着。

大概到了午后时分，荆云才汗涔涔地回到府上。

吕不韦一看荆云的表情，便知道没事了。

"你猜，他做什么去了？"荆云狡黠地笑问。

"定是做了龌龊之事。"吕不韦摸着胡子说。

"公子断人最准。这异人昨晚在酒肆里贪杯后，找了家客栈，呼来两个歌伎，搂着睡实了。"

吕不韦听后，哈哈大笑，不过旋即想到，异人这个年轻公子，身边缺少几个女子伺候，确实是个问题。当即就吩咐荆云再去跑腿，叫青荇立即买两个俊俏的女子，送给异人，以免他日后又惹下夜不归宿的事端。

折腾完已经是下午时分，吕不韦这才感觉肚子咕咕叫，草草吃了些，他又吩咐厨子，以后每隔三五天，就弄些鱼、卤肉送给异人，不叫他再四处为吃的忙活。

躺在西苑摇晃的竹椅上，晒着微微发黄的太阳，身上暖融融时，吕不韦望着流过的白云，迷糊着眼睛，心里盘算着：投资异人是一条漫长而琐碎的路，必须处处提前筹划，才不至于人财两空。

在赵国邯郸，自己眼皮子底下，倒是好操作些。下一步，如何将异人改变的消息传给秦国，让安国君知道，这是个问题。还有，如何去秦国运作，与华阳夫人牵上线，这更是大问题。范雎因为自己献上了魏齐的人头，或许会有所好感。可范雎与华阳夫人，是亲密还是疏远，是友是敌，都需要尽快摸摸底了。

不知不觉，就想起了远在秦国的白露姑娘：好久没有她的消息了，不知她可安好！

四、高深的秦公子

异人的日子彻底变了。

第三章　巧妙布局，赢得绝对信任

吕不韦在旬日之间，便听到了有关他的很多传说。有说秦国厚待在赵的质子，专门为他配备了车马；也有说他豪爽仗义、谦谦君子风度；说他为人谦逊，彬彬有礼等等。吕不韦听青荇汇报了这一切，愈加觉得投资这个人的正确性，可父亲还是不同意，让他如鲠在喉，成为一桩心病。

"如今，你的身份反正已经暴露了，择日就迎娶进门吧。"吕不韦对青荇说。

青荇等这句话等了很久，但却没有想到来得如此容易。对于女人，越容易得到她越怀疑，心中生疑，就矜持地说："妾可以再等机会的。"话虽如此，话说完却低眉垂目，完全不像能等的样子。

正是仲秋月，家里都在准备秋傩礼，下人们杀鸡宰羊，布置傩舞服饰。院子里来往的人扰乱了吕不韦的思想。舍人荆云则率领着赵十八负责安全及火灾预防。

吕不韦今日说话总是魂不守舍，有一句没一句，说了迎娶进门的话后，并不观察青荇的表情，只管继续说："左右李斯已经知道了，很快大家就都知道了。我就是不明白，他这小子如何会知道的。"

青荇听他这样说，顿时觉得迎娶进门有些遥远，先是觉得惭愧："都怪小女子不谨慎，露出端倪。"

吕不韦摇摇头，继续自言自语："或许也未必。不过，还是迎进门的好，省得……"他忽然狡黠一笑，"'赛西施'可有不少人追捧呢。"

被他一逗，青荇脸色发红，轻掩嘴角，羞涩地说："公子再取笑，真是没脸进门了。"

"那你说，有没有想我？"

"咋会不想？"青荇肃容道，"眼下不是谈情说爱的时候。"

吕不韦微微颔首："叫你进门，原也不只为二人欢愉。"

就知道你有条件。青荇心说。男人无端献殷勤，一定有事瞒着。

"如今，父亲不赞成搅入政治，可异人……"

青荇反而窃喜：原来是让我说动吕公。可见他把我当成最重要的人，这倒比没有条件还亲密，当即朗声说："吕公这里，我会尽心尽力。"

"原也知道，父亲是喜欢你的。"

"异人如今大变模样，端委①皂靴，好一幅赵国贵族装扮。"

---

① 端委：古贵族礼服。用二尺二寸（周尺）的整布，不加裁剪制成。袖子长。

吕不韦讶异:"这整块布衣服,缠缠绕绕,他也能习惯?"

"说明他用心啊!与赵人交往,服饰一致,自然心近。"

夜幕降临,吕家除了大门之外的几个偏门处,燃起火烛,支起祭案,摆上各种猪牛祭品。一队戴着面具的队伍,一人领舞,众人紧随。锣鼓敲起,大声呼叫,驱赶瘟疫和不祥灾祸。吕公站在厅堂明亮处,仰头望天,心中默念,上天庇佑吕姓子孙,百福骈至,平安吉祥。

吕不韦却躲在书房里沉思,他在筹划,如何让异人进入真正的赵国贵族圈。

此刻的异人,正在建信君府上大快朵颐。建信君容貌过人,面庞白净如脂玉,身材修长如杨柳,体态匀称,每日里最喜欢涂脂抹粉,深受如今的赵王喜欢。不过此人也仅仅擅长此道,以色相博取赵王喜欢。最近交往上此人,异人十分得意。赵国的关系一打通,异人顿时了解到,自己是秦国公子。

看着建信君,异人笑眯眯地问:"依君看,时候到了没?"

"还是有点急啊。"

"我可以多使财宝,你看,今天就带来一颗难得的'蜻蜓眼',君侯给掌掌眼。"异人巴结地递上一个盒子。

建信君接过盒子,眼光略一闪,却淡淡地说:"不要拿什么东西了,我们已经是至交了,何必浪费这些。不就一个上卿嘛,我抽时间劝劝赵王。"

见他动也不动,异人心急,几步跪到建信君对面,亲自打开盒子:"你看,你看看,确实是难得的宝物。"

毛公可不管这么多,快步跑过来:"宝物?能值几何?"

建信君捏起这只蜻蜓眼仔细端详,它看上去比真正的蜻蜓眼也大不了多少。这是一颗大圆珠子,母体上嵌进六个不同颜色的珠子,神奇的是,嵌入物在母体形成多个环环相套的同心圆图案,乍看类似动物的眼睛,故而称为"蜻蜓眼"。

这颗蜻蜓眼,母体颜色绿色,通体透亮。镶嵌的珠子,真的就像一个个眼睛,盯着它看,总感觉有六个人同时在盯着自己,蛮有意思。

"君侯看看,这眼睛,可算神奇?"异人推着建信君的手,慢慢地转动。随着蜻蜓眼转动,建信君仿佛看到一个逼视他的眼神,心里晃动一下。又转一下,这个眼睛却像个翘首顾盼的女孩子的眼:"这器物虽好,毕竟有点小。"

"叫我瞧,这物件若是拿到赌场上,或许能值个三二百钱。"毛公摸着胡须道。

异人瞪了毛公一眼："毛公你时时想着赌，这赌博比你的命还重要一样。"

"大丈夫不赌，不是白来世上走一遭啊。再说，万千事物，哪个不是赌来的？"

异人左右瞧瞧，打个手势，侍者端过来一盏灯，异人亲自执灯，笑容可掬地问建信君："您再看看，这只眼，像不像飞龙眼？"

建信君捏着蜻蜓眼，点点头，兴奋地说："你这一说，还真是有点像呢。"

毛公撇一撇嘴，说："叫你们一说，比随侯珠还胜几分！"

异人一愣，问："什么随侯珠？"

建信君讶异地问："你不知道随侯珠？"

毛公说："这是咱东方六国的事情，他秦国公子，哪里知道这事。来来，我告诉你。随国的曾侯行至溠水边的一个土丘时，忽然看到一条灵蛇受伤，觉得它很可怜，就命人用草药封住其伤口，医治好了它的伤。之后，一个月圆之夜，这条灵蛇口衔明珠献予曾侯，就这样，曾侯就天天佩戴着这些珠宝，受人嫉妒。"

"哦？这样啊，如此来说，你那是传说，我这可是实物，比那珍贵多了。"异人揶揄道。

"老弟啊，你可真敢夸海口。想必你更不知道'随珠和璧'的说法吧。"

异人愣了，呆呆地望着毛公。

"这随侯珠啊，大家把他跟和氏璧放在一起比较，你说，比你这破玩意怎么样？叫我说，你也别在建信君面前吹嘘了，送给我得了。好歹还能赢回几个钱，也算物尽其用了。"

"哈哈，毛公这是要夺人所爱啊。"建信君素来吝啬，到手的东西岂肯轻易放手。

"还有好货。"异人说话间，命侍者拿出一把短剑，得意地炫耀，"这可是郭夫人亲手铸造。"

建信君拿过一看，剑身宽而厚，开刃的部分闪着白光，剑身上是菱形的纹路，剑格是块乳白的玉，周围精致地镶嵌了金丝。忍不住对异人说："公子如此费心，我定当跟赵王好好说说，封赏你个上卿。本来嘛，秦国赵国，亲如一家。想必赵王早有此意呢。"

"承公错爱，来日再报答厚恩。"异人喜滋滋地作揖。

毛公吵吵嚷嚷："吃酒吃酒，似你们这样，不懂生活，白白耗费了这肉糜汤。"

"今日高兴，来人，上好的羊乳端上来，还要有麋鹿肉，我们痛快醉一场。"建信君心满意得地吩咐道。

"就是，天天啃那破狗肉，牙缝都塞的疼。"异人也咋呼起来。

让毛公陪着异人，是吕不韦花了不少心思才请动的。一来毛公久居邯郸，人熟路熟，关系很多。二来赵国礼数独特，怕异人不懂，惹恼了贵族。

吃喝了一阵，建信君见气氛起不来，招呼一声："拿壶来，我们投着论输赢。"

侍者当即端过来一个投壶。这壶造的奇特，专门为难人：壶颈约七寸、腹约五寸、口径却只有二寸半。游戏规则，距离壶数步，手拿棘木制作的矢"顺投"入壶内，且必须让矢头先入壶中。中者为赢，输者罚酒。为防止矢入壶而跃出，通常要在壶中放入小豆。

"我先来。"建信君毫不客气。按说是要事先谦让一番的，可这人知道，如今异人是来巴结自己的，当仁不让的强者气度愈加会给自己增添魅力。

只见建信君捏起棘木，远远眯着眼睛仔细瞄准，忽然扔出去，不想却并未投中，在壶前掉落。建信君一看，面有不悦。异人一看，当即高叫："罚小厮一杯，他放的又远又偏。"建信君哈哈大笑："对对，这东西眼不好。"侍者幸福地接过酒杯，咕咚一饮而尽。

建信君再投，仔仔细细瞄准半天，一扔，矢碰了壶一下，"当"的一声又掉落地下。他端起酒杯正要饮用，异人又呼叫："罚舞者酒，方才她衣袂飘飘，刮风了。"

建信君狂笑，指着异人说："公子好眼力，刮风了！"

舞姬赤脚来到毯子边缘，自己动手舀一杯酒，咕咚干了。

建信君再投，不想异人却蹿出自己坐榻，来到壶边，双手执壶，建信君投出，他拿壶口对准，木矢稳稳落入壶中，异人高叫一声："彩！"随即招呼毛公，各自端起满满一杯，滴水不漏，满饮此杯。

建信君竖起拇指夸赞："公子果然有过人之处，不愧是大秦贵族。"说的异人心里美滋滋的。

毛公却笑着揶揄道："似你们这等无赖喝法，天下少有。再这样，老子不陪了。"

建信君忙摆摆手说："异人，你来投，不要比我差啊！"

异人接过木矢，左右摇摆，似乎在寻找壶口，却一扔不中，再扔不中，三扔还不中，连罚三杯，面庞已经红得发紫，嘴里却不忘念叨说："今日风水不正，建信君家里，对吾不利，改日学好定要和建信君比试比试。"

把个建信君乐得手舞足蹈，撕扯着肉块说："改日你也不行，我是狩猎高手，不信让毛公试试。"

毛公倒不客气，连投三中，慌得异人和建信君连连呼叫他作弊，死缠烂打不承认。

这天早上，吕府一派热闹。

吕不韦正在将青荇迎娶到家。虽然早已是熟悉得不能再熟悉了，但之前还是严格地执行了纳彩、问名、纳吉、纳征、请期等婚假礼俗。如今就剩下亲迎了。其实这个六礼，之前是七礼的。亲迎之后还有一个合卺。《礼记·昏义》记载："妇至，婿揖妇以入，共牢而食，合卺而酳，所以合体、同尊卑，以亲之也。"共牢和合卺都含有夫妻互相亲爱，从此合为一体之意，也称"同牢"。

渐渐的，尤其到了战国时代，礼崩乐坏，瓦釜雷鸣，所以，礼仪也就没有那么讲究了。

譬如今日，吕不韦迎娶青荇回府邸后，也不再行合卺之礼，只顾来到前厅接待贺客们：郭纵、猗顿、毛公、鲁仲连、薛公、公孙龙等。

这些人聚集在一起，本来都是知晓喝酒礼仪的，可哪里还顾得上这些烦琐的礼仪。

周礼的饮酒礼仪，分为"拜""祭""啐""卒爵"四步。"拜"指的是饮酒前做出的"拜"的动作，一般行于主与宾、或宾与宾之间，相互对拜以示互尊；"祭"指喝酒前，将杯中酒液倒出一些在地面，以谢大地生养之恩；"啐"指品尝酒味并加以赞赏，以博主兴；"卒爵"则是指最后仰杯而尽。

他们虽然还简单地维持着一般礼仪，却已经省略了这些看似客气的礼法，尤其是猗顿，揉一揉红鼻子尖，小眼睛一眯："喝就喝个痛快，你们一帮碎人，是怕吕子管不够酒吗？"

毛公推一把薛公："小子说你呢。"

薛公只管喜滋滋地满满呷酒，不搭理他。

毛公就自己高声嚷嚷："就是就是，今日可不讲究什么三杯为度的屁话。"

他说的三杯为度，是《礼记·玉藻》里有云："君子之饮酒也，受一爵而色洒如也，二爵而言言斯，礼已三爵而油油以退。"大概意思是：一杯神色恭敬，二杯温文有礼，三杯心情愉快而知进退。这样饮酒，筵席上的举止分寸，尽显如斯。

商人自古饮酒豪爽，又不拘礼仪，况且又逢吕不韦迎娶，便更加大胆而放肆起来。

鲁仲连此时倒不再是个纵横家模样，他只顾低声和薛公交流，对吵闹的场面充耳不闻。

公孙龙举爵邀酒："今日吕公子大喜之日，我们岂能扫兴。饮尽爵中酒，让吕夫人出来我们饱饱眼福。"

众人一阵聒噪。

郭纵说："富可敌国的吕公子，夫人定是倾国倾城。"

"这老家伙，又坑害了哪家良女。"毛公吼叫。

吕不韦微笑着涨红了脸，在席间不住走动，高声说："你们有认识的。"

"哦？如此说来，倒是熟人？"猗顿眯着小眼睛挑逗。

"熟人，熟人，稍等便让贱妾为大家舞上一曲。"吕不韦不住地敬酒。

酒至半酣，在众人不住的催促下，青荇款款而至。她一出现，惊呆了众人：身披半透明红锦带，坠马髻欲散欲立，凤凰步摇①若隐若现，每一次晃动都眯了众人的眼，赤脚如白藕，袒臂似凝脂……

就在现场无一点声音时，猗顿忽然说一声："这不就是那'赛西……'"

不等他说完，郭纵拿起一颗葡萄，轻轻地砸他眼睛。瞧猗顿似乎喝醉了，这轻轻一颗葡萄就砸醒了，愣是没有说出来后半截。

青荇站在厚厚的毯子上，向着众人深深鞠躬，一开口如百灵鸣叫："妾名赵姬，蒙吕公子不弃，忝为夫人，今日有幸为诸公子助兴，甚是荣耀。"话音刚落，听得一阵编钟响起，鼓笙齐鸣，琴筝同奏：

关关雎鸠，在河之洲。
窈窕淑女，君子好逑。

参差荇菜，左右流之。
窈窕淑女，寤寐求之。
求之不得，寤寐思服。
悠哉悠哉，辗转反侧。

---

① 步摇：首饰。取其行步则动摇，故名。其制作多以黄金屈曲成龙凤等形，其上缀以珠玉。

> 参差荇菜，左右采之。
> 窈窕淑女，琴瑟友之。
> 参差荇菜，左右芼之。
> 窈窕淑女，钟鼓乐之。

一曲既了，众人仍在回味。这婉转的歌声似从云端飘来，又如天籁之音，脆而不尖，甜而不腻，厚而不涩，醇如甘露。

鲁仲连夸赞一声："彩！"

众人齐声高喊："彩！赵姬，彩！！"

毛公偏偏最后又来一句："吕子福！"

众人磕着酒杯齐叫："吕子福！"

吕不韦沉浸在这欢乐的海洋里，脸色发红，多吃了几杯，环顾四周，个个七扭八歪，互相交流着。一时间，他恍惚起来，觉得自己已经到达了上流社会的阶层。心中燥热，英雄气升起，啪啪击打两掌，呼叫："异人过来。"荆云赶紧过来扶住他，轻声地说："今日并未邀请秦公子。"吕不韦不管不顾，牢牢靠住荆云的肩头，说："胡说，扶我出去走走，我要见异人。"

出得厅堂，来到长廊处，微风吹拂，他的酒顿时醒了一少半。半空中，一轮圆月高挂，皎洁的月光下，直挺挺站着一个人，面容严肃，铁青着脸一语不发。

"父亲，这么高兴的日子，您咋也不高兴？"吕不韦堆起笑容问。

"有你反悔那一天，瞧瞧你都请的什么人，个个都是要命的角色，我早劝说你，少和官府的人打交道，总是不听。"

"这都是我的至交好友，不是士子便是商人，哪有官俯的人？"吕不韦不服地答。

"叫我瞧着，个个都是玩命的人。你迟早要把吕家拖入困境。"父亲忧虑地说。

"我该怎么跟您解释，有些客户，看似现在没用，比如异人……对了，异人呢？"他四处搜寻，哪有异人的影子。

"好样子，快扶他回去。"吕公交代罢荆云，赌气走了。

正要回去，却不想被一个人拦住，吕不韦定睛一瞧，笑了："你小子，来迟了，罚酒。"

李斯拱手作揖："祝贺吕公子，小辈来迟，自然要罚酒。不过……"他附耳过来，轻轻地问，"赵姬可如意？"

这一下询问，吕不韦猛然酒醒，急问："你说说，之前你如何知道的？"

李斯搓一搓双手，答："这有何难。我打听到她来自卫国，自然而然就确定是吕公子的人了。"

"你呀，原来是使诈。"吕不韦定睛看了李斯半天，心里嘀咕：这人，是个人才，难怪成为荀子的高徒。如今异人的事情正需要人手，何不试探他一下，遂问："敢问少年，可肯与我吕某一同做事？"

李斯眼神转一转，道："正有此意！"

"好，明日，便做我吕家舍人。"

众人又在厅里热闹半天，夜深方才散去。

一晃这天是十月初一，吕不韦想起，已经三个月没有见过异人了，就专门驱车到异人处看他。

出门的时候，吕不韦虽然多穿了几件衣服，谁知走到路上，飘起了纷纷扬扬的雪花，不免有些寒冷。

聊城距离邯郸城四十多里，吕不韦见路上行人稀少，索性坐在辎车上裹着身子。

车轱辘辗在雪上，咯吱咯吱响。车后留下两道深深的印痕。吕不韦盯着车辙印，不知不觉间，仿佛看到这就是两条路：属于他和异人的两条路。看起来是两条路，却最终要走到一处去。必须保持同步，谁也离不开谁。

凛冽的寒风呼呼地刮，吹起地上的雪四处弥漫，天空飘落的雪花，带着俏皮，非要往人的脖子里钻。荆云见路上行走缓慢，便问一声："公子，让马跑几步吧？"

吕不韦说："好，一直这样慢腾腾，它的蹄子也冻住了。"

荆云甩起长鞭抽马屁股两下，两匹马顿时撒欢地奔跑起来，车也随着摇晃起来，吕不韦两手撑住车厢，风不住地往袖口里灌。

好不容易来到聊城，街道上人流稀少，人人都缩着脖子，步履匆匆。吕不韦想着，这样的天气，正适合喝酒，异人不在家就麻烦了。

刚刚停稳辎车，吕不韦一路进院落，便听到屋里笙歌阵阵，他的情绪受了感染，忍不住高喊一句："公子好兴致啊！"

异人听到他的声音，急忙推开门，高兴地迎接进屋。屋内，两个硕大的火盆里，堆满了木炭，吐着红红的火舌。

一个女侍者急忙给吕不韦打扫身上的雪，吕不韦边脱棉袍边说："你这不年不节的，过得神仙一般日子啊。"

异人微笑着说："谁说不过节，今天正是元旦。"

"胡说，你过迷糊了吧，还有一个月呢。"

"在我秦国，今天就是元旦啊。"

异人说的没错。春秋战国间，各国正月主要有三种。有以含冬至之月为正月的，叫作"周正"；有以此后一个月为正月的，叫作"殷正"；有以此后二月为正月的，叫作"夏正"。一般国家都依照周历，以十一月为正月。秦国原先也采用周历，秦昭王四十二年（前265年）改用《颛顼历》，以十月为岁首，闰月放在九月之后。直到秦昭王四十九年又恢复以正月为岁首，但仍旧沿用《颛顼历》，闰月仍为"后九月"，直到秦始皇二十六年（前221年）再改为以十月为岁首。这是后话。

吕不韦吃惊地问："何时改的？"

"去年啊，我王新立的。"

这句话一说出口，吕不韦顿时盯着异人好好歹歹地看了一大会儿，忍不住问："公子在赵国，何以对国内如此了解？"他现在甚至不了解异人和国内有多少联系。

"事关国体，我总要知道的，毕竟，我是秦国公子。"异人白眼珠一翻，挑起一块肉塞进女侍者口中。

看来他虽身在赵国，心却始终盯着秦国啊。吕不韦讶异地看着异人，他不确定这个往日里看起来失魂落魄的公子，是真沉迷于酒色还是忍辱负重的智者。

"来来来，不说这些了，我们今日好好高兴才是。一元复始，正是一年开头，博个好彩头！"异人招呼吕不韦坐在他旁边的榻上。旁边胡乱扔着异人脱下的裘服。吕不韦抚摸着绒绒的裘服，想的是，这里不比秦国宫廷，有尚衣和尚冠负责这些贵族的服饰。他如何弄到如此上好的裘服的？可见异人已经在邯郸站稳了脚跟。异人此时身穿绿色深衣，这是典型的秦国官服，可知在他内心深处，一直盼望着回到祖国。如此落魄的公子，内心里竟然保留着强烈的归属感，这是一个有血性的男子最珍贵的本质。即使身处毫无回转余地之境，他也始终保留着内心的这份倔强。看来，异人并非自己理解的窝囊废，从今日起，必须重新审视这人。

和异人这样的王公贵族不同，战国时代，士子们要想实现个人理想，必须抛弃狭隘的国家意识,他们只有选择肯接纳他们的国家,而不是非要振兴自己的母国。不是不想,实在是人人争斗出头的年代,思想杂而纷乱,能够认同自己思想而且母国又有用武之地的机遇太难得了,所以,士子们只好舍弃其一,无奈地选择出人头地。这种选择是被动的,而可悲的是,士子们却不认为这种悲哀是悲哀,反而以选择"只要能让我称雄"的君主为知音,甘心为其卖命。抱负,就是士子的命。

相反,有些人,比如异人,这些王公贵族是有着强烈的祖国归属感的人,他们为了自己的祖国,宁愿九死一生,即使在最没能力的境遇下,也不肯认别国为亲。他们的使命,就是为国而生。

这种一出生就定下的宿命,像一条绳子,牢牢地捆绑着吕不韦的心。他也曾一心想振兴卫国,无奈一代代卫国君主,宁愿自降为侯,也不肯舍弃短暂的奢靡。

吕不韦和异人吃得酣畅时,异人忽然撵走舞曲的女侍者,自己拿出一把秦筝来,试着拨弄几下,蓦地眼含热泪,和着浑厚的秦筝,唱了起来:

岂曰无衣?
与子同袍。
王于兴师,
修我戈矛,
与子同仇。

岂曰无衣?
与子同泽。
王于兴师,
修我矛戟,
与子偕作。

岂曰无衣?
与子同裳。
王于兴师,
修我甲兵,
与子偕行。

第三章 巧妙布局，赢得绝对信任

他最后奋力一拨，弦"嗡"的一声断了，他的手被断开的弦割开一个口子，鲜血"滋"地冒出一股，他也不包扎，顺手朝着脸上一抹，脸上的泪水和血水混合在一起，活脱脱像个鬼，面目狰狞，嘴里喃喃着："故土老秦，异人想你啊！"双手捶胸，把胸脯也染红了，还不住地叨叨："异人想家啊……"

看着如此悲壮的异人，吕不韦被深深震撼到：原来平日里柔柔弱弱的病公子，也是如此血性男儿啊！

异人瞪着眼珠子，眼睛里充满仇恨，对着吕不韦说："你再给我二百金！"

吕不韦以为他疯了，忙问："干什么？"他真怕异人忍受不了寂寞做出傻事来，毕竟这是在赵国。

"你别问原因，就说给不给？"他甚至吼叫起来。

守卫听到声音不对，推开门缝问："吕公子，可要保护？"

吕不韦摆摆手，说："醉了，公子醉了，莫在意。"护卫这才退出去了。

异人噌噌噌几步移动到吕不韦案子前，双手扶住案子，强硬地问："二百金，给或不给？"

"我要知道理由？"

"理由，哈哈，理由？"异人忽然哈哈大笑，站起身来，双手高高举起，仿佛要托起天，"你的就是我的，我的不也是你的吗？"

吕不韦这一刻忽然有些懊悔：没想到他是如此贪婪之人。

异人见吕不韦不言不语，稍等片刻，倏地又瘫坐在地上，喟叹一声，轻轻地说："公子终究还是对我留了一手准备啊。"

吕不韦可不想给他留下这样的印象，当即说："我若防备你，何必费尽心思帮你，你这不是不识好歹了吗？"

异人此时完全恢复了往日模样，低眉顺目地说："公子愿意给便给，只当我是人来疯罢了。"摆出一副可怜兮兮的样子。

这样一来，吕不韦倒不得不重新审视了，继续给他金子，这原本是没有问题的。可现在这样被异人逼迫着讨要，好像自己亏欠他一样。这种强硬的态度刺痛了这个年轻富商的自尊——凭什么要我帮你，还如此志在必得！

要发怒，却发觉自己怒不起来。好像异人有一种神秘的力量在控制着他，不给就是两人不同心，给了却是不自愿的给。

这狠毒的东西——吕不韦心说。

但为了实现更远大的理想，吕不韦还是忍住怒气，和颜悦色地对异人说：

"给是一定要给的,只要有利于我们的大事。"心里却在想着,必须尽快想出个主意来,控制异人而不是受制于他。

五、谋略步步稳妥

就在吕不韦正准备步步为营,将异人牢牢掌控之时,国家之间的局势发生了大变化。

首先,秦国在范雎相国的"远交近攻"战略指引下,开始攻击近邻中最为弱小的国家——韩国。去年,秦王盯上了韩国上党郡。①

秦国东出,上党势在必得。因此,为占据这个战略要地,秦国派出了"战神"白起领兵出战。在对上党的争夺战中,白起采用了切断、孤立的兵法,率军首先进攻韩国的陉城,夺取了五个城邑,斩首五万余人。接着,白起攻打韩国的南阳太行道,把这条通道堵死。

上党,成为白起砧板上的肉。紧接着,白起又攻占了韩国的野王地区。

对野王的占领,起到了至关重要的作用。韩国的整个国土面积像个"花生",而野王正处在"花生的腰部"。野王一丢,彻底切断了上党郡与都城的联系,重要的战略要地——上党,成了韩国的一块飞地,失守成为必然。

韩国对于丢掉这必然会丢掉的上党郡,自然十分窝心。像各国战争来临时一样,韩国朝堂上也分作两派:主战派和主和派。

其实无论主战派还是主和派,内心里都清楚,韩国的上党保不住了,无非是迟早的问题。因为以韩国的实力和秦国相比,差距太大。

这一点,韩王也心知肚明。但作为一国之君,他总要想点办法,不能坐以待毙。

这个可爱的韩王,在两派中间取了个折中的方案,以显示自己作为王的智慧——他决定要个计谋,糊弄国人也显示狡诈。

国土丢失是大事情,韩王表现出绝不做葬送国土的明君模样,派出强硬派战将阳成君韩阳前往上党驻守,抚慰国人的激愤情绪。同时,不失时机地向秦国示弱求和。

韩王这两招可谓一箭双雕。既迷惑秦国,让他们适时罢兵,求得短暂的喘

---

① 上党位于今天的山西省长治市东南,《国策地名考》曰:"地极高,与天为党,故曰上党。"上党地势高险,群山环抱,历来是兵家必争之地,素有"得上党可望得中原"之说。

息之机，又平定了国内的主战派情绪，感受王的威严和维护国土的决心。

接下来的程序按照韩王预定的方案，往前进行。秦国同意休战，接纳上党郡。

正当白起回到秦国，以战胜者的身份骄傲时，上党郡却拉开了拼死反抗的序幕。

韩王早已预料到的结局，果然如此。他对国内有交代——上党人民拼死战斗！保卫韩国。他对秦王也有说辞——不是我不同意，是这个阳成君韩阳在抵抗！

这种可笑的伎俩，是韩王惯用的套路。上党郡守韩锺大义凛然上书："请求大王让我率领上党百姓和秦军干一仗，反正是个死，如果战败了，我也不会继续活着。"

和他一样有骨气的还有成千上万的上党军民。韩国国君虽然放弃了上党，但上党的百姓绝不答应，他们早就听闻商鞅变法后秦国的暴政，自由惯了的韩国人民可不想跟秦人一样过着提心吊胆的生活，整天不是这个法就是那个律，动不动还要"连坐"，与其做秦国的子民，被暴秦折磨死，还不如痛痛快快地干上一仗，保卫自己的家园。

于是在韩锺的率领下，上党百姓众志成城，顽强抵抗，拒绝投降。

戏演到这里，韩王很满意。一切按照他的计划在实施。

但是，秦王不是韩王的大臣，自然不会答应韩王为安抚国内大臣的情绪亲自导演的这一幕丑剧。

这时，韩王显得很"无奈"——主战派想战斗，也让你们战斗了，应该无话可说了吧。

于是，他顺理成章地派出乖顺听话的冯亭作为新任的上党郡守，确保和谈顺利进行。冯亭接受的唯一任务，就是把本国的土地交给秦国，完成任务后就可以解甲归田。

这对于每一位有头脑的人来说都是屈辱而可耻的。冯亭自然也不想做这个卖国贼。形势所迫，紧急情况下，冯亭来了个一百八十度大转弯，想出个绝妙好计——既然保不住上党，百姓又不乐意跟随秦国，我索性把上党奉献给赵国，让秦国恨就恨赵国吧。

冯亭苦思冥想的这条妙计，其实才是韩王所有阴谋中的终极阴谋。他就是要秦赵两国因为上党开战，最后鹿死谁手还不确定，但至少韩国可以作壁上观。

调动韩阳到上党鼓动战争，是铺垫；调动冯亭主动弃秦投赵，是目的。

最奇妙的是，这样一来，冯亭无论跟随秦国还是赵国，都是卖国贼。而韩王，只能"痛心疾首"，表示识人不淑。

一国之君，在国土面临丢失境地时，想的不是保护国土，而是以这种小聪明而沾沾自喜，可以说，灭国是迟早的事情。后来的事实也证明，韩国成为秦国第一个灭掉的国家，也有一定的必然性。

不可否认，韩王如果作为谋士，出这样的计谋不无可圈可点之处。韩国看似转了几圈，丢了国土，名义上完全可以说是联合赵国一同抗秦。

但，错误的角色定位往往决定错误的方向。好多自诩聪明的领导就这样自掘坟墓却还自得其乐。古往今来，韩王一类的领导大有人在。

韩王的老谋深算如愿达成，年轻的赵王接受考验。刚亲政时，赵王身后有太后扶持，许多大的主意靠太后来拿。可太后仅仅支撑了一年多便撒手而去，留给这位年轻的赵王成熟的时间并不多。

此时，赵王年轻，他的几位叔叔却资历很深。平原君赵胜、平阳君赵豹和一帮老臣各怀心事，或观望或等待，有意无意考验这位强大的赵国执政者的能力。

韩国上党郡守冯亭求见赵王时，清晰地告诉赵王，秦军攻打上党郡，韩王已经决定放弃上党，但老百姓不愿意投降暴秦，深切感怀到赵王您的恩德，决定把上党郡的十七座城献给赵国。

对于新上台不久的赵王来说，不费一兵一卒就能得到十七座城，正好可以一展雄主能力！

毕竟，几十万军队攻打很久，都未必能取得这么重要的战绩。

他几乎当即就决定了——这样的大礼物一定要收下！

此时的赵王，急于树立威望，所以，他做事总是按照自己的意愿来。因此，在接受上党十七座城这样巨大的事件上，并不问政于廉颇、蔺相如等股肱之臣，而是凭着自己的意愿，秘密召见了两个人。

第一个就是他的叔叔平阳君。

赵王对叔叔说："今日我们君臣在一起，决定一件大事。前几日，韩国上党郡守冯亭想把上党十七城献给我赵国，叔叔看，这个主意可行？"

平阳君赵豹听罢，当即反对："我王，臣以为，此事万万不可。圣人说，无缘无故得利，即为祸患。如今韩国把上党交给我们，是要嫁祸给我们。"

赵王心里有点不舒服，但毕竟是自己的长辈，就和颜悦色地说："这后果，寡人当然想到了。无非就是秦国不答应而已。"

赵豹性急,当即怼回去:"何止是不答应。这样做,是激怒了秦国。本来是秦、韩两国苦战,如此一来,矛头就转向我赵国了。"

赵王毕竟年轻气盛,说:"听叔叔的意思,我们就这么怕秦国?"

赵豹一听他说赌气话,不敢再硬顶撞,就劝说道:"王上可以想一想,韩国凭什么平白无故给我们这么大的好处。三思啊,大王不要上了老韩王的当!定是他老奸巨猾,出的馊主意。"

"为什么?韩国人说得很明白,他们之所以不愿意投靠暴秦而投靠我们,是因为感念我赵国的恩德,怎么能说平白无故呢?"

"这都是韩国人狡猾的障眼法,目的就是要引起秦、赵大战。韩国好脱身。"

赵王越听越不高兴,敲着案子说:"以前我们出兵打仗,动用百万大军,几年下来都没有得到一座城池,现在白得十七座城,这样的好事,就这么白白失去?平阳君甘心?"

赵豹恼怒地说:"你呀,不听劝,以为韩王老东西好对付,他能安什么好心。"说完拂袖而去。

年轻的赵王见这个赌气而走的叔叔落了下风,心中暗笑:如今我是赵王,莫非我就不关心赵国安危?

其实,在寻找赵豹来问计之前,赵王早就内心里同意了冯亭的建议。可是,之前已经有人给了他不好的建议,所以,为了打消顾虑,他想找平日里奢华的赵豹来确认一下,没想到这次失算了,赵豹竟然不同意"安享其成",这让赵王心里愈加不稳定。

可人一旦生了贪心,是很难说服自己的。

想来想去,赵王找来了另外一位叔叔——平原君赵胜。

此时,赵胜已是"战国四公子"之一,声名显赫。但却不是赵国相邦,他也知道赵王随时都在提防着他。听到赵王说的上党之事时,他觉得,首先要跟赵王保持一致。之前赵豹已经先见了赵王,他不同意接受上党,显然赵王不满意。如果满意的话,说不定就不必再叫自己前来商讨了。

处于尴尬地位、又不得不主动示弱的赵胜,出于对自己有利的考虑,就顺着赵王的心思说:"这些年我们出兵打这个、打那个,损兵折将,一座城也没占,现在有这么好的机会,可以得到十七座城,为什么不要呢?"

尽管内心里十分想要上党郡这十七座城,可赵胜这样说了之后,赵王反而怕他说的不是真心话，就反问："如果此举惹怒了秦国，秦国派出战神武安君白起，该如何是好？"

赵胜毕竟老练很多，略做思考，便化解了侄子的疑虑："秦国虽有白起，但我们有老将廉颇。廉颇爱惜将士，英勇善战，野战虽不如白起，但凭借上党天险，守城是绝对没有问题的，而且秦军劳师远征，必然不能持久作战。"

赵王听完，喜形于色，说："王叔所言极是。毕竟，十七座城，又据守天险，谅他秦国也奈何不得我们。"

"我王思虑甚是。"

"寡人这就委派你为赵国使者，前去妥当接受上党。"

同时，为防万一，赵王布置廉颇前去上党郡率军驻守长平，防范秦国的进攻。

平原君赵胜来到上党，传达赵王的旨意，册封冯亭为华阳君，所有的官员连升三级，每户居民赏黄金六斤。可见赵王在得到上党后的欣喜之情，连赏赐都下了血本。

秦王听闻此讯后，大怒，派左庶长王龁统领大军渡过上水河，大举进攻上党。

长平大战，一触即发。

当此危急时刻，如果放在之前，吕不韦自然不必担心。可现在完全不同了，秦赵交恶，势必会影响到异人的前途。一旦赵国迁怒于异人，自己岂不是白白投资了，所以，他目前必须想出办法，保护异人不受影响。

这天早晨，刚刚洗漱完毕，荆云就送来白露的一件飞鸽传书，信中说：

　　秦赵大战，两国间已经停止通商，我不便去赵，盼君也早做准备，撤出赵国这是非之地。

吕不韦盯着羊皮信，沉吟了许久：抛弃赵国，去哪里？咸阳？自己如果此时动身，当然还可以想法周旋，可不能带走异人，已经成了他的心病。

一个上午，吕不韦就待在书房里，仔细筹划这件事。

下午时分，他派赵十八入秦，先去白露那里，看看白露能不能搭上华阳夫人这条线。

赵十八走后，荆云问起："城门吏赵虽昨日来找，称他母亲久病不起，小的想着今天是不是去探望一下。"

反正此刻也是闲着，吕不韦就同意荆云前去。不想荆云刚要踏出屋门，吕不韦说："我和你同去，叫上家医。"

赵虽的家，位于东城，三人今日里原本也不为见赵虽，所以就没有去王宫南门打听赵虽今日是否当值，径直奔他家而去。

一路上，荆云边驾车边说："东主，其实你今天真不用跟我们来，这赵虽啊，就是个小人物，不必麻烦您。"

吕不韦说："荆云啊，你也跟我多年了，还不了解我的脾气吗？这人啊，本事有大小，但咱对待人的态度不能区分大小。这么多年经商一路走来，你说咱容易吗？如果眼光光盯着那些大人物，能办成事吗？很多时候，坏事就坏在这些小人物身上，说透了，成事也成在这些小人物身上。咱们要始终牢记一句话：交朋友不分贵贱，才能四通八达。咱们平日里手眼通天，靠的是什么，还不是这些小人物帮忙？就说在阳翟吧，如果那次不是管事的提前透信儿，咱能知道韩夫人对珠宝不满意？如果不是他提前透信儿，咱及时换了珠宝，你说说，得多大的损失。"

荆云听得仔细，忙歉疚地说："东主教训的是。"

吕不韦说："凡事啊，坏事都在一瞬间，可成事呢，在日积月累。平日里你仗着自己财大气粗，看不起这些跑腿的，等他们真的给你背后说了坏话，那可是一顶一的起作用。你要记住，人家的主人宁愿相信他们的话，也不会信咱。小人物成不了大事，但却能坏大事。"

家医听到这里，插一句话："吕子，你待我们，比吕公还厚，我们可是都记在心里的。"

吕不韦摆一摆手："你是家里的老人了，对你尊敬是应该的。你俩都要记住，人在世上啊，所有的身份都是角色，我并不比你们多什么，只不过是出身好。比如您老人家，一手好医术，若是不在我们吕家，只怕早已又富又贵了。就说荆云吧，一身好武艺，人又勤快，换个人家，迟早也是个好手。"

听他这样一说，荆云急忙说："公子，你这样一说，羞愧得小人无地自容。若不是吕公和公子器重，恐怕我还流落街头呢。"

家医也忙说："小老儿何德何能，蒙吕子如此看重，这辈子死活跟着吕家，都值得了。"

吕不韦掏心窝地说："咱们是一家人，我从来没有把你们当下人看，你们也别把我当什么公子，一家人，齐心协力，咱才能共同振兴吕家，才能把咱想办到的事情办成，办好！"

两人齐声说:"诺!"

渐渐进入东城,沿途所见,尽是些乞讨的、卖儿女的、逃难的,气氛有些沉重。吕不韦长叹一声:"看看吧,这都是些多么善良的人啊,为生活所迫,妻离子散,低头哈腰,没脸没臊的,若是有一点办法,谁能这样?"

辎车辚辚前行,三个人都不言不语,心里在思考着人生的意义。

赵虽的家,在东城长阳街尽头,是一座普普通通的小院子。

一踏入院子,吕不韦看到,屋顶上的茅草已经残缺不全,好几处薄的都露出了椽头,吕不韦轻声地说:"荆云,你记住,回去后找几个人来修缮一下。"

荆云说:"好,我一会儿告诉赵虽。"

吕不韦面色一沉:"我们做事,不是给人看的。默默做就是了。"

吓得荆云连忙点头,再也不敢多说话。

刚在院子里站定,听得屋内一声喊:"谁?门没关,进来吧。"

荆云一听是赵虽的声音,就叫一声:"赵大哥,我们东主看你来了。"

屋门吱呀一声,一个黑脸大汉走出屋来,慌慌张张地说:"吕公子光临寒舍,这可真是折小人的寿啊。"

吕不韦不听他说,边朝屋里走边说:"伯母可在家?"

屋里一个女人声音低沉地说:"虽儿,是哪位贵人来了?"

"娘,是吕不韦公子看你来了。"

吕不韦进屋一时没有看清楚,少顷才看到在屋角的炕上,一位花白头发的老妇人正艰难地直起身子,嘴里念叨着:"不是你又犯什么糊涂了吧,吕公子找你啥事?"

"伯母,不是赵虽做什么错事了,是我听说您身体不好,专门来看看您。"说话间,赵虽已经走到炕边,扶起他母亲。

借着微弱的阳光,吕不韦看到老妇人面黄肌瘦,刚说了两句话,就咳嗽个不停,一连声的咳嗽,快把房顶震塌了。

吕不韦轻轻地说:"你不要动,让我的家医给你看看。"

老妇人身子直往后躲,连连摆手:"使不得使不得,贱人的命,活一天算一天。"

郎中不吭一声地走过去,把手搭在夫人手腕处把脉,老妇人吓得不敢出一声大气,但能感觉出来是硬憋着一股气。

郎中把脉良久,又翻开夫人的眼皮看了看,默默走出来到门外。

几个人赶忙跟出来。

"这是肺部咯血症,多年积攒,肺虚体弱。"说话间抬头看看四周。

空气中弥漫着一股木料的烟尘味道。

赵虽急忙说:"隔个十多家,有个木炭窑,经年累月烧木炭,我娘许是受了这个毒害吧。"

郎中点点头,让赵虽找来笔,在一块布上,写下个食疗方来。赵虽一看,甜杏仁10枚,牛乳两杯,大枣5枚,粳米一小杯,生姜少许……连忙问这如何服用。

郎中叮嘱道,杏仁用水浸泡,去皮尖,加入牛乳用布绞取汁液;大枣去核,生姜切片;先煮姜枣,煎取汤液,加粳米煮粥,临熟时点入杏仁汁,再继续煮至成粥。每日两次。

赵虽用心记下。

郎中交代说:"这方子是止咳平喘,补中养胃的,但来得慢。你最近逮两只乌狗,接热血给你娘饮用,可治虚劳吐血。"

赵虽连声感谢,说:"我娘这咯血,以前是一月一次,最近半月就咳一次,吓得小人魂都丢了。"

吕不韦问:"你家中还有谁?"

赵虽说起,他父亲原本也是城门卒,四十五岁患上肺痨而亡。弟弟在燕赵之战阵亡,连个尸首都没见到。母亲常年在地里劳作,又兼思念父亲和弟弟,患上了肺病和心病,近两年愈加严重。他虽说是有个差事干,可一个月十多个钱,连给母亲买药都不够,已经欠下了很多饥荒。

吕不韦听罢,不声不响地把手伸向荆云。荆云急忙拿出钱袋,吕不韦掏出五金来递给赵虽,说:"兄弟不容易,这是给你还别人的债,还有,你把这房子翻修一下,老人家住在这样的屋子里,不遮风不挡雨,没病也折腾出病来。"

赵虽连连推却,说:"这可不敢,公子能来给小的娘看病,已经是感激不尽了,怎么还敢收您的钱。"

吕不韦道:"我看你是孝子,才资助你的,莫非不想让你娘过得好一些。"

赵虽双手接过金子,感激涕零地说:"吕公子日后但有驱使,只管开口,小的肝脑涂地……"

吕不韦又抬头看看左右,问一声:"这木炭窑,是私家的还是?"

"这是官家的,我们也是没办法。"

吕不韦轻声地嘱咐荆云:"抽个时间,给赵大哥换个院子。"

赵虽稍微一愣,当即扑通跪下,痛哭流涕地说:"我赵虽寸功未立,怎么敢劳动吕公子如此大恩，若是如此，我宁愿母子死在这院子里，也不肯平白无故再受大恩。"

吕不韦一见，说："那就依你，我们也来个君子之交淡如水。但你要答应我一件事，凡用钱物紧凑时，一定到吕家找荆云，不要再藏着掖着。"

"好，好，小的记下了。"

离开赵虽家，吕不韦就在这平民居住区转悠，看到一家家穷困潦倒的样子，他的心又开始痛了。他又开始想着，如果自己有能力了，一定让全天下的百姓都过上好日子，最起码，能吃饱穿暖。可这一切，目前自己只能依靠异人。一想到这里，他忙说："回家，好久没有见到异人了。"

六、三次宴请

异人这天晚上被邀请到吕府做客时，好好打扮了一番。

他不光打扮了穿着，更是调整了心情。

依他看来，吕不韦已经牢牢被他掌控。上次说要二百金，吕不韦就乖乖顺从了。照这样下去，自己再努努力，借助吕不韦的交际圈，就可以很快和赵国贵族们搭上线了。自己在赵国有脸面了，迟早会传到秦国去的。这样一来，说不定很快父亲就会改变主意，甚至往前一步推算，到那时，不必借助吕不韦的力量，就能取得华阳夫人的青睐。如果这一步顺利的话，自己在赵国当人质的苦日子就熬到头了。

最近，看护他的守卫公孙乾也开始献殷勤了。说起来这个公孙乾，他真的恨之入骨。自己落魄时，他对自己是百般糟蹋，不但看不起，还时不时制造点麻烦、刁难、欺负，有时候简直就是侮辱。所以，他一听到公孙乾这个名字，就觉得刺耳。

今日，一路走一路歌，异人带着愉悦的心情来赴宴。

他知道，吕不韦已经投入了这么多，他离不开自己。商人，哪有不计算利润的。他投入了七百金，总盼望着能有个良好的结果。而这个结果的决定性人物，正是自己。如果现在自己不满意了，吕不韦一定会想办法满足的。

看着车前的马儿欢快的脚步，异人慢慢闭上眼睛，享受着凉爽的风。这风像一缕青烟，顺滑地抚过面颊，似乎整个人就站在云朵的上头，脚下软绵绵的。他心里说，吕不韦啊吕不韦，说来说去，你再精明，无非是个商人。你的荣华富贵，还不得依靠我这个秦国公子？

最近，每每想到这一层，他那骨血里的老秦人的骄傲就滋生出来，像春天里钻出地面的禾苗，别瞧着不起眼，可却有着蓬勃的生命力。假以时日，这禾苗一定会茁壮成长的。

这一次，尽管他知道吕不韦不缺好酒，但他还是有意带了两坛建信君的上好的赵酒，他要用这两坛酒，让吕不韦认识到——投资我，你是有眼光的！

异人做了种种设想，到吕府后，吕不韦热情迎接，牵手引至大厅。双双坐定，异人左顾右盼，一直在等着上酒上肉，却迟迟不见上来，心中就有点慌，因此对吕不韦的问话含糊其词，似乎并未听进耳朵里。

攀谈了半天，吕不韦问的尽是些日常琐碎小事，好像今天并无重要事情，同时让异人感到，他并非贵宾。异人心中咯噔一下，凉了半截。

中午早已过了，还不见上酒菜，吕不韦仿佛忘记了这件事。直到异人肚子发出响声，吕不韦才拍着头皮说："光顾聊天了，忘记了上饭。"一双手拍响，侍者用鼎端上来冒着烟的饭食，异人虽略有不快，但还是内心充满期待。吕不韦和异人的案子上，都放了一个鼎，然后边上是些荪菜、萝卜条，异人感到吕不韦今日里太寒酸了，一点没有富家公子的模样。不过，他心里安慰：还好有肉，酒自己也带了，总算不丢面子。

没想到的是，吕不韦却亲自替异人掀开鼎的盖子，异人一看，竟然只有麦饭。虽然冒着热气，却一点也没有胃口。

这种麦饭，是麦子做成的干饭，又称"糗"，制作十分简单，不需磨制，只是将麦去秕，蒸熟而已。看起来一个个麦粒饱满，但这种饭，异人早就吃厌烦了。刚开始来赵国就常常食用。他不禁皱起了眉头，不解地看着吕不韦。心里说：我倒要看看，你这富家公子如何下咽。

吕不韦却不声不响，只管坐回自己的坐榻，用碗盛起，大口大口地咀嚼起来。他这样一动筷子，异人倒无话可说了，只好强忍着怒气，也盛了半碗，味同嚼蜡地往嘴里扒拉。吃了一两口，干涩无味，一口气喷出来，吕不韦盯着他问："怎么？不合胃口？"

异人用筷子敲了敲碗沿，反问："你每天就吃这些？"

"你以为呢？"

异人绝对不相信吕不韦平日里就吃这个，明知道是演戏给他看，却毫无还口之词，就嘟嘟囔囔地说："这都是关中穷苦人家吃的，平日里，谁肯吃这个。"

吕不韦手拿着筷子，说："君主是人民的君主，如果不能体谅百姓的疾苦，不能吃百姓饭，你说，还是个明君吗？"

他这样一打官腔，异人感觉很不舒服，反驳道："百姓吃这饭，是没有办法。如果君王天天吃这饭，怕还不叫百姓笑死。"

"王后无适，则择立长。年钧以德，德钧以卜。公子总不会不认同这样的道理吧？"吕不韦冷冷地抛出这句话，意思是如果王后没有嫡子，就选年长的立太子，年龄相当的看品德，品德相同就先占卜。这句话是很有分量的，一下将异人敲醒了——他现在还不是太子！还是吕不韦手上的一颗棋子。一听这话，顿时蔫了——是啊，自己如今还是质子，能不能回国都是两说呢，一时觉得吕不韦才是自己仰仗的靠山。

吕不韦见异人不回话，心知触动了他的心灵，这就达到目的了。决不能让这个秦国公子耍贵族脾气，要不然自己就没法控制他了。

异人虽然被戳疼了，可吕不韦还不罢休，又说："荀子讲，'天有其时，地有其财，人有其治，夫是之谓能参。'夫子讲得再透彻不过了，天地人都是各司其职，可通过努力，又可以互相参照、借鉴、利用，你说呢？"

异人心中明白，到表态的时候了，当即连连点头，乘坡而下地说："是的是的，通过努力，都可以改变的。我也会注重修德，体验民间疾苦的。"急忙端起碗，大口大口咀嚼起来，表现给吕不韦看。

这一刻，吕不韦看着异人，像个做错事的小孩，那种装出来的诚恳，实在是又假又可笑。

说归说，吕不韦最终还是让异人喝了他拿来的赵酒。这种打一巴掌揉三揉的策略还真起了作用。异人感觉此时一杯酒比平日里的珍馐美味都可口，而且也十分惬意。

刚刚送走异人，吕不韦正在书房里翻看竹简，听得屋外一阵细碎的声响，刚要起身，一个黑衣黑裤的人已经闪进门来，不等吕不韦开口，悄声地说："秦相急事，公子莫惊。"

吕不韦急忙示意武士坐下，可武士直挺挺地站着，将一个泥封信筒交给吕不韦。

撬开泥封，吕不韦从信筒里掏出一封帛书，上面写着：

　　公子操心赵国行动，一旦有机会探知详情，务必告知。紧急时刻，有人协助你。若有功，可市长。①

---

① 市长：管理市场的官吏。

吕不韦看完短短几句话，对武士说："你今晚就住在府上吧，我叫人来。"

武士摆摆手，说："我已安排妥当，不劳公子费心，信已送到，我这就去了。"说完推门出屋，几个蹦跳，已经消失得无影无踪。

吕不韦看着，暗暗惊讶：这秦国黑冰台的武士，果然武艺高强，来无影去无踪。

回头坐到案子旁，吕不韦陷入沉思：范雎主动给自己来信，这是第一次。看来，上次送给他魏齐的人头，起作用了。不禁暗喜：秦国这条线，总算是有些底气了。虽然不清楚将来范雎能不能左右立太子的事，至少多了几成胜算。不过忽然又想起来，自古王宫无友谊，在探听清楚范雎和安国君关系之前，是不能透露自己和异人这件事的。这个范雎，是个睚眦必报的性格，可不敢轻易招惹。

范雎叫吕不韦探听赵国的消息，王宫内部的事情，自己还真探听不到。去平原君府上吧，每次都是乱哄哄的，很难有个准确的消息。抚摸着头沉思一会儿，又站起来转了两圈，忽然心头一亮：异人有办法！他和建信君关系走得那么近，或许可以知道些内幕。

想想方才刚刚制服了异人，是个好苗头。

正在思谋，听得门子吱呀一声，抬头一看，赵姬走了进来，问："还不休息？"

吕不韦说："尚早，我看会儿。"

赵姬把端上来的碗推到他嘴边，说："莲子羹，你快喝完，趁热。"

"以后这种事儿，让下人们来，不必你每天都这么辛苦。"

"他们来，你哪里会听。也不是说你，最近这两天眼圈都是黑的，熬夜太深，身体吃不消的。"

"我才三十多岁，怕什么，这钢筋铁骨的，还怕吃不消？"吕不韦忽然神秘一笑，"只怕你吃不消吧。"

赵姬脸色一红，用手帕扫一扫他的脸："没羞没臊的，也不怕人家听见了笑话。"吕不韦一把攥住，深吸一口气："哎呀，这味道，销魂啊。"

赵姬嗔怒道："越说越疯了，不跟你玩了，我还得去给父亲送洗脚水呢。"

吕不韦说："去吧，替我尽孝，感谢夫人。"

赵姬忽然没头没脑地说："你在老家，只怕也是这样说的吧。"说完扭头走了，吕不韦愣怔片刻，看来这女人都是天生爱吃醋的，你说没人招惹她，也时不时酸溜溜来几句。

赵姬走后，回味着范雎的来信，吕不韦总觉得有些事乱糟糟纠缠在心里不得安生，不知不觉竟然来到了父亲屋子前，见屋里还亮着灯，就走了进去。

父亲吕公正在半睡半醒间，吕不韦瞧着，头发已经白了一多半的父亲，披着长袍坐在榻上，佝偻着身躯，面前的案子上打开几个竹简。他眼角忽然湿润了，父亲这么大岁数了，自己却整天忙于事务，很少来找他谈心。尤其是，即使见面，没说几句话就抬杠，一直觉得父亲过于保守，和自己的创新思维有点脱节。而此刻，他忽然内疚起来，即便是意见不统一，自己也该和颜悦色地交谈，不该动不动就顶撞他。为了这个家，前半生父亲可谓操碎了心，把家里的生意交给自己打理后，父亲表面上什么也不管，其实暗地里操了多少心，自己心里还是有杆秤的。

慢慢走过去，他帮着父亲合上竹简，找了件衣服给他披上，以免着凉。不想却惊动了父亲，抬头就问他："这么晚了，你也还没睡？"

"睡不着。"

"有事？"

"没有！"

吕公长长地叹了一口气："老了，不中用了。"

"父亲，你一点都不老，没事多出去走走，别总操不完的心。"吕不韦安慰父亲。

接过吕不韦端上的热茶，吕公又是一声慨叹："这人啊，一茬又一茬，和割麦子是一样的。爹盼着你啊，一天比一天好。"

话语暖心，吕不韦心里一热，顺势坐到父亲对面："父亲，你也别总担心我，我这不是都好好的嘛。"

"好什么？一肚子的心事，真当我看不出来啊。"

知子莫若父，骨肉连着筋。吕不韦不知不觉就说："最近这长平秦赵大战，世道不宁，谁又能安心。"

"你是担心生意？"

"嗯。路上不太平。"

吕公说："生意给你也有十多年了吧，啥时候见你发愁过生意？就那点事，你早已摆弄的透透的，连我这老头子也服气呢。"歇一口气，"说说吧，啥烦心事？"

一眼被父亲看穿心事，吕不韦不禁大吃一惊，自己难道是……就说："秦相来信了！"

"都说点啥?"

"叫我探听赵国的消息,有结果秦国有人接应我。你说,他这是什么意思?"

"你不是一直希望插手国家大事吗?这按说是个机会啊,愁什么?"

"我是在想,范雎这人,反复无常,心眼又那么小,为何会选上我?对了,他说如果有功劳了,给我个市长呢!"吕不韦忽然不无骄傲地想向父亲证明什么似的。

"赶紧断了!"吕公斩钉截铁地说。

"为什么?"

"不为什么,就是不能上他的圈套罢了。"

"这怎么是圈套呢?就是不答应,我也不能断了这条线啊。"

吕公说:"我是说叫你断了当市长这个念头,不是叫你断了范雎这条线。"

吕不韦越听越糊涂,一国之相如果能攀上,这是多高的荣誉啊,看来父亲真的老糊涂了。

吕公挺一挺身子,忽然精神抖擞地说:"本来,我对你投资异人一直持反对意见。可你现在做的事越来越倒退了。"

吕不韦一听,急忙问:"怎么了?"

吕公条分缕析地说:"你投资异人,是谋一国,是你心中有大考虑,我反对你,是怕你把握不好把我们吕家带入火坑,毁了几代人积攒的事业,我心里担心是多,但不代表不支持你。你这个是大理想大事业,给你泼凉水,是怕你迷失了方向。可现在,范雎许诺给你小小的市长官吏做,是在把你拉入他的阵营,说到底,即使你做成了一点事,永远是在他手下做官。先前是谋一国,为理想。现在是谋一职,舍弃商人做个小小官员,还是你当初的理想吗?"

父亲的一席话,让吕不韦振聋发聩。他没有想到,父亲目光竟然如此深远。自己差点就陷入小官员的温柔乡里不能自拔,当即羞愧地说:"还是父亲看得深邃。"

"我们吕家,现在富甲一方,在卫国,或者就是魏、赵两国,都已经是赫赫有名的,但再名气大,也是商人,这和秦国抑商重农的国策是不合的。你也知道,秦国对我们这样有市籍[①]是看不起的,动不动就多征关税、杂赋、送去戍边。你从商人做到小官吏,就能改变本质吗?所以说,倾家荡产投资异人,

---

① 市籍:商人的户籍。

只有这一条路走得通。若是那异人真的能被立为国君，说不定我们才会像乌氏倮或者寡妇清一样受到重视。他们说来说去还是秦国人，我们毕竟是外邦！"

这一番分析，吕不韦听得醍醐灌顶，为自己的短视而自惭，原来自己一直以为理想远大，谁知父亲把自己内心剖析的头头是道，简直是剔骨剜肉一样，戳到了痛点。自己或许太急于改变商人这个身份了，差点就陷入自我陶醉的小圈圈里。这时候愈加明白，方才一直心神不定，原来根源在这里——自己还想着既答应范雎，从小官吏做起，同时又想着不放弃异人这条线。现在看来，真是太贪了。

想到这里，他急急地问："那我现在该如何选择？"

"范雎这边，不冷不热。异人这边，尽快布局！步步为营，才能有所斩获。"父亲说完，打了个哈欠。

吕不韦内心里翻江倒海，都说姜是老的辣，确实不错。令他更没有想到的是，自己还一直小肚鸡肠，为父亲不赞成自己而耿耿于怀，不屑于和父亲这个"老古董"交流，看来真是蒙在鼓里了。看着父亲打哈欠，他知道这是一个父亲在给儿子台阶下，怕自己太尴尬。

"父亲，都怪我，还一直……"

"自己的孩子，我还不知道，你呀，做事果断，虑事周全，就是有点急躁。孩子，记住，这天下之大，成大事者，务戒心躁。"说完，吕公站起来，慢慢去休息了，留下吕不韦一个人呆呆地坐在软榻上，久久回味着今夜父亲的肺腑之言。

他慢慢往自己屋里走，嘴里喃喃着：下一步的局，还是在异人这里！

破局在异人，开局也在异人。

三天过后，吕不韦又宴请嬴异人，同样在家中。

异人这次可规矩多了，什么条件也不讲，事事都听吕不韦的安排。

但这次，吕不韦给异人摆上的却是丰盛的酒菜。

边吃边聊，吕不韦说："去年初，秦王率军一路打下了韩国的缑氏（今河南偃师市南）和纶氏（今河南省登封市西南），公子可又耳闻。"

"这自然是知道的。"异人不知吕不韦要讲什么，只好应付。

"今年初，左庶长王龁率军攻打上党。百姓纷纷逃来赵国，公子可也知道？"

"知道知道，这邯郸城里城外，随处可见流民。"

"你说，我们的计划该先走哪一步？"吕不韦问。

异人反问:"什么计划?"

"莫非公子早忘记了你我的盟约?"

异人当即醒悟,说:"我一刻不曾忘,时时盼着公子运作,早日离开这倒霉的赵国呢。"

"我来问你,若是我去秦国让你认华阳夫人为嫡母,你亲生母亲可同意?"

"这个……"异人迟疑道,"说来,这样的事情,当娘的总是舍不得的。"

"那你可有什么办法让你母亲同意?"

"这我没想过。"

吕不韦信他说的话,停顿片刻,又问:"你可有什么让你母亲信得过的信物?"

异人停止了咀嚼,低下头,认真思考了一会儿,说:"有。记得我八九岁时,生过一次大病,连着三个月咳嗽不止,后来我娘去求了仙人,给我求得一把锁,如今就带在身上,须臾不离身子的。"说话间,他从怀里掏出一把银锁来。

吕不韦一见,十分高兴,拿着锁子,好整以暇地为异人分析当前的形势。眼见秦赵长平大战拉锯不下,若是迟早发展成大仗,赵国万一吃了亏,定拿他出气,到那时候,只怕就一切都晚了。

"所以,我最近就要派人去秦国,必须拿你的这保命锁去求得你母亲同意。最好你再附上一信,言辞恳切点,说明你在这边受的罪,博取你母亲的原谅,可能做到?"

"能!"

"这就好办多了。只要你配合,我保证,一定将我们谋定的事情做成,让你早日回国团聚。"

异人眼窝热辣,表态说:"只要能照着公子筹划的来,我还是那句话,将来的秦国,你我一人一半。"

吕不韦说:"秦国还是你的秦国,我不会要你一分。你要知道,我所以帮你,是为了实现我的理想,我想辅佐你,成就一番大事业,让你做一个千古明君,帮你建立一个让百姓安居乐业的国家!"

"一切都听公子安排。"

这次对话越说越顺利,吕不韦也喝了不少酒。席间,为表示诚意,他就安排赵姬前来助兴,以示兄弟不二心。

酒至半酣，二人都醉眼迷离间，见赵姬穿一身薄纱红装出场，款款踏过地毯，手操长勺，一勺一勺给异人添茶。

透过氤氲的茶雾，异人见赵姬丰胸挺拔，皮肤白皙如藕，嫩中透粉，不禁心旌摇曳，眼神里射出色眯眯的光来。

赵姬只当他是喝醉了，笑吟吟地夸：“嬴公子气宇轩昂，额头饱满，真正是好福气相貌。”

赵姬如果不言语，异人是不敢搭腔的，因为有了上次的教训，生怕吕不韦又讨厌自己。可这时，腹腔内热酒翻滚，赵姬黑眸含情，笑靥如花，自然巴不得接几句话，就软绵绵地说：“蒙吕夫人夸赞，羞愧难当。”

客气遇见客气。赵姬又说：“公子尽说笑，小门小户的，叫嬴公子取笑了。”

为什么赵姬话多？其实今晚的局，是吕不韦交代过的。上一次吓坏了异人，眼看要去秦国奔走，生怕他不配合，筵席开始前，吕不韦就叮嘱赵姬，到时候来热热场子，给这个久居异乡的落魄公子点温暖，因此赵姬才一再夸赞异人。

吕不韦在旁边乜斜着眼冷眼旁观，见异人双眼含情，一幅垂涎欲滴的样子，觉得火候差不多了，就说：“趁着今夜我兄弟二人高兴，劳烦夫人就舞一曲助兴吧。”

赵姬心领神会，再次来到地毯中央，听得一声琴响，她扭动如蛇的腰肢，且舞且吟，长袖翻飞，一步三摇，每一个动作都充满了灵动。直叫异人看得眼花缭乱，心中暗暗吞咽淡唾沫。

舞至半中间，赵姬笑吟吟地娇喘连连，又过来为异人端上一杯酒，把个异人乐得魂灵出窍，直勾勾地盯着她，连酒流在了前襟上都丝毫没有觉察到。

"公子，小女子拙劣舞技，叫您见笑了。"

异人眉飞色舞地说："这是我见过的最曼妙的舞蹈，神韵兼具，堪称上仙降落凡间。"

吕不韦不失时机地说："许是公子沉寂清淡惯了，倒如此夸赞乡野村妇。"

异人连连摆手："吕公子有如此佳人陪伴，便是日日醉了。"

吕不韦见火候差不多了，就给赵姬丢个眼色，赵姬忙说："公子且坐，妾去催催汤羹。"说完，风摆杨柳一样飞出去，异人用目光送出去好远，还迟迟不肯扭头。

两人还在饮酒，却听得一阵急促的脚步声，说话间见荆云领着一个人进来，吕不韦一瞧，高兴地说："好好，回来得好。"

赵十八站在荆云旁边，风尘仆仆，一看就是刚刚进院子。吕不韦急忙招呼："来，喝几口暖暖身子。"

赵十八倒也不客气，接过酒杯就灌了个底朝天，连声赞叹："这才是家，好酒！"

吕不韦见荆云不再说话，知他有话要说，便对异人说："公子，你我喝得差不多了，来日再聚吧。"

异人此时还惦记着赵姬，听见和他说话，忙说："不迟、不迟。"

吕不韦见他还沉浸在方才的氛围中，不忍搅了兴致，可又知道赵十八一定带回了消息，便吩咐道："荆云，你扶公子到东院歇歇，我去处理点商社里的杂务。"

这样就下了逐客令，异人再恋恋不舍，也只好随着荆云走了。

吕不韦忙问："可曾探听到什么消息？"

赵十八只顾低头吃喝，不言不语。

"你倒是说话啊。一时也饿不着你。"

赵十八这次抬起头来，笑呵呵地说："你看看谁来了。"

吕不韦只当荆云支走异人是要赵十八回话，没想到此时抬头一看，登时愣住了：白露含情脉脉地就站在门口！

吕不韦顾不上穿鞋，三五步窜过来，一把拉住白露，焦急地问："一路上受了不少苦吧？"

赵十八识趣地退了出去。

此时，双目对视，吕不韦见白露眸子里泪花翻滚，正欲滴落，忙替她擦一擦，猛然抱住她，嘴里喃喃着："不要说话，就这样抱一抱。"

不抱还好，一抱，白露强忍的泪水顺颊而下，转瞬又满面带笑，说："这是干什么，叫人瞧见了，丑不丑。"

偏偏就让不该瞧见的人见了。

两个人还未分开，赵姬却端着一鼎热羹，愣愣地站在门口。

吕不韦和白露急忙分开，赵姬毕竟是久经江湖的老手，忽然面色一转，高声说："白露姑娘来了，也不说早点知会一声，叫家人们好出城去迎接。"

白露也缓过神来，说："啊呀，叫嫂夫人忙活，真是罪过。我也就前脚刚到，夫人就听到脚步了。"

赵姬哪肯吃亏，说："我倒是想清静，可你这秦国美人一到，满院飘香，不闻都不行啊。"

吕不韦见二人斗嘴，十分尴尬，急忙掩饰到："快坐下来，说说一路上的见闻，最近这世道可不太平。"

白露说："可不，一路上，光是各个关口就多如牛毛，一关一关盘剥下来，百姓们都要脱层皮呢。这两国交战，受罪的还不都是咱们这些小门小户的普通人啊。"

"你们是如何通关的？"

"别提了，来时带的秦国铜器，本想着来赵国卖个好价钱，谁知道，剩下的尽是些小玩意，货色好的都叫当兵的掳去了。"

"只要人没事就好。妹子，你刚到，先吃点饭垫一垫肚子，我这就去给你安排住处。"赵姬把鼎放在案子上，随口说道。

"不麻烦夫人了，我还是去馆驿吧，已经安排好了。"

"你这不是叫兄长埋怨我吗？"赵姬说，"一会儿，还要听你好好给我讲讲一路上的新鲜事呢，我这整天也不出门，脑子都迟钝了。"

赵姬一番话捎带着连吕不韦也敲打了，好像委屈得不得了。吕不韦当然知道，她心里的醋意还没有下去，刚才他和白露拥抱的场面确实有些不妥，为了圆场，就跟着说："是啊，白露姑娘，到了家里，你再出去，叫人笑话咱吕家呢。"

白露只好说："多谢嫂子，也好，住在家里事事方便，听你们的安排。"

赵姬说："对嘛，处处方便，人人方便。"

抛出这句话，也不管白露和吕不韦，急急忙忙就走出去了。

白露这时候才说起，上一次病马确实是赵国使的绊子，秦国已经查清楚，后来多亏马医用心，寻到了方子，才没有引起大规模死亡。眼下两国交战，最缺少的就是粮草车，因为距离远，就没有和吕不韦通气，白露自作主张购置了好多木料，和吕家商社雇佣工匠们，正在赶制粮车。这样算下来，是一笔不小的收入。至于华阳夫人处，已经打探清楚，她有一个姐姐，还有一个弟弟阳泉君，正在慢慢接触。这阳泉君有个癖好，喜欢收藏青铜器。

吕不韦说："这确实是个好消息。既然他喜欢，那我这边就留心弄几件像样的，贿赂他。毕竟，人家姐弟俩好说话。"

白露认同地说："至于她姐姐，说到底，都是楚国人，也是个美人。听说这安国君对华阳夫人的姐姐也是青睐的很。我想着，女人嘛，总是要送些珠宝之类的，才好说话。"

吕不韦说:"魏齐那件事,也多亏你从中牵线。你倒说说看,这范雎该不该联系。"

"此人现在秦国一手遮天,权势熏天。连秦王也敬畏三分呢。叫我瞧着,他大概不会放我们在眼里的。"

吕不韦微微颔首:"我也是这个意思,最近我就过去秦国,咱一同想办法,搭上华阳夫人这条线。"

顾不上歇息,吕不韦听说阳翟运过来几十车瓷器,他想着挑选几件值钱的,让白露先带回去秦国,打打前站。

一出门,这四月天气,竟然刮起了冷飕飕的风,半路上又下起了雨。到商社的时候,雨渐渐变成了冻雨,砸在身上,很快就湿漉漉的。

一会儿,居然变成了冰雹,有鸡蛋那么大。

形势紧急,必须马上卸货,要不然瓷器一砸,全都毁了。

吕不韦见商社里的伙计都在忙着卸货,急忙也跳下车来帮忙。赵十八一个劲儿拦着:"公子,这出力的活儿让我们做就是,你别受了凉。"

吕不韦边搬东西边回绝:"我也不是泥捏的,这点苦,还受得了!"

商社老总事见吕不韦湿透了,关切地说:"少东主,你可停停吧,要淋出什么好歹来,我可怎么向夫人交代。"

吕不韦擦着额头的冷雨,索性把大袍一脱:"大家加把劲儿,卸完货喝酒去!"

大雨中,冰雹噼里啪啦地砸下来,众人为保证瓷器的安全,顾不上遮挡,全都湿漉漉地挨着叮叮当当的冰雹,用身子保护着瓷器。

好不容易全部卸完车,来到大厅里站定,老管家战战兢兢地一个劲儿自责:"都怪我,安排的慢了,叫东主受这无辜的罪。"

吕不韦和大家站在大厅里,看着四处乒乓乱跳的冰雹,说:"这年景,又遇上兵乱,只怕百姓又是一年遭殃了。"

回去的时候,在车上,赵十八不解地问:"公子,这么大的生意,你何必如此拼命呢。"

吕不韦说:"这做生意啊,最怕的就是懒。无论生意做到多大,主家一定不能生出懒惰之心,人人都在看着呢。主家是什么性格,你的生意就是什么性格。"

赵十八似懂非懂地点点头,说:"布局什么的,我是听不懂,可公子的善良和勤恳,我是越来越看得清楚了。"

吕不韦站在车上，心里却在筹划着，如何在去秦国之前，先把异人这边彻底摆布好。

白露是个很理智的性子，一早去了东市。她不想在家多停留，怕赵姬吃不相干的醋，索性就专心投入生意中，吕不韦怕她有闪失，专门派赵十八相随。

说起来这邯郸城，光是使用的钱币，就足以体现出其商业的繁华程度。赵国不仅铸造货币数量多，而且其铸造货币的地方也是最多的。像韩国铸造货币的地方就只有平阳、屯留、长子、高都、卢氏等地。魏国也只是大梁、安邑、虞等地。齐国大致只有即墨和莒等。燕国使用的只有襄平布。相比而言，赵国铸造货币的地方多达几十处，形成以邯郸为中心，全国各地分布铸币城市的局面。其中，邯郸的铸币向全国各地流通，而地方铸造的多在本地流通。为了各地间及同各国之间交流的方便，赵国青铜货币样式多样。布币大致可分为尖足布、方足布、足布三类。赵国流行的货币有：甘丹（邯郸）、同是、晋阳、大阴、阳邑、祁、蔺、离石、中都、武平、武安、安平、兹氏所铸的尖足布；有晋阳、蔺、离石的圆足布和安阳的方足布。

赵国商业领域繁荣的另一个表现，是拥有一个庞大的商人阶层。商人是从事物资流通与商品交换的一个社会群体，是商业交换中不可或缺的重要因素。在商业发达的赵国，商人的社会活动是十分活跃的。商业阶层可按拥有资本的多寡和经营规模的大小分为大商人、中等商人和小商小贩三类。赵国的大商人云集，他们大都以冶铁致富，亦工亦商。比如吕不韦、郭纵等都是。

赵国和秦国不同，秦国是抑商重农，轻视商业。而赵国则是农商并重，这就决定了其商业繁荣的基础。因此，战国时代的邯郸城，就是个商业繁荣、人员密集，各国都有派驻机构的大都市。

白露看到邯郸城繁华，兴奋地对赵十八说："如今这城市规模越来越大了，秦国咸阳，真不能独自为尊了。"

赵十八说："现在，燕国的涿，魏国的温，楚国的宛丘、寿春，这些城，都没法和邯郸相比了。"

白露看着眼前奔忙的人流说："当年苏秦游说齐宣王时，盛赞临淄城的繁华：'其民无不吹竽、鼓瑟、弹琴、斗鸡、走狗、六博、踢跔者。临淄之途车毂击，人肩摩，连衽成帷，举袂成幕，挥汗成雨。家敦而富，志高而扬。'今天的邯郸，有过之而无不及啊。"

赵十八是个急性子，忙指着远处说："少姑，你看，这江南生产的楠木、梓木、生姜、木槿、金、锡、铅矿石、丹砂、犀牛角、玳瑁、珠玑、兽角、皮革、龙门山、碣石，哪样不是应有尽有。"

"比较起来，秦国的尚商坊，还是过于谨慎了。"

傍晚，吕不韦再次邀请异人来家里赴宴。这已经是一月里第三次了。他决心在远赴秦国之前，把这个公子稳住，让他不至于在赵国心里慌张。

公孙乾这次也一同前来，被吕不韦安排在前院里好生伺候着。

异人被引到了西园。

硕大的园子，此时静谧安宁，只有吕不韦一人在。

正是落霞时分，见吕不韦穿一件白色的夹长袍，瘦长的身躯在亭子下愈发显得修长。院子里，廊桥环绕，柳树繁盛。远远望去，吕不韦的头部像有团火焰罩着，金黄一片。微风吹拂，湖波荡漾。鸟儿啁啾，好一幅惬意的隐者闲居图。

异人不声不响地走过去，轻轻地喊一声："公子好雅兴！"

吕不韦扭转身子，指了指石凳："坐，难得如此清闲，你我兄弟谈谈心。"

异人已经很久没有如此享受过时光了，一时间恍如回到了少年时的秦国。那时无忧无虑，父母都将他当成宝贝，可以无拘无束地在王宫里疯玩，父亲也懒得管他，母亲那时风华正茂，颇受父王宠爱。可惜……

"岁月不复还啊。"

吕不韦指着远处湖面上的野鸭说："有时候我也看着这些飞鸟，自由自在的，多好啊。"

"为人不易。"

"尤其是像公子，生在王族家庭里，一出生就肩负起超过常人的重任啊。"

"谁说不是呢。都看着贵族炫目，却不知这其中的心酸啊。"异人伤感地摇摇头说。

"公子也不必太过伤怀。如今，秦国盛名四野，即便赵国想为难，恐怕也不敢太放肆。"

"最近有了吕公子资助，鄙人的境况确实好了很多，我嬴异人都记在心里呢。"

吕不韦揉着手说："前两天我和邹衍老夫子谈话，说到秦国，你猜他怎么说？"

异人白皙的脸上尽是迷惘："哪个？"

"便是阴阳家邹衍。他说呀,你秦国是水德,周是火德。依照他的五行相克理论,秦国终究要灭了周呢。"吕不韦挥一挥手,"到那时,天子也不是天子了。整个天下都是秦国了,你还顾虑什么?"

异人却并不看好:"远水不解近渴啊。眼下,两国交战,胜负难料。"

吕不韦当即鼓气道:"四月里,王龁将军猛攻长平,对阵赵军老将廉颇,我听说秦国军队的斥候斩杀了赵军的裨将茄,这可是好消息呀。"

异人苦笑一声:"你是在安慰我,我能听出来,你倒不说说赵军伤了秦军多少斥候。"

"你怎么老是提不起士气,长别人威风!"吕不韦咂着嘴巴说。

"久居这窝囊之地,脱不得身,公子要我如何想开?"

"你现在就应该修德,需懂得民为重,社稷次之,君王再次之的道理,这样才会赢得好声名,大家才会拥戴你。"

"再拥戴,还不是蜗居在聊城这破地方。"

吕不韦深知,异人这是过怕了暗无天日的时光,他对任何前途都不抱希望了。但目下最重要的,还是要让他看到希望,胸中保住那口气。人,无论身处何地,意志多消沉,只有心里还藏着一口气,就没有办不成的事。

所以,吕不韦见异人总是一副软塌塌的样子,提振不起精神,就告诉他,不日他将亲赴秦国,去寻找华阳夫人的关系,早日解决完那边的事情,将两人定下的立为嫡子之事敲定,也好早做打算。

异人听后,依旧不咸不淡地说:"说来也不怕你笑话,我对你的用心,是十分感激的。可我告诉你,事情也并非那么容易的。就说这和我岁数差不多的嬴姓兄弟吧,光那个公子子傒,就够你受一壶的。"

吕不韦听他说罢,讶异地问:"他很难对付?"

"他可不像我的脾气,凡事都能忍。他是又急又凶的性格,做事说话咄咄逼人,你可千万小心。"

"可还有其他的兄弟?"

"其他的都还年幼,最应该提防的就是他。"

吕不韦安抚道:"现在不一样了,你在这边已经有了声誉,现在整个邯郸都知道秦国公子仗义豪爽,气度不凡。加上你若顺利回去,自然就等于有了军功。你们秦国自商君立法以来,不是最注重军功嘛。所以,咱们的胜算还是很大的。"

"但愿如此。"

第三章　巧妙布局，赢得绝对信任

左说右说，见异人始终是一幅死不死活不活的蔫头巴脑样，吕不韦话锋一转，说："今日叫公子来，是有大好事。"

"哦？秦国来人了？"

吕不韦摇着头说："比这件事还要好几分，一会儿公子就知晓了。走，我们到前院热闹去。"

穿过两道门，来到大厅里，早已摆好了各种酒菜、茶、时令水果。

荆云和赵十八规矩地站在门口迎接。

坐定后，吕不韦说："今日里我们开怀畅饮，我把公孙乾也请来了，公子不必操心回去。"

这样一说，异人的脸色泛红，这才缓过劲儿来，说："这就不担心了，喝就喝个痛快！"

他的话音刚落，听得厅外一声粗嗓子大声嚷嚷："叫人喝酒，又不早点，只怕今夜要睡在吕府上了。"

吕不韦忙迎上去，连连道歉："猗公，怪我怠慢了。"

猗顿捏一捏红鼻子，迈开两条短腿，快步进厅："嚯，还有贵客啊！"

异人见猗顿瘦小低矮，正在迟疑间，吕不韦已经介绍道："这是秦公子。"转手一拉猗顿，"这是富可敌国的大富商猗顿。"

"好，大富商！你吕不韦是小财主。"猗顿自顾哈哈大笑挨着异人坐下，"秦公子，这里坐可好？"

异人忙谦逊地客气："此处正好，得缘相见贵人。"

猗顿大大咧咧地嚷嚷："吕公子，说好了啊，这次你贩卖到魏国的精铁，可不是我乐意做的，是你非逼着我做的，赔钱了别找我后账啊。"

吕不韦举起酒爵相邀："自然是我乐意的，与你猗公何干。"

"叫我说呀，你就是太精明了，一见打仗，就想着钻空子，本来嘛，做咱家的贩盐生意，稳赚不赔，瞧瞧你打的什么算盘。"

吕不韦端着酒，神秘一笑："我还有算盘，赢公子可要听。"

方才吕不韦说有好事，异人早就迫不及待了，忙说："要听。"

"我要给公子寻一个夫人。"

异人双手作揖，扑哧一笑："这的确是大好事。"久居异乡，再没有比寻找个温柔乡里的女人幸福了。

"敢问，你是打算亲自做媒？"猗顿不住地搅闹。

"我哪能做得来这细致活儿，自然是有现成的好媒人。"吕不韦拍一拍手，赵姬从内屋走出来，"怎么样？这个媒人可还满意？"

猗顿不等异人说话，就夸赞道："吕夫人伶俐巧嘴，当然是最佳人选。"

异人上次已经见过赵姬，被迷惑的神魂颠倒，此时一见，赵姬是"衣作绣，锦为沿"，华服挺括，款款来到吕不韦身旁。

说起来赵姬的着装，本来是件简单的薄薄深衣，为防止薄衣走动缠身，领、袖、裾均采用华丽的锦作缘，曲裾绕衣，利用横线与斜线的互补，真是静中有动、动静结合，不动只是看着绚丽，一动便是妩媚动人，风情万种。

此时异人仿佛看透了赵姬的酮体，凹凸有致的身材让他心神不定，只觉得有个痒痒虫从脚底爬上脑尖，一阵阵酥痒发麻，他娇羞地隔着案子说："多谢夫人成全之美。"

赵姬顺势就问："公子喜欢什么样貌的，我好留心。"

"就找夫人这样的，再好不过。"异人脱口而出。

吕不韦一愣，心说，这家伙现在脸皮是越来越厚了，这样露骨的话也说得出口。

谁知猗顿更不隐藏，跷起拇指说："别说，这秦公子眼光还挺高的。"

赵姬被他们三个男人如此一夸，心里自然是十分舒坦的，笑吟吟地说："寻我这样色衰年老的，只怕嬴公子日久生厌，要埋怨我家夫君。"

"不怨不怨，夫人这样的就刚刚好。"异人生怕错过机会。

吕不韦见火候差不多了，就说："那就说定了，这四月里，好日子特别多，等用心找到了，很快就为公子完婚。"

异人见一竿子支出去了，情急之下就说："就要夫人……"说完嗫嚅着再也说不出话来。

吕不韦听了半截，急口回道："你这……"畜生二字硬生生憋回去，换成了，"荒唐！"

猗顿见异人已经心醉神迷，说出这样有失颜面的话，就只好尴尬地装作醉了，不一会儿就被人送了出去。

一出门，猗顿就骂："这狗屁不如的秦公子，吕公好心请你，却要抢夺人家夫人。"

异人本来嘴里团着一堆话，被吕不韦和猗顿一顿搅和，骨子里那种秦人的狠劲儿冒出头来，索性就不解释了，就当成自己说了一句心里话——我要夫人！

他此时虽然有些醉意，但神志是十分清楚的。他就是要用这样的事情来验证一下，吕不韦对自己投资，究竟有多少诚恳的态度。

赵姬自然不知道异人脑子里已经拐了弯，还准备替异人打个圆场，招呼大家说："上醒酒汤！"

叫大家都没有想到的是，异人竟然径直快步来到吕不韦案子前，双目圆瞪，追问一声："我就要夫人，如何？"

吕不韦从他血红的眼睛里看出了狼的本性，心中一颤——竟然是三分激动——这人斗志还未丧失！事情逼迫在眼前，不回答显然不行，乱回答必定惹麻烦，吕不韦支支吾吾地说："好，夫人，就夫人！"

不成想异人欺人太甚，竟然一字一顿地说："我要今夜就迎娶回去。"

赵姬在旁边听得心惊肉跳，两个男人抢自己，内心里多少有点骄傲，但本性和品德告诉她：这个异人是疯了，一旦被他纠缠上，只怕此生都没好日子过！

吕不韦听完，再也装不下去了，站起身来拂袖而去。

异人还在嘟嘟囔囔地说："夫人，夫人……"

七、舍与得

早晨醒来，天气忽然变得有点燥热。柳树枝条一动不动，慵懒地垂着，像个瞌睡的老人。

吕不韦早早就来到书房，他先是耐心地点燃熏香，慢慢地吮吸着袅袅的香烟，一时间仿佛回到了濮阳的家里。那时候，他还没有投资异人，也没有放赵姬——青荇——来邯郸。

每每心烦时，他就乘船来到大河上的孤岛上，静静地闭目养神，听青荇弹奏一曲，或者就什么也不说，安谧地呆坐在菜园子里，看着沾满露水的白菜、萝卜，感受着自然的洗礼。吸一口空气都带着潮丝丝的味道。青蔬特有的脆生味道，泥土的芳香，聆听着大河东去的隐隐的潜流声，大自然博大而磅礴的力量，总能给他无穷的动力，也最能荡涤心怀。

可现在，一切都变了，青荇成了赵姬，身份和地位都改变了。他愣愣地站在屋子里，扪心自问，为何要迎娶赵姬？莫非？

他不敢再想下去，难道自己在迎娶之初就暗存下什么隐患？或许这点连自己都没有意识到。

他缓步坐到凉凉的蔺席上，蔺席下是草席，草席下又是籧篨①，三层席

---

① 籧篨：粗席。

子，两边的角不服帖地卷起来，吕不韦心里烦，看不得席子卷，就用手想抚平。不想，顺手一拨拉，一根刺扎入手指内，钻心疼痛一下，他气得狠狠地砸了一拳。席子的角，依旧向上卷着，他越看越烦，喊两声，下人拿来了席镇，将角儿牢牢压住，他才不那么心焦了。

沉默了一会儿，忽然想起，白露这几天光顾着忙碌生意了，连和自己见面都很少，于是就决定，也到商铺看看去。

心里堵得慌，他告诫自己，不去想那个可恶的异人。可一路上，荆云尽管不言不语，看着他的后背，吕不韦竟觉得荆云在问：异人昨晚叨叨那些话，你如何应答啊？

此时还是清晨，路上人少。人在空旷的环境里，会感觉脑子也是空空的。

"荆云啊，前几天下了雹子，今年的夏粮肯定减产，你抽个时间，给毛公、薛公送点粮食，别叫他们吃贵粮。"

"诺！"

"你说这天，一大早就这么热，瞧着，一时半会是不会下雨了。"

"咱今天装车走呢，不下才好。"

"这几车精铁，都是上好的材料，但愿能出个好价钱。"吕不韦站在车上，不住地扇风。

"大梁也没多远，不会有事的。"

吕不韦想一想，说："护商队还是那二十几个人，你多操操心，扩充点人，不行叫赵十八和你一块儿训练。"

"咱们不用那么多人吧？"荆云不解地问。

"迟早要用得上的。就以一百人为限吧。"吕不韦交代完，忽然又想起，"对了，赵虽娘的病好些了吗？"

"吃了几服药，减轻了不少。"

"赵虽这些人，你要多费心结交，我们交朋友，交的是心。不能有事了用人家了才帮忙。朋友多了，对我们将来，或许有大用处呢。"

"诺。"

两人话话搭搭间，已来到了商铺。

老管家正指挥着在装车。吕不韦下车一看，硕大的黑铁块，已经满满当当地装上了车，看着还有一点就装完了，他走过去拽一拽拴货的绳子，检查是否捆的牢靠。

"这可是魏国当前最紧缺的货物，不敢出一点差池。对方已经催半月多了。"吕不韦叮嘱老管家。

老管家点点头，说："东主，货装得差不多了，您主持祭祀吧。"

商家出货，每次的祭祀都很隆重。一般情况下，都是经验丰富的老管家主持的，今天吕不韦来了，老管家就主动让位。

"好，我来！"

车辆旁，已经搭好了案子，摆放了瓜果祭品。吕不韦左右看两眼，日者①颠颠走过来，说："今日大吉，利出行，无盗，放心吧。"

往常普通人家上路，占卜虽必不可少。一般就准备些干粮就行了。若是官员出行，自然就麻烦些，车马钱粮肃然要准备很多，但毕竟有传驿可以补充。符节、印信也有人提供。像吕不韦这样的商贾队伍上路时，比普通人和官员就都麻烦些。既要准备路上人员的吃喝干粮，还要准备通关的钱和经商文书等，要费很多的周折，只有这一切都准备完备了，一路上才能少麻烦。几乎每次路上都不会无麻烦，沿途城门官吏、关卡税务、兵痞流民都有可能成为敲诈者，所以商家上路总是谨慎小心，能绕开尽量绕开。

吕不韦带着大家伙儿，祭奠了吕家先祖吕尚，又给白圭行了礼，接下来进行"祖礼"②。出行者个个神情肃穆，心中默默诵念祈福的话语。周围围观了好多看热闹的人群，窃窃私语着，那种目光里，既有敬畏又含着好奇。

老管家指挥人点燃起烛火，伙计们对着吕不韦行了祭拜礼，吕不韦回礼后，大喊一声："出行大吉！"

众人齐声喊："出行了！大吉！"

围观的百姓们顿时主动让出一条道来。

吕不韦跳上车，随车一路前行，出南门，送到邯郸广阳道上。尽管有护商队保护，为保万一，商队总是走这种阳光大道。虽然这样的快道上卡点很多，但毕竟官家敲竹杠有个限度。如果图捷径走小路，一旦遇上盗匪，那损失的可就不是一星半点了。

看着逶迤前行的车辆渐渐远去，吕不韦才钻进商铺里，一上午没有出来。

他在商社忙碌，赵姬在家中却是如坐针毡，坐立不安。

昨晚异人说出了那句话，虽说有点荒唐，可毕竟是当着那么多人说的，如果没个交代，只怕今后连下人们也要小看自己了。不行，得叫吕不韦回来，

---

① 日者：从事占卜时日的人。
② 祖礼：祭路神的仪式。

商量下如何应答异人。

这是一种态度,一种宣战,吕家的女主人不能这么任人宰割、侮辱。

尽管她让人催了又催,吕不韦还是到下午时分才回来。一回家,就钻进东偏房不出来,生闷气。

"我就说过,这异人不是好人,这下你也领略了吧?"赵姬皱着眉头说。

"他是喝醉了胡说,夫人不要信他。"

"他醉没醉,谁能说清楚。如今我们得商量个办法,一口回绝了他。"

"不回绝还有什么法子,莫非……"吕不韦长叹一口气,"都怪我好心,不该说什么给他娶夫人。"

"我们这算不算引狼入室?"赵姬担心地问。

"他一个落魄公子,又是人质,怎么的?还能把我们吃了不成?"吕不韦气咻咻地说。

"我倒是担心,君投资了那么多,耗费了那么多心血,不会白白打了水漂吧?"赵姬依旧不能宽心。

"这件事你不要参与了,我来想办法,堵住他的嘴。"

说完这句话,吕不韦就低头看竹简,最近他迷上了《孙子兵法》,尤其对里面讲到的形势篇十分感兴趣。此时想想,发现异人,奇货可居,这就是形。能将他运作成太子,就是势。可谈何容易啊,这个可恼的异人!自己好心帮他,他却贪得无厌,强讹自己的夫人。

赵姬还不肯离去,她毕竟是间谍出身,知道其中的利害关系。若是就这样硬邦邦地让吕不韦回绝了异人,只怕先前那么多付出就付之东流了。想到这里,她柔柔地一笑,问:"你说,要不要我去迷惑一下那傻子。"

"如何迷惑?"

"办法多的是,我就说……"赵姬嫣然一笑,"就说我已年老色衰,帮他物色一个佳人来。"

"他不是没有眼。他现在一心就迷上你了,你还去与虎谋皮,往火坑里跳。"

赵姬乜斜一眼吕不韦,轻声地问:"当真是火坑?"

"自然是火坑。莫非你还觉得是蜜罐子?"吕不韦冷笑一声。

赵姬来回走两步,咬着手指甲说:"或许,他是一时糊涂呢。"

吕不韦听到这里,不知怎么地,猛地抬起头看着她,像看见个陌生人一样:"你是怎么了,吃了迷魂药?一心想着去伺候他。"

第三章　巧妙布局，赢得绝对信任

赵姬扑哧一乐："还不是看看，我在你心里占多大位置。"

"我和你，还怀疑？"

赵姬酸溜溜地说："谁知道呢，白露姑娘可是又会做生意又会体贴人。"

"又来了。她和我是商业伙伴，也不是一天两天了，你不知道吗？"

"谁知道还有没有其他生意。"

吕不韦听她这样胡搅蛮缠，看一眼手里的《孙子兵法》，蓦地抬头没头没脑地问一句："你说，诈异人一次，如何？"

"如何诈？"

吕不韦好整以暇地将计划说给赵姬听。他盘算着，一口回绝异人，显然行不通，可如果换个思路，真的假装送赵姬给他，他一定乐得不得了。这就等于在异人身边安插了一个间者，他随时随地有什么动静和想法，就全部掌握了。赵姬每天就负责哄他高兴。赵姬邀请来另外一个姐妹，让异人渐渐熟悉并喜欢上，然后，某一天，赵姬忽然来个不辞而别。这样做，既给了异人缓冲、适应的时间，也保全了赵姬。

"你是不是从一开始就是这样想的？"赵姬撅起嘴问。

"哪有，这只不过是方才我看假痴不癫计策，猛地想到的。"

"可你想过我的感受吗？"

吕不韦双手一摊："方才，你不也说要去迷惑异人嘛，这可不是我先说的。"

赵姬神情落寞地说："我就知道，在你手里，我始终就是个工具而已。"

"好好，当我没说。咱不冒这个险！"

"其实吧，能为公子做点大事，是我最甘心的事。你想想，当初雪地里，如果不是你救我，哪有我的今天啊。"

"你说这些了。再想个办法吧。我也就是随口一说，夫人别当真！"说完，喟叹一声，"都是这可恼的异人！"

说话间，两个月过去了。两个月里，邯郸城内，每天都能看到有伤病人员从前线返回。邯郸城里，笼罩着一层阴沉的气息。吕不韦也是天天萎靡不振，除了喝酒就是躲在书房里一天不出来。赵十八也随白露往秦国去了。毛公来了两次，醉了两次，借走不少金子。鲁仲连最近却不见人影，听毛公说，他往长平探听战况去了。

农历六月，赵将廉颇兵败，被秦军攻破赵军阵地，赵国的两个重要据点都尉城和故谷城均被秦军攻占，秦军还俘虏了四名赵国的尉官。七月，赵国的军队筑起围墙，坚守在营垒里不出去应战。于是，秦国军队发起强攻，夺下赵军西边的营垒，又俘虏了两名赵国尉官。赵军数战不利，主将廉颇数次战败，恐一败涂地，根据战场形势，做出决定，依托有利地形，命令士兵固守营垒，坚守不出，疲惫秦军。任凭秦军屡次挑战，赵兵都坚守不出去应战，因此，赵孝成王对于廉颇坚壁不出久拖不决颇为不满，几次派人责备廉颇。

最近异人也没有消息了。偶尔听说，也是他和建信君一同出行去狩猎，其他再无消息。

这天晚上，吕不韦在书房里写经商心得，忽然听得屋外有动静，还未等出屋，人已经进屋了。又是秦国武士，这一次，他捎来范雎的几句话，说，让吕不韦想法，使赵王换掉廉颇，说完匆匆而去。

见赵王，吕不韦显然还不到这个级别。思考一会儿，接触不到赵王，那就找赵王身边的人，平原君？显然不合适，他现在年轻的赵王面前，并不吃香，而且像临阵换将这样的理由，也不好找。苦思冥想一阵，猛然想到建信君。这个如今的赵相国，倒是可以利用一下。又一想，自己慢慢否定了。建信君是异人的熟人，如今好几个月没有搭理异人了，怎么好意思去找他。万一，他又说起赵姬怎么办？左右权衡了好一阵子，没有理出更好的思路。

就在这时，听得敲门声，开门一看，却是李斯。

"好久不见你，去哪里了？"吕不韦问。

"找先生去了。"李斯答。

"怪不得，原来你去了楚国。听说先生做了兰陵县令，可是真的？"吕不韦问。

"这确是真的。只不过先生并不怎么管县里的事，全依赖县丞等人。"

"先生好自在，兰陵是个好地方啊。"

"我刚回来，听说一件事，想来劝劝公子。"李斯说话倒不拐弯。

"什么事？"吕不韦想也没想问。

"赵姬呀，听说异人想……"

这事本身遮遮掩掩，李斯这样张口就说，吕不韦有点磨不开面子，支支吾吾地说："是有这么回事。你听谁说的？"

"荆云说，公子两个月来，茶饭不思，他怕你作下病，所以叫我劝你。"李斯答。

"唉，这异人啊，确实过分了点。"

"公子觉得过分？"

"怎么？莫非你还觉得他有理？"

"叫我看,这才是他的真性情流露,公子应该答应他。"

"说说看。"这件事已经过去这么久,吕不韦不再生气了。

"其一,赵姬不是嫡妻,她不过是公子喜爱的妇人,如果转嫁,对公子名声无大碍;其二,公子帮助异人,是在做大事,做大事当不拘小节;其三,异人答应公子的事情,远远比赵姬重要。有这三条理由,公子就不该只讲儿女私情,不顾大是大非。"

糊涂了两个月的脑子,一直被一层糨糊罩着,此时听李斯一分析,确实有几分道理。但吕不韦心理上一时难以扭过这个弯来,就分辩说:"总归不是什么光彩事。"

"我不这样认为。"李斯侃侃而谈,"即便不光彩,也是异人不光彩。公子做出让步,知道的都会夸赞公子厚道。"

"就没人说薄情?"

"一人难趁十人心,做事情总管不住别人的嘴。但有一点是肯定的,大事不糊涂,小事不纠结,才能有作为。"李斯斩钉截铁地说。

吕不韦的心结一会儿工夫,就这么打开了。看着眼前这个年轻人,意气风发,神采飞扬,不禁有些动摇了。

李斯的话,吕不韦在心里其实是动过这个念头的。只不过,涉及自己的情感,总有些当局者迷的因素。他忽然觉得,李斯每次的答复都是如此直接,莫非他缺少情感?于是就想找找原因:"李斯啊,我来问你,这样带有功利性,你就不怕有人知道了,说你出的主意刻薄?"

李斯答:"你问的问题,老师早已问过了。"

原来,李斯这次见吕老师荀子后,表示要去秦国发展,老师问答案,李斯就解释说,干事业都有一个时机问题,现在各国都在争雄,正是立功成名的好机会。秦国雄心勃勃,想奋力一统天下,到那里可以大干一场。人生在世,卑贱是最大的耻辱,穷困是莫大的悲哀。一个人总处于卑贱穷困的地位,那是会令人讥笑的。不爱名利,无所作为,并不是读书人的想法。所以,我决心到秦国去。

"哦?那你怎么又回到这里了?"吕不韦问。

李斯说:"先前我在楚国作小吏时,有一次,在茅房里见到老鼠吃人粪,这个老鼠很胆小,一见到人和狗,马上就被吓跑了。后来,我又在仓库里看到老鼠很自在地偷吃粮食,却一点也不怕人。当时我就想:'人之贤不肖,譬如鼠矣,在所自处耳!'譬如我,要想出人头地,就应该像在粮库里偷吃粮食的老鼠，才能一展抱负。我跟着师父学'帝王之术'，就是换了一个平台。而今，我要去秦国，直接去肯定效果不好，所以，我需要公子你这里的平台，因此来到这里，依靠你，去秦国！"

他如此一说，吕不韦心里亮堂了，李斯为了实现个人的价值，直奔主题的路子是对的。自己也不能再犹豫了。有些事，该断则断，拖得久了，会贻误时机。

吕不韦本就是个有主见的人，一旦定了的事情就不回头了。他想着，找个机会，好好和赵姬解释一下。

赵姬其实两个月来，也是百般煎熬。他看着吕不韦无精打采的样子，无计可施。一个月下来，吕不韦颧骨突出，双腮凹陷，赵姬愈加觉得自己做了什么错事似的。家庭里，最怕这种，人人都知道是啥事，却人人都不能捅破这层窗户纸难受了。吕家大院里，弥漫着阴郁的气氛。下人们做事小心翼翼，生怕哪件事触了主家的怒火。

赵姬也曾找过毛公，无奈他一听这件事，连连摇头，称自己忙于滥赌事，也无计可施。赵姬自然也知道，毛公是明白劝赌不劝嫖这种道理，生怕陷入儿女情事里纠缠不清。他半生漂泊未曾娶妻，却是深谙人情世故。

赵姬唯一能依赖的，就是荆云。她知道，虽说看起来荆云只是个舍人，可吕不韦对他一向当作兄弟看待，所以就请荆云多劝劝吕不韦，放宽心。

可荆云却十分明白自己的地位，因此劝说起来总是顾左右而言他，不得要领。

眼见着吕不韦一天天消瘦下去，赵姬正无计可施时，碰到了李斯。她当即对李斯说："快去劝说公子，唯有你了。"

李斯对自己的口才当然是十分自信的，可他总要先明白咋回事。赵姬将那晚异人的醉态重新描述一遍，李斯这才明白，说："我去固然可以，但先要你下个决心。"

"叫我怎么做？"赵姬诚恳地问。

"你去给异人当夫人。"李斯果断地说。

经过一个多月思考，赵姬虽然有心理准备，但突然听到不拐弯的这样话，还是迟疑了一下，问："就没有别的办法？"

"治病要去根。唯有此法最管用。"

"我去了，公子这边谁照顾？"赵姬担心地问。

"你到那边去，就等于给吕公子安插了一个眼线，看似是离开了公子，其实比一直在公子身边作用还大。士为知己者死。吕公子对你不薄，又如此青睐你，如果让吕公子的诸多大事因为你而陷入僵局，你就不但不会受宠，日久天长，反而成为一道心理障碍，你翻不过来，吕公子翻不过去。与其过这种隔墙相望的夫妻，不如做同心同德的挚友。"李斯一番分析，入情入理，让赵姬连连点头。

"你这样一说，我懂了。可我有一个担忧，如果不韦不同意，我的价值就失去了。"因为她太了解吕不韦了，看似很通透的一个人，偏偏重感情。感情的事，总是拿得起放不下。

"要想公子放心，你必须做到一件事。"

"几件都可以，你说。"

"人过去了，心要留在这儿。"

"我能做到。"

"不论多难，不许回头。"

"也能做到。"

"不要仇恨吕公子。"

"这肯定不会。"

"这三点，听起来很容易，但要真正做到，是非常难的，你要想好了。"赵姬此时只一心要帮吕不韦，所以回答起来十分干脆利落。可日后证明，吕不韦还是吃了这个的亏。

赵姬是个冰雪聪明的女子，很小的时候就接受了吕不韦的间谍培训，做一个合格的间谍，她是完全胜任的。所以，在李斯说了这么一番话后，她自己也有了别的想法，只是她觉得，这件事应该只能他和吕不韦知道，所以就没有和李斯说透。最终这件事，成为他和吕不韦藕断丝连一生的纽带。

吕不韦在听了李斯的劝告后，始终苦于无法向赵姬寻找个合适的理由。在他心里，是十分矛盾的。劝赵姬去，张不开嘴。不劝赵姬，眼下范雎的事情就需要异人牵线，迫在眉睫。感情面前，一切计谋都失效。

在赵姬心里，已经定下了迟早要去的主意，所以她也看出来吕不韦的迟疑和为难。之所以迟迟未行动，她就是要再享受一番被吕不韦爱的感觉。吕不韦越为难，赵姬觉得他愈爱她舍不得她。夫妻之间，很多时候，不说话其实比都说透了还懂对方。吕不韦为难还有一个重要心理负担是，他知道自己只要开口，赵姬一定会义无反顾去执行的。只是相知这么多年，舍不得她突然离去。

两人就这么心知肚明地僵持着。直到七月初三早上，吕不韦一觉醒来，发现赵姬不见了，满院子找了个遍，还是不见踪影。又一问，荆云也不在家，吕不韦仰天长叹一声："去了，终究还是去了！"望着并不耀眼的阳光，他留下了两行热泪。

八、要阳谋不要阴谋

回想起昨夜赵姬说过的那几句话，吕不韦内心一阵阵酸楚。

吃过晚饭后，赵姬说："吕君，今夜虽然无月陪伴，可愿陪我到园子里走一走。"

柳树下，两人自己提着灯笼沿着小径朝西园步行。吕不韦走在前头，心里空落落的。虽然没有扭头，可他知道，赵姬此时心里肯定有重要的话要说。

"夫君，我们成婚以来，你觉得和以前的心还一样近吗？"赵姬果然说话了。

"一样啊。怎么突然这么问？"吕不韦停住脚步，看着赵姬问。

"我觉得还是不一样的。以前，你当我是知己，什么烦心话都来我这里倒一倒，你是把我当成朋友待的。叫我来邯郸，你是让我探听消息，问得最多的都是具体事情，我回答你的也是就事论事。可后来就不一样了，你我成了夫妻，反倒觉得缺少了从前的那种距离感，不那么神秘了，因为天天见，觉得司空见惯。你说是吗？"赵姬抬起灯笼，照亮了吕不韦的脸。

吕不韦说："在我心里，你是一样的。有事了总是要和你先商量的。不是吗？"

"我现在不做事了，脑子也就不那么好使了，你没觉得出来吗？"赵姬微微笑着说。

"比你聪明的女子，我还没有发现呢。"吕不韦尽捡她爱听的说。

"白露姑娘呢？"赵姬突然问。

"这，怎么说呢……"吕不韦深吸一口气，调整好气息，脑子里翻找着理由。

赵姬却轻轻柔柔地说："我就是随口一说，你别当真。实际呀，我倒认为，她现在顶替了以前我的位置。你和她商量起商社的事情来，更为得心应手。"

"这确实是有一点的。"吕不韦索性承认。

"你要善待她。"赵姬忽然没头没脑地说一句。

"你今晚好奇怪，想说啥呀。"吕不韦虽然觉得赵姬有话说，但不明白她为何要突然交代白露的事情。低头走两步，猛地心一惊：莫非她要走？他当即止住脚步，看着赵姬，问："你不会真的要去异人那里吧？"

"吕君是乐意我去呢还是……"毕竟挑透了，赵姬心里有些不忍。

"当然是不去为好，我再想想办法，拆解一下。"多情占据上风。前几天李斯劝说的话，到了此时，一点也不起作用了。

"其实我心里是知足的。从一个野丫头到吕家夫人，也算是尝了尝人间的甜蜜，够了！"

"不要这样说。我们可以帮异人找个夫人的，一定能找到的。"

语气苍白的，连自己都不信。吕不韦蓦地意识到，难道自己心里已经默认了李斯的说法。尽管在黑夜里，他的脸上顿时烧了起来。生怕赵姬看出来，他忙掩饰地掩了掩怀。

"怎么？是觉得凉？"赵姬关切地问。

"瞧你说的，这大热天，哪里会有半点凉气。"说话间，不知不觉地，吕不韦将灯笼放在石桌上，随手抱住赵姬，轻轻地咬着她的耳垂，"别说话，就这样待一会儿。"

有些许凉风吹来，树叶沙沙响。虫儿奏起乐曲。湖里的蛙鸣声此起彼伏，有两只野鸭子不顾天黑，还在湖里不知疲倦地来回游弋。摩挲着赵姬飘着香味的头发，吕不韦心里痒呼呼的。他将她扭过身来，四目相对，都不说话，心里怦怦直跳，倒有一种夜里偷情的意味。

"想想当时在濮阳，你住在那岛上，真是仙女一般的日子啊。"吕不韦呢喃着，手指叉开，一下一下地捋着她的头发，像个顽皮的孩子。

赵姬将头紧紧地贴在吕不韦的胸脯上，乖顺地像个小猫一样，嗓子里发出含混不清的呻吟。

"我们就这样，永不分开。"

"不分开！"

两只舌头搅动到一起，左冲右突，始终逃不脱对方的阻拦，速度加快，有如听到了舌头碰撞的声响，两条蛇一样地扭动着、缠绕着……吞咽着甜蜜的汁液，呼吸急促，两人都迫不及待地用尽力量抱紧对方……

好一阵子过后，筋疲力尽地坐在亭子下的软榻上，两人都沉默了。

吕不韦像刚结婚的新郎一样，含情脉脉地看着怀里的赵姬，来回抚摸着她的胳膊，说："这真是比丝绸还顺滑好多。"

"就这你都不稀罕。"赵姬轻轻地说。

"我一辈子稀罕没个够。你不要胡思乱想。"

耳听得邯郸钟楼上的刁斗声过了二更，夜渐渐有了点凉气。

吕不韦说："今年夏天，真是不热啊。雨水太多，就怕涝灾啊。"

"你呀，总是操不够的心，你又不是邯郸大司农，替人家白操心。"

"夫人啊，常将有时思无时，是咱们商家最关系的事。"

"好，好，我错了。"

缱绻了半天，赵姬才意犹未尽地说："回屋吧。"

"走，续续这股热劲儿去！"

"也不怕人听见！"赵姬粉拳捶了吕不韦胸部一下，就扶着他站起身来。

石桌上的灯笼，发出昏黄的光，照着两人缠绵的背影。

赵姬去了聊城。吕不韦当即意识到，事不宜迟，她做出了这么大的牺牲，自己不能再犹豫了。当天晚上，就约见了异人。

异人见了吕不韦，并没有一丝的尴尬，反而是红光满面，一幅志得意满的样子。虽然有点不忍心，但吕不韦见异人毫无察觉的样子，也就放心了。他绝对想不到，身边安插了一个吕不韦终身的间谍。

"公子现在是心想事成，也该为母国做点事了。"吕不韦开门见山地说。

异人拍着胸脯说："吕公够意思，我自然也不含糊，说吧，让我做什么？"

吕不韦说，近几个月来，赵国老将廉颇，始终以逸待劳，秦国远离祖国作战，仅仅粮草一项，就耗费不起，所以，相国范雎要求，想个办法换掉廉颇。

"这，我说不上话啊？"异人为难地说。

"你当然无法在朝堂上说话，可你有建信君啊！"吕不韦点透关键人物。

"这倒可以，吕公但说，我该如何做。"

"你这样，分三步走。如果直接让建信君提出撤换廉颇，容易引起赵王怀疑。第一步，你先说服建信君，告诉他，老将廉颇放出话来，说他在前方拼死拼活，却不受赵王重用，连个相国也不是。这样一说，建信君必然恨廉颇。"

"我不能空口白牙说这话，建信君也不信啊。"异人皱起了眉头。

"我来布置，最近让赵国一个逃兵给你一封信。"

"建信君再傻，也不至于会信吧？"异人分析到。

"他信不信不重要，只要有这事在，建信君迟早会记住的。你记住一句话，这人啊，一旦影响了自己的利益，无论大小，都会放在心上的。"

"好吧，那第二步呢？"

"我已经打听好了,赵奢的儿子赵括,颇为自负,自幼熟读兵法。你安排个时间,让他见见建信君。"

"自幼熟读兵法?你这不是坑害秦国吗?"

"放心吧,我自然知道,这年轻人急于出人头地,心高气傲,一定不会长期采取廉颇的办法的。他见了建信君,毕竟是提出主动战的谋略。"

"第三步,让赵括替换廉颇?"

吕不韦点点头,说:"我会派人配合你,完成这重要的一步。你抓紧回去准备吧。"

事情完全按照吕不韦布置的方略进行,同时,秦国采取迂回战术,召集百万青壮,疏通渠道,直接从水路运粮,保证了前方军队的粮草供应。赵国这边,因为建信君的参与,又兼农事忙碌,君臣猜忌,导致军队很快就陷入了无粮可食的局面。

秦国又趁机出击,包抄到赵国后方,不断骚扰赵国的粮道,让赵国雪上加霜。秦国同时派出使团,亲近魏、韩、楚,这三国迫于秦国淫威,自然不敢施以援手。齐国则记着前仇,怪赵国曾参与乐毅伐齐。很快,就导致赵国陷于外无援兵、内无粮草的绝境。

无奈中,建信君提出求和策略,赵王采纳,派郑朱前去秦国议和。秦国为麻痹赵国,防止各国合纵,假意热情款待郑朱,争取时间,加强军事准备,以便给赵军以严重的打击。

这天夜里,吕不韦叫来荆云,安排了二十几个人,怀揣着羊皮,分散在邯郸城的东西南北。羊皮上,写着两句话:

秦军最爱老廉颇
胆战赵括少将军

同时,这些人散布羊皮的同时,见人就说:"廉颇老将军为保住爵位,已经和秦国达成妥协,坚守不出。"

第二天,赵国朝堂上,赵王铁青着脸扫视众臣:"难怪求和不成,原来老将军是在磨洋工。"

建信君早已收到吕不韦提供的金子,乘势说:"臣以为,王上该下决心了。"

"毕竟是大战,派谁合适?"

"秦国最惧怕的,当然是马服君赵奢。"

赵王瞪他一眼,没有吭声。心说,人已故去,你说这不等于没说吗?

建信君话锋一转:"马服君之子赵括,从小受父亲熏陶,谙熟孙子兵法,可解我王忧愁。"

"好,就用赵括为将,血战暴秦。要打出我赵国的威风来!"

蔺相如再劝赵王,不能任用赵括,他"太年轻"。

赵王不理睬。

赵括母亲言之凿凿地劝阻:"我儿还太年轻,万万不可用!"

一说年轻,两说年轻。年轻是错吗?年轻的赵王最恨别人小看年轻!他就要试试,年轻怎么了,一样可以挑起国家大梁!尤其是赵括的母亲对儿子的否定,让他想起了在世时的太后对自己的蔑视。他要扭转这个局势。

找来赵括询问,赵括豪情满怀:"要是秦国派白起来,我还得考虑对付一下。如今来的是王龁,他不过是廉颇的对手。换上我,打败他不在话下!"

年轻的赵王喜欢赵括这样的年轻一代将领,决心给他施展的舞台,一雪赵国前耻。

正当吕不韦运用计谋为异人回国准备西去的时候,赵姬却约他在吕家见面。这一次,吕不韦感到了危险。

在他心里,赵姬急于相见,无非是难忘旧情。可刚刚稳住异人,实在是不方便见面,于是就派荆云去传说,说最近商社繁忙,苦于抽不出身来。

他怕异人一旦发现赵姬心还在吕府,迟早出事。可荆云回来却带回赵姬的一句话——非见不可,十万火急!

吕不韦以为赵姬发现了异人的把柄,当即决定,由荆云驾车,在聊城见赵姬。

聊城的一家旅舍内,吕不韦焦虑地等待着,心中忐忑不安,总觉得今晚要出大事,可分析来分析去,理不出一点头绪。

吕不韦住的旅舍,是后院单独的一间。坐在屋子里,他恍惚回到了刚来邯郸时的情景。想起前几次,赵姬(青荇)常常是悄无声息地来到,带着一种神秘。今天,又是这样的场景。吕不韦迟迟不见赵姬来到,就站起身来,走到门口,推窗望去,窗户正对东方,一轮明月高悬。流动的云,不时遮盖月亮,他的心也跟着紧一阵松一阵。站累了,他斜倚在被子上,心里盘算着,见了赵姬,该以一种什么表情面对呢。

第三章　巧妙布局，赢得绝对信任

"笃笃"，轻轻两声，吕不韦起身，拉开房门。

赵姬披着一件黑红的大袍，静静地立着，一动不动。

吕不韦忍不住，一把拉她进来。

"异人不怀疑吧？"吕不韦问。

"我说这两天咳嗽，去取药。他已经喝醉躺下了。"

吕不韦长吁一口气："那就好。"

两人坐定到案几旁，面对面，彼此都能听到对方的呼吸。吕不韦用铁锥挑动着灯芯，灯芯爆出噼噼啪啪的火花。赵姬看着他，像看着顽皮的孩子一样，也不制止。

等，双方都在等，等谁先说话。

"我，"赵姬嗫嚅着说，"有身孕了。"

"嗯，好事。"吕不韦答。答完话，心里莫名地疼了一下。

"我！有身孕了！"赵姬重复一次。

"好事，祝贺！"吕不韦认真地抬起头看一眼她，惨笑一下。

赵姬见他如此麻木，猛地有些生气，撅起嘴，斜了两眼，没有吭声，夺过他手里的铁锥。

这是示威吗？专门叫我来，就为了这无聊之事？吕不韦有些失望，后悔自己不该来。可毕竟有那么多年的感情做基础，为了不至于让她太伤心，只好弥补地说一句："嬴异人好身体！"

这句话说完，赵姬忽然瞪着眼睛，喘着粗气，指着他："你！你……"她为吕不韦反应迟钝而恼怒。转念一想，怪不得他不冷不热，是理解错了，不禁转怒为喜，"你的！"

吕不韦心里隐约还在怄气，刚来几天，你就有身孕了，看来多年感情也不过如此。男人的占有欲战胜了理智，他自然隐隐憋着一股气。

骤然听到说"你的"，他还没反应过来，稍微一愣怔，张着嘴问："我的……孩子？"

赵姬点点头。

"确定？"

赵姬再次点点头，嘴角露出一丝甜蜜。

吕不韦恍然大悟："是不是……你来之前就知道了？"

赵姬见瞒不住了，只好实话实说："我是想着，只有这样，才算是彻底帮公子帮到家了！"

"胡闹!"吕不韦猛然一拍案子,"如此大事,你竟然自作主张!"

赵姬千想万想,没有想到这件事不仅未换到体贴和温存,反而换来他的勃然大怒,登时愣住了,瞪着眼张着嘴发不出声音来。

灯芯又爆出几个灯花,噼啪作响。窗外,荆云仗剑远远地盯着屋子里,他不知道为何突然听到"啪"的一声案子响。越是有动静,他越操心。

不知不觉间,天空飘起了小雨。

听着窗外淅淅沥沥的雨声,赵姬委屈地落下了泪,抽抽噎噎地哭起来。

吕不韦并不为所动,低声而严厉地说:"你是聪明一世,糊涂一时。将来,你是要当王妃的。这样一来,一旦异人发觉,你我都有性命之忧!"

"我还不是想着,公子毕生想实现大理想,万一中途异人变卦,我们可就人财两空。这孩子,你的亲生,总不会背叛我们吧?"赵姬解释道。

"大丈夫谋事,要阳谋不要阴谋!这样龌龊的点子,亏你想得出!"吕不韦见她并未认识到错误的严重性,愈加气恼。

"我是女人,自然没有男人想得那么深远,也没有你们那么好面子。我就是想,哪怕将来异人变心了,我们就扶持这个孩子当秦王,那时,你就是秦王之父,你的话,他总会听从吧。"赵姬坚持自己的观点。

"你以为,能瞒得过异人?"吕不韦反问。

"现在时间还不长,应该有把握。"

"几个月了?"

"两个月!"赵姬说着话,手不自觉地就放到肚子上。

"你呀,险些坏了我的大事!"吕不韦有气无力地说,"既然已经这样了,我们商量一下,如何瞒住嬴异人。"

"瞒住也不是多难,前两三个月,看又看不出来。"赵姬带着几分甜蜜地说。

"可终究有出生的那一天,到时候,他一算时间,事情不就败露了吗?"吕不韦担心地说。

"这倒好办,我提前就多找几次医士,让他们吓唬吓唬异人,始终提醒他可能早产,不就妥了。"

"这事,你早就想好了对策,是吗?"

赵姬反问:"不然怎样?我留在吕家,你还纠结在如何对付异人的困境中?"

吕不韦定睛瞧着赵姬,顿时觉得这个女人不简单,为了自己的事业,竟然想得如此深远，宁愿牺牲自己的一生，甚至搭上生命的代价，也毫不退缩。自己还有什么理由瞻前顾后。

"现在我要提醒你，这件事并没有你想象的那么简单。其一，我们不是面对嬴异人，是面对将来的整个秦国王族，一旦事情有半点瑕疵，灭族之罪！其二，我们将来要保持不见面、心相知的朋友关系，这样才不至于让任何人生疑；其三，要有个心理准备，将来王宫里的争斗，不能以个人喜好为准，要坚信国家至上。"吕不韦神情肃穆地说。

赵姬动情地说："我也没有想那么多，只想着，只要能为你奉献，我就心满意足了。"

"这件事不同儿女私情，涉及太多的人性命，所以，我们选择了这件事，就要一生学会克制。"

"怎么克制？一辈子不见你？"赵姬不情愿地问。

"你还是以前的那个青荇吗？为何现在这么不理智！"吕不韦劝说，"谋一国之君，天大的事，容不得半点错误。"

"你觉得呢？我还能回到从前吗？不可能了。不过，我的心还是那颗心，至死不渝。只要你需要，我的性命，你随时可以取走。"

"不说了，总之你注意就行。少联系或者尽量不联系，尤其是回到秦国后，必须断了，那些老秦人，凶得很呢。"

"你也多留心，别叫吃了他们的亏。"

"我最近就准备到秦国去。尽快搭上华阳夫人这条线，也不枉我们费心经营异人。如今叫你这么一弄，事情已经毫无回旋余地，我只有朝着这条道走到黑了。"吕不韦说。

"夫君可有埋怨妾的意思？"赵姬问。

冷不丁窗外一道闪电划过，接着几声霹雳震天响，赵姬吓得浑身一抖，如遭雷殛，颤巍巍地说："不会外面做点事，上苍怨恨吧？"

吕不韦捋一把胡须，为她打气："别胡思乱想，我们是拯救黎民，哪有上苍埋怨的道理。对了，你以后可千万不敢乱叫了，切记切记。"

听得院子里，店家在和荆云说话，吕不韦示意，赵姬该回去了。

正在缠绵中的女人，最是黏人，哪肯此刻就绝情而去，她扭一扭身子，说："你抱抱我。"

吕不韦略微皱了一下眉头，招招手，赵姬无声地移动过来，躲在他怀中，喃喃道："如果能一直这样，该多好啊。"

"忍得一时，才能有一世的温存，这道理，未必还要我教你。"吕不韦轻轻地安抚她。

赵姬抬起头，嘴唇凑到他耳朵边，偷偷说："这么说，君还是舍不得我，对吧？"

吕不韦默默点头，心里巴不得她早点走，就哄骗她说："来日方长，不在这一时，夜深了，真的该回去了。"

赵姬这才恋恋不舍地起身，走到门口，又忽然蝴蝶一样飞过来，一把抱住吕不韦，撒娇地说："我一走，你就忘了我，不行，你要起誓。"

看着往日里钢刀利水的赵姬成了这么个黏人虫，吕不韦哭笑不得，可此刻又发作不得，只好强颜欢笑地说："好好，我一辈子对你好。"

赵姬走到门口，吕不韦蓦地说："你要牢牢记住，大丈夫做事，光明磊落，你可千万别再节外生枝，乱作主张了。"

赵姬说："记住了，一晚上说了无数次，总之就是要我不联系你。"

"可记住了？"

"记住了，我是嬴异人的王妃，公开场合自然知道自己的位置。"

听她这样一说，吕不韦悬着的一颗心终于放了下来，又不无担心地交代一句："以后你最好什么也不做，即便做什么，也要提前知会一声。"

赵姬拿起油伞，推门而出。

屋外，雨越下越大，噼噼啪啪砸向地面。

吕不韦站在屋内的门口边，招招手，说："让店家去送你吧，荆云不便。"

赵姬虽然不情愿，可也知道其中的利害，点点头，说一声："去了！"头也不回，"噔噔噔"走出了院子。

荆云回到屋里时，吕不韦详细地问起这几天交代的事情。荆云说，让商社挑选的玉器、青铜器都已经准备妥当，有一件器物，老总事拿捏不准算不算珍贵，他就一直带在身上，说着话掏出一个小物件来。

这个器物晶莹剔透，淡黄色，内里包裹着一个振翅欲飞的蜻蜓，纤毫毕现，活灵活现。

"这是从哪里来的？"

"老总事花一金买回来的，这次去大梁，在大梁城里，一个贵族子弟，陷入赌博中，急于用钱，本来要两金呢。"荆云说。

"这是上好的琥珀，极为珍稀。平日里抠抠索索的老总事，这次可办了好事情，若是正常价，这等货色，不杂不乱，非五金不可。"

第三章　巧妙布局，赢得绝对信任

荆云见如此珍贵，当即将琥珀交到吕不韦手上："我还以为老总事吓唬我，觉得不值当呢，既然这么值钱，还是公子拿着为好。"

"这等上好的琥珀，贵妇人最是喜欢。对了，让你准备的青铜物件，可有什么值钱的？"

"这青铜器，老总事说，确实是个稀罕的东西，不叫我拿，只说是叫什么甗盉，说是古黄国的旧货，等你回去定夺呢。"

"好，事情办完了，我们连夜赶回去。"吕不韦说话间就收拾东西。

"公子，这天黑路滑的，外面雨又大，还是明天一早上路吧。"荆云担心地劝。

"怕什么，又不是没有雨天赶过路。瞧你这娇气劲儿。"吕不韦笑吟吟地说。

"我却不怕，只是怕路上有个闪失，对不起公子。"荆云还想劝说。

"听我的，就现在出发，明天还有一摊子事等着呢。"

"东主，你就听我一句劝吧，路上万一出点小事，我对不起吕公和夫人，再说我也担不起这个责任啊。"

"荆云，你现在是怎么了？享受了几天，就吃不得苦了？我说走就走，怕什么，天还能塌下来！"

两人辞别店主，披上蓑衣，驾车就上路了。

四十多里的路，如若是不下雨，两个时辰也就回去了。这时，不但雨下得大，还飘起了风，雨水淋到身上，凉丝丝的。

荆云坐在前面，眼睛不错神地盯着路面，生怕有一点闪失。

走过一段泥泞的小道，快近邯郸东城时，拐过一个弯，猛地从旁边的树林里窜出一只野狗来，吓得马儿一惊，说话间，车就倾覆了，一下将荆云甩出去老远。他不顾摔瘸的腿，强忍着疼痛站起来往四处瞧，喊着："公子，你在哪里，没摔着吧？"

吕不韦躺在更远的地方，泡在泥水中，满面泥浆，头上的簪子也摔掉了，披头散发顺着雨水遮盖着脸，活像个鬼，一动不动。

荆云吓呆了，急忙跪下来，牢牢抱住吕不韦的头，嘴里哭喊着："东主啊，是我该死，你可不能吓唬我呀，你赶紧醒醒啊。"他使劲儿地左右摇晃着吕不韦的头。

"荆云，我又没死，大半夜的，你哭丧啊。"吕不韦揉一揉跌疼的脖子。

荆云见他无事，破涕为笑，说："吓死我了，你真要有个三长两短，我也不活了。"

"大男人家，瞧你这点出息。"吕不韦活动活动胳膊，"你倒是放开我呀，搂得我生疼。"

荆云慌忙松开臂膀，为吕不韦上下扑打着泥水。忽然，他发现吕不韦光着一只脚，忙四下里寻找步履，地面上泥水横流，哪里还有踪迹。荆云忙脱下自己的布履递给吕不韦，说："你先凑合凑合。"

吕不韦一把推开他："这是干什么？你还要赶车呢，我不过是坐车。"

"你要不穿，我就不赶车。"

吕不韦忽然大发雷霆："你我是生死兄弟，这是干什么，我穿上，心里能过意得去吗？赶紧，去看看车散架没有，不要这么婆婆妈妈的，叫人笑话。"

荆云心里感动，听到这句话，却扑哧一下笑出了声，说："公子，这后半夜了，哪里还有人啊。"

吕不韦一想，也哈哈大笑："都是你把我摔糊涂了。"

第四章　入秦游说，牢牢把控投资

一、邯郸滴血

吕不韦夜里回到府上，早晨还未醒来，就被一阵急促而猛烈的敲门声惊醒。

荆云大声地喊："公子，快到街上看看吧！赵国塌天了！"

吕不韦利落地穿上衣裳，三步并作两步往院子里跑，边跑边问："咋回事，快说说。"

荆云喘着粗气说："我也说不好，你一看就知道了！长平大败！"

门口，荆云已经套好了车马，吕不韦一上车，荆云扬鞭催马，"嘚嘚嘚"一阵铁蹄飞奔，朝着邯郸城南门而去。

不多时，来到南门附近大街上，吕不韦远远一看，顾不上等车停稳当，"噌"地跳下车，浑身战栗，瞪着眼看着缓缓而近的人流。

这是异常惨烈的场面，更是一场惊天地泣鬼神、撕心裂肺的举国呐喊！但这呐喊，却集体哑声！人们用泪水代替了悲愤、懊恼、悔恨，每个见到的人，头上都悬着一把刀。

整个邯郸震惊！整个赵国蒙羞！

朝臣们组成的队伍，就在吕不韦的前方不远处，熙熙攘攘的官员们，这次不再聚成方形阵，而是耷拉着脑袋，散做两队，分列道路两旁。人人都低垂着头颅，不言不语，肃穆庄严的样子，从来没有过。

这在赵国历史上，是绝无仅有的一次！

大家不吵了，安静了，内心里翻滚的燕赵悲歌，一次次撞击着胸膛。尽管有满腔的热血，却都感觉到了无处施展的乏力感。

街上流动一支淌血的队伍，平均年龄只有十四五岁的小伙子们，稚嫩的面庞上，雕刻着重生后的惊惧和长途跋涉后的憔悴。

胳膊断了，用布就那么松松垮垮地吊着，仿佛是别人的胳膊；仅有一条腿，手里拄着一根棍子，一步一步朝前艰难地挪动着；头上破了血洞的，头发已经被血染透，凝固成一团一团的血疙瘩；躺在担架上的，有气无力地瞪着空洞的眼睛，看着四周；身上背着的长枪，枪杆断了半截；被割掉耳朵的，脑袋上斜拉着白布条；剜了眼睛的，就那么留在眼窝里黑洞洞一个窟窿；有人的脸上，还能看出刀割的痕迹；旗帜已经破烂不堪，一个一个的窟窿，像鬼神黑洞洞的眼睛；一个硕大的"赵"字，只剩下残存的"走"旁……

这行人走过的地面上，拖着长长的血迹，染红了身后的土路，尘土迅速凝结，变成了黑紫色；小伙子们个个面容悲戚，边走边哭，哭不出声来，只有眼泪吧嗒吧嗒往下滴落；240人的队伍，竟然被拉长了一里多远，个个步履沉重，每走一步，都仿佛在向鬼门关迈进；破衣烂衫遮不住皮肉，个个都是瘦骨嶙峋、皮包骨头，仿如一队流动的骨架，带着一股阴森的气息……

两旁的人群低声地祈祷，嘴里念叨着："赵国亡了！"

"天要亡赵！"

"这还是孩子啊！"

"那断胳膊还在滴血！"

"暴秦不得好死！"

"40万人啊，就剩下这些娃娃了。"

"恶人白起，叫我赵国何去何从！"

…… ……

没有人回答，只有人自言自语地提问。

吕不韦的心，在颤抖，在滴血，这何止是战败，这是灭国的灾难，这是永不可忘的耻辱。卫国名存实亡，只是平稳过渡，像这样惨烈、酷烈的悲怆场面，国人并没有体会到。

走过的年轻兵勇们，忽然齐声痛哭起来，哭出了声，哭出了感情，哭出了天地动容的嘶哑……

"秦国活埋了我40万军队！"

"活埋了！40万！"

"40万，活埋了！活埋了……"

本来就被悲伤湮没的人群，再次发出战栗的哭声，顿时，大街上，号啕者悲声大放，再也不憋着了，整个邯郸的街头，恸哭的声音汇成河流，飘过邯郸城南门，向着远方，向着咸阳的方向，忽忽悠悠而去……

苍山无声，阴云遮天，树枝停止晃动，鸟儿不再鸣叫，连那些平日里到处乱窜的野狗野猫们，也停止了跑动，惊恐地看着衣衫褴褛的败军队伍。

令人沮丧的是，整个赵国，以前充满尚武精神的赵国武士们，这一次都陷入无边的悲哀和恐惧中，竟然没有人生出抗争的念头。

或许，从来没有人能想到，活埋40万人是个什么悲惨状态。一个个鲜活的生命，面对敌人的屠刀，即便愿意忍受战败的耻辱，也成为奢侈的梦想。白骨满坑的赵国勇士们所经历的惨绝人寰的场面，只有这240个少年看到了。他们终其一生，都必将活在这种噩梦中。

东方六国，选择集体沉默。这一次，再也没有人骄傲地说起合纵，他们听闻这样的消息后，也活在巨大的恐惧中。秦将白起，成为恶魔的代名词。

吕不韦随着240名伤残的兵丁，缓慢地向王宫走去。走走停停，停停走走，这些年轻的生命似乎走到了生命的尽头，每挪动一寸，都耗尽了全身的力气。

路边，有人无声地递过狗肉，年轻兵士们，僵硬地接过去，无力撕扯，慢慢咀嚼着。

终于来到王宫前，长史大人拦住了众人，颤抖着说："众乡邻拼死逃命，回归我国，王上宣诏，擢升一等军功，御厨款待。"

他没有等来"多谢我王"的叩谢声，却等来了一句呼天抢地的嘶哑咆哮："非我等贪生怕死，是白起故意羞辱我等，放我归来，给赵国送信！"

"不是我等怕死！"众人齐声怒喊！

"我等不要官爵，求赵王替我们雪耻！"

一声高过一声的哭诉，像质问苍天的哀怨，更像直戳赵王心脏的匕首。偌大的王宫广场上，执戟金吾卫们，双手哆嗦，面部铁青地盯着这240个乞丐一般的兵士，潸然落泪。

长史抖动着嗓音高声劝道："王上会给你们报仇的，先歇息去吧。"过来一排金吾，引导着这群队伍，三三两两地走进王宫偏殿……

傍晚时分，西天红霞漫天，好似泼血染红。

邯郸城的南门，第一次夜不关闭，成群成群的人流涌向城外。人们手中拿着香烛、祭品，连哭带喊地奔出城，来到空旷的原野上，各自找个地方，点燃手中的香火，面朝苍穹，大声呼喊着丈夫、儿子的名字——回家吧！跟娘回家吧！

妻子哭肿的眼睛里，闪现着丈夫的影子……

父亲哆嗦地抖动着拐杖，一声声叫唤：孩子啊，你的家在邯郸！

缭绕的烟火影影绰绰，众人在一明一灭的灯火中，凄惨地呼喊着自己亲人的名字，这一声声呼喊，随着袅袅的香烟渐渐远去，飘入天宇，直奔长平……

吕不韦尽管没有家人在这场战斗中丧生，他也随着人流在城外祭奠。至于祭奠谁，他也说不清楚，心里沉闷得很，总觉得只有通过这种无声的祭奠，才能稍微减轻点罪恶感。

在这场战斗中，他帮助范雎散布了一些消息，无形中促进了赵国换将的悲剧。但他抗拒地认为，即使自己不参与，腐朽而短视的赵王，依然会做出荒唐的决定。其实赵国失败的原因，不仅仅是因为换将的失误，如果能在战争出现颓势时，积极联络东方六国合纵，未必会导致今天不可收拾的局面。偏偏狂妄的赵王以为，拥有四十万军队的强大赵军，不会失败，才导致了无可挽回的惨败。

直到子夜时分，吕不韦才拖着沉重的步伐回到了家中。坐在家里，他的犯罪感丝毫没有减弱，嘴里喃喃着：40万人啊，一条条人命啊……整个赵国才二百三十三万人，就埋掉了40万青壮年男人，这真是灭了人种啊……他命令家中日夜雇佣方士，向神仙祈祷，为苍生祈福，让逝者安息。

黎明时分，鲁仲连来到家中，谈起这场惨绝人寰的战争，义愤填膺。

"我早就说暴秦残忍无度，你们还不信，这下总应该相信了吧。"

"这不是秦国的错，这是白起的罪恶。"吕不韦低沉地说。

"白起还不是秦将？"鲁仲连反问。

"所以，我说，天下要举义兵，才能止战。"吕不韦说。

"哪有义兵？再仁慈的兵士还不是要靠血腥的军功为自己贴金。"鲁仲连断然否定。

"如何没有？老子说，'以正治国，以奇用兵，以无事取天下。'说来说去，还是以'无事'取天下。孔子说，'以力服人者，非心服也，力不赡也；以德服人者，中心悦而诚服也。'你瞧瞧，也是提倡义兵。"

鲁仲连捋一捋胡须，激动地说："他们是看不到战争的本质。墨子看起来反对战争，最后还不是靠奉献攻城利器而扬名？"

吕不韦摇摇头："墨子的'非攻'才是正道。"

"你呀，总是把事情理想化，要知道，并非每个国君都如你一样，与人为善。在他们心目中，攻城略地，扩大地盘，是王权的根本。"

吕不韦说："王权说到底，的确如先生所言，但你想过吗？即便是战争，也应该是师出有名，以战止战，才是最好的选择。"

"如今的战国时代，人人都在争夺地盘，已经不是简单的吼叫几句，尤其秦国更是肆无忌惮，趁着六国各怀心事，单个击破。我们这些纵横家，应该说服六国，极力合纵，才是王道。"

"我倒觉得，秦国固然可恶，但其强大是有理由的。国法严明，人皆奋进，储粮丰厚，注重民生，这些都是六国学不来的。"吕不韦说。

"你这是灭自家威风，长他人志气。"鲁仲连撇撇嘴，"难道你竟认为，秦国坑杀40万赵军的行为可取？"

"我当然痛恨这种行为。但我觉得，这是白起的罪过，并非秦王的恶行。这样的人，不得善终。"吕不韦咬牙切齿地说。

"白起看似杀人，实为诛心。"

"他这是要灭赵国啊。"

"经历这场惨败，我们应该为赵国做点什么。"鲁仲连说，"我马上就去齐国，说服齐王，合纵抗秦。"

"合纵已经多次，哪一次不是互相猜疑，不用秦国出手，六国各自已乱。"吕不韦并不看重合纵。

鲁仲连长叹一声："谋事在人。只要我们不放弃，总有成功的那一天。可惜啊可惜，如果六国的王都能看到这一点，何以养虎为患，让秦国强大起来。"

吕不韦见鲁仲连热衷于合作，也不好再加反对，只好拱手作揖："愿先生早日实现理想。愿天下早一天太平。"

"哼！太平，你这是娃娃想法。"鲁仲连苦笑一声。

"有美好理想，总是好的。"

"只要有君王在，天下就永无太平。他们的心，深得很呢。"鲁仲连捏着拳头说。

吕不韦忽然心头涌起愤怒，一拳砸在案子上："这个白起，我饶不了他！"

"但愿君有妙计，早除此人，秦国也不至于太猖狂。"

吕不韦说："长平一战，赵国损兵折将，必定迁怒异人，最近我得抓紧去咸阳一趟，为他布置了。"

鲁仲连说："毛公、薛公，可以助你。"

吕不韦说："此去一片空白，还是等下一次，再请二位先生吧。我倒想着，你能与我同去，最好不过。"

鲁仲连说："我的心思在合纵，恐怕无能为力。"

"也好，我们各自办事，三个月后再聚。"

"好，就约定三个月。"

吕不韦立即着手，准备往秦国去的礼物。

荆云从商社拿回来的这件甗形盉^①，从铭文上，是黄国国君所用之物。说起来这黄国，本是独立的小国。先民是夏商时期东夷之一支的黄夷。黄国紧邻楚国，最终被楚国所灭。黄国虽然地处楚国边缘，但因深受中原文化的影响，所以在器物制造技术、纺织技术、雕刻与绘画技术等方面，都继承了中原文化，是东西、南北文化的交汇与融合区。

黄国被楚灭后，大量的黄姓族人被迫迁至楚国腹地。

吕不韦打量着眼前的这件器物，有一拃多高，口径约半尺，造型端庄，纹饰清晰，顶部有圆形素面平盖，尖唇敛口，圆肩下收，鼓腹，下部分档式，有三足较短；器内有一圆形木箅，无孔。

器物腹部一侧有一向上卷尾状柄，即"曲形銴"，銴与一足上下垂直，两足间上端的腹部有一兽首流状孔，与流口成90°直角。底部中心有一小孔，有铸模痕迹。铸有铭文，器壁较薄，无纹饰。

荆云不懂这些，忍不住问："这东西这么小，阳泉君能看上眼？"

吕不韦指着做工精美的长柄，说："这你就不懂了，你看看此处，虽然只是个手柄，可圆润通畅，真是件巧夺天工的玩意儿啊。"

"这么说，阳泉君会喜欢？"

"这青铜器，做工精美是重要，但更重要的是，它属于谁，更能彰显出魅力。像这器物，是黄国国君的用品，对于阳泉君这样自恃也算贵族的人，平日里得不到本朝的精美器物，所以，能得到前朝国王的用品，自然就觉得不同凡响，我猜他一定会爱不释手的。"

"我是一直担心，人家也是王族贵胄，咱准备的礼物轻了贱了，怕耽误事情。"荆云担忧地说。

吕不韦肃然地说："荆云啊，这送礼，可是大有学问的。这就涉及好多方面。比如，爱乐器的，你给他一件珍贵的乐器，远比送多少金银之物要得体的多。而如果是不爱乐器的，再价值连城的器物，到他手里都会贬值。其实是他心里不承认这个价值。所以啊，送礼就是识人。送礼就是送心。有时候礼物可能是有形的，有时候礼物可能是无形的。比如我们这次见的华阳夫人，贵为秦

---

① 甗（yǎn）形盉：中国先秦时期的蒸食用具，可分为两部分，下半部是鬲（lì）(古炊具，样子像鼎，足部中空)，用于煮水，上半部是甑（zèng，就是笼屉，甑底部本身就是网眼)，用来放置食物，可通蒸汽。盉：（hé）古代酒器，用青铜制成，多为圆口，腹部较大，三足或四足，用以温酒或调和酒水的浓淡。

太子妃，她什么样的礼物没见过？要是还按照一般的送礼法，去想方设法搜罗珍稀物品，对她来说，就是可有可无的东西。她最关心的是什么？"

荆云挠着头皮说："我猜是，权力吧？"

吕不韦摇着头说："权力固然重要，但对她来说，地位才是最重要的。她现在是太子妃，将来肯定要做太后。所以，我们送给她的礼物，就必须是能让她看到'握在手里的地位'才最合适。"

荆云听得连连点头。

吕不韦又说："送礼，还要会给人制造危机，才能让得礼物的人感觉到，你的礼物不一般，超凡脱俗，很及时。要是能达到这样的效果，基本事情就成了八分。"

"我懂了，送礼要择人而选礼物。"荆云恍然大悟。

"对，送礼的最高境界，就是让得礼的人，感觉不到你在送礼。"吕不韦点着头说。

荆云忽然自信地说："那我们送给华阳夫人嬴异人，她该高兴才是。"

吕不韦沉吟道："非也！对华阳夫人来说，嬴异人只是一个选项。选不选他，全看我们如何运作。所以说，我们现在去秦国要做的，首先就是取得华阳夫人的信任。说到信任，也是很有学问的。一般的信任，仅仅是嘴皮子上的，并不掏心；深一层的信任，是在有事时互相探讨；再深一层的信任，就是知心朋友那种，可以无话不谈；但这些都算不得深层的信任。因为这些信任，或者不怀疑或者乱怀疑。信任的最高层次，在于一方对另一方无条件地听从、接纳。而且，听从的一方觉得，只有全部听从对方的计谋，才是最正确最有效的方法。所以，深层次的信任，其实是不对等的，是产生怀疑后依然绝对相信。是所谓'疑而笃信'！"

这一番话，让荆云听得如坠云里雾里，一时难以全部消化。可他有一颗忠心，说："公子说的这些，我不全懂。但有一点我是确定的——你说的永远对！"

吕不韦哈哈大笑："你这就是愚忠了！"

"管他什么忠，反正我知道，即便要我的命，也心甘情愿。"荆云拍着胸脯说。

吕不韦说："咱们兄弟这么多年了，我当然绝对信任你。你也不必表态了。对了，听说你生了儿子，叫个什么名字呢？"

"正要请教东主，迟迟没有名字呢。你给起个名字吧。"

吕不韦说:"你这父亲当的,倒省心,连名字也懒得起一个。"

"我起的名字,怕给吕家丢人。"荆云呵呵一笑。

"你整天赶车奔忙,又想着让儿子有出息……容我想想,"吕不韦捋着胡子沉思片刻,"单取一个'轲'字,如何?"

"荆轲,荆轲!好!"荆云高兴地说,"公子起的名字,一定好,就叫荆轲!"

吕不韦说:"你我都是卫国老伙计,孩子要教育好,莫要走了邪路。"

"他敢?有我在,一定让他堂堂正正地学做人!"荆云豪气地说。

"你先给白姑娘飞鸽传书,我们近日要启程,让她早做准备。"

荆云答一声,当即就出去了。

吕不韦起身来到父亲的房间,父亲正在晒太阳。

看着卧于软榻上的父亲,蜷缩的身子瘦而小,吕不韦心中一阵愧疚,自己整日忙碌于生意,竟然很少同父亲接触,他是越来越衰老了。

父亲的脸庞上,老人斑越来越多,松弛的皮肉和眼袋,无声地宣告着年龄的胜利。父亲呼吸轻微,不时还传出些许的鼾声。身边伺候的侍女准备摇醒,吕不韦急忙制止了,摆手让她退出去。

他就静静地坐在父亲的身旁,抬头看看暖暖的太阳,吕不韦真想就这么享受着天伦之乐,不做任何事情,不去想什么劳苦大众,乐呵呵地做个商人,多么惬意啊。可他也知道,这种幼稚的想法,只能是短短的胡思乱想,似乎生来的使命就让他不得安闲。

想着想着,吕不韦竟然挨着父亲,也睡着了,在梦里,他又回到了无忧无虑的童年,回到了濮阳老家……

二、西行见闻

出了邯郸城,顺着邯郸广阳道一路向南,视野逐渐开阔。

本来,往秦国去,有两条道。一条是从邯郸往北,经燕国边境,途经上党郡、河东郡、西河郡入秦。但这路山路较多,且目下上党刚经历战事,吕不韦考虑到安全因素,决定走南路。虽然较远,相对安全。

离开邯郸,一路平坦,路上人流一如昨日,仿佛并不知道赵国才经历了一场血战。中午过后,望着苍苍茫茫的山头上连绵不绝的高大赵长城,吕不韦不禁感慨,修筑这么大的工事,意图防住魏国,却不料最难防御的如今变成了秦国。想想魏韩赵本来一家,何苦如此提防。进而想到,这世间的兄弟,大多也是分分合合，难以亲如一家。

头顶上的太阳越来越烈，照的面皮一阵发疼，荆云不住地擦汗，嘴里嘟囔着："这鬼天气，怕要热死人了。公子，要不要躲树下歇一歇？"

吕不韦的衣服也早已湿透，不住地扇风，说："我记得，总快遇到河了。"

荆云开玩笑地说："等遇到河，咱两个就成了熟肉了，只怕一泡，撕巴撕巴就能吃了。"

车子开始慢了下来，马儿也跑得浑身出汗了，马鬃紧紧地贴在脖颈上。

"再往前走，可就是魏国地界了。"

"邺城还进不进了？"荆云问。

"直接从城外走，晚上咱赶到宁新中城歇息。"

轺车又走了一个多时辰，忽然觉得空气中吹来丝丝凉气，仔细聆听，依稀听到了滔滔流水声。

"快走快走，降水到了。"吕不韦催促道。

不多时，来到降水河边，只见清澈的河水悠悠向东而去，宽阔的河面像蓝色的绸缎，奔腾的河水愤怒地冲刷着堤岸。

"下车，洗涮洗涮。"吕不韦说。

岸边码头上，有各种摆摊的小商贩，热情地吆喝着，各种冰镇的水果、饮料一应俱全。吕不韦和荆云要了两盆冷饮，咕咚咕咚一顿牛饮，才稍微缓解了一身的燥热。

一个六十多岁的老人慌张地劝："贵人啊，水可不敢这么喝。稍微歇一歇，要不然日久天长会出毛病的。"

吕不韦笑吟吟地问："老人家，此地距离宁新中还有多远？"

"五十里。"

"你们在这里经商，是受赵国管还是魏国管？"

"说不清楚，两国都管，又都不管。管的时候，挣点小钱都不够交税。不管了，就是两国交战了，生意自然也做不成了。"

吕不韦问："哪一国好一些呢？"

"天下乌鸦一般黑。走到哪里，老百姓还不是受欺负。"老人家坦然地说。

"你们平时是种地还是经商？"

"到了夏天，来往的客商多，摆渡的、吃喝的、歇脚的，就多一些。一到秋罢，连个人影都没有，自然就得忙耕种了。可现在这收成，有一顿没一顿的，老百姓种地也就是个摆设。"

吕不韦不解地问:"守着这么好的水源,怎么种地不丰收呢?"

"不说也罢,咱这个地方,说是魏国的地盘,可紧邻赵国,官家也怕经营好了被赵国抢去,就有意不修渠道,所以守着哗哗的河水却浇不了地。"老人黯然神伤地说。

"看来,富裕不富裕,还全在官府啊。"

"您说得太对了。瞧着这整个庄里,百十多户人家,大家也都是凑合,每天都在提心吊胆过日子,一遇到战事了,就都跑光了。"

吕不韦坐在这里,同老人家聊了半天,深深感到,切实为民的官府,实在是百姓的期盼。人民都是好人民,就看你怎么管理他。这个处在两国交界处的小村庄,成了被遗忘的角落。可一旦战争来临,两国又都全力争夺。国君们要的并不是这片土地和城池,他们要的是面子。百姓们被国君的面子左右着,日日不得安宁。他甚至忽然想不通,各国与各国之间,就这么友好地共存着,有什么不好呢,为什么要无缘无故地发动战争呢?想来想去,还是因为,国君们的欲望得不到满足。他们在这个战国时代,为了标榜自己的雄厚实力,竟然不顾百姓死活,嘴片一碰,可能就发起一场战争。这确实符合孟子所言——人之初,性本恶!要制止战争频繁发生,最好的办法就是七国一统。可惜,周天子已经不具备这种能力了。那就只好看哪国有这个实力了。

这么感慨着,吕不韦心情渐渐有些沉重。

他缓缓起身辞别老人。

离开了降水河,主仆二人继续往南走。沿途开始热闹起来。路边正在地里顶着烈日管理粟米的庄户人家,弓着腰,清除杂草。一颗颗金黄的谷穗,沉甸甸地压弯了谷秆。远远望去,点缀其间的人群像晕染在田里的墨点。路过的轺车里,有拉着货物奔走的商人,也有走亲串友的士子,还有步行的农夫们,牵着耕牛,哼唱着歌谣。虽然不时有骑马经过的士兵,但能明显地感觉到,人流已经开始密集,百姓们安居乐业,与邺城老者所言,浑然两个天地。

西天飘红时分,来到宁新中城内。

这座殷商时期的古都,此刻宁静安详地接纳着四方来客。

城中央,是商业集中的区域。吕不韦和荆云找了个干净的旅舍住下,晚上闲来无事,就到街上走走。

走着走着,来到一座简陋的酒肆,正在犹豫是否进去,见墙角一案子旁,坐着一位老人,相貌奇特,额前有四颗肉瘤,吕不韦当即摆手进去。他装作漫不经心地来回走动,来到老人面前,拱手行礼,询问老人可否坐下对饮。

老者看了看，说："饮便饮，何必对饮。"

吕不韦心知这是世外高人，也不多计较，跪坐在对面，要了一鼎熟牛肉，一盆羊骨汤，又要了一尊魏酒，只管倒上，举盏邀老人。老人不言不语，也端起盏，一口饮尽。

相互饮了三五盏，都不说话，未免尴尬。吕不韦先打破沉默，说："敢问老人家，此处离淇水还有多远？"

"公子是要渡河南去？"

"是的。听闻淇水岸边诗人无数，我想学习一二。"吕不韦谦逊地说。

"洹水就在附近，何必舍近求远。"老人顺手拿起吕不韦的牛肉吃起来。

"淇水是诗歌河，倒未曾听说洹水也出诗人。"

"你本去往西边，何必隐瞒行踪。"老人鄙夷地说。

吕不韦心中一惊，果然是高人，一探就知晓我的行踪，可心里还是不服，遂问："何以看出我要西去？"

"你今日穿着，黑衣套红，明明身在魏赵，心却想着秦国。"老人剔着牙缝里的肉说。

吕不韦分辩道："这未免有些牵强，照先生所言，穿黑衣便都是向秦而去？"

"说你别不服。你既非士子也非歌者。士子眼里常露欲望之光芒，有些咄咄逼人。歌者却是目光游移，自由洒脱，定不肯来这寂寂无闻的小铺子。"

"你来猜猜，我是做什么的？"

"巨商无疑。"

"何以见得？"其实吕不韦心里已经服服帖帖，就是不知道他是如何判断出来的。

"小商人的目光，锐利中透着精明，不肯掩饰心中的发现。说你是巨商，因为你眼中既有这种光芒，却又透着一股平和、沉稳之气，所以你定是不缺钱的富商。"

吕不韦左右看看自己，忍不住说："我哪里有钱了？这不也就点了两盆肉而已。"

"这普通吗？对于穷苦百姓来说，这已经是奢侈之举，对于一般商人来说，必定会大摆阔气。你的随意，偏偏暴露了吃腻了酒肉，点肉只为照顾我的情绪。"

叫他这么一分析，吕不韦顿时再次端详老者，额头上的肉瘤已经发红发亮，面庞红润，举止随意中透着一股傲视天下的神态，不禁肃然起敬，再次作揖，请教道："敢问先生，我此番西去，事情可会顺利？"

老者指一指酒盏，说："小子求人，也不端酒？"

吕不韦急忙慢慢斟上一盏，双手举过额头，虔诚地端着。老者伸手接过，低声说："虽经波折，确有成果！"

这样一说，吕不韦顿时信心大增，端起酒，一饮而尽，双手抱拳，连连致谢。

老者这时发问："你此去，心中可为百姓？"

"正是！"

"切记不可偏离本心，不然凶多吉少。"

"这点自然牢记。"吕不韦此时心里搜肠刮肚，翻找着老人的传说，却一片空白。

待两人喝的酩酊，老者飘然而去。

吕不韦叫荆云搀扶着，走到大街上，看着熙熙攘攘的人流，心中感慨，绝世高人，大多隐藏在民间，这话一点不假。今日里，撞到了好运，遇到这位高人，真是奇事一桩，仿佛那老者就专为等候他而存在。可还是一直想不起来此人是谁，不免有些惆怅。

迷迷糊糊地躺到床上，吕不韦还在想着老者说过的话。蒙眬中，脑子仿佛开了一条缝儿，一道亮光透进来，他恍然大悟，急忙喊叫道："荆云快来！"

荆云闻声，迅速从邻屋跑进来，惊愕地盯着吕不韦。

吕不韦兴奋得说不出话来，嘴唇翕张了很久，才从僵硬的状态中缓过劲儿来，一字一顿地说："你猜那老者是谁？"

荆云茫然地摇头。

吕不韦双手合拢，举过头顶，说："谢过上苍。"

荆云愈加着急，忍不住催问："到底是谁，让公子如此激动。"

"鬼谷子！"吕不韦掩饰不住地亢奋，"定是他老人家指点！"

这一说，荆云也忙闭上眼睛，心中祈祷，默念上苍眷顾。鬼谷子的大名，荆云小时候在濮阳就听说过。这可是千载难逢的大好机遇啊，他当即问："要不要摆个祭坛在屋里？"

"要，一定要！"吕不韦示意他尽快去买祭品。

祭拜完鬼谷子，躺在床上，吕不韦辗转反侧，一直以为这是个梦。仔细揣测，一字一句回想着鬼谷子的话，最终明白，定是鬼谷子的哪位徒子徒孙得知了自己的行踪，鬼谷子特意来叮嘱自己：永保初心不改，不可贪恋权位。想到这里，吕不韦遥对着屋顶说："放心吧，我吕不韦本就不是为了自己的荣华富贵。"

翌日继续前行，经过荡阴、朝歌开始往西边行走，一拐入这条道上，不再是宽阔的道路，而是曲曲折折的山路，沿着太行山脉的山根前行，巍峨高耸的太行山壁立千仞，层层叠叠的岩石呈现褐红色，仰望山顶，顿时感觉到人类的渺小。主仆二人不敢停留，当即驱车快速通过这段山谷。

山路人迹罕至，常常十多里才能遇到人家，他们每每遇到人家就提前歇脚，准备饭食，购买路上干粮。平日里吃惯了珍馐美味，一下子回到乡野农家，连着吃了三日，二人知道，这才是西行刚刚开始，万万不可挑三拣四。又前行五日，经共城、茅到达山阳。这座隐藏在太行山腹地的城池，竟然十分繁荣。人们仿佛不知道现在是战乱纷争的战国时代，悠然地享受着、歌舞着，沉迷于温柔乡里。

山阳城是个战略要地，又是个盆地，丹水、少水和南边是河水汇聚在这里，使得这里水源充足，成为难得的北国富庶之地。最让吕不韦感到亲切的是，这里还曾是卫国之地。城内的居民保留着卫地的习俗，说话的口音依旧是卫国口音。一路奔波，难得寻得一个如此贴心之地，吕不韦难以掩饰心中的兴奋，烫过脚之后，非要到城里走动看看。

这次出行，为减小目标，只有他们两个人。这就给荆云增加了巨大的负担。他一路上小心翼翼，不敢丝毫放松警惕。两人的路费、吃用以及准备的礼物等等，都需要他用心看管。所以，每到一处，荆云选择馆驿，总是反复挑选，既要隐蔽，又要店家仁厚。他把财物分成两堆。一堆是日常用度，到馆驿后交给店家保管，这样即使遭遇盗匪，也能保住最后的底线。珍贵的礼物，他常常要根据屋子的结构来保存，或者拴于梁上，或者藏于柜中。来之前，给白露飞鸽传书的同时，荆云已经把极为珍贵的瓠形盏、琥珀等物品交给吕家商铺沿途传递，这样就免得去了秦国却面临无礼可送的尴尬境地。毕竟，吕家商铺庞大的运输保卫系统，是安全而可靠的。

来到一处显赫的酒楼，进入大厅，一溜绿竹围屏。转过竹屏，里面是隔开的一个个的雅间，分别用卫国成公、武公、宣公、文公诸多国君名字命名，吕不韦一看，顿时心情大为高兴，看来振兴卫国不仅仅是他在这么想，这个酒楼的东家也是个有心人。吕不韦找了"武公"的房间坐定，点了几样好菜，又专门要了卫酒，边吃边喝，想起卫武公在世时的辉煌功绩，不禁意气风发。武公在位五十五年，时常自省，博采众谏，能与臣民共勉，颇有贤君之风。传说他九十五岁作诗以警惕自己："人亦有言，靡哲不愚，投我以桃，报之以李，温温恭人，维德之基。"

这确实是长母国志气之所，吕不韦忍不住想听听家乡的歌谣，唤来侍者，点了一曲《木瓜》，以助酒兴。

不多时，进来一位抱琴歌女，约莫十七八岁，穿着华贵，黑发及腰，说话袅袅婷婷，很是悦耳，一曲开腔，让吕不韦如坠云里雾里：

　　投我以木瓜，
　　报之以琼琚。
　　匪报也，
　　永以为好也！

　　投我以木桃，
　　报之以琼瑶。
　　匪报也，
　　永以为好也！

　　投我以木李，
　　报之以琼浆。
　　匪报也，
　　永以为好也！

歌声缥缈婉转，清脆爽利，如闻天籁之音，吕不韦听着听着，竟然泪流满面。吓得歌女抚琴不敢动静，不知哪里惊扰了客人，茫然无措地盯着吕不韦。

吕不韦见歌女神情恍惚惊恐，才意识到自己的失态，忙赏赐金钱让她出去。吕不韦喊来荆云，两人面对面跪坐，说起卫国琐事。

"究竟还是我国仁德，如此投桃报李的厚道之风，现在依旧在传承。"荆云感慨地说。

吕不韦点点头，说："君子本应如此，奈何人心不古了。"

"可我卫国子民并无错啊。"

"那是自然。非我之过，实是时事已变，如此高岸为谷，深谷为陵的战国,人人都在争斗,彰显血性,偏偏我们还在满口仁德,错不在我,又能如何?"吕不韦喟叹道。

"要是有个国家,能压住台,大家都听它就好了。那样再讲仁德,我觉得就行得通了。"

"谈何容易啊,列国争雄,谁肯轻易服输。"

睡到半夜,突然雷声大作,不久下起了暴雨。好不容易等到天亮,雨还没有停,荆云去喊吕不韦吃饭,却发现他面色潮红,精神不振,一问才知,昨夜着凉,浑身无力,怕是得了伤寒。

走是走不了了,荆云上街请了郎中,诊脉过后,开了几服中药。吕不韦硬撑着喝下去一碗苦药汁,昏昏沉沉地睡过去。期间,荆云进来屋里四五次,他竟然一觉睡到了傍晚。雨整整下了一天,还没有要停的迹象。

"只怕我们要在这里待两天了。"荆云说。

"雨一停,咱就上路。"

"这天气,看着是要连阴,再说你的身子还没好。"

吕不韦摆摆手:"我没有那么娇气。病来如山倒,病去如抽丝。哪能说好就好,要抽丝就到路上慢慢抽吧。"

第二天,虽然还下着蒙蒙细雨,吕不韦却坚持要上路,荆云拗不过他,只好多找了一件蓑衣,让他披上。走到路上,细雨纷飞,小风一直吹,中午时分来到野王城,吕不韦身上已湿透。

野王城虽然前年被秦国攻打,但不久秦军撤去,重归韩国。两人进城,验商籍时,军卒左看右看,问东问西,就是不撒手。荆云一看,知是故意刁难,连忙送上碎金,军卒边把户籍牌子给他们,边揶揄道:"想不到小小卫国,还有这么阔气的商人。"气得荆云骂骂咧咧一个劲儿唠叨,吕不韦劝他不必认真,自古弱国无外交,谁让母国不争气呢。不过他同时也感慨,这韩国如今已是朝不保夕,自己也没落成弱国,还顾得上笑话别国。

城内找个酒肆吃了点饭,吕不韦反而病情加重,发烧越来越严重,还伴有咳嗽,无奈只好找个地方住下。真是屋漏偏遇连阴天,晚上两人用饭时,发现少了一个包裹。检查一遍,虽然只是几件衣物,却让荆云连连懊悔,这韩国真是太乱了,大白天竟然有盗贼摸入旅舍。这也提了个醒,晚上睡觉前,荆云总感觉心神不定,觉得有双眼睛在背后盯着他们俩。他没有吱声,早早服侍吕不韦睡下,自己也退入房中,吹灭灯,安静地坐着,手中紧紧攥着剑。

果然如他所料。子夜时分,荆云听得门闩轻轻响动,一点一点移动,他蹑手蹑脚地走到门边，拿着剑，警惕地盯着门。吱呀一声，门被推开，随即一个黑影闪进屋来，荆云一见，抬起右腿，猛地一踹，黑影啊呀一声倒地，荆云的剑已经指向这人面部。"哪里的歹人，敢来行窃！"荆云怒喊一声。不料此人忽然呵呵一笑，说："试试你，还当真了。"荆云一听，声音十分熟悉，却一时没想起是谁，正在愣怔，那人一骨碌站起来，指着鼻子说："三天不见，总不会连我也不认识了吧。"

荆云赶紧点亮灯，原来是赵十八！

"你这是演的哪一出？"荆云惊奇地问。

"白姑娘怕你们路上有闪失，派我来接你们。"赵十八说。

"那你为何偷偷摸摸？"

"一是试试你，是否警觉。二来，这韩国境内，如今鱼龙混杂，到处都是间人，白姑娘交代，我不可公开与你们同行，要暗中保护。"

"这么说，白天偷去包裹，也是你干的？"荆云问。

赵十八矢口否认。荆云这才感到，情况确实如赵十八所言，二人当即商量，明天再上路，荆云和吕不韦在前面，赵十八暗中随行，这样既可相互照顾，又不至于完全暴露。

"话说回来，也不至于这么邪乎吧，我们又没惹谁，谁会陷害。"

赵十八严肃地说："白姑娘说，你们来秦国做的这件事，本身就是麻烦，不能有一点疏忽。吕公子做大事，顾不上考虑琐事，她就多操心。"

二人等隔壁房间里传来吕不韦香甜的鼾声，相视笑笑，又交流了一会儿各自离开后的趣事，赵十八才离开了。

一路西行，来到函谷关，正赶上中午。验过户籍牌后，就算正式进入秦国了。顿时情形大变。关在谷中，深险如函，确实名不虚传。两边高耸的崤山在此聚拢成深谷，巍峨高大，确实是一夫当关万夫莫开。怪不得当年楚、赵、魏、韩、卫合纵攻秦，在此败北，照地形看，千军万马到此，只有缩窄部队，而两岸全是秦军，合纵军队就成了案板上的肉，任人宰割。

关口一过，地势开始变得宽阔。秦国连年用兵，早已将道路拓宽成并排可走三辆车。

站在车上，吕不韦虽然还不断咳嗽，却觉得天朗气清，病情不知不觉减轻了不少。一直走，路边尽是开荒和种地的农夫，口渴了要讨碗水喝，见农夫们把饭食带到了地头。

"老人家，何苦这么出力。"

老人六十岁左右,一膀子肉,赤裸着上身,说:"不用心种地,国法不容。再说了,不好好种地,吃什么喝什么。"

"赋税很重吧?"吕不韦问。

"嗨,你这正好说反了。自孝公、商君以来,官家大力鼓励农民开垦荒地,努力种田和织布的可以免除徭役和赋税,弃农经商或因懒惰而贫穷的,连同家属罚作奴婢。"

"哦?你一个农夫,倒知道商君?"吕不韦吃惊地问。

"我秦国百姓,哪个不知道商君的好处。"老农骄傲地说。

"不恨商君之法严峻?"吕不韦追问。

"你是从中原来的吧。这话呀,全是造谣。别说我们老百姓了,便是那些老贵族们,如今也是抢着种地、立军功呢。自古哪有穷苦人翻身的机会,还不是商君和秦王恩惠,只要立了军功,老百姓也能升官加爵呢,这样的日子多有盼头。"

吕不韦被这种自觉、自发的歌颂母国的语言震撼了,如此人人用命的国家,何愁不强盛。可他还是觉得心有不甘,又问:"要是有人就不愿意出力上进,怎么办?"

"嘿嘿,这也不愁。王上早就制定了法。依照户口,五家为伍,十家为什,相互监督,一家犯法,邻里如不告发,则十家连坐。你想想,谁能逃出邻居监督。"老汉笑着说。

吕不韦喝着老农的水,瞧着满地忙碌的人群,心中思忖:说来说去,像秦国这样一心图强,举国奋发,恐怕中原六国哪个也比不上,终究,恐怕一统天下的,还得是秦国,愈加坚定了扶持异人的信念。

这时,见老人用斧子砍伐身边的木棍,有些不解,遂问:"老人家,砍这些是干什么用?"

"这是制作积竹柄①用的,你看看,这棍子,又硬又有弹性,最好不过。制出来的积竹柄,是戈最上等的柄。"

吕不韦惊讶地问:"你们还制造兵器?"

"在我秦国,人人为兵。再说了,穷家上战场,不得买兵器吗?自己若能

---

① 积竹柄:戈柄。制作流程分四步:用平直的硬木棍削成芯(保证硬度);在芯的外面包上两层薄竹片(增加弹性);用丝帛缠紧(加固);涂上漆晾干(防水)。制作好的积竹柄坚韧而富有弹性。

造些，既省钱又富国，一举两得！"老人抡起棍子甩得呼呼生风。

"戈再好，人家有盾，如之奈何？"吕不韦故意笑着抬杠。

"你说到点子上了，我们平日里用这种藤条，编盾用呢。"他一手砍下身边的藤条，一手拿着，"像这种，就是做'干'用的。长点的，得好匠人，制作成'橹'。"

吕不韦听得邪乎，问："盾还有这么多讲究？"

"小盾叫干，中盾叫瞂①，大盾叫橹。先生，这你就不知道了吧？一看你这细皮嫩肉的，没上过战场吧。"老人捶打两下自己的肩膀，瓷实的肉发出闷响。一看就知是个老兵。

"老人家可有军功？"

"上造！"老人拍拍胸脯夸道。

吕不韦怎么也没有想到，一个田里的农夫，竟然是有爵位的将士。深受感染后，听老者给他讲起了秦国的二十级爵位（由低到高）：

  一级 公士
  二级 上造
  三级 簪袅
  四级 不更
  五级 大夫
  六级 官大夫
  七级 公大夫
  八级 公乘
  九级 五大夫
  十级 左庶长
  十一级 右庶长
  十二级 左更
  十三级 中更
  十四级 右更
  十五级 少上造
  十六级 大上造

---

① 瞂（fá）：小盾高约60厘米，大盾能遮盖全身，瞂介于两者之间。

十七级　驷车庶长

十八级　大庶长

十九级　关内侯

二十级　彻侯

这些赐爵的标准十分严格，是商鞅当年就定下的，秦国一直严格遵守并执行。最主要的是，什么标准得什么爵位，人人尽知，这就给思谋上进的百姓们提供了一个升迁或者说改变家族地位的公平舞台，所以，人人上了战场就会全力拼命。

像眼前的这个老人，对这些军功爵位如数家珍，说明这部法律已经深入人心。

"像这武功爵，只限有功之人。虽宗室贵族，无军功也不能封爵。"老者对自己的过往十分得意。

老人接着介绍，自公士至公乘爵为"民爵"，生是禄位，死为谥号。

"这可是生死爵位啊，你说谁能不在乎！"老人颇为感慨地说，"要是到了公乘以上的爵位，那就是县令、县丞地位相同。再往上就是官爵，要是二十级彻侯，就可以封土食邑了！"

看着老人自得的神态，听着他絮絮叨叨的讲话，吕不韦再也坐不住了，他甚至急于要走进秦国，去了解这个神秘的国度。为何具有如此大魔力，能让每一个百姓都人人自强。

三、亲娘的忧喜

越往秦国腹地走，吕不韦感慨越深。遇到的人，总是忙忙碌碌的。河东之地，被秦国夺回后，大量接纳中原流民，这些成为新秦人的百姓，已经完全融入了这个国度。人们酣畅地劳动，尽情地说笑。大河岸边，已经开垦出来的农田里，庄稼长势喜人，沉甸甸的谷穗压弯了苗秆。

远处放羊的羊倌扯着嗓子呼叫着，歌声随着白云飘到天空中，惹得翱翔的雄鹰也穿梭云间，仿佛受了歌声感染。

放马的汉子在空旷的草原上奔驰，时不时荡起一股尘烟。

赵十八此时也跟了上来，吕不韦问："白露姑娘在哪里等我们？"

赵十八说："她只说，进了函谷关，她来找咱们，我也不知道在哪儿。"

"哦，搞得这么神秘？"吕不韦心情大好，站在车上，高声说，"今天只管赶路，跑个一百里，叫她追不上。"

荆云听他放了话，扬鞭催马，轺车快速向前奔去。

或许是快见到白露的缘故，吕不韦竟然觉得病去了七八分，浑身出了透汗，感觉通透了许多。

三人只顾赶路，傍晚时分来到蒲阪关，这座大河东岸的关口，雄伟高大。隔河而望的是临晋关，正是快要黑天的时间，三人抓紧过了两个关，找个小店刚住下，坐到榻边时，有人拍了吕不韦肩膀一下，扭头一看，正是白露。

"你是怎么？"吕不韦惊讶得合不拢嘴。

白露笑呵呵地说："你不是说跑一百里让我找不到吗？倒是跑啊。"

吕不韦说："感情你一直跟着我们呀。"

"秦国我比你熟。"

吕不韦肯定地点点头，猛然咳嗽两声。

白露一见，关切地问："这是病了？"

吕不韦摆着手说："不妨事，已经好得差不多了。"

"出门在外，还是多注意点好。"

吕不韦脸色一变，皱着眉道："怎么？我这刚三十，就成了老头，在你眼里？"

白露说："你自己照照镜子去，活像个泥猴，哪还有三十的样子。"

吕不韦知她是心疼自己，意会地说："听话，从今天开始，你说东我不往西。"

白露嫣然一笑："要真是这样，倒省心了。"

两人说着说着就谈起了日后的行程安排。

白露说："我找人打听了，如今这安国君，只听华阳夫人一个人的话，谁的也听不进去。"

"可我们如何能见到华阳夫人啊。她住在哪儿？"

"当然是太子府了。要想见她，有两个渠道，一个是她的姐姐，还有一个是她弟弟阳泉君。"

"这些都是已经掌握的，说重点。"吕不韦催促道。

白露说："她姐姐那里，我也去过一次，不过，此人聪明过人，总是防备心过盛，只怕见她要费些周折。"

"那就先见阳泉君。"吕不韦定下了大调子。

"也不是没有可能，我已经派人在骊山附近新建了一座宅院，听说她这个姐姐很贪财，要是送一座院子，可能就好办多了。"

"这事办的漂亮。不过，院子她应该不缺少吧？"吕不韦又疑惑地问。

"这可不是普通的宅院，选在了山的阳坡处，又有灞水、渭水、泾水三河汇聚，真正是一片风水宝地呢。"白露详细介绍。

"竟有这么好？"

"别慌，我给咱们也准备了一座，距离华阳夫人姐姐芈容的院子并不远。"白露微笑着说。

"有心了。"

"倒是这阳泉君，是个纨绔子弟，我一个女人家，不太好接近。"白露为难地说。

"我来想办法，只要先搭上一条线，一切都好说。"吕不韦信心十足地说。

两人越说越投机，只顾着说话，及至看到从窗户里射出清晨的曙光，才恋恋不舍地各自回房迷糊了一会儿。

再上路时，吕不韦和荆云同车，赵十八赶车跟在后面不远处。两车保持着不远不近的距离，因为此事事关重大，众人都觉得应该小心行事，以免节外生枝。

到达芷阳时，白露赶上来，说要同去看看院子。

到达骊山脚下，吕不韦望着这座并不陡峭的山脉，却生出无端的感慨来。越往山腰处走，越见山势逶迤，树木葱茏，远望宛如一匹苍黛色的骏马。又见云雾蒸腾，远处袅袅朦胧的白烟，这座山似生长在云里一般，不禁暗暗赞叹：骊山果然是个好地方。若是能在这里长久地住下去，只怕要成为仙人了。

看过院子，吕不韦颇为满意，就要往咸阳继续赶路。白露见他额头出汗，知道昨夜没有睡好，病情还未痊愈，就劝说再休息两日不迟。

"大丈夫做事，不能拖拖拉拉。定好的事情，早一天完成早一天心安。"

"那也不至于拼命啊。"白露说。

"你也不瞧瞧如今的形势，长平之战赵国吃了大亏，如果再不抓紧，恐怕他们会迁怒于嬴异人的。"吕不韦解释道。

"好好，你总是有理。"

一路走，吕不韦却不再言语，大有山雨欲来风满楼的紧迫感。

晚上住到吕家商社后，按照既定好的策略，见了阳泉君后，再接触华阳夫人的姐姐芈容，可吕不韦蹙眉不语。

"可是还有什么觉得不妥？"白露问。

"现在所有的计划都是粗线条的。而且，但凡做事，设计好的路子只是一个参考，还要随时应变的。"

"我哪里知道这些。"白露故意揶揄道。心说，你平日里叱咤风云，如今说出这么幼稚的话，我难道不知道。

吕不韦却浑然不觉，又说："最怕百密一疏，千里之堤毁于蚁穴。细节一定要把握好。"

见他如此婆婆妈妈，白露心知他心事太重，不利于活动，就调节气氛说："不如明天，你先到市场上转一转，再找个医生调理下，我去约芈容。"

吕不韦还是心神不定，总觉得有事。

白露陪着又沉默了一阵子。吕不韦突然一拍脑门说："我就觉得有事，对了，先去找夏姬。"

"哦？为何？"

"如果他亲娘不同意，我们后面的事情就没法开展。"

白露不以为然："她不就是失宠的妃子吗？为她儿子好，还能不愿意？"

"话可不是这样说，毕竟也是太子妃，好多事我们无法预料。"

"好，那就听你的，先约夏姬。你明天给我一天时间，去问问她的住处。"

"要快，还要隐秘。"吕不韦交代说。

"知道了，你今天是怎么了，唠唠叨叨没完。"

"我们的事，难度很大，多理解我吧。"说完，吕不韦憨憨地一笑。

本来吕不韦觉得约夏姬很重要，不想白露轻松就打听到了，夏姬居住在长信宫偏殿内一个小院。约见也没有多费周折，买通了一个值守的司马，便拿到两套木牌。

驱车来到长信宫外，一路越走越窄，最后在一个普通的小院前停车。吕不韦和白露相偕而入，这样比吕不韦单独一个男人进去更容易取得夏姬的信任。

从偏门进入院子，是一个长长的巷子，巷子三五尺宽，行走其间，有一种压抑的感觉。吕不韦边走边想，这安国君听闻柔弱，可看现在安排失宠妃子的地方，真是心够狠的。大约走了一刻钟，又来到一个小门前，敲三声，听得里面有人答应，出来一个年长的女佣，询问有何事情。白露说，我们要见夏姬夫人。女佣一看二人穿着华丽，可能是很久这里不曾来人的缘故，当即高兴地把他们引入院内，客气地让他们稍等。

吕不韦站在殿前，见这座殿矮而窄，门口的台阶石缝处长满青苔，殿门也油漆脱落，一看就很破败，愈加心生悲凉。院子地面倒收拾得干干净净，扫出了亮光，想来这个女佣在此陪着主人，闲来无聊，怕是将每日清扫院子当成了重要事。

二人站在院子里等，左右不见动静。好一会儿，才听得殿内有轻微的吵闹声，少顷女佣哭丧着脸出来，无奈地说："夫人不见客。"

吕不韦急忙说："我们从赵国来，你告诉夫人。"

女佣自言自语地说："也怨不得你们，夫人十多年没见过客了，唉，不是往日了。"

白露一见，忙掏出点碎金子递过去，女佣当即喜笑颜开地说："两位贵人等着，我再去通禀。"

这一次没有多一会儿，听得殿内一人大声喊："我已无心探听任何事，让来人哪来的还回哪儿去吧。"

女佣出来，和蔼地说："夫人清净惯了，小奴也是费尽口舌……"

吕不韦忍不住高声说："夫人，我从赵国来，邯郸！求夫人赏薄面一见。"

听得殿内一声轻喊，却威严十足："送客！"

无奈，女佣只好现出苦巴巴的面色，作揖请二人离开。

悻悻地走出院子，过长巷子时，吕不韦失望地说："白来一趟，没想到她都不见。"

白露说："或许她真是清净惯了，见不得生人。"

吕不韦说："我从赵国邯郸来，这再明白不过了，难道她竟听不出来？"

白露宽慰道："人家毕竟是太子妃，或许要拿一拿架子。"

吕不韦说："也只好这样了。下一次来，一定得想想办法，不曾想她倒成了第一个难关。"

回到商铺，左思右想，夏姬不见的原因，无非有二：一，确实是清净惯了，懒得听世间的事；二，或许她已经年老色衰，怕别人看见她，窘迫尴尬。

白露说："我觉得，这第二条更可靠。"

吕不韦忽然凑近白露，笑嘻嘻问："女人真的这么爱面子？"

"男人又有几个愿意见憔悴的女人？还不都是男人太势利。"

"我呢？"

"你算世外高人，独一个！"白露露出两个酒窝，甜甜地夸。

"明知你说的是假话，我听着还是很受用。怎么，你我现在也到了需要说假话糊弄的地步？"

"自古以来，士为知己者死，女为悦己者容，我觉得你就是！"

吕不韦腼腆地吐了吐舌头,说:"和你在一起,没有哪个男人会不舒服。好女人啊。"

"听你夸一句,实在难得!"说话间,白露夹起一块肉,塞进他的嘴里。

"不过,夏姬还是要尽快见!"吕不韦咀嚼着肉说道。

白露嗔怒道:"瞧你,说着说着还是惦记这点事。"

吕不韦一见,忙连哄带赔礼,说些白露爱听的事,她才转怒为喜。可在吕不韦心里一直惦记一件事,究竟夏姬是因为啥原因不见呢?

平常情况下,男人偏于理性,常把重要事和感情分开,以轻重判断缓急;女人则更感性,凡事都爱扯上感情,以感情判断轻重。所以,吕不韦心里始终装着见夏姬这件事。

五天后,第二次去见夏姬。

依然是上次的答复,这一次不同了。吕不韦拿出了异人交给他的银锁,夏姬一看是儿子的贴身物品,同意见一面。

面对面坐下,吕不韦见夏姬面容悲戚,带着哀怨,两腮深陷,身上带着一种冷冰冰的漠然,可不动声色的面容里,又裹挟着一种不可抗拒的力量,他暗暗告诫自己,此人不可小觑。

"异人生活得很好,夫人不必担心。"为解她宽心,吕不韦开诚布公地说。

"那就好。"夏姬轻轻地说。

母亲最应该担心儿子的安危,可她无动于衷,显然是说的话分量不够,吕不韦又说:"不过,最近形势对他不利。"

"晓得。"夏姬依旧平淡地说。说罢捋了捋额前的几丝乱发。

见她油盐不进,吕不韦知道不能急,遂聊起家常:"形势虽然不利,但他最近结交了很多赵国的显贵,大家都夸公子有学识、有见地,很乐意和他交往呢。"

"哦?这倒新鲜。"夏姬面色略有好转。

吕不韦暗自叫一声:这女人城府好深!

她不问,吕不韦也不好再提,于是转换话题,说:"夫人在这里的用度如有困难,我可以随时帮助。"

"这倒不必!我这里很好。"夏姬一口回绝。

惯用的办法不灵验,吕不韦只好说:"想来夫人有些疲倦,我改日再来叨扰。"说完,不等夏姬说话,主动起身,就往殿外走。

走到门口,见夏姬不闻不问,吕不韦只好长叹一声:"唉,质子难当,命该如此!"

不等夏姬回话,吕不韦给白露丢个眼色,两人就大步流星走出了院子。来到长长的巷子,白露忍不住问:"好不容易见一回,我看你倒不急了。"

吕不韦说:"不是我不急,事缓则圆。我最后撂下的话,就是让她听的。"

"我就不明白,她有什么顾虑,为什么迟迟不问自己儿子的死活?"白露感到奇怪。

"或许她有我们不晓得的顾虑和难言之隐。"

"那我们还见不见她?就这么僵着,等她?"

吕不韦胸有成竹地说:"你放心,我料定,她会主动联系我们的。"

白露问:"何以见得?"

吕不韦说:"异人的银锁信物已经给她,想来母子连心,她不会无动于衷的。"

白露却并不看好。

就在两人差不多要走出巷子时,听得身后传来急促的脚步声,又听得一声喊:"公子留步。"

扭回头看,正是夏姬的女佣。

"夫人说,三日后下午,请先生早点来。"

吕不韦作揖道谢,心说:终于推开这扇门了!

既然决定要再次见面,就要详细做做功课,考虑夏姬可能关心的问题,以及如何让她接受——让异人成为华阳夫人的嫡子——这件必须敲定的事。

想来每一个母亲都不会轻易同意的。自己的儿子,奔向好前程,母亲当然喜欢。可以割舍母子关系为代价,应该是所有母亲最不愿意看到的事情,所以,这件事必须有一套说辞,而且要入情入理。

吕不韦和白露商量妥当说辞后,就等着三天后的约见了。不想这期间却出了一档子蹊跷的事情。

赵十八上街时,突然失踪了!

等了一天,不见他的踪影。

开始的时候,吕不韦并不在意,以为他是和朋友厮混吃醉了酒露宿在外。可第二天傍晚还不见他的人影,问荆云,荆云也是一脸茫然。这就奇怪了,好好的一个人,突然就消失了!这件事顿时引起吕不韦的警觉——这是在秦国咸阳城,赵十八本来就是公子子傒的下人,莫非?

"有没有一种可能,公子子傒派人将他抓回去了?"白露分析道。

"那就只有一种可能,当年他参与刺杀悼太子的事情败露了。"吕不韦颔首道。

"他可是知道我们不少的事啊。"荆云担心地说。

"现在只有两处下手了。荆云老哥,你负责多派人出去打探,看究竟他的下落。白露抓紧联系芈容,以便将来我们有个退路和靠山。"

寻找了一天,只打听到,赵十八是在一家酒肆喝酒时失踪的,具体情况不得而知。

就在寻找赵十八没有头绪的时候,夏姬的约见时间到了。

依旧是荆云驱车,为了不暴露白露,吕不韦一个人去见夏姬。

夏姬这次一改往日的沉寂,首先快人快语地问:"公子可知,你现在插手王宫的事,有多严重吗?"

吕不韦答:"既然选择了这条路,就不反悔。"

"这王宫里的事,你不懂。看似平静中,处处藏着玄机。"夏姬提醒说。

她这样一说,吕不韦联想到赵十八的失踪和前两回她的迟迟不说话,顿时明白——她不是不担心孩子安危,是怕稍有不慎,会连累到儿子!一想到此,顿时后背一阵发凉。不过,这时他不能有丝毫的退缩,否则就前功尽弃了,于是他说:"想到了,最主要的是,我和异人是朋友,答应他的事就要办到。"

"你要我怎么做?"

"让异人成为华阳夫人的嫡子!"

闻听此话,虽然夏姬已经有了心理准备,还是怔住了,两眼牢牢地盯着吕不韦,一字一顿地问:"你,是要我放弃儿子!"

吕不韦点点头。

"除此之外,别无他法了?"

"别无他法!"

夏姬的眼里,盈满泪水,期期艾艾地说:"我儿现在已经很危险了,对吧?"

虽然说出来很痛心,可既然已经挑明了,吕不韦索性说个痛快:"是的。他的处境表面看毫无惊险,可长平一战,赵国40万人被活埋,现在赵王心里有一股巨大的仇恨,一旦爆发,肯定会拿异人出气。"

夏姬的泪水终究没有忍住,无声地顺着面颊流下来,她不擦,任由泪水流下,哽咽地问:"如果成为嫡子了,赵国依旧要杀他,怎么办?"

吕不韦铿锵地说:"有我呢。我已经培养了三百死士,随时保护公子归秦!"

夏姬稳稳地点点头,作揖示谢,眼神突然变得坚毅起来,双眸中透出一股摄人的光芒。

"我来问,你究竟为什么要参与这件事,不要说只是为了朋友这些空洞的话。"夏姬快速地问。

"我要扶持一个王,成为良相!"吕不韦知道,不说出心里话,眼前这个冰雪聪明的女人绝对糊弄不过去。

"我再问你,你凭什么说服华阳夫人?"

"我已联络华阳夫人的姐姐和弟弟,让他们帮着说服华阳夫人!"

夏姬逼问一句:"王族那么多,为什么是我儿?"

吕不韦说:"他在国外为质,最符合我的需要!"

"异人为什么会听信你?"

吕不韦咬咬牙,冷冷地说:"他要我的夫人,我给他了!"说完,仰起头,不忍让夏姬看到湿润的眼窝。

"我最后问你一句,万一不成呢?"

"慷慨赴死!"

虽然这不是最好的答案,但夏姬听完这句,好像完全明白了吕不韦的决心,长叹一口气说:"我没什么要问了,既然先生要做,去做便是!只是……"

吕不韦没有接话,他知道,此刻,夏姬说的每句话,都是真挚之言,仔细聆听就行。

果然,夏姬说:"华阳夫人,可不是我,只怕你的一腔热血,要……费很多周折。她虽然确实无子嗣,但能不能见到她,对你来说,都比登天还难!"

吕不韦诚恳地说:"愿闻夫人指教。"

"宠妃,无非骄横、傲慢而已。这是女人的通病。"歇一口气,她意犹未尽地说,"得意的人,最难听进别人的劝。依我看,你不妨将我和她比较一番……"

"比较?"吕不韦准备了好多说辞,都是准备说服夏姬同意的,没想到她柔弱的背后竟然如此坚强,不由暗暗钦佩这个母亲,肯为了儿子献出一切。最不可思议的是,如此重大的决定,她竟然只是仰头俯首之间就想明白了,可见,王的女人确实不一般。但此刻,她说让说服华阳夫人时,将她的境况作对比,是何用意?忍不住问:"比较什么?"

夏姬说:"女人最怕日后失宠。你就拿人老色衰说事,必定有用!"

一句话点醒吕不韦，不禁起身，双手作揖道谢。

"你去吧，我现在也没什么能力了，只好最后帮你一把！"夏姬果断地下了逐客令，摆摆手，让女佣送客。

吕不韦走出殿，抬头看看刺眼的阳光，一时内心翻滚，自己何其残忍，要做这个恶人，为了达到目的，竟然要母亲忍住巨大悲痛，将自己的儿子拱手送给他人。

一边感慨一边走，心里还想着，夏姬说"最后帮你一把"究竟是何用意？刚推开院子门，就听得一声凄厉的呼喊——夫人！！

他倏地扭回头就往殿内奔，眼前的一幕惊呆了——夏姬脖子上挂着一条长长的白绫，身子悬在空中，双腿无力地耷拉着……

吕不韦几步跑过去，将她的身子高高举起，女佣已经搬来了凳子，吕不韦指挥女佣，用墙角长长的灯架子将白绫挑断，两人将夏姬平放在地上，捶她的胸口……好一阵子，才听到夏姬"啊呀"一声，吕不韦颓然地往地面上一瘫，满头满脸的汗水顺着脸子流下，他这时才明白"最后帮你一把"，原来不仅是彻底了断嬴异人和他吕不韦的顾虑，更是让充满斗争的王宫里的华阳夫人永不担心！

这个要强的女人，这个伟大的母亲！一下征服了吕不韦，他站起身来，不顾身份，毫不客气地说："夫人如果再有这种自残行为，吕某绝不再管公子死活，说到做到！"

"一入帝王家，我命不由我。"夏姬苦笑一声，无力地说，"天不亡我……放心吧，不会干傻事了！"

听他这样说，是激起了心底的那股子倔强劲儿，吕不韦这才放心而去。

四、说服阳泉君

赵十八此刻正待在一座房子里。

房子没有一点光线，只有半个人的身高，空间狭小得仅能转过圈来。赵十八窝着身子，每扭动一下，后背上就渗出血来。右臂更是疼的不敢动弹。凭他的判断，右臂是骨折了。

想起前天傍晚，他一个人独自在酒肆里吃酒，待在一个角落里。酒至半酣时，走进来两个人。身材都很高大，看似无意在屋子里一扫，赵十八已经隐隐感觉到不安，可搜肠刮肚却一时想不起来二人的身份。从他们的佩剑看，都是那种短而厚的很重的秦刀。赵十八就想着，喝完碗中的酒就走，少招惹他们。

一人粗着嗓子喊:"来二斤酱牛肉,一坛温热的秦酒。"

店家乐颠颠地应答:"二斤酱牛肉,一坛热秦酒,送您半斤狗肉!两位慢用。"说话间已经将酒肉送到案子上。二人对坐,不声不响地对饮。

赵十八吃完酒,起身经过二人身旁时,听得一人低沉地说:"十八,几年不见,富贵了?"

这句话一说完,赵十八猛然一惊:此是故人!

可细看两人,真的一点印象都没有。他忽然就慌了,结结巴巴地说:"哪有富贵,糊口而已。"

"何不坐下一饮?"一人道。

赵十八推辞道:"今日已醉,来日奉陪。"

边说边走,走到门口,一人却扔过来一条矮凳子,拦住去路。赵十八一见,怒火中烧。正要发火,忽然想到,人家对自己过往很可能一清二楚,况且现在吕不韦的大事等着自己,只好压住火气,呵呵一笑,扭回头说:"这位仁兄,盛情谢过,不必如此邀请吧?"

"不饮便是不给面子。"

话已挑明,不应准会动刀,赵十八虽不惧怕,仍旧以和为贵:"既如此,喝两碗便走。"

二人移到一边,赵十八独坐一边,端碗举起相邀。一人却说:"这样喝酒无趣,不如先切磋一下再饮。"

酒未喝,直接要动手,赵十八见两个人一心挑事,显然是有备而来,脑子里飞快地转,嘴上却说:"甘拜下风,以酒代罚。"说完一饮而尽。

谁知喝也不行,两人当即起身,抽刀出手就要决战。店家一看,忙出面制止,两人就约赵十八到街上决斗。

天色已经黑透,街上的灯火影影绰绰。

无缘无故,遇到这样两位,赵十八心知他们故意找碴,可不战又脱不了身,男儿气概一时涌上来,心想:或许一战能有回转。于是三人来到街角僻静处,拔刀对战。

十个回合过后,两人不敌,往后一撤,说:"来日再战。"

赵十八没想到就这么结束了,正在得意间,听得耳边"呼"地飞过一个器物,还不等明白过来,已经扎中右臂。尚在迟疑间,听得刀已至肩头,可此时却丝毫抬不起来手臂,忙乱之中,只好顺势一倒,骨碌碌在地上转了几圈躲过刀锋。未等起身,另一人已经又砍了过来,赵十八脚一蹬墙角,旋身站起,后背上"啪"的一声,已经吃了一刀。扭转身,赵十八用左手抽刀,想架住头顶上袭来的刀,却后背又吃了一脚,踉跄着跑出去两步,听得"咚"的一声,头上已经重重挨了一棍子……

赵十八用手四处摸索着,感觉墙壁都是冰冷的,处处还挂着潮湿的水珠,想来可能是地下。活动一下腿脚,奇怪的是,并没有被拴住,他跪着爬行,转着圈把房子都摸遍了,也没找到出口。既然在地下,想必就是地牢了,可又感觉不像地牢,四周滑溜溜的,地面上冰凉处,还不时能摸到冰块。这会是在哪儿了?他努力回忆着,既然这两个人知道自己是谁,那一定是别有用心了。虽然一时想不清楚在哪儿,有一点他清楚,趁早逃出去或许还能活口。他再次活动起来,一寸一寸地仔细摸,忽然,好像抠到了一个裂缝,好像还透着丝丝凉气。顺着缝隙慢慢用手指甲抠,发现是砖砌成的,脑子里立刻亮起希望,一点一点用身体暖热冰凉的砖,发现有水流下来,他再次用手抠,渐渐地,砖开始松动起来,他取下头上的簪子,用簪子照着缝隙挖,终于,看见了一丝光亮,把砖拿出来,从扁扁的洞里,看到依旧是昏暗的走廊,可多少能见到点光亮了,他更加用力地挖,第二块砖取出来时,他看清楚了——这是一个冰厨!贵族们为了在夏日吃到凉爽的食物,常在地下挖出这样的冰厨保存食物。贵族?会是哪里呢?管不了那么多了,他一块一块掏出来砖,渐渐能伸出手臂了,打开了门。蹑手蹑脚地从长廊里爬出来,正在欣喜之际,忽然脚下一滑,踏空了,身子急速下降,慌乱中,他顺手抓住了一条绳子。身子就这么晃荡着,这时抬头一看,上面是圆圆的黑乎乎的。他摇晃了一下头,马上意识到,这是一口井。于是,两手抓紧绳子,两脚蹬着井壁上的凹处,一点一点往上移动。爬到井口,他停顿了片刻,先仔细听了听,毫无动静,这才爬上井口。

站在井台旁,往四处一看,在一个湖边。此时正是黑夜,他悄悄钻出来,看到一大片湖,沿着湖边的树下慢慢移动,才发现,这是偌大的一个院子。北边的屋子里,还亮着灯。

赵十八正要移过去,见黑暗中走来两个人,到了跟前,是两个婢女。一个说:"公子最近成堆成堆地看竹简,这是要把我们累死啊。"另一人说:"快别这么说,叫人听见,不打死我们才怪。"两人怀里各自抱着一堆竹简。

赵十八正在想抓一个女子问问这是哪里,忽然听得一个婢女说:"你先去吧,瞧我这脑子,又忘记公子交代的哪一卷,我赶紧回屋去找找。"另一个说:"你这丢三落四的毛病,看来是改不了了。"说完一个人扬长而去。

见只剩下一个女子，赵十八猛地跳出来，从背后将女子抱住，捂住她的嘴："别说话，我问你，这是什么地方？"

女子早已吓得瘫成一堆，浑身颤抖，唧唧呜呜说不清楚。

赵十八又恐吓道："别出声，不然杀了你。"说话间已经松开了捂着她的手。

"这是公子良的府上。"婢女哆嗦着回答。

公子良？

"这是太子府？！"赵十八吃惊地问。

婢女点点头。

赵十八知道，接下来问她也是白搭，一拳将她打昏，匆忙跑到墙根，趁着天黑，爬过院墙，偷偷跑了出来。

一路逃一路想，无论如何他也想不出，公子良为何要抓他。

吕不韦看着白露，一言不发。

赵十八无故失踪，到现在仍然没有一点消息。照荆云探听到的消息，莫非是两个武士比武，将他杀死了？

若真是这样，只需要找到赵十八的遗体就可以。如果不是这样，那就说明真的有大麻烦了。毕竟，赵十八曾经是公子子傒的门下，若是牵扯到之前赵十八参与的事，只怕就要横生枝节了。这对于刚刚开始的为异人寻出路极为不利。

不利也没办法。

白露却显得并不悲观："或许，我们太紧张了。"

"好不容易夏姬同意帮我们，如果因为赵十八的事情搅乱了局势，得不偿失。"吕不韦担心地说。

"你全力做异人这件事，赵十八的事情，我来处理。"白露提出兵分两路的办法。

"现在也只好这样了。芈容那里你再费心，我这就派人先把青铜器送给阳泉君。"

"这个阳泉君我总觉得不太靠谱，整天吃喝玩乐，根本不操心这些事。"白露说。

"越是这样的人，越关心自己的富贵。我们就从他的富贵入手。"吕不韦说。

"我们能左右他的富贵?"白露问。

"当然!一定要让他觉得,不帮我们,他的富贵就到头了。"吕不韦说。

"只怕这种油嘴滑舌的人不信。"白露摇着头说。

"先约上看看情况。"

本来有了夏姬约见的困难,以为阳泉君约见也该困难重重,不想,一天后,白露带回消息,阳泉君同意见面,而且,很愉快地答应了。

这就好办。

第二天,吕不韦和荆云赶着轺车来到阳泉君府上,通禀之后,家老说,真是不巧,阳泉君和游人游猎去了。问几天回来,他们也说不上来。

第二次约见,是在一个下午,吕不韦匆匆赶到府上时,家老出来说:"君侯刚刚到东湖游玩去了,真是不巧。"吕不韦一听,当即命荆云调转车头,朝着东湖而去。千赶万赶,赶到东湖边时,只见空荡荡无一个人影,问守护的兵士才知道,大队人马刚刚离去,听说是到赌场去了。

望着即将落下的夕阳,吕不韦心知,像这样的纨绔子弟,要碰到他有闲时间,是绝对不可能了。他就吩咐荆云打道回府,准备想个办法,让阳泉君来找自己。

晚上吕不韦正在屋里呆坐,苦思冥想办法。忽然听得商铺家老在门外轻轻地敲门,家老进来后,咬着他的耳朵说:"范相来人,询问赵国情况。"

吕不韦抬起头,忙问:"人呢?"

家老说:"来人已去,只说让东主写个竹简,他们自会派人来取。"

秦相国范雎索要消息,这可是大事,吕不韦顾不上考虑阳泉君的事情,提笔就将近日在赵国的所见所闻一一写清楚,刻好竹简了,吕不韦却总觉得意犹未尽,可究竟是什么事,他又一时想不起来,于是就在屋里来回踱步。走着走着,忽然急速来到案子前,提笔加上两句:

白起功劳太大,赵国人人害怕,大家不知有秦王,只知有白起。

写完这句,他脑子里浮现出邯郸城里的二百多个衣衫褴褛的年轻人血肉模糊的情形,将牙齿咬得咯嘣咯嘣响。

一定要让范雎压制住白起,一旦白起杀心再起,恐怕等不到自己回到邯郸,嬴异人的人头早已挂在邯郸城头。他深知范雎气量狭小,一定会左右秦王,慎用白起的。

一想到白起或将被压制，吕不韦心头总算略感慰藉。对于一个杀人魔王来说，如何对待他都不足为奇。和40万人的生命比起来，区区白起不过是一人而已。

晚上，愁眉不展的吕不韦和白露说起阳泉君来："再这样下去，只怕公子子傒就定为太子了。"

白露说："我早就说过，他不靠谱的。"

"可我们礼物也送出去了，芈容那里也没动静，总要积极争取吧。"

"你这一说，我倒想起来，阳泉君胆子最小，不妨吓唬他一下。"

吕不韦闻听，登时眼睛一亮："当真？"

"是的。"

"那好办多了，我本来就想着吓唬他一下，你这一说，好弄多了。"吕不韦踌躇满志地说，"今晚我就让荆云去送点东西。"

白露提醒道："你可注意火候啊。"

"放心吧。"说话间，吕不韦已经写好一封帛书，上面只有四个字：

君命休矣

白露一看，讶异地望着他："这样行吗？"

吕不韦用嘴吹着尚不干的墨，颇为自信地说："既然要吓唬，自然是下猛药。"

"他若问起来，你可如何说？"

"听我的，没错。"吕不韦卷起帛书，轻轻拍两下手，荆云应声而入。

"将此信速速交到阳泉君府上。"

"需要等消息吗？"荆云问。

"不必等。"

看着荆云离开，白露不解地问："为何不让荆云等消息？"

"这本来就是奇招。若是干在那里等消息，反而会让他们觉得咱是故弄玄虚。造势如同下毒，非一步步引人上钩才行。若是干等消息，就显得我们着急。反之，对方就会抓耳挠腮，主动上钩。"

"但愿如此。"白露点点头，忍不住又问，"我能做些什么？"

"你现在要做的，一是密切监视公子子傒，不能让他争了先，一旦他为太子，我们的努力就全完了。二是要尽快让华阳夫人的姐姐抽空见面。"

"这个芈容，倒是很有男子气概，凡事都只顾想着她妹妹。"白露说。

"哦？"吕不韦条分缕析，"这样的话，我们就不能说她个人安危了，一心说她妹妹的富贵。"

"近日商铺里，又进了粟米，我估摸着，秦、赵大战这么久了，粮食总要涨价了。"

"我们最好转手出去，少挣一点，别在这节骨眼上，让秦国对我们商人生恨。本来秦国就重农抑商，可不能因小失大。"吕不韦嘱咐道。

白露瞧瞧他，扑哧一笑："就你能耐！我心里还能没底吗？当然不会直接和军队做交易了，咱的生意都是转几手才到军队的。不过，商铺的老管家已经不乐意了，埋怨了好几回了。"

"老管家那里，我去交代。"吕不韦说，"这一段为了异人的事，又有生意的一堆杂事，让你辛苦了。我瞧着都瘦了。"

白露撇撇嘴："难得你还能看出来。"

吕不韦深有感触地说："我们现在参与异人的事，已经触动了宫廷利益，我对你疏忽，是心太累了，多谅解些吧。"说完活动活动脖子，用手捏一捏肩头。

白露一看，绕过去，替他捏肩头，埋怨道："再忙也得有个节制，你最近面色都发黑了，那里还有往日里风流的样子。"

"是吗？看来我真是忙乱套了。"吕不韦站起身来，"走，我们出去走走。好长时间没有晚上出去了。"

两个人就相偕步行走出商社，只管信步由缰地走着。不知不觉来到一座铁匠铺前。这时候起风了，一阵狂风卷起尘土迷住了两人的眼。

两人站在铁匠铺前，看着铺子里铁匠叮叮当当的热闹场景，不由得感了兴趣。

老铁匠五十多岁，下巴上蓄着长长的山羊胡子，他见吕不韦二人捂住眼睛，不禁笑着说："二人没见过刮风吗？"

吕不韦当即掩住衣领，说："是没见过这么风大的天还打铁。"

老铁匠敲打一下铁砧，说："咱穷苦人皮实的很，哪管什么天气。"

"这打铁也不在乎这一会儿啊。"白露说。

老铁匠摇摇头说："姑娘，你是不懂。打铁就是要趁热。这跟做人是一样的，火烧蜕一层皮，铁会变，人呢，经历磨难脱一层皮，也会变。"

吕不韦当即感慨地说："叫你一说，你打铁倒懂了人生。"

老铁匠说："这位公子你还别不信，这打铁和人生是一样的。锤敲铁，受尽捶打改变了形状，人要是受尽锤炼也一定能变得成熟。就说这蘸火吧，忽然经历冰火两重天，是为了定型。人要是能够承受这样的砥砺，才会变了性情。吃过苦，才知苦，经历一次就成熟一点。"

吕不韦定睛看着老铁匠，与此同时，他对轮锤的老妇人倒也感兴趣，问："大嫂，可曾厌烦？"

"小锤打到哪儿，我就锤到哪儿，有什么厌烦。"

"你就没有性情不好的时候？"吕不韦问。

老妇人答："快慢都是敲，这里面哪有心情的事，铁可不等人。迟一会儿就硬了。"

这种豁达，很受吕不韦喜欢，竖起大拇指说："你倒看得开。"

"看得开要吃饭，看不开也得吃饭。"老妇人说。

"风这么大，就不能歇歇？"白露问。

"歇的多了，功夫就散了。穷苦人家，天不等人啊。"老妇人说。

老铁匠埋怨道："就你话多，人家富贵人家啥不懂，你来这里乱叨叨。"

老夫人说："人都一样，他们愁大事，我们愁小事。大事小事都是事。"

老铁匠呸了一口，说："该懂的你不懂，不懂的你装懂。"

老妇人擤了一把鼻涕，说："我什么不懂。打铁要心中有铁，冷铁见热铁，红铁见黑铁。多敲打快敲打就能成型，你活了几十年，不就这些吗？"

吕不韦听着两位老人的对话，感觉醍醐灌顶一般，这些唠唠叨叨的话，竟然如服用了一剂良药，让混沌的心一时透亮。他扭头看看白露，她也惊讶地盯着两位老人，显出毕恭毕敬的模样。

风肆虐起来，火红的火苗舔着炉膛，飘忽闪烁的火焰，像灵魂一样，躲躲闪闪，捉摸不定。

铁匠炉位于一个破旧的棚子下，棚子上的灰瓦垄里，到处是旺盛的瓦松。灰瓦残缺不全，一如步入老年的夫妇，却依旧承担着遮风挡雨的重任，不肯服输。

吕不韦忽然想起，荆云的儿子和自己的儿子正在慢慢长大，就问老人："一把秦刀多少钱？"

"三十个'秦半两'。"老人伸出三个指头。

秦国流通的钱币，是圆形方孔无郭的"秦半两"，之前长期流通的是"布"，两者换算比例为"十一钱当一布"。《秦律》的《金布律》规定，"布袤八尺，幅广二尺五寸"为一布。

对吕不韦来说,三十个秦半两,也就是两丈多点布匹,自然觉得很便宜,当即就说:"给我定制两把,要上好的精钢。"

老妇人接口道:"那就是铜铁掺和最好。"

这下老铁匠不辩论,点点头说:"削铁如泥,保准公子满意。"

吕不韦当即掏出钱付了账,夫妇俩一个劲儿推辞,表示只能收定金不能全部收,白露说:"不会坏了你们的规矩,我们主要是没时间常来。打好了只管放着,会派人来取的。"这样一说,夫妇俩才勉强收下。

走在百工坊的街道上,虽然已经是黑夜了,还是能听到很多人家织布的声音。吕不韦不禁感叹:邯郸的繁荣,是商业繁荣。老百姓却没有这么勤劳。看来秦国是真正注重鼓励百姓耕作和劳动,一定有严格的法律约束和激励着这些普通的劳动者。这样的国家不富强,谁还能富强?

走着想着,两人已经走到一家酒肆门前,索性就走了进去。

这座酒肆门脸看着挺朴素,谁知进去里面却是别有洞天。走不了几步,是一片湖水,岸边放着一叶扁舟。两人登上小舟,一名女子,轻摇船桨,小舟稳稳离岸,好大一片湖泽,曲曲折折,来到一处小岛上,二人下船,踏入一片竹林。竹林深处,操着楚国方言的侍者把二人引入一个包间。刚坐下,便听得远处响起楚国歌声。这歌声似近又远,缥缈辽远,反而衬托出一种别样的宁静来。

要了楚国风味兰陵酒。一入口,绵澈悠长。灯光下,透亮的玉杯里,酒液呈琥珀色澄澈透亮,散发出奇特的酒香。方才喝的仓促了,吕不韦再饮一口,顿时觉得口舌生津,酒的味道浓郁醇厚却又不失清冽柔曼,那种香味顺着舌尖直抵头顶,忍不住叫一声:"彩!"

白露也面露喜色,摇晃着玉杯,感慨地说:"这咸阳城里,竟有如此美妙之地,看来真是平日里只顾着忙碌,不会享受啊。"

吕不韦说:"这兰陵酒,酿造历史很长,商代就有。甲骨文卜辞中有'鬯其酒'的字样,说的就是这种酒。它和我们平日里饮用的不同,是用黑黍米酿造的。"

白露说:"此酒饮来,甘甜甘甜,冰凉中有一种回甘。"

吕不韦说:"兰陵酒坊在苍山东麓,沂水之阳桐水之阴,加之苍山多清泉,辄取沂水桐水苍山水,三水以百果酿之,酒汁透亮而呈琥珀色,其味醇厚悠长,百年窖藏者更称稀世珍品。怪不得荀子愿意应春申君之请,屈就兰陵县令,与这兰陵酒不无干系啊。"

一提到荀子，吕不韦顿时陷入沉思中，不知不觉又说："先生博学、谦逊，曾有缘得见，他的理论发人深省啊。"

白露问："那李斯不就是先生弟子？"

"你这一说，我倒想起，这次该带李斯过来的。我们百般周折，他最有好主意。"

白露问："那你为何不带他？"

吕不韦说："毕竟事涉朝廷大事，保密比什么都重要。再说了，人多眼杂，太招摇反而不易成事。"

说着说着，吕不韦忽然一拍案子，叫好道："你这一提，我想到个法子。"

白露欣喜地看着他，等着他说。

吕不韦说："此处既然为楚国风格，何妨我们就约芈容来此谈事，既保密又有她家乡风俗，她定然喜欢。"

白露赞同地点点头，说："我这两天再问问情况，院子她答应看了，却迟迟不见动静。"

翌日一早，吕不韦在商铺里刚刚吃过，听得门外车马响声，尚在疑惑间，荆云已经急匆匆跑进来说："阳泉君来了！"

吕不韦忙大步向外走去迎接，却见阳泉君已经走到内院，远远地打招呼："吕公子快快止步，不要走动。"

第一次见面，吕不韦见他长得清瘦高挑，穿着暗红的深衣，华丽无比。走路快步如风，下巴上留着长长一缕胡子，看起来倒有几分仙气，不觉得暗暗叫好，看来此人并非纯粹的浪荡公子。

谁料到，阳泉君是个急性子，还未等坐稳，就着急忙慌地问："先生说我有性命之忧，敢问如何说？"

吕不韦见他急促，反而定下心来，决定以稳制躁："君门下有食客多少？"

"千把人总有的。"

"都是无业吗？"

"这却不是。"

吕不韦见他一问即答，显然是个毫无心机的人，便面色一寒："太子门下食客多少？"

阳泉君想一想，说："五六百人吧。"

"也都身居高位吗？"

"太子性格温和，不计较这些。"

吕不韦手里拿着长勺，敲着温酒樽边缘说："这还不是最大的危机吗？"

阳泉君显然未意识到这些，听完，顿时额头冒汗："先生是说，太子会嫉妒我？"

吕不韦严肃地说："君的门客比太子还多，又都身居高位。况且你府上金银珠宝数不胜数，良驹塞满了马厩，这还不够要命吗？"

阳泉君说："我只不过耍耍而已，又不妨碍太子，不该这么严重吧。"

吕不韦见他不以为然，反问一句："太子最喜欢什么？"

阳泉君大大咧咧地说："他喜欢什么，还不是王位！"

吕不韦摇摇头："你是只知其一。他的王位，任谁也抢不去。"

阳泉君问："那还有什么？愿先生明示。"

吕不韦放低声音："太子好色，莫非君并不知道？"

阳泉君一听这样说，反而呵呵笑出声："这老小子，天天摇摇晃晃，却偏偏喜欢这些。"说话间手臂摆来摆去，学着太子弯腰的样子。

"你还有心笑！命当该绝，正在此处！"吕不韦粗声粗气地说。

阳泉君一脸狐疑，呆呆地望着吕不韦。

"他最喜女色。而你府上佳丽如云。今天他不说你，是因为老秦王还在位。一旦哪天太子继位，君真就危如累卵，活像棵朝生暮谢的小草了。老秦王年事已高，太子登基只是迟早的事，君若不早做打算，只怕到时候大祸临头，哭都来不及。"

如此一说，阳泉君顿时明白过来，面色惨白地问："先生可有什么妙计？救我！"

吕不韦问："叫你卖了府上的佳丽，可舍得？"

阳泉君哼哼唧唧，嘟囔着含糊不清的话，显然十分不情愿。少顷，他不甘心地问："就没有别的补救措施了？"

吕不韦这下摸准了他的脾气，故意再度吓唬说："既然不愿意放弃这些佳人，那就只好等着杀头之罪了。吕某千方百计为您着想，可君却不肯做无情无义的人，只好和你一块儿等祸害到来了。"说完唉声叹气，慢慢舀起一勺茶倒入杯内，用勺子搅动着，茶水溅起到案子上，也不擦拭，显得十分落寞。

阳泉君一见，慌了手脚，急问："真的就没有别的办法了？只有这一条路？"

吕不韦见火候已经拿捏得差不多了，缓缓说道："办法倒还有一个，只怕君不肯委屈。算了，不说也罢。"

"快说,快说!"阳泉君猛然站起身来,只穿着袜子,就朝吕不韦的案子前走来,手里还拿着一块撕扯的牛肉。

吕不韦摆摆手,示意他坐下来。阳泉君急躁地走来走去,催促道:"先生快说,休要卖关子了。"

吕不韦神秘一笑,说:"君有姐姐!"

"嗯嗯,去找我姐姐,如何说?"

吕不韦不再卖关子,快言快语地说:"如果君能照我说的做,不但能保住性命,还能迎来更大的富贵,尽可以让君安享天年,毫无后顾之忧。"

阳泉君蹲下身来,凑近吕不韦的脸,诚恳地问:"愿听先生详解。"

吕不韦这才娓娓道来:"太子如今也四五十岁了,华阳夫人又无子嗣。目前有资格继承王位的,就数子傒有资格,他又有谋士士仓辅佐,自然如鱼得水。将来安国君驾崩后,子傒为秦王,受重用的就是士仓。你的姐姐,这个王后恐怕就会门庭冷落,而你仰仗的就只有姐姐,你说,到那时候,你还有什么富贵可言。"说到这里,歇一口气,呷口茶,吐了嘴里的碎茶和葱屑。

阳泉君听到这里,忽然连连摇头,说:"不行,这绝对不行!这可是死罪,一旦败露,整个家族都没了……"浑身颤抖,牙齿咯咯作响。

吕不韦不知他所言何意,懵懂地看着,不言不语。

阳泉君低声说:"子傒毕竟是王族,要是杀他……"

吕不韦一听他想歪了,当即制止:"谁要你杀他!"

"你的意思?"

吕不韦见阳泉君一副洗耳恭听的样子,心中暗喜,又喝两口茶,才接着说:"退路总还是有的。我们不需要和子傒有正面冲突。如今,我在邯郸,见到了公子异人,他当人质已经有些年头了,每天眼巴巴地西望母国,恨不得早点回来。我是想着,既然你姐姐没有子嗣,我们何不共同携手,让异人给太子夫人当嫡子。这样一来,既解除了你的后顾之忧,又成全了异人,两全其美,再好不过。"

阳泉君听说有转机,顿时转阴为晴,高兴地说:"这办法好!"

"你去劝说太子夫人,可有把握?"吕不韦问。

阳泉君听罢,立刻又蔫了,含糊地说:"我这姐姐,哪肯听我的。"

吕不韦见他毫无斗志,不禁将他一军,双手一摊:"那只好听天由命了。反正不关我的事。"

阳泉君站起来走两步,猛然转身,说:"我虽然不行,但有人行!"

"谁？"

"大姐芈容！"

吕不韦没想到他会这样说，就趁机问道："太子夫人听姐姐的？"

阳泉君说："这我有把握，说动芈容姐姐。先生有所不知，小时候我们相依为命，我们凡事都听大姐安排。即便成了太子妃，大姐的话，也是非要听的。"

吕不韦不知他们的往事，此时机会难得，就想多了解些。

阳泉君这才详细说起，早年间，姐弟三人从楚国来到秦国成亲，家族里其他人都没有跟来，芈容要替华阳夫人处理诸多事物，一迟再迟，竟然耽误了自己的终身大事，至今未嫁，独身一人，所以华阳夫人一直觉得是她耽误了姐姐，因此对这个姐姐言听计从。芈容因为自己没有成家，也就对阳泉君有个完整的家格外看重，凡事就都让着他，处处惯着他。连他这个华阳君的封号，也是芈容跟华阳夫人讨来的。

听他详细一说究竟，吕不韦明白，说服华阳夫人的关键，就是芈容身上，因此就格外留心她的喜好。又深聊半天，得知芈容对楚国十分眷恋，便心下留了心眼，决定下一步要在这方面下功夫。

五、深谈后宫大势

太子府后宫。

华阳夫人正端着腮在沉思。太子嬴柱刚走，看着床榻上残存的余温，华阳夫人忽然感到一阵失落。

方才还是两人云雨欢愉，大汗淋漓，那时刻觉得整个秦国都是自己的。血液里充斥着一种亢奋的情绪，稍微一个小动作都能让快感冲到头部。可此刻，帷帐还是那个帷帐，床榻还是那张床榻，看着凌乱的锦缎被褥蜷曲在床榻上，好似一个慵懒的小猫。

她感觉自己已经不是自己，倒像是在自我之外还有另一个"华阳夫人"。那个人年轻貌美，青春勃发，时刻充满激情，对太子永无厌倦，随时都可以满足他的任何需求。隐隐中，似乎有一缕悠悠氤氲的气息在宫殿里徘徊，缠绕着，纠结着，用一处烟尘来掩盖另一处迷雾，朦朦胧胧中，她看到走过来的"华阳夫人"赤着脚，款款而动，婀娜多姿，扭动着细腰肢，踮着脚尖，每行走一步，地上便留下一个个梅花花瓣样的脚印，宛如仙女下凡……

在这个华丽的王宫内，她是炙手可热的主人，每一个咳嗽每一声叹气都会令下人们胆战心惊,她的一颦一笑,足以让整个宫殿跟着她的情绪左右。

可她就是有一种幽幽的忧思。自己也不知道是为了什么,身体里有一股力量左冲右突,想要释放出来,可却始终找不到突破口,就这么在身体里蜷曲着、来回晃悠,有时看着看着能从眼睛里出来了,可眼睛里却无一点泪珠。

华阳夫人吓坏了——难道自己已经不会流泪了?她揉揉惺忪的眼睛,顿时觉得眼皮沉重,一点也不想睁开眼睛。

这是怎么了?病了吗?

前几天,太子见她郁郁寡欢,已经派太医来看过了,一点毛病也没有。可她就是浑身肌肉酸疼,毫无力气,甚至每一次喘气都能听到沉重而压抑的声响。她开始怀疑是季节的问题,但她仔细观察周围的下人们,却见那两个年老的侍女,常常躲在角落里,开着玩笑,时而还能听到她们爽朗的笑声。

柳树上的雀儿,越叫越欢,似乎正在笑话她大白天躲在屋里不出来。

难道是房屋的问题?她又开始怀疑。

国都咸阳,是一个有计划修建起的新兴城市。整个城市坐落在渭水两岸东西并行的大道交叉处。城市沿着北原高亢的地形营造殿宇,巧妙地以这些殿宇为中心,殿门向四个方向伸展开来,有如天上诸神之首的上帝所居的"紫宫";滔滔东去的渭水穿过都城,恰似银河亘空,划破无垠星野,而横桥飞架,把南北的宫观阙廊连接起来,真像在满天星斗的苍穹里飞来的"鹊桥",使牵牛、织女得以团聚。

住在这样讲究的王宫城内,即便是神仙也有几分骄傲,何况是凡人。华阳夫人不觉想起刚嫁到秦国来的那些日子。那时候,自己还不是最受宠爱的妃子,嬴柱也还身强体壮,她只是后宫里众多嫔妃中偶尔被宠幸的一个普通女子。如果不是那次嬴柱突发癫痫,口吐白沫,人事不省,众多女人都慌张得一塌糊涂,唯独她不慌不忙地走上前去,同时掐住他的人中和虎口,让嬴柱的身体微微仰起,少顷,听得嬴柱"啊呀"一声缓过神来,她当即施展在楚国学过的推拿按摩术,让嬴柱仰卧在床榻上,顺着胸口一寸一寸地往下按摩,直推得嬴柱筋骨松软,浑身惬意。嬴柱正在享受时,猛地一下,她将他翻过来,用一双嫩嫩的拳头,沿着他的脊椎骨,似在摆弄一条长蛇,脊椎骨上下被搓热,又顺着脊椎骨左右搓揉一番,不多时,听得嬴柱鼾声四起,已经舒坦得沉睡过去……

就是这一次,赢得了嬴柱的欢心。华阳夫人成了他百般依赖的宠妃,日日离不开,仿佛后宫里只有她一个妃子。

起风了，华阳夫人站起身来，掩了掩衣襟，踽踽而行，来到窗前，呆呆地望着远处的湖水发呆。湖面上波光粼粼，微风中，水面上铺开的金色阳光荡漾起圈圈涟漪。湖中央，几只野鸭正在悠闲地逐水嬉戏，两两做对，活像人类结发夫妻。华阳夫人倚着窗台，两眼空洞地望着远方，心里无所适从。扭回头对着铜镜，她看到镜子里的自己，发髻松垮，一头浓密的黑发披散开来，遮住了半个脸，瘦长的脸显得愈加成了长条，显得略有憔悴。她将了将头发，见眼窝深陷，有一圈淡淡的黑色，这样一看，越发心情落寞，顿时觉得心头荡漾起无尽的空虚来，忍不住长长地叹了一口气。嘴里呵出的气息，让镜子蒙上了一层薄雾，显得蒙眬虚幻。不知不觉间，她竟然罕见地滴下了两行泪来。

华阳夫人迷迷糊糊地睡着了。梦中，她来到一座山上，看到很多后宫的嫔妃都已经站在山头。她就一个劲儿追，结果，她越想上去，越是上不去。走一步退两步，渐渐地有些力不从心，忽然，眼前出现一处悬崖，她却还在奔跑，看到面前的悬崖了，脚步却停不下来，吓得她大声呼叫，正要落下悬崖，忽然有个人从后面一把将她拉住，扭回头一看，却是个似曾相识的面容。她盯着眼前的青年看了又看，还是想不起来在哪里见过这个青年。青年男子对着她一笑，她忽然心中一慌，神情恍惚。正在恍惚间，瞧见一条蛇正盘旋着慢慢靠近青年的头部，忍不住大声惊叫起来……

"夫人，你怎么了？"两个侍女惊慌失措地摇动着她的身体，紧张地守护在左右。

"我……睡着了？"华阳夫人茫然地问。

"是的。你方才一声大叫，是梦里见到什么鬼魅了吗？"一个侍女急忙关心地问。另一位侍女已经拿着汗巾在为她擦去额头的细汗。

"没什么，可能是这些天有些劳累了。"华阳夫人淡淡地说。

"啊呀，这可不行，得赶紧告诉太子殿下去。"说完不等华阳夫人表态，一个侍女已经风一般飘出寝宫。

华阳夫人张开嘴想喊叫一声，却感到有气无力，最终还是没有叫出口。算了，这些人也不容易，万一出了什么事情，太子怪罪下来，她们哪里吃得消。

留下的这位侍女，急忙拿来一条湿润的汗巾，轻轻抓过来她的手臂，一下一下擦，嘴里夸张地说："啊呀呀，这手臂烫手的很，只怕夫人受了风寒，快点到床上躺着去吧。"

华阳夫人现在没有一点力气，只好依着她，在她的搀扶下，缓缓移动到床榻上，盖了薄薄一个被子。

侍女盖好被子，又问："要不要传太医？"

华阳夫人感觉不到有什么不舒服，就说："不必小题大做，歇息一会儿就好了。"

"这可不行，你这贵体有恙，小的们哪里放心得下，我还是去喊太医院的医师来给你把把脉吧。"

见她纠缠不休，这时候华阳夫人只想清净一会儿，忍不住轻斥一声："你是巴不得我有病吗！"

侍女顿时噤了声，站在原地，愣怔地搓着双手，不知该如何是好。

毕竟是自己常使唤的两个侍女，华阳夫人不忍心让她太为难，就安慰一下："你去冲泡点葱花水，我酸溜溜喝几口，就行了。"

得了这个命令，侍女急忙转身去了。

殿内只剩下一个人了，华阳夫人正要躺下，忽然听得殿外一声娇喊："夫人，你这是得了什么病症啊！我的夫人……"

一听是太子安国君嬴柱的声音，华阳夫人顿时觉得愈加聒噪，索性一扯被子蒙住头，想摆脱这诸多烦恼。

有些烦恼，不是你想摆脱就能摆脱的。比如过度的关切，有时候就是一种软暴力。

华阳夫人本来想清静，结果太子嬴柱一见她身体不舒服，便百般疼爱，左右询问，又喊来太医，好一阵折腾，却最终没有让华阳夫人笑得像往常一样。

"你让所有人都退下去吧。"华阳夫人对太子苦笑着说。

嬴柱无声地摆摆手，所有人就都退到殿外候着。

"夫人，你是不是有什么心事？"

"我天天和你在一起，再快乐不过了，能有什么心事？"

"那你这是怎么了，一副弱不禁风的样子。"嬴柱边说边凑近她的耳根，轻轻地摩挲着她的耳垂，"你不知道，方才吓死我了。你要是有个三长两短，叫我可如何是好。"说这话，嬴柱竟然挤出了两滴酸楚的泪水。

"我什么病也没有，太医方才不是说过了吗。不必担心，我就是想静一静。"

"是谁又私下里说你什么坏话了？"嬴柱猜测道。

"有你的庇护，谁敢嚼我的舌根。除非你变了心。"

嬴柱双手作揖，仰望上空："我若是对你有半点虚情假意，叫上苍……"

华阳夫人急忙伸出手掩住他的嘴："你是太子，将来的秦王，可不敢乱赌咒发誓。"

嬴柱抓住她的手，轻轻地揉着："为了你，我什么都舍得。"

"我知道你对我的好，我这会儿什么事也没有，就是想一个人静一静。"

"连我也要出去？"嬴柱惊讶地问。

华阳夫人点点头，脸上带着甜蜜蜜的笑容。

嬴柱心里一惊：莫非我昨天去瑞夫人那里坐了半天，她知道了？心中警觉，却无法说出来，只好苦苦哀求："夫人，你若是觉得我哪里做得不对，我当即就改，你我之间，何必见外呢！"

华阳夫人见他纠缠着不肯离去，只好放弃独处的想法，"扑哧"一笑，刮了刮他的鼻子："真就到了没我不行的地步？"

"天地可鉴。"

听他这样说，华阳夫人顿时觉得半天的郁闷一时都烟消云散了。这样一想，心里却一咯噔：莫非，我是担心有朝一日失宠？

见她刚刚转阴为晴，却又沉默，嬴柱急忙撒娇地掀起被子："我也要钻进去。"

华阳夫人"啪"地轻轻一拍他的手背："瞧你这没出息劲儿，这才多一会儿不见，馋猫。"

嬴柱嬉皮笑脸地说："夫人一笑，倾国倾城。还是笑起来好看。"

"这么说，不笑你便不喜欢了？"

"哪有哪有，一样喜欢，夫人样样都好。"嬴柱巴结地说。

"不过，方才这半天时间，我不知怎么地，突然就忧愁起来。自己也不知道咋回事，你说，我是不是年老了。"华阳夫人诚恳地问。

"正是风华岁月，娇嫩的花朵，哪里就老了。夫人快别这么胡思乱想了。我这就叫人喊大姐过来，给你宽宽心。"

"怕是你也想大姐了吧？"华阳夫人故意调侃道。

"想想又不为过，大姐也是二八俏佳人，谁见了不得赞美几句。"嬴柱倒毫不掩饰。

赵十八从太子府逃出来后，只顾着往吕家商社赶。夜黑，路远，全靠步行，而且又受了伤，自然跑不快。

其实他不知道的是，就在他刚刚逃出去不久，前去收拾他的人发现他不在了就开始四处搜寻。

第四章 入秦游说，牢牢把控投资

这样就出现了，赵十八在前面傻乎乎地跑，后面的人在不停地追。只不过双方都没有见面。

赵十八要回吕家商社，追他的人是知道底细的。赵十八却不知道身后有这么一队人马。

走到尚商坊大街时，赵十八刚刚拐过弯，追他的人就看见他了。这时候，巧的是，白露正好出来，迎头碰到赵十八，当即就惊讶地问："这几天你到哪儿去了？"

赵十八一见，一把拉住她，急促地说："此地不宜久留，到家再说。"

白露几天不见他，顾不上等他回家细说，追问："是不是做了对不起吕家的事。"

赵十八有苦难言，梗着脖子说："我绝没有做对不起吕公子的事。"

就在此时，一队人马呼啸而至，来到跟前，不由分说，分作两队，就朝二人砍来。这队人马足有七八个，而且来势凶猛，白露和赵十八只好仓促应战。

白露是觉得，一来这些人来路不明，说些话吓唬一下："你们是什么人，敢来我白家商社头上动刀。"她本来是吓唬，结果对方听到后，置若罔闻，其中一个叫嚣道："要的就是你的命。"

白露自诩平日里为人宽厚，从未与人为敌，便再次呼叫："若是为钱财，现在就给你们，不必如此麻烦。"

赵十八抽空喊一句："白姑娘快走，我来应付。"

他的意思是让白露去商社里喊人。白露岂是那种临阵脱逃的人，虽是女儿身，也仗着一身好武艺，边打边喊："秦国法律严苛，莫非你们真是不要命了。"

可任由两人如何喊叫，这队人马一刻也没有停，四个人围住一个，只管下狠手。白露招架不住，身上已经挨了两刀，眼看就要被制服。赵十八此时血脉贲张，杀红了眼，"蹭"地一下，跳到白露身旁，替她挡住一刀，一把推开白露，粗着嗓子声嘶力竭地喊："快去报官，是公子良！"

他这样一喊，白露当即愣住了：太子的儿子，这是为什么要杀赵十八啊！闪念之间，她心生一计，急中生智地喊："子傒就在商铺，我去喊出来！"

白露是听错了，以为赵十八喊的是公子子傒的名字，所以她就使出诈言。

谁知这些人一听白露的话，顿时一愣，听得一个头目喊："撤！"呼啦啦鸟兽散，一下子跑得无影无踪。

望着黑洞洞空无一人的大街，白露顾不上理会这些人，急忙去搀着赵十八，两个人匆匆赶回商铺。

白露本来有自己的商铺，最近一直在吕家商铺是和吕不韦商量邀约芈容的事情。

走到门口，商铺老管家已经听到动静走过来迎接二人。

白露和赵十八不顾浑身的血迹，来到后院见吕不韦。

"你们这是怎么了？和谁争斗了？"吕不韦一见，大吃一惊。

白露说："子傒！"

"子傒？"吕不韦追问一句，忽然醒悟地看着赵十八，"是吗？"

赵十八急忙解释："不是子傒，是公子良！"

"公子良？"

之前，由于要帮助异人回国，吕不韦和白露已经将太子的几个儿子的情况打探得一清二楚，此时一听公子良，两个人都怔住了。

吕不韦不再追问，先安抚说："你们先别动，快去叫医。"

商铺里的郎中来到后，将两人的刀伤细细做了处理，便和老管家退了出去。

"快说说具体怎么回事。"吕不韦这才问赵十八。

赵十八就详详细细地把那天发生的事情说了个透。

白露听罢，禁不住喃喃道："公子良，才十多岁，而且身边又没有谋臣，他为何要杀你？"

"是啊。这有点说不过去。"吕不韦在屋子里来回踱步，双手一会儿握住一会儿松开，"难道，他也要竞争？"

白露摇头。

吕不韦说："即便他要竞争，想争取将来的小太子，你也不会成为他的障碍呀，说不过去啊。"他指着赵十八，"你再想想，有没有听错？"

"千真万确，绝没有听错！"赵十八说。

吕不韦和白露都纳闷，同时追问："那有什么理由呢？"

赵十八这时忽然一拍脑子，说："嗨！肯定是仆糟糠之事惹的祸。"

二人一听，大感疑惑。

赵十八说，他被子傒收为家仆后，因为在太子府上，经人介绍，将妻子送到了公子良的厨房内做事。想来定是，公子良也想争取当嬴柱的嫡子，得知赵十八正在帮助吕不韦做事，就想抓赵十八回去问问情况。谁知被赵十八逃了出去，一旦事情败露，后果不堪设想，于是就不择手段，追杀至此。

吕不韦和白露听后，觉得倒有几分道理。于是就商量着让赵十八最近出去躲一躲，避避风头，等风声松动了，再回来不迟。

没想到赵十八却挺直胸膛，劝说道："我死不足惜，倒是白姑娘，刚才亮出了名号，只怕他们会下毒手。"

吕不韦扭头看着白露不吭声。

白露点点头，说："方才一急之下，我抬出家号，想镇住对方。"

这就危险了！

虽说公子良只是十多岁的小孩子，但既然他敢如此明目张胆地追杀赵十八，弄不好也敢对白露下手。

吕不韦心中焦虑，劝："你也先出去躲一段日子，等探听清楚消息，再做打算。"

白露不同意，说："毕竟他们不是正义之师，谅他们也不敢把我怎么样。"

吕不韦又劝："现在你再去联络芈容，显然已经不合适，那样我们的一举一动就暴露了，你还是出去躲一躲吧。"

白露死活不肯同意。

说着说着，吕不韦忽然发怒道："左说你不走，右说你不走，莫非你是想坏了我的大事！"

白露委屈地眼圈一红，说："你……你怎么会这样说！"

吕不韦见她还不肯屈服，索性将案子上的竹简"哗啦"一声扫到地下，义愤填膺地说，"莫非就你一人聪明！非要等所有的事情都黄了，你才肯罢手吗？"

白露愣愣地站着，强忍住眼窝里的泪水不让滴落，猛然转身，一把推开门，消失在黑夜里。

门外，一直默默守卫的荆云缓缓走进屋来。

吕不韦伤感地说："不这样，她是死也不会走的！"

荆云说："这样，伤害得太狠了吧。"

吕不韦仰天长叹："不如此，吾又能如何！"扭脸对赵十八摆摆手，荆云也跟着赵十八走出屋子，悄声告诉他一个地方，让他出去躲一躲。

白露走后两三天，芈容却传来消息，说是在之前约定的酒肆相见。

吕不韦早早就来到那家楚国酒肆，并且包了场。他要做好万无一失。又让荆云带着十多个商铺的护卫人员，扮成酒肆侍者模样，负责安全护卫。

本想着芈容来时，该当是前呼后拥，哪知她来时却是轻车简从，只带了一个护卫和一个随身婢女。

见到吕不韦后，芈容客气地打了招呼，就不再言语，等着吕不韦安排。

吕不韦和芈容边走边聊，说些天气和客气的话，不知不觉来到湖边，酒肆侍者早就准备好扁舟，二人先后上了船。

船在湖上缓缓划进，吕不韦首先打破尴尬，说："楚国好水土，将夫人滋养的光彩照人。"

说女人美丽，总是很管用。芈容微微一笑："想来驰骋商界的吕公子这类话总是说起来轻车熟路。"

见她不反感，吕不韦进一步夸赞道："吕某人阅人也算有几个，但真的像夫人这样既有雍容气度，又有少女姿色的，的确少见。"

芈容嘴角一歪，拿手绢掩住笑容："女人嘛，总是要打扮打扮的。"

"夫人说话的声音煞是好听，倒像清脆玉环碰撞。"

"老了，哪有公子说得这么好。"

一阵风吹过，吕不韦忙将船篷的门帘掩住，说："我没到过楚国，想来山水秀丽吧。"

一句话，勾起芈容思乡情怀，悠悠地说："想那丰沛水流，经过之处，空气里都带着丝丝雨气，哪像这咸阳城，干巴巴的。"

"宣太后治理下，咸阳城也多了好多水泽呢。"吕不韦顺势提起她的母国亲人，这位掌控秦国国柄炙手可热的人物。

"可惜啊，她老人家仙逝已五年了。"说着说着，她深情地长叹一声。

"怪我，不该提起这往事。"吕不韦其实是有意试探的。道歉是为了缓解一下气氛。

"没什么。"芈容拿起案子上的一串葡萄，慢慢撕着皮，"老姑母那真是个厉害人物，性格说一不二，多少男子都不如呢。"

"也就是那一二十年，秦国真正强大到让东方六国胆寒。"吕不韦锦上添花地赞叹。

"想想她年轻时，主少国疑，秦国老族、戎狄虎视眈眈、东方六国，哪个不是想趁机撕咬秦国两口肉。若不是姑母刚烈性格，不惧外强内患，硬是挺了过来，只怕秦国要吃多大的亏呢。"

"宣太后的声威，如今在六国中，很多人还钦佩不已。"

"说来说去，也只有我楚国，与人为善，不为难老秦。"芈容脸上泛起光泽，回忆起往日辉煌岁月来，沉浸其中，陶醉不已。

"毕竟是姻亲,老太后处理两国关系,恰到好处,既不给母国添麻烦,也不让秦国吃亏。趁机休养生息,将一个危机四伏的秦国治理得井井有条,着实是个了不起的人物。"吕不韦由衷地表达对这位秦国太后的敬畏。

许是他的态度让芈容颇为受用,不由得反问一句:"你不是有事要谈吗?"

吕不韦见她主动提出,知道她心里已经接受自己了,反而不急了,说:"我就是陪夫人说说话,就是天大的造化了,事情不急,等您消遣够了,我们再谈不迟。"

芈容见吕不韦行事不疾不徐,有条不紊,不觉带着女人的几分欣赏,抬头认真看了一眼他:"公子有时间,到楚国去看一看,保准你大有收获。"

"楚国的好,我早有耳闻。便是荀老夫子,也甘愿做个兰陵县令,可见楚国不光山清水秀,定也是待人宽厚,以德服人。"

"说起这兰陵,那真是风光旖旎,美不胜收。花儿遍地香,山上仙兽多。尤其是……"

吕不韦轻轻地趁机打开一坛兰陵美酒,端起一杯递给芈容:"兰陵美酒醉仙人,不到此处谁敢醉!"

芈容一见兰陵酒,接过一饮而尽:"公子真是有心人啊。"

"若无兰陵醉,我即便有几分小伎,到哪里去寻如此人间佳酿。"

一番话说得芈容心醉神迷,加上连饮几杯,面色潮红:"和公子聊天,有趣得很。"

见火候差不多了,船也正好行至码头,吕不韦搀扶着芈容下船来到一个房间,二人分榻坐下,芈容见了,说:"坐这么远说话不便,你移过来点。"

吕不韦便拖了坐垫,坐到芈容对面,恭敬地倒茶:"夫人先喝一口润润喉,不叫吃多了酒。"

芈容接过,轻呷一口茶:"有茶有酒,唱两曲更好。"

吕不韦双手一拍,听得编钟响起,鼓瑟齐鸣,排箫悠扬,芈容眼神里荡漾出悠悠光亮,举杯相邀。吕不韦忙举杯饮尽,又慢慢从温酒樽里舀酒。

他不敢太敬芈容酒,怕她喝多了耽误谈正事。

"宣太后过后,秦国王宫里,可就看夫人姐妹了。"乘着酒兴,吕不韦恭维道。

"可惜我们没有姑母的本事。"芈容谦虚道。

"华阳夫人,如今是后宫领袖,你又是倾国倾城,想来太子对你们言听计从。"

"后宫乱纷纷,没有公子说得这么轻松啊。"芈容感慨道。

吕不韦顺着她的话音,委婉地说:"我一个凡人,自然不懂其中的奥秘,不过,有一隐忧,却不得不说。"

"哦?说来听听。"

吕不韦说:"华阳夫人所以受太子宠爱,完全出自人之常情。爱美之心人皆有之嘛。"

这叫什么隐忧?芈容不解地看着他。

"耳之欲五声,目之欲五色,口之欲五味,情也。"吕不韦不急不躁地分析,"耳不乐声,目不乐色,口不甘味,与死无择。"①

芈容忘记了饮酒和听音乐,盯着吕不韦,听他细说后面的话。

"人之常情,总有尽头。譬如华阳夫人,若一日不再年轻,她和夫人您如何担起'秦太后'这副重担啊。"

芈容听得有理,连连点头,说:"公子详说。"

"欲寿而恶夭,欲安而恶危,欲荣而恶辱,欲逸而恶劳。"②吕不韦拿起一瓣橘子递给芈容,"一旦陷入温柔乡里,谁都会暂时忘记忧愁的。"

"你是说,华阳夫人也有忧愁?"

"是的。夫人想,何为'太后'?"吕不韦将两个橘子分别放在案子两边,指着说,"所谓太后,无疑就是太子的母亲。现在嬴柱是太子,可他将来是秦王啊。华阳夫人如今没有一个儿子,将来如何当太后!"

这样一语点透,芈容花容失色,问:"可有挽救之法?"

"这正是我见夫人说的正事。"吕不韦说。

"快说来听听。"芈容迫不及待地催。

"我在邯郸,遇到了秦国王孙异人,他如今贤良仁厚,时时惦记着祖国。西望之时,他总是念念不忘华阳夫人往日里对他的好,念叨着想回家一见。我后来告诉他,有朝一日去了秦国,定会帮他完成心愿。如今华阳夫人无子,不妨将异人收为嫡子,这样一来,不但能稳稳保住太后这个位置,更能扶持下一个秦国。你说,这不是一件好事嘛!"

"那异人的母亲夏姬,肯同意吗?"芈容半是担忧半是欣喜地说,"不过,如果能促成此事,对我妹妹,确实是件喜事。"

---

① 《吕氏春秋·仲春纪·情欲》。

② 《吕氏春秋·仲夏纪·适音》。

吕不韦为了扩大战果，豪爽地说："谁敢保证，几年之后，同样芈姓，不能培养又一个昭襄王嬴稷呢！"

这样一说，芈容当即雄心大振："别人能办成的，芈姓能办成。别姓办不成的事，芈姓也不输给他们。"

吕不韦再次鼓劲儿："有夫人您和华阳夫人联手，秦国有幸，秦王有幸哉！"

芈容毕竟不是民间女子，只会陷入欢乐中，她忽然转念一想，此事如此轻松，吕不韦意欲何为，就问："你这个大商，促成这件事，中间图什么？"

吕不韦虽然想到她会发问，却没想到如此直接，稍一迟疑，朗声答道："异人与我，情同手足。我与他约定，若有朝一日为王，许我经营军需。"

如此一说，芈容一想，也算合情合理，商人重利，就说："君若能保证异人那边，妹妹这边，我来促成。"

吕不韦拱手作揖："我定不负众托，全力运筹。"

解开心忧，顿时听得丝竹悦耳，芈容邀请吕不韦再饮美酒。兰陵酒此时下肚，觉得甘甜爽口，带着一股家乡的浓郁味道，耳鼻通畅，神游楚国，不多时便微醺，也不顾富贵体面，一杯一杯邀请吕不韦陪着，直至酩酊。

吕不韦当然不会迷失了自己，他知道说成此事并非容易，趁着芈容醉酒，将准备好的金银珠宝，全数放到她的车上，连着吩咐多次，让车夫稳稳驾驭。

看着荆云和众护卫簇拥着芈容的车辆消失在街道尽头，吕不韦擦了擦额头的汗珠，喃喃自语道：漫漫长途，总算又前进了一步！

又是一阵风吹来，他顿时觉得凉爽无比，索性微微敞开领口，甩着两只宽袖，一步三摇地朝着吕家商铺走去。

到达吕家商铺门口，老管家早已等候多时，远远地就跑过来搀扶，嘴里念叨着："遭罪啊！公子，你要保重身体，不然我如何对得起老东主啊！"

迷迷糊糊中，吕不韦听到老总事这样说，不禁想起远在邯郸的父亲……

六、枕边风促成符约

芈容醒来后已经是第二天中午了。

她在自己府上歇息了一阵子，忽然想起来昨天和吕不韦说的话，感觉事态重大，于是就急急忙忙赶往太子府，他要和华阳夫人说一说事情的利害。

这些天，华阳夫人一个人时，总是闷闷不乐，一听姐姐来访，当即笑呵呵地迎接："你三日不来，我都感觉叫掏空了一样。"

"你知道这是怎么回事吗？"芈容问。

华阳夫人看着姐姐，说："不就是在宫里闷久了，想你了呗。"

芈容说："其实，你自己都不知道，你是在为自己日后发愁。"

华阳夫人一怔：我何时发过这愁？

芈容说："你想想，咱们受宠爱，还不是因为花容月貌。若是一天年老色衰，成了黄脸婆，嬴柱定会转脸不认人。"

"太子不是那样的人。"

"只要是个男人，就会喜新厌旧。"

"姐姐说，怎么办？"华阳夫人这下真愁上了。

"关键问题是你没有嫡子。"

一句话说到妹妹痛处，华阳夫人不再言语，低垂着头，噘着嘴片："还不是因为太子老了，不顶用了。"

这样埋怨虽然过瘾，但她也知道这只能是过过嘴瘾，对事情毫无裨益。

"我见了一个人，可以让我们解除这个忧虑。"

"何人？"华阳夫人着急地摇晃着姐姐的胳膊。

"这个人是吕不韦。"

"就是那个大商人？"虽然身在宫中，但女人还是最爱珠宝。吕家商铺的珠宝十分有名气，所以她知道吕不韦的名字。

"就是他。他在邯郸见到了异人。"

"异人？"华阳夫人停顿一下，"就是在赵国为质子的王孙？"

"正是。吕不韦说，异人非常贤良，赵国贵族都夸赞他呢。他愿意给你当嫡子。如果有了他当嫡子，老秦王眼看越来越老，不久嬴柱成了秦王，你可就是王后了。到那时，整个后宫不就是咱们的了。"

"姐姐这办法好。只是，异人的娘，那夏姬看似柔柔弱弱的，其实也是个刚强的性子，她能同意吗？"

"这件事我仔细想过了。虽然吕不韦说他能说服夏姬，即便他没有把握，想那夏姬，如今孤苦伶仃地住在长信宫内，冷清寂寞，她是当娘的，总不会盼着自己的孩子一直在赵国当人质受罪吧？"芈容条理清晰地这样一说，华阳夫人面色转缓。

芈容又说："如今，嬴柱的二十几个孩子里，也就嬴子傒和嬴异人合适立为嫡子。你算一算，若是公子子傒被立，他母亲自然就是太后。到那时，你我的日子就像今天的夏姬，几多凄凉啊。可要是嬴异人当了嫡子，你就是太后，后宫领袖，这可是大不一样的。"

"可，谁知道异人是不是真心愿意。"

"不管他是否真心，那子傒可是虎视眈眈，而且又有谋臣士仓辅佐，我们若不趁早下手，只怕就没有机会了。现在秦赵开战日久，若是赵国再败，赵王迁怒于嬴异人，只怕我们想这样也没机会了。"

"既然姐姐这样说，那就这样做吧。可是，总得有个理由啊。我们好好地提出这些，只怕太子不信呢。"华阳夫人皱着眉头说。

"我叫吕不韦来。他把情况一说，不由得嬴柱不信。"芈容把握十足地说。

趁机，芈容将吕不韦送给她的描金漆奁、银扣嵌金银箔梳篦奁和几颗硕大的夜明珠拿出来，递给华阳夫人："妹妹，这是那异人给你准备的。你瞧瞧，多有心的孩子啊。"

既然异人如此有心，华阳夫人自然十分喜欢："到没想到，小时候我也没有多照顾这孩子，真是懂事。"

很多时候，女人总爱把最复杂的事情往最简单的情感上靠拢。华阳夫人自然就提起异人小时候的事情。

"那你瞅准机会，和太子说说立异人为嫡子的事情。"芈容嘱咐道。

"这点事，放心吧。我有办法。"对付男人，容貌出色的女人总是信心十足。

傍晚时分，华阳夫人心中有事，对太子嬴柱就格外卖力撒娇发嗲，伺候得他身心舒坦，捏着她的脸蛋夸赞："夫人的皮肤越来越嫩了，那剥了皮的鸡蛋也没有这么弹。"

华阳夫人说："在殿下眼里，妾身是不是就是个没头脑的女子。"

嬴柱说："哪里，夫人真是绝代佳人，才貌双全。"

"殿下笑话我，不理你了。"华阳夫人嗔怒地扭过脸。

"莫要生气，我千真万确认为夫人才华无二。"

他越表白，华阳夫人越故意装出生气，将身子扭来扭去，就是不肯把笑脸给他。

嬴柱见她不高兴，正想着如何哄一哄，却听见了轻轻的啜泣声。他不知道哪句话说错了，惹得她竟然哭了，连忙将她的脸庞扭过来对着自己，四目相对，疼爱地正色问道："夫人好好的，干吗哭了？"

"妾身不怨太子，将来色衰，你愿意爱谁就爱谁吧。"

"好好的，怎么这样低落？"

"妾幸得充数后宫，又蒙殿下不弃，才受了恩宠。可近日臣妾越想越难过，进入后宫数年，竟无福给殿下添丁，日后年老，孤苦伶仃地在这世上，可有谁肯照料啊。"说完抽了几下鼻子，一时间鼻子酸酸，连表演捎带真实情感，竟然刹不住车地嘤嘤哭出声来。

这下嬴柱可慌了神，为哄美人高兴，当即大包大揽："这还不容易，你看上哪个孩子，我让他给你当嫡子不就行了，好了好了，美人，妆都哭花了。来，我给你擦擦。"

不想华阳夫人一听，破涕为笑，问："殿下所言当真？"

"自然是当真了！"嬴柱慢腾腾地说。他知道这只是安慰女人，不必当真。

"我听说异人贤德有加，诸侯宾客来往，赞誉不绝，若能得此子为嗣，妾老了便真就有了依靠。"

"这还不容易，我答应你！"嬴柱信口开河地说。其实，太子安国君立嫡嗣，不是安国君说了就算数的，规范的程序是必须取得秦王和宗室大臣的承认才有效。可这会儿是哄女人开心，安国君嬴柱当然就随口答应了。

华阳夫人不计较这些，只管按照自己的节奏催："只怕今日君答应了我，明天听别的妃子哭闹，又答应了人家。"

嬴柱为难地说："夫人想怎样？"

"殿下需留点信物才好。"

"夫人若不信，愿刻符为誓！"

"好，就听殿下的。"华阳夫人再次逼迫，"妾身要你此刻便刻符为誓！"

"都听你的！"嬴柱拿出刻刀，将随身的玉佩刻上四个字：

适嗣异人！

然后将玉佩一分为二，递给华阳夫人一半，说："夫人这下满意了吧。"

华阳夫人笑呵呵地收起玉符，娇滴滴地说："我就知道，殿下最疼妾！"说完一下拱入嬴柱怀中，用纤纤玉手拨弄着他的胡子。

她只管享受胜利后的喜悦，却不料嬴柱反问一句："那异人现在赵国邯郸，如何回国？"

华阳夫人一下坐直身子，稍一迟疑："有个商人吕不韦能助他回家，殿下要不要见见！"

"自然要见见的。"这时候嬴柱已经开始认真了。毕竟，立嗣这件事非同小可，即便是还未经过正式认定，自己心里总还是要讨个保证的，不然到时候华阳夫人拿出玉符，却见不到异人，事情就麻烦了。

吕不韦来见嬴柱时，心里已经有了八分胜算。因此，一见到太子嬴柱，跪倒行礼："愿殿下千秋，夫人齐年！"

嬴柱说："起来说话。"

吕不韦趁机再磕头，说："小人替代皇孙八拜，今当就此拜还。"

一番话说的嬴柱动情，忍不住夸赞道："想不到身在异国的异人，倒如此有心孝敬，孩儿受苦了。"

吕不韦磕头后稳稳站起，说："王孙有书信让臣捎来，请呈殿下一览。"

"快拿上来。"

吕不韦从怀里掏出帛书，嬴柱展开一看：

不肖儿沐浴百拜稽首顿首于双亲安国君暨华阳夫人殿下千秋齐年：

儿自别膝下，摩时不意于左右，无奈云山缥缈，道路阻长，所憾不能奋飞耳！儿今身于赵地，心不离乎秦疆，思亲假寐而求欢，莫不涕零而惆怅。儿每思，生虽夏氏养，幸夫人而得至於今日贽此，何由得报也！由斯夙夜怀愁不已。儿感国君夫人生我养我，而不得在于左右，冬温夏扇之奉，是如空然生子也。儿又思，有双亲在宫，而不得披彩衣之乐，报生养之恩，由此未尝不三叹而流涕也。知我如此，不如不生儿矣！无有效意，辄具夜明珠一颗，照颜珠一扇，温凉盏一双，敬令吕不韦传我八拜，前来上寿。伏望双亲休以不孝之儿为念，善保龙体，候登九五之位。励精图治，立致太平之基。万寿无疆，此儿之愿。今因便，贡以尺素，以传八拜，敢效华封之三祝，及通问安之微忱。为此冒干龙威，不任激切屏营之至。

见嬴柱看完书信已经热泪直流，吕不韦又从随身袋子里拿出"异人奉献"的夜明珠等宝物，一一递给嬴柱和华阳夫人。

嬴柱哭了一会儿，擦擦泪说："今日想立异人为嗣子，无奈作质在赵国，无计脱离，敬请先生费心，可有计策教我？"

吕不韦朗声答道："殿下肯立异人为嗣，小人不惜千金贿赂赵国权臣，定要救回公子，可小人也有担心。"

芈容伺机插话："殿下叫你说话，有什么主意，还不快说。"

吕不韦躬身作揖："鄙人所忧虑的是，殿下若是戏言，我岂不是白忙一场。"

华阳夫人当即从身旁的锦袋里拿出玉符："这个玉符，是殿下所刻信物，立此盟誓，足下不必疑心。"

吕不韦却抬头瞧着嬴柱，不声不响地等待他表态。

嬴柱说："足下休疑，此信物果真乃我所刻，见此信物便如见我本人。你尽管放心去营救我儿异人。营救有功，定当重赏。"

吕不韦利落地回一声："喏！"

瞧着嬴柱病病恹恹，脸色蜡黄，此时却是思维敏捷，再次嘱咐："我请先生当异人师，务必全力周旋。"说罢还不放心，喊一声，"来人，拿百金来！"

待下人拿来百金，嬴柱亲自交给吕不韦，握着他的手说："千万操心，不叫异人有半点闪失。"

此时的吕不韦心中翻江倒海。一直期待的胜利时刻突然来临，竟然觉得有些恍惚，总觉得不是真的。几番运作，来秦只为促成此事，到此刻诸事敲定，却一时觉得心中空荡荡的，不知道该如何庆祝了。

从太子府出来，站在轺车上，吕不韦一言不发，目不斜视地盯着荆云的后背，突然感觉到一种从未有过的沉重感袭来。

来秦游说的目的已经达到，接下来真的会按照自己预想的那样一顺百顺吗？仰头看看蔚蓝的天空，一只雄鹰正在振翅翱翔，身边云彩朵朵，却永远遮不住那盘旋的雄鹰。不知不觉，他忽然想见到白露，如果她此刻就在身边，那该是多么幸福而值得庆贺的日子啊！

西行心愿达成，下一步，回邯郸！救异人脱身！

一念及此，他来不及惆怅，当即恢复了往日的挥斥方遒，一伸臂膀："荆云！催快马回商铺！尽快回邯郸！"

拿到秦国太子嬴柱的玉符，对吕不韦来说，意义非凡。

秦国虽然和东方六国在风俗、语言等多方面互相看不上，但在承认商人地位这一点上，却是极端地默契。

他深有体会地感到，人在社会上的所作所为，并非都按照自己的意愿前进。有时候甚至走着走着，走成了自己最讨厌的模样。比如和官府结交，最初他是不乐意的，可现在自己却正踏上这条道路。为了实现理想，有条件地选择如何生存，已经成为前行道路上的必选项。

有时候他不得不安慰自己，虽然我曾经也囤积居奇，赚取了很多财富。已经走过的路再也退不回去了，可保持自己的善良是必须坚守的底线，所以，他绝不做那种勾结官府欺压百姓的事。牟利有道，是再也不能缺失的。

好在，已经走出了重要的一步——为异人回国铺平了道路！

一想到异人孤身一人在邯郸，不知道他最近状况有何改变，吕不韦恨不得马上就飞回邯郸，去保住他如今投入巨大精力需要保护的人。想到异人，不知不觉就会想到赵姬，也不知道她如今怎么样了，是否还是像当初答应自己的那样，和自己心连心。说不定经过一段时间与异人相处，两人已经如胶似漆分不开你我了。假如真是那样的话，赵姬怀孕这件事就会成为此生最大的风险。倘若她说翻脸就翻脸，再多的努力也会付之东流，险象环生。

就这么胡思乱想的时候，老管家悄无声息地走进屋来，把最近听到的有关范雎和白起的消息好整以暇地说了个透。

原来，长平之战后，白起准备着乘胜追击，一举灭掉赵国。攻打完长平，就在吕不韦来秦国的这段时间，白起率军围攻邯郸。同时，秦国兵分二路：一路由王龁率领，进攻皮牢（今河北武安）；一路由司马梗率领，攻占太原。

围攻邯郸，不仅赵国到了危亡时刻，就连韩国也胆战心惊。因为，长平大战是由韩国献出上党引发的。韩国害怕秦国灭掉强敌赵国后扭回头和自己算账。

吕不韦来到咸阳后，出于对白起活埋赵国40万军队的不忿，主动给范雎提供信息，挑起范雎对白起的不满。

韩国和赵国同时也火上浇油，派出纵横家苏代出山，用重金贿赂秦相应侯范雎：白起擒杀赵括，围攻邯郸，赵国一亡，秦国就可以称帝，白起也将封为三公，他为秦攻拔七十多城，南定鄢、郢、汉中，北擒赵括之军，虽周公、召公、吕望之功也不能超过他。如果赵国灭亡，秦王称王，您一定居于白起之下。即使您不甘心处在他的下位，可他的功劳在那摆着，恐怕由不得你。

老管家深吸一口气，说："你是知道的。那范雎是睚眦必报，听到这些话，哪里还能忍受得了。"

吕不韦问："他用了什么计策？"

老管家说："那苏代，真是个纵横家。他和范雎说——秦国曾经攻韩、围邢丘、困上党，上党百姓皆奔赵国，天下人不乐为秦民已很久。今灭掉赵国，秦的疆土北到燕国，东到齐国，南到韩魏，但秦国所得的百姓，却没多少。还不如让韩、赵割地求和，不让白起再得灭赵之功。"

"苏代比他哥哥苏秦也不差呀!"吕不韦听罢,深深为苏代的计策叫好!

果然,范雎就"乐意中计"。为了不让白起比自己功劳大,他以牺牲秦国利益为代价,前去劝说秦王:"王上,我军长途奔袭,旷日持久作战,且又远离秦国腹地作战,粮草补给战线太长,大军已经十分疲惫,急需休养。臣请求王上考虑大局,长期作战不利于我军。这样的话,还不如允许韩、赵割地求和。"

秦王此时对范雎十分信任,觉得他说得有理,就应允韩国割垣雍、赵国割六城求和,正月各自休兵,已经三四个月了。

"好,这样一来,白起肯定恨透了范雎。"老总事说。

"这个可恶的白起,早该如何罢手。还别说,范叔这个小心眼,用得还真是时候!"吕不韦不仅拍手叫好。

一个真正热衷权势的人,不但要拥有掌控权力的快意,更喜欢享受追逐权力的过程。范雎就是这样。他在追逐权力的同时,还喜欢欣赏与他斗争的人一个个倒下去的落魄样子。

尽管吕不韦并不太喜欢范雎,但一想到白起活埋的40万赵国军士,就恨从心头起。他现在最关心的就是异人的安危,只要是对止战有好处,他就喜欢。

吕不韦听完老管家的报告,心中慰藉,接着又商讨了商社里的生意,嘱咐老管家:"这边的生意,暂时不麻烦白姑娘,等她一段时间回来后,她找你,你就还像以前那样合作,不叫有一丝隔阂。"

老管家惋惜地说:"总是我们拖累了白姑娘,瞅机会还是你安抚一下的好。"

"你是商铺的老人了,说话跟我一样的。况且她也不是小气的人,有机会再说吧。另外,你准备点绸缎丝品,我明天去见个人要用。"

"是做衣服用还是……"老管家问。

"贵妇人的礼品,不计较做什么用。我也跟你说一声,再准备点吃喝用的,我办完事直接就往赵国去了。"

"不必要这么急匆匆吧?"

"我们的事宜早不宜迟。再说,待着这里也是空浪费时间。"

老管家忽然有些眼窝发热,心疼地说:"想公子整日里奔波,一定要注意身体。我瞧着你最近消瘦了许多,面色也黑干干的,许是操心劳神多了。"

吕不韦听得心里温暖,但知道不是歇息的时候,可又不忍心让老人家伤心,就说:"老爹的话,我都记在心里。路上我们不慌,慢点走,等于养一路呢。"说罢羞赧地笑笑。

老管家又说:"等白姑娘回来后,我想着,挪挪地方。"

"怎么?在这里吃住不惯?"

"没有。我是觉得,在这里太清闲了,拿着东主的酬劳,心里老是不踏实。我就是个做事的命,这里有白姑娘照料,万事都好。"

"可不敢这样想,你是咱吕家的功臣,早该养老,让你一直操劳,我已经过意不去了。"

老管家还要争辩,吕不韦说:"这事就这么定了,休要再提。秦国这边,非你不可。"

老管家感激涕零地说了一堆好话,又叮嘱下人今夜喊过来赵十八,明天一道上路。听得老管家走到门外,叮嘱荆云半天,无非是路上注意事项。吕不韦听着听着,仿佛看到老父亲就在眼前,感慨万千。这些商铺里的老人,对吕家忠心耿耿,很多都是随着父亲一路走过来的,早已经把商铺当成了自己的家。有时候为了商铺的利益,不惜和东主吵闹、争执,这种无私的奉献精神,是吕家商铺最珍贵的财富。

夜渐深了,吕不韦却毫无睡意,依旧精神抖擞地在书房里看邹衍的大小九州说,越看越有兴趣,感觉上次在邯郸同邹衍谈得还不够深入。

按照邹衍书中的理论,整个天下分为八十,中国是其一分。这种目光放在整个天下的胸怀,吕不韦忍不住叫好:"大气度,大格局!"

读着读着,夜更深了,听得刁斗声声,来到三更天。吕不韦就吹灭油灯,和衣就寝。睡觉之前,他还想着,到邯郸了,一定再见见邹衍夫子,和他认真讨论推演一番,凡事只有事先做到心中有数,才能无往不胜。

朦朦胧胧中,吕不韦来到一座山上。山脉上高耸着好几个山峰,他却站在一个悬崖边。他努力想看清楚自己站立的位置是哪座山峰,可是却好像有雾气一样,再使劲儿也看不清楚。

扭头一看,华阳夫人、夏姬和异人同时站在身边。

异人此时神情憔悴,一头蓬松的乱发披散着,对吕不韦说:"公子来做个选择,我只能推下去一个人。"

吕不韦左右瞧瞧,华阳夫人和夏姬都眼巴巴地看着自己。他走过去对华阳夫人说:"你还年轻,来生还有机会,夫人做出让步,大家都记得你的好。"说完,不等华阳夫人回话,伸出手来,将华阳夫人一下推到悬崖下,明明听得华阳夫人摔下悬崖,肉身已经摔得稀巴烂,却不料一回头,她忽然站在身后不远处,面目狰狞地盯着吕不韦,笑着说:"吕不韦,你真小人也!"

他急忙喊叫夏姬和异人一同来帮忙，但两个人都无动于衷，急得他怒气冲天，大声喊："异人，如果不是我，你还在聊城吃苦，怎么如此忘恩负义！"

不说这话还好，一说这话，夏姬和异人娘俩一块儿过来，华阳夫人在后面推，硬生生将他推下悬崖，吕不韦惊慌失措地手舞足蹈，向下坠落的过程中，手忙脚乱，抓住一根藤条，就这么在半空中晃晃悠悠，往下看，是百米深渊，抬头看，是三个人不怀好意地在哈哈大笑。

突然，藤条断了，吕不韦号叫着摔下山谷……

擦着汗大睁着眼睛，盯着黑洞洞的屋顶，吕不韦翻来覆去，再也睡不着了……

七、七波八折

一早起来，就听得树上喜鹊高叫，老管家一早就乐呵呵地说："好彩头！今天出发，一路顺利。"

吕不韦和荆云不慌不忙吃过饭，在老总事目送中，缓缓离开了吕家商铺。这次换了一辆带篷的辎车，便于路上坐卧。

沿着咸阳城内的大街边走边看，吕不韦此时神清气爽，如释重负。

西行之事顺利，就要回邯郸了！吕不韦反而觉得，这次在路上不能慌张，要多留心看看和异人回国时的路线。

咸阳城，功能齐全，规模宏大。自秦孝公（前381—前338年）嬴渠梁起，一心致力恢复穆公之霸业，任用商鞅变法，将秦国改造成富庶强大之国。商鞅根据战争形势和变法需要，督工监造咸阳城，力促秦孝公迁都咸阳，将秦国原先的都城栎阳作为后方的陪都。咸阳当作都城，既能解决不断增长的人口需要，又能快速到达函谷关，便于秦国东出。

迁都咸阳后，秦国确实得到了快速发展。秦惠文王（前356—前311年）嬴驷趁机强势崛起，提出称王，一下抬高了秦国在诸侯国中的地位，齐国是"东王"，秦国是"西王"，让东方六国再也不敢小觑秦国。他又善用司马错攻取巴蜀之地，重用张仪之连横游刃于诸国，多次伐楚而胜。如此一来，秦国已经不再是山陕之地的秦国，而是拥有巴蜀之地广阔土地的"新秦国"，版图扩充了不少。

秦武王（前329—前307年）嬴荡虽然只在位四年，但他穷兵黩武，利用秦国迅速强大起来的优势，快速占领并牢牢稳固了原先被魏国占领的河西广袤之地，使得别国流入秦国的百姓更为方便，成为扩大人口的重要来源，因此也有了"新秦人"的身份。但秦国对这些新秦人并不排斥,而是给予他们和老秦人一样的待遇,只要遵守法度,有了军功,一样可以加爵升迁。秦武王最终还是吃了自大狂妄的亏,最终在周王畿举鼎绝膑而亡。

来到正当权的秦王(前325年—前251年)嬴稷时代,在位已经四十多年,依然有着强盛的生命力和影响力,他当朝的前段,由于强势的宣太后主政,正好弥补了主少国疑的青黄不接危局,如今,秦王在范雎的辅佐下,可以说已经到了蔑视群雄的地步,东出南征,讨伐诸国。尤其是最近的长平之战,一下让赵国失去了四十万精锐军队,昔日强大的唯一能与秦国抗衡的大国,变得岌岌可危。秦国一强独霸格局逐渐形成。一想到这些,吕不韦就为自己选择异人而有些亢奋。如果错过这样的机会,自己支持的是别国,那么,想拯救百姓的梦想,最终只能成为空想。

咸阳城内,道路宽阔,平行通过两辆车,绰绰有余。

说起出行,吕不韦这样的大富商的装备和行为,有些像官吏出行。虽然他没有官吏出行的任务,但可以利用钱财使用官府的某些特权。

官吏出行时,是可以住驿站的。驿站叫作"遽"或"传",驿卒被称为"遽人",《周礼》称之为"遗人"。《周礼》讲:官道应该每隔一段距离就有驿站,每隔十里就有提供饮食的餐馆,每隔三十里就有住宿的地方,每隔五十里就有市场。这就是:"凡国(国都)、野之道:十里有庐,庐有饮食;三十里有宿,宿有路室,路室有委;五十里有市,市有候馆,候馆有积。"路室和候馆也都是驿站,候馆的规模和级别更高。委和积是指粮食和草料,区别数量的多寡:"少曰委,多曰积。"这是天子之朝周朝的理想化,现实中并不存在这么密集的驿站。但有一点可以肯定,官道上各国都设立有驿站。官员出行也确实在驿站歇脚、就餐、补给。这是他们的权利,也是保障官府信息及时送达的必备条件。

虽然这些官府的驿站并没有义务为普通人提供服务。但,凡是有人的地方就有例外出现。像吕不韦这样腰缠万贯的富商,通过多出银钱的办法,还是能享受到这种特殊服务的。

而且,他们这样的富商,甚至很多时候已经超过了官吏的待遇。比如,一般的官吏出差,多是徒步,只有少数高官才可以乘车,或者是紧急军情战报需要传递,可以乘车或者骑马。传递军情的人,只要持有虎节,就可以随时换乘驿站的车。南越虎节上就刻有"王命命车驲"[①]。驲是驿传的专用车。乘车者

---

① 驲(rì):古代驿站专用的车,后亦指驿马。

可以在驿站免费保养车或修车。为了保证官府传递消息的及时性，驿站一般都备有车辆的零部件，有"脂"用来给车轴润滑的动物油脂。有"胶"用来黏合车辆部件。

这样的车显然必须持有官府的虎节，这是有钱也买不到的。所以，吕不韦等人只能自备车辆。当然，对于他们一类的富商，往往都有自己的车辆，而且也多是豪华舒适的。

因公出差的官吏出门，最重要的凭证，就是官府发放的符节、印信等，凭着这些证件才可以顺利住进驿站。不同身份的人所持符节印信也各异，据《周礼》，符节中最贵重的是玉节和角节，材质分别为玉石和犀牛角，后期也有青铜材质的节，样式就各不相同，有龙节、虎节、鹰节、雁节、马节、熊节等。有些节上刻有字，标明持节者的身份和待遇。秦《传食律》还详细规定了不同级别官吏每天的口粮，以及每个人能获得的盐、酱、菜数量和给马的草料。

商人不缺的是钱，而驿站的官员们为了盈利，往往就通过给商人提供食宿赚取好处。当然，很多时候这样的事情是隐蔽的，因为各国都对这样的行为是抵制的。吕不韦在道上行走，一般持有的只是简单的"商籍"牌或关口上的传牌，并无特权。可在贪婪的驿站官员那里，即使什么也没有，一样能买到优质的服务。

在大街上七拐八拐之后，吕不韦想起昨夜的梦，心有所思，对荆云说："去长信宫。"阳光有些晃眼，路上的人在热气里晕乎乎地闪动……

他要在临走之前，再见见异人的母亲夏姬，以防止出现意外。他要堵死可能发生漏洞的地方。

进入长信宫长巷子，吕不韦感觉今日不同往日。往日里来这里，是带着目的来的，总是急匆匆，内心里盼望着能早点结束自己的事情。人一旦有了欲望，为满足欲望而奔波时，总是考虑自己多而顾忌别人少，别人不同意总觉得不近人情。

今天不同了，看到的还是这样两堵长墙，心境却有了一番变化。左右两堵墙壁，仿佛时间的界限，一下将最初的时光拉拢了过来。那时，自己曾为这长墙锁住王妃而伤感，觉得人到了这里，就跌入了人生的低谷，总该是颓废、凄惨的。没想到夏姬却是坦然面对，一切看开。说到底，能够进入王宫的女人，自然就不是一般的女人。此时稳稳地走过这个长巷，心里虽说还有些许欲望，却也坦然淡定了许多。他觉得是受了夏姬的感染，人只有到了最低处，才能看到内心的修养。

墙壁上斑斑驳驳脱落的墙皮，像一张张变化无穷的脸，如果仔细看，或许能看出喜怒哀乐。一边走，吕不韦一边想，见了夏姬该如何开口，说些什么，既不让她反感又不至于让她失落。毕竟，通过自己的一步步努力，实质上是等于亲手把他儿子"卖"给了华阳夫人，最残酷的是，还要逼迫着这个母亲同意，而且是心甘情愿地同意。一想到这里，吕不韦的心就"咯噔"疼了一下，仿佛自己就是最残忍的"凶手"。

走到熟悉的长信宫，简单通报一声，老婢女端来茶就自觉退出去了。看得出，威严不分贫富，平日里夏姬一定有着严格的规矩。大殿内，虽然是大白天，却还是回荡着一股无形的寒气。

夏姬听完吕不韦的汇报，平静地出奇，完全不是一个"卖子求荣"者应有的样子，既没有痛哭流涕，也没有大喜过望。

吕不韦熟悉这种气氛，也只能安静地等待着，此刻他不能多说话，只能等当事人缓过劲儿来。

她就那么静静地待了一刻钟，才缓缓地说："华阳夫人你也见过了，这件事我料定她是乐意的。可你不知道，她只不过是个争风吃醋的蠢女人。真正厉害的，是……"

"她姐姐芈容，对吧？"吕不韦不失时机地插话。

夏姬点点头："你观察得不错。包括太子，都可以忽略，唯独芈容，要多提防，她的一句话是可以坏大事情的。她的性子，最像当年的宣太后。"

这样一说，吕不韦回想起见芈容的过往，也深有感触。

"可还有什么需要嘱咐的？"

"我家异人，性格看似柔弱，可他执拗起来，也是有几分顽强的，这个你不要小看。有时候如果触了他的性格，只怕就不分好坏，蛮横的很。"

吕不韦心说，知子莫若母。的确如此，这浪荡王孙，说要赵姬时，哪有半点落魄的样子。

"你虽拿到了太子的符，可毕竟不是秦王承认的。这个老秦王，看着年纪大了，越来越有鬼点子了。他年轻时，受尽了母亲和舅舅魏冉历练，如今已经是百炼成钢，他可是说变就变的。若是历经苦难让异人回到了秦国，最后却不能立为嫡子，说不定还会有性命之忧。"

这点是吕不韦不曾想到的，他盯着夏姬，索要答案。

夏姬说："这王宫里的争斗，从来就是残酷的。何况，在立嫡子这件事上，每个王孙都在计较。无情时刻，父子、兄弟情义都是靠不住的。"

原以为夏姬这个失宠的王妃，早已厌倦了后宫争斗，却没想到她依旧是件件清楚，事事明白，吕不韦顿时觉得身上掠过一丝寒意。

吕不韦又问："异人回国后，第一件事要做什么？"

"这点不重要。"

"哦？"这却是想不到的。吕不韦疑惑地看着夏姬。

"如果一切顺利，异人当上太子后，或者登基后，才是最危险的时候。"

吕不韦看着眼前的这个女人，看似瘦弱的皮包骨头，毫无斗志，内心里却把一切都看得透彻，真是个了不起的人物。看来，或许芈容什么人物并不可怕，可怕的倒是她。可又实在想不出来她能可怕到什么程度。

正在思忖，夏姬又说："华阳夫人一当太后，马上就不一样了。只怕异人成功当了秦王，你却未必能当秦相！"

一句话让吕不韦震惊：这的确是不曾想过的。看来夏姬深谙后宫里的玄机，当即诚恳地问："要如何，才能……"

"你要学学平衡。"

"你是说，平衡几方势力？"

一直担心最多的是华阳夫人变卦，此时一听，仔细一想，老秦王嬴稷、将来的秦王嬴柱、未来的太子异人、芈容和华阳夫人，说不定还要增加这个夏姬，各方面力量的平衡，的确是个重大问题。

疏忽了疏忽了！吕不韦心中暗叫。

夏姬扶着案子要站起来，却试探了好几次不得起来，吕不韦慌张的要喊叫婢女，她摇摇头，顽强地撑着身子，硬是直挺挺站得笔直。吕不韦也忙跟着起身，就这么面对面站着，他感觉到身边的这个女人，瘦而挺拔，面色上带着一种不容侵犯的表情，一双眸子里透出摄人魂魄的精光，叫人不敢直视。连吕不韦这样行走江湖多年的人，也感到了一种无形的威慑力。

此人不可小觑！吕不韦暗暗吃惊：幸好今天来做了这件事，若是没有把她安抚好，将来异人做了太子或者就位当了秦王，毕竟这是他的亲生母亲，有些话说几句还是很顶用的。这种骨血相连的亲情，在关键时刻是能改变事情走向的。

走出长信宫，再次返回经过长巷，吕不韦不禁感慨：若是坏事，往往就在不经意间。如果这次回邯郸，要不来夏姬这里走一趟，说不定会留下多少隐患。很多人不成事或出了事情才懊悔，大多是忘记了像夏姬这样的"落魄"之人。而这些表面上看起来毫无用处的人，最容易给你"临门一脚"使绊子。好些人跌倒了还不以为然，执拗地以为肯定不仅仅是这些"小人物"做的怪，以为背后另有其人。大多阴沟里翻船，就是这样的心态。

出了咸阳城，来到宽阔的秦国"平舒道"上，荆云就快鞭催马，只管疾驰。赵十八骑马跟在旁边，一刻也不敢放松警惕。他心里始终担忧，一路上会不会再出现什么凶险。吕不韦坐在车内，思绪回到了赵国。

太子府，密室内。

士仓和子傒此时正在为赵十八的事头疼不已。

"一个赵十八，倒长了翅膀，飞来飞去。"子傒恼怒地说。

士仓说："这也怨不得我们的人没本事，总有意外。"

"八年前，悼太子一事起，这个人就像个幽灵，死活缠着我们不放。也真是命长，眼看活不了了，又叫他逃了。"

"凭什么就认定是他逃了呢？万一有人帮助呢？"士仓提醒道。

"你是说，嬴良？"子傒瞪了瞪眼睛，"他？毛孩子，能办成事？"

"凡事不可小看。不论是不是，我们都要当成是来对待。"

"我一想起来当年，真该直接对赵十八下了狠手。"子傒恶狠狠地说。

士仓分析道："当年，我们的虎贲军，都是暗中做事，所以才叫他钻了空子。不过，赵国倒是帮了忙，把悼太子杀掉了，也算是一箭双雕。你想，嫁祸于赵的目的达到了，又帮助你父亲当上了太子。总算是如人意。"

"可最近这吕不韦来秦，明摆着是替异人出力，不知道父亲是如何答应他们的。"子傒皱眉道。

"我们能做到的，就是阻止吕不韦，这一次，在路上，我们得多想想办法。虽说是秦国境内好办事。可也正因为在秦国，做事要小心，不叫露出半点痕迹。一旦秦王怀疑上了，我们的事情就不好办了。"

"多布置些人，一并收拾了，一了百了。"子傒猛地一甩手。

"不可鲁莽，容我好好筹划一番。"

"本想着这次让嬴良倒霉，结果你看看，这个赵十八又泥鳅一样逃跑了。以前在我们手下时，也没发现这小子如此厉害啊。真该抓住就杀了他，下次不能再给他机会了。"子傒懊悔地说。

"这些人都好对付，最主要的，这次听说吕不韦联系了华阳夫人，这就难办了。既不能强硬，让你父亲感觉到我们在行动，又必须想办法阻止异人回国。"士仓说。

"这一次,一定要在函谷关内解决了他们。"

"喏!"

吕不韦在秦国多方运作的时候,赵国聊城却发生了一件关乎他未来命运的大事。

那几天,他正在忙着联络芈容。

聊城。嬴异人住处。

这天晚上,一院子的人都在忙碌着,屋内,赵姬疼得死去活来,喊叫声不断。

守卫公孙乾陪着异人,站在院子里,焦灼地走来走去。

"王孙莫慌,夫人不会有事的。"公孙乾安慰道。

"不慌不慌。"嬴异人说着话,却不住地用袖子擦额头的汗。

正月时节,院子里冷风嗖嗖,屋檐下垂着长长的冰凌,在夜晚灯光的照射下明晃晃的。

"要不,将军去歇息吧。"异人劝道,"天寒地冻的,惹你受罪。"

公孙乾摸一把络腮胡子,大大咧咧地说:"嗨,王孙家添丁,大好喜事,我岂能错过。来,你我不要站在院子里等了,拿点酒来,暖暖身子。"

"好!"

两人坐到配房里,拿出了几斤酱牛肉和一坛子赵酒,撕扯着吃起酒来。

"王孙好福气啊,眼看着越来越好了,这下再添个人丁,将来回到秦国,你又是为国效力出过力气的,总得光耀秦人老族啊。"

"他日若是能回到秦国,定不忘将军厚待。"异人举杯相邀。

"说这话干啥,之前多有得罪,望公子海涵。"公孙乾说,"那时我也不做主,秦赵两国交战,上头有赵王吩咐,我也只好做做样子,让公子吃点苦头。"

异人知道自从吕不韦每月给公孙乾金银后,他的态度已经扭转了不少,如今听着他道歉,愈加领会,从衣服里又掏出点金子来,"将军待我恩重如山,哪有刻薄,莫要记挂在心上。"

公孙乾也不推辞,接过金子,脸上更加灿烂:"好说好说。如今王孙的名气越来越大,整个赵国都在传说公子贤良有德,我看用不了几天,怕就回去了。"

"只怕秦赵开战,倒霉的又是我。"

"不能不能,赵王如今也知道公子的名声了,再说了,长平大战后,谁不忌惮秦国!赵王恐怕还嫌得罪王孙呢。"

浓烈的赵酒后劲儿十足,醇厚凛冽刺激着头脑,嬴异人脑子也一热,拱手作揖:"若是能早日回到秦国,定不忘将军恩情。"

男人喝酒时说的话,最是靠不住,偏偏喝酒时的当事人却觉得最可靠,公孙乾瞪了瞪眼,醉醺醺地问:"王孙此话当真?"

"我何曾有半句假话!"嬴异人拍了拍胸脯。

公孙乾又抱过一坛陶罐,揭开泥封,顿时冒出一股肃杀蛮烈之气:"这酒,寒中蕴热,激人热血,饮者莫不如醉如痴。你我今日痛饮,来日若有机会,王孙接我去秦国,如何?"

见他竟然愿意投靠自己,嬴异人也增添了几分豪气:"给你个上将军!"

这种毫无根据的承诺无异于放空炮,可公孙乾却当真了,双手作揖:"当真有那一天,定赴汤蹈火,不负王孙!"

突然,听得寝殿内出来一个人,慌里慌张,二人抬头看时,见是产婆,产婆走过来,对着嬴异人急匆匆地说:"王孙还有心喝酒,夫人难产,是要保大人还是孩子?"

异人急得手足无措,慌张地说:"都保!"

产婆为难:"这孩子身躯太大,只怕不好生产。"

嬴异人说:"叫你来,就是做这个活儿的,快想想办法。"

公孙乾也催促道:"休要迟疑,快去快去。"

产婆说:"只怕还得等一等,你们快去准备烧水,我再去试一试。"

两人也无心喝酒了,尤其是嬴异人,焦灼地站到屋檐下,来回走动,朝着屋里喊:"夫人,你再使点劲儿,不敢丢下我不管啊。"说完,竟然挤出了两行泪。

屋里,灯火通明,半个时辰后,听得"嗷嗷"几声婴儿哭声,嬴异人忽然跪倒在地上,"咚咚"磕两个头,嘴里说:"多谢上苍,赐予我儿郎!"

产婆笑嘻嘻地出来传话:"儿子,是个儿子!"

嬴异人对着公孙乾喊一声:"将军,我有儿子了!"

公孙乾忙连声道喜。

韩国和赵国与秦国求和后,韩国割让了垣雍,赵国却开始赖皮,不肯按时给秦国六座城池。秦王见赵国出尔反尔,恼羞成怒,下令给白起,让他率军出征，扫平邯郸，灭掉赵国。

白起，此时已经对秦王听从范雎的挑拨，让自己错失进攻邯郸的大好良机耿耿于怀，所以，对秦王此时的命令提出反对意见："臣不能接受大王的重托，也不同意此时再次出兵攻打赵国。"既不愿意听令，又一口否决征伐赵国的主意，让秦王嬴稷很不舒服，当然就要问个明白。白起理由很充分："长平大战，秦军取得胜利，赵军溃不成军，听说秦军就闻风丧胆，当时若是乘胜追击，尽可一举攻下邯郸。可大王迟疑不决，不让追击，已经错失良机。要知道，那时秦军的士气正高，是最难得的机会。可秦军回国后，国家对战死的将士厚葬，对负伤者厚养，对有功者奖赏，不惜钱财庆贺大胜，而赵国呢，失败后对战死者无力收葬，负伤者也不能恩养，财力窘迫，举国哀悼。这正是所谓的'哀兵必胜'，这种情况下，赵国军民必定同仇敌忾，勠力同心，发愤图强，积极生产，所以，此时攻打赵国，用兵必须多一倍才行。因为赵国的防守力量、士气、民心比以前强了不止十倍！"

秦王说："那又怎样？武安君莫要长他人志气。"

白起心中有怨不假，可所言也确实是实情，见秦王听不进去，内心焦灼，反复劝阻："赵国自从长平大战后，君臣忧惧，早朝晚退，改善内政，注重外交，最近和齐国、楚国准备结盟。甚至不惜以财帛妇女同燕国、魏国结亲，全国上下一心以抗秦为首要任务。我们歇了这几个月，正好让他们钻了空子，赵国内部已经巩固，对外也取得成就，现在攻打赵国极其不妥！"

几次三番，劝说无效。秦王嬴稷见白起不肯听令，遂放弃他，委派五大夫王陵率军伐赵。

王陵围住邯郸后，久攻不下。邯郸城内，军民顽强抵抗。

王陵调动重武器："用床弩！"

将士们推来数千张床弩。这种床弩，是将几张弓安装在弩床上、用绞动轮轴引绳张弓的大型弩。"绞车连弩"，"羽矛为矢"，用长矛当箭，万箭齐发，连攻数月，始终无法攻破城池。

攻打邯郸失利，秦王嬴稷毕竟是多年执政，激起了他的无名怒火，于是增发重兵支援，结果王陵损失五校（一校约为8000人）秦军。这巨大损失一下震惊了秦王，他再武断也不能拿秦军士兵的性命开玩笑。于是，秦王放下架子，再次想到了白起，召他进宫，欲让白起去替换前方的王陵，攻破邯郸。没想到白起却声称有病，死活不肯领兵出征。

前方连连失利，秦王嬴稷心急如焚，只好命丞相范雎代替他前去劝说白起就任。

关键时候用对人十分重要。本来范雎就对白起功高嫉妒不已,秦王派他去劝说白起,反而起到了副作用。范雎当然不会真心劝说白起,反而只顾假惺惺劝说白起养病,白起尽管十分讨厌范雎,可出于国家利益,从大局出发,还是耐着性子向范雎说明,此时伐赵绝无取胜可能的理由:"希望范相说服我王,撤兵吧。"

范雎耐心听完,连连安慰:"武安君早日歇息好身体,我这就回禀王上,让他考虑听你的建议。"而范雎回到秦宫后,却对秦王说:"回禀大王,白起不愿率兵伐赵。依臣观察,他还是这里有病!"说完指了指自己的头。

秦王听罢,万分恼火:"武安君如此顽固,莫非连寡人也不放在眼里了。"

范雎说:"现在为什么邯郸久攻不下,听赵国传闻,秦王一切全依赖白起。赵国人说,怕的是白起,不怕王上。依臣看,白起是杀了赵国40万人,怕赵人报复他个人,所以畏首畏尾,死活不肯出战。"

"如此可恶,上将军是秦国的上将军,不是白起个人的!"秦王拿起案子上的一卷竹简,扔得远远的。

范雎不动声色地捡回来,连连劝说:"大王保重身体,臣抽空再去劝说白起,断然不能让他违背秦国利益,只顾保护自己!"

秦王余怒未消,既然你白起不肯领兵,王陵又连续失利,我再换个人,于是再派王龁领兵出征,增加人马,想要凭着秦王的优势扳回一局,不能让白起看笑话——秦国之大,没有白起,一样可以取胜!

白起并非真如范雎一样耍小性子,他对战争有着敏锐的判断力。事情正如他所料,秦军增兵易帅对战争形势并无多大改观,赵军果然军民一心,抵抗住了秦军,防御力极强。同时,各国也都怕秦国灭掉赵国后对自己动手,纷纷派出援军,王龁率军在邯郸附近连续攻打八九个月无果,兵卒死亡惨重,消耗甚多。

再也不能这样下去了。嬴稷不得不彻底放下秦王的脸面,主动到白起的府邸。白起心里当然还是极不舒服,且性格极强,知道自己率军也已经失去了战机,所以就说:"臣实在不是不肯出征,身体虚弱,不利于长途行军。"

他知道劝说不动秦王,秦王也知道他是故意推脱,因此就强令白起挂帅出征:"武安君,寡人知道你心里还有气,但不能拿国家出气,你说有病,寡人就当你有病,也必须统兵出征。你记住,出征不是我个人,是为了秦国!我老秦人的将士不能白白在赵国死去!"

话说到这个地步，白起依旧固执己见："大王，恕臣真的病体难支，不好从命。"

嬴稷气得一把抓起手边的扇子，狠狠掷到床榻上："那你就躺在床上给寡人指挥部队吧！"

"大王既然把话说到这个地步了，臣也就没有什么好隐瞒了。你我君臣，最是知心，如今我不能痛快说话，憋在心里，实在难受。"

白起深深吸一口气，将身后的垫子铺了铺，嬴稷看到，急忙替他把垫子垫好。白起点点头，说："请大王考虑臣下的意见：目前不是进攻赵国的时机，当务之急，反而是要减轻对赵国的压力，取得赵国百姓的好感。"

嬴稷揶揄道："叫你说，我还得给赵王送礼不成。"

白起不搭理他，只管发表自己的看法："我们现在就是要等待时机，等着赵国内部发生变化，设法令仇恨和恐惧秦军的赵国人改变态度，使赵国君臣骄慢、轻敌，等到时机成熟后，我秦国就可以举起义兵，讨伐无道。到那时，秦国振臂一呼，就可号令诸侯，定鼎天下。你想想，此时何必急于灭赵呢？"

嬴稷听完，略一沉思，说："你说的固然有理，可是，你白起不是战神吗？如今赵国失去精锐几十万，攻打他们，虽说付出点代价，总还是可以战胜的，不是吗？"

白起见秦王不理解自己，惨然苦笑，摇头复摇头。

嬴稷又说："我老秦人早年受尽中原欺负，好不容易励精图治，都像你一样唯唯诺诺，何时能东出，何时能成就大秦霸业！自孝公起，一心图霸，又兼商君得力，将我秦国治理成富庶强国。文王几番东出，终于战国称王，这是何其伟大的国君啊！张仪我相，连横神策，威震六国，那楚国自诩庞大，不也被老秦人收拾得服服帖帖！武王也是雄心勃勃，力图早日让老秦人威震四方。我继承大秦基业多年，总不能让这好好的国家在我手里葬送了吧。如今你正该主动请缨，征服赵国，为我大秦帝国出力流汗，可你倒好，在这里左一句赵国好，右一句赵国招惹不得。都像你一样，等待机会，等待机会，等着等着就老了！秦国何时才能雄霸中国！"

一番话既有埋怨又有感慨，还带着对老臣的知心，白起听罢，也是激情澎湃，一时激动，咳嗽连声，嬴稷拍着他的后背边按摩边说："你莫要激动，寡人说这话，也是肺腑之言，你听得进去要听，听不进去也要听。"

两个硬碰硬的汉子，就这样僵持着，谁也不肯让谁。嬴稷怪白起心眼太小，记仇使性子，白起怪嬴稷罔顾事实，操之过急。

第四章　入秦游说，牢牢把控投资

白起又僵着身子与嬴稷顶撞了几句，气得嬴稷甩手而去。

望着他远去的背影，白起气恼不过，一口气急催，竟然从嗓子里吐出一口鲜血来，喷溅到白白的墙壁上，十分鲜艳，随即昏死过去……

回到王宫大殿，范雎询问结果，嬴稷大怒："这个白起，不知好歹，气死寡人了！"

范雎趁机说："武安君自恃功盖三公，要他出征，大王不妨委屈些，再封他爵号！"

"他已经封君了，还要怎样？莫非想替寡人了！"

范雎冷笑一声，咬着牙轻轻地提醒："也不得不防啊！"

他这样一说，嬴稷顿时愣住了，死死地盯住范雎，反问："你觉得，他真有这心思？"

"人心难测，大王，你想想，40万大活人，眉头都不皱就能活埋，这人的心得有多硬，铁石心肠啊！"

嬴稷赞同地点点头："卿所言有理。"于是，嬴稷当即命人制诏，削去白起的爵位，贬为"士伍"，即无爵的平民，并发配到阴密（今甘肃省灵台县西）。

白起在府中接到诏书后，怔怔地发了好长时间呆，他不敢相信这是真的。一心为了国家，最后却落得如此下场。想想年轻时，不到二十岁就在军营里出力，一路从士兵、司马、裨将、副将到上将军，再到最后爵封武安君，的确是从来没有为自己谋过私利，想想年轻时和嬴稷知心谈论国事，也曾彻夜长谈，也曾大醉不醒，那是何等的畅快啊。可如今，如今的秦国是他的秦国了，与白起无关了。

也好，做个平民挺好的。从此无忧无虑，乐得做个自由自在的闲人。

想虽这样想，但掩饰不住内心的痛苦，连气带急，白起的病越来越重，以至于不能起床了。

白起不能起床，嬴稷并不知道，他知道的是，范雎告诉他，白起虽然削职为民，却还是难以低下头颅，坚决不肯离开咸阳城。恰恰又逢前线再次传来秦军失利的消息。赵国联合几个诸侯国的军队，由防守转为进攻，秦军反而节节退败。嬴稷无法扭转前线的局势，但他知道，背后一直有双眼睛在盯着自己，看自己的笑话。

这个人就是白起。

于是，嬴稷把这一切迁怒于白起，命他立即离开咸阳，一天也不准滞留。

白起只得带病起程，悻悻地离开咸阳。

范雎心里知道，自己在白起心里已经种下了仇恨的种子，如果不及时斩草除根，一旦某日白起翻过身来，倒霉的就是自己，他要把事情做绝。

范雎对嬴稷说："白起对大王不满。"这时候白起已经在路上了，"对给他的处罚不服。还说些牢骚话。说你是非不分，斩杀功臣，将来秦国将士要寒心。"

嬴稷本来是和白起置气，并非真的把他当成十恶不赦的人，见白起宁愿离开咸阳也不肯对自己求饶，不觉怒火中烧，此时闻听此言，愈加怒不可遏，不问青红皂白，下令追赶白起。

此时白起刚刚走到距咸阳十里的杜邮，秦王派来的使者追至，传达王命：令白起"自裁"。

一代名将白起，闻听诏书，别无选择，伸手接过使者送来的剑，仰天长啸："我究竟犯了什么大罪，以至落到这样的下场？"

路边亭子里，一对乌鸦听到白起的嚎叫，扑棱着翅膀飞走了，发出"哇哇"的叫声，十分瘆人。

天空飘起了小雨，白起浑身被淋得湿透，头发披散着，身子佝偻着，不住地咳嗽和抖动，手里的长剑拄着地，颤巍巍地摇晃着。

使者催促："请白起尽快自裁，我们还等着回去交差呢。"

白起猛地抬起头来，眼神里射出最后一丝寒光，盯着两个使者。使者一见他的目光，吓得往后退了几步，远远地望着他，生怕他做出什么过激的行为来。毕竟，他们面对是指挥数十万军队的上将军，取人首级，只在转瞬间。

白起举起剑，指向苍穹，哈哈大笑道："我白起确实该死！"稍微停顿，他自己回答自己，如泣如诉，"长平之战，赵国降卒四十余万人，都被我诈而尽坑之，就这一笔血账，也足够给我今天的报应了！苍天啊，白起这就去了！"说完，抬起手腕，手到剑到，一股鲜血顺着脖子喷薄而出，血柱溅出去好远好远……

吕不韦听到这个消息时，已经走到了华山附近。他让荆云停住车辆，独自走下车，站到一个树荫下。雨还在下，树上的落叶挡不住雨水，不住滴落在他身上。可他浑然不觉。白起自杀的消息，着实让他心情难以平静。虽然他恨白起，也曾配合范雎，说了很多白起的坏话。但那时是一时难以平复白起滥杀无辜的气愤之情，此时听闻叱咤疆场的战神白起终究还是死在了计谋之中，不禁暗暗感叹：再大的功臣也挡不住人心。天下之大，却远没有人心大。

吕不韦朝着东北方向，吹一口气，抱拳行礼："赵国的将士们，你们也该瞑目了！白起已死，魂归故乡吧。"

正好有一股风刮来，顿时雨越下越大，瓢泼起来。荆云说："赶紧上车吧，我们还是尽快找个地方歇脚吧。这雨看着一时也停不了。"

吕不韦却大手一挥："我们不能再迟疑了。秦国军队连连进攻赵国，赵王若是迁怒于异人，他就危矣。"

荆云自然明白异人此时对于他们的重要性，不再言语，利落地上车赶路，赵十八始终一语不发，时刻警惕地观察着四周。

夜里在华阴城外就宿，三人吃过饭后，见客人稀少，这个旅舍又地处偏僻，早早洗涮后就睡下了。

夜里，听得雷声阵阵，荆云起来两次，见闪电不断，心里懊恼，前几天该早点催催马儿，如今恐怕要在这里多停留几日了。

第二天一早，雨小了很多，吕不韦又催着赶路。

走进城内，见街上人流稀少，只管赶路。到达东城门，一出城走了二里地，见有一破败的家庙，于是就进去躲避。谁知刚刚到门口，听得里面窸窸窣窣一阵响动。赵十八急忙拔出刀来，小心翼翼地探着身子往里面慢慢走，嘴里喊着："有人吗？有人在吗？"

家庙有个长廊，吕不韦站在廊下，抖擞着身上的蓑衣，同时也注意着屋里的动静。猛地，从屋里窜出一只黄狗，朝吕不韦身上就扑过来，荆云急忙甩鞭大叫，黄狗汪汪叫了两声，朝雨地里跑去。

这时听得赵十八也高呼："谁，谁！出来！"

从屋里走出来七八个人，衣衫褴褛，为首的一个，瘦高个，脸庞瘦得像一把刀，走路拄着一根虬龙棍，说话倒声音洪亮："列位，地方狭小，我们先到的。"这是要下逐客令。

赵十八嘟囔一句："一个破烂屋子，倒成了你家的了。"说完就要强行进入。吕不韦急忙摆摆手，道："休要胡来，惊动了老人家。"其余四男三女都沉默着，浑身不断哆嗦。

一个老者过来，自称是魏国人。

"魏国人？"吕不韦不解地问，"那你怎么来到秦国了？"

老者说，秦赵大战，平原君赵胜到楚国、魏国争取军事援助，共同抗秦。在赵、楚、魏三国军队的联合打击下，秦军大败，赵国保住了邯郸城。秦国攻打邯郸失利，军队后撤时转而攻打魏国，夺取魏国宁新中(今河南安阳南)，把它改名为安阳。"我们就是安阳人。国家战乱，无处可躲，听说秦国广收流民还给土地耕种，就全家老小一路跋涉过来了。"

吕不韦好奇地问："这么说，你们是愿意投靠秦国，主动来的？"

老者说："我本是魏国人，说到底，如果不是没有活路了，谁肯抛弃自己的母国啊。我们听说，商鞅昭告：天下百姓以吏为师！这法子好啊！以往官老爷就是官老爷，只管下令，哪管百姓说什么。这样一来，老百姓有不懂的，可以向主管官吏去询问，主管官吏必须给老百姓解释清楚。解释不清，听说官员要受罚的。"

吕不韦道："这的确有的。官员解读，都有正规记载，固定的格式，上面得写清楚问事人，回答人，内容，问答发生的时间、地址，一切记载清楚以后，一式两份，一份交给百姓，一份装在匣中，盖上官印，放府库中保存。"

"是啊。之前我侄子一家都搬来秦国，听他们回去探亲时说，如果老百姓过来询问，官吏大摆官架子，不说或者不好好说，以后百姓犯罪了，官吏就要以同等罪名加以处罚，而且处罚的比老百姓还严重。"

"你们要的就是这样的公平吧？"吕不韦欣然地说。

"这样的规定，老百姓能不喜欢吗？"老者眉飞色舞地说，"有这么好的王，我宁愿背负骂名离开母国，也一定要来投靠的。"

"我听说，还有'分户令'！你就不觉得残忍？"吕不韦故意又问，他想试探一下老者的真正态度和了解秦律的程度。

"知道知道。这'分户令'也没什么不好。孩子大了，都挤在一个大家庭里，虽说热闹，可时间一长就会产生怨气。孩子终究是要'分家门，另家住'的。早分早安生。"

吕不韦见老者越说越兴奋，好像就没有感觉到秦国的一点不好，就又问："既然这么好，为何你们却住在这样的地方？"

一句话说到老者的痛处，他不禁伤感起来："别提了，一来我们丢了户籍，二来，长途逃荒，老婆子又生了病，拖累得不能走。偏偏还带着这几个孩子，这不，老天爷也不将就，只管下雨，三拖两拖，就成了乞丐，在这破屋里暂时活命。"

吕不韦急忙让荆云拿些食物给他们，又赠些钱财，嘱咐道："你们好好养病，天晴了找个医生，早治好病早日换成秦国户籍，分点土地，也好生活。"

老者此时感激不尽，但他说的一句话却让吕不韦极不舒服："都说商人奸诈，我看公就是富商，和我们农夫一样有善心啊。"

八、杀出关口

看看雨一直不停,屋顶也仅有一间残存,外面长廊也滴滴答答,吕不韦不忍和老者一家人争抢这少有的安宁,吩咐荆云和赵十八冒雨上路。

老者虽再三挽留,终究没留住。

往前沿着山谷行驶,望望高耸的山脉,烟雾蒙蒙,笼罩在雾气中。车轮带起一片片泥,车辆过后,路面坑坑洼洼,尽是黄泥。

三人一路前行,不知走了多久,疲惫交加,正行进间,路过一片开阔地带,四面环山,主仆三人打算在此处休整一下,突然远处一声响箭呼啸而过,荆云叫了一声:"不好,有强盗!"与此同时,一伙人迅速将三人围住。此时,远处又奔来两个人,倏忽间已到跟前。

吕不韦仔细打量其中一人,此人面庞清瘦,一副儒雅装束,身上没有一点匪气,先彬彬有礼地对着吕不韦行礼:"敢问这位公子,因何到此?"

吕不韦一见有人问话,料定他是首领,便作揖道:"小可吕不韦,经商路过此地,不想闯入公地盘,还望行个方便。"

"卫国吕不韦?"来人问。

"正是。"

谁也没有想到,这人竟然翻身下马,直接来到吕不韦面前,吓得荆云就往吕不韦前面挡,吕不韦轻轻一推,示意无碍。

这人来到吕不韦面前,拱手道:"久闻卫国大商吕不韦美名,今日一见,果然不凡。"

吕不韦问:"敢问公大号?"

来人说:"老卫人司空马!行不更名。"

吕不韦连忙问:"你也是老卫国人?"

"是的,地地道道的卫国,不是现在魏国的附庸!"他故意咬着牙,将"魏"字说的响亮。吕不韦当然能听懂,这时再看司空马的服饰,穿着青色深衣,和魏国尚红的服饰明显不搭调,可知此人十分反对魏国兼并卫国。

吕不韦不懂将会如何处理他们,便客气地说:"在此地遇见故国人,实为大幸,吕某人不求富贵,只求大王给留下车马,能行走就行。"

不料司空马却说:"好不容易遇到母国人,岂能就这样轻易送走。走,到山上喝酒叙旧去!"

虽是诚恳相邀，毕竟不知他的用意，吕不韦看一眼荆云和赵十八，两人都缓慢地摇头，显然不同意。吕不韦还在迟疑，司空马已经看出他的顾虑，豪爽地说："公子放心，咱老卫国人，岂会丧失道德。放心吧，绝不会打公子主意的。"

吕不韦见司空马慈眉善目，不像出尔反尔的人，况且预计一下形势，也不得不听从安排，只好再次拱手行礼，道："好，就依司空兄！"

司空马和吕不韦骑两匹马走在前头，其他人过来，套车的套车，牵马的牵马，全队人马往前又走了二里多地，来到一处缓坡，顺小路缓缓上山。

山上建有房屋殿宇，司空马派人给荆云和赵十八安排酒席。他和吕不韦在一间宽大的暖屋里，细细谈起卫国往事。

不说还好，一说止不住了。

司空马说："我卫国，人才辈出啊，当年的一代大家吴起，可是'家累万金'的富有家庭啊，尽管胸中有丘壑，偏偏生在没落的卫国，一身本事不得施展，这才远走他国，求得功名，立下不朽功绩。"

"吴公德才兼备，着实是我卫国楷模啊。"吕不韦赞美道。

"想他老人家，临别卫国时对母亲发誓：'不当卿相，决不回卫。'这是何等气概啊！我卫国男儿，当学前辈血性！"

"你这一说，我更想起卫鞅，如今秦国独霸四方，若不是他一心改革，哪有今日之强秦！"吕不韦亢奋地说，眼神里透出无限钦羡的光芒。

"谁说不是。卫鞅之功劳，叫我看，比哪个秦王都不差，可惜最后落得个五牛分尸的下场，这秦国人太可恶了！"司空马愤恨地说。

"那还不是吃了老秦人贵族的亏！那老秦王嬴驷毒辣，卫鞅最后成为他和老秦贵族斗争的牺牲品，可惜卫鞅毁在这宫廷斗争里。"吕不韦喟叹一声，惋惜地说。

"也不全怪嬴驷，其实卫鞅当时是能逃走的。可他就是不肯走，我始终想不通，他咋就那么傻，宁肯丢了命也要为秦国负责！"司空马气得一拳头砸在案子上，案子上的杯盏跳跃了两下，一个碗当啷滚落到地下。

"商君大哉！这正是他的伟大之处。他知道，如果自己逃走，老秦贵族便会为难嬴驷，当时嬴驷刚就王位，根基不稳。一旦让老秦贵族掌权，势必就会恢复旧制，那样，商君苦心制定的一干律法都将付之东流，他是为了给新秦王一个平衡的理由。后来，嬴驷果然把杀商君的名义安在了老秦贵族头上，砍了好多人，才保住了秦律法始终不变的局面。"吕不韦深有体会地说。

"哦,君这样一说,我到今日方明白过来,感情商君是为了大局,高!商君真高!"司空马竖起拇指夸赞。

接着,两人又谈起卫国往事。说到卫懿公好鹤,最终被狄人所破,卫懿公死后,失国之际,五千遗民要不是在宋国、郑国等国的资助下苟活下来,寄居曹国(今河南滑县东),恐怕现在就没有卫国了。

"还好,当年齐桓公无私援助,迁卫于楚丘(今河南浚县东),我们这个国家才得以重新立国,延续血脉。"司空马喝多了,擦一把眼泪说。

"自从迁都帝丘(今河南濮阳),百年休养,那时的卫国总算重现生机。可怜的是,君臣依旧不思进取,只顾着君臣生隙、父子夺国,这哪里还像当初诸侯国的样子。要知道,咱卫国可是周天子的正宗嫡亲啊。现在更是不能提了,你见过国君自降身份的吗?侯、公,如今已经自低为君,这哪还有个国君的模样。如今他们是只顾自己享乐,心里哪还有一点为国为民的心思啊。"吕不韦也极度情绪低落。

"说来说去,怨不得任何人。自己的国君不争气,躲在王宫里奢靡淫乐,苟延残喘,这些可恶的国君,真是让人活得憋屈。"司空马说。

"对了,你们怎么到了这秦国地界?又怎么?"吕不韦看着司空马,忽然问道。

"为何当了这盗匪吧?"司空马冷笑一声,"这还要感谢魏国呢。"

原来,卫国成为魏国的附属国后,秦魏大战,争夺河西之地,司空马等人是参军的士兵,后来战败,没办法逃到秦国,但心里却一直不想当秦人,所以就上山当了盗匪。"十几年过来,好歹没有咽下为卫国争气这口气。倒是国家,越来越不值得提起了。如果不是遇到公子,我都羞于提自己是卫国人。"司空马不无遗憾地说,"如今,真成了孤魂野鬼,身在秦国,不愿意做秦人。可自己的母国又回不去。再说了,回去又能如何?咱一个百姓,也挽救不回一个国家啊。"

谈论着卫国的过往,两人越谈越投机,只恨没有早日认识。一晚上喝酒交心,直到东方日头发红,还没有尽兴。吕不韦瞧着窗外红彤彤的太阳,说:"若不是心有所属,还要做事,我也想和你一样,在这山上悠游自在地过日子,这多好啊!"

"那就留下来!你来当家!"司空马说。

"我是俗人凡尘难忘,做不到你这般通透啊。"吕不韦笑着说。

"若有机会,我一定跟着兄长做一番事业,也不枉你我的缘分。"

"好，我们这就约定，来日我若来秦做事，君一定出来，助我一臂之力。"吕不韦热情地定下盟约。

两人各自歇息一阵后，白天继续谈论卫国和对列国的看法，交换意见，探讨时局。

热烈而欢快地谈了三天，最终，吕不韦才恋恋不舍地离开了这座山，辞别了司空马，继续往前赶路。

走到函谷关口时，正是中午，吕不韦有意在城内多留心观察，发现此关来往的中原人士确实不少。经商者居多，士子居多，老秦人反而不多。出了关，吕不韦决定这一次走南路，从韩国和魏国穿过去，以便选择一条与来时不同的道路，作为异人归秦时的一个选择。

出了函谷关，吕不韦不得不感叹，这关口选的真是绝妙。此关关城东西狭长，城墙高耸，可一览城外来犯之敌。出关之后，设置的谷道仅容一车通行，果真是"一夫当关、万夫莫开"，怪不得中原各国攻秦，到此止步，确实难以通过。再往前走，崤山至潼关地段内几十里地，通道尽在涧谷之中，深险如函。若是行军布阵，的确需要耗费很大心思，既不能大规模排开部队，又不能阵容太小叫秦军小股部队就能偷袭。

他们走到砥砫山旁，只见山在激流中矗立如柱，大河水流自动分开，不禁慨叹说："上善若水。水确实是利万物而不争。遭遇如此巨大山体，水没有与它对抗，绕道奔流，确实是一种智慧。"

赵十八也看不懂，接着话说："叫我看，水是逃兵，冲不动山就躲避。"

吕不韦听他一说，乐出声来："你是只看到了表面。"

赵十八梗着脖子说："底下的水还不一样是绕开山体？"

吕不韦说："你没想想，洪水发来，其势多大。这是山与水的平衡。它们在这里达成和谐，握手言和。山不欺负水而故意截断，水也不刁难山而发怒冲刷。这是自然界给我们的警示和箴言，是至高哲理啊。"

赵十八吐了吐舌头，说："我一个俗人，自然看不懂主人说的这道理。"

吕不韦引导说："你没有看到吗？大河一路奔腾，前面咱们刚走过的神门、人门和鬼门三道关口，河水惊涛拍岸，这还不是汛期。要是汛期，只怕泥水怒吼倾泻，多大的山体还不得撞个粉碎！可一到这里，水流减缓，你能说水小了还是少了？这水多像人啊，三道关口就是年轻时期，奔腾跳跃，激情澎湃，到砥砫这里，便是来到中年，懂得互相平衡，蓄势忍让，各自妥协。"

赵十八又挠挠头皮，似懂非懂地说："公子一说，好像又是这样回事。"

荆云笑他:"你呀,也就舞枪弄棒行,多听听吧。"

看着眼前的砥砺山石,吕不韦不再多言,沉思起来:谁能想到,同样是水,在上游不远处就咆哮激烈,到这里却如此温顺驯服。水一变缓,河道也自然就变得宽阔起来。行船的人们,刚刚在上游三道关口经历生死搏斗,来到此处,风平浪静,正好可以歇息。

山、水、岸完美融合,这真是一种不得不佩服的自然奇观。联想到人,若是能学会这种多方融合的能力,该是多完美啊!而且,这种完美,从表面看好像毫无出奇之处,其实内核却既有"山石敢挡波涛的勇气",又有"水肯主动妥协的示弱",还有"岸能无限拓宽的博大",何其伟哉!

而且,这种融合,与以往熟知的中庸之道又有不同。中庸是乐意放弃,融合是兼收并蓄。

中庸虽好,缺乏个性;天下之道,融合为大!

越想越兴奋,越想越激动,不禁高歌起来:

皎皎白驹,
食我场苗。
絷之维之,
以永今朝。
所谓伊人,
于焉逍遥?

皎皎白驹,
食我场藿。
絷之维之,
以永今夕。
所谓伊人,
于焉嘉客?

皎皎白驹,
贲然来思。
尔公尔侯,
逸豫无期?

慎尔优游，
勉尔遁思。

皎皎白驹，
在彼空谷。
生刍一束，
其人如玉。
毋金玉尔音，
而有遐心。

  荆云见吕不韦兴高采烈，也得意地扬鞭催马，对赵十八说一声："你悠着点，小心天黑了赶不上我们！"马车扬长而去，车后扬起一长溜黄土灰尘……
  一口气跑了一刻钟，荆云听得后面马蹄声声，就高叫着："好你个赵十八，一匹马倒叫你跑出了千军万马的气势！"
  也不见赵十八答话，荆云心说：这家伙是较上劲儿了！正要扭回头张望，忽然觉得右前方出现一匹马，马上一人，也不说话，举枪便刺向他的面庞。
  荆云仓促间来不及拔剑，只好用鞭杆子猛地往上一抬，嘴里大喊一声："何人大胆！"说话间已经从脚下拿出剑来，勒住车马，警觉地盯着来人。
  车刚停稳，呼啦啦围过来十来个人，都是短衣打扮，头束椎髻，个个面色冷酷。
  车内吕不韦已经觉察出不祥，也钻出车厢，和荆云并排站立在车上。左右两边都是人，两人又无援兵，瞧着占不了上风，荆云快速一打量，前方不远处有座小塬，抬眼给吕不韦丢个眼色，趁机踢马一脚，马儿就用力往前跑起来。跑到土塬旁，荆云和吕不韦一齐跳到塬上，这样，两人虽然没有骑马，却比骑马的还要高些。而且，塬约有一丈大小，这些骑马的人要想进攻，就必须丢弃马匹，徒手攀登。
  荆云暗自咬牙，方才跳的时候，扭得小腿有些疼痛，但他必须站稳，不能让对方看出一点。
  塬上有棵老榆树，长得高大粗壮。此时枝叶尚不繁茂，遒劲的树枝枝枝杈杈，伸向四方，像个镇守的将军。
  追击的人到了塬边，直接下马，身手矫健，纷纷跃上，手提刀剑。吕不韦和荆云背对背靠着树，原先的优势一下失去了。

第四章 入秦游说，牢牢把控投资

一个武士朝着吕不韦就砍来，他个子不高，但力猛刀沉，砍过来时发出"嗡"的一声，吕不韦身子往后一仰，刀锋从他前胸扫过，一个回旋猛地又直戳他的小肚子，仓促间吕不韦顺势一躺，脚尖朝上，冲着这矮汉子脸猛地一蹬，汉子挨了一脚，"登登登"朝后退了两步。却不料另外一个武士一根长枪直刺过来，一下就把吕不韦的左肩刺个血口子，吕不韦强忍疼痛，沿着地面一个滚翻，已经来到使长枪的汉子跟前，举剑朝天猛地一举，只听得"啊呀"一声，那汉子小腹部已被刺中。还未等吕不韦起身，矮个子又双手举刀，直挺挺朝吕不韦砍来……荆云那里，三个人围住他死缠烂打，眼看着荆云的后背也受了伤，加小腿扭伤，已经有些难以应付……吕不韦在地上躺着，猛地鲤鱼打挺起身，两下窜到树下，一个汉子抡刀砍来时，吕不韦猛地朝后一缩，顺势转到树的另一侧，那汉子一刀砍在树干上，一时拔不出来，吕不韦瞅准，一个乌龙探海，剑刺对方，这汉子一声不吭，当即毙命。吕不韦趁机喊："荆云，上树。"荆云一下跳到树上，吕不韦也趁机上树，两人挥舞宝剑乱砍，底下的人一时竟然难以制服。就在此时，听得远处一声喊："公子莫慌，十八来了。"赵十八三五步跳到塬上，朝着几个人便砍，双拳难敌四手，吕不韦和荆云眼瞧着他又挨了几刀，浑身的衣服被血染透，像个活阎王，听得赵十八撕心裂肺地喊："公子快走，我来对付他们。"吕不韦和荆云正要跳下树干，听得"嗖嗖"连响，从远处射来七八只箭，个个都射中这帮武士。

武士们往远处一看，黄土飞扬，七八个人骑马赶来，已经只有十步之远，刚要互相招呼，这帮人已经飞到塬上，与这帮武士混战起来。十多个回合后，剩下的六七个武士吹一声口哨，各自跳出圈外，一瘸一拐地翻下塬骑马扬长而去。

这时，吕不韦瞧见，站在树下的人中，有一个白衣翩翩，长发飘飘，感激兴奋，叫道："好啊，差点见不到我！""扑通"从树上跳下，三五步走到白衣人面前，捶她一拳："你也不怕危险！"

荆云也激动地喊出了声："白露姑娘！多谢救命之恩！"

白露见吕不韦一身灰色深衣已经泥土和血水粘连在一起，左肩处裸露的伤口还在冒血，眼含热泪地撕开自己的衣袖，为他擦拭血迹，嘴里埋怨着："狠心的，多危险啊。"

吕不韦由惊转喜，笑吟吟地说："总是上天不负我，让你寻到。"

白露使劲儿将他伤口一挤，吕不韦浑身一激灵，疼得叫出声，白露连忙心疼地说："再忍一下，我再挤点脏东西出来。"又连着挤了两下，眼看着鲜红的血流出，这才用白衣袖给他包扎。

荆云和赵十八也在援军的帮助下包扎完毕，一瘸一拐地走下塬来。

吕不韦往车上一坐，才详细问起白露，如何寻找到这里的。

白露说："当初被你赶走，我本来没脸再寻你们。可是，听说你们上路回邯郸，我总是放心不下。一路追踪过来，还是让你们遇到了危险，要不是我带人及时赶到，只怕你就……"

吕不韦想想也着实后怕，不由得问："会是谁呢？这么连三赶四地赶尽杀绝。"

"我猜，还是杀赵十八那些人。"

吕不韦当即喊过来赵十八，让他回忆那一夜被抓的详细情况。赵十八说："被抓后，是在公子良府上。这些你们都知道的。"

白露这时忽然一怔："公子良？那当时在吕家商铺门口，我喊的是子傒的名字，这帮贼如何就呼啦跑了？"

"你是说，可能是子傒的人？"吕不韦倏地醒悟。

白露说："极有可能！"

赵十八却不认同，说："也许，他们是怕真有子傒的人，认出来暴露了身份。"

吕不韦分析道："也有可能。十八说的也有道理。"

"他们为什么对咱屡次下毒手？"荆云问。

"不会还是因为赵十八在大梁的事情吧？"白露问。

"那个不至于，过去几年了。我觉得，就是因为我们管异人的事情引起的。"吕不韦分析。

"嗨，不说这些了，总之是你们碍他们的事了。"白露此时也不顾周围有人，自自然然地为吕不韦梳理起头发来，"你这是如何弄成这样的？"

吕不韦不好意思地说："刚才和人打斗弄乱的。"

白露捶他肩膀一下，吕不韦疼得龇牙咧嘴，白露忙怜惜地用嘴吹："怪我怪我……"

荆云和赵十八等人一见二人打情骂俏的亲昵劲儿，都远远地躲开，给他们创造机会。

西边的云霞此时红透了天，天空中飞着四五只大雁，白露将头倚靠在吕不韦胸口，喃喃道："你真是心狠啊，那天把我往外撵，说的那些话，真让人心寒。"

吕不韦眼皮眨了又眨，上下眼皮发黏，惨然地笑着说："我不说那样的难听话，只怕你也不肯走呢。委屈你了……"

"你是不是就盼着我早点离开你？"白露抬眼望着吕不韦的眼睛。

"我哪能离得开你。只不过当初为了保护你。你想啊，若是叫太子的这些王孙为难起来，那可真是随时要命的。"

"我不怕，为了你，"白露闭上眼睛，无限憧憬地说，"就是死，我也……"

吕不韦用手堵上她的嘴，嗔怒道："你再这样胡说，我真就生气了啊。"

落日的余晖洒在这辆辎车上，将两个依偎在一起的人晕染得红彤彤、金灿灿……远处，一帮男人们聚在一起说说笑笑，几匹马儿，悠闲地啃着地上刚冒出头的嫩草……

第五章 突出重围

一、危险逼近

吕不韦三人回到邯郸城外时，正是秦国与赵国休战时期。

休战是秦国不得不做出的委屈选择。

秦将王陵始终不能攻取邯郸，秦王在逼死白起后，只好换王龁前来，继续攻打。

这时候战局发生了根本性转变，赵国的平原君赵胜派人向魏国求救。魏王惧怕秦国，不敢出兵救赵。情急之下，信陵君魏无忌听取侯嬴之计，以国家利益为重，置生死度外，借魏王姬妾如姬之手窃得兵符，夺取了兵权，不仅成功击败秦军、救援了赵国，也巩固了魏国的地位和声望。

吕不韦就是在这个时期回到邯郸城外的。

邯郸城南三十里，秦国依旧不肯撤兵。吕不韦等人经过战区时，竟然无人盘查，让他们轻松度过危险区，回到邯郸城内。

回到邯郸城后，长途跋涉有些累的吕不韦好好歇息了两天。

这两天里，他听说异人已经有了儿子，心中既酸又甜。酸的是自己的儿子不能相认，甜的是终于安生诞生了这个儿子。

他做出决定，要抽时间尽快去聊城看看异人，以稳定异人。

这天早晨，正在用餐，听得大门外吵吵嚷嚷，不一会儿荆云急急慌慌地来禀报说，秦国又开始围攻邯郸城了。

吕不韦顾不上再细细吃了，匆忙吃了点，就往平原君家里赶。

形势危急，秦国攻城越猛，异人的危险就越大，他必须尽可能地削弱这种力量，争取时间，为异人归秦做好准备。

平原君此时正和信陵君一块用餐，听家臣禀报，吕不韦有重要的事情详谈。由于之前秦国讨要魏齐，扣押平原君，吕不韦帮着平原君处理了魏齐这个头疼箍，这个忙不算小，所以，平原君赵胜就乐意抽出时间听吕不韦说"重要事情"。

吕不韦开门见山,一张口就说:"秦国围攻邯郸,小人觉得,赵王必定生气,若是有人要赵王杀秦国王孙异人,这是一种十分危险的行为。"

平原君却不以为然,说:"来赵为质子,本就是约束秦国。若暴秦还不止兵,'杀王孙'至少是个选择,让他们投鼠忌器。"

吕不韦摇摇头:"君说的不无道理。可您想过吗?王孙只有一个,这一招若是不起作用,岂不是白白激怒秦国。"

"激怒又怎样?现在还不是围而不退!"

"您辛辛苦苦运作,信陵君又果断调兵来援,这是多大的成绩啊。秦国攻城再急,毕竟还提防赵魏联军。再说了,秦国攻赵,师出无名。如果一杀秦国王孙,正好给秦借口,他们也必定借此激发士兵,死命血战,为王孙报仇,到那时,与我赵国有害无益啊。请君三思。"

信陵君听了吕不韦的话,也觉得有理:"吕公子所言,不无道理。人质本就是一种盟约,表面看互相制约,可一旦打破了这种平衡,真的动手杀了秦国王孙,只会给秦国以借口,反而让他们成为举'义兵'的一方。"

平原君是信陵君的姐夫,关系使然,他自然也要考虑信陵君的意见:"如此一说,暂时保留异人的性命,对赵国有利?"

吕不韦说:"秦国太子有儿子二十几个,也不缺少异人一个。如果因为这一个看起来无关紧要的人质,破坏了两国间的平衡,实在是得不偿失。"

平原君听得有理,就说:"我这就进宫去劝王上,不叫失误。"

信陵君却狡黠地冷冷一笑,问:"公子为何对王孙如此上心?"

吕不韦一愣。

平原君也笑嘻嘻地盯着吕不韦,追问一句:"是哩,莫非公子是在帮秦国?"

吕不韦知道,此时不能拖延太久,但如何说会让两人同时相信确实是难事,只好先缓和一句:"我有私心。"

这样一说,二人均"哦"了一声,却都不追问,显然等着吕不韦说出秘密。

平日里经商,讨价还价,吕不韦早练就瞬间想理由的本事,这一句"我有私心"稍一缓冲,脑子已经转过圈来,稳稳地说:"私心一,那王孙欠着我一笔钱,之前他身无分文,从我这里贷了一笔,若是他一死,我找谁要钱去。"

这样一说,平原君指着吕不韦,笑谈道:"都说商人重利,果不其然。"

吕不韦憨憨一笑表演。

信陵君却不疾不徐地问:"其二呢?"

吕不韦忽然神秘瞧瞧左右,才轻声说:"王孙妾,是我牵线的。你说,杀了王孙,她成了寡妇,不就讹上我了。"

信陵君猛然一怔,少顷,呵呵笑出声:"你是怕缠上你吧?"

平原君笑得前合后仰:"吕不韦啊,你这是家国不分啊。"

吕不韦趁机送上两串珍珠串,说:"私心公心,我都说了,确实是杀王孙没啥大作用啊。小的孝敬二位。"

平原君毫不客气,伸手接过一串,说:"你上次送的皓镧珠,夫人赞不绝口。无忌,你也瞧瞧,吕不韦送的都是好东西!"

吕不韦说:"好东西也得识货才行,街头有些人还说我卖得贵。"

信陵君听说他姐姐称赞吕不韦送的货好,就也顺势给吕不韦圆面子,接过珠串说:"谢过了,吕公子。"

吕不韦眼看着二人不再怀疑,总算是放下了心。

辞别平原君,快要走到门口时,吕不韦瞧见公孙龙正悠闲地在长廊下散步,忽然眼珠一转,喊道:"公孙兄,好清闲。"

公孙龙一见是吕不韦,几步走过来,友好地说:"公子整天忙于经商,这是哪股风把你吹来了。"

"求教之风,聆听之风。"吕不韦微笑着吹捧。

公孙龙果然很受用,谦虚道:"鄙人不过如此,公子何必自谦。"

吕不韦刚才还只是想着客气一下,此时已经改变主意,当即说:"我是真诚求教,公不但雄才善辩,对很多事情也颇有见地,我想着,今晚约在'望月楼',听君赐教,不知可肯赏脸。"

"吕兄相邀,岂敢推脱。"公孙龙爽快地答应。

晚上一擦黑,吕不韦就在西城的望月楼里定下房间,静等公孙龙来到。

公孙龙看来还是十分看重吕不韦的,吕不韦等了没多久,他就来了。

一进屋,公孙龙诧异地望着吕不韦:"就你我二人?"

"请教博士,自然就不能多邀人。"

公孙龙却显得有些落寞。他这个人,最喜欢人多。越是人多的场合,越能显示出他卓越的口才。大凡话多且自诩口才好的人,都喜欢人多。

"也好,难得清净,就你我二人聊聊挺好。"

公孙龙不知道吕不韦让他说什么,开宴之后,先是沉默不语,等着吕不韦"讨教"。他就是这么个好为人师的性格,总觉得别人问再多也难不倒他。

"我听说,这次平原君向魏国求援成功后,有人为平原君请封,是你阻拦的。"说到这里,吕不韦停顿一下。他拿捏的分寸非常好,知道后面的话让公孙龙自己说，效果更好。

果然，公孙龙见话音刚落，急口说道："此人可恶。险些害平原君于不仁不义。"

"此话怎讲？受封不是好事吗？"吕不韦一副洗耳恭听的样子。

"你想想，平原君若是就此受封，不是成了私心很重吗？"

"私心？"

"如果全国人都像平原君一样，为国求援最后受封，那平原君不就成了拿着这些成绩换取利益，这样一来，还有真正爱国之心吗？"

"哦。先生是这样认识的。确实新颖。"

公孙龙说："平原君是赵国贵族，王上叔叔，本就应该一心替王解忧，解国之忧，因为这事单独受封，不就显得毫无忧国忧民之心啊。"

吕不韦其实已经知道了这件事的来龙去脉，却有意装作不懂似的，目的就是要给公孙龙精神上"挠痒"，让他过足瘾，才好谈后面的事情。生活中，很多时候，看似句句夸你正确的人，必定是对你有所求的人，不可全信。

吕不韦"吃惊"地问："平原君身在其位，我觉得受封也并非浪得虚名啊。"

公孙龙摇一摇头，说："你大错特错了。我当时劝说平原君，正是指出了这一点：赵王让平原君为相国，割东武城而封君，并不是因为他的功劳，而是因为他是赵国王室贵族的缘故。所以，要堵住百姓的嘴，赢得百姓的心，必须出于公心。这一次若再受封，百姓一定会说——平原君是赵王的叔叔，所以受封！这样不就忽略平原君的功劳吗？"

吕不韦佩服地赞美："怪不得平原君赏识先生，你考虑得确实周道。"

公孙龙听得真切，摆摆手："不值一提，莫要再说了。"可脸上却露出极其滋润的神色。

吕不韦趁着这股热劲儿，话锋一转："有件事，恐怕也只有你这平原君的知己能劝动他。"

"说来听听。"一听将自己定为平原君知己，公孙龙也就坦然以"知己"身份替平原君"听听"。

"最近秦国攻城紧急，有人想劝赵王杀了秦国王孙异人。我想让公劝说平原君，提醒赵王莫要上当。"

公孙龙问："为何杀王孙就是上当？"

"你想啊，王孙只有一个，是秦国人质。一杀王孙，赵王手里不就没有要挟秦国的资本了吗？"

公孙龙一听，连连颔首："有理有理。两国互派质子，本就是掩人耳目暂时出的下策。要把这当真，早就不是战国了。"

"可赵王不这么认为，我听说他真的要杀王孙，恐怕也只有平原君能劝动赵王。而又只有你，能劝动平原君。所以，这件事，只能委托公来说。"吕不韦说。

公孙龙问："是秦王孙求你了？"

"那倒没有。"吕不韦扳着指头数算着，"我在邯郸做生意，投资了不少。人就一大堆，开销也不少。运货、点货，投入钱财，快把全部身家都放在这里了。你说，一旦邯郸城攻破，我不就都赔了吗？"

"可一个王孙也救不了你呀。"

"迟一步总还有个转圜的机会，说不定秦国顾忌王孙性命，哪天撤退了也难说呢。再说，王孙这个人，善良贤德，你也见过的。"

公孙龙忽然想起几年前在榆树里见吕不韦两人第一次认识的那个夜晚，不觉脱口而出："确实，也不容小觑。当年，魏国杀了秦国悼太子，秦国还真就大开杀戒了！保住王孙，的确有用。"

吕不韦心说：要不是你们从中作祟，悼太子还不会死。可这话只能心里想想，当然说不出口，就拱手作揖："拜托兄，为赵国，为我个人，都劝劝平原君。"

公孙龙一口答应："一定办到，请君勿忧。"

吕不韦见又增加了一层保险，不觉高兴起来，端起杯敬公孙龙，自己也一饮而尽。

两人喝到半酣，意犹未尽，吕不韦又陪着公孙龙去约了歌姬，欢乐一场，这才派荆云驱车送回了公孙龙。

翌日一早起来，吕不韦忽然觉得，光是靠平原君这一条线，无法确保异人的安全。如今建信君是赵国丞相，他这个人又与异人最为密切，应该让异人去劝说他，就双保险了。

想好后，就派荆云赶车往聊城走。秦军围攻邯郸，东城并没有围，吕不韦的车辆很容易就出了城。一路走，到处可见逃荒的百姓，让他感慨万千。如果没有战争，这些人就不必离开家乡到处流浪。如今，陷入战争中的赵国人人自危，庄稼更是顾不上耕种。

走到半道上，吕不韦忽然发起愁来，这次见了赵姬，该如何面对呢？他已经是孩子的母亲了，如果表现得和自己太亲昵，会不会引起异人反感。他暗暗定下心神，一定不能在这关键时刻出了纰漏，坏了大事。

越抵近异人的住处，吕不韦的心跳得越快。可真正到了门前，看着荆云跳下车，稳稳牵住马，这一刻，他反倒一点也不慌了。

公孙乾听到车马的声音，早已迎出来："啊呀，我说今天一早喜鹊枝头喳喳乱叫，原来是吕公子来了。你这半年多没来，真是想得我眼泪都出来了。"

吕不韦热情地说："叫将军惦记，这不，一回来就赶紧赶来了。"

两人边谈边往院子里走，刚刚迈过门槛，公孙乾就大着嗓门嚷嚷道："王孙，快看看，谁来了！还躲在屋里生蛋啊！"

他这么一嚷嚷，整个院子里都听到了。只见嬴异人推开殿门，朝外张望，嘴里喊着："我看看什么人叫将军这样兴奋。"

蓦地看到吕不韦，异人呆住了，一言不发，干张着嘴。

听得赵姬在屋里喊："谁呀，你倒不说话了。"

异人还是没有说话。就这么静静地看着吕不韦。

听得屋内一声婴儿的啼哭，赵姬抱着孩子站在门口，乍一看到吕不韦，惊叫起来："公子，你，你还不快请吕公子到屋里来。"

这一下喊醒了嬴异人，他当即回过神来，热烈地打招呼："快快，吕公子快请进屋来。"

吕不韦朝前走了几步，热情地说："小殿下都这么大了。"

异人忙招呼道："进屋，有话屋里说。"

几个人一同进屋，赵姬忙招呼女侍者："去，拿酒菜来。"

少时，酒菜摆上来，几个人坐在一起，这才高高兴兴地吃喝起来。

吕不韦说："还要请王孙去见见建信君，让他多劝劝赵王，如今秦赵大战，莫要拿王孙出气。"

异人见又要自己出场，登时又没了主意："若是赵王不听，该如何是好。"

吕不韦扭头看一眼公孙乾："将军，你说呢？"

公孙乾一听，为难地说："我毕竟是赵国人呢，总不能……"

吕不韦顿时面色变得凝重："将军是赵国人不假，可你想想，如今有多少事，你已经参与进来。若是要杀王孙，恐怕你也难逃干系。"

公孙乾一愣："莫非，你会害我？"

嬴异人不言不语，盯着吕不韦。

吕不韦狠心使出一招："王孙可以不连累将军，只不过到那时，掉头的就是你了。你儿子马上就没有父亲了。"

嬴异人听得心惊，歪过头乜斜一眼公孙乾，忽然发狠："将军，与我们一同走吧。"

公孙乾从没有想过要与嬴异人一同逃跑，连忙摇头："不行，那我不成了叛国者了。"

吕不韦说："你不走，赵王找不到王孙，必然要杀你泄愤。"

赵姬也劝说道："和我们一块走吧。我们也不想为难将军。"说完碰了碰异人的胳膊。吕不韦也朝异人丢个眼色。

异人毕竟也不是痴人，醒悟过来，承诺道："到了秦国，我许将军侯爵！"

这句话说出来，震耳欲聋，公孙乾当即把脖子一挺："愿追随王孙左右！"

吕不韦一见，笑呵呵地说："这样多好，咱们一起走，图个好前程。"

虽然眼巴巴地看着赵姬就在眼前，吕不韦却没有一点机会和她说一句话，远远望着她怀里抱着的孩子，只能默默祈祷孩子无病无灾。

吕不韦开始布置，马上将所有必须带的物品打包好，准备随时出发。

"你不是还说叫我去见建信君吗？怎么听着赵王现在就要我们的命一样？"异人问。

"要做好最坏的打算。你去见建信君，只不过是缓兵之计，事情如今到了非走不可的地步了。"

异人忽然担心地问："咸阳那边……"

吕不韦说："忘记和你们说了，那边如今已经安排妥当，一切就绪，只等公子回去。"说话间拿出玉符给异人看。

抚摸着剔透的玉符，异人低垂着头，用手反复搓着上面的四个字，思绪回到了秦国，可现在事情紧急，容不得他多抒情，但还是忍不住掉下了两滴热泪："若能顺利回国，我定不负众位！"说完，他站起身来，毕恭毕敬地鞠躬，好久都没有直起身子。

"我这就回去，你们等我的消息。这边随时准备好。若是没有等到我，情况危急，就先撤离，我们在邯郸城会面。"吕不韦交代道。

几个人马上就体会到了严峻的形势，一个劲儿点头。

嬴异人问："建信君那边，我是去还是不去？"

"去当然要去的，多带金钱，他这个人贪，若能拖延一两天，我们的胜算就大一些。"吕不韦说。

站起身来，吕不韦自自然然地走到赵姬身边，伸手摸了摸孩子，捏了捏他的脸蛋，问："叫什么名字？"

"赵政。"嬴异人说。

"也好,嬴赵同源。"

吕不韦抬脚出屋,反复叮嘱,路上所有的东西他都会准备,这边除了必须带的物品外,一切都按照原样摆设好,一旦追兵到了,这些假象还可以争取点时间。

走到门外,已经上车了,吕不韦单独对异人轻声地说:"两天后傍晚,我来接你。"

说完,驱车扬长而去。

看着车辆已经淡出了视线,嬴异人还呆呆地站在原地,一动不动,内心里翻江倒海——此一别,真如生死一般。他心里清楚地知道,自己的命运转折就在这几天之内,生死未卜的恐惧不免袭上心头,伤感地摇了摇头,冲着炫目的太阳呼了一口气,默默祈祷:但愿上苍眷顾!

两天后,邯郸城西南城墙被秦军扒开一个口子,虎狼一样的秦军冲上城头,拼命抵抗的赵军将一茬又一茬的秦军砍死在城头,尸体堆积如山,不断涌上城头的秦军数以千计,赵军此时也恢复了燕赵武士的血性,毫不手软,毫无畏惧,将秦军的一次次进攻击退……傍晚时分,血红的夕阳照在城墙上,一段段凸起的女儿墙上,城砖浸透了士兵们的血,冷却后发出酸腐的味道。赵军士兵将秦军尸体扔下城墙,城墙边堆积的尸体横七竖八,像秋后晒干等待腌制的干瘪萝卜,或蜷曲或倒立,肢体残缺的露着森森白骨,腐肉的味道诱惑得凶残的老鹰在天空不住盘旋……城内,前来援助的百姓们,有的哭哭啼啼,有的咬牙切齿咒骂着秦国,有的麻木地将尸体抬着只管走路,高一脚低一脚。给军队送饭的妇人们嘴里念叨着,心疼着这些浴血奋战的将士们。有妇人为士兵缝补破烂的衣服,有的帮士兵擦洗着脸上的血迹,吧嗒吧嗒地掉泪,嘴里说:"不怕,咱不怕。总有胜利的那一天。"有妇人凄惨地说:"可怜的孩子啊,你才多大,正是爹娘疼爱的岁数……"

王宫内,赵国君臣此时正在进行激烈的讨论。

平原君说:"我献出府上的金银,散发给士兵,激励他们血战。我们应该誓死保卫邯郸。"

"秦军攻城猛烈,依臣看,不如派出使者与他们讲和,可以保住邯郸。"丞相建信君说。

"讲和的法子,以前已经用过,只怕秦王不肯再答应。"信陵君魏无忌说,"我作为外卿,本不该多说话,但我还是觉得,应该同仇敌忾,抵挡秦军。"

"邯郸城眼看危险，议和也不失为保全之策。"一大臣说。

"我燕赵慷慨之士，岂能任由暴秦宰割，血战到底，保卫邯郸要紧。"又一大臣说。

"明日多调些兵力，死守西南，不叫秦军有可乘之机。"平原君说。

"王上近日瘦了许多，要保重身体啊。"建信君说。

"好了好了，如今，恐怕也只有血战这一条路可走了。"赵王焦躁不安地走来走去，"如今，有个法子，可以激起我赵国士气。来人，速去将秦国质子嬴异人押来，送到城头，秦军若不退兵，就用异人的头血祭！"

"大王，不可……"建信君劝阻道。

"寡人累了，不要再讨论了，都各自回去发动府上的家丁，多为国效力吧。杀异人的事，就这么定了！"

平原君和建信君等人都不再争执，看着赵王退出了大殿。

当夜，一支百人飞骑队伍奔往聊城……

嬴异人焦急地等待着，一会儿到门外看看，一会儿到屋里走走。约定好的，今晚吕不韦来接他们。可现在天黑透已经半个时辰了，还不见吕不韦的踪迹。

忽然，看到远处奔来一队人马，听得马蹄声急，嬴异人暗中高兴：可算等来了！

他当即扭转头回到院内，对公孙乾说："快，收拾东西，吕不韦来了。"

公孙乾问："你看到了？"

"你去外面看看，总有几十人，骑马赶来。"

他这样一说，赵姬猛地提醒："这么多人，不会是赵王的人吧。"

这一说，公孙乾当即变了脸色，催促道："快从偏门出去，我去探听一下。"说完他转身飞快出了院子。

嬴异人和赵姬带着孩子，慌慌张张地从偏门出去，沿着一条小路只管往东边跑。

那公孙乾刚出来，听得人马还有三五百米远，他忙躲到南边一个街巷暗处，暗中观察着动静。

一队人马到了院子门口，只见个个身披铠甲，为首的一个百夫长站到门口就喊："快快开门，秦国王孙出来接王命。"

喊了一声，在黑夜里显得十分突兀。

第五章 突出重围

公孙乾这时一听，吓得浑身筛糠一样，他稳住神，悄悄地一步步向后退去。

那百夫长见喊了几声没有动静，当即推开门，不一会儿听到里面几个人喊："人刚走不久，酒菜还是热乎的！"

百夫长出门，朝着众多武士喊："分成四队，各自去追，谁抓住秦国王孙了有赏！"

众人呼啸一声，散作四队，各自跑去。

公孙乾此时还没有挪动，他不知道是该先去追嬴异人还是在原地等吕不韦。脑子飞快地转圈。追随嬴异人去，只是几个人在一起，若是被当场抓住，肯定是死路一条，还不如现在逃命而去。在这里等吕不韦，如果他迟迟不来如何办？天一亮，再想逃跑就非常难了。他默默地靠着墙壁，仰头看着黑黢黢的天空，默默祈祷吕不韦快出现。

又等了半个时辰，非但没有等来吕不韦，他本想再进院内拿点财物，刚要抬脚，却看见三个武士又返回了院子，举着火把，吆喝着在院子里搜查。他吓得灵魂出窍，暗自庆幸，多亏没有进院子，不然当场就被抓个现行。三个人在院子里搜了一阵，显然没有收获，悻悻离去。

看着夜色越来越浓，天气渐渐发凉，公孙乾后悔自己不该贪图小财，现在如果嬴异人被赵王抓住杀掉，自己因为看管他有功，说不定还会得到赵王的赏赐。他气得拍着自己的头顶，一个劲儿懊悔。正敲打间，猛然想到，嬴异人刚跑出去没多远，而且又带着赵姬母子，肯定跑不快，要是被军士抓住，一定会供出来自己！

他眼见等吕不韦无望，就扭头看看窄窄的街道，默默地朝着另一头走去。走到街道口，公孙乾左右望望，不远处有间酒肆，还亮着灯，他就朝着那儿走。一转过弯，一个黑影倏地窜出来，一把将他脖子勒住，他拼命挣扎，可脖子被死死勒住，眼泪都憋出来了。这时，听得耳边有人轻声说："将军莫要踢腾，是我，吕不韦。"说话间，手臂已经松了。公孙乾一看，吕不韦就站在黑暗中，刚才勒住他脖子的是魁梧的赵十八。他急忙一把拉过吕不韦："快，王孙朝东边去了。"

吕不韦说："恕我来迟了。赵军走了没有？"

公孙乾说："来回折腾了几趟，现在应该没人了吧。"

吕不韦轻声吩咐荆云和赵十八："将马蹄包住，往东边追。"

四个人用棉布包好马蹄，连车也不要了，翻身上马，趁着夜色，悄无声息地往东边追去。

沿途仔细留心，一直追到城门附近，却一点不见嬴异人和赵姬的影子。吕不韦看着公孙乾问："可还知道王孙有什么朋友？"

公孙乾摇摇头，茫然地看着四周。

这就怪了，难道被抓了？一种不祥的气氛回荡在空气中。

"往回走，慢慢找。"吕不韦对荆云和赵十八低声说一句。

二人当即下马，眼睛不住地朝着黑洞洞的小街巷查看。看到一个亮点，小心翼翼走过去时，却发现只是馆驿门外挂着的灯发出微弱的光。

"会不会在馆驿呢？"荆云忽然问。

公孙乾当即说："要不问一问，这也有可能。"

吕不韦马上否定："他不会这么呆。"说完这句，看看公孙乾的脸色已经变了，马上补充一句，"你别多心啊，我是说王孙没这个胆量。"

想想也是，官军正在追查，住馆驿等于自投罗网。

四人正在无所适从时，吕不韦忽然看到，在一处民居的院墙上，挂着一块罗帕，那是他送给赵姬的，所以一眼就认了出来，马上对众人说："快，看看这座房。"

这是一座普通的民房，门朝西，只有三间北屋。

荆云过去，轻轻地敲门，几个人都牢牢抓住佩剑，不敢有一丝疏忽。

听得门"吱"的一声响，探出个老妇人的脸，警惕地问："几位，找谁？"

赵十八正要一把推开门，吕不韦从背后摇动一下罗帕，说："婆婆，我们找这个人。"

老妇人随即关上门，大家都焦急地等待着。不一会儿，又听得门一声响，错开一个小缝隙，还未等各位看清楚，门内喊一声："快进来，莫叫马儿惊了。"

吕不韦一见院子窄小，就留下荆云和赵十八在门外值守，他和公孙乾走进了院子。

来到北屋，只见嬴异人站在屋子正中央，来回走动，满面愁容。

吕不韦一见，当即说："收拾东西，我们走。"

赵姬问一句："去哪儿？"

"先出去再说。此地不宜久留。"

几个人忙收拾停当，付了铜钱，谢过老妇人一家人，依次从院子里出来。

嬴异人和赵姬同乘一匹马，公孙乾和吕不韦同乘一匹，荆云和赵十八负责保卫，每人单独骑马，朝着邯郸城方向走去。

第五章 突出重围

西城门边有条小道,来时已经买通了一个门卒,可以绕过城门,他负责引路,顺顺利利就出了城,一群人朝着邯郸城方向走来。路上商定,先到吕家府中躲藏一两日,待所有事情都安置妥当了,再想法出城。走着走着,公孙乾在背后和吕不韦商量,觉得到吕府目标太大,毕竟吕不韦交际面广,万一走漏了风声,不等出城就会找下麻烦,不如去公孙乾的一个朋友家,也在南城门附近,地理位置比较偏僻,又是普通农户,是早年他手下的一个军卒,最近几年也一直来往,知道这个人的底细,非常可靠。这样一说,吕不韦觉得可行,遂改变主意,径直朝着南门公孙乾的朋友家走去。

住在这家后,荆云和赵十八四处转了转看看周围环境,这是个单独的院落,周围也都是普通民居,且房子四周都有道路,即使有事,可以随时顺利撤退,还算满意。安排妥当嬴异人和赵姬、公孙乾后,吕不韦三人就匆忙回到了吕家府上。此时已经是东方曙光微露。吕不韦索性回到书房,靠着歇息了半个时辰,洗一把脸,吃了早饭,就开始筹划一天的事情。

一夜奔忙,感觉后背有些酸疼,吕不韦就趁机打了一趟拳,微微出了点汗,感觉神清气爽。

他到西院来见父亲。

父亲还未起床,婢女要去喊醒,吕不韦不让。他默默坐在客厅里,一个人静静地待着。马上要进行惊天动地的行动了,吕不韦不忍心将父亲卷入其中。吕家的前途命运究竟何去何从,如今还是个谜。现在已经是箭在弦上,由不得自己了。

很久没有这么安静地独自坐着了,吕不韦感到身心前所未有的空灵。仿佛自己从前并不曾作过任何事情,就像一个懵懂的少年,一切事情都依赖父亲一样。回到童年时刻,竟然如此美妙。这一刻,他甚至想,就这么宁静地生活一生,也是惬意无比。

听得父亲在屋里咳嗽两声,婢女急忙进屋去伺候,吕不韦站起身来,轻声地说:"父亲,我有话说,你是等吃过饭说还是现在说。"

虽然下定决心要安然地在这里等着和父亲谈心,但毕竟这两天事情太多了,吕不韦知道老人起床后,往往还要锻炼一阵子才肯吃饭,有时吃饭就到了快中午时分,所以就提前这样说一声,提醒父亲"儿子在等"。

他的提醒奏效了,父亲悠悠地说:"稍等片刻,我们就在客厅说话吧。"

父亲已经须发皆白,身材消瘦,面庞清癯,虽然不是富态老者,却有仙风道骨的模样。

父亲径直走到北边的案子旁坐下，摆摆手，让吕不韦也坐下。

尽管只是父子两人，父亲也严格地遵守着礼仪。这种多年养成的习惯已经深入骨髓，吕不韦说过几次都未奏效，后来索性就随着他。刚开始吕不韦是十分不适应的，总觉得这样严肃的气氛有些拘谨，慢慢也就习惯了。

"是因为邯郸的战事吗？"父亲清了清嗓子，问。

"如今两国纠缠，不分胜负，所以……"吕不韦在想着如何开头。

"若是需要我家出钱，这时候不要吝啬。"父亲搓着两只手，渐渐掌心发热。这是他静态锻炼的一种方式。

"早已捐了军需。父亲放心，我今天来，是想着，您老出来也不短了，是不是回濮阳老家看看。"吕不韦稳稳地说。

"哦？一大早就为这事？"父亲停止搓手，问。

"是的，我想着，"吕不韦望一眼父亲，又耷拉下眼皮，"老家那边，前几天还来信说，小子们想大父了。"

"嗯，是出来太久了，"父亲轻微地点头，"也该回家看看了。对了，是今日动身吗？"

吕不韦本以为，父亲会仔细追问下去，为什么一早来催着他回老家，可父亲好像一切都看透了，也了解他的心思，有意装糊涂。霎时间，吕不韦感觉鼻腔酸辣，强忍住，没有让一滴泪落下。他暗暗恨自己，平日里一直觉得父亲老了，思想僵化，可关键时刻，父亲明明洞察秋毫，却假装糊涂，为自己留足了面子，可见，知子莫若父啊！

吕不韦又询问了父亲的身体和一切起居状况后，看看太阳已经升起老高了，想起还有很多事要办，就起身辞别父亲。

刚走到门口，听得父亲叮嘱一声："千万小心啊！"

五个字，此时却如惊雷一般，让吕不韦的泪水再也忍不住。五个字里，包含了太多的内容，包含了父亲无尽的关切和深深的无奈。五个字的分量此时重若千钧，让吕不韦百感交集，轻轻地回了一句："知道了！"头也不敢回，抬脚就疾步走出大厅。

或许，这一别，从此就是阴阳两隔，毕竟他插手的是秦国王事，随时性命攸关；这一别，或许就父子难以再见面，一个居住在卫国濮阳，一个从此就要长居秦国咸阳……亲人间含而不露地达成默契，往往就是长者开始放手，这是一种酸中带甜的亲情。好比鸟儿翅膀硬了，终究要被父母赶出巢穴一样，看似绝情却厚爱无边。

二、逃出邯郸

安置好父亲，彻底打消了最后的顾虑，吕不韦匆匆来到东院，叫来荆云，让他速速带六百金，去联系城门吏赵虽，让他多多散金，务必打通城门这道关口。

又喊来赵十八，说："走，和我去见毛公、薛公。"

赵十八问："骑马还是赶车？"

吕不韦说："骑马去。"

来到东城，薛公正弯腰在铺子里卖酒，见到吕不韦，顾不上擦汗，先打招呼："吕公到里面歇息，我片刻就来。"

吕不韦和赵十八走到里屋，环顾四周，这屋里全是酿酒的器具，几乎无处可坐，只好无奈地在屋里来回走动。屋子里回荡着一股酸酸的酒糟味，几口圆形大缸里，刚刚酿好的酒表面，浮着一层浅浅的绿色沫子，闻一下，呛鼻子。吕不韦走到院子里，墙角堆着高粱、麦子等粮食，三只鸡悠闲地走来走去，不断啄食着地上的麦粒。

薛公随后跟进来，他今日穿一身短衣，两只袖子都高高卷起，肩头搭着一条毛巾，额头上汗珠还未落尽，不时擦一擦汗珠。他笑吟吟地问："有事相谈我们就关了门，若是无事消遣，我可顾不上，今天事多。"

吕不韦双手抱拳："正事，请关门。"

眼瞅着薛公去外面给打酒的散户道歉，又关上门，返回来，说："瞧我这里乱的，连个站脚的地方都没有。"

吕不韦再次抱拳："还要请毛公，咱这就出发？"

薛公诧异地盯着吕不韦："何事如此紧急？"

吕不韦低声说："要麻烦二位，情况紧急，送嬴异人出城。"

薛公急促地问："无回旋余地了？"

"赵王已经派人在抓！"

这样一说，薛公严肃地点点头，说："走，毛公又赌去了。"

他连问问嬴异人在哪里都不问，也一点都不嫌受牵连，吕不韦心里一热：这朋友交的，值！

将马牵着，三人一同，走了七八条街，来到一处破旧的院子前，正准备往里面走，迎面碰到一个人，薛公忙问："信陵君，您怎么也在这里。"信陵君魏无忌哈哈一笑，指了指里面："毛公血战正酣，不可不看。"

薛公扭回头，对大家说："几位稍等，我拽这憨货出来。"

听他安排，大家就在院子外面等，不一会儿，见薛公在前面走，用手牵着毛公。毛公扭着头，只管看屋里，嘴里嘟囔着："多好的一局，叫你给搅了。薛公，你把酒坊赔给我都不够。"

见他如此贪赌，赵十八不以为然地撇撇嘴："滥赌之人，有什么稀奇！"

不想这话说得太响，吕不韦正要阻拦，毛公已经回过头来，叫道："哪个狂徒，来笑话老夫。"

赵十八见他出言不逊，正要申辩，吕不韦已经猛地拉一下他的胳膊，低声说："少说两句，莫惹毛公。"

毛公看起来就不是个吃素的人，偏偏不依不饶，走到赵十八面前。因为毛公个子低，他便仰起头，瞪着赵十八质问："耍一耍就是狂徒？你懂不懂其中的乐趣？世上的好多事，并不是你等能懂奥妙的。"

这样激将，赵十八憋得脸红脖子粗："叫你一说，赌博成了高贵的事，那为何官府还要管？"

吕不韦瞪一眼赵十八："咱们是来请毛公的，你如此无礼！"

魏无忌乐得看个热闹，说："这兄弟说得有理，我倒想听听毛公高见。"

毛公却嬉皮笑脸地说："你们想听，我偏懒得说。"

薛公哈哈笑着说："瞧瞧你们，惹咱的大师干啥。"说着话，看一眼吕不韦，递个眼色，示意魏无忌在，去哪里说事。

吕不韦方才等毛公的时间，已经拟定了一套好说辞，这时见薛公眼神询问，当即表态说："有要事相商，烦请公子参与。"朝着魏无忌深深鞠躬。

魏无忌忙还礼，说："但有驱使，魏某乐意。"

薛公一见，忙说："咱就去毛公家里吧。"

毛公听说要去他家，连连摇头："我那破家，可容不下几位贵人，走，说正事，还是去酒肆。"

说隐秘事，显然不能去公共场合，吕不韦正在为难，薛公说："那就去我酒坊吧。"

毛公还要挑剔，薛公已经一把拽住他："你要再说话，小心我堵住你的嘴。"

毛公自己拍一拍嘴唇，说："不叫我说话，要我何用？我还是去耍耍更快活。"

薛公一把拉住，骂他一句："莫要作死。"

毛公挠一挠腮帮子:"得,听你一骂,浑身舒坦。"

看着这个嘻嘻哈哈的人物被吕不韦当成宝贝,赵十八一脸的不屑,可他不敢再说什么,生怕吕不韦不高兴,就阴着脸站着等吕不韦发话。

吕不韦见毛公、薛公已经上了魏无忌的轺车,翻身上马,双腿一夹马肚子,一行人朝着来时的路慢腾腾地走。故意放慢速度,吕不韦是怕引起街上人的怀疑,当然,也怕突然从哪里窜出来官兵巡查。

因为这时候,不知道赵王寻找嬴异人的决心有多大。

再次回到薛公的酒坊,收拾出一大片干净的地方,各自坐下,赵十八到门外负责望风。

吕不韦先对着魏无忌说:"战国四大公子,魏公子美名天下扬,素来侠义,今日有一事,也不瞒你。如今赵王要杀秦国质子嬴异人,我请公子来主持正义。"

魏无忌一愣:"吕公子,秦赵两国的事,与我何干?"

"信陵君可还记得秦国悼太子?"

吕不韦此时已经抱定了一个信念,将魏无忌拉下水,是最好的选择。这样做,可以趁机为将来嬴异人立国树立威信,能聚些声望和人气。再就是,也打消薛公、毛公的顾虑。

魏无忌骤然一听吕不韦提起多年前的事,不禁疑惑地问:"这有什么蹊跷吗?"

"秦悼太子死在大梁,给魏国带来多少麻烦,想必君是知道的。可你也许不知道的是,悼太子并非魏国所杀。"

"那……"魏无忌一幅洗耳恭听的模样。

"这是赵国的一个阴谋,目的就是要栽赃魏国,挑起魏秦交战。后来证明,两国确实都各自受伤。"吕不韦拍着自己的脑门,不无遗憾地说,"可惜,魏国有苦难言,无法洗清自己的冤屈。"

魏无忌之前虽有怀疑,但这样言之凿凿说悼太子是赵国谋杀还是第一次听说,不免疑惑:"可有证据?"

吕不韦这才好整以暇地将当年赵国如何谋杀,赵十八如何雨夜逃亡,公孙龙如何指示武士等等事情,一股脑说出来。

毛公听罢,马上反应过来:"你说,是平原君为了扭转当时的局势,下的毒手?"

魏无忌此时,正和平原君关系微妙,在赵国过着非常尴尬的日子。

事情还要从魏无忌窃符救赵说起。

魏无忌窃符救赵解了邯郸之围后，赵王对他十分器重。魏无忌留赵国后，衣食无忧，又爱交友，就到处寻访贤德人士，当听说毛公和薛公两位大名后，就前来拜访。没想到，这两位一听是魏国贵族，竟然都不予理会。魏无忌为表诚心，放弃乘车，步行前来寻访。二人见他真心交友，这才同意见面，交谈之后成为好友。

平原君赵胜本是魏无忌的姐夫，听说他一个贵族却如此屈尊且"毫无大志"，整天和赌博鬼毛公、卖浆者薛公厮混，十分鄙视，有天就对魏无忌的姐姐发牢骚："我本以为舍弟是个德高之人，没想到整天和这些乡野粗人搅打在一起，看来是我高估他了。"他这样说过后，为避嫌就有意疏远魏无忌。魏无忌的姐姐自然不愿意看到自己的弟弟被冷落，就把平原君的"好意"转述。魏无忌听后，慨叹一声："我原本以为战国四公子之一的平原君是个惜才爱贤之人，所以才肯冒着得罪魏王的危险，不顾安危窃符救赵。毛公和薛公的威名，我在魏国都能听说，他在赵国竟然不以为然。可见，他只是个喜欢交往酒肉朋友、爱面子之徒。既然他觉得我交往毛公、薛公有损他的脸面，那我就不赖在这里了。"说完之后，扬言说，要离开赵国。

魏无忌是赵王的恩人、赵国的救星，且如今魏王还记着他的仇，魏国都没脸回去，如果因为此事气走他，平原君必定要背上骂名。兹事重大！

姐姐劝不住，只好急见平原君，把原话学给平原君。赵胜听后，大为震动，慌忙来见魏无忌，脱冠行礼，连连赔罪。

谁知道，这番趣事被平原君的门客听说后，他们感觉魏无忌才是真正爱才惜才的人，一半人纷纷投到他的门下。

平原君平日里生活极度奢华，又最爱面子。如今一半人都投靠魏无忌，自然抢了他的风头。而且，出于不得已给魏无忌道歉，也是怕赵王怪罪他，所以，经过此事后，赵胜和魏无忌表面上看依旧礼貌有加，其实已经貌合神离。

这时吕不韦说出平原君赵胜以往做过的杀悼太子嫁祸魏国的事，自然就更加对赵胜有了看法。可这毕竟是一家之言，且又无对证，但魏无忌不想一再吃哑巴亏，无论是出于国家利益还是私人利益，都觉得需要做出点什么来。

帮嬴异人逃出赵国，就是一个机会！

魏无忌当即问："嬴异人现在哪里？"

吕不韦见他语气坚定，料定他已经同意帮忙，可如果实话实说，万一暴露，也是生死攸关，于是就含糊地说："已经被朋友保护起来，暂时安全。"

这样说，既没有透露具体地址，同时又说明了现在的实情。

魏无忌并不计较，说："要我公开出头露面，自然不太方便。"

"这理解。"毛公说，"你一出面，不是替魏国就是替赵国背锅。"

"但我可以去说服赵王，给你们争取时间。"魏无忌说。

薛公自告奋勇："我可以带一路人，扮做出行人，迷惑官军。"

毛公指着他说："就你这细胳膊细腿儿，又满身浆水和酒味儿，不到跟前就让人识破了，还是我带人走一路合适。"

吕不韦见二人都抢着冒风险，甚为感动，一抱拳道："还是毛公带一路合适，你走北路，从北门出。"

毛公别看平日里嘻嘻哈哈，其实最是侠义，当即说："我先上路，好吸引赵军追兵。"

接着，吕不韦又具体分了人马，让赵十八跟着毛公和三十个商铺武士，今夜就出城。先由他们闹出动静来，让赵军误以为是嬴异人从燕国境内归秦，这样即便官军追上，也是白费力气。吕不韦和荆云从南门出城，一路沿着到秦国新占领的安阳城，由秦国军队接应，这样更保险一些。

毛公把眼睛一瞪，当即指着赵十八问："和我一起，你可乐意？"

赵十八脖子一挺："听从吕公安排，不和你顶嘴。"

"早这样多好，省得我磨嘴皮子。我可告诉你，我带队，按军队法律执行，如有违反，一律不轻饶。"

赵十八更硬："我从来就最不怕'言出必行'的军法，只要定下规矩，赴汤蹈火万死不辞。"

这样一表态，大家都感觉非常满意，就各自散开准备去了。

是夜，毛公凭借熟悉地形的优势，带着三十个武士和赵十八就出发了，他们扮作一个商队，毛公是领头的商人。趁着天黑，三五个骑马的，其余都赶着车拉着一车车的瓷器，往北城门走去。

单说这边吕不韦和荆云，天黑时在吕府碰面，荆云说，赵虽已经上上下下都打点好了，确保万无一失。

听刁斗声过了一更，吕不韦和荆云、薛公以及五十名商铺的武士，也将瓷器装上三辆车，朝着南城走来。

一路行走，还算顺利，除了遇到一两个巡夜的官差外，并未遇到深究的赵军官兵。来到嬴异人借住的人家，荆云先上去敲门。

"笃笃。"两声清脆而低沉的敲门声，在夜里听起来还是格外刺耳。

不多一会儿，听得院内有人轻声问："谁？"

荆云按照约定的暗号，"喵喵"叫了两声。院内的公孙乾咳嗽一声，说："人都到了？"

荆云说："都到齐了，速速出发。"

刚打开门，正要说话，听得远处传来急促的马蹄声，一伙人瞧见，从北边骑马过来一个人，几乎是站在马上。大家一看，慌忙躲进院内，警惕地盯着这个来人。

来人到了院子前，翻身下马，刚要搭话，荆云已经看出来，急促地问："怎么是你？"

"毛公已经出城，听守门的老吏说，南门值守换了人，叫我来通知你们。"

吕不韦一见是赵十八，心知情况有变，听他说完，扭头看看荆云。

荆云说："赵虽已经到了城门，谅不该有什么变动。"

情况紧急，若是换了城门守军，赵虽很可能顾不上临时通知他们。这就要做最坏的打算。同时，吕不韦也感觉，有可能毛公嫌赵十八路上不好管，故意派他来报信。

不论信息真假，箭在弦上不得不发，大家将嬴异人和赵姬、赵政接出来，坐到两辆车上，防止被对方拦住一辆车一锅端。

一行人赶着车，逶迤向南城门慢慢移动。

商家的车，毕竟不同于轺车，走起路来，吱吱呀呀，吓得一行人十分担心。走着走着，到了距离城门两条街时，赵十八和薛公在后面窃窃私语，大家都没有看到。

再往前走一条街就是南城门了，赵十八忽然拦住整个车队，来到吕不韦面前，说："我们分作两队走，安全。"

"怎么分？"突然提出这样的要求，吕不韦也感到吃惊。

赵十八说："将赵姬和小殿下留下，往城里走。路上，女人和孩子不方便跑快路。"

赵十八说这话，不知是有意还是无意，声音很大，赵姬和嬴异人都听到了。

嬴异人当即说："十八，你这是何意，眼看就出城了，你出这主意！"声音里带着愤怒。

赵姬望着黑暗中的一群人，她谁也不盯，扭头无声地看着吕不韦。尽管看不到吕不韦脸上的表情，也可以知道他此刻一定很严肃。

吕不韦此时已经明白了毛公派赵十八来的真正的目的，心里佩服毛公关键时刻的决断。的确如此，如果不带赵姬和孩子，一行人一出城就可以翻身上马，快速逃走。但又是最为难的事情，不说嬴异人如何想，就是吕不韦自己也确实难以下决心留下赵姬。

赵十八听嬴异人气恼，回话道："莫非王孙会为了一时儿女私情，不顾大事？"

所有话赵姬听得仔细，见赵十八逼迫很急，生怕吕不韦丢下她们娘俩不管，嗓子带着哭声说："殿下，你好好保重，我们无关紧要。"

她说话其实是让吕不韦听。可嬴异人听到后，却反应强烈："不行，我决不能丢下夫人和孩子，要不然我也不走了。"

薛公见吕不韦不声不响，为解他的难题，说："我带夫人和小殿下留下，以命相保，绝不出差池。"

吕不韦见事已至此，当机立断："好，就依你！"手一摆动，武士们自动腾出一匹马来，赵十八就要去扶赵姬上马，赵姬一把推开他，"呸"一口唾沫吐到他脸上："卑鄙小人。"

嬴异人已经从车上跳下来，几步窜到赵姬面前，拉住她的手："夫人莫听他们，我们不分开。"

赵姬心酸夹杂着气愤，怨吕不韦如此薄情，恨嬴异人软弱无力，恼赵十八多嘴多舌，多种感情夹杂在一起，她又是个有主见、能断事的性格，知道此时不是纠缠儿女情长的时候，只好硬生生将嬴异人攥住她手腕的手掰开，悲观地说："如果有缘，我们或许能在秦国再见面。若是缘尽，就当我们娘俩只是过客罢了。"

嬴异人哭哭啼啼地说："吕公子，你倒是说句话啊，我们这么多武士，就保护不了女人和孩子吗？你说句话啊！"

吕不韦非但没有听他的哀求，反而低沉地骂道："你这么大声，是想招来官军，求速死吗！"

他的一声呵斥，并没有惊醒嬴异人。异人看着赵姬踩着赵十八的脊梁上马，伸出手朝那边招呼，无奈被两个武士死死抱住脱不开身，只好呜咽地说："夫人，我一安顿好，就来接你和孩子。"

赵姬已经调转马头，慢慢朝北走去。赵十八和薛公紧紧跟随，少顷就消失在黑暗中……

"我们赶快出城，你先去前面探探路。"吕不韦对荆云说。

荆云急忙快步朝着南城门走去，其余人等都躲在这条街黑暗的地方。约莫等了一刻钟，见荆云回来了，说："见过赵虽了，他说已经打点好，可以出城。"

"城门有多少人守着？"吕不韦问。

"只说还是平常那些人，有十多个。"

"好，我们一齐出城。"吕不韦对着商社武士做出交代，"人人都要做好准备，听我号令，不得已就动手。"

荆云补充一句："不必迟疑，若是动手，见人就砍。"

一行人，三辆车，四五十人，朝着城门而来。

到了城门口，见值守的只有两个人，提着灯笼，十分安静。慢慢朝着门口走，一人喊道："干什么的？"

荆云忙迎上去，答："有人病了，赶着出城。"

"咋这么多人？"说话间，从值守的门房里走出来一个关吏。

提着灯的正是赵虽，他急忙走过去对关吏说："可能是急病吧。"

荆云急忙将拉着嬴异人的车朝前赶了赶。嬴异人此时身上搭条被子，盖得严严实实，看不清楚什么模样。

那关吏本收过钱，可他平日里和赵虽不友好，因此有意为难一下赵虽的朋友，就说："宵禁，莫非你们不懂？再急的病，也要等到天亮。"

这么一搭话，一来二去，这帮等着的武士们就有些躁动。关吏却毫不松口说："我来看看，是什么病人。"

他本意是为难赵虽的朋友一会儿再放行，所以就亲自来掀嬴异人的被子。

荆云捂着鼻子说："动不得，是大痔①。莫要传染了您老人家。"

关吏一听，顿时停住手，来回比画两下，含含糊糊地说："虽说是急病，还是等一等吧。"

赵虽在边上听着，已经气得七窍生烟——你这家伙，吃肉不吐骨头。收了钱还不肯放行！

双方正在纠缠，忽然听得远处传来"嘚嘚"的马蹄声，有人高喊："别叫逃了秦国王孙！"

吕不韦听见叫喊声，知道这定是追捕嬴异人的赵军来了，急忙大叫："快开门，再晚就走不了了。"

---

① 大痔：痈也。见《春秋羊公传》："二十年，春，王二月，夫人姜氏如莒。夏，齐大灾。大灾者何？大痔也。大痔者何？痈也。"

第五章　突出重围

他这样一说，只见赵虽猛地把手里提着的油灯朝关吏脸上一摔，热油滚烫，连着火星，关吏的脸一下被烫，疼得跳起来，身上也着了火，吱哇乱叫。赵虽从腰间抽出刀，狠狠地插入关吏腰部，那关吏来不及嚎叫，便倒了下去。

赵虽对身边傻了眼的另一位守门人说："快去开门！"

那人急忙和赵虽一同去开门，荆云等人也一股脑全涌到门前，抽出硕大的顶门闩，听得沉重的木门一声响，错开了一条能容三五人出入的缝隙。

吕不韦吩咐："所有武士，扭转头列阵。车辆先出城。"

三辆车拉着嬴异人急忙穿过城门缝隙，眼看就要出城，听得"呼呼"两声响，两支硕大的长戈投了过来，一支扎在城门上，一支掉落在嬴异人的车上，听得他"啊呀"一声喊，荆云过去一看，刺在异人的大腿上。

来不及多想，荆云朝异人坐着的这辆车的马屁股上刺了一剑，马儿受疼，飞速朝前跑去。

两辆车已经出了城，追捕的赵军已经来到武士们面前，抢刀便砍，双方混战在一起。

荆云大声呼叫："公子快走，我来断后。"

吕不韦也不推辞，打马一鞭，马儿朝着城门就冲过来。

不想赵军人多，已经有七八个人占据了城门处，拦住吕不韦。

走到城门边，荆云一见刚抬起的大门闩竖着靠墙而立，呐喊一声，将门闩蹬倒，正砸在一个赵军头上，此人来不得躲闪，沉重的门闩正砸在头上，扑通倒地而亡。那七八个赵军一见，急忙闪躲开。足有一百多斤的方门闩就这样横在两扇城门中间，正好卡住城门，再也无法大开。荆云飞身而来，又刺死一名赵军，尸体恰好挂在门闩上。此时，门闩南边有三个赵军，北边也有两人。吕不韦骑马显然跨不过大门闩，只好下马，和荆云与这五个赵军血战在一起。

"休要纠缠，快出城追秦国王孙！"赵军为首的百夫长大喊，一群人朝着城门拥挤过来。吕家商社的武士们，个个以必死的勇气血战，但还是让六七个赵军越过门闩朝城外追去。

赵军毕竟人多，足有一百多人，此时都拥挤在城门洞内，团团围住吕不韦等人。

偏偏这时，听得"咔嚓咔嚓"几声惊雷，骤然间就下起了瓢泼大雨。

吕不韦等人尽管死战不肯服输，但渐渐就处于劣势。

百夫长扯着嗓子喊："抓住一人，赏金百两。"赵军听闻，拼命血战。

吕不韦肩膀连连挨了两刀，握剑的手哆嗦不止。荆云也高声喊："誓死保护公子！"吕家武士们呼啦聚拢过来，将吕不韦团团围在中间。

这时，听得一人大喊："我来也！"

北边城门洞里围住吕不韦等人的赵军还没明白怎么回事，只觉得黑乎乎油腻的脏污泼在身上，那人大呼一声："吕公快逃！"猛地将一支火把扔到赵军身上。呼呼的火苗一下从赵军身上窜起，被火点燃的赵军疼得哭爹喊娘，四处乱窜。身上没有着火的赵军赶忙四处躲避，吕不韦等人因为被围在中间，此时就瞅准机会，先后越过城门。听得背后有人喊："砍死赵虽，这个赵国叛贼！"顾不上扭头，听得赵虽扯着嗓子喊一声："公子，赵虽去了！"

天空划过一道闪电，雨水更猛烈了。

那些被火烧的赵军早已跑进雨中，烧灼的皮肤被冷雨一浇，皮肉发出滋滋的响声。

为首的百夫长抽出几支箭，趁乱射来，荆云和两个武士被射中后背，却只顾死命往前奔。

赵军追来，已经是城外的开阔地带，吕不韦忽然对身边的武士们说："抢马！"

武士们在这次逃跑前，已经喝过断头酒，吕不韦将他们的家人都已安置妥当，他们本身就都准备着以死相拼，这时见赵军围拢过来，反而不慌了，齐声喊道："保护公子，血战到底！"杀红了眼的武士们一下将局势扭转过来，他们不再是见招拆招，而是抱着同归于尽的想法，不躲不闪，直接就朝赵军猛杀过来。

这二十多个武士，骤然间胜过赵军四五十人。这样一来，赵军不得不自保。血水混合着泥水，在地面上流淌。雨越下越大，视线逐渐模糊，赵军见一时无法取胜，便开始保守战法，只围不打，远远地组成一个包围圈，将吕不韦等人围在圈中，不得脱身。

眼见就要被困死在原地。吕不韦等人只好心焦又无奈的疲于应付。眼看就支撑不下去了，倏地，从南边跑来两辆车，朝着人群直冲过来。赵军一看，刚要躲闪，已经有几人被卷入车下，一辆车顿时倾覆在地上，马屁股上扎着明晃晃的一把剑，马儿垂死挣扎，将几个压在车下的赵军砸的嗷嗷直叫。

荆云背上还带着箭，已经同六七个武士，死命保护吕不韦上了一匹马，荆云猛地朝马蹬了一脚，马撒开蹄子朝南边跑去。

追捕的赵军见大势已去，纷纷停手，吕家商铺的武士们又逃出来十多个，和荆云一起，撒开脚丫子，向着雨中四处奔跑。人一分散，更加不好追击，赵军只好暂时作罢。

吕不韦骑着马，只管向前冲，跑着跑着，忽然陷入一个泥坑里，马儿脚下一滑，将吕不韦扔到地上。

吕不韦爬起身来，有两个武士也跑到身边，三个人起身，朝着东边一片树林跑去。

一入树林，回头看看，并没有赵国追兵，三个人就开始扭转方向，朝着南边继续奔跑。

吕不韦对两个人说："眼睛睁大点，快快去找王孙。"

一人说："我去前面找，你保护公子。"

吕不韦说："我不是泥捏的，你们只管去找王孙。找不到王孙，我们活着也没有用！"

半个时辰过去，三个人摸黑在雨中行走，始终找不到嬴异人的影子，开始变得情绪焦躁。

吕不韦说："我们往回走，我不信他们能跑这么快！"

"公子，咱不能自投罗网啊。"

"是啊，往回走，万一再遇到赵军，哪还有活命。"

两个人死死拽住吕不韦，不让他往回走。

三人揪拽了一会儿，见远处有个人家，眼前一亮，朝着这户人家走来。

这是路边的一个酒肆，此时屋内黑乎乎的。吕不韦使劲儿敲门，半天才听得里面喊："谁呀？"

吕不韦大叫："借宿！"

"这深更半夜的，我们不敢接生人。"听得一个男人喊。

"快快开门，再不开门就砸了啊！"一个武士喊道。

门一下打开，见是老年夫妇二人，瑟瑟发抖地站在雨中，惊恐地盯着吕不韦三人。

三人顾不上说话，快步来到屋内，只见屋内地面上尽是水渍，吕不韦问："刚才可是收留了什么人？"

老头吓得不敢说话，倒是老妇人接话道："是有三个人，在这里歇息了片刻，又冒雨出去了。"

"走了有多一会儿？"

"也就一盏酒的工夫。"

吕不韦说："快去拿点酒来，我们吃喝了就走。"

老汉迟疑着不动弹，吕不韦说："有钱给你，老人家莫怕。"说着摸出半个金饼递过去。

老妇人早已从里屋端出一坛子酒来，说："只有这些了，公子吃便吃了，给不给钱都行。"

吕不韦见老妇人慈眉善目，十分投缘，便多问了一句："方才那些人吃酒没有？"

老汉听完，"哇"地哭出声："他们才没有你们好心，好好两坛酒，被吃得干净。"

吕不韦估摸着是嬴异人等人，就替他们道歉："他们也不是恶人，实在是半夜逃命，来不及拿钱，你们好心做了善事，来日定会有善报。我替他们给酒钱。"

老妇人早已夺过老汉手里的金饼，说："这深更半夜的，遇到公子大善人，也是我们老两口的福气。瞧着你们这一身血污，定是遭遇了歹人，来，换换衣服。别嫌弃老汉汗腥味儿重。"

说话间，又到里屋拿出三件干燥的衣服来，递给吕不韦，嘴里一个劲儿道歉："可惜没有多余的蓑衣，只怕你们还要受雨淋。"

吕不韦三人喝了酒，又待了片刻，见雨一时停不了，又担心赵军追来，魂不守舍地站在门口，结果却等来荆云和四个武士。

荆云见到吕不韦劫后余生，眼含热泪地说："让公子受此劫难，都怪我虑事不周。"

吕不韦递过酒盏，宽慰道："哪能怨你，那赵虽能够以命相抵，足见他说的是实情。来日事情有转机，一定要照顾他的老母亲。"

荆云说："自从换了院子后，他母亲的病也好了很多，可惜，老人家没了儿子。"

吕不韦扭头看看老妇人，一时感同身受："老人家，再给你五个金饼，天气晴朗之后，你找到东城，将两个给了我们朋友的老娘。拜托你了。"

于是，荆云将赵虽家的地址告诉了老妇人，八个人这才出了酒肆，一致商量，四个人一组，一组偏东一组偏西，向南寻找嬴异人的下落。天亮后，无论找没找到，在前面十多里的地方汇合。

且说嬴异人和公孙乾逃出城门后，就走散了，分作了两队。

公孙乾来过吕不韦借宿的酒肆，抢了酒吃过后，害怕被赵军抓住，就继续朝南一路狂奔。他和一个武士两个人跑到距离酒肆十多里的一个村庄里，敲开一家门偷偷躲藏了起来。

嬴异人出了城后，一个武士驾车，朝着东边奔去。

他们并没有淋雨，而是躲到了一个山洞里藏了起来。看着雨越下越大，天空一片黢黑，嬴异人不禁担心起吕不韦等人的行踪来。

"若是吕公子等人被困住，我们怎么办？"

武士胸有成竹地说："公子一定能逃出来的。"

躲了一天，还不见吕不韦等人的影子，嬴异人坐卧不安，武士见状，说："要不我出去寻一下吧。"

虽然并不乐意他去，但现在毫无办法，嬴异人只好无奈地说："你要速去速回，一找到吕不韦就来报信。"

武士别了嬴异人，朝着南边一路走来。

他走的道路，尽是小路，生怕被赵军发现。他浑身也多处受伤，身上的衣服带着血迹，自然处处小心。

走到距离吕不韦他们落脚的地方还有三五里的地方，武士停住了脚步。因为看到了赵军正沿途查问，只好躲在树林里。

晚上来临，武士才慢慢从树林里走出来，他心里直犯嘀咕：吕公子会不会在前面等，若是他们发现找不到嬴异人会不会返回邯郸城内？

幸好运气使然，他在走了一段路后，终于还是碰到了四处寻找的吕不韦等人。大家一碰头，当即决定，返回去山洞去接嬴异人。

这下有了奔头，一行人走得很急，临近天亮的时候，来到了山洞内，却只看见一辆车，马儿也早跑了。大家沿着山洞旮里旮儿细细搜寻了个遍，还是没有找见嬴异人的人影。这下，吕不韦可慌了："不会被赵军又抓回去了吧？"

荆云宽慰道："东主莫慌，定是王孙藏起来了。"

吕不韦宁愿相信嬴异人是藏起来了。可左左右右将山洞里外都寻搜个遍，始终找不到他的身影，这下再说是藏起来了，谁也不信。

吕不韦就吩咐："你们两个，再回去城内打探，若是有消息，还到来时的酒肆碰头。"

他已经做好了最坏的打算，万一嬴异人被抓回去，只好动用平原君和信陵君魏无忌以及建信君了。

吕不韦心里默默祈祷：但愿赵王不会直接下杀手，处决了嬴异人。

夜色渐渐退去，东方浮出鱼肚白。

众人围着山头不知所措，继续往南走，不见到嬴异人，等于白走。回邯郸城内，无异于自投罗网。

正在大家一筹莫展之时，荆云朝着山头的方向一指："公子快看，那是不是个人影？"

吕不韦和众人望过去，见山头有一人正在呆呆地站着。这时候，他们宁愿相信就是嬴异人，也不肯放过任何机会。大家照着山头攀登，气喘吁吁之时，听得远处那人喊道："可是吕公子？"

吕不韦扯着嗓子喊："公子，是我，是我！"

山头的人果然是嬴异人，他听到呼喊，急忙窜着往山下跑。由于跑的匆忙，一不小心，竟然听得扯着嗓子"啊啊"连声，跌入了谷底。

吕不韦等人急忙转而往山谷里跑。

山路崎岖，各种藤萝不住挡住去路，只好用剑割断，不一会儿工夫，几个人就都大汗淋漓。

好不容易来到山谷，却发现空无一人。这下都傻眼了。你望着我，我望着你，面面相觑。

吕不韦果断下达命令："一队往山头上搜，一队沿着山谷搜。不找到王孙，誓不罢休。"

山谷里，不时窜出野猪、野兔等动物，惊得大家时刻不敢放松警惕。风顺着山谷呼呼直刮，摇晃的树枝不时遮挡目光，增加了搜寻的难度。众人又不敢扯开嗓子喊，怕惊动了赵军。

三、又遭凶险

北路上的毛公，此时也正在一路奔逃。

按说他们并没有带着嬴异人，出了城，慢悠悠地走，拖住赵军即可。可毛公不这么想，他有他的计划。他委派赵十八来接赵姬和嬴政，虽然一时不从这里走，他要趁着这次机会探出一条路来，以便将来嬴异人逃跑后可以悄悄从此运送赵姬出城。

追赶的赵军并不知道这一队里有没有嬴异人，因此也是玩命地追赶。

三十个武士和毛公，只赶了一辆车，这样便于快速行进。这辆车上，带着随行人员的花销。吕不韦已经充分考虑到这一条，因为毛公爱赌，自然是见过无数金银的人，如果在路上被钱困住，无疑白白增加逃跑的难度。

毛公一路奔走，吕不韦自然给他也准备了足够的攻关金银。

他们刚出城不久，赵军就追了上来。不过这队追击的赵军很是"配合"，总是在后面三五百米的地方跟着，并不夺命追击。

毛公一队人先朝着东北方向走，意图进入古中山国境内，在大陆泽附近，如果追兵急，就从此进入燕国境内，至少可以避免赵军追逐太急。

大陆泽这片辽阔的水域，是由河水、漳水、虖池、滏水冲积不平衡造成的一片洼地，全长100多里，故有"浩渺大陆泽""汪洋浩荡，望之居然一湖"之称，是战国时期著名的九处大型湖泊之一。

毛公等人来到此处，便沿着水域绕圈子，连日暴雨，水面飞涨，望之波光潋滟，翻滚起伏，若不是后有追兵，毛公真要在此歌咏几日。

绕着大陆泽转悠一日后，整队人马转向西南，一路赶，来到太行山脉，走进山路里，连日阴雨不断，追击的赵军感到疲惫，逐渐拉开了距离。朝着榆次方向走，进入古晋国之地，漳水拦住去路。他们就沿着河边行走，寻找有浮桥的地方。这天来到一个村庄，这里漳河水量很小，他们沿着浅滩涉水，如果再走几日，眼看就要进入秦国北地郡境内。可后面跟着的赵军仿佛了解他们这队并没有嬴异人一样，一直不紧不慢地追着。

其实，并不是这队赵军知道详情，而是魏无忌起了作用。

那日吕不韦将秦国悼太子被赵国所杀的事情告诉魏无忌后，魏无忌就去赵王宫内劝说赵王。他和赵王摆明了三条道理：第一，杀嬴异人对秦国并无威慑力，反而激起他们的斗志。第二，秦国攻打赵国，本来师出无名，如果赵王杀了秦国质子，就打破了各国互相押质子的平衡，势必会给其他国家树立先例，别的国家也会反对赵国，同时又给了秦国进攻赵国的口实，于己无益反有害。第三，现在秦王年岁已高，太子嬴柱也岁数不小了，如果将来嬴异人得以归国争取新秦王之位，一旦得逞，自然对赵王不杀之恩感激，会对赵国网开一面。与其让秦国立其他王子为王，还不如立在赵国待过的嬴异人，既送了人情又有利于赵国。

魏无忌说这番话的时候，南北城门守军并未收到赵王命令，因此都还是执行"速杀异人"的王命。南城门守军和追兵死死追击，执行命令较为彻底。北城门追击的赵军，当然也不敢违抗王命，只不过，他们是"自愿中计"。

毛公出城时，不但买通了守城的赵军，还留下大量金子，让守城关吏留给追击的将士，这些人本和嬴异人无仇无怨，又兼有毛公面子做基础，同时还收到了金子，所以一队追军就总是"追不上"。

吕不韦等人在山谷里搜寻半天，始终见不到异人的影子，不免有些着急。

忽然听得山腰处有人喊："王孙在这里，各位莫慌。"

吕不韦本想提醒山腰处的人小心一点，可辨别这声音，十分熟悉，却一时想不起来是谁。

带着疑惑，一干人急忙朝着山腰处走。

来到眼前，吕不韦一看，顿时眼睛一亮："怎么是你？"

正是李斯。

李斯胸有成竹地说："那天一见你把吕公送回老家，我基本就知道怎么回事了。"

吕不韦略有歉疚地说："只是不想连累更多人。"

李斯说："在你们出城之前，我就出了城。大丈夫做事，有预则立。"

吕不韦忽然看着眼前的这个年轻人，感觉他深不可测。每次和他交谈，总能感觉到一种智慧的光芒。李斯无疑是个聪明人，可又不至于让你讨厌。虽然目的非常明确，但考虑问题十分周到，不会让你感觉到压力。

嬴异人此时浑身已经没有一点完整的衣服了，整件衣服被树枝挂得破破烂烂，他说："我们还是赶紧想办法走吧，在这个地方太危险了。"

吕不韦这才回过神来，招呼大家都聚拢到一起，商量怎么走安阳的这段路。

他们此时并不明白，赵王已经下令，不追杀嬴异人了。

最叫吕不韦想不到的是，李斯竟然收拢了三十武士。

一路奔逃，车辆也都跑丢了，车上的金钱自然也找不到了，吕不韦此时第一次感到手中空虚的感觉。

李斯的加入，正好弥补了这个空白。

秦军此时仍旧在围攻邯郸城，吕不韦等人小心翼翼地走到邺城的时候，这天中午，远远就看到从南边过来一队人马。吕不韦指挥大家都躲到一堵残存的路边的矮墙后面，惊恐地盯着荡起扬尘的这队人马。

来人均身穿甲胄，全副武装，战马也精神抖擞。吕不韦本以为已经骗过了这帮队伍，带着大家刚刚站到大路上，不想走过去的这个队伍忽然转头回来了，呼啦啦将一群人围在中间。

李斯忙指挥三十武士围成圈，将吕不韦和嬴异人等人保护在中央。

军队来到面前，却不急躁，高声喊："你们谁是领头的？"

看情形，军队根本就没有把这些人当作一回事。

吕不韦边走边说:"鄙人吕不韦,带着商队出行,冲撞了军爷,还请原谅。"

"你们可是从邯郸城内逃出来的?"为首的百夫长问。

"嗯。"

"城内如今还有多少军队?"

吕不韦听着话音似乎不对,疑惑地问:"敢问,你们可是秦国军队?"

百夫长脖子一耿:"除了我大秦,哪里还能找到如此纪律严明的军队?"

吕不韦长吁一口气:"敢问将军,此处距离大营还有多远?"

"你是何人,竟敢随便打探军情。"

吕不韦不卑不亢地行礼:"秦国王孙异人在此,请将军速速带我们去见主帅。"

这样一说,百夫长讶异地盯着他们看了一会儿,说:"莫惊慌,随我来,若是有假,小心脑袋。"

吕不韦心中有数,自然胆气十足:"请前边带路,准备一匹上乘好马给王孙骑。"

虽然并不知道对方的底细,毕竟秦国王孙的地位远远超过他这个职位,百夫长下令,让军士们让出一匹马来,给嬴异人骑乘。

一行人这才逶迤朝着南边而来。

沿途看到,连绵不绝的军帐搭在路两边,心中暗暗感叹:这秦军果然实力不俗,瞧着情形,赵国接下来的日子会更艰难。

秦军大帐内,一张大行军案子上,摆着两三鼎熟牛羊肉。将军王龁端坐在案子后,一张饱经沧桑的脸上,挂着稠密的络腮胡子。两只眼睛放射出震慑人的精光。

"哦?哪个是王孙?"在没有弄清楚来人身份真假之前,他要摆一摆秦军将领的威风。

嬴异人见到了秦国人,却被如此冷遇,不免失落,当即往前一站:"某便是当今天子之子嬴异人!"话语说的响亮,带着一股埋怨气。

王龁并没有起身,偏又冷冷地问:"可有信物?"

嬴异人伸手往怀里一摸,就摸到了父亲嬴柱给的那个玉符,但忽然心中一凛:此物应该保密,不宜外露。提前泄密,对自己不利,便将佩戴的玉环解下来,递给王龁。

王龁一看,正是王室信物,当即起身,恭敬地说:"既是王孙殿下,快请上座，我这就派人护送王孙回国！"

嬴异人这时扭转身，介绍道："这是吕不韦公子，一路护送我过来的。"

王龁和吕不韦互相行礼，询问了吕不韦如何帮助异人、如何逃出邯郸城等等细节，感慨他为秦国做出的贡献，赞叹他磊落的为人，同时也表示了秦国一定要战胜赵国的决心。

见他如此信念坚定，吕不韦想到这一次远赴秦国，可能从此就要立足秦国，心里忽然生出些惆怅和悲怆来。毕竟在卫国和赵国时间长了，骤然离开熟悉的风土人情到一个陌生的国度去生活，总有些难以割舍的感情。

这一次再上路，真正成了大队伍，李斯带来的三十武士和王龁派遣的三十军卒，浩浩荡荡朝着西边行进。

路上，经过魏国、韩国地界时，因为都是边缘地带，两国守军并未为难，轻轻松松就进入了秦国河西之地。

天空中，一排豆雁划过天空，一扇一扇的翅膀，带回了北归的喜悦。领头的发出一声鸣叫，众雁回应阵阵。山头上，绿树葱茏，墨绿色的莽莽山岭显示出勃勃生机。

看着肥沃而广阔的河西之地，嬴异人忍不住泪花滚落，他对吕不韦说："此番能够回到母国，多亏先生一路资助，公的恩德，异人牢记在心。"

吕不韦也感叹一路走来的不容易，对他说："经历过生死劫难后，你我永不相负就不再是空空的口号了。"

异人连连颔首，以示赞同。

说说话话，不知不觉就走了两天。护送的军卒头领说："已经进入秦国境内，料无大碍，我等受上将军之命，还要回去杀敌，只能护送到此了。"

嬴异人听罢，爽快地答应他们的请求，放三十个精壮武卒回营。

此时，嬴异人二十五岁，正是青春激扬的岁月，可他却已经饱经沧桑，脸上带着疲惫和茫然的深情，望着这片熟悉的土地，却有一种陌生而警惕的隐隐担忧。回到国家是已经成功了一半，可他知道，接下来的路，依旧艰难而波折。经历过磨难的人，想事情总是先朝着悲观的方向，对未来的憧憬，总是显得小心翼翼。

吕不韦就不同了，他如今已经三十四岁，正是如日中天的壮年。经商的成功曾经带给他无上的荣耀，以大商人这个身份，与豪门贵族们进行过多次交往，深深体验到了权势能够扭转一切的力量。所以，他醉心于帮助异人，又进入秦国多方运筹，终于等到了异人回国这一天，算是苦尽甘来。

此刻，站在秦国的土地上，心里非常踏实。

一步步走来，看着自己布的局次第展开，吕不韦颇为欣慰。对于接下来如何帮助异人走向秦国王位，他信心满满，踌躇满志。

他看着异人浑浑噩噩的神态，一个劲儿摇头。这个秦国王孙，当人质当了七八年，确实已经磨掉了他身上很多骄傲的棱角。如果不是这两年自己资助他，让他能够在赵国贵族和天下士子间走动，恐怕他就真的沉沦下去，一蹶不振，这辈子都难以翻身了。这也不能全怪他，一个在贫困中沉寂太久的人，慢慢都会失去斗志的。以前的凌云之志，随着一天天被折磨，总会一点点减弱的。

异人是仅仅看到了自己受的罪，却没有意识到自己的优势。

作为人质，代表的是一个国家。也就是说，其他在秦国的王孙们，如果没有显赫的战功，是很难和异人这个做过人质的经历相提并论的。一旦异人回国，当人质就成为一种显赫的军功。这是谁也无法抹灭的。

如果能够利用这份难得的经历，再加上华阳夫人权势的介入，一定能扭转乾坤，登上王位的。也只有异人登上王位，吕不韦的一番努力才不会白费，才能实现胸中的抱负。

再大的理想，也要步步为营。吕不韦这两年深度思考过秦国迅速强大的原因。成因有很多，但获得眼前的这片开阔的河西之地，对秦国来说，举足轻重。

秦国居于关中，四大关极为重要。分别是东面的函谷关、南面的武关、西面的大散关和北面的萧关。而这四大关内，函谷关最重要。这是几代秦王都综合分析透彻的：西面的大散关和北面的萧关，因为面对的敌人不够强大，所以战略意义相对较小；南面的武关，主要防的是楚国。而自以为很庞大的楚国，其战略重点却在中原，所以对秦国并不构成威胁，因此这个关的战略意义也一般。

而函谷关仿佛是秦国放置在东边的一头雄狮，这头狮子每天最大的任务就是紧紧盯着东方的中原诸国。函谷关和崤函通道以北有大河做天然屏障，以南有秦岭阻挡，而大河这道天然屏障的西面，就是这片河西之地。所以，对秦国来说，有河西，关中稳。无河西，关中危。

关中是秦国的"形"，河西就是"势"。关中稳秦国稳，是看得到的"形"，河西高原俯瞰三晋，河西之地就是看不见却意义重大的"势"。形势造就，秦国才有东出中原的资本。没有河西之地，秦国基本上就只能与魏国接

255

壤，随时都会被魏国锁死在半个关中。秦国与魏国的关系，相当于赵国与中山国的关系。

这和秦国所处的地理位置有关系。秦国的北面和西面全是戎狄，土地贫瘠、开发较晚，而且也不好治理。往这些地方开疆拓土，成本与收益根本不成比例。

而南面虽然是巴蜀地区和楚国的西部地区，略为富裕，关键是隔着秦岭大山，望得见出不去。所以，秦国要发展，就只能全力东进，不仅要占据河西，而且还要兵出函谷关、攻略中原。只有这样，秦国才能参加中原争霸。

最主要的是，秦国明白，国家要富强，农业是根本。而河西之地，位于洛水与大河之间，涵及华阴、大荔、蒲城等广袤之地，不仅交通便利而且土地肥沃。

函谷关是一头狮子，而河西就是一块肥肉，如果吃不到这块肥肉，狮子就会饿死，秦国深深懂得这道理，所以才会不惜代价与魏国争夺这片区域。

吕不韦被秦国这种极其长远的战略布局所折服，也更增加了他决心扶持嬴异人当上秦王的决心。他要辅佐的是拯救百姓于纷乱战局的君王，让百姓都过上安居乐业的生活。

这一直是一种特别美好的理想。吕不韦憧憬着，他以为，总有实现的这一天。

沉浸在这种思考中，吕不韦显得有些魂不守舍，以至于嬴异人连着问了他三句都没有听到。

嬴异人只好大声再次呼喊："公子，我们今晚是要赶到城里吗？"

又来到了砥柱处，吕不韦看着奔腾翻滚的河水在此处归于平静，他的内心也逐渐趋于平静，缓缓地说："走到哪儿就住哪儿吧，现在不必那么赶了。"

的确，已经进入秦国腹地，一路逃亡，终于可以轻松一下了。

傍晚时分，一行人来到路边一处客栈，收拾停当各自安顿好，来到前厅喝酒。

三四十人在狭小的厅堂里显得有些过于拥挤，李斯就安排武士们单独在院子里摆开几个案子吃喝。

李斯、吕不韦和嬴异人、荆云分散在两张案子旁。虽说进入了秦国，但嬴异人的身份还是不便暴露，所以就装作是一般的商人。

吕不韦和李斯在东边坐，嬴异人和荆云在北边坐，遥相呼应，既能互相照看，又不会显得太远。

喝着喝着，李斯发现了一个人，悄悄捅了捅吕不韦的胳膊。

吕不韦望过去，见西边的案子旁，坐着一位身材矮小的老者，头发稀疏，松松地盘在头上。身上穿着很普通的灰色长袍，一看便知是个普通百姓。可蹊跷的是，此人却在不断摆弄一把宽剑。远远观看，那口宽剑，刃口并不闪亮，但隔着这么远，也能感受到一股寒气。老者视此剑若宝贝，不住地拿一块破布擦拭着。

李斯悄声说："此人可疑。"

吕不韦见老者眼神呆滞，仿佛已经喝醉了，面色潮红，嘴里叨叨着："无人识货，老伙计，委屈你了。"心里并不认同李斯的观点，认为李斯有点小题大做了。

院子里的年轻武士们，已经喝到了高潮，纷纷敞开怀，高声喊叫着酒令，嚷嚷个不停。吕不韦也不让李斯去制止，他觉得大家一路走到此处，劳累了，也该放开歇歇了。

吕不韦和李斯边喝边聊，说起这三十名武士。李斯说，这是他从坊间搜罗的人。这些人，都认同他关于人要趁早出名的观点，也十分愿意追随吕家。

"他们不要钱吗？"

"怎么不要？先生你给过我好多钱，忘记了？"

吕不韦微微一笑："你这一说，我倒想起来，亏待你了。自从进入吕家，我整天忙这忙那，我们竟无机会好好聊。"

"心在就好。我可从来没有跟先生疏远过半点。"

"难得你有此心。"

"义不容辞的。先生素有大志，我李斯一介贫民，苦于寻找机会，若能跟着先生做一番事业，也不枉大丈夫此生。"

吕不韦听他说的真诚，也颇为感动，就多劝了几杯。不知不觉望一望那老者，还在边饮边唠叨："可惜啊，偌大河西，竟然无人识货……无人识货……"

吕不韦此时也喝得有些发热，听他唠叨，竟然有了兴趣，就慢慢起身来到老者身边，弯下腰问："这是什么宝贝，听你爱惜得很。"

老者乜斜一眼吕不韦，歪着头问："公子对这剑有兴趣？"

"平日里也耍过几把，只是不懂你为何要发这些感慨。"

老者弹一弹胡须上的肉糜："此物是我祖上所传，据说有百十多年，可怜我个小商贩，要这无用，可又不想埋没了宝物，因此就想给它寻个好主家。"

吕不韦一听他也是个小商人，不觉就亲近了几分，关切地问："可是遇到什么难处要用钱？"想着他出售宝剑，总是迫不得已。

谁知老人把脸一耷拉，连连摆手："走走，不要玷污了神物。"

这就怪了，既不缺钱，何以要卖？吕不韦顿时觉得此人个性十足，愈加神秘，便问："我可否一观？"

老者有些不情愿地拿起宝剑，嘴里还不忘嘟囔："非要露怯，让你长长眼也罢。"

接过这把宝剑，总有种怪怪的感觉。看着不长，握在手里，却有几分重量。用手沿着剑身摸一把，寒气凛冽。吕不韦凑近灯下细看，忽然觉得自己的眼神里透出几分杀气，这剑仿佛自身就带着血腥，心中"咯噔"一下，一慌张，有着豁口的刃部竟然好像自动就碰到了手，顿时鲜血直冒。这时候才发现，这把剑是个残剑。

吕不韦急忙用衣袖保住伤口，老者冷冷一笑说："说过不懂少动它，你偏不听。"

吕不韦脑子里猛地闪过一个念头，脱口而出："总不会是'胜邪'吧？"

他无意识地这么一说，老者顿时眼神中射出一缕精光，瞳仁骤然放大，惊叫道："公子如何看出来？"

这样一说，吕不韦也很诧异："真是'胜邪'！"说话的语气把自己都吓呆了。

如果此物真是胜邪，这可是无价之宝啊。以前只是听说过此剑，可见过的人从来没有。相传，胜邪是春秋时欧冶子所铸五把宝剑之一，排第三，是小剑。吴王阖闾曾得。由于价值连城，阖闾就用它主持祭祀。

"我听说，欧冶子铸此剑时曰：吾每铸一剑，便铸一恶，故此剑名曰'胜邪'。"

老者说："谁说不是呢，这胜邪每铸一寸，邪长三分，故只铸半截，却已邪气凛然。"

吕不韦想起郭夫人也是铸剑名家，既然这老者如此卖弄，何不试一试："赵国郭夫人，我也见过，他曾言说此剑一出，必定血雨腥风，想必君也知道一些。"

老者听罢，沉默许久，端起粗皮酒盏，摇晃着摇晃着，这才长吁一口气："我家三代，皆因此剑送命，若非如此，我也不舍得放手。"

吕不韦听完故事，愈加好奇，但这是人家的伤心事，自然没法追问，只好静静地等着。

老者说，他大父当年与邻家争斗，一怒之下用此剑伤人，后感觉罪过深重自杀身亡；他的父亲牢记这条，将这把剑埋在地下，不想却遇到窃贼，将此剑盗挖出，父亲追贼人时被一剑刺死，贼人吓得弃剑而逃；到他这一代，有个兄长，平日里就爱摆弄刀枪，结果用此剑误伤他人，后在秦魏河西大战中被乱箭射死。

"想来想去，只好舍弃这把剑，或许是宝物邪气重，我等小民福气浅，压不住。"

吕不韦一听，浑身毛骨悚然，问道："你就不怕害了他人？"

老者说："所以我才要寻找懂它识它的人，想来懂它的人，总能降服。"

听起来倒也有几分道理，吕不韦却不敢接过此剑，生怕给自己也带来厄运。倒是李斯爽快，一把拿过，说："遇到此等好货，不要可惜了，我替东主收着。"

这样一说，吕不韦觉得两全其美，既让老者丢了手，又不至于害了自己，可转念一想，觉得对李斯不妥，就问："你真不怕邪气？"

李斯说："这天下之物，邪不压正。堂堂男子汉，行的端走得正，何惧之有。"

如此一说，吕不韦就利索地付了老者金子，又同老者聊起来。

老者说，他本是小生意人，做些草药生意，如今青黄不接，实在也无什么好去处，想着到咸阳去，能找点机会。

这样一说，吕不韦便邀他同行，李斯虽然暗中递眼色反对，可吕不韦觉得，这样一个老人，没必要提防。

老人确实是个贩卖草药的商人，第二天上路时，他提了大大小小的包裹好几个，里面尽是些草根、枝条之类的东西，吕不韦笑他，又不懂医，做这生意，只怕赚得太少。

老者佩服地说："公子真是一语中的，可我已经做这行十多年了，现在改行，只怕已经晚了。"

吕不韦夸赞道："都像你这样看得开，只怕商人名气早就好很多了。"

老者说："我若不是腰疼腿脚不灵，也早就当兵去了，好歹给家里挣个爵位，光宗耀祖。"

说话间，他还夸张地走了两步，确实是瘸了一条腿，腰也弯的像张弓，吕不韦心疼地说："你走路不便，分你一匹马，好赶路。"

不想老者却说："就这受苦的命，没骑马的福气。"

吕不韦笑他："不过叫你省点脚力，怎么就扯到命上了。"

老者却认真地拍拍腿上的布条："你看看，我这绑腿走路，虽然不快，可不会跌跤。若是公子赏我骑马，歪歪扭扭，不跌破头才怪。"

"你呀，自轻自贱，何必呢。"

"我活了这半辈子，算是看个差不多。这人，什么命就是什么命。假如今天我图轻省，答应了公子，骑马赶路，说不定明天就会想着坐车，再到后面，便会生出娶个老婆的想法，一来二去，不是徒增烦恼嘛！"说完露出黄牙呵呵一笑。

吕不韦没想到，一个普普通通的老人，却有着如此豁达的见识，顿时觉得邀他同行，这一路可不枯燥了。

两人越说越欢，竟然也不觉得烈日毒辣，晒的浑身出汗了。

夜宿客栈，吕不韦总要同老者喝几杯，总觉得这个人真是见识不凡，听着说的都是些乡野俚俗的小事，却蕴含着大道理。连续三五日，竟然到了无话不谈的地步。

这天傍晚，吕不韦和嬴异人坐在两张紧挨着的案子吃酒，老者也被邀请到旁边，两人一左一右夹着嬴异人。三五杯进肚，老者已经有些微醉，涨红着脸，端起一杯酒，来到嬴异人面前，恭敬地举起来，说："公子器宇非凡，小老儿敬您一杯。"

嬴异人虽然不想喝，但看吕不韦同他十分热情，碍于面子，就端起酒杯一饮而尽。

老者再敬，说："一路来，我看公子言语不多，愁容满面，想是离乡太久，归家太切。听我一句劝，劳思太多，伤气血啊。多喝两杯补补。"

嬴异人就又饮用了两杯。

老者见他只饮酒不吃肉，就热情地撕扯一块肉，递给异人。异人见肉到嘴边，张嘴就吃，憨厚地对着老者笑，说："还是小时候有人喂。"

老者说："多吃几口。"顺势又撕两块肉塞进异人嘴里。

吕不韦看着这一老一少和谐场面，深感欣慰，笑眯眯地也多饮了几杯。

各自去睡。

天亮时，吕不韦和李斯都洗漱完毕，还不见异人出来，就喊了两声，听不到动静，就派人到屋里再喊。

吕不韦还笑着说："这真是到家了，睡得这么沉。"

忽然听到异人屋里一声大喊："快来人啊，快来人啊！"

李斯叫一声："不好！"迅速跑进屋里。吕不韦也紧接着跑进屋。

只见嬴异人躺在床上，呕吐流涎，不断抽搐。

吕不韦两步走过去，问："这是怎么了？"

第五章 突出重围

异人强忍着痛苦说:"肢麻无力,头晕目眩。我感觉快要死了。"

吕不韦忙让人将他扶起来,灌了几口热汤,谁知就是稀溜溜的几口汤,异人也是吞咽困难,直叫着咽喉火烧一般。

事情到了这一步,要想今天赶路是不可能了。吕不韦就吩咐今天停一天赶路。

他们刚吃过饭不久,就见异人上吐下泻,将昨夜吃的吐了个一干二净。看着异人绵软无力地躺在床上呻吟,吕不韦指派人到附近寻找医家。

快中午的十分,异人突然再次抽搐起来,眼看着浑身哆嗦不止,继而眼神茫然,口角歪斜,突然就"咯咯"喊了两声,然后一下昏过去了。

就在吕不韦一筹莫展之机,忽然想到老者是贩卖草药的,就说:"快去找老人。"

李斯这时双手一拍:"坏了!定是他使的鬼。"

这时吕不韦也想起来,一上午都没有看到老者的身影。大家一起寻找,哪里还有他的踪影。

千防万防,只顾着防备打打杀杀,没想到最后这样中了计。

"定是投毒!"李斯说。

吕不韦点点头,仰头想一想,说:"那就是昨晚他递给王孙的酒或肉。"

一群人在围着异人又捶又揉,他才勉强醒过神来,这时看,嘴唇已经发紫,眼神呆滞,若不及时抢救,怕有性命之忧。

吕不韦这时懊悔不已,看来这位老者是有目的接近他们,故意装憨,趁机下毒。好歹毒的一个人!

想着千辛万苦从邯郸逃出,一路奔波至此,耗费了太多精力,最后竟然毁在如此细小的枝节上,吕不韦连连叹息。

异人一旦有事,自己的所有努力将付之东流,一念及此,不禁悲从中来,独自一人坐到角落里,慢慢饮茶,思想对策。

现在只有等郎中。可如此荒凉的小地方,哪会有什么高明的郎中啊。

不一会儿,李斯已经寻到昨夜吃剩的酒肉。他端起来闻一闻,用手指蘸着尝一尝,略微发苦,并不像鸩酒那般无色无味,说:"应该是野葛中毒。"

吕不韦问:"你如何判断?"

"这种植物毒药,投毒者往往直接将植物捣烂掺杂于食物中,我猜测,昨夜,那老人是趁撕扯肉糜和敬酒时,将这些粉末投进去的。"

"这野葛是什么毒药?如此厉害。"

"野葛又名钩吻、断肠草、毒根，有剧毒。一般人服用后，和王孙的症状差不多。"

吕不韦急促地问："你懂治疗？"

李斯说："我不懂医术，只听说民间常用大量猪油或生油灌服，大剂蕹菜汁、金银花、细叶黄栀子、茅根、动物鲜血灌服抢救。"

吕不韦说："那赶快去弄点来，试试。"

不料李斯却说："虽说病急乱投医，可究竟是不是我也拿捏不准，待郎中来了判断下药较好。"

一直等到傍晚时分，荆云才接来一位年迈的郎中，他诊脉后确诊，就是李斯所说的中了野葛的毒。

由于其他猪油等等不好弄，郎中让他们到附近的农家去弄蕹菜。

"蔬菜能起这么大作用？"吕不韦不以为然地问。

郎中说："别小看了这蕹菜，虽是普通的菜蔬，却能解百毒，是砒霜、野葛、木薯等中毒后的良药。便是蜈蚣、毒蛇咬伤后也可以根治。"

吕不韦太关心嬴异人的安危了，又问："先生可用过此物解毒？"

郎中虽有不快，还是认真地说："中野葛毒虽不曾用过，但肺热咯血、鼻出血和无名中毒，我是用过的。"

一听他用过，吕不韦大为放心，立刻派人四处出动，去农家购买蕹菜。

买回蕹菜后，郎中耐心地洗净，将水分甩干，又用杵臼仔细捣烂，再用白布裹住，让人用力挤出汁水来，忙活了半个时辰，才扶着嬴异人服下。

翌日，直到中午，嬴异人才勉强撑着身体下了床，在两人的搀扶下，到院子里走来几步，吕不韦等人见他情况有所好转，这才长出了一口气，心头稍微稳定。

有了这次教训，一路上，再也不敢和任何人搭腔，生怕又中了谁的诡计。同时，吕不韦和李斯商量，不能走大路了。越是临近咸阳，暗中潜在的危险越大，毕竟嬴异人涉及的是王位争夺，这种争夺往往是看不见摸不着的，也是非常血腥残忍的，并非常人所能估量的，因此就决定从山路上走，同时为缩小目标，将三十名武士分作两队。一队二十人独自走大路，前往咸阳吕家商铺。他们和十个武士、荆云、嬴异人一道，从山区绕道行驶。这就开始往西北方向走，朝着蒲坂、临晋而去。

临晋城，北倚峨眉台垣，南瞻中条群峰，东连碧野莽莽，西望黄水滔滔，最不缺就是山脉。

这天，临近天黑，来到一个小村庄，看看没法子，只好就在这里借宿了。敲开一户农家，家里只有一个老婆子，住房又狭小，只好派人去敲邻居家的门，希望就住在这两户人家。

门口的黄狗一个劲儿叫，却不见主人出来。

老婆子说："别敲了，他家那老婆子比我还聋，你们直接进去吧。"

有了她这句话，荆云和李斯直接进入院中，轻轻推开房门，果然出来一个老婆子，看起来七十多岁，走路颤巍巍的。

吕不韦问询了老婆子，才知道，西边这家院子里的老人和她一样，都是丈夫、孩子在战争中死去了，只留下两个孤苦的老人。

边做完饭，吕不韦边沉思：这害人的战争，何时是个头啊。害得老人家如此年纪却孑然一身，悲戚地度过余生，他就对嬴异人说："你看看，这些老百姓多可怜，说来说去，这样的战国混战不能再继续下去了。"

没想到嬴异人却说："先生这话说得，即便秦国不想战争，可中原六国也不同意啊。"

他这样一说，吕不韦哑口无言。确实如此，秦国一直东出，中原六国不堪其苦，可真的秦国不东出了，六国就会连横攻击，谁知道这是一种什么逻辑，难道非要挑起战争，才显得这个王最有实力吗？

四、异人回国

住了一夜，第二天早早上路，夜里起风了，而且风势很大，严重影响了行进速度。中午在路上，一伙人啃了点干粮，下午接着赶路，正好是顶头风，连马儿也被刮得行走困难，一行人只好下马，站在马的边上，多少能抵御点狂风。

"我瞧着，这风一时半会是停不了了，今晚我们看来只能住到山里了。"李斯扯着嗓子喊。

荆云说："早知道这样，真该留下一辆车。"

吕不韦说："大家都将就一下，风总有停的时候。"话虽这样说，可看着头顶上飞来飞去的树枝，吕不韦的心里也是七上八下没有底。

黄昏的时候，大家在山腰处找到一个背风的地方，聚拢到一起，紧紧抱成团，将马都拴在一起，生怕它们乱窜。

睡到半夜，风势渐小。

众在山中休息一夜，天色见亮，众打算继续赶路。来到一条小河边，一个不大的村庄坐落在旁。晨起的炊烟袅袅，"走，进庄子里，找些吃的。"吕不韦一甩袖子说。

荆云却笑哈哈地说:"公子,你还是别去了,人家瞧着你这样子,肯定不会舍饭的。"

吕不韦这才低头一瞧,一夜大风,自己满身尘土的样子,不禁哑然失笑:"无妨。"说完,蹲在河边,开始慢慢脱下衣服,洗刷起来。

众人一见,也都纷纷走到河边,开始清洗身上和脸上的灰尘。

李斯瞧着大家破破烂烂的衣服,忍不住笑出声:"公子,你看看,咱们像不像逃难的乞丐。"

大家也都从死亡的沉闷中恢复过来,说说笑笑,互相笑话对方的邋遢样子。

风停了,阳光暖融融的。一行人有说有笑。嬴异人此时缓过劲儿来,中毒后身体虚弱,现在恢复得还好。

嬴异人说:"估摸着,那些往咸阳的人,应该到了吧。"

吕不韦心知他是惦记早点回家,就宽慰他道:"放心吧,我这就给他们传信。"

收拾停当,吕不韦远远躲在一边,默默地从怀里掏出一方丝绢来,用随身携带的明矾兑了一点水,在丝绢上写下几个字,将丝绢抬起来对着阳光,直到阳光将明矾水晒干,这才摆摆手,招来一个武士,小心地交给他,嘱咐道:"你速速骑上马,将此信送到咸阳吕家商铺,让老管家交给白姑娘。"

武士不敢停留,翻身上马,扬鞭而去。

荆云到村庄里寻找饭也回来了,引着大家朝着一户农家而去。

在农户家吃了锅盔,又喝了羊乳,大家这才觉得缓过神来,继续上路。

沿途依旧尽是山脉。但此时,路旁的树上,喜鹊高叫,大家心情愉悦,欢欢乐乐地行走着。

这一次上路,十多天一直平平静静,遇不到旅舍或者村庄时,他们就打点野兔,挖点野菜充饥。有时候也从河水里摸几条鱼,随手烧烧,填饱肚子。

这一日来到栎阳城外,吕不韦让大家停下,先派李斯和荆云进城买了几套干净的衣服在城外换上。因为这破破烂烂的衣服却骑马进城,怕进城时关吏问起来不好回答。

吕不韦提前叮嘱嬴异人:"越是近都城,我们越要提防。现在可万万不能暴露身份。"

嬴异人早已受够了一路颠沛流离,反驳道:"已经到了老都城,亮出身份来,总要有人护送的。"

第五章 突出重围

吕不韦劝道："公子莫非忘记了,那次下毒。"

嬴异人眉头一皱："都照你这般小心翼翼,那回到咸阳又怎样,还不是一样。"

吕不韦说："那是大不一样的。若是到了咸阳,见过华阳夫人,我们公开身份了,别人就有所顾忌了。在这里,他们还在暗处。"

"他们是谁?"嬴异人质问。

"公子糊涂,就是那些和你争位置的人啊。"

如此一说,嬴异人才勉强同意,到城里不透露身份,不过还是无奈地说："一日又一日,何时是个头。"

吕不韦说："越王勾践不得意时,还卧薪尝胆呢,再忍一忍,马上就到王宫了。记住,只有在王宫里被承认了,你才是受保护对象。"

"照你说,我现在比在邯郸还不如?"

"在邯郸,你受的只是皮肉苦,在这里,时时刻刻人家是要你的命!"

嬴异人不知是故意和吕不韦作对还是牵挂妻儿："如今,我倒是勉强回来了,夫人和政儿不知如何了。"

这样一说,吕不韦心情也沉重起来。一路上,根本来不及想母子二人。这时嬴异人忽然说起,也勾起了他丝丝缕缕的牵挂来。可这时不是讨论这个话题的时候,就安慰异人说："有薛公保护,料无大碍,你就宽心吧。"

嬴异人仰头长叹："宽心,宽心,人在他国,叫我如何能宽心得下。"

吕不韦不想和他继续纠缠下去,就默默地走到前面,指挥着队伍朝着城门前行。

到了城门外,关吏拦住,问："做什么的?"

吕不韦答："商队。"

关吏呸了一口,说："又是臭商队。这一天接了七八波商队了。"

关吏的随口一说,深深刺激了吕不韦。没想到这么多年过去了,秦国鼓励中原各国来此经商,却还是一点都没有改变秦人对商人的鄙视,心中有些愤懑,就说道："我们不臭,是正经的商人。"

关吏用心听着,歪着头,咧着嘴笑着说："都来看看,这是正经商人。"三五个关卒就围上来,嘻嘻哈哈地说："我瞧瞧,这是什么正经商人。"

吕不韦不吭不响,低头一语不发。荆云怕他生气,就过来赔笑地招呼："官爷,高抬贵手,放我们进城吧。"

关吏却认真起来："既是商队,你们的物品在哪里?"

这一说，吕不韦心里咯噔一下：坏了。一点货物没有，只怕要被这个关吏卡脖子了。

李斯赶忙说："路上遭了盗匪。"

不说这个还好，一说这个，关吏来了劲儿："呀哈，听你一说，我秦国盗匪遍地了。"

李斯忙赔礼："怨我不会说话，说错了话。"

关吏说："听你口音，是楚国人吧？"

李斯答："正是。"

"楚国前来，你不走南路，却拐到这北边来，定是有诈，来人啊，给我抓起来，好好审问。"

两个关卒就过来扭住李斯的胳膊。荆云急忙掏出一个金饼递给关吏，嘴里念叨着："他是雇佣的舍人，莫要与他计较。"

关吏收下金饼，嘴里却说："说是商队却无商品，只怕另有企图吧，不会是外国间者吧。"

吕不韦见忙纠缠不清，也忙走过来解释："的确是路上丢了瓷器，连车都没保住，你看看，我们身上还有伤。"说话间露出左臂，让关吏验伤。

关吏乜斜一眼，嘴上还不肯放行，却已经松了口："有伤不假，可最近燕赵两国间者常扮作商人偷偷入城，我怕担待不起啊。"

吕不韦将头一摆，荆云再次偷偷过去塞给关吏两个金饼，关吏这才装作无可奈何地说："放了这楚国小子吧，你们进城后可给我规规矩矩，要是叫查出来有什么罪行，秦律想必你们是知道的！"

吕不韦等人连连点头承诺，这才牵着马走进城来，气得嬴异人脸上青一阵紫一阵。他不能亮明身份，只能任由这小小关吏宰割。令异人气愤的是，即便在律法如此严峻的秦国，这些关吏竟然也敢收受贿赂。

一入城，异人就赌气地说："等我回头，一定揪出这些小蛀虫。"

吕不韦劝道："水至清则无鱼。如果人人都没有一点点私心，再好的法律也执行不下去。"

嬴异人说："去大秦国，就是因为严格执行商君之法，才有今日之强盛，照先生这样说，宽反而有好处了？"

吕不韦说："如果一点点瑕疵都不能容忍，这是做不到的。要分事情的大小，有些事是可以容忍的。"

嬴异人问："那你说说，哪些事就是小事。刚才关吏收我们的贿赂金，这就是小事吗？"

吕不韦说："秦国之所以变法成功，正是因为严格执行了商鞅的严峻律条。可当初人们不信任法律，所以商鞅徙木立信。而现在和以往不同了，现在人们已经习惯于执行法律，也知道遵守法律带来的好处，如果还一味地不让人们呼吸，喘口气，反而会影响发展速度。"

"你这逻辑我不认同。"

吕不韦说："一时咱们不要讨论了，来日再议。"

令吕不韦感到欣喜的是，这是嬴异人第一次谈到治国理政的思路。之前无论在聊城还是邯郸，他总是一副病恹恹的样子，即使提起精神来，也多是沉溺于吃喝玩乐，很少谈及国家社会。可能那时他内心里并不以为吕不韦能帮他回国，也许是在赵国冷落了太久，他已经不敢抱有奢望了。可现在不同了，他已经真正回到了秦国，此刻就在秦国旧都城，所以，他内心升腾起积极理想，这说明他已经向着目标前进了。

吕不韦不忍放弃这个积极的信号，当即对他说："回到秦国了，你真要读写书简了。毕竟，太子还要考试你的。"

嬴异人说："那就麻烦先生多找一些吧。读书是有用，可光读书也不管用。"

刚刚觉得他有了理想，忽然就又低落，吕不韦能够理解他，毕竟，对他来说，能不能立为嗣子，还是个未知数，因此也不急于催他。

在栎阳城里住了两日，一群人好好休息了一番。

这天一早，吕不韦刚醒，就听得有人敲门。开门一看，愣住了："怎么是你？"

白露笑盈盈地站在门外："不欢迎？"

"快坐。"

白露进了屋，却并不落座，而是默默地盯着吕不韦，见他一脸疲惫，没有言语，先就落下泪来："你受苦了。"

吕不韦抚摸一下她的肩头，抱紧她，说："一直让你担惊受怕。不过现在好了，你瞧，回到都城了，一切都过去了。"

白露说："当初就不该让你一个人去邯郸。"

"你去了又能怎么？一路奔逃，如果真让你去受罪了，我不成了罪人？我们还是好好计划一下接下来的事情吧。"

两人这才坐下来，好好筹划嬴异人到咸阳后的事情。

士仓看着子傒气急败坏的样子，宽慰道："异人不过才到旧都，不必慌。"

子傒道："再不慌，他就真的到身边了。本来想着，稳稳当当的投毒最稳妥，没想到他还真是命大。"

士仓也有些气不过："看来这吕不韦的确难对付。"

子傒挥舞着拳头说："大秦的王族，最终还是要看武艺的，那个倒霉货异人，小时候就病恹恹的。"

士仓却另有见解："秦国武功打天下，这固然不错。可我们现在要争取的，是将来的王！最主要的还是看见识。"

"怎么？他倒比我还见识广？"

"异人作为质子，居赵国多年，这是他的劣势，也是他的优势。他因此比我们更了解他国。还有，由于久居底层社会，他因此接触了很多士子，为他积累了人脉关系和不一样的见解。如今，他一回国，这就是一份功劳。建议殿下也去军队里历练历练，攒些人气。"

子傒眉头攒成个疙瘩，忧虑地说："虽说异人有一帮人保护，几次三番都叫他躲过了，这倒不怕，怕就怕，华阳夫人真的插手了，这事可就难办了。"

士仓不禁埋怨两句："我整天说你，到那华阳夫人面前，收敛一点，你总是不听。如今叫异人钻这么个空子，确实是大害。"

"我还怎么收敛？现在已经是低声下气了，总不能一见她就下跪吧。这个妖媚的女人，不就凭着几分姿色，会哼哼唧唧吗。"

"你看，总是不服她的气。我们现在要忍，不但要忍华阳夫人，对所有人都要忍，关键时刻，小不忍会乱大谋。"

"大谋大谋，你倒是尽快出几个大谋啊。光派人刺杀现在看来是行不通了。"子傒气急败坏地吼。

一下被子傒噎住，士仓的脸色渐渐变青，但他毕竟有着极高的涵养，徐徐说道："在野外，刺杀是最简单有效的。"

子傒并没有意识到士仓情绪的变化，把玩着手里的玉璧，来回踱两步，说："要多在异人身上找找漏洞，他总有不合规制的吧。"

士仓点点头："这方面确实是疏忽了。我这就派人插进吕家商社里。"

子傒又交代："嬴良那里，总也要想想办法。最近我看父亲对他很青睐呢。"

"太子是个文火性格，殿下你在他面前也要改一改，总是风风火火的，难怪他……"

"改，改，一天到晚就是改，忍，这样下去，都不用他们动作，我就气死了。"子傒猛地朝着空中打了两拳,"大秦国要交到这帮软娘们手里,那不就毁了吗!正是东出征服六国的时候,这些繁文缛节、蚊子哼哼,能做成什么大事。"

盯着子傒坚毅的面庞,士仓强忍住一腔说辞,他感觉,这个嬴子傒,和当年的秦武王性格特别像,一心只想着用武力征服一切,完全不考虑如何征服人心。有时候虽然有些小的不快,但这些念头都是一闪即逝。他清楚地知道,一定要摒弃这个念头,自己扶持的就是子傒这样一个人,必须全身心发掘他的优势,最终夺得太子的青睐,只有这样才能有希望当将来的太子、秦王。尽管这是一条艰难曲折的路,可既然已经走上了这条路,就没有回头的可能。子傒再怎么样发火,他毕竟是个年轻人,不能要求他也像自己一样老气横秋。自己此生恐怕只有这一条道,离开了子傒,将一事无成。人生的很多选择,一旦开始启程,便永远不能回头。

白露和吕不韦详细谈才知道,原来,那次赵十八被抓果真是子傒在栽赃。这样想起来,吕不韦一路联想,觉得遇到的诸多凶险,可能都是子傒策划的。

"这也难怪,毕竟,王宫里的争夺本来就是你死我活。"吕不韦说。

"你说这些人怎么了,都是亲兄弟,为了一个位置,就肯对自己亲人下毒手。"白露难以理解地说。

"还不是权力闹腾的。因为一旦当上王,就至高无上了。我们看着他们残酷,可他们自己并不这么认为,因为只有他们才有这样的资格。"吕不韦解释道。

白露想一想,也是这么回事,就和吕不韦商量,让嬴异人回到咸阳后,首先去看看自己的母亲夏姬。

吕不韦估计他也早就想见母亲了,被困邯郸,多少思乡情牵挂着母亲。而且,如果不是吕不韦他们帮忙,这世界上恐怕也只有夏姬关心异人的死活。

"我们叫来他商量一下,如见母亲,叫他心里有个准备。"白露说。

喊来嬴异人,一提起这事,他竟然脸色骤变:"不去,现在不是相见的时候。"

这是吕不韦和白露没有想到的。

吕不韦问:"你真的不想?"

嬴异人说:"大丈夫做事,岂能婆婆妈妈。"

白露说:"再怎么急,也要见一见的。毕竟,你和母亲分开这么久了。"

嬴异人却十分坚定："见面也不知道说什么好，还是不见吧！"

见他如此坚决，白露皱着眉不知该说什么好，她还想再劝，吕不韦已经用眼神制止住，又聊了半天，送嬴异人走后，白露有些生气："这可真是一个比一个冷血。"

吕不韦说："你理解错了，异人不是冷血，他是怕……"

"怕什么？"

吕不韦惨然一笑："怕受连累。"

"这！还能这样啊！再说，他娘仅仅是失宠，能连累他什么？"白露惊愕地张着嘴，觉得这事不可思议。一想起夏姬为了给儿子排除障碍宁愿上吊自杀，可现在儿子回来却不肯见她，无论如何一时不能接受。

吕不韦说："他苦日子过怕了，生怕一见母亲，惹得华阳夫人不高兴。"这句话一下道出玄机，白露才恍然大悟："这异人，鬼心思怪多的啊。"

"你慢慢看吧，回到王宫里的异人，会完全不一样的。"吕不韦说。

"他能怎么样？还不是靠我们替他周旋。"白露不以为然地说。

吕不韦摆摆手，说："他的本性会流露。这人啊，多数是这样，不得已时一个模样，当他明白有价值时的表现，才会露出骨子里的东西。"

他们在栎阳逗留了三五天，结果等到了毛公一帮人。毛公见了吕不韦后，将一路留心找到的路线都说了一遍，两人商量着，等安顿好嬴异人后，就去接赵姬和赵政。

"你真打算留在秦国了？"毛公一改往日嘻哈模样，严肃地问。

吕不韦微微颔首："破釜沉舟，只能这么做了。"

"我帮的是你，不是秦国！"毛公说。

"我知道。"

"这秦国，虽说这几年强盛起来了，可毕竟是蛮荒之野，做事缺少气度，只懂得砍杀，我觉得你想扭转这些都太不现实了。"毛公劝说道。

"不来秦国，我又能去哪里呢？"吕不韦盯着眼前的漆盒，"我的老家卫国，已经不堪一提，其余诸国，哪个王不是在花天酒地，又有谁肯真正替老百姓想呢？我一直觉得，如果此生能造一个大同世界，功莫大焉！"

"靠秦国就能实现？我看难！毕竟，他们起的不是有道之师。"毛公说到这里，呸了一声，吐了口唾沫，表示对秦国的鄙视。

"如今的战国，是一个'凡有血气，皆有争心'的大争之世。可赵国在忙着盲目称雄，齐国君臣粉饰出一个虚拟的太平世界来，楚国蜗居南疆不思进取，魏国、韩国各自为政，你说说，这些在窝里争来争去的国度，比得过秦国要一统天下的雄心吗？如此看来，我觉得只有秦国将来能实现大同世界，也就不足为奇了。"

"就凭你扶持的这个异人？"毛公嘲笑道。

"不是还有你我吗？如蒙不弃，我邀君一道，为振兴大秦一起出力。不，应该说，我们要建立的是一个统一的中央之国。你说说，这是多么令人兴奋的事情啊，我知君素有大志，别人不懂，我懂你，看着嘻哈、赌博，只不过是没有遇到值得去做的事，没有遇到合适的人而已！"吕不韦豪情满怀地说服毛公。

"吕公，不必白费口舌了，你这里都安顿好了，我就回去了。你我永远是朋友，但人各有志，谁也不必强求对方了。"

跟着吕不韦这个队伍走了七八天后，毛公执意要走，吕不韦挽留不住，只好恋恋不舍地送别毛公。

毛公还是那副笑嘻嘻的模样，摆着手说："回去吧，送君千里终须一别。"

吕不韦说："你着急回去干什么呀，再多陪我几日，我们好好说说话。"

毛公一笑："我怕回去的晚了，邯郸城不在了！"

这句看似玩笑的话一出口，吕不韦顿时热泪滴落，暗自佩服，这位看似无大志的人，其实内心里有一颗滚烫的爱国之心。他是惦记邯郸城如今还被秦国围困，着急回去，希望看护着自己的祖国。

就这么眼睁睁地看着毛公策马而去，吕不韦不禁又想起另外一位叫人尊敬的朋友鲁仲连来。他深深地替他们惋惜，如果这两个人能够来为秦国服务，秦国何愁不能早日富强，实现统一大业。

可惜啊，偏偏是胸怀韬略的两位最好的朋友，却都对秦国仇视无比。虽然这一点也不影响他们的个人感情，但不能如愿在一起为理想而奋斗，吕不韦感到了从未有过的痛惜，也在此时下定决心，以后一定要劝嬴异人爱惜人才，只有得到了天下之才，才能得到天下！

走到距离咸阳还有两天路程的时候，天降暴雨。一行人虽说这次有了足够的准备，还是被困在了一处山谷里。

艰难地在山谷里冒雨行进了半天，才走了十多里路，大家都被淋得有气无力。荆云提议原地找个地方休息一下。李斯则认为，身处山谷，不利于躲雨，还是继续前行比较合适。就在大家都举棋不定的时候，听得远处仿佛有滔滔水声延绵不绝。

吕不韦大叫一声："不好，洪水！"

李斯当即指挥众人牵着马往山上躲，荆云则负责断后。说话间，远远望去，一条十几丈宽、浑黄的泥水滚滚而来，水面上，各种树枝、农具和庄稼被席卷而来，水流冲击着山谷两边的石块，不时掉落。

荆云一看，连忙叫道："大家小心，山上也有水流！"

这样一提醒，大家都朝着山脊高处攀爬。

幸运的是，上到半山腰，有个大山洞，大家急忙钻进去。

山洞里黑乎乎的，人群走进去后，呼啦啦从顶部飞出去一群乌鸦，朝着雨中纷飞，它们忽闪着翅膀在雨中挣扎，有的忽然就被狂风卷着砸向石块，有的朝着摇晃的树枝奔去，栖息到树干上紧缩着翅膀……

人们点燃火把，燃烧起柴火，这才有了温暖。大家抖擞着身上的湿衣服，各自拧干水分。

不多时，干柴火烧完了，就从洞口拖进来风挂断的树枝。这些潮湿的树枝顿时冒出浓浓的黑烟，呛得大家咳嗽声不断。

吕不韦揉着流泪的眼睛说："荆云，你去把咱喝水的牛皮水囊拿来。"

荆云过去，从马背上的褡裢里找出水囊，问道："你要喝水？"

吕不韦说："把水倒掉。"

荆云茫然地望着吕不韦，不知这是什么意思。

倒掉水后，吕不韦说："你记不记得，冶铁时，有种'炉囊法'？"

荆云恍然大悟，咳嗽连声地说："这个办法好。"

他来到火堆旁，将空空的水囊对准火堆底部，用两只手抓住牛皮，一张一翕，不多一会儿，柴火不冒烟了，熊熊火焰跳跃起来，众人围过来，边烤火边烤湿衣裳。

李斯说："瞧着这雨，一时停不了，我们莫非又要在此过夜？"

白露担心地说："上次你们遇到狼，也是在这荒山野岭吧。"

吕不韦看看外面风雨交加，说："这样的天气，谅那狼群都不敢出来了，大家别担心。"

白露吩咐几个武士，到门口守护，不可掉以轻心。

这一夜，就在山洞内住下，大家互相背靠着背，相互依偎在一起，度过了一个风雨交加的夜晚。

早晨醒来，天气放晴，再走下去，一点危险也没遇到。

终于回到咸阳。嬴异人望着熟悉的街巷和川流不息的人群，感慨地说："咸阳，我终于回来了！"

第六章　咸阳风云

一、老秦王的忧虑

秦国仍旧在攻打赵国。

可这时的秦王已经年近七旬，老态龙钟。尽管有着滔天的雄心，可毕竟上了年纪，已经很少上大朝了，一切指挥大权，如今就交给驷车庶长。他躲在深宫内，看似修养身体，其实，对他来说，如今越来越迷恋权势。

虽然身体已经开始发出很多衰老的信号，但他不愿意就此撒手而去。对于太子嬴柱，他是不满意的。可他知道，这已经是板上钉钉的事情，不可更改。但一想到，叱咤风云的秦国大政要落入柔弱的嬴柱手里，他就开始焦虑。

一摊子事啊！就凭多病体弱的嬴柱，如何能掌控得住。最好的办法，就是为他任用一个良相。

但何其容易啊。他还是怀念范雎。和范雎在一起的日子，可谓是君臣典范，只要他有什么想法，范雎总能很快领悟。可如今，范雎已去。

说起来，自从范雎提出实行反间计，他这个大秦的君王采用后，让马服君赵奢的儿子赵括代替廉颇统帅军队，导致秦军在长平大战中一举胜出，一下将强大的赵国军队击溃，几乎将赵国灭国。那时候，范雎妙计，白起率军，君臣三人让东方六国听见秦国闻风丧胆。

秦王嬴稷陷入沉思：

——想起白起，你这个可恶的家伙，即便作为君王的我听从了几句范雎的闲言碎语，一时冷落了你，可几次三番调动你，你竟敢抗命不遵，这确实让我非常生气。哎，想想这白起也是一代名将，最后硬是逼迫我一而再再而三地忍让不下去，才下了狠手。

我何尝不知道这是不得已的办法，可是，白起啊，如果我不杀你，你万一反叛了，我可就成为大秦最大的罪人了！我这也是没有办法，身在其位，身不由己啊。

——一想到范雎，真是个让我又爱又恨的人。如果他能像之前那样聪明睿智多好啊，可惜他心胸太小了，竟然推荐对他有恩的郑安平，我当时也是糊涂透顶了，竟然让郑安平率军攻打赵国。

这个懦弱的东西，没骨气的东西，被赵军围住后，竟然就带着我大秦的两万铁骑投降了赵国。

范雎啊，你让我怎么办？郑安平是你推荐的人，有大秦律法在，尽管你当时跪在我的脚下，痛哭流涕，要求治你的罪。说实话，真要严格按照秦国法令，举荐了官员而被举荐的官员犯了罪，举荐人也同样按被举荐官员的罪名治罪。

但终究，我还是宽恕了你，当时我顶着多大的压力啊，那些嬴姓老贵族们，一个个拿出祖宗律条来约束我、告诫我、提醒我，甚至他们就是要破坏咱们这君臣的关系。

可最终，你范雎本应该判逮捕父、母、妻三族的罪行，我不还是最后下令："有敢于议论郑安平事的，一律按郑安平的罪名治罪。"不但没有治你的罪，还加赏你更为丰厚的食物，为的就是让你安心谋国嘛！

想着想着，嬴稷落下了两行浑浊的泪水："如今都离我而去了！范雎啊，你可知道，孤想你啊！"

大风吹动园林里的榆树，哗啦啦的树叶回声，好像范雎就站在门外。

秦王嬴稷，的确是对应侯范雎，破了好几次例。

郑安平事件后，另一位对范雎有恩的王稽，做了河东郡守，与诸侯有勾结，嬴稷不得已诛杀了他，却仍旧没有对范雎动刑。

范雎也就是从那时候起，开始一天天过着胆战心惊的日子，一天比一天懊丧。

有一天，嬴稷在上朝时不断叹息，范雎揣测他的心思，以为是嫌弃自己了，就走上前去说："我听说'人主忧虑是臣下的耻辱，人主受辱是臣下的死罪'。今天大王当朝处理政务而如此忧虑，我请求治我的罪。"

嬴稷清楚地记得，当时自己说："我听说楚国的铁剑锋利而歌舞演技拙劣。这个国家的铁剑锋利，那么士兵就勇敢；它的歌舞演技拙劣，那么国君的谋计必定深远。心怀深远的谋略而指挥勇敢的士兵，我恐怕楚国要在秦国身上打算盘。万事不早作准备，就不能够应付突然的变化。如今武安君已经死去，而郑安平等人叛变了，国内没有能征善战的大将，可国外敌对国家很多，我因此忧虑。"

秦王嬴稷说这番话，本是想激励范雎，像以前一样，全力奉献智慧，重振秦国雄风，可范雎听了却感到了深深的恐惧，他感觉到了在秦王身边的压力。正好这时候，燕国人蔡泽劝说他果断隐退，范雎顺水推舟，进言说："有位新从山东过来的客人叫蔡泽，此人是个很有口才的人，对三王的典事，五霸的业绩以及世俗的变迁他都了如指掌，秦国的大政完全可以托付给他。我见到的人很多，还没有谁赶得上他，我也不如。我冒昧地把这个情况报告给您。"

秦王嬴稷便召见蔡泽，召见了他，觉得这个人确实如范雎所言，有些韬略，就授给他客卿职位。

范雎本来心里还残留着一丝幻想，通过推荐蔡泽试探一下秦王的态度，见秦王果然很喜欢蔡泽，知道确实到了该离开的时候，就趁机推托有病请求送回相印。嬴稷在挽留了两次后，任命蔡泽担任秦国相国。

范雎本是个十分迷恋权势的人，举荐蔡泽代替自己的位置，辞归封地后，不久连气带病，撒手而去。

而蔡泽，仅仅做了几个月的相国，就有人对他恶语相向，蔡泽是个十分胆小的人，于是就推托有病送回了相印。

这正是秦王嬴稷目前最发愁的事情。堂堂大秦帝国，竟然没有一个称职的相国。蔡泽太缺乏魄力了，一点点风吹草动，就吓得推三阻四，可彻底放弃蔡泽，一时又难以寻找到合适的人才，迫于无奈，只好赐封他为纲成君。

如今，秦赵两国战事吃紧，前线虽有王龁，毕竟朝内缺人啊。

为了历练太子，最近，秦王嬴稷有意将很多国事交给嬴柱去办理，自己则躲在深宫里，默默地注视着一切。

安国君嬴柱，在处理国政时，看似很忙碌，其实就是个傀儡。他所做出的每一个决定，都要再次递送到后宫，交给秦王再做决定。还有老贵族们天天喋喋不休，他感到了深深的疲惫。

本来身子骨就弱不禁风，加上他也快五十岁了，早已被后宫女色掏空的身体里，时常发出信号。有时候听着大臣们的奏章，他迷迷糊糊就睡着了，等人叫醒时，脑子里也是一片空白。有时候，坐得时间久了，有一两次，他甚至昏了过去。看到他这个样子，老秦王嬴稷愈加揪心，如此庞大的朝政事物，交给这么一个病秧子，可如何是好。

但不交给他，又给谁呢？总不能交给外人吧？

嬴柱越是不争气，嬴稷就越是生气；嬴稷越是急于让他争气，嬴柱就越紧张，导致的结果形成恶性循环。父子俩就这么共同看护着这个强盛的大秦王朝。

还有不让嬴柱省心的事情。

这天刚回到太子府，还未坐稳，就听得子傒来报，有要事禀报。

"叫他等一等。"柔弱的太子，对自己的父亲不敢有一丝一毫的硬气，但对于自己的儿子，总还是要装出些威严来。而实际上，此刻，华阳夫人正在一勺一勺地喂他吃饭，他不想让儿子看到这个场面。

子傒尽管已经急不可耐，可他还是毫无办法地等候在殿外，等候父亲接见。

子傒正是青春年少，在殿外等了又等，早已猴急的等不及了，嬴柱却是年过四十、又是多年的太子，偏偏性格还是不慌不忙，所以他早就忘记了殿外还等候着自己的儿子，只顾着和华阳夫人调笑。

子傒等不及了，直接就闯进殿来，一见父亲，就直接说："儿向您汇报大事情。"

在嬴柱眼里，国家大事都可以轻飘飘对付，你一个毛孩子能汇报什么大事情，就松松垮垮地问："说来听听。"

"那异人，在赵国私自娶妻生子，并未经过父亲您的同意。他这是根本不把父亲放在眼里，即便是普通的人家，也知道父母之命……"

子傒正准备滔滔不绝地发表言论，嬴柱却一句话截住，反而饶有兴趣地问："他在赵国邯郸，你叫他如何问我？"

子傒却不依不饶："既然无法回国，就不能私自娶妻。"

嬴柱又问："你是如何知道的？"

子傒一下愣住，他没有想到父亲会这样问，稍一迟疑，他伶俐地说："这件事早已在各国纷纷扬扬，只是父亲不曾过问而已。"

华阳夫人在边上听得清清楚楚，提到异人，她心中咯噔了一下，忍不住说："他娶的是哪里的女子？"

子傒正愁无处发泄，一听，当即答："赵国富商之女，听说还生了儿子。"

华阳夫人因为此前已经答应吕不韦要收异人做嫡子，听到这里，自然要为自己留条后路，就说："知道了，难得你一片赤诚之心。"

子傒是个急性子，见华阳夫人如此推脱，是想让自己走，便梗着脖子说："儿臣以为，这赵姬来路不明，父亲要多加防范。"

嬴柱见方才自己问子傒，他并未回答，本就心中略有不满，见他又如此挑拨是非，就说："听你的话，你好像知道得很详细啊。"

子傒并未听出这是一句牢骚话，接着说："现在秦赵两国交战，谁知道这个赵姬是不是赵国间者。若是这样，父亲可要慎重。"

嬴柱听他这么说，本想发火，又忽然觉得子傒说得有点道理，若真的这赵姬身份有怀疑，一旦自己盲目认定，日后被自己的父亲、当今的秦王获知，只怕自己还要受牵连，就和风细雨地问："你可是掌握了什么把柄？"

华阳夫人也竖起耳朵，仔细听，生怕漏掉一个字。

子傒说："赵国富家女，肯定了解秦、赵战事，她若为了自己的母国，偷偷从异人处探听消息，这可是防不胜防啊。"

华阳夫人一听子傒并未掌握实情，想到自己下一步的打算，当即就堵住子傒的嘴："这么说，你并不确定赵姬就是间者。"她缓一口气，瞧着嬴柱，娇滴滴地说，"异人在赵国多年，他并不知道秦国实情。即便赵姬想探听，恐怕也是白费力气，你说是吗？"

嬴柱见爱妃发话，自然满口附和："是的，异人也是秦国王孙，他怎么会泄露消息呢。"

子傒步步紧逼："儿臣请求父亲治异人私自成婚之罪。"

嬴柱说："他是你哥哥，你何必计较这些。"

子傒说："一般人家娶亲，尚且要经过纳采、问名、纳吉、纳征、请期、亲迎六大礼仪，儿以为，异人既是王公贵胄，更不能少了这些环节。他私自成婚，就是对父母的不敬。父母在而不请就敢成婚，更是大不孝。如此不敬不孝之人，我羞于叫他哥哥。"

"胡闹！"嬴柱忽然高叫一声，"他就是你的哥哥，因何如此薄情寡义。"

子傒却硬着脖子一逼："父亲若是不管，我就问问大父，这样行也不行。"

华阳夫人毕竟不同于嬴柱，她娇柔地一笑，说："你这孩子，和你父亲说话，都这么硬气，是想逼宫不是？"

子傒一心想着自己占理，就硬逼着父亲追究异人私自成婚这一罪过，这也是来见父亲之前和谋士士仓商量好的对策，没想到此时被华阳夫人如此一问，顿时结结巴巴地说："儿臣绝无此意，只是想在父亲这里讨个公道。"

华阳夫人说："既如此，你做得对。我劝劝你父，教训异人一通。不过，异人身在邯郸，只好等几年后他回来再教育。"

子傒沉不住气，急口说："他已经回到了咸阳。"

这一下，可让华阳夫人揪住了理，问："你见过他了？"

子傒一愣，说："没有啊。"

"既没见过，何以你又说他回到了咸阳？莫非你一路跟踪他？"

这样连三赶四追问，将子傒逼得窘迫，他红着脸说："没有此事。"

华阳夫人说："既然你没见过他，我想，异人回来，总会来见你父亲的，见面后，先问问清楚再做决定，才妥当，你说是不是？"

子傒本来觉得自己揪住异人私自结婚这件事，就能将他一举打败，没想到却成了现在的局面，顿时有些恼怒，说："你们这是偏向着他。"

人年轻的时候，是最容易犯这样的错误的。子傒说完这句，也觉得自己说的有些牵强。这句话，正好被华阳夫人逮住理，追问："你说的偏向，是什么意思？是说你父亲故意不亲你，愿意亲多年不见的异人？还是说，你这句话另有所指？如果是另有所指，你指的是哪件事？"

子傒再糊涂，也不至于说出"怕你们立他为嫡子"这样一句话，顿时窘得面红耳赤，嗫嚅着说："我是说，父亲溺爱他。"

嬴柱这时插进来一句话："我都多年没见异人了，何谈溺爱，胡说。"

子傒忽然耍起了小孩子脾气："我就知道，我说什么你们都不信。"

嬴柱毕竟是父亲，勃然大怒："还不退下！休得再胡言乱语！"

子傒赌气地边走边嘟囔："我就要说说，他私自成婚就是不对！"

看着子傒赌气远去，嬴柱气得连声咳嗽，华阳夫人趁机说："这个子傒，越来越没有规矩了，都是你脾气好娇惯的。"

嬴柱说："从小就看着他长大，这孩子一心学武艺，没想到现在争强好胜的心，也转向了这里。"

华阳夫人说："你心里可要有一杆秤啊，不能耳根子一软，听了他的话。"

嬴柱说："我答应过夫人，立异人为嗣子嘛。对了，这异人什么时候回来的，我怎么也不知道。"

华阳夫人此时也不知道，就说："或许是子傒乱叨叨的，再等等，他回来总会先来见我们的。"

说这句话，她自己都不信。

她忽然担心起来，自己一心帮着异人，如果他回来先去见了他母亲，不定会说什么呢。如果他改变了主意，那可就麻烦了。转念一想，或许不至于，他母亲如今失宠多年，去见只会徒增烦恼，料那异人不会不分轻重。退一步讲，即使他糊涂，吕不韦也不该糊涂。

嬴异人回来后，在吕家商铺已经待了十多天，见吕不韦只字不提见华阳夫人的话，内心十分焦急。可他总觉得，再忍一忍，或许明天就安排见面了。

一等再等，实在沉不住气了，这天晚上，他就来到吕不韦的书房，两人进行了一次深谈。

这次谈话，嬴异人说的话非常强硬。

"咱们回来十多天了，公子为何还不安排见华阳夫人？"异人问。

"这需要时间。况且，你我都没有恢复体力，精神不好，去见了反而对我们不利。"吕不韦说。

这话在异人听来，分明是推脱，先说"需要时间"，又说"精神不好"，他听完，就反问一句："究竟是嫌对我们不利，还是没有安排？"

吕不韦并没有意识到异人的语气，还真诚地说："都不利。"

"是对你不利吧？"

这一次，吕不韦听懂了，看着眼前的异人，感觉十分陌生："公子什么意思？"

异人在屋里来回走两步，忽然停住脚步："莫非，公子之前和我说的话，那玉符，都是假的吧？"

听他这样一说，吕不韦明白，他是太心急了，恨不得马上见到华阳夫人，将立嗣子这件事敲定。这也就明白，他为什么不肯去见亲娘了。想一想，说："公子休要怀疑，千真万确。"

"既然是真的，为何迟迟不去见华阳夫人和我父亲。"

这咄咄逼人的口气，让吕不韦很不舒服，说："去见容易，见之前，总要好好筹划一番。"

"叫我看，要么是你说了假话，要么是变了主意。"

吕不韦气不打一处来："我变什么主意？你在赵国我还千方百计帮衬你，如今回到秦国了，我怎么会舍弃你而选择其他人？"

"那为什么拖这么久不去见？"

左也是催，右也是催，简直有些胡搅蛮缠，吕不韦没好气地说："暂时不适合见，你再等等，便有分晓。"低下头看起书简来，不再搭理他。

千辛万苦帮助他回到秦国，没想到异人一下变了嘴脸，这点让吕不韦十分生气。嬴异人在屋里继续转圈，走着走着，他猛然停住脚步，问出一句话："赵政是你的儿子吧？"

这句话一出口，不啻晴天霹雳，吕不韦瞠目结舌，心跳加速，死死地盯住嬴异人，内心里上下翻滚，脑子飞快地转着：怎么办？我该如何解释？瞧异人这架势，是准备决裂了。怪不得今天说话阴阳怪气，步步紧逼。可是，谁会告诉他呢？知道这件事的只有赵姬和他吕不韦本人，难道……吕不韦不敢再想下去，他没有想到，这个赵姬，曾经的青荇，也会变心。也难怪，毕竟他们生活了一年多，可是，为什么赵姬要变心呢？告诉异人这件事对她有什么好处呢？是能赢得异人的忠心，还是能揭穿吕不韦的用心险恶？揭穿吕不韦，对目前的赵姬和异人有什么好处呢？

这些，都是吕不韦瞬息之间脑子里思考的东西，他没有说出来，可内心里已经充满了恐惧，带着对异人的愧疚，甚至还有对赵姬的一点点怨恨，他回答道："你说呢。"

这样一句话，对吕不韦来说，算作缓和的一个必要步骤。面对异人的质问，他能怎么说？是果断承认还是矢口否认，相信如果异人知道了详情，再狡辩下去，并无实际意义，所以他说出这句话，以试探异人的反应。

没想到，异人却话题一转："如果你改变主意，我就说，赵政是你的儿子！"

同样的一句话，此时这样说出来，就叫吕不韦大放其心。他虽然没有拍胸脯，但已经深深放心——原来异人并不知道真相。他所谓的逼问只是为了达到目的——催吕不韦早日安排见华阳夫人！

明白了他的心思，吕不韦冷冷一笑："只要你不怕父亲怪罪，秦氏王族怪罪，你尽可以这样说。"

嬴异人此时已经不再是蜗居聊城的那个人，他已经回到了秦国，他的出生地，他要行使他王孙贵族的权利，所以，他硬邦邦地顶回来一句话："恐怕，最先追究责任的，是你吧。"

"这样做，对你的好处并不大。"吕不韦说。

"可这样一来，大家就会看到你的野心。出于对商人的厌恶，你将永无立足之地。"异人变得嬉皮笑脸。

他为自己取得这样的胜利而欣慰，更为自己的聪明而陶醉。

吕不韦从来也没有想到，一直唯唯诺诺的异人，会忽然变得如此厚颜无耻，联想起他昔日逼迫着自己索要赵姬的场景，吕不韦就有些后悔，真不该如此轻信这个人，应该早就想到，他是秦国公子，最终是强势的，是不讲规则的。对于他们这些王孙们来说，所有人只是个工具。他们落魄时的韬光养晦，只是为了来日积攒资本。即便像吕不韦这样的富商，在贵族眼里，也只是个略有用处、可以利用的工具而已。吕不韦感到深受刺激，他本来想着，通过自己的努力，培养一个将来的秦王，通过这个关系，实现自己一心拯救百姓的愿望，没想到，算计来算计去，最终还是难以逃脱"工具"这个悲惨命运。甚至这一刻，他觉得已经不单单是商人这个角色了，他成了最受人唾弃的角色，不值一提。

吕不韦只好悠悠地说："既如此，你我往日的约定，权作是一场笑话，我撒手了！"

他颓然地往靠垫上一靠，仰起头颅，眼窝里噙满了盈盈的泪花。一场游戏一场梦，不怨世界太冷酷，只怨自己太天真。

如果二十几岁犯这样的错误还能原谅，可现在年近不惑，却犯下了人生中最大的一个错误，这是无论如何也无法弥补的。流泪是为异人，感觉他太薄情。同时也是为自己，怪自己眼瞎。

嬴异人一听吕不韦说出这样绝情的话，顿时慌作一团，急口说道："你可不能撒手。"

说这样的话，连他自己都赶到苍白无力。逼迫也是你，反过来不让撒手也是你，他自己都不信吕不韦肯听自己的，所以，连忙又补充说："我不过是开个玩笑，吕公子切莫当真。你我是盟过誓的，什么时候都不能随便背信弃义。"

吕不韦问一句："赵政不是我孩子了？"

"不是不是，我说这话，谁会信啊，赵姬大期才生下赵政，你哪有这瞒天过海的本事。"

的确，赵姬嫁给异人后，十个多月才生下儿子，嬴异人当然不会怀疑。

吕不韦已经知晓嬴异人是讹诈自己，但他不想就此事日后再有说法，就紧紧地追问一句："公子既这么说，我与赵姬可还有半丝关系？"

"再有关系，你就是夺人之妻。"嬴异人也知道啥时候该说啥话。如果此时不表态，恐怕吕不韦就真的不管他了。

吕不韦需要嬴异人这个平台，嬴异人同样需要吕不韦这个帮手。这就像一个人的两只手，谁也离不开谁。

吕不韦见火候差不多了，也不能多得罪异人，就说："我近日就抓紧联系华阳夫人，公子也要多温习些功课，以防你父亲考试。"

异人说："全靠公子周旋，我今日确实有些急躁，万望莫要放在心上。"

一场心灵的角逐，最终以握手言和告终。

但吕不韦知道，或许这件事已经埋下了隐患，嬴异人说不定什么时候，还会以同样的理由逼迫自己。之前他一直以为自己做得天衣无缝，到此刻忽然觉得，平日里看似被自己摆弄的人，很有可能摇身一变成为要挟自己的人。

嬴异人始终唯唯诺诺，怎么也没有想到，他会来这么一出，不但威逼自己,还为日后留下了隐患。

现在想起赵姬和赵政,吕不韦觉得,很有必要,尽快接她们母子回来,好好交代一番,不叫真相露馅。这是最致命的!

等嬴异人走后,吕不韦一个人在书房里发呆,必须尽快想个办法,让异人见到华阳夫人,按照事先约定的程序,排除一切干扰,立异人为嗣子。

但同时吕不韦也知道,立嗣子其实和立太子程序差不多。若是没有老秦王嬴稷的应允,总是不算数的。子傒公子对这个嗣子势在必得,他肯定不会放过任何一个机会,必须赶在他之前将这个位置定下来。最最重要的一步,就是让华阳夫人认下异人!

其实,华阳夫人自从听说异人回国的消息后,就一直等待着吕不韦领着异人来见自己,对她来说,之前吕不韦说过的话,言犹在耳,如果不能顺利收一个嫡子,将来的日子肯定是不好过的。但她不能急,甚至不能催姐姐芈容。如果是主动催姐姐芈容,让她找吕不韦来见,就不但丢了面子,还失去了主动权。她需要的,是一个仪式,一个极其隆重而又虔诚的仪式。她需要异人服服帖帖、心甘情愿地来投靠自己,只有这样,她才能在将来掌控局势。

华阳夫人本来并不善于此类宫廷斗争的,但此时人在宫廷内,又不便惊动姐姐,她只能强忍着焦急的心,苦苦等待着吕不韦的到来。

对于布局高手吕不韦来说,他带着嬴异人回到咸阳,故意放出风声来,就是要制造这样的气氛,他需要几方都着急起来,才有利于下一步的行动。倘若各方都抱着无所谓的态度,他将疲于应付,那样的话,取得的效果自然是对自己十分不利的。

这期间,白露还催他道:"你可把握好火候,别叫华阳夫人着急了。更不能叫芈容看出来端倪,那可就真的麻烦了。"

吕不韦安慰她道:"放心,我其实是在寻找最佳时机和最佳方式。你也知道,对华阳夫人和异人来说,只有一次机会,所以,这一见面就要让双方印象深刻。"

自从嬴异人逼迫过后,吕不韦就开始为他量身定做见面的衣服。他不能让华阳夫人见到一个落魄的嬴异人,必须让这个女人觉得——异人真是个人才!

这样的话,才能赢得日后的胜利!

二、多事之秋

自从嬴异人在吕家商铺逼迫吕不韦后,时间不长,吕不韦就安排他去见华阳夫人。去之前，吕不韦对嬴异人进行了包装。他让异人换上了博袍、广袖的红色楚服，华丽的楚国服装上绣着飞翔的凤鸟，衣襟边绣着连绵不绝的花纹。

异人不解地问："我是秦人，去见父亲，为何不穿秦国衣服？"

吕不韦说："你多年未回，今日去见父亲，定要装扮的华丽一些。这大红的楚服，吉祥！"

异人还是感觉别扭，总感觉怪怪的，可他不敢多问，生怕吕不韦又改变了主意，只好忍着。

来到太子府上，太子正在休息，先见了华阳夫人。

华阳夫人一瞧异人的服饰，惊讶地说："你这身衣服是谁选的？"

异人答："是……"他尚在迟疑，不知华阳夫人是满意还在怪罪。

华阳夫人顾不上听他细说，喜盈盈地说："难得异人你这么有心。我是楚国人，为了见我，你还专门换上楚国服饰，真不愧是我的好儿子！"

异人一听她很满意，当即说："母亲喜欢，儿臣多穿就是。"说完这句话，他扭头看一眼吕不韦，此时才明白了吕不韦的心思。

华阳夫人说："你既然有这份心思，又愿意立为嗣子，我这当娘的，就赐你一个新名字——子楚！你可愿意？"

异人哪肯放过这个机会，满口答应："子楚！好，这样儿臣就名正言顺了。"

又聊了会楚国的礼仪，见异人端端正正站在原地，华阳夫人觉得还算满意。

"子楚，你稍等，我去叫你父亲来看看。"华阳夫人起身朝内室而去。

只留下吕不韦和异人两个人，异人就偷偷地问："我这是不是就算成功立为嗣子了？"

吕不韦说："子楚公子，这才是第一步，你要好好把握。不过，看今日的情形，八九不离十了。"

子楚便欢喜地等待着父亲来接见他。

嬴柱听了华阳夫人的介绍，也乐得做个好人，走进殿内后，一个劲儿夸："子楚，难得你母后如此喜欢你，你今后可要好好孝敬她。"

"诺！"

子楚站在父亲的对面，看着这位略显老态的人，感觉有些陌生。这再也不是少年离家时的那个父亲了，如今已经变成了一说话三咳嗽，一副弱不禁风的样子。难道，这就是太子！大秦国的太子应有的模样？他有些怀疑自己的眼睛，但他真真切切地知道，一点不假！这就是秦国太子、将来的秦王，无论自己如何看不起他，今后还必须事事听他安排。

一想到此，子楚就高声说："儿臣觉得，父亲应该多将息身体，我大秦国的好多事都要父亲料理呢。"

嬴柱神色愉悦，扭头朝华阳夫人看一看，指着子楚说："你看看，子楚如此懂事，那子傒还一直说他如何如何。对了，子楚，你是如何迎娶赵姬的，说来听听。"

猛然听到这句话，别说子楚，就是吕不韦和华阳夫人，也都吃了一惊，生怕子楚说出让嬴柱不满意的话来。

华阳夫人急忙拦住："子楚刚刚回国，一路上历经风雨，这头一次见面，瞧你问这些麻烦事，改日让他向你禀报也好，来，快喝了这碗银耳粥。"

说完，不容分说，将一碗粥硬塞到嬴柱嘴边来，抄起勺子就喂了两口。同时，华阳夫人朝着子楚和吕不韦丢个眼色，他们急忙告辞出来。

走出殿外，子楚撩起衣襟就扇风，说："这大热的天儿，穿这么一身，后背都顺脊梁流汗，快脱下。"

吕不韦瞪他一眼，说："公子可是不想当嗣子了？"

子楚才意识到，他如今在太子府上，言行还需要有个规范，否则随时都有人汇报给华阳夫人和父亲，因此就只好忍着燥热，匆匆出门而去。

这以后，隔个三天五日，子楚就让吕不韦陪着来太子府见父亲和华阳夫人。有一次，嬴柱有意测试他的学业，就问道："子楚，把你念过的书简读一读，为父听一听。"

这一下子楚可发了愁，他在赵国只顾整天想着"回国，回国"，哪里念过什么书，他支支吾吾地说："儿臣……"吕不韦一见他要露馅，皱起了眉头，暗示他找个理由，子楚毕竟也曾游走于赵国贵族间，有人问过此事，他当即说："儿臣自小就被送出去在外当质子，哪有老师教育啊。虽说也听了一些先生见识，可朗诵还不算流利，容儿臣改日多加练习，再给父亲诵读。"

他这样一说，华阳夫人也替他打圆场，马上装出一副悲伤的样子，说："可怜的儿啊，想你一个人从小在外，一定受了不少苦。难得你还能忍辱负重，天天想着找先生讨教。"

嬴柱想起往事，也感伤起来，说："你受苦了。现在回到秦国了，那些不快的日子结束了。你改天多过来，和你弟弟们一同听先生教课，补补学识，将来有用。"

"儿谨记在心！"

第六章　咸阳风云

吕不韦自从这次事件过后，一直想着，要替子楚在嬴柱面前留下个好印象，于是就不断给子楚灌输些为君之道，让他日日牢记。后来见子楚实在听不进去，就为他导演了另外一出戏。

转天，子楚来见安国君嬴柱。

见面行礼之后，子楚说："父亲以前也去过赵国，邯郸城里的豪门贵族都只认您。"

嬴柱饶有兴趣地问："你在邯郸都听谁说起过？"

"平原君、建信君都曾多次说起过你。"

"我儿与这些人有交往？"

子楚说："他们与儿臣交往，不过是看着你的面子罢了。"

嬴柱一听十分受用，微微眯起眼睛说："那都是以前了，不提也罢。"他随即想起，自己当太子这么多年，始终无法发号施令，不免有些落寞。

子楚夸赞父亲，只是为了引出下文："如今你是秦国太子，地位特殊，自然不能和这些赵国人多有联系了。所以，儿臣就想着，这些人会不会因此对你怀有怨恨之心。"

"这是两国交际，由不得个人啊。"嬴柱说。

"可儿却又担忧，怕这些人暗地里谋害秦国和父亲。我有个想法，请父亲下令，以后边境的城门要早闭晚开，以防他国间者、刺客阶级混入。"

嬴柱点点头，赞许地说："我儿考虑甚是！"

华阳夫人也夸赞道："子楚真是越来越成熟了，考虑问题周到又仔细。不像那子傒，天天就是舞刀弄枪，说话还没个大小。"

嬴柱高兴，就说："子傒确实爱耍脾气，不过他说两句，也是为他兄长好。"

"为他好？子楚在赵国受苦受难，孤苦伶仃一个人，娶了个普通赵国女子为伴，不过是图平日里有个人说说话，你瞧子傒说的那些话，什么赵国间者，什么自作主张，叫我说呀，他就是诚心和子楚过不去。"

嬴柱见夫人唠唠叨叨，心中顿时烦躁，就说："他还是个孩子，别跟他一般见识。"

"孩子？我瞧着，是有人在背后怂恿，想要抢夺嗣子这个位置吧。"华阳夫人直截了当地说。

嬴柱说："即便他有这个心思，也是正常的事情嘛。"

华阳夫人一听，当即将脸色一变："太子，你说好的话可不能不作数啊。子楚这里，还有你亲自刻下的玉符为证。"

嬴柱见华阳夫人不高兴，马上赔笑说："哪里不作数了，肯定管用的，改日里，我请父王找个好日子，将这件事定下来，举行个仪式。"

此时，秦、赵两国仍旧在不断混战。秦军取得了胜利，攻取赵国二十余县，俘虏赵卒九万人。

这对于"国中缺良相"的秦国来说，是非常大的一件喜事。战报传递回秦国，秦王嬴稷难得地亲自出城迎接凯旋的将士们，趁着秦王高兴，太子嬴柱向秦王诉说子楚归秦的百般不易和吕不韦的贤良，秦王便封吕不韦为客卿，拥有食邑千户。

这虽然只是个虚号，但对于吕不韦来说，初步的目的已经达到。至少，他得到了秦国太子的青睐和秦王的承认，从此不再是那个"卑贱的商人"身份。

他现在需要的，就是等待。

虽然这等待简直就是一场无尽的煎熬，但总比没有一点希望要好很多。他和子楚都在耐心地等待着。等待老秦王逐渐老去，失去权力那一天。当然，这天也就是太子嬴柱登基的日子。嬴柱的身体羸弱，这是大家有目共睹的。他们同样在等待着，嬴柱一登基，子楚就能顺理成章地成为太子！

这边希望升起，然而，在吕不韦的故乡卫国，却发生了一件可谓是奇耻大辱的事情。

卫怀君前往魏国觐见魏安釐王被杀，魏安釐王改立自己的女婿卫元君为卫君。

吕不韦听到这个消息后，一整天都不吃不喝，一个人关在屋子里发呆。荆云几次进屋，本想规劝他。可看到吕不韦目光呆滞的表情，他自己也泛起了思乡之情。

"荆云，这是真的没有家了！"吕不韦眼窝里噙满了泪水。

"谁说不是呢。可怜的卫君，从此卫国就真的没有了。"

"不！有生之年，我一定要重振卫国！"吕不韦任由泪水滚落却坚定地举起拳头。

"公子，还有什么意义呢。即便是重新立国，也不再是真正的卫国了。"荆云神情颓然地说。

"不一样，不一样，只要有卫国在，一切就都有希望。"

荆云淡淡地说："还能有什么希望？国无君主，君无将士，百姓缺少血性，好端端的一个周天子元老之国，就这样没了……"

"你等着，荆云，我一定可以的。"

"公子，你现在需要的，不是建立一个伟大的新国家吗？叫我说，你就一心扶持秦国吧，这是个争气的国家！这是个有血有肉的国家！这是个战国之世最有争心的国家！"

吕不韦好像突然明白一样，软软地一瘫，诘问道："荆云，你为什么要说得这么透呢？就不能给我保留最后的一点念想吗？"

"大势所趋，卫君不争气，你我能有什么办法。公子，不必气愤了……"荆云悄悄地退出去了，吕不韦还呆呆地坐着，他在憧憬着，一个崭新而美好的卫国重生了……

子楚的地位保住了，但子傒不放过最后的机会。

士仓提出最后一搏："你必须再追问太子，子楚娶妻一事。"

"子楚？"子傒鄙夷地说，"你听听这名字，多恶心。一个秦国王孙，如今却觍着脸亲楚国妇人的屁股，我都没脸提这个名字。"

士仓说："公子现在必须得改一改了，再也不能在太子面前耍横了。你越强势，子楚便越示弱，这样一对比，太子就会更加倾向于他。"

"父亲真是老糊涂了。就他那样子，书没读过，武艺又不精，真要把秦国交给他，那不完了吗。"

士仓说："这是后话，我们得想个办法，让天子改变主意。"

"有那个狐狸精缠着，难啊。"

士仓眼珠子一转，狡黠地问："你确定，说子楚娶妻的事情，太子并没有当成大事？"

子傒点点头，说："虽然不合祖制，可他们硬是狡辩说，人在外国，好像也能说得过去。"

"既不能拆，索性，我们就送，如何？"

子傒懵懂地看着士仓，问："怎么送？送什么？你疯了？"

士仓忽然乐呵呵地说："对，就是要疯。你疯一次给太子看看。"

子傒傻傻地看着眼前的这个老者，虽然不知道他说的啥，但一定是妙计，便歪起脸，端着腮，仔细地瞧着他，等他说出来。

"我们再给子楚张罗一桩婚事！"

"这可真是疯了！"子傒猛地站起身来，"我们不拆台也就算了，这样帮忙我可做不到。这不是叫我去巴结那个傻子吗？"

"他不是傻子，是你的兄长！"士仓徐徐道来，"你从今天起，就要学着韬光养晦，见面就亲热地把他当成兄长，让太子看到你的宽容大度，这才是一个王者最基本的修养！"

"不，不。"子傒一个劲儿摇头，"我一想他那张脸就想吐，别说亲热了。"

士仓说："你不想做王了？"

子傒说："就是想，也有限度吧。"

士仓劝道："我们一时的隐忍，是为了日后的大业。你听我细说这桩事的好处。我是这样想，虽然太子一直不明确表示反对子楚的婚姻，但他也知道这毕竟不是光彩事，我们揪着不放，就会让太子怕见你，怕你纠缠！可是，如果我们突然提出，让子楚再娶一个妻子，这样，不但太子觉得你'饶'了他，让他轻松出了一口气，心里就会感激你，同时也觉得你的气量大！而那子楚呢，正缺少个女人在身边，你帮他物色个，他当然要感激你。这是一箭双雕的好事啊。"

听他这样一解释，子傒也扭转过来："对，我们帮着物色，就可以安插自己人！"

士仓笑嘻嘻地说："公子果然聪明。"

子傒却摇着头说："不能由我们帮忙，该由父亲主持！"

士仓望着他，深沉地竖起大拇指："公子考虑极是。我们一出面，吕不韦等就该警觉了。"

子傒说："要不露一点痕迹。"

士仓深深鞠躬："公子，这才是真正的王者气度！"

"这样一来，他有儿子，也不具备优势了。"子傒说。他知道，在父亲嬴柱心里，准备立子楚为嗣子，首先考虑的就是子楚有儿子延续血脉。

接下来发生的三件事，让子楚向王位越靠越近。

第一件事，子傒向太子提议，兄长子楚久居他国，如今回到母国，不能再受煎熬，应该为他再娶一个妻子，让他感受家的温暖。

嬴柱听罢，连连夸赞子傒胸怀天下，有大秦王孙气度。

子傒一心要替子楚寻找贤妻，这一点最终被吕不韦识破。为了不引起子傒和太子嬴柱的怀疑，吕不韦思前想后，这个妻子至关重要，既不能让子傒诡计得逞，又不想让华阳夫人趁机安插自己人，还必须做得滴水不漏，使得各方势力保持均衡，最终，他想到了一个人——夏姬。

子楚的母亲夏姬，直到现在，还没有见过自己的儿子子楚。子楚坚持不见，这一点是对的。过于与母亲亲密，势必会引起华阳夫人的不满。

吕不韦亲自来到长信宫，见了夏姬，说："你儿子回到秦国了！"

夏姬连忙施大礼："感谢吕公子！"

吕不韦说："他如今改名了，叫子楚。"

夏姬说："知道了。"

吕不韦说："你心里就不难受？这名字是华阳夫人起的。"

夏姬说："人在不能控制的事情上徒忧伤，只是白白折磨自己。"

吕不韦说："子楚在赵国娶妻生子了。"

夏姬说："母子安康吧。"

吕不韦说："母子都很好，这次我们回得匆忙，她们母子一时还留在赵国，不过很安全。"

夏姬说："那就好！"

吕不韦又说："子楚要再婚了！"

夏姬说："应该！"

吕不韦问："你就不问问，是哪国女人？"

夏姬说："不该操心的，不瞎操心。"

好一个睿智的女人，好一个精明的女人！吕不韦暗暗吃惊，时间真是无所不能。能让一个女人在独自沉思中变得如此波澜不惊！

吕不韦就问："如果要你操心呢？"

夏姬紧接着问："你吗？"

这一问，当即让吕不韦心中凛然：好厉害！她这是始终要抓住理由，即便日后谁追问，她也是听了吕不韦的话！而不是插手王族事情！

"对，是我！"吕不韦答。

"娶韩国女子！"夏姬说。

这句话更让吕不韦想不到，来时，他还想好了许多理由，如何劝说她，没想到她却如此通透！看来，以后要成大事，这个女人是个最佳人选。凡事想得很透彻。一个人在清净的地方待久了，确实能醒脑！

"是的，我也是这样想的。有理由吗？"吕不韦准备以她的理由去说服嬴柱和华阳夫人。

夏姬自然明白，吕不韦要"理由"的用意，说："一、我被困在此处，娶韩国女子，我也控制不了；二、韩国如今最弱，娶韩国女子，不至于让将来的秦国陷入后宫干政的旋涡中；三、各方都需要子楚娶妻这个机会，娶个中间派，各方都还接受！"

"您说的一点没错！"吕不韦拱手行礼，"那我就走了！"

夏姬说："公子走好，我就不送了。"

就这样，最终，经过一番运作，子楚娶了个韩国夫人为妻，一年后生育了一个公子：成蟜。

子楚在接替王位的道路上，又增加了一道筹码：即便赵政回不到秦国，儿子成蟜就成为备选。

第二件发生的事情，表面上看，似乎与子楚无关，但确实是一件大事——秦国把西周吞并了！

就在秦国不断攻打赵国之际，楚国见魏国信陵君窃符救赵，在诸侯中声名大振，极为后悔楚国没有抓住这个扬名的机会，于是转而报告周天子，声称秦国欲攻打三川，楚国愿意发动五国合纵，维护周天子。

周此时已分为东周、西周两国。

各国诸侯并不真心作战，以西周为首的军队，遇到强大的秦军，一击即溃，于是西周将舆图亲手献给秦军。

秦军将领嬴摎一面派人回秦奏捷，一面带兵入王城雒阳，降西周天子为君，属秦国家臣。秦军入城后，捣毁周朝宗庙，把祭祀礼器搬走，将象征天子的九鼎迁往秦国。

九鼎，一直是象征天子、中国的重要礼器，拥有九鼎者就是天子！如今秦国一国独有，令各国震惊！从此以后，秦国将拥九鼎号令天下，不再是蛮夷之国！虽然各国都十分不愿意看到这种情形出现，但又都无力阻拦。

据说，搬运九鼎的时候，有人听到鼎中有哭泣声。等九鼎运到泗水时，一鼎忽然从船上飞起，沉入水底。嬴摎派人打捞，不见有鼎，却有一龙，龙鳞张开，勃然大怒，吐纳河水，波涛汹涌，众人在船上皆恐慌，于是不再打捞此鼎。

嬴摎晚上做梦，梦到周武王坐于太庙，质问："你为何要迁我重器、毁我宗庙？"命人用鞭子抽打嬴摎背部三百下。嬴摎梦醒后，觉得背部异常，从此患上背疽，带病归秦，将八鼎交给秦王。秦王惋惜地说："地已经都归我秦国所有，为何鼎却不肯依附呢？"准备多发兵再次去打捞鼎，嬴摎制止道："神物有灵气，不可强取。"秦王才勉强作罢。

这件事的发生，使得秦王成为名正言顺的天子！这个看似并不与子楚有关系的事情，最终促成了第三件事。

秦王年迈，本来一直想着能够东出，征服中原诸国，实现几代秦王的宏图大志，但自从白起去世后，战争一直难以取得决定性的突破。正在为难之际，灭掉西周、取得九鼎，无疑是最大的心里安慰，他陷入无比的兴奋中，也陷入极大的慰藉中，于是不再攻打赵国。赵王在子楚逃出赵国后，曾经无比气愤，听说赵姬和赵政还在赵国，下令大力搜捕，誓要斩杀母子，一泄愤恨。秦国停止攻打，赵王就决定不杀赵姬和赵政，这就为子楚保住了妻儿。正是这种历史的转折，最终保住了中国一个伟大的人物。历史不会重回过去，但也正是这种不可选择性决定了历史的进程。如果当时赵王杀了赵政，这个统一中国的大任还不知会落在谁的头上。

第三件事：老秦王去世。

秦王去世，整个秦国笼罩在肃穆、哀悼的气氛中，但并不慌乱，因为早早就立下了太子嬴柱，使得有心趁机作祟的秦国王族缺少正当理由。太子嬴柱领国后的这段日子，主要的任务就是为先王守孝、安葬等事宜。他本来身体就弱，加上这种长时间折腾，身子骨越来越差，有时候还需要人搀扶才能上朝理事。

对于子楚来说，父亲登基无疑是大好消息，他距离被立为太子又近了一步。

这期间，吕不韦腾出空来，做了另一件移花接木的事情。

吕不韦对白露说："给赵十八飞鸽传书，叫他寻找个可靠的人，前去楚国献美人。"

白露不免有些担心："秦国当此重要时刻，去楚国？"

即使对白露，吕不韦也无法说透，就说："现今，赵国经受大挫，燕、魏、韩也都不足为虑，唯有楚国一支独大，我们要早些做准备。"

白露还是不解："当前最要紧的是子楚的父亲登基，其他都还没那么急吧。"

吕不韦说："谋划要趁早嘛。"

"你的意思是……"

吕不韦这才对白露说出，找个女子献给楚王，是为了日后少点杀伐。

白露虽然觉得有些牵强，但毕竟他这么说了，就应允了，择日就给远在赵国的赵十八飞鸽传书，密授计议。

吕不韦是在完成一件只有他自己心里明白的事。

他打探到，楚考烈王一直没有儿子，所以他想利用这个机会。

楚王无后，丞相春申君自然十分发愁，曾多次为楚王寻找宜于生育儿子的女子进献，均无结果。

所以，吕不韦就让赵十八去不动声色地做这件事。不久，赵十八找到一个叫李园的人，他有个妹妹名叫李嫣嫣，是个绝色美人。

得知这个消息后，吕不韦这一次连白露也没有用，而是自己亲自动手，用明矾水写了一封信，发个泥封件给赵十八，信中详细交代了要李园完成的任务，并同时奉送百金。

李园得了这笔财富，又听闻了之后的计谋，觉得这是一次难得的机遇，便乐颠颠地带着妹妹李嫣嫣到了楚国，租了房子住下。

李园先是寻找机会做了春申君的舍人，之后忽一日，他来辞别春申君，说赵国老家有事，需要回国一个月。春申君自然准了假。不料李园三个月后才又回到楚国。

春申君问："君何以费了这些时日？"

李园说："齐王派使臣来求娶我的妹妹，由于我跟那个使臣饮酒，所以延误了返回的时间。"

春申君听听，顿时好奇，什么样的女子，竟让齐王看上，便问道："订婚礼物送来了？"

李园摇摇头："那倒没有。"

春申君想起楚王一直没有儿子的事，不觉就问："可以让我看看吗？"

李园拱手行礼："公要见，当然可以。"

于是，李园找准一日，将他妹妹带来见春申君。春申君一见，果然是天姿国色、貌美惊人，乐呵呵地说："献给我王做妃，成全好事。"

不料李嫣嫣却眉头紧锁，娇滴滴地说："小女子以为兄长带来，是给相国做妾，今日一见风度翩翩，若能成全，此生无憾。"

李园也趁机说："小妹如蒙丞相不弃，已经感恩不尽了，再说，她仰慕的是您，改日再为楚王另寻贤良吧。"

兄妹二人一唱一和，将春申君说得心花怒放，又实在舍不得如此美人，就同意了。

李嫣嫣年轻漂亮，又会撒娇，很快赢得春申君的宠幸，不久就怀孕了。

听到妹妹怀孕的消息，李园忍不住心中的兴奋，就将为何要来楚国的目的说给妹妹听。

李嫣嫣听完，嘟着嘴当即反对："当初丞相就说要把我献给楚王，是你让我嫁给丞相，如今又要变卦，何必费此周折。"

李园说："我的好妹妹，你好糊涂。那楚王不能生育，这是大家都知道的。嫁给他，岂不把你一辈子毁了。在王宫里没有子嗣的夫人，能有什么好下场，我这当兄长的，怎么能忍心让你受罪。"

"如今又要我嫁给楚王，还不是一样？"李嫣嫣赌气说。

"大不一样。当初你嫁给楚王，不能生育就只好一辈子耗在王宫里，等着衰老。等老楚王去世后，你的一切就都结束了。可现在不一样了，如果能劝说丞相将你献给楚王，日后楚王就只有你生育了王孙，你！就是将来的太后！"

"这多危险啊！要是被发现了，可如何是好？"李嫣嫣担心地说。

李园信誓旦旦地说："楚国只有你生育了王孙，这个位置是牢固的。再说，你还有春申君的势力，还有谁能兴风作浪？"

李嫣嫣这才稳稳地点头。

转天，李嫣嫣愁容满面，春申君见了，就询问原因。

她说："楚王尊重宠信你，亲兄弟关系都比不上你。可越是这样，妾越害怕。你任楚国丞相，有二十多年了吧。大王没有儿子，哪一天楚王寿终之后，肯定会改立他的兄弟为王。大人，新国君改立后，一定是提拔他最亲信的人，到那时，妾担心大人不再受新楚王重用。"

她这样一说，春申君当即神色凝重，夸赞道："夫人所言极是。这的确是个问题。没想到你考虑得这么深远。不过，老夫想着，他们也不敢怎么样！"

李嫣嫣见引出的话奏效了，当即紧追不舍地又说："大人身处尊位，执掌政事多年，对王的兄弟们难免有磕磕绊绊的地方。若果真王兄弟被立为国君，那些兄弟们趁机发难，岂不是殃祸就会落在大人身上，大人遭难，妾等只好等着流放受罪了！"

说完，她开始揉眼睛，哭哭啼啼，好像遭殃的日子已经到了眼前。

被她这样一哭闹，春申君心里也发毛了，虽然听起来有些耸人听闻，但依他多年从政的经验来看，她说的不无道理，于是就自言自语地说："是得想个周全的办法。"

李嫣嫣用心听过，止住哭声，轻柔地说："妾有个办法，不知可行不可行。"

"哦？夫人倒是有好办法，快说出来听听。"

"妾最近有了身孕，可是别人谁也不知道。我想着，得到大人的宠幸时间还不算长，如果凭您的尊贵地位，稳稳地把妾身进献给楚王，楚王必定宠幸我。到那时，仰赖上天的保佑生个儿子，这就是您的儿子做了楚王，整个楚国全为大人所有……"

春申君听着听着，出了一身冷汗："此事重大，你容我想一想。"

李嫣嫣又火上浇油地催着说："大人，妾身并不是为自己考虑，是为您和将来的儿子考虑。你想，一边是满门遭殃，一边是坐拥楚国。孰轻孰重，大人肯定能掂量得清楚。"

春申君忧虑地说："可这件事一旦败露，将是满门灭族啊。"

李嫣嫣搂着春申君的臂膀，柔柔地说："大人，您不说，谁又能知道呢。即便将来有谁乱嚼舌头，我不承认，谁又敢轻易妄议王妃呢！"

春申君还是犹豫不决地说："没有不透风的墙。"

李嫣嫣逼一句："妾听说，还有一句话，成大事，非有非常手段不可。反正，妾是好话赖话都说透了，任凭大人处置。"

春申君瞧着身边的李嫣嫣，感觉到她的胸脯起伏不定，知道她是为这件事激动，不觉心里暖融融的。一生有这样一位女子肯为自己生死不顾，何其幸哉！

不久，春申君顺利将李嫣嫣送给楚王，楚王宠幸有加，果然为楚王生了个儿子，立为太子，又把李嫣嫣封为王后。楚王器重李园，于是李园参与朝政。

这件事吕不韦做得悄无声息，听到楚国重用李园后，他一个人待在书房里，很享受地独自多饮了几杯……

三、三天之王

秦国太子嬴柱主持为秦王发丧，是个漫长的过程。这一系列烦琐的程序让他不堪重负。

就在众人都忙着发丧的时候，赵十八护送赵姬和赵政回到了秦国。

子楚忙着宫内的事情，吕不韦第一时间接待了娘俩。

望着很久不见的赵姬，吕不韦沉默了许久。赵姬也没有多说话。她也静静地望着吕不韦，眼前的这个男人，胸中怀有天大的理想，眼看着现在一步步靠近理想，这个昔日在吕家长大的赵姬，却一时感到自己有点不认识他了。

曾经，在大河边的孤岛上，两个人可以无话不谈。那些纯粹的往日岁月，过去了，再也回不来了。

赵姬最先打破了沉默，问："我们之间，那些预定还作数吗？"

吕不韦诚恳地说："当然算数啊，一辈子都算数。"

赵姬脸上泛出一丝光亮，接着问："当初，是你的主意吧？"

吕不韦明知她迟早会追究的："你的性格一点都没变。"

"你希望我变吗？"赵姬说，"我觉得，保持这种直来直去，比什么都好。"

吕不韦说："没变就好。这六年，你受罪了。"

赵姬勉强一笑，说："受什么罪？吃得好住得好，有人照料。这一些都托你的福。对了，还要感谢你，派人这么费事地把我们娘俩从赵国送回来。"

吕不韦情知她这话是带着怨气，便歉疚地说："好在都过去了，既然回来了，就好好弥补一下。"

赵姬却说："是，在你眼里，过去了。也只不过是短短六年。"

吕不韦见她不依不饶，知道她这些埋怨里有爱也有恨，心里也明白她复杂的情绪，可现在境况已经大不同了，便提醒道："如今，你很快就是太子妃了，一切都好起来了，忘掉那些不快吧。"

"太子妃！多好，真好！"赵姬呵呵笑着说，"我成了太子妃，你是不是见了我，从此就是君臣了？"

"不要说得这么难听。"

"你也知道不好受啊？在你眼里，一个太子妃就把我打发了？"赵姬质问道。

吕不韦说："很多事情，都是一直在变化的。我承认，有些事当时做得有些过头了。可，不这样又能有什么办法？我们还有很多事要做呢，莫要在这些事上纠缠了，好吗？"

赵姬忽然扑簌簌掉下泪来："你也知道，我此生，只为你。不管事情到了哪一步，你都不能丢下我不管。你说说你，当时多狠心。对我狠心也就罢了，连政儿，你也忍心？"

听到这里，吕不韦猛地站起身来，走到她旁边，一下抱住她，既是安慰也是警醒地说："这话可再也不敢乱说了。如今不比往日！异人也不是异人了，他现在是子楚！明白吗？你我之间，心里有就足够了，不能再发生什么纠葛了！"

赵姬猛地从他怀里挣脱，仰头看着他，说："我不管，如果你敢丢下我，我什么事都做得出来。"

"你！"吕不韦气得手发抖，"怎么现在成了这样！我们当初的约定呢，不是答应得好好的，一心辅佐异人，好好照料……"他无论如何也不敢说出"政儿"两个字，手僵在半空中，无处着落。

赵姬又倏地像变了一个人一样，扑哧一笑，说："瞧把你吓得，我又不是糊涂人，自然能拿捏好分寸。你只要不变心就行。"

吕不韦深深吸一口气，说："只要不是迫不得已，我们都不是任性的年龄了。"

赵姬好像突然想起来似的，歪着嘴唇调皮地问道："白姑娘最近好吧？"

吕不韦说："她还是那样，总是奔波在生意上，不得闲。"

"你倒也不心疼她。"赵姬又说。

"她哪里需要心疼，好多事还需要她出手相助呢。"吕不韦说。

赵姬吃醋地说："人家是有用的，不像我。"

吕不韦说："又来了，你如今身份不同了，说话不可这么随便了。等进了后宫，更是得事事注意。"

赵姬说："那还不憋屈坏了！"

见她气消了不少，吕不韦又陪着说了好多回到秦国后的事情，也询问了她在赵国的诸多事情，两人愉快地用了餐，赵姬才放心地带着儿子进王宫去了。

他走后，吕不韦却觉得心里像坠着一块大石头，始终沉甸甸的。思来想去，他觉得，如果不能顺利搬掉这块石头，只怕会落下病来。

择日，吕不韦又去长信宫见了夏姬。

吕不韦知道，如今，只有夏姬能够解开他心头的这个疙瘩。

夏姬最近也在给老秦王守丧，嗓子都哭哑了。吕不韦看见她更加消瘦，愈发显得高挑，先是宽慰地说一句："夫人不必太过伤心，保重身体。"

夏姬说："我们这些女人，自从进入这王宫，身体就不再是自己的了。说保重的话，顶多是安慰。不过还是要谢谢公子的好意。"

像这样太通透的女人，吕不韦一点也不敢掉以轻心，更像是对着一个君王说话。有些话，对于这样深谙政治的女人来说，不能说透，但又必须点透。别看夏姬现在受冷落，若是真的吕不韦做出什么不轨的事情或者大大违背秦律的事情，夏姬还是有能力将他治罪的。

吕不韦真正佩服和担心的，正是夏姬这样的女人。

吕不韦又说："最近，太子为料理秦王的丧事，着实劳累。"

"这是他应该做的，有些人想做，还做不成。"夏姬说。

"子楚最近在宫内，夫人可见过？"吕不韦问。

夏姬答："见是经常见，不得说话而已。"

"他已经被立为华阳夫人嗣子了。"

"这是人尽皆知的。"

"夫人就不为他未来着想？"吕不韦问。

"我思考的，未必管用。嗣子该考虑的，也首先是秦国振兴。"夏姬说。

吕不韦听她说得正和他意，趁机说："嗣子毕竟还不是太子。"

"我知道。"

"他是你的亲生儿子，荣辱得失，事关重大啊！"

"那是自然。"

吕不韦本想着，夏姬如果能主动说出一些话，可以省去他这种曲折的对话，可见夏姬并不"上当"，只好逼迫一句："亲娘，总是替儿子考虑得最多。"

夏姬听出他的话外之音，悠悠地问："可是还需要我做些什么？"

吕不韦当然不能直说，便拐着弯说："太子监国，毕竟是监国。明年登位后，不知嗣子还要当多久。"

这句赤裸裸的话，夏姬听后，浑身打了个冷战，而后，只见她咬一咬嘴唇，似乎下定了决心，说："当不了多久。"

吕不韦闻听，觉得心中顿时明亮，可又不知她会如何做，就试探道："何以见得？"

夏姬说："太子已经五十二了，最近又忙碌这些丧葬事宜，天天连喘带咳嗽。"

吕不韦觉得，这样的理由听起来有理，可还是缺少明确性，忍不住说："子楚也三十二岁了。"

这句话提醒夏姬，你儿子也不小了。继续等待，他就要步嬴柱的后尘了。

夏姬何等聪明，一点就透，为了稳住吕不韦，只好红一红脸，说："那华阳夫人，妩媚的很。不论多忙，太子也不肯'轻饶'她。"

这样一说，吕不韦听懂了许多：在宫内，体弱多病的太子嬴柱依旧迷恋于美色，陷入这种淫乐之中，是最伤害身体的。

可这毕竟不是吕不韦等来的消息。他总想着夏姬能做些什么，促进子楚早日被正式立为太子。夏姬这个亲娘，做些什么事催一下，再好不过。

吕不韦忽然领悟，近女色，这就是条路子，便说："男人嘛，爱美之心，总避不开的。若是身子骨弱到难以上朝，只怕……"

夏姬说："我懂！"

两个字，让吕不韦吃了定心丸，愉快地走出了长信宫。

不几日后，白露告诉吕不韦，许多大补的药丸最近王宫内大量采购："这个嬴柱，是不要命了。"

吕不韦说:"你只管做好你的生意就行,又不是郎中。"

白露撇撇嘴:"瞧瞧你们男人,这件事上,都这么没出息。"

吕不韦笑着说:"你现在也不讲理了,一说就牵连一大片。"

白露不搭理他,只管去忙生意了。

一转眼到了十月,正是秦国开年第一月。

初三这天,忙碌了半年多的太子嬴柱正式登基,当上了秦王。

登基后,尊自己的生母为太后。他的母亲,是父亲的滕妾——八子。

嬴柱只能按照礼仪将唐太后与昭襄王嬴稷合葬于芷阳。

为了显示自己当上秦王后的仁政以及笼络臣民,他颁布了两条政令:赦罪人,弛园囿(把服刑的罪犯赦免出狱,开放王家园囿,令民众出入采摘果物)。

他一上台做出的这两个决定,正是之前秦昭襄王极力反对的。要知道秦国法律始终是严峻的。

新秦王嬴柱还犒赏先王功臣、赏赐王室亲族,极力改变先王留下的苛政局面,要营造一个贤明君主临朝的形象。

然而,这个一心想扮演"开明"君主的秦王嬴柱,却在初五这天就去世了。

这一下,秦举国震惊。各种流言蜚语四起,朝野陷入神秘的恐惧中。

为什么嬴柱会即位三天就去世呢?

不得不说一说他之前执行的为先王丧葬而忙碌的半年。

战国时代,诸侯国几乎都称王了,所以任何一国君王去世后,丧葬规制早已超越了诸侯的级别。尤其是像秦国这样拥"九鼎"的国家君王去世,更要讲究排场。

君王丧葬,有着非常烦琐的礼仪,也非常考验人的体力。

从秦昭襄王初亡到埋葬的冗长过程中,子孙们要行使各种礼节、仪式、祭奠,主要有六大仪式:复礼(招魂之礼)、小殓、大殓、殡、朝夕哭、卜筮葬地和葬日。

嬴柱等诸孝子则痛疾之甚,交手哭。开始绝食三日。想象嬴柱本来身子骨就弱,又兼不注意节制宠幸华阳夫人,后来,宫内有大量采购补药进行恶补,反而加速了他的死亡之路。

三赶两赶,嬴柱又由于即位时的大量礼仪活动,加上五十三岁才即位,着实兴奋,诸多原因导致,即位三天就一命呜呼。

但嬴姓老族不肯放过这个机会，趁机跳出来说，是有人毒害王上。

秦王嬴柱去世，最直接的受益者是子楚，于是，所有的目光都集中到他身上。但子楚毕竟是太子，没有确凿的证据，谁也不敢乱指责，只好将矛头指向子楚的贴心辅臣——吕不韦身上。

忽然间，吕不韦成了众矢之的。当然，这只是暗中传说，因为吕不韦此时还没有临朝当大臣，只是个客卿。很多核心并不直接参与，所以这个理由显得有些牵强。

四、尘埃落定

追查首先从药物查起。

王宫内前一段时期大量选购补药，经手人是白露。第一个嫌疑对象就是白露。

白露立刻被捕入狱。

吕不韦听到这些消息，感觉天地旋转。他无论如何也没有想到，嬴柱会这么短命，更没有想到，此事会牵连到白露姑娘。

紧急来见夏姬。

长信宫内，夏姬不慌不忙。

"前一段王宫内大量采购补药，夫人可清楚？"吕不韦知道，这一定是那天说过后她做的手脚。

"清清楚楚。"夏姬说。

"果真不是毒药？"吕不韦急促地问。

"我的丈夫，我怎么可能下毒。"

"现在就怕，有口难辩。大王三天暴毙，此事定会牵扯一大批人。如果不能查清楚，只怕子楚即位都有风险。"吕不韦说。

夏姬点点头："言之有理。不过请先生放心，药物均有据可查，白姑娘不会有事。"

吕不韦分析道："就怕这时候有人趁机颠倒黑白。"

夏姬冷冷一笑："如今主持国事，不是子楚吗？"

吕不韦忧心忡忡地说："只怕他一时难以服众。"

夏姬胸有成竹地说："不怕，还有华阳夫人。"

吕不韦稍一思忖，疑惑地说："你怎么料定华阳夫人会……"

夏姬说："她更需要子楚！"

听她这样一说，吕不韦想想，的确有道理，连忙告辞而去。

这天，吕不韦作为客卿，站在大殿上，听各方关于秦王嬴柱死因的争论。

子楚坐在王座上，静静地看着所有大臣。

嬴姓老族长首先发难："大王，先王英年早逝，定是遭了毒手，请主持公道，将下毒之人斩杀。"

子楚问："可曾抓住凶手？"

子傒趁机说："秦国商人白露，已经入狱，奈何她死活不肯承认，一时还未定罪。不过，前段时间，王宫内从她的商铺里进了一大批药物，此人十分可疑。"

老族长颤巍巍地用拐杖敲一敲地面，说："一个女子，不可能有此本事，他背后一定还有黑手谋划。"

子傒说："对，揪出凶手，为父王报仇。"

子楚说："既如此，问过太医院了吗？"

老族长说："查过了，表面上，那些药物都是些普通的补药，倒无嫌疑。不过……"

子楚忙说："既如此，放了白露吧。"

子傒突然高声叫道："不能放！这药物配伍，最是玄妙，一定是这个女人下的毒手。"

老族长也说："证据总要一点一点来查，叫我说，是有人早就盼着先王去世！"

这句话一出，顿时听得众大臣议论纷纷，开始还是小声嗡嗡，后来逐渐声音大起来。

"为先王报仇。"

"大王，不能轻饶了凶手。"

"先王不能这么死得不明不白。"

子楚哪里见过这样的阵势，一时慌了手脚，怔怔地望着吕不韦，希望他来说句话。可在这些重臣面前，吕不韦目前还人微言轻，不好开口。事情就这么僵着。

子傒这时忽然走到众大臣面前，面对面说："大家听好，叫我说，不光白露要查，就是和白露有牵连的人，也要严查！"

有人就问："谁有牵连？"

子傒朗声说道:"白露是商家,最近的自然也是商家!"

闻听这句话,吕不韦脸色骤变:看来这子傒就差直接说出我的名字了!

这样的生死较量虽然经历得多了,但和秦国王族直接这样对抗,毕竟时机还未成熟,心中在盘算着,下一句子傒说出来自己的名字后,该如何应答。

这时,听得一个声音悠悠传来:"先王的死,一定要追查到底的!"说着话,众人抬头,见华阳夫人身穿孝服从王座东边走出来。

众人一见,忙惊呼:"见过太后……"

吕不韦暗喜:来得正是时候!

华阳夫人带着哭音说:"先王去世,妾身和大家一样,悲痛万分。可是,我们查案,要有根有据,不能放了贼人却冤枉了好人!"

吕不韦暗暗叫道:以前见这女人,柔柔弱弱,为何现在突然如此有主见,一句话就切中要点。

从夏姬那里回来后,吕不韦并没有去找华阳夫人。他坐在家里,静静地分析着夏姬说过的话。此时,子楚位置还不稳,各方势力都需要平衡。一旦子楚即位出现障碍,华阳夫人将不再是太后!那么,之前所有努力都将付之东流,所以,子楚顺利即位,是华阳夫人目前最需要的。而吕不韦一旦有作案嫌疑,子楚和他从赵国跑回来,自然会受到嬴姓王族的反复盘查,那时候,变数就将变得很大。所以,帮助吕不韦洗清嫌疑,是华阳夫人当前必须要做的最重要的事情。所以,他就没有去找华阳夫人,因为他知道,此时此刻,一定早就有人盯紧了自己的一举一动。不到万不得已,轻易不能打草惊蛇,授人以柄。

果然,华阳夫人也认清楚了这一点,所以才帮着自己说了这句话。

子傒却不依不饶:"谁能确定,白露不是贼人!"

老族长也说:"一定要深挖,背后的那个人才是罪魁祸首!"

华阳夫人忽然脸色一寒,指着子傒说:"子傒,你还是不是人臣?"

子傒一愣:"当然是啊。"

"那你为何面对大臣们!是要做甚?"

华阳夫人忽然这样一说,大家也都醒悟过来,方才只顾着吵闹,此时一看,子傒仿佛就是个站在大家面前的"秦王"!众人一阵唏嘘。

子傒还未意识到严重性,嘴硬地反驳:"臣方才只顾说理,忘了这些!"

华阳夫人扭脸质问老族长:"他这样无视大王,合乎嬴姓祖制吗?"

老族长见形势不妙,当即一推子傒,怒骂道:"混账,还不跪下谢罪!"

子傒这才极不情愿地跪下向子楚说道:"王兄,是臣弟方才冒犯,希望看在我为先父寻仇的份上，从宽发落。"

子楚正要讲话，华阳夫人稳稳地说："你王兄年长，自然会放过你这一次的，是吗？"

子楚见好就收："对，子傒起来说话。"

这一次朝会，就这样以子傒的惨败收场了。但下朝的时候，子傒经过吕不韦身旁时，笑呵呵地说："吕大人，我听说白家与吕家商铺来往可是密切啊。"

吕不韦不卑不亢地说："回殿下，吕家商铺清清白白做生意，可不只与白家一家来往呢。"

子傒冷笑着扬长而去。

看着他的背影，吕不韦知道，一场更大的恶仗必须要打了。打好了这一仗，自己就能在秦国立住脚，打不好，也许就会身败名裂，必须早做准备了！

吕不韦回到商铺，就派荆云秘密去联络芈容，告诉她现在的形势，叫她做些事情，不要让"夫人吃了亏"！

区区五个字，相信芈容一定能掂量出这其中的分量。

芈容果然下了硬手。两天后，咸阳大街上，悄悄传出流言，说嬴姓老族要逼宫，夺子楚的王位！

子楚和华阳夫人趁机调动精兵强将，命老将军蒙骜领王宫守卫，咸阳城戒备森严，本就是国丧期间，不允许消夜，此时更是严加防范，大白天也禁止各种聚集活动，街道上一队队士兵枕戈待旦，充满了恐怖气氛。

同时，几个嬴姓老王族和子傒等众王孙的府邸，都被重兵把守，对外声称，要保护他们的安全。

王宫内，子楚带着众大臣，开始有条不紊地为先王嬴柱举行丧葬仪式……

半月后，嬴柱之死案不了了之。对外的诏书上称：秦孝文王操劳过度，殚精竭虑……云云。白露姑娘释放出狱。

吕不韦亲自接她回到吕家商铺。

坐在车内，吕不韦紧紧抱着浑身是伤的白露，泪水止不住地往下流，却说不出一句话。

白露姑娘一个劲儿给他擦泪，笑着说："瞧瞧你这点出息，大男人！"

吕不韦轻声呢喃着："这下好了，以后不用受委屈了。"

白露说："没事，我也没做什么，在狱中，吃得好住得惯。"

回到商铺，吕不韦先安排婢女为白露全身搓洗沐浴，换上干净的衣物，他亲自下厨，为白露做了乌鸡竹笋汤、燕窝银耳羹，做了暄腾腾的金饼，又一鼎一鼎亲自端到书房。

白露穿戴完毕后，吕不韦牵着她的手来到书房，关上门，两人紧紧地抱在一起。这时，看看这些精心准备的菜，白露无声地流下了泪水……

"这帮人心真狠，你这指甲都掉光了。"吕不韦轻轻抚摸着她的手。

白露说："用刑自然是重了点，毕竟是秦王去世这样的重案。"

"早知道这样，我就不让你参与了。"

"你现在是后悔了吧，是不是一直担心我把你出卖了！"白露故意揶揄道。

"我宁愿自己受苦，也不能再连累你了。"

"每一次都这么说，哪一次少连累我了。"白露抽出手，活动了一下肩膀，突然"啊呀"一声，吕不韦掀开她的领口，见肩头还有刀割的痕迹，不忍心再看，忙给她盖上。

吕不韦说："若不是华阳夫人和芈容联手，这一次真是悬之又悬。"

"我在狱中，一直深信，你总有办法救我出去的。"

"秦国半年多连续失去两个王，这对任何人都是一个巨大考验。形势确实不容小觑。你是不知道，当时我都觉得，或许我们的使命已经结束了，上苍给予我们的机会就这么多，我们一路奔逃，已经用完了好运气。"吕不韦感慨道。

"可后来我一想，不行，即便我可以死，也要救出来你。老天爷叫我遇到你这么好的女人，我如果连你也保护不了，枉为男人。你别说，也幸好夏姬帮忙，出来作证，主动承担了责任，说是她想让嬴柱长命百岁，才进了补药的。"

白露看着急于表白的吕不韦，笑眯眯地说："我知道，都知道。我也想过，即便谁想翻天，不是那么容易的。子楚需要你，华阳夫人需要子楚，夏姬也需要子楚，这么多复杂的关系连在一起，最终是能胜利的。"

吕不韦忽然后怕地说："其实，我倒真的也想过最坏的打算，现在子楚已经坐上了王位，如果他翻脸不认人，我是什么办法也没有的。这一点你想过吗？"

不想白露却另有看法，说："你呀，真是傻！不是还有人吗？"

吕不韦愣怔地盯着她，问："谁？"

"赵姬啊！你是真糊涂还是装糊涂。"

这一说，吕不韦顿时拍着头，恍然大悟地说："哦，对对，我怎么忘记了她！"

白露说："总算熬出了头，你的理想就要一步步实现了，这还不值得庆贺吗？"

"多亏时时有你啊。"

"我只不过是个跑腿的，大事情，还是要依靠你。"

"想起来，我们经历的多少事，那一次，为了战马的事，你不辞而别，主动担起责任；还有那一次，我故意气跑了你，结果被人追杀时，若不是你及时出现，只怕早已命丧黄泉了。"

"快别这么说了，你这样一桩桩说出来，好像我有什么企图一样。"

吕不韦说："你有什么企图不可以？我宁愿你有什么企图，像你这样傻乎乎的女子，遇到你，是我今生最大的福气。"

"你今天是怎么了，如此黏黏糊糊，这么多菜都凉了，还叫不叫我吃了。"白露走过去，夸张地看着菜，"我可是饿疯了，好多天不曾见过荤腥了。"

吕不韦走过来，稳稳地坐在白露旁边，不错眼神地盯着她看。

"你，喂我！"

吕不韦拿起汤勺，一勺一勺小心翼翼地喂进白露嘴里，轻轻地为她擦拭着嘴角的饭粒，笑吟吟地又舀起一勺，轻轻地吹着，生怕烫着白露。

秋风吹过，窗外的柳树发出沙沙的声音。

吃过饭后，两人来到后面小院的亭子里。

月光如水，皎洁如雪，银辉洒满一地。

两人牵着手，坐在石凳上，抬头看着天空，偶尔划过天空的流星，拖着长长的尾巴，像极了两人缠绵不断的情话……

芷阳宫内。

铜熏炉里，青烟袅袅，散发着楠香味。上朝的文武大臣们静静地肃立在殿内。大家都在等待着即将开始的登基大典。

突然，钟鼓齐鸣，笙磬管弦奏出丹墀大乐，仙韶之音。庄严肃穆的乐曲声中，三十二岁的子楚坐在秦王的御座上，正式即位，接受大臣的朝拜。

由于前一段时间兵力调派得当，措施得力，仪式进行得非常顺利，甚至超出了所有的想象，一点波澜也没有。

安葬先王嬴柱，本应该和其他秦王一样隆重，但因为嬴柱死得匆忙，不像其他君王一上台就开始为自己营造陵墓。由于没有修成的陵墓，嬴柱最终被安葬在灞水东岸的一块平地。

第六章　咸阳风云

继位后,新秦王下令大赦天下,按功表彰先王功臣,优待宗族亲属,布施于民。尊生母夏姬为夏太后,养母华阳夫人为华阳太后,封赵姬为王后。

夏姬从长信宫移出,结束了那段冷落凄惨的岁月。

仪式结束后,华阳太后和夏太后进行了一场交谈。

两个并不仇恨的女人,坐在一起,互相望着对方,各怀心事,但都表现出极大的热情。

夏太后看着华阳太后,说:"以后,这宫内的大事,全仰仗妹妹了。"这主动的示弱,是表明态度。

华阳太后推却道:"我哪里懂那么多,还是要靠姐姐才行。"

夏太后说:"我久居阴暗之地,性情已经变得寡淡,不愿意管这杂七杂八的事情。"她知道对面的女人十分看重权利,再次主动退一步。

华阳太后说:"既然这样,就依姐姐,不过,你可得答应我,遇到难事,问你,不能不管。"

夏太后说:"我是说不管就不管,不是绝情,是真的有些累了,叫我好好养养身体,过些自在日子吧。"

华阳太后忽然一笑,说:"瞧我们在这里推来推去,这后宫之事,不是还有王后管着嘛,我们顶多是帮衬着参考参考。"

这一听就是明显试探,华阳太后只怕夏太后联合赵姬,亲娘亲媳妇儿,那样自己就孤立了。

夏太后再次表态:"有你把关,她操持,我是真的成了老人喽!"说完,主动站起身来,"你瞧瞧,坐了这么一会儿,这腿脚就酥麻了,不活动活动,站都站不起来了。"她用最后的病体宣告自己退出权利竞争,以使华阳太后彻底放心。

果然,这样起了作用,华阳太后心满意足地搀扶着夏太后离开了。

其实,夏太后主动示弱,是为吕不韦当丞相铺平道路。

对于华阳太后来说,她现在最忌讳的就是,一旦吕不韦任了丞相,秦王子楚、王后赵姬、丞相吕不韦、夏太后合起来形成联合体,她就成了孤立无援的孤家寡人,所以,夏太后主动让出,就是为了让华阳太后减少一点心理负担。

华阳太后努力了这么久,自然想重新培养自己的势力圈,于是她就找到久不得志的刚成君蔡泽,推荐他任丞相一职。

蔡泽沉寂了太久,自然十分乐意担任这一要职,于是信誓旦旦地表示,要继续执行严苛的秦律,振兴大秦帝国。

华阳太后听后，总觉得这举措毫无新意，于是转而"请教"吕不韦。

吕不韦说："我以为，此时秦国应该实行宽缓刑罚的政策。"

华阳太后一听，大为吃惊："秦律始终遵守商君之法，这是秦国的立国之本，先生如此说，岂不是要动摇国本！"

吕不韦说："百姓早已将秦律牢记在心，不是当初不知秦律为何物的年代了。加上连年征战，我秦国百姓疲敝，正该在国内休养生息，积攒力量，为东出中原奠定基础。有些法律，早已不是当初的环境，比如百姓在路上丢了一点草木灰，就要被处罚，显然有些过于严苛。又比如《仓律》对种子播种制定的严格规定：'种：稻、麻亩用二斗大半斗。禾、麦一斗，黍、荅亩大半斗，菽亩半斗。'可最近几年，连年干旱，如果还死守规矩，肯定会影响农作物生产。我以为，现在是时候修改一下秦律了！"

华阳太后沉吟道："你说的确实有一定道理，但修改律法，自从商君制定后，还没有人做过，这样做，会不会受到老贵族的抵制呢？"

"我要说的，是综合方方面面。就说'劓刑'吧，因为一点差错，连先朝的太子傅——公子虔都要受到这种羞辱性的惩罚，换一种方式难道不行吗？我们要修改一些秦律，不是为了放松管制，而是让这部法律更加合理，既有人情味，又有无情的铁规，这样不好吗？"

华阳太后听得有理，慢慢就觉得，还是吕不韦更适合担任丞相一职，可她还想听听大臣们的意见。对她来说，此时主意已经变了，如果能与吕不韦联手，则朝中大权就掌控了一多半。毕竟，掌握权力的最根本目的，是为了国家振兴，而不是互相倾轧！如今的秦国，更需要的是和平振兴，因为，经历秦赵长平大战后，秦国又遇到连年干旱，人员减少了很多，粮食也消耗殆尽，正需要积蓄力量。

这天在大朝上，秦王要大家举荐丞相。

蔡泽首先阐述理论，认为秦国应该严格执行商君之法，继续实行抑商重农的思想，对中原各国进行讨伐。

秦王嬴子楚听罢，悠悠地问："吕卿有何见解？"

单独让吕不韦发言，这是秦王有意设下的局，也是吕不韦在秦国朝堂上的第一次发言，至关重要。

吕不韦挺一挺胸，清清嗓子，大声说："臣以为，秦国现在最需要做两件事。一是起用老臣宿将。二是发现、荐举人才。"

此话一出，顿时引起朝堂一片议论之声。

老将蒙骜有些激动，声音洪亮地说："大王，吕不韦这个提议，让老臣等热泪盈眶啊。如今，我秦国年轻将领缺少，都以为我等毫无用武之地了，我愿意为大秦拼死效命。"

众人一片赞许声。

吕不韦说："重用老臣，好处有二：一是这些老臣，经验丰富，作战勇猛；其二的好处是，激励年轻将领，奋勇争先，才能确保我大秦军力不弱。这说的是武将。至于文臣，更因为，老臣熟知大秦律条，懂得进退，有很好的管理国家的经验，且都经历了昭襄王、孝文王朝的历练，如果能在当朝效力，三朝元老的荣誉，必定让他们殚精竭虑，一心谋国。"

这一下说出来，老文臣们热泪盈眶，纷纷称赞吕不韦谋虑周到。

"至于说到举荐人才，我觉得，我们老秦应该放开国门，请东方诸国人才到秦国来，为我们谋划出力。国之大计，在于人才。有了方方面面的人才，何愁不能振兴。"

本以为这样一说，大家也该纷纷拥护，却不料大家听罢，都一致选择沉默。

老驷车庶长慢悠悠地说："就怕，大力敞开国门，混饭吃的就多了。"

长史说："中原六国，奸诈者居多，谁知道哪个是真为秦国出力的。"

大臣们纷纷说："老长史言之有理，臣附议。"

吕不韦一见，子楚有些动摇，朗声说道："众位大人，敞开国门，并不是不加限制。再说，我们请进人才，也要经过严格的筛选，制定合理的策略。"

老长史说："我秦国自有自己的文明，何必求他人来散布歪理邪说。"

吕不韦说："长史大人，我来问你，我们秦国现在要做什么？一代代秦王励精图治，为了什么？大秦国养精蓄锐，不惜血战，又是要做什么？"

"东出！"长史声音洪亮地答。

"这就对了！我们不是为了闭关锁国，不是为了独居一隅，更不是为了畏畏缩缩、窝窝囊囊地占据这西北之地，我们要做的，是统一中国！只有这样，才不枉一代代秦王忍辱负重、卧薪尝胆，才不枉赳赳老秦，共赴国难的血性大争，才不枉这气吞山河的凌云壮志，所以，我们要打开国门，提前做好准备。知己知彼，才能百战百胜。如果我们不了解敌人所思所想，永远也不可能控制他们、统治他们。"吕不韦慷慨激昂地说完这些话，大殿内顿时响起雷鸣般的掌声，大家呼喊着："赳赳老秦，共赴国难！赳赳老秦，永不后退！"

秦王忽然激动地挥挥手，大声地说："大家都看到了，吕卿心在大秦，忠心可嘉。下诏，从今日起，以吕不韦为大秦丞相，封文信侯，以兰田十二个县为食邑！"

这时，大家都被吕不韦激起的热潮裹挟着，大声地喊着，振兴大秦，东出中原！统一中国！出击，出击！

老将王龁激动得泪水湿透了胡须："好啊！老夫还能看到这一天，一定重新骑上战马，驰骋疆场，为国效力！"

大田令说："如今，国力疲弱，正要群臣奋力，才能实现宏图大业。"

吕不韦说："言之有理，兵马未动粮草先行，我们要实现东出霸业，丞相府第一件事就是要奖励耕种，积蓄国力，大家都准备好，我们秦国，很快就要打几场翻天覆地的恶仗！"

老太师舞动着虬龙杖说："好，好啊，大秦国等来等去，终于图强了！"

看着周围这些热血沸腾的大臣们，吕不韦也深受感染，这是多好的一群人啊，他们为了理想，全力以赴，尽管平日里有这样那样的分歧，但一说到东出征服六国，就会全体一致，意见统一。有了这种无所畏惧的力量，有了这样一群勠力同心、同仇敌忾的君臣，何愁办不成大事业！

从邯郸遇到异人开始，吕不韦一直盼望的时刻终于来临，他知道，属于他施展抱负的时代来临了，必须牢牢抓住这个机会，将平生所学倾囊倒出，实现最终理想的平台已经搭好，只等他登台运筹了！

他激动地流下了热泪，秦王如此重情义，当年许下的诺言今朝兑现，这种信任何其难得，一定不能辜负这份真情！

两日后，子楚不声不响地将赵十八的妻子送入隐宫。吕不韦虽然并不赞成，但这是秦王子楚做出的第一个决定，他不好驳回。

他只能无奈地告诉赵十八："当年从邯郸逃出时，是你主动说出要留下王后和王孙的，大王这是记仇了。"

赵十八说："我不后悔，跟着相邦，我从来就不怕受委屈。"

吕不韦听后，宽慰他说："待日后找个机会，我和大王说一说，其实那是万不得已，并非你的主意。"

"算了，这样也挺好的。大王并没有治我的罪，已经是法外开恩了。"

秦王嬴子楚做出的这个决定，最终还是吃了亏。后来，赵十八的儿子赵高和赵成，就出生在隐宫内。这个看似毫不影响大局的决定，却为多年后改写秦国历史播下了种子。

秦王让吕不韦搬到原先范雎的府邸，当作丞相府。

吕不韦顾不上搬家这些事,他只顾忙着调动开府建衙的属吏们。李斯被任用为御史,专司各种赏罚之事;请蒙骜出山,担任廷尉,无奈蒙骜多次推却,只好任用蒙骜之子蒙武……

一个崭新的时代来临了。

秦国丞相府,成了最忙碌的地方,每日里忙忙碌碌,夜里也是通宵达旦,穿梭的人群在整理之前的各类书简,以提供最新的数据和材料。

就在吕不韦忙碌于尽快捋顺各司职能,为下一步治理国家理出头绪之时,一场不大不小的战争正悄然启动,吕不韦不得不接受任相国后的执政第一场大考……

小说 历史人物

大秦相国

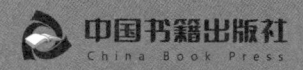

下册

吕志勇 著

中国书籍出版社

图书在版编目（CIP）数据

大秦相国：吕不韦. 下册 / 吕志勇著. -- 北京：
中国书籍出版社, 2023.10
ISBN 978-7-5068-9627-6

Ⅰ.①大… Ⅱ.①吕… Ⅲ.①吕不韦（？—前235）—
传记 Ⅳ.①B229.2

中国国家版本馆CIP数据核字（2023）第203235号

大秦相国：吕不韦（下册）

吕志勇　著

责任编辑	王志刚
责任印制	孙马飞　马　芝
封面设计	东方美迪
出版发行	中国书籍出版社
地　　址	北京市丰台区三路居路97号（邮编：100073）
电　　话	（010）52257143（总编室）（010）52257153（发行部）
电子邮箱	chinabp@vip.sina.com
经　　销	全国新华书店
印　　刷	北京睿和名扬印刷有限公司
开　　本	710毫米×1000毫米　1/16
字　　数	678千字
印　　张	38.75
版　　次	2023年10月第1版　2023年11月第1次印刷
书　　号	ISBN 978-7-5068-9627-6
定　　价	118.00元（上、下册）

版权所有　翻印必究

第七章 相国理政

一、声名大振

吕不韦新任相国不久，东周联合诸侯国进攻秦国。

消息传到秦国，吕不韦正在府中安排李斯去调咸阳令来商讨治安问题，当即问："李斯，东周要进攻秦国，你怎么看？"

李斯一听，说："相邦，这不仅是秦国的大战，更是你的大战。"

吕不韦说："你说是大战不假，但不能说是我的大战，这是秦王的大战！秦王新立，正需要打一仗树立威信。我们若是去取东周，道义上会受到各国的谴责，如今东周的举动，恰给了秦国一个讨伐的绝好借口。精妙布局，一战而灭。"

李斯连连改口："对，相邦说得对！属下记住了。"

吕不韦又考试："你说说韬略。"

李斯略一思忖，说："只能胜不能败，宁愿以多博少，不叫有丝毫闪失。"

吕不韦说："你说对了一半！我们要胜利，但必须巧妙，而且要在函谷关加紧看护，以防别国趁机作乱。还有，打胜仗灭了东周后的事情，安顿好，更重要。"

李斯敬佩地说："相邦思虑深远。"

这一次名义上是东周举起大旗，联合三国联军，可挑拨东周发起事端的，偏偏是七国中最弱的——韩国。

韩王见秦国最近没有发动大的战争，考虑到秦国连着去世两位君王，新王即位，势必不稳固，想着能够趁火打劫，夺回些城池，但他不想让韩国站在风口浪尖上，于是信誓旦旦地对东周君说："我们是正义之师，秦王新立，国内不稳，这是围歼秦国的最好机会。我们在河东布下兵力，对秦国谎称是准备投降，吸引秦国主力。"

这一策略看似"奏效"，吕不韦仅仅率军一万来到河东，准备接受"投降"。

东周君猛然竖起周朝大旗，他站在高大的轺车上，高声呼喊："邪恶秦国，多年来恶中原诸国久矣,今天我们举正义之师,誓要讨伐,尔等若有自知之明,下马投降,或可饶尔等不死。"

吕不韦站在车上,大声呵斥:"小丑出尔反尔,谈何诚信!九鼎已经归秦,天下归之。若三国执迷不悟,夺我河东之地就是自掘坟墓。"

东周君大怒:"你吕不韦不过是一个商人,卑贱之人,如今却来和天子说这些话,自不量力。若能及早悔悟,我们仁慈,尚能给你留下立足之地。"

吕不韦驳斥道:"呸!凭你也敢妄称天子。你不过是窃取天子名号的贼人!周朝气数已尽,你非要逆历史潮流,苟延残喘。望君解散联军,及早刹车,秦国可不追究过往,依旧给你东周城池,请想清楚。"

东周君吼叫道:"人心向背,一目了然。快快称臣,或许有缓和余地。"

吕不韦依旧不忘规劝:"你莫要受了他人挑拨,秦国兵多将广,本无意与君争位,今我可以退避五里,给你留出面子,望君珍惜。"

不料东周君听了,以为秦国是害怕,看着自己身后庞大的军队,摆动大旗,列队布阵。吕不韦见状,只好也让军队列阵相对,再一次规劝:"现在还不迟,君要考虑清楚。"东周君冷冷一笑,说:"既然你自讨苦吃,那就受死吧。"就在此时,忽然听得自己的阵地背后一阵骚乱,中军司马来报:"我们的都城被攻占了。"东周君闻讯,登时大慌,命令军队快速调头营救都城。他这样一下令,本来就互相观望的三国联军,当即人心惶惶。冷不防又从左右两边冲出两队人马,一队是蒙武将军,一队是王龁老将,呼叫着掩杀过来。韩国三万军队,首先就一哄而散,吵闹着撇清自己:"韩国是受裹挟而来,我们不打秦国。"其余两个国家一共才不到两万人,见韩国撤退,也都快速解散。东周君站在大旗下,大声疾呼:"诸位莫怕,秦国只是佯攻。我们有数万大军,何必惧秦。"可无论他如何呼喊,联军早已人心涣散,四下里分开撤退。

吕不韦趁机将秦国大旗一挥,众武卒三下里包抄过来,一时间,秦军铁骑过处,联军纷纷倒下,五万人的部队呼啦一声作鸟兽散。见大势已去,东周君号啕大哭,呐喊着:"韩王害我!韩王误国!"

可无论他如何嚎叫,没有人再听他的话,一会儿他就做了秦国的阶下囚。

押着东周君往都城里走,吕不韦见他萎靡不振,就说:"早说叫你听话,非要受人挑拨,君这是主动灭国啊。"

东周君泣不成声:"这都是韩王的主意啊,我本不想与秦国为敌的。"

来到都城外,老将蒙骜出城迎接,显得意犹未尽,对吕不韦说:"这城又小又破,经不起一刻钟攻打。"

第七章 相国理政

见他未能尽兴，吕不韦微笑着说："这一次，秦国真的成了天子之国了，东周君拱手相让。下一次，一定让老将军打一场硬仗。"

吕不韦号令蒙骜军队，进城后不得滋扰百姓，不得抢夺财物，要保持一支正义之师形象。

这次战争，吕不韦用一万军队吸引联军，让蒙骜趁机夺取东周都城，抢占先机，又埋伏下左右两军，一举取得胜利。第一次率军出击，他知道自己必须取胜，才能稳固自己的丞相地位。

消灭东周后，蒙骜等老将十分兴奋，吵嚷着要将东周君押送到秦国治罪，

吕不韦连连劝退："不然，这一次，我们要保留这个东周君，不能像上次嬴摎将军夺九鼎一样惹众怒了。"

蒙骜说："怕什么！谁不服，来与我战。"

吕不韦摇着头，说："将军可以逞英豪。"

蒙骜听不懂了，就嚷嚷道："相邦说的啥，我一个粗武人弄不懂，记得有仗喊我便行。"

这一次，吕不韦一面请示秦王，一面已经做出部署，实行"兴灭国，继绝世，举逸民"的措施，将东周君迁往阳人（今河南临汝西），让他奉其祭祀，延续周人香火。这种儒家措施的实施，一下让秦国形象在中原引起震动。虽然看似一个平常的举动，却让中原士子们看到了希望，不再站在反秦的立场。纷纷讨论，秦国真是变了，看来，应该到秦国去看看了，这个秦国已经不是蛮荒之族了。李斯看到后，对吕不韦说："相邦此举，深得人心。秦国从此不再是虎狼之国。"吕不韦站在东周城头说："东周一灭，大一统的时代来临了。"

李斯夸赞道："中原各国之前还羞羞答答，相邦这一下灭了他们的幻想，整个战国局势大变了。"

吕不韦大手一挥："李斯，我们要做一场大变革。你看这天地万物，犹如一人之身也，此之谓大同。我们就是要将这天地万物归于一统。有幸能参与这场运动，就要全力以赴，死而后已！"

他说得慷慨激昂，李斯看着面前的吕不韦，浑身洒满金色的阳光，眼神里充盈着无限的憧憬，忽然也被感染，动情地说："是啊，能有幸和相邦一起变革这战国，的确是伟大的壮举！让个人的伟大理想和时代共呼吸，这是每个士子都梦寐以求的事情！怎能不拼死出力！"吕不韦说："我们赶上了好时代，也赶上了最好的大王！如今大王让我们放开手脚治理国家，这是多么难得的机会啊。"

"好，相邦但有驱使，李斯一定肝脑涂地。"

两个人站在城墙上，吹着温暖的风，讨论着未来的构想，越说越投缘，越说越兴奋，一直站到华灯初上，城墙上渐渐凉了，才恋恋不舍地下了城……

"天下同归而殊途，一致而百虑。"吕不韦高高举起酒杯，对李斯说。"相邦有如此胸怀，士子们一定会蜂拥而至。"李斯也端起酒杯，兴奋地说。

"在如今各国变法图强、全面竞争、强势生存的万丈光芒下，我秦国就是要打破常规，以包容的态度，接纳不同学派的士子，让大家在秦国都能找到用武之地。哪怕每个人都是微不足道的一点星光，但我们秦国需要的就是这不可缺少的一点星光，点点汇聚，经过沉淀、凝聚、升华、成熟，最终就能形成蕴含奋争精神与生命张力的国家文明，这是我们目前最应该做的事情。"

李斯眼神有些迷离了，看着满面红光的吕不韦，举起拳头，宣誓一般地说："用不了多久，我秦国就会出现像齐国稷下学宫一样的盛大场面，各流派共存，开展学术讨论，振兴秦国！"

吕不韦醉了，他沉醉于自己构想的理想世界里，他和李斯软瘫在坐榻上，憧憬着美好的未来，但吕不韦并没有沉浸在这种状态里难以自拔，第二天醒来后，他很快就调整过来，一步步开始实施他的富国计划。

首先第一步，他要以战止战。在春秋战国时代，唯有强者才能生存，这是士子们研究不出来的，靠的是武将士兵的拼死血战。他深谙其中的道理，光靠嘴皮子是不行的，只有打服了诸侯国，才能最终树立秦国的强者地位。

吕不韦派老将蒙骜率兵讨伐韩国，以追究韩国发起三国联军的责任。很快，秦国军队就攻占了成皋和荥阳，吕不韦下令，立即在此处建立三川郡，确保秦国关西通向关东的战略要地不丢失。这等于为秦国在东南方向打开了又一扇大门，可以随时出击中原，而不是光靠之前的函谷关一个隘口。

半年时间，吕不韦让秦国军队循序推进，很快打到了魏国的国都大梁。

新年的时候，秦王子楚对吕不韦说："相国一年来布局得当，为我秦国建立三川郡，攻打魏、韩、赵，流下几多汗水，趁着过年，好好歇息一番。"

吕不韦却说："眼下正是秦国又一次变革的重要时刻，臣还要利用过年的时候，好好整顿一番吏治，不让秦国再有怠政、懒政的官员存在，大秦的气象要有新面貌，才对得起大王对臣的赏识。"

秦王说："若所有大臣都像相国一样，秦国成为霸主，指日可待。"

吕不韦说："趁着年里年外，臣想着，要下个诏书，发布求贤令，吸引各国人才来秦国就职。"

"准了，相国拟定诏书后，寡人下令就行。"说完，子楚懒洋洋地伸了个懒腰，"寡人有些困乏了，相国也注意休息。"说完，他就迫不及待地往后宫去了。

吕不韦也不阻拦，他知道，子楚年轻时受过磨难，早已厌烦烦琐事务，如今想的多是如何享乐，所以对于吕不韦提出的任何要求，他都尽量满足，他是懒得思考，怕麻烦。

虽然这样并不符合吕不韦心中明君的形象，但也正是这样的环境，让吕不韦能够有更大的伸缩空间，实现自己的抱负。

年前年后，赵姬在宫中给吕不韦捎过几次信儿，要他在闲的时候进宫来，有话要说。可吕不韦整天事情多得喘不过气来，自然就没有当成一回事。

深冬时节，华阳太后派人送来一件裘皮大袍，说是见吕相国操劳国政日夜不休，这深冬日月里，不叫冻坏了身体。吕不韦回话说，太后居于深宫，还能体谅微臣，这番体恤之心，永记在心里。

吕不韦挑拨着火盆里的木炭，深有感触地说："太后这是嫌我最近没有去见她了。"白露说："你也确实该去见见了。"吕不韦说："我何尝不想去啊，只是这许多事忙碌，抽不出身来。"白露说："太后或许是有事要议。"这样一说，吕不韦若有所思地说："大约是，整天只顾忙，倒忘记她还惦记我。"

转天，吕不韦专门穿上她送给的裘皮大袍，来见华阳太后。华阳太后一见吕不韦到来，连忙让侍女们将炭火烧得旺旺的。偌大的宫殿内，顿时温暖如春。华阳太后问："最近，你可考试过嬴政的功课？"吕不韦听罢，慌忙答道："只顾忙着政务，确实荒废了殿下的功课。"华阳太后说："你是丞相，不必事事躬亲，难不成丞相府缺少人手？"

"人手是齐备的。"

"那就放手让底下的人去干！"

"不是臣不放手，实在是好些政务，刚刚铺开头绪，怕他们还沿着以前的路子走，所以，就忙了些。"

"那蔡泽，胆子是小了点，本事还是有的，怎么不见他做事。"

吕不韦知道，这是华阳太后在点拨自己，忙说："他是大才，臣预备着，小事上暂不用他。"

"人嘛，总是要做点事的。何况，他对律法还是很熟悉的。"

再说不用，就显得下不来台，吕不韦说："臣回去后就找纲成君。"

"他这个人，心眼小，莫要与他计较。"这就是透露，纲成君蔡泽来太后这里叨叨了。

吕不韦当然明白，说："治国理政，方方面面的人才都要发挥作用，纲成君虽有缺点，但其还是颇有见识的。"

华阳太后见吕不韦并不像纲成君蔡泽说得那样"飞扬跋扈"，反而比之前更加谨慎谦虚了，颇为满意，说："本宫想着，抽个机会，还要让政儿多历练历练，或许，找个合适的人陪着，读书、习武，都不耽误才好。"

吕不韦知道，或许她已经有了人选，但既然她不说透，便顺着她说："是要好好补一补功课了，他在赵国六年，荒废了不少。"

"如今，都说这孩子沉默寡言，性情孤僻，大约就是在赵国东躲西藏，吓怕了吧。"

吕不韦说："臣想着，择日我去见见王后，同她说一说殿下读书的事。至于陪读人员，还要太后操心选拔，更为合适。毕竟，王后没有太后熟悉秦国的环境和人事。"

华阳太后见唠唠叨叨中，已经将要说的事情点透了，就询问起吕不韦："为何不将夫人接来秦国。你这样忙碌，总要有人照料才好。"

吕不韦以为太后要给他介绍女子，眼珠子一转，涨红了脸说："臣的糟糠，远在濮阳，还有两个稚子要她管教，我一个人在这里挺好的。"

华阳太后忽然"扑哧"一笑："瞧你紧张的，我就是问问。再说，我看白露姑娘对你非常之好，你可不能辜负她呀。"

忽然间说起这种男女私情，吕不韦显得极为不自在，如撒了一后背的虱子，支支吾吾地说："太后莫要笑话微臣，那不过是臣的一位知己……"

"想不到你这秦国丞相，竟然怕说这种私人事，好笑好笑。"华阳太后招呼女侍者去关闭紧殿门，"我如今是越来越怕风了，你也四十出头了，不比从前了，要多注意身子骨。既然你能耐得住寂寞，我就不强人所难了。"

闻听不再说男女私情，吕不韦终于轻松，拱手行礼："太后若无他事，臣这就告退。"

"你在这里吃过再走不迟。"

"臣还一摊子事呢，回府上对付几口算了。"

"你呀，真是对官家的事上了瘾，好吧，既留不住你，就去吧。"

吕不韦执政后声威大振，让几国感到极为不安。蒙骜率领的军队一路东进，先后攻破魏国高都、汲，紧接着攻破赵国榆次、新城、狼孟等三十七座城。秦军一路凯歌，咸阳城内喜报连着喜报。

吕不韦抓住有利时机，继续派兵向韩、赵进攻，蒙骜攻破晋阳，王龁攻打上党，时日不多，两地皆归入秦国版图。秦国就趁机以此两地和原先占领的狼孟三十七城设立太原郡。

这是吕不韦执政后建立的第二个郡。这样一来，就将之前反复割据的局面打破了，建立太原郡后，秦国再攻打赵、魏、韩、燕，都比以前从咸阳出发，要省去很多时间。而且，这些地盘与几国边境均接壤，对各国来讲，一下有了兵临城下的压迫感。

魏王见秦国步步紧逼，打得魏国军队节节败退，惊慌失措之时，想到了远在赵国的信陵君魏无忌。

魏无忌自从窃符救赵后，就一直待在赵国。对他来说，虽然对赵国有功，但国有国法，窃取魏国兵符，这是欺君大罪，所以，他有国回不去。

魏王派来使者，请求魏无忌回国担当大任，挽救魏国。

信陵君对使者说："老臣离国已经十年多了，当年做出了对不住母国的事，哪还有脸面回国，请回去如实禀告我王。"

使者来时，魏王已经下了死命令，不带回魏无忌不要回国，听了魏无忌的话，只好一而再再而三地上门恳求，希望救魏国于水火之中。

魏无忌内心里，犹豫不决，不知道魏王是要清算老账还是真心求救，只好不断找托词，又说年迈，又说兵法生疏，后来干脆避而不见，最后竟然下令，禁止门人与魏使联系。门客们见魏无忌下了这样的命令，谁也不敢再去劝说。

吕不韦听说魏国去请魏无忌后，下令加大攻城力度。他知道魏无忌的能力，如果有魏无忌率军出征，无端就会给秦国增加许多难度。见攻城愈急，魏王火速派出第二批使者，不断催促。

这天，毛公和薛公来到魏无忌府邸，见他闷闷不乐，询问原因。

魏无忌说："有国不能回，可他们天天催。"

毛公当即嬉笑着说："就是，谁回去受罪，在这里当赵王的座上宾，自在又快乐！"

魏无忌见遭奚落，有些冲动，想反驳，可话到嘴边，忍了忍，说："我那哥哥，说是大王，心眼太小，还多疑。"

薛公道出药石之言："公子应该回去，毕竟是母国有难。"

魏无忌捏一捏额头，心中烦躁，说："别劝了，堂堂魏国，曾经以魏武卒铁兵称霸天下，如今却落到无将可派的地步，真是心痛啊。"

薛公再劝:"公子当年的勇气哪里去了,想当初持符救赵,何等果断!"

毛公举着一块肉说:"老了呗,老夫子了,还提什么用兵打仗。吃酒吃酒。莫要说这扫兴事。"

魏无忌也说:"就是,不关我们的事。只管吃酒,今日里与二位喝个一醉方休。"

薛公说:"好,我们就吃酒,再也不谈魏国事。"魏无忌说:"这就对了,我新近得了几坛子燕国老酒,叫你们二位尝尝。"薛公听说有燕酒,催着说:"快拿出来,许久未曾喝过燕国老酒了。"毛公说:"比你酿的好,你还别不服气。"

魏无忌见他和薛公开玩笑,也沾了点欢喜气儿,说:"就是,喝你自酿的浆酒有得一拼。"下人抬来一大坛酒,用厚厚的泥封住口,薛公一见,吩咐道:"你们休动手,叫我来开封。"他走到坛子前,先是摸了摸坛子,赞许地点点头,而后绕着坛子封口仔细检查一番,看有没有漏气。见包装完好,这才拿出小锤,轻轻敲击封泥。

"嗨!魏公子不抠,你瞧你这小气样,怕是不想叫我们喝吧。一下就敲破了,瞧你鼓捣忸怩这样子,窝囊,难受。"毛公大声嚷嚷道。

薛公已经敲开了泥封,一点一点去除泥块,又将坛子口上的泥土清除干净,这才稳稳地舀出一勺来,自己先尝一口,品嘴两下,道:"好一股寒肃之气啊!"毛公道:"快别叨叨了,弄一碗尝尝。"魏无忌浅饮一口,摸着胡须说:"果真是寒醇过人。"

薛公见毛公只管海饮,劝说道:"你慢点喝,这燕山老酒,是酒中肃杀甘洌佳品,寒凉犹过赵酒。起先老燕酒以燕麦酿之,兑燕山泉水而窖藏,清寒有余而厚味不足,天下才有了'燕酒出燕淡'之说。后改为五谷纯酿,易地而酒质弥坚。"毛公慢慢饮下两口,这才心满意足地夸赞道:"历史烟尘的洇染,英雄侠士的肝胆热血,更为燕酒增添了一股悲壮豪迈的侠义之气啊。"魏无忌也眉飞色舞地说:"都说燕酒寡淡,今日一见,并非如此,真乃酒中珍品也。"喝着喝着,三人不觉有了七分醉意,魏无忌叨叨着:"我就不回魏国,谁奈我何?"薛公说:"你是忘不掉魏国啊。"此时,毛公一改嘻哈脾气,正色说道:"公子在诸侯中有很高的威望,是因为您是魏国宗室。现在魏国有难,公子却躲藏起来,视而不见,一旦秦国攻占了国都大梁,把魏国宗室祖先的宗庙夷为平地,您还有什么面目见列祖列宗!您又有什么面目面对天下诸侯!"

他是号叫着说这番话的,魏无忌虽然略有醉意,可听到如此振聋发聩的话语,顿时惊得目瞪口呆,张着嘴连连说:"你,你……"

"我什么？难道我说的不对吗？一个连自己国家都不要的公子，还谈什么志向！还配谈什么心怀天下！还有脸忝居战国四公子？"毛公端着铜爵，鼻子尖对着魏无忌的鼻子尖，一字一顿地拷问。

魏无忌面红耳赤，无话可说，结结巴巴地说："薛公，你看，毛公是真的醉了。"

"少往别处扯，你就说说，你肯不肯回国效力吧。"毛公毫不留情地问，"大丈夫在这个'凡有血性，皆有争心'的年代，如此畏畏缩缩，算哪门子好汉！"

魏无忌被逼迫到绝处，一句话道出心声："我若回去，先不说我那兄长如何，和我对阵的，可是吕不韦啊！你我的朋友，你们忍心吗？我又该如何处置？"

他这一说，薛公也愣住了，一时说不出话来。

不料毛公却反而大声驳斥："朋友归朋友，各为其主，施展才能，这是战国时代哪一个英雄都逃避不了的事实。吕不韦若是计较这般小节，早就不攻打魏国了！你呀，小肚鸡肠了！"

"就是，英雄对英雄，比拼的就是谋略和胸怀。吕不韦肯抛开一切，你魏无忌为何要计较这些呢？譬如当年的苏秦、张仪，同为师兄弟，不也是各为其主嘛。"薛公分析道。

毛公说："就是，想那苏秦，先是选中秦国，偏偏秦王不赏识，只好回归六国，挂六国相印，举合纵之壮举，吓得秦国龟缩函谷关内，不敢轻易东出，何其伟哉！当人要学苏秦！"

薛公却另有见解："我却偏偏喜欢那疯疯癫癫的张仪，他弃六国而奔秦，以一国之力，却能布局连横，这才是纵横家气度！"

魏无忌深受感染："最佩服的是，两人能够明明白白地较量，互相自由选择，而又真刀真枪地对抗，这才是百年佳话！"

毛公趁机鼓动："你和吕不韦，为何不能也学那苏秦、张仪，各为其主，经略天下，这是多么痛快的事情啊。"

魏无忌忽然说："既如此，您二位与我一同归魏，实现抱负如何？"

毛公眼一瞪，当即回绝："你这家伙，魏国是你的魏国，再说我等并不乐于打打杀杀。"

薛公也说："既是公平，你同吕不韦较量，才叫公平。我们两个加入，这不明显欺负人嘛？"

魏无忌仍犹犹豫豫："当真我应该回去？"

毛公说："不回去做一番大事，枉为魏国宗室。"

"若是魏王容不得我，该如何？"魏无忌问。

"我料定，此时魏国战事紧，魏王请你是真，不必怀疑。"毛公说。

"可我这个兄长，当了大王之后，猜忌心重，若他请我只是为了堵住天下之口，我岂不就成了羊入虎口。"

"大丈夫当如鲁仲连，不图名，胸怀一腔侠义。想当初，平原君如果不是好面子，何至于让邯郸城岌岌可危。"毛公痛快地一顿教训，"到最后，赵胜放下面子，紧急向你求救，这才解了邯郸之围。你说说，若你当初窃符救赵时，左右顾虑，还能有今天士子们纷纷投靠你门下的盛况吗？"

魏无忌听罢，满面羞愧："今日君一席话，骂醒梦中人。我若是还唯唯诺诺，瞻前顾后，只怕真就成了魏国罪人！"

"这就对了嘛。"

"难得公子很快就转过弯来，我们为你高兴。"薛公举杯庆祝。

不两日，魏无忌就辞别毛公、薛公，随魏使者回到大梁。魏王听到他回来的消息，早早地就等在城门外。一见魏无忌辎车出现，下马迎接，拉住魏无忌的手说："兄弟果真度量大，不计前嫌，真丈夫也。"

魏无忌说："你我同是魏国宗室，延续香火，祭祀不绝，是我魏人职责。"

魏王说："今日就封兄弟为上将军，统领全国之军，定要击退秦军，保我大魏安宁。"

魏无忌推却："大王不必着急，到朝会上再商议不迟。"

魏王摇着头说："迟了，迟了，朝会上就迟了，拯救魏国，唯大将军尔！"

魏无忌热泪潸然，行礼应允："臣弟定不负大王厚望，驱退秦军，肝脑涂地。"

兄弟二人携手登上大梁城头，看着城外广阔之地，百感交集。

魏王指着远处说："当年，魏武卒铿锵的步伐，说能踏平眼前的山头，谁也不敢怀疑啊。而今，国力势微，竟连秦国三五万人都击不退，这都是王兄缺乏魄力啊。"

魏无忌见兄长如此说，感动的泪湿双襟："臣弟明白，此番领命，是保我魏国社稷生死之战，我定当周密筹划，一举击败虎狼之秦，让他们从此不敢觊觎魏国。"

魏王一把攥住魏无忌的手："兄弟同心，其利断金。"

"我魏国宗室，不能绝祀于你我之手！"魏无忌慷慨地说。

夕阳映照下，两个人身上都披上了一层红光，回头看着城里忙碌的百姓们，魏王说："百姓都是好子民啊，可惜还要受这兵灾。"

魏无忌慨叹道："在纷乱的时代里，谁又能置身事外呢。"

魏王将大手一挥舞："寡人的天下，不能只在这大梁周围。信陵君，你是魏国的股肱之臣，这一次，全看你的指挥了。"

魏无忌说："我王运筹得当，中原诸国出力，定不叫秦国独自称雄！"

"还是臣弟想得周到。对呀，我们不能全凭魏国一己之力，完全可以再次合纵啊。"

"各国合纵多次，只怕颇有难度。"

"只要有威望的人统帅，各国集体对抗秦国，大有希望。你就是这样的人，臣弟啊，你放开手脚运作吧，寡人大力支持。"

两人慢慢走下城墙，一起上车，朝着魏王宫走去。

一场规模宏大的战争，正在魏无忌胸中勾勒着……

二、瓦解魏国朝政

魏无忌回到魏国的消息一经传出，吕不韦双手一拍："这仗，越打越有意思了。"

他太了解魏无忌了，在赵国邯郸的日子里，两人多次交流思想，互相都有了解。他知道，魏无忌此时在战国四公子中地位最高，尤其是窃符救赵后，魏无忌诚心结交毛公、薛公等处士，深深赢得士子的心，平原君的好多食客也都归入他的名下。

对于吕不韦来说，秦国不断取得胜利固然重要，但却也有淡淡的一丝不快，因为几个国家的抵抗力太弱了，甚至到后来已经感觉不到胜利带来的喜悦。

魏无忌的加入，无疑引起吕不韦极大的兴趣，可同时，他也知道，这种兴趣将转化为压力，强者相争，谁笑到最后，谁才能获得最大的满足感。

虽然心中有数，对兵力也有所增加，但吕不韦还是觉得，魏无忌毕竟十年多不在魏国，对于调兵遣将，总要有个适应的过程，他要充分利用好这个时间差，尽快攻破魏国的堡垒，不给魏无忌留缓冲的时机。

聪明的魏无忌，并不是全力调配自己国家的军队，而是一面应战一面多方周旋，他大力扩大窃符救赵"义举"的效果，向中原诸国发出求救，并阐述合纵抗秦的重大意义。

很快,赵、魏、燕、楚、韩五国组成联盟,唯独齐国没有出战。齐国提前已接到了秦国的信件。信中,秦国声称,战国时代格局很快就要打破,将来的国家将只有西部的秦国和东部的齐国两个大国。齐王召开朝会,觉得秦国所言不虚,于是决定不出兵参与五国合纵,独自坚守着"东方大国"地位。

五国联军进攻后,打了两场小胜仗,尔后追着秦国军队,来到大河南岸的河外之地,要与秦国决一胜负。

吕不韦派人三次给蒙骜将军送信,信中称:万万不敢掉以轻心。魏无忌此战势在必得。

可蒙骜将军此时势头正盛,见过第三封信后,抖搂着这块绢布,说:"看看,我们的丞相又发话了,叫我们严阵以待,小心行事。"说完哈哈大笑。

蒙骜的孙子蒙恬小将劝道:"大父,丞相既然这样说,肯定是有道理的。"

蒙骜问:"有什么道理?我军是不是进攻得太快了!"

蒙恬说:"现在魏无忌率领的是五国联军。"

"五国联军又怎样?还不是一直退到了大河边。"

蒙恬说:"骄兵必败,大父,太轻敌要吃亏的。"

蒙骜脱下裹在身上的粗布大衫,嚷嚷着说:"这鬼天气,热得要命,我们赶紧将这五国联军打败,好回咸阳清凉清凉。兄弟们出来也好久了,中原这地方有什么好,又热又闷!"

斥候来报:"禀告将军,五国联军在大河南三十里驻下,并无设立竹木大寨,看样子并不准备长期驻守。"

蒙骜听罢,朝着蒙恬说:"小子,你听听,他们随时要逃呢。"

蒙恬却有所悟:"大父,事出异常,必定有诈,或许这正是要诱我们深入呢。"

"深入便深入,有什么好怕的。"蒙骜进一步解释道,"老夫征战多年,自然明白,这是魏无忌的诡计,诱我军深入。可现在不同了:一来我军士气正旺,完全可以乘胜追击;二来五国多次合纵,哪一次不是一击即溃,各国都在观望,打小算盘,根本形不成战斗力;三来,他们越退越靠近河边,到时候追军一到,还不纷纷跳入河中淹死。"

蒙恬想想,也算有理,就说:"孙儿得大父教诲,十分受益。"慢慢地给蒙骜端上一壶凉茶,蒙骜举起来,一饮而尽,高兴地喊叫着:"这样冰凉的好茶,多给将士们准备,好好喝一场,我们送联军去见河神,就当送去祭品了。哈哈哈……"

听说魏无忌陈兵河外之地，吕不韦感到心神不宁，总觉得要发生大事情，于是第四次给蒙骜修书，叮嘱他："万万不可掉以轻心，魏无忌诡计多端，此番又是亲率五国联军，望将军坚守不出，耗费对方精力。"并且，恐怕蒙骜不听，有意识盖上自己的印章，期望以丞相之名引起蒙骜注意。蒙骜看到，再次估量了此番局势，内心里，认为吕不韦谨慎并不错，但他不了解前线战局，这次确实是小题大做了。蒙骜前一段一路猛进，胜利接着胜利。魏无忌率五国联军出征后，连着打了两场小胜仗，蒙骜心里尽管着急，可他毕竟是征战多年的老将军，并非为了报仇盲目行进，只是觉得五国联军无非如此，如今更是背靠大河，却不筑牢营寨，这样行军有悖常规。

因此，吕不韦送来第四封信后，蒙骜忍不住嘟囔了几句："这文官就是这样，不出，不出，这要躲到什么时候？魏无忌再厉害，也不过是个十多年未经战事的虚名公子，有何惧哉！"

吕不韦在信的末尾，特别提到：五国联军背靠河水，毫无退路，或许正是拼死一搏的迹象。

蒙骜手里捧着这封信，不住摇头："吕相国，还是不懂兵法啊。"

双方在河外对峙三天后的清晨，天气没有那么燥热，蒙骜刚刚洗了个冷水澡。他行军多年，养成了早晨洗凉水澡的习惯。正在穿大袍，听得对面营帐中传来鼓声，刚要询问，司马紧急来报："将军，敌军出动了！"

蒙骜边往身上披铠甲边叫嚷着："老匹夫，来得正好！老夫不理你，倒送上门来。命令三军将士，随我出征！"

蒙骜刚摆好阵势不久，五国联军就杀了过来。秦国十万人，联军十万人，在这片空旷的土地上展开血战。蒙骜一上阵就把全军压了过去，不料联军却从左右冲出，将秦军两翼冲散，正面的联军与两翼形成合围，将秦军团团围住，死活不肯放过。

信陵君魏无忌亲冒矢石，率先冲锋，五国联军士气大振，紧随冲锋。秦阵营混乱，蒙骜因三面受敌，被迫西退，联军乘胜攻至函谷关。秦军紧闭关门，坚守不出。

一时间，五国联军在函谷关外形成合围，十多日不退。

魏无忌率领五国联军大胜秦军，对中原诸国来说，这是许久没有听到的天大好消息，各国均热烈庆祝，沉浸在胜利的欢乐中。

但魏无忌坐在大帐内，却隐隐有了一丝不安。

函谷关易守难攻，如果长期对峙下去，这支军队是五国联军，粮草供应等必定会出现危机。还有，他心里明白，五国均被秦国欺负日久，大王和朝臣需要的就是这样一场扼制秦军东进的大胜仗，所有国君都不肯为了消灭秦国而倾尽全国之力，所以，一旦拖得时间长了，军心就会涣散。

果然如他所料。燕国、楚国将领首先接到国君命令，声称国内粮食短缺，不再供应大军，命令参战军队回撤。

这其中的原因不言自明。燕国边境并不与秦国接壤，楚国又距离遥远且水域较广难以攻打，所以，秦国侵略他们两个国家，相较其他国家难度大。这样，两国觉得，同样出力对抗秦国，就不合算了。秦国对他们的威胁，短时间内不大，所以要打退堂鼓。

燕国、楚国一撤军，剩下魏、赵、韩三国，见秦军缩在函谷关内不敢东出，不几日也撤了兵。

魏无忌率领的五国联军，在打了胜仗后不久，就这样解散了。秦国的威胁一时虽然减轻了不少，但忌惮于刚刚大败，遭受重创，短时间内再也无力东出。

对于执政刚刚两年的吕不韦来说，这场败仗，却是晴天霹雳。他虽然预估到了可能秦国会遇到恶战，却没想到会让联军击败直至退回函谷关。这是他执政以来第一次败仗，也是他一生中唯一的一次败仗。

这场战争的失败，让他刚刚树立起来的威信大打折扣。别人虽然还没有发起攻击，也暂时没有说什么，可对他来说，远比以往任何一次打击都大。

他病倒了。

执政以来，第一次没有到府衙中办事。

躺在床上，任凭眼泪一行一行无声地流下，枕头上湿漉漉的。府中的所有人都不敢来劝。

李斯和荆云站在卧室前的台阶上，一筹莫展。

远远看到白露来了，荆云急忙迎上去，声音低沉地说："夫人，你快去劝劝丞相吧，一天一夜不合眼，也不吃饭，这样下去，真就病倒了。"

白露低声说："他不是输不起的人，放心吧，他是一时输给了自己！"

李斯说："平日里再大的苦难，哪怕是生死关头，丞相眉头都不皱一下，这一次，以泪洗面，这是大悲大痛。"

白露仰面望天，眼窝不禁也湿润了："他呀，是太追求完美了。总想着鞠躬尽瘁把任何事都办好，不成想让秦国在他手里遭此大难……"

第七章 相国理政

缓步进入屋内,白露见吕不韦斜卧在床榻上,眼睛直直地看着门子。她悄无声息地走过来,给他掖一掖踢腾开的被子,顺势坐在床边,轻轻地拿起绢巾,为他擦去眼泪。可无论她擦多快,吕不韦的眼泪似开闸之水,不断涌出来……

"不伤心了,多大的事业,不也得一步一步来嘛。"白露柔柔地说。

吕不韦不吭声,只是无力地摇了摇头。

"你已经尽心尽力了,胜败乃兵家常事。"

吕不韦闭上了双眼,眼角还是挤出无数泪滴来。

"知道你心中惆怅,可再苦再难,也得吃饭啊。"白露顺手端起一碗乳浆,"喝一口,润润嘴片。"

吕不韦睁开眼,眼睛忽闪忽闪,木然地张开嘴。

白露稳稳地用勺子喂他一口,不想竟然呛住了,吕不韦大声地咳嗽起来,头耷拉到床边,不住地吐,白露忙给他捶后背:"慢点慢点……"

吕不韦再次无力地躺倒在床上,轻声地说一句:"你出去吧。"

这句话一出口,白露顿时犹如临终遗言一般,扑簌簌落下伤心的泪来,边哭边说:"君何必如此绝情,若是君有个三长两短,我活着还有什么意思。想我白露,生不能替君分忧,又有何用?若能为君解忧,当即死,我也乐意……"说完竟呜咽起来……

这一下,吕不韦再也躺不住了,一下起身,抱着白露,轻轻拍打着她的后背,说:"莫要如此,莫要如此,伤了身子。"

"生无可恋,要这躯壳有何用?"

"莫要这样说!"吕不韦稳稳地坐好,舒了一口气,才说,"其实你不必担心,我生气,不是为败。是……"停顿了一下,又舒一口气,"既不服,也不甘心啊!"白露听说如此说,知道他是想通了,就说:"天大的宏图大志,也是一步步来嘛。"

"这道理我如何不懂。我就是觉得,秦国正一步步行进呢,这样一停顿,又要等到啥时候啊。如果我当时,再催一催,或者……"白露说:"瞧瞧你,还是在自责。不光这事怨不得你,就是将来,还有别的事,也不能保证一帆风顺啊,总不能一出事就责备自己吧。"

"我是一国之相,不怪我怪谁?"吕不韦说着话站起身来,一边整理衣服一边往屋子中间走。

白露说:"你是压抑太久了,太需要这样释放一次了。或许,这样一次,对你来说，会越来越稳。"

吕不韦扭回头，看着白露，一字一顿地说："只要我吕不韦为相，这样的事情再也不能发生了。一场战争，几万人的生命，说没就没了，哪个不是父母生养、活生生、有血有肉的生命啊！如果一个当官的人，不珍惜人民的生命，要你何用？"

白露看着眼前的吕不韦，又回到了那个意气风发、不知疲倦、慷慨激昂的以往状态。她就含情脉脉地看着，虽然不像以往那样能替他分担商业中的忧愁，但看到他恢复往日神采，由衷地为他高兴。

吕不韦忽然一下推开门子，喊道："荆云，你去准备饭，我吃过还要熬夜。李斯，你去召集丞相府属员，各个司都要来，今夜，我们就整理出这场败仗的原因，该追责的追责，该奖励的还是要奖励。一切依照秦律来。"

荆云和李斯同时答应一声："喏！"快速而去。

择日，秦国大朝。朝会上，吕不韦率先发声："臣布置不力，令秦国新败，既枉费了军资，又阻挡大秦东出大计，理应受到责罚。臣今日已经拟好罪状，请我王治罪。"

他这样一说，众多大臣们开始低声议论。蔡泽说："这原也不怪丞相，他日夜操劳，一心为公，大王不可治罪。"老驷车庶长却说："我军败于五国联军，虽情有可原，然丞相乃中枢要员，理当追责。"长史说："丞相此前已严令各军，多加小心，此番吃了败仗，不应怪罪丞相。"咸阳令说："臣也以为，罪不在丞相。"驷车庶长说："大王，我秦国自有律法，丞相乃百官之首，理应为败仗担责。"秦王子楚听大家意见不一，也拿不出主意，正在犹豫间，听得殿外一声高呼："老臣愿以死谢罪。"大家朝殿外看，见蒙骜赤裸上身，背上绑着荆棘藤条，快步走上殿来，再次大声呼叫："老臣麻痹大意，致使我军大败，将士殒命，请大王治我死罪。"说完磕头不止。

子楚见蒙骜这等模样，有心宽宥吕不韦，就说："既是蒙骜将军担了罪责，你身为前军监军，罪不可免，来人啊……"

他这一喊，吕不韦当即跪倒，扯着嗓子喊："大王，万万不可治罪于蒙骜将军。他劳苦功高，忠心耿耿，披肝沥胆，为我大秦出生入死，如今我朝正在用人之际，万万不可治罪于蒙将军啊。"

驷车庶长说："大王，蒙骜罪不可赦，丞相也有失职之罪。"这时有人也站出来说，丞相有罪……吕不韦起身，拿出一封绢书，说："大王，臣已经拟定好罪状，请大王责罚。"蒙骜叫道："大王，罪不在丞相。此前，丞相曾四次去信，告诫老臣，不可轻敌，是老臣麻痹大意，轻敌导致大败。"此言一出，众臣唏嘘。驷车庶长问："可有书信原件？"蒙骜说："败军之时，慌乱中丢失。"驷车庶长冷笑一声："蒙骜将军，你演这么一出苦肉计，是想让丞相保你周全吧？"蒙骜再次呼叫："老臣愿以死谢罪！请大王治罪。"吕不韦见众人吵闹，大声说："请听老臣罪状！"说完，他自念道：

> 臣吕不韦，忝为秦相，身居要职，却无德无才，枉费大王信任，作臣子不能承职位之重，谋策略不能御敌于河外之地，罪孽深重，自知万死也不足以抵自己之罪，今请辞去丞相一职，罚俸一年，恳请我王应允。

他朗朗读完，众人又是一片躁动之声。蒙骜撕扯着嗓子喊："丞相，断然不可。罪在老臣。是老臣一意孤行，贻误战机，让我大秦万千将士白骨遍地，百身莫赎，罪在不赦呀！"驷车庶长说："口口声声替丞相求情，却拿不出证据，臣以为，蒙骜欺君。"吕不韦说："老将军，你就不要请罪了，秦国离不开你呀。"秦王子楚见大家争来争去没有结果，大声说："众卿各有理由，相邦为国操劳，一心忠君，怎可辞去丞相。蒙骜将军身为监军，罚俸一年，降为裨将。"

众人还未开口，吕不韦又说："恳请大王治罪，不然，我难以为臣啊。"

咸阳令说："大王，臣以为，丞相所言，皆肺腑之言，其身居要职，不罚不足以惩戒，臣提议，罚俸半年。"

子楚说："准了。"

吕不韦又说："臣辞去丞相，请大王择贤者任之。"

驷车庶长见吕不韦不依不饶，冷冷地问："怎么？莫非一遇到事，丞相便要撂挑子！"

这不咸不淡的话，吕不韦权当没有听见，依旧坚持要辞去丞相。

子楚见了，淡淡地说："寡人听懂了，也知道丞相的一片苦心了。莫要再提辞去相位一说。"

吕不韦见难以说服大家，遂说道："既然大王信任臣，臣便自罚，辞去丞相一月，依旧在丞相府当值。"

"寡人准了，这就昭告天下，大秦暂缺相一月，待一月期满，吕不韦仍旧为相。退朝吧。"

到了宫门口，蒙骜拦住吕不韦，真诚相告："丞相不该为老臣徇私，担了责任。"

吕不韦说:"老将军,此言差矣,我担责任非为私情。作为丞相,国家有难,理应担责。至于苦保将军,是我大秦目前军中人才匮乏,青黄不接,如果此时老将军再被治罪,谁人能担得起守我疆土之重任!"

"老夫愧对丞相啊,你四番警告,我依旧狂妄自大,致使大秦蒙羞,我一辈子刚直不阿,没脸再见军中将士啊。"

"将军快别这么说,疆场血战,你们最用命。不过,你我都应该好好反思,如何将功补过,如何避免再犯此类错误,这最重要。"

"老臣一定谨记丞相教诲。"

"我如今已经不是丞相,莫要再如此称呼。"

"在我心目中,你永远是丞相。"

吕不韦紧紧握住蒙骜的手:"互相珍重吧。"

目送蒙骜远去,吕不韦深深感叹:秦国虽然败了,可有如此豁达通透的军中武将在,有大秦不灭的士气在,振兴,不过是迟早的事。

这天在王宫内见了秦王,说完事情后,吕不韦走到东宫门口,忽然想起,也不知嬴政最近如何了,便走了进去。

走进院子,并没有看到他的影子。连着转了几个大殿,都没有找到嬴政,吕不韦不免纳闷,于是就问侍者,大家都支支吾吾,最后一个才说:"殿下在东院练习骑射。"

既是骑射这等好事,为何含糊其词,吕不韦心知有异,不觉快了几步。步入院内,见嬴政正骑马追逐一头鹿,那只鹿被追得四处逃窜,嬴政在马上紧追不舍。等鹿奔到跟前,吕不韦一瞧,大为震惊:这只鹿已经身中五六箭,鲜血淋漓,肠子外露,可嬴政却不依不饶,张弓搭箭,正要再射,见到吕不韦,骑在马上就那么冷冷地看着,也不说下马来见。

吕不韦身为太子傅,一见他如此冷酷无情,勃然大怒,说道:"太子殿下,为何如此残忍,不肯放过一头将死之猎物。"

嬴政懒懒的从马上下来,走到吕不韦跟前,冷冷地说:"嬴政见过丞相。"

吕不韦见他这个样子,不禁又气又恼,说:"你身为太子,当有仁慈之心,为何竟连动物都不放过。"

嬴政抬起头望望吕不韦,说:"捕猎就是要心狠手辣,才能捕获猎物。"

"它已是这副模样,何必苦苦再射?"

"不死我一直射。"

"你，你这孩子，如今也才十二岁，如何就这般铁石心肠。"

"英雄不问年龄。"

"和一只动物拼命，算什么英雄！"

"便是真人，我也敢拼上一拼。"

吕不韦见他如此顽固，不免越来越气，说："今日，罚你面壁思过，好好反省一个时辰。"

嬴政脖子一梗，说："莫说一个时辰，便是一天也站得了。"

吕不韦看着这个倔强的孩子，心里在想，或许是他在赵国留守期间，受了不少的苦，缺乏教育导致的。有心放过他，可一看他的样子，又觉得放松了教育，对他将来有坏处，因此就狠心地看着嬴政受罚一个时辰，才悻悻地走了。

走出门，心里念叨着，真该给嬴政再寻个老师，找个陪读的人了。

一个多月过后，吕不韦思忖着：秦国不能就此默默无闻，还是要东出的。可一想到魏无忌率领的联军如果再度出手，秦军难免还会重蹈覆辙。

怎么办？总不能任由魏无忌就这么成为秦国的危险人物啊。想想在邯郸时，两人曾经那么贴心，为营救异人他还出了不少力。

可如今，情况都变了。各为其主，是目前两个人最恰当的状态。总不能与他讲和，让他看在旧日交情上不再插手魏国事吧，那样他肯定不会答应的，他不会看着国破而不管的。

有没有一劳永逸的办法呢？想着想着，想到了一个办法。

吕不韦找来荆云，如此这般交代了一番，荆云领命而去。

这天，在秦国当质子的魏国太子魏增在府邸中多喝了几杯酒，他最近也是苦恼异常，小心翼翼地躲在府中不敢出去。

秦国大败后，秦王大怒，曾扬言要将魏增囚禁起来，择日斩杀。后经朝臣劝说，才暂时放弃了这个念头。但对于魏增来说，虽然五国联军已经退去，可他知道，只要秦国不能出征，自己头上就随时悬着一把剑，因此整天窝在府中不敢轻易出门，生怕引起秦国误会。

他躺下不久，忽听得窗户处有响动，一下惊醒了。看到一个人影已经跳进屋里，须臾间来到床边。魏增正要呼喊，来人已经捂住了他的口鼻，轻声地威胁："敢出声，要了你的狗命。"

魏增吓得连连点头，来人才放开了手。此时屋内没有灯光，借着屋外的月光，隐约看到来人穿着黑衣黑裤，仅露出眼睛。

来人低声说："你父王年迈，又昏庸无道，在王位上耽误魏国，你为了救魏国于水火之中，愿意让出王位给贤者。"

魏增闻听此言，惊恐连着气恼，可此时刀还架在脖子上，身不由己，只好说："都依好汉，可我也没法写呀，这黑灯瞎火的。"

来人从怀中掏出一块丝绢来，说："我已经写好了，你只需在上面盖上你的印玺便可。"

魏增说："可我这看不见，也找不到印玺啊。"

来人擦亮火镰，点燃一盏油灯，掏出丝绢递给魏增。

魏增一看，上面写着三个大字"让贤书"，一想到从此王位将旁落他人，心中悲凉，可又无可奈何，只好掏出印玺慢慢往上盖。盖章的时候，他留了个心眼，偷窥了一下，"让位于贤者"后面，还有一个人的名字。这个名字他太熟悉了，顿时咬牙切齿，恨不得一下撕了这块丝绢。

来人见魏增盖上了印玺，吹灭油灯，一转身，已经窜出屋外。

坐在黑暗的屋里，魏增没有喊叫下人，他呆呆地想着刚才的事情。越想越气，恨不得马上飞回魏国，让父亲将祸乱的贼人拿下，可一想到回国，他就软瘫了，现在是有国回不去，心里再急，也只能咬碎牙齿往肚里咽。

"不行，我不能坐以待毙。"魏增猛然从床上坐起来，对着外面喊："来人啊，研墨！"

他要修书给远在几百里开外的父亲，让他尽快捉拿祸乱朝纲的人。

因为他知道，现在父亲是魏王，他是魏国太子，秦国一时不敢对他下狠手。如果有朝一日父亲薨了，别人登上了王位，首先要除掉的，肯定是他这个魏国太子！

连夜写好书信后，魏增派得力的舍人悄悄出发，将这封绢信尽快送给魏王，以解除国内的危机。

魏增的舍人悄悄推开院门往街上赶，大街拐弯处、墙角后躲着的人看清楚后，就匆匆赶往秦丞相府禀告。

秦国丞相府内，吕不韦看着"让贤书"上魏增的印玺，露出欣慰的笑容："荆云，这件事办得漂亮。那魏增可曾怀疑？"

"他当时吓得只顾哆嗦，哪还顾得上怀疑。"

"他不会没有看清楚那三个字吧？"吕不韦问。

"方才，斥候来报，魏增已经派人连夜送信去了。"荆云笑着说。

"这就好,这就好。"吕不韦吩咐,"告诉咱们的人,全程盯着,给送信人一路开方便之门。"

"喏。"

"你今夜就布置人出发,带上金子,务必买通名单上的人。"说着话,递给荆云一块手帕,上面密密麻麻写满了人名。

"叫赵十八同去,他虽少计谋,但可以负责安全。"

"派谁去合适?"

"李斯!"吕不韦说。

"喏。"

"要多带金子,这上面十二个人,每人两万金。"

"喏。"

魏国大梁城内,这几日,坊间传出一条消息:魏无忌要夺取王位,不日即位。

王宫内,魏王魏圉抖着手里的一块丝帕,心神不宁地在大殿内来回踱步,自言自语地:"不该呀,他如今已经是王侯了,何必要这样?"

大司寇说:"大王,不可不防啊。"

魏圉依然不信:"前几日,我们还在一起喝酒,毫无异样啊。"

大司寇说:"这可能是麻痹大王。"

魏圉嘟囔着:"毕竟是一母同胞,何必呢。"

"难道大王忘记了,窃符救赵时,他何曾考虑兄弟之情。"大司寇刺激地说。

这样一说,魏圉心中一凛,上一次,魏无忌窃符救赵,仿佛就在眼前,当即惊慌地问:"那该如何是好?"

"先好言抚慰,哄他入宫议事。"

"好好,就依卿所言,宣他进宫议事。"魏圉双手抖动,走了一圈,忽然问,"若他问起,议论什么事,该如何说?"

"就说秦国催战,看他敢来不敢。若是不来,那就必定是心中有鬼了。"

魏圉铁青着脸说:"我拿到增儿的这封信时,还半信半疑。卿又听到近日街头传出的话,看来是真的了。"

大司寇说:"王上,最亲近的人往往嫉妒心最强,他是见不得这个王位留给太子。"

魏圉若有所悟地说："怪不得秦国一直不肯放太子回国呢，莫非是他……"

大司寇稳稳地点点头。

很快，魏无忌被邀请到王宫内。

魏圉先亲热地走过去，拉着魏无忌的手，说："弟为国忧心，兄长不胜感激。"

魏无忌心中坦荡，诚恳地说："大王不必过谦，臣弟操心，责任使然。"

大司寇趁机说："大王，信陵君不比往常，年岁已高，大王应该体谅。"

魏圉说："对，对，王弟一心为公，操劳过度，寡人心里过意不去，早就想着能替王弟分忧。"他左说右说，就是说不出那句话，便瞧了瞧大司寇。

大司寇见状，便说："上将军劳师远征，十分辛劳，大王心中不忍，想着让上将军歇息歇息。"

魏无忌不知他们所言何事，就问："大王不是邀臣弟来朝议论秦国战事吗？怎么，他们又要东出？"

"这……"魏圉支支吾吾地说不出口，"王弟莫慌，先吃酒。"

大司寇生怕魏王一时心慈手软，耽误了良机，便说："臣亲眼所见，信陵君日夜操劳，不辞辛苦，大王当用心体恤，不叫上将军寒心。"

魏圉听罢，沉吟片刻，说："王弟，寡人念你年岁已高，不妨在家休养，今日便交出虎符，让其他人费心。"

魏无忌听到此时，这才明白，大声说："莫非大王听闻了什么蛊惑之言，臣弟一片忠心，若有危言，必定是那虎狼秦国使诈，大王莫要听信，中了贼人奸计。"

魏圉见魏无忌不愿交出虎符，愈加怀疑，索性从袖子里掏出丝绢，说："王弟看看这个。"

魏无忌接过，匆匆一瞥，便知道了内容，当即跪倒："大王，臣一片痴心，只为我大魏安宁，若有二心，天地诛之。"

魏圉走过来，扶起魏无忌，说："我哪里就信了，只不过，人言可畏。若是此时王弟还手握兵权，朝中老臣难免会有微词，寡人为王弟着想，还是暂时交出虎符，待来日澄清事实，再交还于王弟，你说呢？"

看似询问的口气，却已经将话说到了毫无退路之处，魏无忌嘴巴张了又张，无奈地说："既然如此，臣弟只好遵命。"

魏无忌一进府邸，就大声说："关闭大门，任何人不得外出。"火冒三丈地走进书房里，半天没有出来。

第七章 相国理政

他实在想不通,如此拙劣的计谋,何以魏王就能看不懂,他气急败坏地说:"糊涂啊,此等伎俩,骗骗三岁稚童尚可,魏国无人,魏国无人啊!"攘臂嗔目的样子,实在吓人,府上的人战战兢兢都不敢靠近书房半步。

连着坐到半夜,魏无忌才迷迷糊糊地醒过来,自言自语地说:"王上这是对我不放心,怕我抢了侄子的王位啊。"

的确,他认识到,兄长魏圉如今已年迈,人到了这个年纪,早不是以强国富民为本,首先考虑的就是王位的安稳对接。如今秦国大败,魏国的威胁已经解除,暂时不需要魏无忌这个上将军了。而一旦魏王西去,接替他王位的自然就是太子,若是这时候,有人露出对太子威胁的苗头,魏王一定会全力以赴地铲除的。想通了这些,他也就不恨魏圉没眼光了,只怪自己生不逢时。

但是,毕竟心里是不甘心的。想来想去,唯一可恨的人,只有吕不韦。如果不是他对自己太了解,知道自己是秦国东出的最大障碍,断不会出此下策。

"吕不韦啊吕不韦,你的计策并不高明,我不服啊!"魏无忌双手高擎,伸向上空。

没有人来回答他的话,他就这么愣愣地站在地上,郁郁不得泄愤。少顷,他又想,吕不韦如今已经不是邯郸城里的那个朋友吕不韦,他是秦国丞相,他这么做,站在他的角度想问题,并没有什么错。

"吕不韦啊,你比我运气好,碰到了信任你的秦王,我这糊涂的大王啊,一脱离危险就只管死死看守王座。这样的魏国在他手里,不亡都难啊!"

嚎叫了半天,气恼了半天,魏无忌想起在邯郸临行前毛公、薛公的话,这战国之世,凡有血性皆有争心,是男儿都该如此。如今,踌躇满志、刚刚在秦国当上丞相的吕不韦急需立住脚,可自己偏偏率领五国联军战胜了他,他又何尝不是对自己恨之入骨。

"罢罢罢,遇到这样的对手,快意人生!老夫不是败给了你吕不韦,是败给了我王,说来说去,还是我魏国窝囊。"魏无忌自欺欺人地解劝。

但终究,这是一件不能释怀的大事。即便魏无忌肯放弃自己的爵位和职权,可一想到,从此以后,东方诸国再也无力阻拦吕不韦东出,心里就一阵一阵绞痛,渐渐,便生出病来,不出旬日,咳嗽吐血,卧床不起。

当吕不韦在咸阳听说魏无忌被罢免上将军时,心里也是五味杂陈。从国家角度说,他感到无比高兴,平原君、孟尝君已亡,春申君目前也只顾着惦记楚国王位,信陵君再失去军权,曾经显赫一时的战国四公子,威胁荡然无存。

可站在吕不韦私人角度,绝对不愿意这么对待曾经的朋友魏无忌。他知

333

道魏无忌也是有理想抱负的人，魏国若是能在他手中振兴，也不枉一腔报国之志。吕不韦最清楚，理想难以实现的遗憾，在奋斗的人心中的分量。

但最终，理智还是战胜感情，他觉得，自己这样做，最对得起秦国，最对得起秦国丞相这个职位。不过，他还是为一生能遇到魏无忌这样的对手而欣慰。

三、伴读风波

吕不韦让魏国君臣生隙后，就开始谋划让秦国继续东出，他要一步一步实现自己的大一统梦。

吕不韦深知，统一中原不是简单一回事，之前战国七雄虽然不断互战，但为了维持平衡，各国都不会灭国。而吕不韦想要实现的，是灭掉这些国家，成立一个完整的"新秦国"。这个新的秦国，绝不仅仅是现在的秦国，而是焕然一新的国度，这就需要几代人努力，因此格外担心未来的王——嬴政。

按照吕不韦的设想，他和子楚这代人，为嬴政奠定基础，最终要靠嬴政甚至之后的秦王来完整这一宏图大业。

那么，嬴政的教育问题，就是个大问题。

令他没想到的是，他的担忧也是华阳太后的担忧。

华阳太后这天特召吕不韦，问："政儿的教育，丞相考虑过吗？"

吕不韦说："臣虽担任太傅之职，毕竟忙于政务多，无暇顾及。"他知道，太后召见，必定已有人选。

"你看，熊启如何？"

听起来像是征询意见，吕不韦却非常懂，当即说："太后虑事周道，臣觉得，熊启定能胜任。"

熊启是熊元的儿子，熊元在秦国为质子时是太子，如今已经成为楚王。吕不韦心里明白得很，华阳太后也是楚国人，推荐熊启，是觉得他和嬴政岁数相当，最主要的，是姻亲。

熊元的夫人，是秦昭襄王嬴稷的女儿。算起来，熊启算是秦王子楚同辈人，舅母就是华阳太后。

这样的关系，亲上加亲，论说起来，年龄又相仿，当个陪读，吕不韦便是想挑剔也无话可说。

但吕不韦总要阐明自己的观点："臣观察，嬴政心性孤傲，不知太后推荐的人，他是否满意。"

华阳太后说:"熊启这孩子,也是最爱骑射,哀家看政儿也是喜欢骑射,想来两人总是能耍到一起的。"

"这样最好。"吕不韦心里想,能不能聚到一起,还要看两个年轻人的秉性,且先答应再说。

这天,吕不韦腾出时间来,约嬴政和熊启一同到郊外打猎,希望借此机会考察一下两人是否合拍。

途中,遇到暴雨,车辆陷入泥淖中,吕不韦正要指挥禁军搬动车辆,不想嬴政和熊启一同下车,呼喊着和下人们一起出力,身上也不披蓑衣,又推又扛,硬是将陷入泥淖中的车辆推上正路。吕不韦看着十几岁的两个年轻人,浑身湿透,却毫无皇亲贵胄的做派,完全是一幅农家吃苦孩子的模样,甚为感动。

到达围猎场,吕不韦布置,大家轮流值班,不叫野兽侵犯营帐,不想两个人异口同声要求站第一班岗。

瞧着两个年龄相当的年轻人如此默契,吕不韦由衷地高兴。难得嬴政能有露出笑脸的时刻,这次出来本就不当他是太子,就是要考验他的吃苦耐力,没想到不等吩咐,他们两个年轻人就主动承担起责任,十分难得。

说实话,对吕不韦来说,选熊启当伴读是心存疑虑的,他不想让华阳太后过多地插手朝政。安排嬴政的陪读其实是个大问题,可他又不敢太过明显得罪华阳太后。今见两个年轻人热热闹闹在一起,吕不韦总算放下了心。

心里默默念叨着:但愿两个年轻人不要陷入皇宫争斗中,就这么天真无邪地交往,那该多好。

可令吕不韦感到棘手的是,熊启成为嬴政的陪读后,韩国夫人却十分不满。

韩国夫人闹,却不来找吕不韦,而是先找到了靠山——夏太后。

"臣妾想着,他们这是欺负太后。"

夏太后一见她哭闹,当即生气:"你如今是王妃,不要动不动就哭鼻子。"

"太后,她们欺负我,分明就是轻视我们韩国。"

"胡闹!如今你是秦国王妃,莫要再乱说什么韩国的话。你心里想的,应该是秦国如何富强。"

"就是嘛,那熊启,还不是仗着华阳太后,都是楚国人……"

夏太后猛然打住:"你不要再说了。若是这样的话叫其他人听到了,议你个心怀不轨,我看你如何作答。"

这样大声一说,韩国夫人顿时醒悟,忙说:"臣妾不是想着,来姑母这里说一说嘛，别人我可不说给他听。"

"这就对了。如今，你是秦王妃，凡事就要从秦国考虑。你觉得熊启当不得太子伴读，我倒不知，你是如何思想的。"

"侄女想着，蟜儿虽说没有熊启年龄大，但怎么说也是太子的兄弟，这伴读之人，非蟜儿莫属。"

"哦，你是想叫成蟜伴读啊！"

"正是。"

"这有何难，改日我说说，叫成蟜也去伴读就是。"夏太后宽慰道。

"这怎么行？三个人一起，多不好。"

"那你的意思？"

"只让蟜儿一个人伴读就行。"

夏太后"哦"了一声，觉得新鲜："多一个人，有何不可？又有什么坏处呢？"

韩国夫人撇一撇嘴片，当即凑近夏太后跟前，低声说："那熊启，又霸道又凶，若是吓着了蟜儿，那还得了。"

夏太后轻轻摇头，不以为然地说："他们在一起，就是读书而已，何来吓着一说。再说，那熊启也知道成蟜的身份，自然不敢慢待的。"

"那可不是。我跟你说，臣妾听说，前几天丞相和他们出去围猎，那熊启和太子，夜里和狼搏斗呢，你听听，这么小的年纪，敢和狼打斗，岂不是一身蛮力气，要是哪一日我儿背诵不成，还不被熊启欺负。"

听她说罢，夏太后说："既如此，那就不让成蟜去陪他们，也省得打架闹气，岂不省心。"

韩国夫人立刻将头摇得像拨浪鼓："陪太子读书，这是一种荣誉，成蟜自然不能输给他人。"

夏太后说："那你就让成蟜经些风雨，陪他们两个一同读书骑射，小孩子嘛，虽说是王族贵胄，也不该太娇惯了，毕竟，将来是要封侯的。"

"我可不舍得，蟜儿才多大，一个小孩子，哪里能让他陪熊启这疯孩子。"

"你这左也不是，右也不是，说到底，就是非要把熊启撵走，才满意吗？"

"对，只有这样，太子和蟜儿一同读书，将来一个当王，一个成侯，这后宫，不就是成了我们韩国……不，成了姑母和我的天下吗。"

听她这样胸无城府却如此热衷争权夺利，夏太后决心教导一番："你呀，听我一句劝，不要整天想着这些争斗之事，好好养大孩子，教育他为国分忧，才是正道。"

"姑母，你想想，那华阳太后又无子嗣，秦王是你的亲儿子，你理当把持住后宫，那样，咱们娘家人多荣耀啊。"

夏太后见她竟然说出这等不知轻重的话来，恼怒地说："再胡乱叨叨，瞧我不撕烂你的嘴。谁跟你胡说什么亲生之类的话。你倒不想想，别人跟你说这些，就是挑拨你，你倒成了传声筒，直来直去，给别人当替罪羊。若是叫华阳太后听到耳朵里，瞧她如何整治你。"

韩国夫人还不服气，嘟囔着说："我还不是为了姑母。"

"我不用你来为我争气。如今我吃得好睡得安稳，你看管好自己的孩子，管好自己的嘴，不要到处传闲话，就是对我最好的报答。"

"侄女记下了。"韩国夫人低声嗫嚅道。

"这北宫之内，不比你在韩国，要时时处处谨慎。早早给成蟜启蒙，让他学会宽厚仁德，不得仗着自己是王族骄横胡闹，可听好了。"

"嗯。"韩国夫人声音小得像蚊子哼哼。

"你走吧，我累了。"

当吕不韦转天来到夏太后跟前说话时，夏太后不冷不热地问："丞相为太子挑选的伴读，太子可满意？"

本是轻描淡写的一句话，吕不韦听来却颇有深意，当即答："臣想着，择日如果有合适的人选，可以多找几个。敢问太后，莫非有人选？"

"我就是问一问，丞相觉得合适，那就合适。"

"燕国公子丹，听说人品不错。"夏太后淡淡地说。

吕不韦一时想不明白，燕国太子丹，与夏太后有什么关联。可既然她说出口，又不好回绝，便说："待臣改日知会燕国，请公子丹来秦为质。"

"太子是储君，关系我秦国未来，一定要挑选品德高尚，一身正气的人当伴读，丞相，你说是吗？"夏太后问。

吕不韦说："那是当然，臣也是这样想的。"

吕不韦这一次来，本就是想征询一下夏太后意见，看看她是否同意成蟜当伴读，不想却有了意外人选，一时拿捏不准，索性就直说："前几天，韩国夫人有意让成蟜伴读，跟臣提了一下，我终究把握不准，想着这后宫之事，您更清楚，就想着问一问，合适不合适。"

夏太后喝了一口茶，不慌不忙地说："兄弟两个，年岁不相上下，在一起，小孩子难免闹别扭。丞相，你说呢……"

这句话吕不韦听懂了，这是不同意，马上说："臣也是这个意思，等小殿下再长几岁，或许可以。"

回到府上，吕不韦始终想不明白，为何夏太后不同意成蟜伴读，苦思不得解，荆云一句说透："还不是怕嬴政伤了成蟜！"这样一说，吕不韦说："你说的对，看来有时候越想的复杂越不容易找到答案。"

至于燕国公子丹，为何夏太后要选为伴读，吕不韦忽然想明白了：夏太后不是非要选谁。选公子丹，只不过是个形式，她是要告诫吕不韦：北宫中，不止有华阳太后一个太后！

再深思一下，夏太后此举，以为秦国太子选伴读为理由，让燕国公子丹来秦当质子，同时又是约束燕国的策略。

"这才是大局观与权势两不丢啊！"吕不韦深深佩服夏太后的胸襟。

但最最难以厘清的，是赵姬。

每次到王宫内，只要是在后宫和子楚说国事，吕不韦总是心神不定，生怕赵姬突然就从哪里冒出来。

但这样的情况偏偏常出现。

一次，吕不韦刚辞别秦王，正要往宫外赶，不想却遇到赵姬的女侍，口口声声说："王后有要事要见丞相。"

吕不韦见摆脱不了，只好来见。

"你为什么躲着我？"赵姬问。

"哪有，我是事情多，顾不上。"

"你当我是傻子？"赵姬直勾勾地看着吕不韦问。

"你如今是王后，说话注意分寸。"

"我偏不注意，谁能奈何我？"赵姬故意地说。

"一国之后，后宫之主，难道你竟不知道该如何做？"

"丞相，我看你如今倒很注意分寸。"赵姬揶揄道。

"你找我有何事？如果没事，我就要忙去了。"吕不韦不愿意纠缠下去。

"瞧瞧，我说你现在是躲我吧。"

"一摊子事，真没时间在这里聊天。"

"我们之间，需要这么绝情吗？"赵姬歪着头问。

"你我之间，只有王后与丞相，你说呢？"

"好绝情！"

"莫要玩火。"

赵姬赌气地揉着衣袖，伤感地说："莫非，君从一开始就把我当成了工具。如今当上丞相了，便一脚踢开。"

吕不韦听她这样说，也觉得她做出的牺牲不小，该安抚一下："不要这样想，支持秦王即位，你我都是共同出力的，你思前想后，可有私心？你如今是王后，也该满足了。"

"我才不稀罕什么王后，我需要什么，难道你不知道吗？"赵姬悠悠地说。

"现在看着秦国一步步强大，你心里不高兴吗？"

"当然高兴。可你知道一个女人最需要什么吗？"

"成为王后，你就不单单是女人。"

"可我并不喜欢你们这种争斗啊。"

"你现在怎么不讲理了。"

"和你，有什么理可讲。"

"我问问你，对太子伴读，你可有什么想法？"吕不韦想把话题岔开。

"选谁，你自然心中有数。"

"你是太子的娘，总得操心吧。"

"谁伴读都一样，只要不怕政儿伤了就行。"

见她不是关心伴读，是对嬴政具有极大的信心，吕不韦颇为吃惊："你是这么想的？难道太子就什么都不怕吗？"

赵姬说："怕什么，还有什么比在邯郸城里躲藏可怕？他从小经历了那么多苦难，同龄的孩子谁受过这罪？哪个王子受过这样的磨难？那熊启看起来虎背熊腰，只不过是长得壮实罢了，公子丹又能怎样？论武艺论心智都不及政儿三分。我可不担心谁能带坏政儿，只怕将来给你找不少麻烦，到时候你负责救火就好。"说完咯咯笑出声来。

吕不韦最怕的就是难以教育嬴政，当即说："太子还是读书少，这方面总要补一补的。"

"读书少？哼，现在来说读书少了，你去问问我王，叫他说说，如何就读书多了？你们说走就走了，留下我们娘俩在邯郸，两天这家三天那家，能读到书才怪。"

"正因为这样，现在才要多读读书，培养些学识修养。"

"我的政儿，不是不读书，他在民间学会的学问，恐怕没有几个能比得上的。不过还真得说一说，当所有人都对我们娘俩避之若浼时，倒是那薛公不离不弃，一直陪着我们，多危险也不离开。"

"是要好好谢谢薛公。"吕不韦仰头想一想,"赵十八也不错。"

"休要提这个烂人,当初若不是他说叫我们留下,或许我和政儿就不用在邯郸受那罪了。"

吕不韦问:"我王怪罪赵十八,也是你……"

"不错,就是我出的主意。可恶!"

吕不韦说:"不怪他,他是个下人,当时也是出于好意,为了保护秦王嘛。"

"我看,他就是不安好心,巴不得让我们母子永远留在邯郸,好帮着王再找别的女人。"

"你怎么会这么想,他一个下人,能做得了这个主?"

"你要提防此人,别看他看起来鲁莽,关键时刻心歹毒着呢。此人不可重用,莫叫坏了你的大事。"

吕不韦说:"好,我记下了。不过,话说回来,人都是在一定的时间办一定的事。譬如薛公吧,当初和我们多么贴心,后来不也劝说魏无忌率军攻打秦国嘛。人各为其主,无可厚非。"

"你们男人之间的事,我是看懂了,为了自己的利益,随时翻云覆雨,毫不手软。"

"政治,本来就这样。人总是要面对不断变化的环境,来改变角色嘛。"

"你自己听听你说的话,看来,君真是已经把妾忘记得一干二净。"

"又来了,你我现在的角色,不是天天计较这些,我们应该携手同心,为秦国效力。"

"好了好了,不跟你说这些了,说点正事,最近,秦王天天夜里咳嗽,还吐了两次血,我瞧着,这病可不轻啊。"赵姬忽然面色凝重地说。

这一说,吕不韦大吃一惊:"没有找太医看过?"

"自然看了无数次。"

"怎么说?"

"病因各有说法,总是说阳虚身弱、气血不足一类的没用话。"

"有多长时间了?"吕不韦急促地问。

"三四个月了。"

"为何不早说?"吕不韦又问。

赵姬忽然就生气了:"早说,你也得来宫里啊。"

吕不韦见她赌气,就劝道:"你一定要劝劝他,好好调养,不叫身子骨出了问题，秦国如今新政正在关键，莫要耽误了国事。"

"嗯，我会劝说的，他呀，叫我说也是吃了早年在赵国当质子的亏，心里憋闷作下的病。"

"这的确会留下病根。当时他长期情绪受压抑，生活状况又不好。"

"要不要早做准备？"赵姬提醒道。

这一刻，吕不韦见赵姬又恢复了往日的风采，这样才是当年的"青荇"，而不是现在这个纠缠不清的"赵姬"。看来，一个人扮演什么样的角色，确实是心态问题。

四、举义兵，倡王治，利兵刃

吕不韦给秦国既定的政策是，安定国内后，还是要兴兵。在他认为：战争由来久远，"兵所自来者久矣""兵之所来者上矣"，战争起源于人的天性、治理天下的需要和来自人们的反抗等方面的原因，因而战争只有正义与否之分，而无废弃之理。

但他不主张滥用兵，为此还专门与蒙骜将军进行了一场辩论。

蒙骜说："国有危难，则用兵矣。"

吕不韦说："将军所言，固然有理。可我们战国年代，天下苦战久矣。发动战争最大的意义是什么？是止战。"

蒙骜说："这纷乱的年代，谁肯听你止战？"

吕不韦说："某以为，以战止战，是最好的办法。"

"丞相说笑半天，这不还是要发动战争嘛。"蒙骜笑着说。

吕不韦说："大不同。将军所言战争，是为攻城略地而战，而我主张的战争，是为平息战争而战。比如咱们之前，所占领城池不少，为何后来又相继失守？为何明明是胜利了，却又多次重复夺取一个城池？这就是我说的关键所在。"

蒙骜问："把我绕晕了，你要说什么？"

吕不韦说："先前我们战胜后，建立了三川郡、太原郡，你想想，到现在是不是越来越安全，那里的百姓是不是再也不用受战争之苦了？"

蒙骜说："这倒是。"

"所以，我们不要急于攻打更多的城池，而是要稳扎稳打，攻几处稳定几处，这样才能保证之后不再重复打仗。"

蒙骜说："嗨，丞相所言，老臣也懂，不过是一口一口吃肉，不叫噎着。"

吕不韦说:"将军还是不明白,我所言,是每一次秦国运兵,要举义兵,而不是像之前那样,只管杀伐。"

"哪有什么义兵,打仗就是要死人嘛。"蒙骜不以为然地说。

"大不同。譬如我们灭了东周,不绝其祭祀,就赢得了中原士子的认可。这几十万士子们一传十,十传百,可不是几场战争能取得的。还有,我朝白起,号称战神,一次长平之战,活埋赵国四十万人,看似取得了胜利,实际却失去了人心。战胜难,杀掉投降的士兵容易,可杀掉投降的士兵,后患无穷。因此,我们再发兵,一是要师出有名,二是要秋毫无犯,善待俘虏。这样,才是举义兵。将军要牢记。'义者,百事之始也,万利之本也。''兵诚义,以诛暴君而振苦民。'"

蒙骜说:"丞相无须多言,老臣是个粗人,这些文绉绉的话听进去,耳朵发痒,你只管吩咐,如何做便是。"

吕不韦说:"正义之师'死生荣辱之道一,则三军之士可使一心矣。'我给将军提个建议,之后你所率之三军,须军心统一,军令严明无阻。"

"这你不用说,以前也是这样啊。"

"莫急,听我说完。"吕不韦说,"这只是你治军之基础,最主要的,你要时时给军队灌输义兵思想,这是一切之本。"

"叫你绕来绕去,干脆不兴兵得了。"蒙骜赌气地说。

吕不韦攥紧拳头,说:"瞧你心急这样,真是武将之风。我从来就反对偃兵之论。但我们要兴义兵。将军要知道,义兵是除天下之凶残,解民之倒悬的良药。'夫攻伐之事,未有不攻无道而伐不义也。攻无道而伐不义,则福莫大焉,黔首①利莫厚焉。禁之者,是息有道而伐有义也,是穷汤、武之事,而遂桀、纣之过也。'"

"懂矣懂矣。丞相是叫我等不可滥杀无辜。"

"嗯。还有,唯有我秦国一统天下,才能让万千黔首幸福,将军谨记。"

蒙骜说:"吾老矣,丞相有话,说与年轻孩子们听。"

吕不韦知道,他是听进去了,可又碍于面子,于是就让吕不韦也说给年轻将领们听,是为了国家着想,不由佩服老将这种忧国之心。

不但说给这些将军们听,吕不韦还奉劝秦王,于立秋之日亲率三公九卿诸侯大夫迎秋于西郊,在朝中重赏军士,加强军事部署,紧锣密鼓地为下一步开

---

① 黔首:战国时秦国对平民的称呼。

疆拓土积蓄力量。

吕不韦这种主张，为他后期巩固秦国政权，实现统一大业，奠定了稳定的基础。他不像很多士子一样，只知道讲学，而放弃了武力。

但吕不韦并非像商鞅主张的那样，战士们以在战场上斩杀人头为荣。他认为商鞅的主张，过于强调杀戮，战士们为了升军爵，不惜任何代价，一心只图杀敌为上。

在吕不韦心中，"王治"是根本。这种思想，得益于和孟子交流，可吕不韦又提出新主张，认为，要实现王治，就必须有一个能综合各家的统一思想。"一则治，异则乱""听众人议以治国，国危无日矣。"①

吕不韦关于中央集权制（王治）的理论，一开始子楚是认识不到的，君臣两个讨论时，子楚觉得："我本不愿意管这么多事，官员各有职位，就不要让寡人操这么多心了。"

吕不韦说："这不是给我王增加负担，是说，权力都要聚集在君主一人手中，免得各自为政。"

"只要大臣们都用心竭力，那还不是一样？"

"这可大不同，'天下无粹白之狐，而有粹白之裘，取之众白也。'②昔三皇五帝'大立功名'也是由于'取于众'，'物固莫不有长，莫不有短，人亦然。故善学者,假人之长以补其短。故假人者遂有天下。'③作为君王，应取各家之长，兼收并蓄，为我所用。"

子楚还要理论，吕不韦这才详详细细地说起。如今，周天子已经灭了，最乱的场面，无非是天下无天子，没有了天子则强者胜弱，众者胜寡，以兵相伐，这就是现在的局面，我们秦国要承担起建立统一国家的大任，结束这种纷乱的战国，使黔首能够安居乐业，只有这样，人民才会拥护君主，国家才会安定。

子楚听他说得滔滔不绝，渐渐露出困倦之意，打着哈欠说："寡人的主，你尽管当，知道你一心辅佐秦国强盛，寡人不加干涉就是。"

吕不韦说："臣并非要这些权力，是提醒我王，我们秦国现今最紧迫的事情，还是东出征服诸国。"

① 《吕氏春秋·不二》。
② 《吕氏春秋·纪·孟夏纪》。
③ 《吕氏春秋·纪·孟夏纪》。

"好的，寡人同意，相邦只管放手去做就是。"

见他萎靡不振的样子，吕不韦想起前几日赵姬说过的话，就关切地问："君上可是身体有恙？"

"相邦说对了，寡人最近浑身无力，就像现在，坐这么一会儿，就坚持不下去了，不是寡人不关心国事，实在是身子骨受不了。你我都是生死一同过来的，寡人对你百般信任，你只管放手去做就行。如果谁有不服，说你越权，你只管告诉寡人，我来跟他计较。"

"有我王的这份信任，臣敢不肝脑涂地？"

吕不韦一直在为秦军东出准备着。

这天，他找到寺工①，研究如何改进兵器。

寺工丞刘义手里拿着一把长剑，给吕不韦比画着说："丞相请看，这是最近打造的青铜长剑。"

吕不韦接过一看，确实比之前的宽且短的秦剑长了一尺，就问："这剑长了，用起来可有不便？"

"回丞相，这是我们反复试验了百次才定下来的尺寸。所谓一寸长一寸强，在战场上，将士们用起来，定会占上风。"

"一定要实操多试试，也别太长妨碍使用了。"吕不韦交代他们，扭头看到旁边的矛，就问，"这些也是纯铜？"

刘义说："纯青铜，容易折断，这是加了合金的。"

吕不韦细看，这支矛，造型很像一支短剑，表面光泽甚好，矛叶较窄、中部起脊，两侧自锋尖至骹处为狭长弧刃，粗长圆骹两侧穿孔，用以插柲捆系。

"这确实是把好兵刃，可你们把平日里的那些废品都放哪里去了？"吕不韦问。

刘义答："有的就回炉重新打造了。还有的，看着问题不大的，就用作国内守军兵器。"

吕不韦又对同行的李斯说："这可不行，李斯，你记下来，以后这兵器打造，我们要提高质量，而且要有一个办法，确保每一件兵器都有迹可循，这样铁匠们就不敢糊弄了。"

李斯当即说："我以为，可以在兵刃上刻上铸造工匠的名字，这样就能保证质量。"

---

① 寺工：秦置，主管兵械等器物的官名。

"这个办法好!"吕不韦走两步,又扭回头叮嘱,"不能光刻工匠的名字,要连寺工的名字也刻上,这样互相监督,才能做到精益求精,谁也不敢糊弄。"

李斯说:"丞相这个办法好,既保证了每个将士能拿到最好的兵刃,也能为将来出了问题追根求源。"

"在战场上,兵刃就是将士的命,如果因为兵刃出了问题,那岂不是草菅人命!"

吕不韦又顺手拿起一件戈,说:"这种戈,是我秦国长兵器里的常物,使用时,最擅长切割马腿,马腿上的骨头很硬,这种戈就要比剑的配比更注重硬度。"

寺工丞刘义说:"丞相所言,小的都记下了。"

再往前走几步,吕不韦瞧见,一个铁匠正在锻造大型的器物,就饶有兴趣地看着。那铁匠看见了,忙停住了手,擦着额头的汗珠对刘义说:"刘丞,最近这一批铜,我觉得杂质不少,你看看,这把戟反复锻打了三五次,这尖锐的部分总是攒不出来,一直是钝的。"

吕不韦刚要拿起,铁匠连忙说:"还是热的,大人小心烫伤。"

刘义忙拿出一大块布,递给吕不韦,说:"小的们平日里,可没少烫过疤。"

李斯说:"有杂质的铜是哪里来的,这你可要登记清楚。"

刘义忙说:"也不都是我国开采,最近来的这一批,就是楚国来的,价格很低,因此质量有些瑕疵。"

吕不韦了解情况后,说:"以后不能图便宜,在兵器铸造上,可不敢马虎。"

刘义说:"这个道理小的当然懂,可有时候,进来的原料并不由小的做主,还望丞相多从源头管一管。"

吕不韦拿起戟,看了看,说:"这要用皮绳穿在柄上的,你看看这圆孔,看着有些粗糙,要是这样,还不等拿到战场上,平日里练习几次就磨穿了。"

刘义对铁匠说:"听见了没有,丞相说的,你可记下了。"

铁匠当即跪倒,说:"这还不是成品,丞相莫怪。"

吕不韦说:"我是告诉你,这锻造兵器,要用心。前方将士们的性命,很多时候就靠你们这些工匠来保证,你说说,不用心可行?"

铁匠拍着胸脯说:"小的在这里十三年了,从来还没有出过一件废品,请丞相放心，一定不敢违抗秦律法。"

"那就好，都像你一样，我秦国何愁打不赢那些国家。"吕不韦赞扬道。

铁匠起身，忽然多一句嘴："丞相，小的以为，要想保证我将士兵刃趁手，还是不要用铁器了。"

吕不韦问："哦？你是说铁兵刃不好使？"

铁匠说："铁器大多很软，有的经几次锻造后，就变得脆而硬，很容易折断，不如这铜合金。"

吕不韦当即询问刘义："可是这种情况？"

刘义说："这老师傅所言，很是在理。"

吕不韦马上转身吩咐李斯，"你记下来，从今日起，我秦国不再使用铁兵器。"

刘义又说："丞相，最近楚国商人抬高锡的价格，一定要想方设法降低价格，不然，我等快用不起锡了。"

"价格不是你考虑的问题，这合金配比可不敢偷工减料啊。如果发现，我轻饶不了。"吕不韦高声说。

刘义答："我还是想着，能有物美价廉的锡最好。"

"好！都像你这样，既追求质量，又想着给国家省钱，自然是好的。但你要牢记一条，无论贵贱，必须保证配比成分。"又叮嘱李斯，"这几天就到尚商坊调查调查，是不是有商人在囤积居奇，哄抬物价。"

李斯连连点头。

检查兵器库的时候，吕不韦拿起一支簇新的箭，说："这箭镞怎么变成三翼了，我记得平常的不都是两翼吗？"

刘义眉毛跳动两下，颇为自得地说："丞相好眼力，这是最新改进的。这种三翼箭镞，是在传统两翼的基础上加上一个翼，这样一来，风对箭矢的影响就降低了，比之前的准度提高了很多。"

"好，你们这样做得好。就是要不断摸索经验，改进兵器，李斯，给刘丞记上一功。"

刘义一听吕不韦如此褒奖，进一步介绍道："丞相来看，这箭镞的面，我们也变成了弧面，这样一来，箭在飞行中就稳定了许多，而且速度也比平常的快。我们试过，若是同样开工搭箭，咱们秦国这种改进的箭，比别国的要早之前一半呢。"

吕不韦没有想到，今天来兵器库一转，竟然发现了这许多优点，十分满意，就沿着屋子来回查看。

不想，在靠东边的墙边，堆放着一堆用坏的兵器，就询问道："这些，是做什么用？可不敢拿这些充数啊！"

刘义扶正一个歪扭的戟，当即解释道："这些看似不能用了，你看这件戟，虽然矛的部分折断了，可戈的部分还非常锋利，所以，我们就把这些兵器收集起来，有时间了拆散当组件用，这样就可以变废为宝。"

"好啊，李斯，你听听，咱们的工匠多聪明，多用心，这样一来，何愁秦国不强盛！"

李斯说："丞相方才所言，在兵器上刻字，我想到一个绝佳的名字——物勒工名，你看可行？"

"物勒工名，好，简单好记，就依你，要写进新修的秦律里，不但兵器要这样，其他物品也要这样，这样人人细心，件件物品有约束，谁也不敢轻视。便是过了几十年，也能查到源头，再好不过。"

吕不韦又查看了最新改进的弩机，亲自拿起来试射了几支，感觉很轻巧，杀伤力却比箭大很多，连连称赞。

吕不韦看着弩机，忽然想道："你们这些箭镞，虽然锋利，但我们要东出，需要的数量很多，可能保证？"

刘义说："回丞相，我们已经改进了办法，如今这铜箭镞，全部都是统一的范①铸造，其尺寸、形状分毫不差。"

"这就好，这样一来，既快又好。刘丞，你们这些寺工做得好啊，咱们秦国向来赏罚严明，今日一看，你们是非赏不可了！"

快要走出兵器场的时候，吕不韦猛然停住脚步，若有所思地问："你说，咱们的剑身上，能不能也像箭镞那样，弄成三棱形，会不会更有利于刺的快，拔的快！"

刘义说："这个，小的还未曾试验过，待来日锻造几把试验后回禀丞相。"

吕不韦说："嗯，要多琢磨，多改进，这样才能确保秦国永远超前，比别国强。兵刃强了，将士们就会减少伤亡。"

秋天渐渐来临，吕不韦发现子楚的病越来越重，有时候竟然上朝都困难，大臣们要上奏，还需要到王宫内奏报，心里开始隐隐有了一种不祥之感。可吕不韦又特别不想进王宫内，他最怕见的就是赵姬。

---

① 范：铸造器物的模子。

赵姬最近见了他，总是想亲近。吕不韦就只好每次进王宫都找几个人陪同，其实就是为了避开赵姬的纠缠。可有些事情，你越是想避开，却往往越是避不开。

赵姬见子楚病情日渐加重，愈加觉得，在这深宫之中，或许从此就没有一个可以依靠的人了，因此，一方面担心子楚的病情，一方面却愈加思念吕不韦，希望在这危急时刻，能够有人来替她拿主意。

这天夜里，吕不韦在府中安排完差事，刚坐下来，想着调整东出战争路线，猛听得一阵急促的脚步声传来，接着听到荆云急促地说："宫里来人了，让丞相速去！"

吕不韦"噌"地起身，顿时明白，或许子楚已经到了最后的时刻，他肯定有很重要的话要交代。

顾不上让人备车，吕不韦骑上马就快速朝着王宫而去。

虽是夏天，但今夜的风格外凉，快马急催，吕不韦听得耳边响起呼呼的声音，震得耳膜略有点疼，心中着急，感到胸口处一阵发紧，隐隐作痛，不由得用左手牵着缰绳、捂住胸口，右手拿着马鞭又甩了几下，马儿扬起四蹄，狂奔起来，跟随的禁军武士们紧紧追随，生怕出了意外……

到达宫门外时，翻身下马，宫门口早已准备了一个肩舆，吕不韦往上一坐，吩咐道："快，快……"

他知道，这个时候，来不得半点含糊，如果去得迟了，就听不到子楚最后想说的话了，这事关整个秦国未来的命运……

第八章　国柄在握

一、仲父当权，斩断风波

渭水之南，偌大的章台宫寝殿内，此刻鸦雀无声。

殿门外肃立的几个侍者，一动不动，仿佛雕塑。几个太医，聚在一起轻声地讨论着子楚的病情……吕不韦被中官引着，直接来到子楚的病榻前。

子楚脸色蜡黄，嘴唇发白，背后垫着一个软榻，斜倚在床上，见吕不韦来到，轻轻地摆摆手。

吕不韦坐到子楚面前，关切地说："王上，你这是怎么了？"

边上站着的赵姬说："从下午开始，就一直好好歹歹，清醒一会儿糊涂一会儿。"

子楚凄楚地勉强挤出笑容："相邦，再坐近一点。"

吕不韦知道，他这是有重要的事情要嘱咐，就往前探着身子，索性跪在床榻前，握着子楚的手，说："王上莫慌，有话慢慢说。"

子楚一下捏住吕不韦的手腕，问："吕相，寡人待你如何？"

吕不韦忙说："万般信任，很是贴心。"

子楚忽然问："有大臣说，嬴政非我儿，你怎么看？"

"谁说的，这是嚼舌根，我王当重惩罚。"吕不韦心惊地说。

"先不说谁说的，寡人就问你，你怎么看？"

"嬴政是我王嫡亲的太子！"

子楚扭头望一眼赵姬，问："你说呢？"

"妾不是说过了吗？谁污蔑政儿，就是诋毁王上。"赵姬说。

吕不韦趁机说："臣觉得，根源还在王上这里，你那次随口一说，叫事情扑朔迷离。"

"真真假假，何必计较。"

吕不韦惊叫道："这可含糊不得。"

子楚凄苦地摇摇头，说："相邦，你知道寡人今晚叫你来做甚？"

吕不韦说："王上，你定是有重要事交代。"

子楚深吸一口气，咳嗽两声，说："你，今后就做秦王吧。"

吕不韦耳朵里嗡嗡作响，当即跪倒，连忙道："王上何出此言，莫非臣哪个地方做错了。真有僭越的地方，我王指出来，臣一定改正。你方才所说，臣就当是听错了，我王也没有说。"

"好，就依相邦。寡人没有说。"

吕不韦忽然觉得，这时候，有必要探寻一下，子楚到底心里如何想的，就问："臣有一事不明，我王从何时开始，觉得能开这种玩笑，嬴政非王上嫡血？"

"重要吗？"子楚歪着嘴唇，略略微笑着问。

"很重要！"吕不韦一脸严肃地说。

"你我君臣，从未怀疑过，你又何必计较这些呢？"子楚说。

"对王上来说，这件事可以随口一讲，可对臣来说，却是杀头诛九族的死罪。这样的玩笑开不得。"

"相邦心里明白就行。当初，寡人确实是为了威胁你，才这么说的。也不知道谁走漏了消息，说寡人亲口承认的。这些老秦族，唯恐天下不乱，处处与寡人作对，揪着这一点不放。"

"王上，你有没有想过，若是嬴政不能继承大统，谁更合适？"

"太子之位，这是早就定下的，谁也撼动不了。寡人担心的，"子楚拍着自己的额头说，"是有人借机对相邦发难。寡人倒想着，既然有人怀疑政儿的能力，相邦不妨就挑起重担，做个明君。"

"臣宁愿此刻死去，也不会对秦王三心二意。"吕不韦表明忠心。

"寡人的身子骨，真是不争气。"

"王上休要过度伤心，你的病过几天就会好起来的。毕竟，你才三十五，正是壮年。"

子楚轻轻一笑："吕不韦，寡人问你，你希望我活着吗？"

吕不韦闻听，脸色骤变："王上何出此言？莫非平日里臣有不忠之处？"

子楚突然剧烈咳嗽起来，慌得吕不韦急忙去帮他捶后背，好半天才缓过劲儿来，他悠悠地问一句："问的是你的真心话，又何必计较。"

"王上对臣，百般信任。臣对王上，千般忠诚，何来如此一问。"

"这会儿没有外人，寡人就是当朋友问你，不必太过拘谨。"

吕不韦拱手行礼，再次跪拜，说："臣绝无此心。你想，有你对我的这般信任，臣愿意做什么，王上次次答应，你我君臣，并无隔阂，臣为什么要对王上起二心，对我，对秦国都不利啊。"

子楚说："这样，嬴政就能当王，你不是更自由了吗？"

"王上莫要再奚落臣了，有你在，嬴姓老族还有个忌惮，事事要听你调遣。若是真如你所说，臣坏了心肠，盼着太子即位，那样的话，所有老族的对抗，都要臣一力承担，况且我还是个客卿，你说，我会自讨苦吃吗？"

如此入情入理一说，子楚说："不韦可托付矣。"

听完这句话，吕不韦顿时心里一惊：原来今夜秦王喊我来，是试探我！

看着眼前这个病恹恹的人，吕不韦感到了一种从未有过的异样感，权力真是个神奇的东西，让曾经那么柔弱的子楚，竟然在最后时刻，变得如此睿智、如此坚定，说不定，方才自己但有半点对话迟疑，可能此刻已经身首异处了。他甚至不敢想，此刻大殿周围藏了多少郎卫军，假如听到子楚一声号令，就会冲进来将自己乱刀砍死。

吕不韦还在恍惚间，听得子楚努力运足气力说："叫太子进来。"

嬴政应声而入。

子楚说："跪下。"

嬴政就对着床榻跪下。

子楚说："给丞相跪下！"

嬴政看了看父亲，又看了看吕不韦，略做迟疑，转过身来，对着吕不韦跪倒。吕不韦一见，忙搀扶嬴政，说："太子不可如此，叫老夫如何受得了。"

子楚说："丞相莫要推辞。寡人知道，或许过不了今夜，就去了。太子听着，寡人走后，你待丞相要如待寡人一般，今后，他就是你的'仲父'！"

嬴政响亮地说："儿臣听着呢。"

"你亲政之前，举凡国事，皆有丞相决断，我儿不得干涉，能做到吗？"

嬴政问一句："仲父做错了，也要听吗？"

"胡闹！你如今心智尚未成熟，丞相通古博今，决断怎么会有错。"

"那儿臣记下了。"

"你下去吧。"

嬴政就悄无声息地退出了大殿。

子楚看起来意犹未尽，又问吕不韦："不韦，当初你在邯郸给寡人金子时，是如何想的？"

吕不韦说："臣当时不是说得很明白吗？为了光耀你的门庭。"

"对！当时我还笑话你，要你先光耀你的门庭。"

"就是，臣记得当时，我劝王上说：'我的门庭需要先光耀你的门庭，才能跟着光耀。'当时王上是怎么也不相信臣的心啊。"

"那一段日子，真是苦到了极点，寡人看不到一点希望，整天就被那公孙乾鸟人看管得严严实实，就是吃喝都是清汤寡水的。说实话，要不是你吕不韦，寡人如今说不定还在那聊城内蜗居蛰伏呢。寡人应该感谢你。"

吕不韦说："王上这就客气了，是你的命该如此。"

"什么命不命的，你这是恭维寡人，可到如今，寡人一直想不透一件事，为何当初，我都不相信自己有命能当王，你却那么坚定地要支持寡人。"

吕不韦说："眼光嘛，是臣有好眼光！"

子楚一笑，伸出一个手指，指着吕不韦："这才是吕不韦，一个聪明的商人！"

听到商人两个字，吕不韦身子颤抖了一下，吸一口气，调整匀呼吸，说："王上，臣现在跟你说实话，就是商人两个字，刺痛臣了。"

"哦？"

"是的，当时臣已经是个大商人了，财富自然是不缺少了，可即便像臣这样的大富商，依旧没有一点地位，任何人都可以鄙视。所以，我才不想做商人了。王上问臣，为何要决心帮助你登上王位，臣明确告诉，就是为了改变！这人啊，一旦决心要变，持之以恒，是一定能做成的。"

"想想当初，几次死里逃生，若不是你有这般恒心，还真做不成！"子楚感慨地说。

"是啊，臣此刻在想，当初那么多人要阻止王上，最后不还是都挺过来了吗？还是王上该有此福啊。"

"说到这里，寡人帮你都安排好了。"子楚招招手，让吕不韦靠近些，"当初，子傒就百般争抢，明天寡人去了，只怕太子即位他还会闹腾，寡人已经安排妥当了，你只管放心辅佐太子即位！"

吕不韦瞪大了眼睛看着子楚，心里却在想：他竟然连这些事情都处理好了，一直以为他缺少魄力，看来，他是有意隐藏自己的智慧，果真是韬光养晦的君主气派啊！到这一刻，吕不韦骤然明白，此前子楚凡事都让他这个丞相做主，其实就是故意给他机会施展抱负。

子楚，这个君王，原来心里清楚得很。他平日里所谓的"毫无作为"，其实是真心放手让吕不韦实现宏图大志。吕不韦的理想实现的越彻底，他这个秦王就越有威信！国家就越富强！这样一想，吕不韦就清楚了，像子楚这样的君主，并非毫无手握权柄的争斗心，而是采用一种迂回战术，以柔克刚，以弱胜强。他是看透了吕不韦有全力救国的心，就彻底放手让他去做。

吕不韦一经想通这些，顿时觉得子楚伟大起来。他明白自己的能力，又懒得操心政务，所以就放手放权，让有争斗心、有事业心的人去放手做事，这样的信任弥足珍贵！

或许，子楚早就看透了一切：只要对我的绝对地位不构成威胁，就给你放手做一切的权利。

从他布置子傒这一点上看，的确如此！有些人，不是不出手，而是不轻易出手。

如此再深思：很可能，在自己不知道的背后，多少燕巢幕上的危险，都被子楚替他挡了。

吕不韦深深被折服了，看着子楚，眼泪汪汪地说："王上，臣明天就为你寻最好的太医，找天下最好的药，一定要将你的病治好。"

子楚往稍远处望一望，对着赵姬说："瞧瞧，天不怕地不怕的吕不韦，也会哭鼻子！"

吕不韦破涕为笑："王上莫要看臣的笑话了。你早些歇歇吧，今日说话太多，别累着了。"

子楚却招招手，让赵姬过来，对吕不韦说："你的，还给你！"

吕不韦正感到轻松，猛然听到这句话，"扑通"一下跪倒，膝盖都跌破了："王上，请赐臣死！莫要羞辱臣。"

"何必呢，你这样是何必呢，本来……"子楚说着说着，抬起的手僵在半空，"通"的一声，垂落在床榻上，"寡人……抢了……你的……"

吕不韦看着子楚闭上的眼睛，抽噎地哭出声来："王上啊，你不能就这么狠心地抛下臣就去了，王上……"

赵姬同时也跟着痛哭起来。

嬴政等人在殿外听到哭声，急忙跑进殿内，看到床榻上一动不动的子楚，一屋子的人都开始哭起来……

五月的夏夜，空气中流动着一股黏稠的气息，仿佛能把人的思维黏住。

大家哭了一阵子，吕不韦首先止住哭声，意识到这不是哀伤的时候，必须尽快做出具体安排。

他对赵姬说："王后，也不要悲伤了，我们来商量一下，给王上办后事。"

赵姬揉着红肿的眼睛说："本宫想着，两个太后处是不是先报一下。"

吕不韦想的却完全不同，说："先把郎中令喊来，这关键时刻，禁卫军不能出一点问题。"

他这样一说，赵姬也赞同地点头："这些繁杂事，丞相去布置吧，我和政儿守在这里。"

吕不韦边走边说："今夜注定要不眠啊。"

经过一夜布置，整个咸阳城实施宵禁，街头巷尾弥漫着一句话——秦王薨了。这是国家的重要时刻，即便是普通百姓，也都缩头缩尾，不敢做出过于出格的事情。那些有酒瘾的君子们，只能悄悄聚在一起，议论着这件滔天大事，为下一步新秦王即位"拟定"出班子来。百姓们按照自己的揣测，议论这些事的时候，往往意见很不一致，有时候说着说着甚至会吵闹起来，一个人用否定另一人的方式显示自己的博闻和聪慧——尽管只是他们的猜测。好多人都容易犯这种病，本是以一种错误否定另一种错误，还自诩聪明。

章台宫内外，隔着老远，就能听到钟声鼓乐奏出的哀恸之曲，悠长而沉闷的乐曲让人一听就感到心中悲痛，如果稍微靠近点仔细听，还能听到传出的隐隐的哀痛之声……

三天后，听到的却是另外一番动静。钟鼓齐鸣，响亮的号筒传出铿锵宏大的雅乐。章台宫大殿内，年仅十三岁的嬴政站在高高的台阶之上，按照礼官们的引导，举行一系列烦琐的祭拜太庙等活动，并接受朝臣的礼拜，正式登上王位。

站在他右边的，是丞相吕不韦在指挥有度地规范着嬴政的一举一动。山呼万岁的声音，鼓舞着这个年轻的秦王，可他知道，此时还是个不能掌事的王，一切都需要听从"仲父"的教导。

王座上的嬴政，塌鼻梁，声音嘶哑，双目如电，静静地坐着。朝臣们谁也不知道，此时少年嬴政心里在想什么，只看到他如一截木桩一般，听从着仲父的教导，看起来彬彬有礼，礼仪不失分寸。

三日前。华阳太后寝宫内。

吕不韦坐在华阳太后面前。这一次，芈容也在场。

华阳太后首先问话："王上薨了，丞相以后准备如何理政？"

"回太后，当清静无为，施仁行义，严明赏罚，重用贤人！"

华阳太后说："莫不是说，要推翻商君之法？"

吕不韦朗声说道："并非如此。臣是为了国家长远打算。"

华阳太后反问:"商君之法,就是目光短浅?"

吕不韦登时不悦,她如此挑衅,虽不知其用意如何,但知道接下来肯定是一场辩论,只有胜利的一方才能占据接下来的主动权,他知道如果陷入讨论商君之法的话题里,会走不出来,就绕了一个圈子,说:"商君之法,固然不错,可臣请问太后,我秦国不是不富强,军队不是不强盛,为何一直被东方诸国称为虎狼之国?"

华阳太后一怔,芈容当即接话道:"那是中原各国排挤我秦国。"

"夫人是说,他们不讲理?"

"自然!他们无非是打不过就恶意诽谤。"华阳太后接话道。

"臣以为,不然。东方诸国所以不承认秦国,最大的原因就是我秦国过于强调武力,而非施行仁政。"

"仁政?"芈容冷冷一笑,"秦国富强靠的正是法治,那鲁宋等国倒是满口仁政,不是已经灭国了吗?"

"臣所言,并非推翻商君之法,而是要建立一种以道德为标准的治国理念。我们要通过清静无为,让黔首能够安居乐业,摆脱长期战争之苦;施行仁义,就会在秦国形成道德至上的风气,让秦国成为礼仪之邦,不再受人诟病;严明赏罚,则是要完善商君之法,使律条更符合现今的情况;重用贤人,就是要广泛吸纳人才,国家要振兴,根本在于人才。"

华阳太后听得仔细,一时竟然无法反驳。芈容见状,只好说:"嗨,今天喊丞相来,原本也不是考试丞相的,妹妹何必绕弯子,既然丞相说要重用人才,那我来问你,什么样才算是人才?"

吕不韦说:"有特殊之才,有忧国之心,有为民情怀,皆是人才。"

"嘘!丞相真是好口才!"芈容望着华阳太后,"怎样?我就说妹妹不必与丞相辩论吧,你非不听。"

华阳太后说:"我是想着,给丞相推荐个人才,又不知道丞相喜欢什么样的人才,所以多问了几句。"

"太后忧国,这是好事,只不知太后推荐谁?"

华阳太后说:"太子伴读熊启,你看如何?"

吕不韦见绕到这里,便知她是要培养自己的势力,拿捏透了,心中有数,反而觉得,得来容易的最不珍惜,因此就故意沉吟,作深思状。

芈容脾气急,见他这样,脸色一变,问:"怎么?太后举荐个人都不行?"

"臣并非……"

"那你倒是说，行也不行？"芈容逼问。

吕不韦还要吊一吊这姐妹俩的胃口。如今已经不是当初请求芈容帮忙引见华阳夫人的时候了，他必须要做足文章，让姐妹俩觉得，是"通过很大努力"才逼着吕不韦应允的，这样她们才会有满足感，也不至于以后动不动就推荐人为难他。吕不韦皱着眉头说："这国家用人，并非老臣一人就能做主的，国家有法度，虽说……"

芈容一急，说："吕不韦，你如今权力在手，倒会做作了，想当初你来秦国，老身费了多大工夫，才叫你见了太后，成就了你和王上，如今就这么点小事，你倒扭扭捏捏，真是看错了人。"

吕不韦听出话音，她要胡搅蛮缠，就说："夫人莫急，我是想问一问，这熊启不知你们要推荐他做什么？"吕不韦故意说"你们"，这样轻轻松松就将华阳太后也放到了和芈容一样的地位上。

果然，华阳太后并未意识到这层，语气先就软了些，问："丞相以为呢？"

"他不过也才十几岁，不太好布置。"

"那太子不也才十几岁嘛！"芈容急口说道。

吕不韦眉头一皱，当即面容严肃地说："夫人慎言！"

华阳太后也意识到不妥，说："本宫不逼你，你觉得，怎么布置好？"

吕不韦说："臣觉得，一时不宜安排实职，莫不如……"

芈容又催："你倒是说呀，吞吞吐吐的。"

华阳太后说："也是啊，毕竟还是孩子，不能太为难丞相了。要不，为他请个封号吧？"

"太后圣明！"

芈容听罢，不满地说："一个封号，至于这么难吗？"

华阳太后却说："丞相这是偏向咱，如今满朝之中，也就只有丞相心里还有咱姐妹，本宫觉得，请个封号蛮合适的。"

吕不韦说："等他长大，立些军功，自然能擢升，太后，你说是吗？"

"对对，就依丞相！"

芈容悻悻地说："好，这一次就依你们也罢。下一次，吕不韦，你可不要推三阻四，咱楚国可有的是人才！"

吕不韦心中大怒，猛然站起，严肃地说："夫人，我们是在商量秦国之事，莫提他国！"

声音有些大，一时吓住了两个女人。

华阳太后也觉得姐姐这句话有些过分，现在的吕不韦不是谁就能威胁得了的。而且，说秦国的事情提娘家母国确实是不妥当。芈容却梗着脖子不服输，还是以前一副趾高气扬的样子，两眼一瞪："怎么？丞相还要治我的罪不成？"

华阳太后忙替她打圆场："姐姐今日火气有些大，丞相莫计较。"

"妹妹，你现在怎么成了这样的软脾气，唉，真叫人操心。"

华阳太后忙说："丞相，就依你所言，别无他事，你可以去了。"

别了华阳太后，一路走吕不韦一路想：如今朝政看似平静，其实处处是旋涡，这边是交代了，谁知道夏太后那边会不会也提要求。

还真就有要求。

下午时分，夏太后就派人来请吕不韦。

"果然来了，消息传得真快！"吕不韦暗暗吃惊，这北宫之中，看似每个宫殿都互不干涉，距离又远，可无论哪一个宫中有事，很快就传到别的嫔妃耳中。

夏太后一定是听说他去了华阳太后那里。

吕不韦打定主意，最多也是请个封号，决不能随便妥协。

夏太后素来睿智，问话颇有深意："丞相，依你之见，国家是谁的？"她不明说，而是迂回地问。

吕不韦说："天下者，乃天下人之天下，非一人之天下。"

夏太后又问："那你怎么又提倡王治？会不会让人觉得，天下是王的天下？"

"太后，听群众之议以治国，国危无日矣。何以知其然也？老耽贵柔，孔子贵仁，墨翟贵廉……孙膑贵势……因此，臣以为，治理国家，王治最合理。这譬如一家之中，若是遇事乱嚷嚷，注定是不行的，唯有一家之主才能决断。"

夏太后点点头，说："王治虽重要，毕竟也要人辅佐。谁最亲？自然是血脉相连。"

吕不韦问："太后要举荐谁？"

"本宫不是举荐，是要为秦王培养人。"

"你说的是……"

"王弟成蟜。"

"他才多大？"

"嬴政就要即位，主少国疑，提前布局几个王族，丞相觉得没必要吗？"

"这一点，臣无异议，就是不知太后让他如何做？"

"叫他跟着樊於期将军,到军中锻炼去!"

"太后真舍得?"

"有什么舍不得的,男孩子,生在王族,一出生就担着使命,由不得他懒散。这是他的命,是荣耀也是苦差事,一辈子摆不脱。"

嬴政即位后的第一道诏令,就是封熊启为昌平君;封成蟜为长安君,跟随樊於期到军中锤炼。

本以为处理了这两件事,嬴政即位基本就算安稳了,因为最大的障碍子傒已经被稳稳掌控住,没想到的是,成蟜被封为长安君仅仅三天,就出了问题。

这天早朝,老驷车庶长颤颤巍巍地说:"臣以为,我王应该禅让给成蟜。"

众人一听,顿时大惊。

吕不韦在台上听得清清楚楚,但他知道,此时自己绝对不能慌,就问:"老庶长,何来此话?"

"臣听闻,嬴政在邯郸时,名叫赵政。既然叫赵政,就不是嬴氏血统,自然不能当我秦国之王。"

他这样一说,右庶长也说:"若果真如此,臣也以为,王应该让,但不是禅让,而是退位。"

吕不韦冷冷地问:"何人即位?"

"长安君成蟜,他是先王骨血,理应即位。"驷车庶长转一圈,大声地说。

吕不韦见下面静悄悄的,就高声说:"当初,先王回国时,事态紧急,为图安全,暂时将王后和太子留在邯郸,这是不得已。当时,长平大战刚刚结束,秦赵两国大战犹酣,太子和母亲为了自身安全,不能暴露,所以叫赵政,这有什么值得深究的吗?"

右庶长说:"臣以为不可这样,我嬴氏一族,生为英雄,死亦为鬼雄,哪有轻易更名改姓这一说,分明是丞相袒护。"

驷车庶长不顾身体老迈,拄着拐杖往前走两步,朝着大臣们说:"照丞相这么说,嬴子楚也该改名赵子楚,更为安全。"

蒙骜嗓子粗,大喝一声:"休要放肆,先王的名讳谁也不能糟践。"

驷车庶长反驳道:"老臣是在讲道理,非为诋毁先王。敢问丞相,老臣说的可有道理?"

吕不韦明白,这是赤裸裸的威胁,反问一句:"敢问老庶长,秦国围攻邯郸时,你在哪里?"不等他回答,就接着说,"我替你说了吧。你在家里,有酒有

第八章　国柄在握

肉地听曲享舞，你自诩是嬴姓老族，却不必像前线将士们一样浴血奋战，也不必担心战死哪位亲人，更不会在黑暗的夜里，经受箭镞刺心的疼痛、刀剑剜骨的锥心、血肉撕裂的残酷，也不会为将士们一个个倒在邯郸城下而落泪。你会的，就是在将士们取得胜利后高呼几句，在将士战败后贬损无数，你说你是秦国英雄，恐怕，只有你自己才会相信吧。大家都在血与火的洗礼中煎熬，你却抱着美女在家中享乐，你当然不会知道改一个名字就可以保住性命的重要性，你也不会知道千里奔袭回国的万般艰辛，所以，你一直姓嬴！"

吕不韦说完，老驷车庶长气得浑身颤抖，指着吕不韦说："你，你，你这外姓人，分明就是挑拨我嬴姓内讧！"说完，气不过，竟然一口血喷出口来，"你是信口诬蔑！"

蒙武一见，说："老族长，不要生气嘛，这不都是辩论嘛。"

右庶长一见吕不韦占了上风，当即扭转方向，问："丞相既然这么说，改名赵政是迫不得已，谁能作证！"

嬴政从王位上站起，当即说："母后可以作证！"

驷车庶长追着说："那，何不请赵太后出来作证！"

武将王龁斜他一眼，驳斥道："老族长，你好大的胆子！"

吕不韦却说："大家都听一听，老族长为了自己的一己之私念，全然罔顾祖宗礼法。"

驷车庶长脖子一梗，硬挺挺地说："为证明清白，请太后有何不可？"

右庶长也说："就是，请太后来一问便知。"

吕不韦说："好，既然你们不要老脸了，今天当着所有朝臣的面，就让你们心服口服。"

当即吩咐中官，到后宫去请赵太后到朝堂上与驷车庶长等对质。

这时，整个朝堂是静默的，但大家的心里都翻滚起阵阵波涛。瞧热闹的盼着天下大乱，趁机可以攫取自己的利益；真心操心朝政稳定的，则心里隐隐作痛，希望早点结束这场无谓的争论；持观望态度的，盼望太后早点到来，演出一场好戏，供他们观看……

吕不韦内心一阵阵绞痛，他没有想到，事情竟然发展到这种地步，瞧着左边坐着的少年嬴政铁青着脸，咬着嘴唇一声不吭，他不想让嬴政卷入这场旋涡中，可也知道，此刻，对少年嬴政来说，是逃不脱的一场严峻考验，也只有经过这样的考验，他才能渐渐成熟起来。为了安抚嬴政稳住心神，吕不韦轻轻地拍了拍他的肩膀，对他露出淡淡的笑容。果然，嬴政急躁的心渐渐稳定了下来，少年天子对请母亲来对质十分抵触，觉得自己是窝囊废，可又毫无对策阻拦，只能眼睁睁地看着这些老态龙钟的大臣们发难。还好，看了吕不韦露出坦然的笑容，他才稍微安了心。

时间不长，赵姬款款来到朝堂。

吕不韦问："老族长，你想问什么，尽管问。"

驷车庶长此时已经如发怒的牛，不顾一切地追问："敢问太后，你和太子在邯郸躲藏时，为何改名赵政？"

"为了隐蔽。"

"你为何没有改名？"

"你知道我没有改名吗？又或者，我应该把姓赵改为姓嬴？"赵姬冷笑着问。

"这……"

右庶长却不依不饶："请问太后，改名可有什么证人、证据？"

"证人自然是有。可我问你，刀眼看就要砍到你头上，你是先躲闪还是先说理？肯定为了顾命，要先躲闪吧？所以，即使本宫现在拿出证据，你也会说是造假，拿出来又有什么意义呢？再问你一句，你是依据秦律哪一条，要本宫向你呈送证据？难道先王验证过还不行吗？你这样说，是对先王有怀疑吗？"

一连串反问，右庶长张口结舌地说："臣只是有怀疑，既然太后说有，自然不必让臣看。不过，老臣还是不服，太子即位，疑点颇多，总要拿出一件让臣等信服的物件来，臣等才心服口服。我是为秦国计，非为个人图。"

一番话自认为说得冠冕堂皇，右庶长捋着胡须，笑吟吟地盯着赵姬。

吕不韦心中默念：不慌，稳住。然后对中官说："拿遗诏！"

三个字，声音并不大，却让众人大吃一惊。

少顷，中官朗声念道：

> 太子嬴政，果敢英武，颇慰寡人，可担大任。然，奈其年幼，虑事不周，恐有误国，即位后，丞相吕不韦佐之，称仲父。太子见吕相，当如见寡人！

这样一念，众臣跪倒，山呼万岁，唯独驷车庶长和右庶长一时未反应过来，僵直地站在原地，怔怔地望着王座上的嬴政，哑口无言。

中官问道："二位可是不遵先王遗诏？"

这二人方才醒悟过来，当即颤巍巍跪倒，口中呼叫万岁。

刚一站起，右庶长忽然说："不对，如果有此遗诏，为何即位时不拿出来？"

吕不韦说："太子本就是储君，先王宾天，顺理成章即位，拿与不拿又有什么区别？莫非你连先王也疑心？"

老驷车庶长却阴险地歪了歪嘴说："大家也听到了，先王说，太子年幼，虑事不周，偌大的朝政，不能就这样让一个外姓执掌。"

王龁问："你待怎样？"

"启用旧制，嬴姓老族和孟、西、白三族共同辅政。"

"老贼，你这是要走老路吗？我秦国好不容易变法成功，你是要陷秦国于水火中吗？你难道忘记了，当初纷纷扰扰老族辅政，若非商君和孝公一心图强，何来今日秦国之强大。孝公薨后，甘龙、杜挚等包藏祸心的老族，百般撺掇，终究让商君遭车裂而亡，这等惨烈教训你们还记不住吗？莫非今日非要逼迫我秦国再次走回那老路上，国不像国，你们才满意吗！"

王龁一番怒斥，赢得众多朝臣的支持，大家纷纷要求秦王惩治两个不知轻重的老者。

驷车庶长忽然激动起来，大声哭喊着说："先王啊，你好糊涂，为何不亲口告诉臣等，非要留下这许多悬念。"

右庶长也趁机火上浇油："先王啊，臣等一心报国，殚精竭虑，今日却被小人说是为了私利。老臣不服啊，先王，你为何不带老臣一同归西……"

驷车庶长从哭声的停顿中听到右庶长这句话，也接着说："先王啊，臣愿追随你而去，你我君臣好好为我大秦谋划一番，不叫外人搅乱了朝堂啊……"

听他们肆无忌惮地哭喊，吕不韦大喊一声："郎卫何在？"

七八个武士进到殿内，齐声叫道："在！"

"先王灵柩还未安葬，两位老臣全力报国、一心追随先王，忠心可嘉，昔日我秦国有殉葬旧制，今日就遂了两位老臣的心愿，将他们带下去，好生伺候着，等先王灵柩下葬时，让其追随而去。大王，可准许？"吕不韦朝着嬴政拱手施礼。

嬴政年轻人火性早已被点燃，见状，当即说："仲父考虑周全，准！"

驷车庶长被两个武士架住臂膀往外拖，他哭喊着："秦国亡矣，吕姓误国！"

右庶长却哭着求饶："臣不愿意死啊，先王，你说句话啊……大王，臣是受了驷车庶长的蒙蔽，求王上开恩啊，臣不能死啊！"

大臣们看着两人凄惨的模样，竟然无一人为他们求情。大家知道，这时候求情，定会惹恼吕不韦。心里默念，要怪，只能怪他们两人不识时务，非要自寻死路。

驷车庶长眼看就要出殿了，嘴里大喊："主少国疑，秦国当推雄主！当推雄主啊！"

蒙骜忍不住，怒吼一声："老东西，你要推谁？"这个问题同时也问在别人的心中，大家都不知道还有谁能出面任秦王！

这时，听得大殿外一声喊："我！"

众人听到喊，一起朝着殿门口看，只见子傒大阔步走上殿来。

驷车庶长趁机叫道："子傒公子，才是我秦国正宗血脉啊！"

吕不韦一见子傒，心里咯噔一下：他怎么出来了？

原来，秦王子楚为了防止子傒出来捣乱，出于仁义，派兵包围了他的府邸。吕不韦后来又加强了兵力，确保子傒被围困在府中动弹不得，他怎么来了？莫非……兵变了？

吕不韦顿时感觉浑身袭过一阵寒流，他警惕地盯着殿门，生怕突然冲进来郎卫军。

殿门毫无动静，只有子傒一人还在朝王座走来。他趾高气扬，一副大义凛然的样子，比较起来，他确实比嬴政在年龄、资历方面都更具有优势。大臣们顿时低声地交流起来。吕不韦一见场面有些混乱，当即稳住神，咳嗽一声，说："大家莫慌，有先王后在此！"

他知道，这时候搬出赵姬，就是最大的优势。先王已去，唯有先王后是最有权力发号施令的人，虽然秦国不允许后宫干政，可这危在旦夕时刻，比所有人身份高一层的先王后，无疑具有至高无上的权威。

果然，赵姬声音不高，却很清朗地说一声："王叔这是要逼宫吗？"

子傒却冷笑一声："好一个先王后，你算哪门子王后，你本就是吕不韦妾！"

他的话一出口，顿时遭到王龁的呵斥："放肆，你满口喷粪，是在诋毁先王吗？"

蒙武也疾呼："先王已去，尊贵地位不容糟蹋。"

子傒放荡地将身子转了一圈，问："我说错了吗？大家说，我说错了吗？在邯郸时，这个女人，就是吕不韦献给我王兄的！"

驷车庶长趁机叫嚣道:"子傒公子说的没错,这一切都是吕不韦的圈套。"

大臣们这时已经有些晕头转向,窃窃私语,一时听不清哪方面的支持者更多。

此时,只见吕不韦朝赵姬丢个眼色,赵姬再一次用嘹亮的声音,不疾不徐地说:"好一个子傒,你自称是秦国王族,不懂维护朝政,却来这里抢夺王位,秦国如果不除去你这乱臣,将国无宁日!"

子傒哈哈大笑:"荒唐!这不过是你们编织的闹剧,我要再不来揭穿,秦国就真的毁在你们手中。"

赵姬稳稳地说一声:"幸好,先王早就识破了你的诡计。众位大臣,跪下听遗诏!"

大臣们一愣,旋即一起跪下,只留下大殿门口被架着臂膀的驷车庶长、右庶长和子傒,傻傻地站着,不知所措。

中官用尖利的嗓音念道:

子傒公子素来狂傲,寡人忍其很久,多次念在同为一脉之情不加申饬,不想其变本加厉,为所欲为。寡人去后,若其恣意放纵,不尊太子为王,即视为叛国之徒,人人得而诛之……

大臣们都听明白了,原来先王早就料定子傒会反叛,这才留下了遗诏,这是明明白白的事情,不能再左顾右盼了,所有人都异口同声地高呼:谨遵先王遗诏!

子傒见大势已去,满面充血,瞪着两个大眼珠子,高声地叫道:"假的,这一定是假的!我不服!我不服!"

吕不韦喊一声:"来人,将子傒下入咸阳狱!"

"喏!"两个武士应声而入,将子傒牢牢地控制住。

武士拖着子傒往殿外走,他边走边喊:"我不服!王兄不会这样的……我不服啊……"

吕不韦见三个人已经被拖下去,遂正大光明地问:"蒙武将军可在?"

蒙武听到叫自己,当即跪倒,称:"在!"

"命你即刻调查是谁将子傒放出来的,决不轻饶!"

"喏!"

吕不韦转身对着嬴政,说:"大王,你也看到了,先王早有遗诏,命控制子傒，先王英睿！"

大臣们再次跪倒，齐声喊：先王英睿，先王英睿！先王英睿！

赵姬俯视群臣，说："闹一闹也好，让众臣都看看，我秦国朝政内，还藏有多少祸害。这些人不思救国，只念一己私欲，众臣当以他们为戒！"

"臣等拥立我王！"

"都散了吧。"

咸阳狱。夜。

子傒蜷缩在狱中一个角落，神情沮丧，身子不住地抖动。

"子傒，丞相看你来了！"狱卒喊一声。

子傒闻听，身体愈加抖动得厉害，他把脸扭向墙角，嘴里嘟囔着："不见不见。"

吕不韦已经迈进来，问一声："你就这点胆子？"

子傒不住摇头，就是不肯扭过脸来。

吕不韦说："我今日来，是来和你谈谈心。"

"要杀要剐随便，我是秦国王孙，不容外人羞辱。"子傒恶狠狠地说。

"既然知道是王孙，为何要自寻死路？"吕不韦问。

"你不要小人得志模样，滚，我懒得看你。"

"子傒啊子傒，你自诩聪明，却糊涂一世。早年间，先王在邯郸为质子，你百般用计，想要夺取太子之位，我不但不反对，还特别理解你。可今日里的百般猖狂，哪还有一点王孙样子，简直就是一只疯狗！"吕不韦高声骂。

"你才是狗！"子傒猛然转过身来，气得站起身来，吼叫道。

"我说你，不要不服。你几次三番，耍尽诡计，可你知道吗？你和先王比起来，九牛一毛不及。"

"胡说，那个软骨头，不过是你的一个傀儡罢了。"

"到现在了，咱们不互相谩骂，就心平气和地说一说，叫你死个服气，敢吗？"

"有什么不敢？"

"好，你坐下，咱们今夜就好好理论一番。"

狱卒拿来两个软垫子，吕不韦和子傒就面对面坐下。吕不韦对狱卒说："你们先出去，我和他说话。"

狱卒担心地说："丞相，他万一……"

"没事,他吃不了我!我吕不韦也不是泥捏的。"

狱卒这才退出去。

房间内,就剩下两个人。

稍微沉默了一会儿,子傒先问:"你不是要谈吗?说吧。"

"你知道你输给先王,输在什么地方吗?"

子傒一愣,说:"他投了华阳太后!"

吕不韦点点头,说:"这固然不错,可最大的区别是,他比你宽厚!"

"他当然宽厚,任人宰割,毫无主见,这样的宽厚要能成事,才怪!"

吕不韦呵呵一笑:"你看看,到此刻了,你还不承认。你身上,始终充满杀气、戾气,这是王者最不应该有的。"

"自古以来,哪个王者不是杀伐决断,心狠手辣。"子傒不服气地说。

"不错,王者的确要有手段,但不是心怀杀机。就从你开始布置赵十八杀悼太子说起吧。"

"你?你怎么……知道?"子傒突然结巴起来,额头上渗出一层细密汗珠。

"若想人不知,除非己莫为。"吕不韦递给子傒一盏茶,继续说,"你为了让你父王能够顺利当上太子,不惜动用刺客,杀死自己的亲人,这一点,你太过冷血,你承认吧?"

子傒一声不吭,低着头,慢慢饮茶。

"事情如果不成,或许你还有救,可偏偏赵国替你除掉了这个障碍,就是这次侥幸,让你从此走上了不归路。你觉得,办了一件极为聪明的事,你瞒过了庄襄王,也瞒过了孝文王,对你来说,年纪轻轻就办成了如此巨大的一件事,让你变得狂傲起来,以为天下就是你的了。所以,你不知不觉中就染上了一股戾气,凡是你看不惯的,就要杀之。"

子傒身子颤抖起来,端着的茶杯也跟着抖起来,他努力稳住神,一副洗耳恭听的模样。

"紧接着,你听说我来秦国为先王搭桥,便半路截杀;先王回国路上,你几次暗杀均不成功,恼羞成怒时,甚至连投毒这样的事情也肯做,你还嫁祸于公子良……你说说,秦国哪一位王孙,像你这样,为了登上王位不择手段,哪里还有一点人情味道。我说你缺少仁德,你还不服。我说你比不上先王睿智,你到现在还觉得不服。秦国本来在东方各国中就被视为虎狼之国,你说说,假如让你当王,是不是只会变本加厉,施行暴政。到那时,秦国不但不能赢得天下,还会因为你的血腥而变得更加面目可憎。你倒是说说,你有何脸面不服,你又有何理由不服？"

子傒长叹一声，颓然地说："现在说这些都没用了。我如今已经是阶下囚，何必费这心思。"

吕不韦说："我是让你心服口服。"

子傒微微一笑，将脸凑近吕不韦，说："我说王兄软弱，都是你在做主，这总没错吧？输给他，就这一点，我就不服。"

"你错了。这也是你为什么一错再错的根源。你说先王软弱、没有主见。可你说说，为何他临死之际，留下两道遗诏？这算不算先见之明呢？"

"唉，不说了。"

吕不韦又递给他一杯茶，问："我来问你，为何分明已经将你团团围困在家中，你是如何出来的？"

子傒狡黠地一笑："这才是你今夜来的目的吧？"

"是。"吕不韦说，"也不全是，我和你交心是真。"

"我要是不说呢？你会怎样？"子傒嬉皮笑脸地盯着吕不韦，反问。

"都到这个时候了，你说与不说，区别还大吗？"吕不韦问。

"那我就不说！你凭本事去查吧，我死后，留下的人会继续的。"子傒故意威胁道。

吕不韦呵呵地笑一声："原本我还高看你一眼，始终当你是秦国王孙，骨子里有傲气、王家气象，现在看来，你是真的小气，不是装的。你说说，有你在，下场都是这样，即便还残存几个死党，又其奈我何！"

子傒听到这里，沮丧地说一声："吕不韦，你赢了！你要全力振兴我秦国，叫我也死个安心。"

吕不韦冷冷地回敬一声："你到死都不肯说出谁放你出来的，秦国兴盛与否，不劳你费心了，你不配！"

"不要侮辱我的血统。"子傒绝望地叫道，"到了那边，我还要见先祖的。好吧，我告诉你，没有人放我出来，我是从炼铁的炉子风道里出来的……"

吕不韦听到这里，双手抱拳，行一个礼，说："公子，你总算是做了一件明白事。"

"我也是不愿意看到其他无辜的人再受冤枉。"子傒说，"吕不韦，你记着，既然当了我秦国的丞相，就要好好图强，让秦国早日称霸于天下！这是我嬴氏一族的荣耀！"

"放心吧，我吕不韦没有你私心重！你安心去吧。"

子傒忽然露出慈祥的笑容，站起身来，环顾四周，双手举向屋顶，高声说："先祖，我要随你们去了，等着我……吕不韦，我料定，你给我的茶里，有毒！"

吕不韦轻轻关上牢门，说："你算的一点没错，你不死，国无宁日！"

二、求贤若渴

处理罢子傒，吕不韦感觉心里卸下了一大包袱。

回到府上，白露问："秦国就真的厘清了吗？"

他这样一问，吕不韦才发觉，自己确实肤浅了，一直以为，处理完朝政就是最大的胜利，没想到白露的一句不经意的话，让他顿时如芒在背，坐卧不安。

的确，秦国的诸多事务，并不仅仅是子傒这些事。很多事情在吕不韦回到府中时，已经堆积如山。他顾不上多想，就投入到具体的事务中。

吕不韦此时处理政务，始终不敢忘记白露的问话。

吕不韦的付出，倒不是为了让白露满意，是他觉得，白露既然这么问，一定是她看到自己懈怠或者沉醉于和子傒斗争的胜利中洋洋自得，才劝诫自己的。

白露是一面镜子。很多人身边都有这么一面镜子，反射你的惰性只为砥砺你奋进。

吕不韦有时也想偷懒片刻，但一想到白露的眼神，就觉得不敢放松一刻。

越是忙碌，吕不韦越感觉人手不够，迫切需要人才的念头一直缠绕着他，于是就让秦王下令，允许东方诸国的人才来秦，秦国给予特殊照顾，提供一切方便，一时间，各国人才纷纷涌向秦国。

这天，有人来报，称韩国水工求见。

丞相府，走进来一位皮肤黝黑、瘦高个头的中年人，自我介绍说："臣是韩国水工，名叫郑国，愿帮秦修筑水利工程。"

吕不韦问："卿都修过哪些工程？"

郑国说："臣毕生致力于水利，先后治理荥泽水患、整修鸿沟之渠。"

吕不韦见他不是那种白净皮肤的官员，猜测他可能是长年在水利前线阳光晒黑的，可不知此人究竟是否有治水之才，于是问："来秦国，有什么打算？"

郑国说："秦国关中大片地区，盐碱地居多，一遇干旱，几乎颗粒难收，若是能够成为水浇地，则关中就成为秦国粮仓。"

这样一说，吕不韦顿时大感兴趣，急切地问："如何取水？"

郑国说话间铺开一面山川图，指着一个山头说："丞相来看，这是中山，我计划从这里的瓠口筑一座大坝，将泾水引入渠道，你看，把渠道绕过山头，一直向东南而去，最后汇入洛水，这样一来，整个关中平原数县将全部成为水浇地，你说说，这要修成，是多大一笔功德。"

"你算过吗？能浇多少良田？"吕不韦问。

"可灌溉四万顷！"

"嚄！好大的气派！这要养活几十万人啊！郑国，你快说说，修建需要几年？"

郑国擦一把汗，说："这要看丞相希望几年修成？"

吕不韦顿时好奇地问："这是怎么说？你细致说说。"

"五万人，需要大约十五年。若是十万人，十年可成！"

吕不韦闻听，呆住了。五万人？这是多大的场面啊，不算五万人的劳作如何管理，仅仅吃喝一项，就是不小的开支。要是十万人，更是了不得，为修这样一个工程，怕要耗干秦国粮仓的储粮。一旦粮食短缺，战争来临，那可怎么办？想到这里，他惊出一身冷汗，万一战争真的来临，秦国无粮，则必败无疑！那样的话，灭国之灾啊！

他斜觑一眼郑国，郑国一幅木讷模样，浑然是一个工匠，不像带着什么目的。吕不韦来回踱步，心里盘算着投入的巨大风险和获得的巨大利益之间的平衡点。

许久，吕不韦猛然停住脚步，问："若是三十万人，可能三年修成？"

郑国正在捻着下巴上的稀疏胡须当即摇头说："不会！"

吕不韦问："这人多了，不就可以提前完工吗？"

郑国说："丞相不懂，这渠道是修在山间瓠口，场地有限，人太多了反而铺不开。人员拥挤只会导致窝工，到那时，必将得不偿失。"

"你是只懂修渠还是也能管理？"

"臣是水工，主要负责水利施工，至于这么多人的协调，还需要丞相另外派人管理。"

吕不韦听他说得诚恳，消除了疑虑，又想起一个细节："泾水一石，其泥数斗，可适合灌溉？"

"这正是臣最得意的地方。盐碱地缺少养分，泥沙淤积，正好可以补充调整盐碱，让劣质田地变成良田！"郑国说。

第八章　国柄在握

"哦？这我倒是第一次听说。既然你是多年的水工，相信你说的肯定是对的。若此巨大工程能成，你郑国就是大秦第一功臣！"吕不韦有些激动地双手比画着赞叹。

郑国附和道："到那时，秦国真就有了天下粮仓！"

吕不韦又来到案子前，激动地围着图看，仿佛不自觉地问："这样大的工程，要耗费人力物力巨大，万一不成……"

郑国听到这里，身子一颤，急忙说："丞相不可犹豫。"

他突然大声说话，吓得吕不韦猛地一个激灵，心中一惊："那样的话，你一个郑国可承担不起啊！我也就成了秦国千古罪人！能不能，先修一段试试？"

郑国却斩钉截铁地说："不行，此渠为一整体，要全线展开才能一起完工。"

"那如何保证准确无误呢？"

"臣毕生从事水利，以命担保。"

"渠有多长？"

"三百里！"

三百里！吕不韦不敢想象，这么长的线路上，如何铺开人员，如何管理现场，几万人聚在一起，光治安问题就是头疼事，更别说，劳动的艰苦能不能都受得了……一想起这些具体的事情，吕不韦顿时觉得此事行不通。可总得有个拒绝他的理由啊。对，理由！吕不韦忽然问："君为水工，为何不修韩国，却偏偏选择来秦国呢？"

"莫非秦国所谓求贤令是假的？是好大喜功，欺骗大家？若是如此，我这就走，绝不耽误丞相！"郑国一通反问，郎朗有声。

吕不韦说："那绝不是。秦国要强大，求贤若渴。有君等来秦，乃我秦国幸事。不过，你说的事情太大，容我想想。"

郑国说："若为百姓计，若为民生计，丞相当不会犹豫。"

吕不韦："三百里长，必定还要拦腰截断沿山河流，一渠既成，冶水、清水、浊水、石川水等尽入渠中，在关中平原北部，泾、洛、渭之间构成密如蛛网的灌溉系统，使干旱缺雨的关中平原得到灌溉，你郑国所言，确实是千古奇功，可要耗费这么多人力财力，我得好好筹划一番。"

郑国说："建不世之功，也需有不凡魄力！我相信丞相是经世之才！"

"这高帽子不必给我戴，郑国啊，咱们说点体己话，你为何非要修这渠，当真是为了秦国百姓富庶？"

郑国也开诚布公地说："丞相，既然你说到私底下的话，我也抛开心胸。我来秦国，是觉得现在七国中，唯有秦国有此实力，也有这么大的胸怀，会建如此巨大的工程。说到私欲，我当然有。一个水工，一生若不能修一两件惊世骇俗的大工程，那岂不是白热爱一场，白来世上走一遭。我就是贪恋这点技术，所以才不辞辛苦来到秦国，希望秦王和丞相帮助我圆梦，又能为秦国做一件利国利民的大好事，与我与秦国均有利，何乐而不为！"

"说得好！郑国，你先住下，容我报给秦王，再做计议。"吕不韦激动地说。

晚上的时候，吕不韦叫来李斯，说起这件事。

李斯说："丞相，若能建成此渠，当为万世之功。我的建议是：做！"

吕不韦问："依现在我国力，修个三五年，当不是问题，怕就怕，这边正在修渠，东边战事又起。到那时，两头都顾不上，怎么办？"

李斯说："这是长久之计，若是今日不做，来日也要做，可秦国水工奇缺，难得有这个机会。丞相要多加考虑。"

吕不韦又说："如今，自从五国连纵，我秦国失利后，已经很久没有东出了，如果给了他国太久喘息的机会，则之前征战就前功尽弃了。所以，我的想法是，东出势在必行，而且，为了防止修渠时他国挑起战争，我们现在就主动出击，这样一来，唯独担心的就是粮食。所以，管理好分配好，就是个大问题，这需要一个非常得力的人来操作。"

李斯听出话音，当即主动请缨："属下愿意担此重任！"

吕不韦说："好，就要你这句话。由你当河渠丞，我最放心。"

"属下一定竭尽全力。"

吕不韦为李斯端上一杯茶，语重心长地说："这修水利，你我都不懂技术，如何修筑，当全力听郑国的。你不可与他争功，还要全力保证不耽误工程，这就需要付出，学会忍让，懂得奉献，乐于寂寞。你能做到吗？"

"我一定牢记丞相的嘱托。"

"李斯啊，你的能力我是不怀疑的，就怕你的聪明用错地方，那样可就会毁了自己。"

李斯红着脸，憨憨一笑，说："丞相是看透属下了，这一次，一定改改激进的毛病，沉淀一下自己。"

"这一去，很可能是十年八年，你可耐得住？"

"耐得住！"

"年轻人，要想成就大事，磨炼是个过程。我知道你志向远大，但这一次派你去，也不仅仅是修渠，还有个重要任务。"

李斯当即表态："丞相尽管吩咐。"

"我总觉得有点放心不下，这郑国为何如此好心来帮秦国。你去后要多加留心，不能有半点含糊。一发现他有异心，就密报与我。"

李斯挠一挠头皮，不解地问："既然丞相有怀疑，为何还要用他？"

吕不韦说："这是为我秦国群众①计。若不是秦国缺少如此优秀的水工，我何必冒这个险。我是打量着，这郑国，是个真正的技术人才，这类人，一旦陷入他钟爱的事业中，就会全身心投入。若真是这样的话，秦国岂不是赚了。数年后，工程完工，关中平原尽为良田，你想想，四万顷，这不一下就解决了秦国数百年的难题嘛。"

李斯被深深折服，吕不韦这种不惧风险敢用大才的胆略，一下让他明白：一个人，仅仅有大志是不行的，还必须要有大的气魄和胆略。做男人，当做这样的男人！

吕不韦和李斯交谈了一会儿后，两人又聊起如何如何提高兵器质量的事情。

李斯说："丞相上次说起物勒工名，不就能解决问题吗？"

吕不韦说："我想再完善一下。以前是刻寺工的名字，为了保证质量，我觉得应该再加大范围，以后每一件兵器上，要都刻上丞相、工师、丞、工的名字，这样互相有个牵制。"

刚刚还对吕不韦佩服得五体投地的李斯，这时更为吃惊："把你的名字也刻上？"

"对呀，要正人，先正己嘛。"

李斯敬畏地夸道："秦国有丞相，真乃幸事！你都肯把责任揽下来了，就再也不敢有人投机取巧了。"

"如果出了问题，我也要受到律法惩罚的。"吕不韦义正词严地说。

李斯沉吟着说："那文字连起来就是'一年相邦吕不韦造，诏事②图，丞载，工奭'，这样可行？"

吕不韦说："可以。李斯，真舍不得你去当河渠丞，有你在丞相府，能替我做好多事呢。"

---

① 群众：《荀子·劝学》："群众不能移也。"
② 诏事：报请王者授予职事。

"我去修渠，也是为丞相分忧啊。不过，"李斯吞吞吐吐地说，"我还是觉得，用郑国……"

吕不韦用一根铁针拨一拨灯芯，灯芯噼啪作响，他挑起一个灯花，弹到地上，说："识人于未显之时，用才于争议之中，用人就不能疑。对了，我还想问问你呢，你觉得甘罗这个小孩如何？"

李斯说："聪明是挺聪明的，培养着用，将来可担大任。"

"最近在为秦王选陪读时，燕国要送来公子丹为质，你觉得，秦国派谁去合适？"

"这个我可说不好，不过，我觉得，纲成君似乎可以，他本就是燕人。"

吕不韦一拍双手："李斯，你说到我心里了，我也觉得，蔡泽最合适。"

李斯说："这事丞相看得准！"

两人谈着谈着，夜渐渐深了，吕不韦却好像有说不完的话，怕李斯一走，再无知心的人谈，于是一直谈到鸡叫三遍，东方发红，才不忍心地说："你收拾收拾，待我报给秦王，这几日就去上任。"

李斯这才离去。

转眼，两年过去。

秦国朝堂上，吕不韦说："燕国公子丹来到我秦国当质子也有一段时间了，蔡泽完成他的使命了。我们要利用好公子丹来秦为质这层关系，和燕国搞好关系，联手燕国，一同攻取赵国的河间之地，我想着，再派个人到燕国任相国，谁肯前往？"

大臣们互相看看，一时都没有主意。

吕不韦看着下面的大臣们，说："这个人，必须要有将帅之才，也要熟悉赵国，谁肯去？"

连问几声，无人应答。

吕不韦眼睛一扫众人，扭头对嬴政说："大王，依我看，此人非老将军张唐不可，大王以为如何？"

嬴政答："就依丞相。"

不想张唐不等话音落尽，就直接拒绝："臣尝为昭王伐赵，杀赵人过多，赵国对臣多有恨意，曾经说：'得唐者与百里之地。'丞相如果派我去，必定要经过赵国之地，恐怕不行啊！"

吕不韦白了他一眼，十分不快，问道："老将军驰骋疆场多年，莫非怕了赵国？"

第八章 国柄在握

张唐说:"丞相派人去,是要办成事。若臣半路上被赵截杀,岂不耽误了大事,臣是为我大秦考虑。"

明明怕死,却说得如此冠冕堂皇,吕不韦有心驳斥他几句,又碍于他是老臣,若是当面刺激他,生怕凉了别的老将之心,就说:"既如此,不为难老将军,此事暂时搁置,或者大王可以再挑人选。"

嬴政说:"丞相做主!"

朝会不欢而散。

回到丞相府,吕不韦依旧为张唐拒绝一事苦恼,他不肯去,若是强差派,又觉得不妥,但蒙骜等人已经太老,一时竟没有想出合适的人选,就皱着眉头在书房里叹气。

甘罗正好来给吕不韦倒茶,见他闷闷不乐,就问原因。吕不韦生气地说:"纲成君入燕久矣,今日想着再派个人替换,别人想去还轮不上,这张唐,让他去燕国为相,却推三阻四,好不识趣。"

甘罗眨眨眼,当即说:"我去劝劝他。"

吕不韦斥责道:"小小年纪,快忙你的事去。我亲自请都不行,你倒本事大了!你面子比我还大?"

甘罗闻听,放下茶壶,朗声说道:"丞相莫要小看我。项橐七岁时已经是孔子的老师,臣如今已经十二岁了,您连让我试都没试,为何就这样小看我!"

吕不韦看着他,忽然一乐,说:"小子有骨气!倒有几分你大父遗风!行,你既然要试,就去试试吧。也叫我瞧瞧你的本事。"

甘罗还真就当真了:"喏!领丞相命!"

吕不韦也没有当回事,低下头继续看递送上来的竹简。

甘罗来到张唐府上,让家老报给张唐,就说是丞相特使来见。

张唐一见甘罗,冷冷地问:"丞相府没人了吗?怎么派你这个毛孩子来。"顿时大为恼火,觉得吕不韦是有意羞辱自己。

甘罗却不慌不忙地说:"丞相府人才多的是,将军莫要小看臣。"

张唐大大咧咧地说:"好,就当你是人才,说吧,来找老夫作甚?"

甘罗直截了当地问:"老将军,你的功劳和武安君比,谁更大?"

"当然是武安君功劳大。他当年南挫强楚,北征燕赵,战则能胜,攻无不克,号称我大秦战神,他夺取的城池不计其数,我当然不能和他比。"

"应侯当丞相,吕相当丞相,谁的权利更大呢?"甘罗又问。

张唐不假思索就说:"范雎不能和吕相比。吕相国不仅仅是丞相,他还是王上的仲父,当然是吕相权力大,这不是明摆着吗。"

"这就是说,老将军是承认吕相权力大了?"

"那当然!"

甘罗话锋一转:"应侯当年想攻打赵国,武安君却百般推辞,就是不肯听话,故意刁难,结果,你也知道,武安君离开咸阳七里多地,就死在了杜邮半路上。现在,文信侯吕相国这么大的权势,请你去燕国,你却不肯,我真是为将军捏着一把汗,说不好,将军有朝一日恐怕连死在哪里都不知道。"

张唐听罢,钳口结舌,好半天才说:"啊呀,你这小子,叫你一说,我真是老糊涂了,看来这燕国是非去不可了。"

甘罗说:"这么浅显的道理,相信老将军应该比我更明白。"

张唐拱手行礼道:"惭愧啊,没想到老夫一把年纪,今日竟被你这黄毛小子提醒了,我险些坏了大事,你快去禀告文信侯,老夫这就收拾行李,即刻出行。"

甘罗这就高高兴兴地回到丞相府,来见吕不韦,说:"丞相,我已经说动了张唐,他答应很快就动身去燕国。"

吕不韦瞪着眼珠子问:"此话当真?"

"千真万确!"

吕不韦讶异地问:"这老头,连我的话都听不进去,你是如何给他灌迷魂汤的?"

甘罗狡黠地一笑:"臣自有臣的办法,总之是说动他了。"

"他心甘情愿?"

"不仅心甘情愿,而且心服口服。"

"好!年纪轻轻,你真是好本事!"

甘罗却说:"劝说动他不算本事,还要请丞相给臣五乘车,前去给张唐老将军打前站,说服赵国!"

"这可不是闹着玩的。"吕不韦提醒,"一旦说不成,不光你没面子,也叫赵国笑话我秦国无人,派个小孩儿当使臣。"

"丞相,一样的话你今天已经说了两次了!为何一直要提我的年龄呢,你要的是办成事的人,不要因为臣年龄小,就一再看轻。"

吕不韦不由得佩服起甘罗来,豪气地说:"好,我就用用你这奇才!"

吕不韦就进宫内,和嬴政说:"大王,甘茂老将军的孙子甘罗,今年才十二岁,上午在朝堂上我请张唐去燕国他不肯去,不想小甘罗却一会儿就说动了他,真是好本事。"

嬴政说:"仲父,有志不在年高,你当年不也是少年富商嘛。"

吕不韦说:"我是这么想,既然甘罗有这才干,他还想着先去赵国替张唐打前站,大王不妨就给他这个机会,不知大王意下如何?"

"仲父做主就是。"

吕不韦写好诏书,让嬴政盖了国玺,转回丞相府,把诏书递给甘罗,说:"王命是请下来,你可一定要争气啊,万不可耍小聪明,赵王能不能对付得了,就等你的好消息了。"

甘罗手捧秦国国书,有模有样地前往赵国当使臣。

赵国因为屡次被秦国战胜,听闻秦国使臣来到,十分敬畏,赵王亲自到城郊迎接。可看到秦国派来个小孩儿,顿时觉得不快。但赵王毕竟是一国之君,面子上看,依旧是和颜悦色,心里直犯嘀咕,不知秦国葫芦里卖的什么药。

甘罗随赵王来到朝堂,递上国书后,就问赵王:"大王听说了吗,燕国太子丹到秦国当质子?"

赵王说:"早就听说了,这是人人皆知的。"

甘罗又问:"那你听说了没有,秦国张唐要去燕国当相邦?"

赵王点点头,说:"这也听说了,况且,你这国书上不是写得明明白白嘛。"

甘罗说:"大王,既然你都知道这些,你想过吗?燕国太子到秦国,这说明燕国与秦国交好,张唐去燕国为相,说明秦国也与燕国和睦友好。假如两国联手,共同攻打赵国,赵王是不是就有危险了?"

赵王见甘罗说得有理有据,不由得赞同:"卿说的一点不错。可这是你们两国的事情,我赵国能怎么样呢?"

甘罗说:"大王,莫慌,臣有一策,可救赵国。"

"快快说来。"

"秦国与燕国友好,没有别的目的,就是要联手夺取赵国的河间之地。臣觉得,如果大王愿意,主动拿出五个城池给了秦国,那么,我秦国就把燕国太子丹送回去,这样不攻打赵国也能得到城池,我王自然满意。那样的话,我们两国联手,一同攻打燕国,赵国本来就是强国,秦国更是强盛,对付一个弱燕,岂不是易如反掌?"

赵王呵呵乐出声，连连叫好："卿所言，甚和寡人意。就依卿所言，赵国愿意拿出五城，扩大秦国在河间的领地。"

甘罗当即催道："请赵王写好国书，臣这就派人回国，表明大王美意，一定能早日得到燕国城池。"

赵王当即命人写好国书，将五个城池的舆图交给秦国使者，甘罗留在邯郸，等着赵国攻打燕国的消息。

秦国平白无故得到五座城池，自然觉得很划算，就依照合约，将燕国太子丹送回燕国。赵国趁机攻打燕国，得到了上谷三十城，甘罗再次请赵王给予秦国十一座城池。

甘罗胜利归来，吕不韦大喜："甘罗不费一兵一卒，就得到了十六座城，真是少年英雄！这样的人才，我秦国太需要了。"

遂将甘罗的功绩上报秦王，请封甘罗为上卿，将甘罗的爷爷甘茂昔日的田宅也一并赐予。

一时间，咸阳城内轰动，十二岁封为上卿，这在秦国是头一回，坊间一时流传出很多轶事，将甘罗的事迹传得神乎其神。

三、全面开花

这天吕不韦亲自驾车将李斯送到了西门外，殷殷嘱咐道："事关重大，万望百般用心。"

李斯说："丞相放心，小臣都记在心里了。"

吕不韦也一并交代郑国："君要牢记使命，不负王命，不负黔首。"

郑国一把拉过来他的儿子，说："我父子二人治水，定会尽心竭力。"

看着李斯等人上了马扬长而去，吕不韦才对随行的荆云说："走，咱到王城北边的乡下看看。"

荆云调整好车马方向，拉着吕不韦朝着咸阳城北而去。

中午时分，来到一处农田。

一个农夫赶着一头牛正在忙着耕地，吕不韦见他满头大汗，顾不上擦，就走近了喊："老哥，这天寒地冻的天，瞧你一头大汗，为何不歇一歇？"

老农用袖子擦擦汗，说："站着说话不腰疼。我歇息了，你来帮我耕啊。"

吕不韦听他说话有趣，不禁莞尔一笑："我看大家都回家了，这地里就你一人。"

老农说："种田的，哪有那么娇贵。再说，我带了吃喝。"说完指了指地头的瓦罐。

吕不韦见他积极性这么高,忍不住就问:"这是你自己的地?"

老农点点头:"不是自己的,谁肯这么卖命!"

"去年收成怎么样?"

"老天这几年缺雨水,不太好,今年瞧着提前下种,或许会赶上雨水好墒情。"

"这才刚到正月天,你老哥穿这么单薄,不怕冻出病来?"

老农抬头瞧了瞧吕不韦,行个礼说:"你们一看就非富即贵,当然金贵。我们这贱骨头,越冻越结实。"

吕不韦招呼荆云,递上些散碎银两给老农:"老哥不累,也让牛歇一歇,唠叨几句。"

老农推搡着不肯接,吕不韦说:"老哥尽管收下,我和你唠叨几句,喝你几口水,算是换一换,可行?"

"嗨,那你多吃亏。"

"不亏不亏,你能陪我说几句话,我就赚了。"

老农看着他,疑惑地问:"你是县丞?"

吕不韦笑一笑,含糊地点点头,说:"也算是,我问你几句话,不可骗我。"

"一辈子不会说瞎话,不会欺你。"

"咱这个地,分到自己手里,可种得起?赋税重吗?"

老农搓着手,说:"要说税收不重,那是睁眼说瞎话。现今的徭役杂税,如果是丰年,倒还出得起,一遇到荒年,能顾住家里这几张嘴就不错了,哪还有半点余粮。"

"照你说,还是得减一减?"

"能减最好。不过,咱这些老百姓,最担心的倒还不是这个。"

吕不韦惊讶地问:"还有比这重要的?"

"怕只怕,官府三天两头变,若是还像以前一样,给地主耕种,只怕是活不起了。"

"商君之法,不是确定了吗?"吕不韦说。

"听说现在换了个什么吕相国,谁知道会不会换。总有人担心,那些不种田的官们来压榨老百姓。"

"这不会的,老哥,官家不但不会变,还会鼓励耕种,以后,谁好好种地谁就能受益。"

"你说了可算数？"

荆云快言快语地说："这就是吕相国。"

吕不韦见拦不住了，索性就说："老哥，你干脆一股脑倒出来，有什么想法，都说一说。"

老农不顾地上尘土，当即趴下磕头，说："老汉我胡言乱语，丞相莫怪。"

"不怪你，就是要你说实话。"吕不韦诚恳地说，"这农业是国家的根本，咱大秦自从商君改革以来，黔首们才能吃饱肚子，秦律会延续的，我今天来，就是调查一下，想着法，让大家都能吃饱饭，大秦才会富强起来。"

老农见吕不韦和蔼可亲，不像其他官员那么凶巴巴的，就说："还有，好多不懂农活儿的官们，不要乱指挥。"

吕不韦拉过老农的手，顿时一阵心疼，感觉手粗糙的像握着一块瓦砾，仔细一瞧，皲裂的手上到处都是口子，不禁关切地问："你家小子都做什么去了？"

"当兵战死了。"老农抬头看了看天，叹息一声，"还好立有军功，也算没有白白战死。"

"老伴呢？"

"两年前走了。如今就我一个人，一个人吃了全家不饥。"

吕不韦没有想到，看似豁达的老人竟然如此凄凉，便安慰道："咱们大秦，正是有了你这样的百姓，才越来越强大。老哥，你要保重身体啊。"

"多谢丞相挂念。"老农说话间咳嗽起来，一阵凉风吹来，他掩了掩衣襟，说："放心，只要有地种，我就垮不了。"

"像你，还用不用交其他赋税？"

"一样也少不了！"

"今年高寿？"

"五十七了。身子骨还硬朗得很。"

吕不韦别了老农，继续在天地间行走，不断遇到在田里耕种的农户，他问得仔细又认真，生怕漏掉什么，对于他这个丞相来说，有各县报上来的数字和情况，本来不必亲自来地里调查，可他总觉得，要想国家振兴，若是制定律法和规则的人不了解实情，被下级蒙蔽了，真就是大罪过。

回到朝中，吕不韦大发感慨："我们每天在朝中做官的，只知道酒肉好吃，并不晓得田地里的耕作者们有多辛苦，想想他们，对比一下咱们，真要好好反思了，要修改一下律法了。"

第八章 国柄在握

廷尉深有感悟地点点头，问："丞相看如今的律法有何需要补充的？"

吕不韦说："我从田地里归来，好好想了，农业为根本的律法不能变，只有这样才能保证秦国的吃喝。不仅要严格执行商君的土地法，更要细化，不能让黔首们心里没底，要把这种稳定的农业律法继续传达下去，让他们吃了定心丸。"

廷尉竖起大拇指，夸赞吕不韦思虑周全。

吕不韦又说："要培养一批懂农业的官员，让这些人来管理农户，不要让不懂的人去乱指挥，我们要制定严格的管理制度，细化管理条例，让春生、夏长、秋收、冬藏都有规范；另外，农户是最基本的耕种者，一定要确保调动他们的积极性，只要是农忙时期，任何人都不得随意调动耕种者；神仓、民仓、官仓要始终做到仓廪足，这样才能保证各地黔首，遇到歉收年馑时，也能度过灾荒；对了，还要从各地选出一些懂技术的人员，指导农户耕种，确保农业产量。"

他一口气说了这么多，大田令说："丞相，春耕开犁，大王的祭祀活动就在近几日，要不要提前做准备，是比往年规模大还是小？"

朝堂之上，吕不韦对嬴政说："大王，今年的开春第一犁，不如您就亲自扶犁，这样能鼓励我大秦子民重视农业。"

嬴政听得认真，年轻气盛，当即说："好，这第一犁，我一口气犁它五亩地。"

"有我王如此表率，还怕黔首们不欢欣鼓舞！"吕不韦兴奋地说。

嬴政难得听到吕不韦如此表扬，毕竟年轻气盛，意气风发，说："仲父，咱何必等到几日后，既然要激励黔首们，干脆明天就去！"

吕不韦还未答话，大田令已经说："大王，这万万不可，春耕大典，是要认真选择日子的。若是这一天出了差错，只怕民众就会乱了方寸。"

太常当即说："这春耕祭祀，老祖宗有规制的，不敢乱了。"

吕不韦轻声地说："大王，您是秦王，不能太随便，还是等祭祀那天为好？"

嬴政略有不快，但还是乖顺地说："晓得了。全听丞相布置。"

吕不韦就说："今年的春耕大典，还定在二月二，各位上卿，要提前做好准备，今年的仪式，要比往常大一些，但不能花费太多，要办得隆重而不奢侈。如今王陵也开始修建，目前正是举国大修水利的时刻，全力做好备战，大秦马上就要东出，征服各国，千万都要有个思想准备。"

太常说："臣知道了。我想着，可以多让一些人参加，将规模弄得大一些，但就不去搭建豪华的台子了，丞相觉得怎么样？"

吕不韦说："祭祀神祇的仪式，该有的程序不能少，要不然会让大家觉得，少年秦王寒酸，但之后的一切仪式，我们都放到田地里，实打实地做些耕种的表率，民众们见了，才知道我王的决心。"

"喏！"太常应答道。

吕不韦又说："今日，我拟定要进行钱币改革，为了更好地施行，先到洛阳我的封邑去试验，可以让大家多进行商业活动，官府多铸造相等的钱币，让大家交易，直接用钱币。不鼓励还像以前那样以物换物，官府统一管理商品价格，这样就可以让市场正常运转。如果行得通了，再全国推行。"

治粟内史却有担心，试探地问："丞相，大量使用钱币，会不会让市场失控。再说，铜钱多了，流通会不会乱，可不是小事。"

吕不韦说："说的就是实验嘛。行与不行，不试怎么知道。钱币多了，说明商品也多了。只要官府把握好尺寸，做好管理，应该是可以试一试的。"

治粟内史还是皱着眉头说："臣只怕，出现问题了，钱币一乱，国家就会不稳。"

"不要怕，不是说了吗？先到洛阳去试验，出了差错，损失我来承担。这样也不至于让别的侯爵受损失。"

"好吧，既然丞相不怕吃亏，那臣就这样执行了。"

吕不韦说："为国家吃亏，多少都值得。"

二月二这天，嬴政领着一帮大臣来到南郊外。

太常早已穿戴停当，等在祭台前。

台子是土堆成的，有丈余高，周围插满了各色幡旗，将现场装扮得五彩缤纷。台子上，有个长长的案子，堆满了祭祀的猪、牛、羊等牺牲。时辰一到，高亢的雅乐响起，周围围观的百姓们静默地跪下，嬴政在台子上，也虔诚地举起大香，举行烦琐的祭拜神农仪式。

吕不韦和众多大臣一起，站在台下，一齐跪倒，祈祷上苍给予百姓福祉，祈求风调雨顺。

祭拜结束，一行人来到一块耕田前。只见田地里，一头棕黄色的壮牛已经被人牵着，套好了犁。犁把上，拴着丝绸攒成的大红花，牛头上，也戴着硕大的红花。

嬴政快步来到牛跟前，接过农户手里的犁把，举起鞭子，吆喝一声，耕牛配合得很，朝着前面用力拉犁。百姓们一看秦王亲自扶犁，山呼万岁，都为这感人的场面激动，也希望有了秦王的耕种，今年能取得大丰收。

走了大概三五十米，牛忽然不动弹了，任由前面牵牛的人生拉硬拽，也不肯走。嬴政用鞭子打，牛依旧纹丝不动。

天空忽然阴了下来，不多一会儿，就飘下了细细的雨丝。大田令一见出现这种尴尬局面，慌得手足无措，慌慌张张地跑到耕牛旁，气喘吁吁地对嬴政说："大王，这天下雨了，耕种仪式就这样结束吧。"

嬴政气恼地说："无妨，我答应要耕种五亩的。"

"大王，今天上苍下雨，就是丰收的吉兆，何必在乎这三亩五亩。"

"不行，我今天非要耕完不可。"说话间，嬴政再次举起鞭子，使劲儿朝着牛脊背抽，牛背上顿时出现几条渗血的红印，尽管这样，黄牛似乎故意要性子，偏偏倔强地一动不动，好像故意要给嬴政难堪。

吕不韦也走过来，劝说道："大王，既然下雨了，就不必硬扛着了。"

他不说话还好，一说话，嬴政觉得很没面子，平日里都是吕不韦决定事情，今日里自己赶一头牛也不成功，愈加觉得有种挫败感，就赌气地说："我就不信，拗不过这头老牛。"

吕不韦知道他年轻人的脾气，也不想让他太没面子，就对着牵牛的人说："这是你的牛吧？它平时这样了，你如何办？"

牵牛人说："平日里一直好好的，可能昨夜折腾太久，它累了吧。"

吕不韦问："为何要折腾它？"

"太常大人说，要好好演练一番，不敢叫今天出丑。"

这也无可厚非，看来这牛真是累了，吕不韦就再次对嬴政说："大王，不必耕种五亩，牛也有累的时候，已经开犁，这就算是圆满了。"

此时，嬴政扭回头看着远处熙熙攘攘的人群和众大臣，感觉脸上无光，就把头一歪，说："仲父休管，我非让这牛动起来不可。"

吕不韦也觉得，牛一动不动，委实让嬴政下不来台，就想看看他有什么办法能让牛继续往前拉犁。

只见嬴政捡起一根棍子，狠狠地朝着牛臀部敲打起来，硬邦邦的棍子砸到它身上，好像挠痒痒一样，老牛只是"哞哞"叫了两声，始终不肯朝前迈步。嬴政一急，从腰间掏出短佩剑，朝着牛屁股猛地刺了一下，顿时，鲜红的血液顺刀口处流出来，老牛"哞"地狂吼一声，四蹄发力，疯了一般朝前跑去，将牵牛人摔了个仰八叉，嬴政却牢牢地抓住犁把，任由惊牛拖着，磕磕绊绊地向前奔去。

这下不但吕不韦慌了，就连在远处观望的大臣们也傻眼了，纷纷高声叫着："大王，快丢开……大王，快丢开……"

天空忽然划过一道极为闪亮的闪电，将众人惊得神魂皆乱，很快就响起一连串的惊雷，雨猛地就倾盆而下，平展展的土地，瞬间成了泥汤。

眼看着越跑越远的嬴政还不肯撒手，武士们已经冒雨跑了过来，吕不韦大声地吩咐："快追过去，救回大王。"

七八个武士拼命朝前追，可嬴政却不但不以为险，反而越跑越兴奋，高声地喊叫着："好你个倔强又不识趣的东西，今天不把你累死，你不知道寡人的厉害！"

吕不韦远远地叫道："快撒手，大王，再这样会出人命的。"

这个地块并不大，嬴政和老牛眼看已经到了地的尽头，那惊牛突然拐回头来，朝着众人这边冲过来。

嬴政手里还攥着犁把，浑身已经被泥污糟蹋得不成样子，可他仿佛比刚才更有精神了，嘴里还不断地吆喝着："跑，今天寡人陪着你跑遍这片地！"

武士们跟着嬴政，只管呼喊，却无从下手。

惊牛眼看逼近了，吕不韦大叫一声："大家快散开，别叫惊牛踩踏住了……"

观看的百姓和众官员们，一时间乱作一团，四散而逃，场面混乱不堪：丢了鞋帽的，披头散发的，跌倒趴在泥地上的，哭着喊着……

吕不韦招呼几个武士，拉起一条长长的绳子，准备将惊牛绊倒。

眼看牛拉着犁跑到跟前，被绳子一绊，虽然速度减慢了，但还是将绳子拖出去很远，还好几个武士死活不肯松手，慌乱中，牛蹄子被绳子缠住，它这才"哞哞"地喘着粗气，发狂地来回扭动着身子，企图摆脱众人的控制。

追赶的几个武士此时也赶上来，又拿了几条绳子，几个人一起出手，才把老牛制服。

吕不韦见直到此时，嬴政手里还紧紧握着犁把不丢，铁青着脸吼叫道："大王，还不罢手，是要出危险的！"

嬴政才无奈地丢开手，怔怔地站在泥水里，望着吕不韦，默不作声，一副不服气的样子。

吕不韦赶忙说："快请大王回宫！"

几个武士这才扶着嬴政，将他连拉带拽地送到车上，一行人往王宫里赶。

吕不韦又在现场指挥，让众人招呼百姓们有秩序地散开了。

回到章台宫内，吕不韦见嬴政已经换了干净的衣裳，冷冷地说一声："大王，今日之险，的确不该是君王的仪态举止。"

嬴政挺一挺身子，说："是那牛太倔了，本来好好的。"

吕不韦说："大王，耕牛是百姓的生存保障，您不该剑刺耕牛。这些不说话的大牲畜，农户们待它们比活人还金贵，您当着他们的面，如此对待耕牛！这是剜他们的心肝，他们会拥护您吗？"

嬴政说："我也是好心。"

"一国之君，倘若不懂仁政，很难服众！"

"我就是想多耕几亩地，叫黔首们看！"

"大王的这种行为会适得其反的！"吕不韦斥责道。

嬴政听到他这样说，才低下了头。

赵姬此时也赶来了，接着话茬说："政儿，仲父说得有理，你是一国之君，以后遇事不可使性子。"

嬴政嘟囔着说："我都记下了，以后再也不自作主张了。"

吕不韦说："大王，国有国法，家有家规。要做贤明的君主，不是那么容易的。'至忠之言逆于耳、倒于心，非贤主其孰能听之？故贤主之所说，不肖主之所诛也。人主无不恶暴劫者，而日致之，恶之何益？今有树于此，而欲其美也，人时灌之，则恶之，而日伐其根，则必无活树矣。夫恶闻忠言，乃自伐之精者也。'①"

嬴政默默听着，渐渐露出困意来，吕不韦才说："今日就说到这里吧，大王三思，是要做贤明君主还是要做昏君！做昏君易，做贤君难，不是难在一时，而是难在一世。大王要始终牢记，天下是天下人的天下，非君一人之天下，只有懂了这些，才会懂得爱民！"

嬴政听了，心悦诚服地说："嗯，懂了。"

赵姬见吕不韦身上还是湿漉漉的，就关切地说："丞相，瞧你污泥一身，快去替换干净的衣服，别叫冷得病了。"

吕不韦这才发现自己还是一身湿衣裳，忙说："好，臣这就回府更换。"

吕不韦一直在思索一种模式，让商业繁荣起来。对于商业，他是十分熟悉的。但他又不想只是简单的宣布扩大商业，如果这样的话，他知道势必会引起

---

① 《吕氏春秋·仲冬纪·至忠》。

世族们的反对，甚至还会让已经习惯商鞅"重农抑商"的国策有所动摇。

他深知百姓们需要商业，之前商鞅颁布抑制商业，只是要更重视农业，巩固国本。如今，黄土高原上的马额原、横岭原、白鹿原、神禾原、乐游原和翠峰原，土地肥沃，加上泾水、渭水、灞水、浐水、皂水、沣水、黑水、石川水、涝水、戏水、陇水、并水等水系纵横交错，农业生产几乎累年丰收，咸阳仓内积粮就达"十万石"，栎阳仓也是"二万石一积"，各地存储的粮食主要分黄、白、青三种禾（小米），糯米等各种稻。

有了这些做支撑，不仅农户需要各种铁制农具，同时还需要购买布、绢、漆器等生活用品，而关中地区的竹、木、粟、帛也都需要卖出去。

这不是说，秦国就没有市场，不过一直沿袭的是周朝的"大市""朝市""夕市"等模式。大市就是太阳偏西时开张的市场，主要以"百族"为主，实际上就是允许自由民和贵族派人来买东西为主；朝市是太阳刚刚升起时开张的市场，主要以商贾为主；夕市是傍晚时开张的市场，以贩夫走卒为主。因此，看似有市场，其实并不是一直开放。

而且，市场都有严格的官吏制度，有专门掌管商品交易的"胥师"，负责察看上市的货物是否合乎规定。另有"质人"，对买卖双方进行监督，主持和颁发双方制定的契约。还有"市长"等更高一层的官员。

市场上交易的商品种类官府有专门的规定，如：圭璧金璋、命服命车、宗庙之器、牺牲等象征身份尊贵之物和祭祀礼器统统不能在市场交易。即使允许交易的日常用具、兵车、布帛、五谷、禽兽等，不符合规格的也不能上市交易，一旦被"胥师"发现，不但没收还要追究责任。

卫鞅制定秦国重农抑商政策后，实际上就是要限制商业的发展。吕不韦想改变的，就是放宽市场营业时间，扩大市场规模，放松监管品种等等，来一个真正意义上的市场。

深思熟虑后，他选择了一个恰当的时节——秋收之后的八月。选择这个月，是考虑到百姓这个时间既有空闲又有需求，同时，他也想通过一个月的试验，来让大家看到商业开放后的好处。

仲秋月，秋收结束后，百姓按规定向政府缴纳完各种租税后，剩余的农副产品可以光明正大地拿到市场上来卖，川流不息的各国商人可以自由来到秦国，各地主动减少关卡，减轻税收，以招徕商旅往来。

商业繁荣一直是吕不韦的一个心病。开头这几天，他在丞相府中忙，顾不上到市场上看。

第八章　国柄在握

初五这天，吕不韦和荆云两个人装扮成普通的百姓，来到咸阳西市上，边走边看。

街道上，不但固定的商铺挂出了各种招揽客人的招牌，就是沿街摆摊的小商小贩们，也放开嗓子卖力地吆喝着，生怕自己的利润小。

吕不韦走到一个卖陶器的摊子前，蹲下来拿起一个缶，端详着问："这是自己烧的？"

"对，就是小人私窑里烧制的，结实耐用，你敲敲听听，清脆明亮。你再看看这质地，光滑润泽，保准你盛酒盛浆，方便趁手。"

"多少钱？"

"半两钱十个。"

吕不韦好奇地问："半两钱？你们现在都用这个交易？"

"不用这个用哪个？"

"之前好多人不是都抵制这半两钱，宁愿用布换，或者其他东西换。"

摊主是个低矮的胖子，两只耳朵特别大，说话时耳朵虽然没有动，但总感觉耳朵在配合地招摇，他听吕不韦这样说，笑着答："你年纪也不大，怎么这么落后。"

虽然带着点奚落，吕不韦心里却异常滋润，看来这半两钱已经受到大多数人的承认，这是一件大好事，他作为积极推广者，能够被大家认可，是最大的成功。

心情一好，端详手中的缶，还真是弧形流畅，施釉薄厚均匀，弯曲的小口径圆而不呆板，又不是正圆，感觉十分自然，就问摊主："多要一个，可能便宜？"

摊主摇摇头："这已经是不二价了。"

吕不韦听完，正犹豫要不要，忽听得耳边一个人说："光看不买，白耽误时间。"

吕不韦抬头一眼，白露笑吟吟地看着他开玩笑。

吕不韦见摊主眼巴巴地看着，就对荆云说："买一个吧。"

吕不韦和白露朝前走去。走着走着，看到身着窄衣短袖、腰间别着弯刀的戎狄人，心中纳闷，怎么这么多戎狄人，走几步就能看到一簇，悄声问白露："这些人来干什么？"

"卖皮革、兽皮啊，这不是你下令的吗？"

吕不韦脑子里顿时"嗡嗡"一片，暗叫：坏事！

当然，这只是一瞬间的闪念，人在大街上，也顾不上多想，继续朝前走，见各种盆、罐、瓦水管等等一应俱全，他指着各种陶器，说："看来这市长管理的还真不错，这里全部是陶器。"

白露说："不过，大家真的赞美呢，商业税也减少了很多，最主要的，税收平等，我觉得这点大家最满意。"

吕不韦欣慰地说："我早就对大臣们说了，不但税收要减，还要设立专项税，做什么用就收什么税，不能挪作他用。"

"轻徭薄税，民众们遇到了一位好丞相啊！"白露摇着他的胳膊，笑嘻嘻地说。

吕不韦也颇为得意："怎么地，你倒还有不满？"

白露说："我十分满意。不过，今天，我要讹你一件事，给我买匹绸缎。"

"这不年不节的，买绸缎干啥？再说，家里也不缺少这个呀。"

"我想感受一下当夫人的滋味。"偷偷说完这句，白露忽然羞红了脸，将脸藏在他的臂弯里。

吕不韦豪爽地说："走，给夫人买布去！"

三个人一同朝着南边走去。

沿途人越来越多，需要挤着才能过去。已经很久没有在这种拥挤的场面里行走了，吕不韦竟然也感觉到一种久违的亲切。这种情形，还是他第一次到阳翟做生意时，那时才十五岁。他随着吕家商铺的大队伍，行走在阳翟的市场上，感觉每一个摊贩都非常亲切，每一个面孔都带着善意。经过后来多年锤炼，他才知道，人的面相上，很难区分好人坏人。骨子里的善良、邪恶与外貌并非都有直接的关系。

时不时还能看到维持秩序的军卒走过，吕不韦感到，繁荣的市场确实是百姓们期盼已久的。

整座咸阳城，其布局基本是按照天上的星河对应的。

自西向东穿咸阳城而过的渭水，好似天上的银河；雄伟壮丽、位居城北高台上的咸阳宫，则与象征"天帝宫室"的紫薇垣相对应；信宫极庙对应于北极星；渭水上的横桥复道对应于阁道星；上林苑则对应于天苑星……从高处俯瞰，整个咸阳城的房屋建筑如群星璀璨，把王宫拱卫其中，天上地下，此时此刻，遥相呼应，仿佛融为一体，让人好似置身于天上人间。

吕不韦他们此刻站立的地方，是西部居民区，暗合扶筐七星。因七星相围如采桑之提筐，所以得名"扶筐"，即"盛桑之器"的意思，后也有扶匡之意。

第八章　国柄在握

主桑蚕、纺织之相，所以，这片区域划为商贸市场。整体作为居民区，也有社稷需要民众匡扶之意。

边走边谈，吕不韦和白露俨如刚新婚的夫妻，在人群中穿梭。白露从来没有享受过如此温情时刻，因此格外珍惜，显得百般娇媚，话语也带着一股甜丝丝的味道。

走进一家绸缎店铺内，白露说是要买绸缎，自己却不去挑拣，任由吕不韦去来回翻看问价，她像是个不谙世事的傻女子一样紧紧跟随着吕不韦。

吕不韦让白露站在面前，拿起一块布料，反复比对，总觉得颜色不对，嘴里嘟囔着："这人美了，布料反而不好搭配了。"

白露嫣然一笑："还有你这么夸人的，明明就是嫌弃嘛。"

吕不韦正要继续说，忽听得外面吵闹声大起，忍不住拉起白露就朝门外走，不远处，见一摊位周边围得里三层外三层，水泄不通。

吕不韦和白露来到外围踮着脚观看，什么也看不见。还是荆云灵机一动，拉着两人来到东边的一个酒肆二楼，三人站在窗口处，远远望见，一个卖皮货的戎狄摊位前，一个秦人揪住戎狄妇女的衣服不肯松手，嘴里吵嚷着，大声咒骂着。

渐渐地，听清楚了一些内容，大约是秦人嫌戎狄女人拿去年的皮货欺骗了他，因此要她退货，不想这女人不肯，这才揪拽起来。

周围人越围越多，吕不韦看着心焦，他生怕闹出事来，正要叫荆云去喊市长来，不想远处真就来了一队士兵，吕不韦舒心地说："这下好了，我们安心买布去。"

白露却没有走的意思，拉住吕不韦的袖子轻声地说："恐怕没你想的那么简单。"

吕不韦不以为然地说："这明明白白的事，几句话说清楚就妥了。"

白露深知基层官员的手段，说一句："你且等等看。"

既然这样说了，吕不韦也不急，索性就站在窗前，远远地观望着，他一时也来了兴趣，想看看市井交易中，官员是如何处理突发事的。

荆云大约想到了什么，说："这没什么好看，咱走吧，眼看天不早了。"

吕不韦摆摆手："不急不急，咱就看场戏。"

兵卒一来，众人顿时分开一条道路，十儿个手持兵戈的武卒把闹事的人和摊子都围了起来，众人散在周围不肯离去，依旧围成一个圆圈。

虽然从远处听不见市长说了什么话，但眼睛是可以看见的。不一会儿，吕不韦瞧见，那戎狄妇女被两个武卒拧着胳膊反绑起来，秦人却没有一点事，市长拿起女人货摊上的皮货，递给秦人。

女人不断扭动着身子，和她随行的两个孩儿，哭闹着拽着母亲不让官兵带走。

吕不韦朝白露问一句："这不是明显偏袒吗？要审案，不能只抓一方啊。"

吕不韦他们站的二楼，正对着西方，此时已经是半下午的时分，太阳光闪亮地照射过来，晃着他们的眼睛看不太清楚，时不时还得手搭凉棚仔细看。

吕不韦还在这里埋怨市长不该偏袒，心想着改天要派人说一说这事。忽然间，还没等明白是怎么回事，听得下面人群开始四散逃窜，尖叫声四起，人们歇斯底里的喊声伴随着惊恐的声音传来，吕不韦急忙细看，见十多个戎狄武士，手持弯刀，与十多个武卒对峙着。

地面上躺着一个武卒，鲜血染红了一大片。这时，戎狄女人已经解脱，正躲在族人身后，死死地抱住两个孩子。

这个摊位所处的地方，正在南北大街与东西向小街的拐角处，身后即是民房，并无门面。

吕不韦一看出了人命，而且伤的是秦国武卒，着实吓了一跳，方才他还担心：这戎狄一进城，不要发生冲突，没想到这么快就应验了。他作势要冲下楼去，可被荆云一把拦住："你看看，现在楼下都是跑开的人群，危险得很，我们不能下楼。"

"总不能见死不救，见事不管吧？"吕不韦急促地说。

"你是丞相，是谁的事谁会管的。"白露也劝阻道。

吕不韦见她说得有理，也稳住心神，说："好，听你俩的，也顺带看看这些人平时怎么办案的。"

市长大声地对着什长说："这戎狄人，素来野蛮，今日你们要好好教训他们一番。"

这声音足够大，吕不韦听得真真切切，着急地开口骂道："这家伙，不是息事，这不是挑起仇恨吗？"

果然，戎狄族人一个领头的喊道："兄弟们，听到了吗？他们要杀咱们，抄家伙，杀秦人报血仇！"

荆云说："这戎狄也是，你们又没吃亏，还报什么仇？"

他刚说完这句话，好像为了印证似的，猛然听见两个小孩哭喊着叫娘，一个男人蹲下来匆匆查看，女人好像瘫软在地上已经咽了气。这男人站起身来，举起弯刀，跳将起来，朝着一个武卒就冲过去。其他戎狄人见状，也吆喝起来，呼叫着冲了过来。短兵相接，武卒们手里拿的是长戈，丝毫没有优势，听得几声惨叫，两三个士兵倒在血泊中。

这下可捅了马蜂窝，在都城咸阳，岂容戎狄外族这样嚣张，只见什长掏出一面小锣敲起来，锣声响起，片刻就听到远处也有锣声回复。吕不韦本以为这些人能将这些戎狄人制服，却不料，此时，见戎狄一人射出一枝响箭，也随即就从北边听到一声响箭回应。

坏了！这是要坏大事，吕不韦顾不上危险，一把推开荆云就要下楼，没想到白露从背后一把将他抱住道："这时愈加危险，荆云，快去看住楼梯。"

荆云应声而去。

吕不韦气得胡子发抖："我就这么眼睁睁地看着演变成血战！"

白露说："等官兵来了，你再下去不迟。"

就是这么两句话的工夫，听得从西边跑过来一队人马，马蹄声急，吕不韦知道可能是咸阳守军出动了，心里才稍稍安稳了一些。转过头往北边看，却见好几队戎狄也正朝着这边奔过来，街上的人被冲撞的四散逃窜，整个市场乱作一团。

戎狄的人，大概也听到了马蹄声，感觉此时不跑恐怕就来不及了，于是听得头领嘴里嚷嚷着什么，一群戎狄猛地杀红了眼，两个跳到墙头上，张弓搭箭，朝着秦人就射，那市长还没来得及呻吟，就倒了下去，两个戎狄冲过来，一通乱砍，什长和一个武卒又倒下了，剩下的几个秦兵也被激怒了，猛地将戈把折断，嘴里大声呼叫着："誓死不能放走戎狄！"一人又叫着："这反叛的贼子，今日不生啖其肉，枉为老秦人！"四五个士兵冲过去，不躲不闪，直接就将戈插入戎狄的肚子里，自然，戎狄人也趁势用弯刀砍向秦军脖子……从远处看，能看到血液喷溅起的血柱，痛苦的尖叫声和兵刃碰撞的声音，虽然并不多，却让吕不韦等人听得真真切切……

吕不韦一见咸阳守军已经到了跟前，生怕与马上赶来的戎狄成百人又是一场血战，就扯着嗓子喊："不要再杀了，都住手！"

他是着急之下猛然喊叫的，不想就是这么一声惊叫，忽见墙头上的戎狄人再次张弓，还不等吕不韦反应过来，"嗖"的一声，一支箭朝这边射过来，白露一见，猛地将他一推，听得那箭"崩"的一声，已经射在窗框上，箭杆摇摇晃晃，发出嗡嗡的声响。

吕不韦被白露牢牢摁住，两人蹲在窗下不敢抬头看。听得纷乱的脚步声渐渐靠近，两人猫着腰来到楼梯处，见荆云已经下了楼在门口和咸阳守军交谈着什么。不一会听得外面一个人喊道："丞相就在楼内，大家不要恋战，过来保护。"

吕不韦气得直拍大腿："好糊涂的兵啊！"

果然，听说丞相就在楼内，匆匆赶来的戎狄人不明真相，以为是丞相要杀他们，纷纷拔出刀，将这座楼和咸阳守军团团围住。

吕不韦见事态紧急，顾不上安危，快步来到门，对外面的守军说："我是丞相吕不韦，叫你们的将军过来说话。"

少顷，一个百夫长跑过来，规规矩矩地行礼，道："丞相，你千万不能出去，小的护你周全。"

"周全什么！"吕不韦知道，和这帮武将说话，要用他们听得懂的语言，"刚才要不是你乱喊，他们还不知道我在这里。"

百夫长脸一红："小的情急之下，要叫兄弟们知道。"

这样一听，也不怪他，吕不韦当即下令："你马上出去，就说我下令，双方都停手，有什么冤屈，我来亲自审问。"

"喏！"

但这已经迟了，百夫长下令时，双方已经发生了小规模械斗，最终导致十多个人伤亡。

吕不韦急匆匆命令咸阳尉，将戎狄控制在县衙大院内，好吃好喝供养起来。

紧急召开大朝，讨论如何处理这桩血案。

御史大夫诉说起了前情："要臣说，大秦与戎狄的仇恨，并没有断了根。"

吕不韦对这段历史并不熟悉，就让御史大夫详细说来。

御史大夫这才详细说起。

如今在街上闹事的，是北狄人。周朝起，汉族自称华夏，华夏人将周围四方的族人，分别称为东夷、南蛮、西戎、北狄，以区别华夏。北狄是华夏人对北方少数民族的统称。

春秋时期，各诸侯国图谋争霸，扩张领土，秦国也不例外。

"我大秦与戎狄取得胜利，当从穆公时起。那时，戎王身边有位重臣由余，穆公就用计离间戎王与由余的关系，设下圈套使由余投奔秦国，为秦所用，尔后又使用美人计腐蚀戎王，这才巩固秦国西北等部。战国前期，秦国国力衰弱，直到孝公时卫鞅变法后，才再次强大，可这时，秦国周围的戎狄部落也开始兴盛，对秦国构成强大威胁，主要有獂诸、义渠、翟、獂、大荔戎等。在秦宣太后主持下，最后义渠戎被秦昭王所灭。"

吕不韦问："这么说，我大秦周围的戎狄各部，已经归顺？"

"他们这些，之前是时判时降，秦国强大时，它归顺，秦国贫弱时，则侵犯。不过，自从义渠被消灭后，倒是安稳了很长一段时间了。如今他们大肆出动，会不会有觊觎之心，丞相，这不可不防啊。"

"那如果他们有野心，我们是要与他们作战还是收服更合算？"吕不韦问。

太尉蒙武说："收服也要通过血战！"

吕不韦说："咱们要算算账，那种更合适。"

御史大夫说："臣以为，大秦要东出开疆拓土，同戎狄就不能再采取血战的策略，毕竟他们已经归顺很多年，如今也算是我大秦子民。先王们制定的'因俗而制'的法子，还是有效的。所以，宜安抚不宜动武。"

蒙武说："那也不能任由他们在都城作乱视而不见吧，这岂不是长他们的志气。"

吕不韦说："太尉，咱们大秦的理想，是要东出收复中原，建立统一之大秦，所以，这些戎狄还是以安抚为主。再说了，这次街上的打斗，虽说我们死伤了几个人，但北狄也付出了代价。这件事，我是从头到尾都看见了，本不复杂，是那个市长，处理问题太粗暴，先动手惹恼了北狄人，论罪，他的罪过最大。可他已经死去，叫我看，此事还是依御史的意思处理比较好。"

御史大夫说："臣的意思也是，刚柔并济，以之前制定的盟誓要约约束，让他们不敢放肆，这才是上策。"

吕不韦说："那就派你去和谈，总之，既要示我秦威，又不挑起矛盾为宜。"

御史大夫这时却说："臣早先就对开放市场持怀疑态度，如今看来，皆是这市场惹的祸，丞相，不妨还依照之前的市场开放，这样就可以有效防止戎狄人进入城内。"

廷尉左监气咻咻地说："应该将这些戎狄入狱，他们杀了人如果就这么轻松放走，岂不是藐视我大秦律法。"

吕不韦见讨论的风头不对，当即制止："市场刚刚开放，万万停不得。如果这样出尔反尔，黔首们心中就没底了，所以，一定要坚持开放。我亲自去市场看了，我觉得大家也不妨亲自去看看，如今市场繁荣的很。当然，要防止戎狄人多造成危险，回头大家可以拟定个律条，让各县对戎狄进城，设置一个门槛。大约以一月不超过一百人为宜，还要加强对戎狄人的商籍管理，使每一个进入大秦城内的戎狄人都有籍可查。"

御史大夫见吕不韦已经把话说死,只好勉强地说:"那就依丞相所言。"稍一停顿,他又追问:"若是他们追究杀人者之罪,当如何处置?"

吕不韦说:"双方各有死伤,不再追究。可以多给他们点抚恤,金银、布帛、竹器、陶器这些他们缺少的,都可以给。"

廷尉左监立刻发火,咆哮道:"这不是鼓励戎狄闹事吗?我大秦何时成了软骨头!"

吕不韦说:"你这话代表的肯定是很多人的心思。大家想不通,就需要我们这些做臣子的去解释。付出这些物资,目的是为了稳定各族,只有我大秦西北后方稳定了,东出中原才能实现。此所谓舍小而保大,大家还有什么想不通吗?"

没有人提出异议。

但蒙武却又说:"干脆关闭市场,不就能省去这诸多麻烦吗。"

吕不韦朗声说道:"市场仲秋月开放,不但不能关闭,还应该大力提倡,给予鼓励。他们几十个人一闹事,就关闭市场,那岂不真就成了大秦怕戎狄了!还有一说,这些戎狄人,他们只会游牧,盐、铁、瓷、布他们都需要,如果能通过安稳渠道买到,他们就不愿意乱,不然就会抢,因为这些都是必需品。大家想想,是卖给他们合算还是让他们抢合算!"

大家见他意志如此坚定,也不好多提反对意见。

四、战争,战争

一切准备停当,吕不韦开始了统一的步伐。

首先下手的是韩国。韩国在所有的国家中最弱,是最容易攻破的。出征的第一战,就是全部攻占韩国的上党郡,这个曾经反反复复展开拉锯战的广袤地区,终于为秦国占领。在此基础上,吕不韦派大将蒙骜率军平定晋阳,重建太原郡。

这一次,按照吕不韦的规划,先从近处入手,占领一处巩固一处,这已经完全不同于以往的战争。到这时,秦国占领的地盘,南边攻破楚国边境,建立南郡;西南拥有巴蜀和汉中等地;北面已经到达上郡以东;东面有三川郡。这样一来,整个春秋战国争夺最激烈的中原地区,大部分已经囊括进秦国的版图。

由于这些地区,与韩国、魏国还发生交叉重叠,为了进一步巩固,让这些地方彻底成为秦国土地，吕不韦采取了步步为营的策略，不像之前那样急于向东扩张。

接下来，秦军占领了魏国的卷、赐、有诡等城。攻占魏国这些城的依旧是老将蒙骜，吕不韦知道他心里还装着上次的仇恨，这一次定会十分谨慎。他要给蒙骜这样的老将一个机会，征战半辈子的老将，面子必须维护。

老将蒙骜十分重视这次机会，和吕不韦的战略保持一致，稳扎稳打。攻占十三座城后，蒙骜让全军歇息了十天，然后分南北两路向魏国进军，先后攻占酸枣[①]、燕[②]、虚[③]、桃人、山阳和雍丘、长平等二十座城。攻打下这些城池后，秦国趁机建立东郡。

这样的策略完全打破了之前的习惯，建郡后，秦国就会派人管理。之前攻取城池后，不久敌国就会再次夺回去，秦国这样建郡后，就彻底掐断了魏国的后路。

并且，这二十多座城一丢，秦军已经来到魏国都城大梁城下。兵临城下的危险，让魏国君臣感到了死亡的威胁。

捷报频传，吕不韦十分高兴。这天正在吩咐丞相府侍曹，让他准备笔墨，他要好好上奏秦王，对将士们前线取得的功绩发个诏书，给予鼓励，希望取得更大的胜利，忽然有人来报，说是故人来投。

吕不韦还纳闷，这会是谁呢？只好请进来。

来人刚一踏入屋内，不等吕不韦反应过来，就高兴地说："吕相，我率兄弟们来投奔你来了。"

吕不韦定睛一瞧，双手一拍："司空兄，国家正是用人之际，你来得正好。"

司空马说："听说丞相广招各路人才，不知我算也不算？"

吕不韦拉住他的手，激动地说："快坐，说说，什么时候到咸阳的？"

司空马说："自从与兄别后，我越琢磨越觉得，不能再这么浑浑噩噩地活下去了。这不，我把兄弟们都解散了，有十几个兄弟，死活不肯散去，我就带来，计划着投军报效。"

吕不韦眉毛都笑弯了："兄真是明白人，你从事的那个，终究不是事。"

司空马与吕不韦对案坐下，畅谈起这些年别后的事情，说着说着，不觉就

[①] 酸枣：今河南省延津县西南。

[②] 燕：今河南省延津县东北。

[③] 虚：今河南省延津县东。

又扯到了卫国身上。两个人感慨唏嘘，都为这个不争气的母国感到惋惜。

"不过，现在好了，兄当丞相了，何不把卫国恢复起来。"

吕不韦惆怅地说："哪里能这么容易啊，即便恢复了，谁来当国君。叫我看呀，能留着这个名头就不错了。"

司空马说："你准备叫我去哪里？"

吕不韦抬起头想一想，忽然低声说："有个地方，你去倒十分合适。"

司空马问："哪里？"

"到樊於期军中，当个司马，可愿意？"

"愿意！还不是你一句话的事。"

吕不韦忽然压低声音嘱咐："官职不高，但你要帮我做件事。"

司空马见吕不韦神色凝重，自然知道此事重大，就爽快地点点头。

"你到军中后，要留心长安君成蟜。"

司空马反问一句："怎么？他可是有什么动向？"

吕不韦说："那倒没有，我就是提醒你。明白我的用意了吧？"

司空马心领神会地说："懂了，请丞相放心。"

吕不韦交代停当，说："既然你带着兄弟们来了，就领着他们四处看看，好好欣赏一下都城美景，到军中的事情，过个三五天，我给你安排。"

司空马又坐了会儿，才兴冲冲地去了。

望着他远去的身影渐渐消失，吕不韦忽然想起，这司空马毕竟是盗匪，心中不安，遂朝外面喊一声，侍曹应声而入，吕不韦说："叫人去喊赵十八来。"

赵十八来到后，吕不韦屏退左右，秘密地对他说："你准备准备，近日到樊於期军中去，听到看到什么，都及时禀报给我。"

赵十八问一句："主要是……"

"任何人。你有秘奏之权。要多留心，万不可露出什么端倪来。"

"喏！"

吕不韦这才又唤进来侍曹："你去请少史尽快整理出一份盐铁赋税资料，我这两天就要！"

侍曹匆匆而去。

攻打魏国的战斗取得阶段性胜利，吕不韦对强敌赵国也没有放松警惕。由于有了几次攻打赵国的经验，这一次对赵国，吕不韦采取了另一种策略。

赵国此时与秦国交好，互相派有质子。秦国派的是公子良，赵国派的是春平侯和平都侯。质子交换，一般都有期限。秦国公子良在秦王嬴政三年为质期满，从赵国回国。同样道理，按说赵国的春平侯和平都侯也应该放归母国。吕不韦却不想这么做，他准备留下春平侯。

大夫世钧劝说放走春平侯："丞相，春平侯深受赵王宠爱。他来秦国时，赵国宗室就有人放出'春平侯入秦，秦必留之'的流言，如果我们留下他，徒然惹了赵王，同时又中了赵国宗室人的奸计。"

吕不韦问："你是说，赵国宗室的人并不喜欢他？"

世钧说："那些近侍郎中们不喜欢他，是因为，他和赵王妃有染，只不过赵王被蒙在鼓里而已。"

吕不韦点点头："这样看来，确实是留不得。"

世钧说："我们放他回去，会让赵国王室更加混乱，这是帮我们的忙。如果丞相要用计，我们可以扣留平都侯。"

吕不韦说："你说得有理。另外，你去多送些礼物贿赂这春平侯，让春平侯回去后，说服赵王，为了赎回平都侯，割地给秦国。"

世钧答："臣定不辱使命。"

就这样，吕不韦释放春平侯回国，导致赵国王室两派之间的斗争愈演愈烈，闹得不可开交，直到吕不韦去世后仍旧没有结束，最终赵国在内耗中越来越弱，被秦消灭。

对远在东方的齐国，吕不韦不断示好。齐王也不愿意招惹强大的秦国，乐得做个顺水人情。

按照吕不韦的布局，先将韩国、魏国这两个国家吞下，而后消灭赵国，一旦这三个国家能够收入秦国版图，秦国就能在中原地区彻底立住脚，这样就可以北扩燕国，南下楚国，东征齐国。

一想到这个雄心勃勃的计划，吕不韦就会激动。回想起当初经商时，哪曾想到会有今天。可总是觉得时间不够用，已经过了不惑之年，眼看就年近半百了，有时候忙活一天，这肩膀和后背总觉得酸疼酸疼，不免感叹，年龄不饶人，如何将自己的一腔抱负实现，如何能让嬴政学会并理解这些布局，已经成为一件紧迫的事情。

"改天，一定要催催他的功课了。"他总觉得，嬴政过于迷恋武艺，这并不是好事。一国之君，将来总是要在谋略上多下功夫的。

好多事，想是一回事，真到了跟前，往往就变了方向。

吕不韦这天到王宫里处理完朝政，正要去催催嬴政的功课，却不料赵姬差人来请。

他最近是越来越怕见她了。

边往赵姬居住的宫中走，吕不韦边盘算着，该如何应付她。如今，每一次见她，总觉得好像自己做错了什么一样，心里觉得亏欠她很多。可究竟亏欠什么，他也说不清楚。

赵姬早就等在宫门口，一见吕不韦来到，便屏退下人，两个人单独面对面站着。吕不韦不知道该如何开口说第一句话。

赵姬走到他跟前，悠悠地说："你看看你，都有白头发了。整天操劳，也不知道歇一歇，你当自己还年轻啊。"

这几句暖心的话，吕不韦听后，露出无奈的苦笑："太后，臣就这操心的命。"

"你说什么？叫我什么？"赵姬故意往前凑一凑，眼睛不错神地盯着他问。

"不该叫你太后吗？"

"好你个吕不韦，你这是要跟我划清界限吗？"

"臣……"

"就咱两个人，有这必要板着脸说话吗？"赵姬冷冷地说。

"这是王宫，到处都是眼睛。"吕不韦低声说。

"怕什么！你是仲父，我俩在一起，商量政儿，谁还能不让？"

"注意点，总是好的。"

赵姬往后撤退一步，颓然地说："你是该注意。不韦，想过我吗？一个人孤零零地住在这么个空荡的地方，多冷清啊。"

"没事，你可以多到园子里走走。"

"我说的，是这个吗？"赵姬问。

吕不韦沉默了，碍于双方现在的身份，他真的不知道该如何与她说话。若是论之前的旧情，势必会引火烧身。若是以官家口气说话，她又不依不饶。这时候真如后背绑了一块烧铁，烫得入骨疼痛却卸不下来。

安慰，目前为止，对付她的办法，只有这一种。想到这里，吕不韦就说："你若是觉得枯燥了，改日我给你带几个歌姬来，热闹起来了，就不想别的了。"

赵姬听他语气缓和下来，几步走过来，一把拉住吕不韦。吕不韦吓得一下抽回了手，说："使不得。"

"有什么使不得，我今天就是要亲热一番，我瞧瞧有多怕。"赵姬笑眯眯地再次硬拽住他的手。

吕不韦手心里出了汗,凉冰冰的,低着头,活像一个第一次见到女人的小伙子。

"怎么?我现在成了老虎?就这么怕!"赵姬娇滴滴地笑出了声,"没想到你堂堂秦国丞相,如今竟然变得如此战战兢兢。这哪里还有半点往日神采飞扬的样子。"

"我们都要注意,不是在邯郸了。"吕不韦生硬地提醒。

"我就不听,瞧你能如何?"说完话,赵姬索性勾住他的脖子,面对面鼻尖对着鼻尖。吕不韦鼻孔里喘出的热乎乎的粗气,一缕一缕吹到赵姬脸上,她觉得痒丝丝的,不由得闭上了眼睛,心醉神迷地享受着难得的幸福时光……

对吕不韦来说,这已经成为一场痛苦的煎熬。面前的女人,曾经和自己是那么亲近、贴心、默契,为了自己可以舍弃一切。如果说子楚还健在的话,或许吕不韦推辞还能找出理由,可现在已经没有人能够阻拦住他,他自己都觉得再找任何理由都是苍白的。但他却打定主意,一定要从这场纠缠中脱出身来,不然,再大的理想,最终都会毁于一旦。

"男人,都是这么负心吗?"赵姬忽然睁开眼,眼珠子转来转去,要用眼神牢牢"咬"住吕不韦。

"这不能一概而论。形势变了。"吕不韦也不知道该如何解释,道理虽然简单,可也知道,她还年轻,好不容易熬成太后,权势熏天,却不得不接受孤独、寂寞,作为一个正常的女人,肯定是难以承受的。但同时,在吕不韦的心里,却十分清楚,有些东西,当你追求它的时候就应该考虑到,你不仅要接受它的光鲜,也要承受它的无情和冷漠。比如权势,即是如此。

赵姬忽然冷冰冰地问:"若是我不当太后了,你肯接纳我吗?"

这样一句玩笑,却在吕不韦心里炸开了锅,他当即干脆地回答:"莫要胡说,这玩笑可开不得。"

一国太后,如果凭着自己的心性耍性子,这必然会引起轩然大波。

赵姬说:"我就知道,是你迷恋权势太久了,并不是什么形势变了。变了的,是人心。"

吕不韦反问一句:"莫非,你想我放弃相国之位,放弃秦国大业,与你私奔?"

"有何不可?"

"那我们何必这么折腾?"吕不韦问。

"你要实现人生的价值,这不是实现了吗?"赵姬说。

"糊涂。莫非在你心里,我就是追逐名利的宵小之徒?不惜一切代价追逐到了,然后我却不管不顾,只图自己舒服,不管自己的责任,说走就走。人这一辈子,并不太长,如果不能做点对国家有益的事,活着有什么意义?难道来到世上,就是为了自己吃喝玩乐?我再追问一句,如果仅仅是追求个人奢侈,我十几年前就能做到,何必现在又往回走呢?"

"你既然这么说,我也问一句,你追求相位,不是为了一己之私吗?"赵姬的眼神犀利起来,毫不留情地问。

"大不同!'物也者,所以养性也,非所以性养也。今世之人,惑者多以性养物,则不知轻重也。不知轻重,则重者为轻,轻者为重矣。若此,则每动无不败。'①我若真是只图自己安逸,或者以取得相位为终极目的,那不就是本末倒置了吗?的确,这战国时代,礼崩乐坏、瓦釜雷鸣、高岸为谷、深谷为陵,看似一切规则都不讲了,人人都在追求个人私欲的极致,仿佛对于将者而言,能够征战沙场,保家卫国,砺带河山,这就是成功;于读书人而言,毕生之愿肯定是入仕为官,封侯拜相,这就是成功!错了!"吕不韦慷慨激昂地挥动着手臂,"你错了!这种为成功而无所不用其极的做法,恰恰是我最反对的!一个人最大的价值,就是要和国家、民族连在一起,才是最本质的。很多人为了得到高官厚禄,不惜餐腥啄腐、投机钻营,甚至卑鄙无耻的手段用尽,这值得吗?你当初对这种行为不是深恶痛绝吗?怎么现在变成这样了!"

他似乎说累了,深深地吸了一口气,有些疲惫地说:"你说我为了自己私欲迷恋权位,我真的很伤心……你难道真是不了解我了吗?我呕心沥血,难道不是为了国家!不是为了大众!我只是不想让夫妇、父子、妻女再饱受战争苦难,不想再血流成河,不想让大家再成为大王们的牺牲品,成为他们追逐名利的筹码……"

赵姬愣住了,她没有想到自己随口几句话,竟然让吕不韦情绪如此激动,这对于他来说,是很不正常的。自从在吕家跟着他到现在,无论事情多么紧急,多么危险,多么难以破解,吕不韦从来都是宠辱不惊,沉得住气,何以今天就如此亢奋、激动,这哪里还是昔日的吕不韦,她有些陌生地盯着这个男人。的确,变了,一切都变了!他已经完全沉浸在"丞相"这个位置上,或者说像钉子一样,把个人同"丞相"钉在了一起,生死相依,永不相负!自己呢,经过长年奋斗,终于迎来了安逸享受时光,却过着空洞无趣的日子,一天

---

① 《吕氏春秋·孟春季·本生》。

天在熬，熬来熬去，何时有个出头之日！她觉得反而是自己，亲手把自己的幸福葬送了。这些表面上看的锦衣玉食，对她已经毫无吸引力了。

　　愣怔了一会儿，赵姬想通了：眼前的这个男人，胸怀已经大到她无法企及的高度，她自然难以理解了。可能确实刚才的话伤到他了。但她还是觉得，如果为国就不能为家，这样的生活还有什么乐趣！即便退一步讲，自己也忍受住孤独，可难道面对心爱的人，就都要变得如此冷漠、客客气气、越来越陌生，才是高尚的感情？才是正确的情感？

　　她也越来越迷茫了，感觉自己走进了一个怪圈，自己走不出来，吕不韦不但不帮她走出来，还劝她留在圈里，永远不要出来！想到这里，她也难过起来。本来，按照以前的习惯，吕不韦发怒了，她应该主动示弱，劝说他消消气，然后温柔地宽慰，用女性的一腔柔情让他感受到雄性的伟大。可此刻，她不准备妥协，她为自己的委屈而故意使性子，内心里有个强大的声音在呼喊——不能妥协！你是对的！

　　因此，赵姬也铁青着脸。两个人就这么面对面冷冷地站着，谁也不搭理谁，像两个怄气的少年，各自有理地坚持着、僵持着……

　　大殿内，流动的微风，吹来吹去，将远处的帷帐不断掀起。那里，或许才应该是两人的温柔乡，才是和解的最佳去处，但两个人都感到陌生了，第一次这么僵硬地感到，现在谁提出这个要求，简直就是无耻！

　　爱到极致，已经渐渐转变了方向，朝着谁也没有意识到的一个方向转变。

　　沉默了许久，到底吕不韦是男人，或许他也感觉到，如此僵持下去，十分不妥。总之，他开始示弱了，喃喃道："我，说话声音高了点，你别在意啊。"

　　本是轻声安抚，不料却好像触动了赵姬眼泪的开关，她顿时再也忍不住，眼泪像泄洪一般，哗啦流了下来，不可遏制地只管往下流，流得无依无靠，流的痛彻心扉，流的涕零如雨……

　　若是她再坚持逼问或者强势地纠缠，吕不韦还真就一赌气走了。可此刻，看着曾经的女人如此惨状，他也不忍直视，不知不觉也跟着落下泪，走过去，抱着她，轻轻地拍打着她的后背，自言自语地说："何必呢，何必要弄成这样呢……非要这样吗？"

　　这句话，不知是问赵姬还是问自己。他也不知道，国家大事错综复杂自己都能处理的井井有条，为何这么个简单的感情问题，却如此剪不断、理还乱！

　　待到听得赵姬渐渐平息，吕不韦头也不回地走出了大殿。

　　屋外，阳光和煦，抬头看看温热的太阳，他强忍着要再次落下的热泪，努力把嘴角往上翘了翘，变成微笑的模样……

这时候，他觉得，自己已经登上了一个舞台，角色演得好不好，全看是否全力全意努力了！

这就是男人！该你演什么，就必须演到极致！走在王宫空旷的院子里，吕不韦不住地劝自己——错不在我！

但是，过去五六天了，吕不韦仍被这件事纠缠得吃不好睡不安。

这场感情的战争能不能打赢，他心里没有一点底。

犹犹豫豫好几天，最终还是让另外一个女人察觉出来。

白露没有紧紧逼问，而是和颜悦色地问："很少见你如此深度焦虑，可是赵姬？"

这轻轻一问，顿时让吕不韦惊得目瞪口呆："你如何看出来的？"

白露说："男人遇到其他问题常常眉头紧锁，遇到男女问题，则是忧郁的。"

吕不韦淡淡一笑："你可能是听说了什么，少拿这玄虚哄我。"

"说来你不信。忧郁时，眉头是舒张的，但面色是黑紫的。尤其是，为了掩饰黑紫，你还要装出无所谓的态度。"

"你倒比邹衍夫子还神秘。"

"我要是说错了，你再反驳。"

吕不韦忽然就坍塌了防线，主动承认说："真叫你说对了。"

白露嫣然一笑："一样的药方，不同的疗效。"说着话，她缓缓走过来，端起一杯热茶递到吕不韦嘴边，"慢点喝，别烫着了。"

对吕不韦来说，这确实是再熟悉不过的场景。以前赵姬对待自己时，何尝不是如此温柔以待。

无声地喝了两口茶，吕不韦颓然地问："你说说，有没有什么好办法？"

白露问："真听我？"

"听！"

"最好的办法就是让她移情别恋。"

"这怎么可能！"白露话音刚落，吕不韦就急口抢白。

"怎么不可能，难度在哪里？"

"她是太后！"吕不韦反复摇头，"你说得太不现实了。"

"这比起来送子楚回国，险要吗？"

"不是危险的问题。国有国法，更何况，整个王宫壁垒森严，不可能的。"

吕不韦强调说。

"既然没有那个难，就有弄成的可能。"

吕不韦说："多少双眼睛盯着呢。何况，整个王宫没有一个男人。不对，是没有正常的男人。"

"那就弄个不正常的男人来。"白露露出浅浅的酒窝，笑着说。

"你说得轻巧。"吕不韦再次摇头，"你还是没有想明白这事的严重后果。"

"后果肯定是有，但目前只有这办法最奏效。"白露清清爽爽地说。

吕不韦见白露坚持着说，不禁也感了兴趣，问："怎么弄？"

"假扮中官。"

吕不韦闻听，不再言语。

说实话，办成这件事的难度并不大。但他首先考虑的就是万一露出破绽，将来如何办？若是嬴姓老族追究，这可是大不敬的罪，并非三言两语就能打发的。尽管这事会办得私密，可一旦出事就是大事。

还有一层隐隐的不快，这是他无法对白露说的——他不乐意！

男人就是这样，他碰不得的女人，也不希望别的男人碰！

白露似乎已经看透了他，问："问题的关键是，你肯不肯。"

这么一催，吕不韦当即表态："这事不办就不办，办就必须弄得死死地。"

"妾已打探明白，赵姬在邯郸六年间，有个故人，名叫嫪毐。此人头脑简单，身材魁梧，正当年，似乎是最合适的人选。"

吕不韦诧异地盯着白露，严肃地问："此事，还有谁知道？"他没有想到的是，白露早已做好了准备。

"只我一人。"

吕不韦错着牙齿问："莫非是你亲自去邯郸调查的？"言下之意，去调查的人一定知道底细。

"我对荆云说过，但我说的是，为嬴政寻找当年的熟人，无意中获得此消息。"

这样一说，吕不韦才彻底放了心。对于荆云，他是一万个放心的。即便荆云知道什么，那是比自己知道还要保险的。

"你详细说说。"吕不韦明白，白露肯定心里已经有了具体的计划。

按照白露的计划，让吕不韦想办法，把嫪毐以中官身份送进王宫内，赵姬一旦见到邯郸帮助她避难的故人，自然有了亲近感，再假以时日，慢慢和嫪毐缠绵起来，就会渐渐忘记了吕不韦，这样一来，吕不韦就可以轻松摆脱赵姬的纠缠，最终还不落下埋怨，可谓天衣无缝。

"你真的以为，她会看上这个，嫪毐？"吕不韦怀疑地问。

"她爱不爱是一回事，关键是，这样一来，让赵姬看到你的决心，这就够了！她嫌寂寞，你给她提供帮助。若是她不肯接纳，那你就可以推个一干二净。"

"她要偏偏谈感情呢？再说，嫪毐毕竟是个下人。"

白露说："你担心嫪毐是下人，她看不上，我早已想好了，你可以在适当的时候，安排嫪毐建立点军功，这样一来，王后就会觉得，即使和这个人好，也不算吃亏！"

吕不韦微微颔首，说："看似完美，但我总觉得，不是那么保险。一旦留下后患，遗恨无穷啊。"

白露问："整个秦国，还有比你权势更大的吗？秦王也不过是个孩子。再说了，一旦发现有问题，制止也还来得及。"

"这倒也是。"

吕不韦对自己目前在秦国的权势是十分了解的。而且他清楚，即便将来秦王亲政，有仲父这顶帽子在，小子不至于一点不听的。而且，他有足够的信心，嬴政是自己完全可以掌控的。

吕不韦细细一想，这确实是绝妙好棋。不但可以让自己摆脱赵姬的纠缠，做个坦荡而高尚的仲父，不给秦王留下丝毫"别人嚼舌根"的难堪，也能牢牢掌控赵姬这个权势一方，这样一来，即便华阳太后将来有个风吹草动，自己有了"赵太后"这步棋，又安排妥当了夏太后方面的成蟜监督——司空马和赵十八，还有嬴政这个少年天子，可以说，四方面的权势自己掌控了三方，牢不可破，的确是妙招。

"这个嫪毐，现在何处？"

白露说："已经安排在我们山中的山庄，所有人都不清楚。"

吕不韦忽然感激地握着白露的手："有你在，真是省心。"

"只要你将来不埋怨我就行。"

吕不韦："那绝对不会的，尽管凡事有变化，一个舍人，总还是能够左右的。"

转天就见了嫪毐。吕不韦一见，吃了一惊：此人白白净净，身材高大，但丝毫没有强势男人的那股劲儿，而是显得温温柔柔，一看就是言听计从的那类人。

吕不韦问:"让你进王宫,可愿意?"

"喏。"

"进宫是要阉掉的。"

"小人明白。"

"不后悔?"

"有什么可后悔的,在赵国不过是个衣食难保的小人,若能进入王宫,毕竟是光宗耀祖,不后悔。"

"你在邯郸,是如何帮助太后和王上的?"

"小人只不过是帮着砍柴、耕地,空有一身力气,却很少见太后的面。事事都有薛公安排,那时间,倒也挣了不少钱,太后和薛公待小人不薄。"

吕不韦又仔细询问了他的出身和家里情况,得知家里只剩下他孤身一人,倒觉得十分放心,不觉对白露如此细致安排有了几分感激。

白露怕吕不韦不放心,说:"进宫的手续,妾来办吧。"吕不韦知道,她是为了让自己彻底脱个干净,即使将来有个闪失,也不至于陷入其中,不禁愈发对白露佩服,说:"你总是这样,牺牲又牺牲,叫我如何对得住你。"

白露问:"跟我,非要算这么清楚?"

吕不韦腼腆地歪着头,露出笑容:"不算不算,错在我。"

白露说:"既然是我安排,你就不要过问了。"

吕不韦蓦地说一句:"一定要动动手脚,叫这个嫪毐也觉得,是真做了手脚,这样他就不会怀疑。也只有这样,她才不会怀疑,觉得是我有意摆脱她。"

白露竖起拇指:"还是君想的周全。"

吕不韦却仰起头,无限悲凉地说:"天下无圣人!每个人心里,都有个藏污纳垢的皱褶。"

改日,嫪毐和东方各国所产的珠宝美玉、纤离之马①、太阿之剑、灵鼍②之鼓、翠凤之旗、郑卫之音、刻石绘画等珍贵物品一起送进秦国王宫,王宫内一改往日那种粗野的"呜呜"歌声和敲盆击缶的秦国音乐,逐渐被声调悠扬、舞姿曼妙的东方歌舞所代替。如此掩藏嫪毐于珍宝之中,确实显得"微不足道",很多人都没有注意到有什么异常。

赵姬最初见到嫪毐时,是不敢确定的。只是隐隐约约看着他像太监,因为

---

① 纤离:古骏马名。《史记·李斯列传》:"服太阿之剑,乘纤离之马。"

② 鼍(tuó):古鳄鱼。

来人没有一点胡须，说话细声细气的。

刚开始，赵姬一眼就"看懂"了吕不韦的安排，极为恼火——你吕不韦把我当成什么人了？莫非我真成了歌姬！她从心底里泛起一种厌恶和恼恨。厌恶吕不韦竟然把自己踢皮球一样抛弃，恼恨他派来这个男人羞辱自己。

可架不住天长日久没事做，空虚一次次潮水般涌来。什么都可以抵制，唯独这种无边无际的寂寥，让她无法躲开。

即便躲不开，她也不肯妥协，于是就有意无意躲着嫪毐，甚至将他指派到了别的宫殿里，负责打扫。她要用这种无声的抵制使吕不韦明白——你的诡计失败了！

她也觉得，这是两个人的战争，自己决不能轻易就服输。要是那样的话，今后将永无出头之日。

白天还好说，一到了晚上，黑暗像一张大被子，"忽"地就张开了，把整个人都罩住了，躲在黑暗里的赵姬，感觉有只无形的大手正掐着自己的脖子，让喘息变得十分艰难……对付的方法只有一条，就是闭上眼，休息。可越是闭上眼，越觉得出气困难，渐渐的，她失去了反抗的心情。

随他去吧。

这样一想，顿时觉得天宇开了一条缝隙一样，闪过一丝光亮！——既然你想让我"中计"，我不妨就中计，瞧瞧谁心里更难受！

赵姬怀着一缕报复的快感，迅速叫过来嫪毐。虽然她知道，这个功能丧失的男人并不能做任何事情，但，态度就是一种胜利！

对男人最大的羞辱，无过于让他的女人被别的男人占有！赵姬觉得，淤积于内心数年的心结一下打开了！

像很多上瘾的东西一样，最开始并没有认识到将来会深陷其中。赵姬，第一次在夜里，和嫪毐欢快地歌舞起来……

而吕不韦的另一位故人的去世，让他颇为感怀人生的无常。

五、再合纵一败涂地

就在吕不韦步步为营展开东征战略，捷报频传的时候，魏国王宫传来了一件对秦国极为有利的消息。

由于秦国连续进攻，攻打到了魏国都城大梁附近，魏王魏圉年老受惊，在恐惧和担忧中，将王位传给他的儿子魏增。这位魏国的第六代国君，临死前都不确定儿子能不能保住这个国度，饮恨而去。

第八章 国柄在握

少年魏王即位后，对秦国不断攻打的局势束手无策，寄希望于老将们出马，能够挽救魏国于危亡之中。

他的叔叔魏无忌，无疑是最合适的人选。

魏王来到魏无忌病榻前，看着这个曾经叱咤战国的风云人物，已经病痛交加，难以下榻。

魏王关切地说："王叔，今秦吞没我土地，攻掠我城池，可有良策破敌。"

"我已垂垂老矣。"魏无忌喟叹一声，眼眸里光芒不再。

魏王知道他或许还在责怪自己的父亲，夺去了他的兵权，宽慰道："先王已去，你我君臣，当该励精图治，振兴魏国。"

"我何尝不想如此，可大王看看，我这病秧子，又能作甚？"说着话，他重重地咳嗽了两声，仿佛要验证确实已经病入膏肓。

"你戎马一生，打了那么多漂亮的胜仗，如果你都不肯拯救魏国，我大魏国，恐怕真就……"刚刚即位，少年魏王不愿意说出太不吉利的话语来，但从他额头上攒出的肉疙瘩，魏无忌看出了他的忧虑。

魏无忌一生久经韬略，早已不信王宫里的感情，可这一刻确实有些动心，或许觉得上一辈的恩怨不该延续到下一辈，或者觉得新魏王肯低下头来恳求自己，内心里还是涌起些许骄傲，总之，他举起颤颤巍巍的手，指着书架，说："拿过来！"

家童急忙走向书架，从上面抽出两卷竹简来。

魏王接过竹简，打开，"魏公子兵法"五个大字刻的深而有力。

"好！有此兵法，何愁大魏不能赢！"魏王牢牢拉住魏无忌的手，使劲儿握了握，"王叔，有你的兵法在，就如同你在！"

魏王慌不择言地说完这几句，魏无忌本来发光的眸子忽然再次黯淡下来，轻轻地喘着粗气说："大王，万望珍惜。"他已经懒得推荐人选了，从刚才的话里，他已经听出少年魏王需要的只是他的兵法，并非需要他这个人！

"有你的兵法在，就如同你在！"这话听起来慷慨激昂，可对于此刻卧病在床的魏无忌来说，不过是"你好好养病，无须你出征"的另一种说法而已。

魏王带着满足的神态匆匆而去，魏无忌气得将被子使劲儿踢腾到地下，用最后的愤怒发出狂吼："给我滚！再也不要来烦我！"一语既了，吐血不止……

顿时，家人们忙乱起来，捶背的捶背，擦血的擦血，将一个曾经无敌的将军在床上翻过来倒过去，好一通折腾。

等一切稳定下来，魏无忌大张着口，仰天长啸："想我魏无忌，勇武一生，最后竟落得如此下场。王兄啊，如果不是你百般猜忌，我又如何会悲惨到这种地步，我魏国何以会到如今残破不堪的地步！王兄啊，我这就追随你而去，但愿在先祖面前，你能说几句公道话，也不枉你我兄弟一场！王……兄……你，等着……"

几个贴心的家人看到主人如此凄凉，联想起往日信陵君府上前呼后拥的盛况，不禁也潸然泪下，一屋子人哭成一团。

魏无忌悠悠地又醒了过来，忽然变得精气神十足，容光焕发地说："叫大王来，我还有话……魏国不能亡，大王……臣……有良策……破……敌！"最后一个字，仿佛一块坚硬的石头，硬邦邦地砸向地面，众人心里咯噔一下，似乎听到了石块砸击地面的"咚"的一声……

待魏无忌将手臂垂落在床边，屋里一下安静了，众人都吓呆了。少顷，屋里传出呼天抢地的众人悲痛的哭声……

一代枭雄，就这样抱憾而去！

十天后，当蒙骜将军将魏无忌去世的消息传回咸阳时，吕不韦听罢，怔怔地站在府中，呆立了许久，吩咐道："给蒙骜将军发令，停止进攻魏国五天，祭奠信陵君！"

整个下午忙碌时，吕不韦并没有过多的时间来惆怅，等到夜晚来临，独自一个人坐在书房里时，吕不韦忽然觉得一股冷风吹来——魏无忌就这样走了！

他不敢相信，曾经率领五国联军大败秦军的战国公子信陵君，就这么不带走一点东西，甩手而去了。

想起在邯郸时，魏无忌为了帮助子楚逃回秦国，曾经那么用心谋划。那时候，毛公、薛公、魏无忌和自己，同心协力，在赵王和平原君之间周旋，日日夜夜里，畅谈各国形势，发表各自的见解，那时候的友谊是多么纯粹啊。

吕不韦自言自语地说："先生，如若不是各为其主，你我又何曾会到今天这个地步。"

这时候想起来，如果不是魏无忌率五国联军击败秦国，自己也不会用计挑拨魏国君臣关系。如果不是自己用计，现在的魏无忌一定还是手握魏国兵权、炙手可热的人物。

吕不韦说："公子啊，有你在，秦国不能胜。可要你死，确实不是我的本意啊。你何必如此怄气呢，今生能遇到公子这样的对手，我不胜荣幸啊。我还筹划着，将来我们再次战场上见高低，你为何如此绝情，撒手而去！你够朋友吗……"

举起酒杯,望见杯中,魏无忌正冷冷地笑着,吕不韦浑身打了个寒战:无忌兄,我的计谋并不高明,但用在最对的地方!糊涂计偏偏遇上糊涂王,谁叫你自己命运不济呢。真的不是我要害你性命,实在是你也糊涂啊,你没有看到,如今的秦国,已经强大到无人能及的地步。东方几国,都在靡靡之音里迷失了方向,君臣猜忌中错失了良机,唯我独尊中盲目自大,争权夺利中自我陶醉……你不知道,唯有秦国,君臣一心,君民一心,卧薪尝胆,几代人奋勇努力,就是要让赳赳老秦,威武整个中国!公子啊,不是我不肯放过你,就是你来了秦国,看到如此情形,你也会一心一意图就霸业的!

公子,你莫要怪我,是你自己的母国不争气,让不可一世的魏武卒变成了今日的软骨头,是魏国不适时宜不思进取主动丢了国家。不过,请公子放心,你没有完成的宏图大业,我帮你完成。到那时,你再看,整个中原都是秦国的,我们会有一个完整的国家,百姓们再也不用饱受战乱之苦……人民安居乐业,不正是我们在邯郸时最美好的祝愿吗!

半醉半醒间,吕不韦点燃几根蜡烛,看着忽忽悠悠的火苗,禁不住热泪滚落——公子,今生我们不能携手共话,来世一定成为永不分离的挚友!

他瘫在了案子前,用连成串的眼泪,祭奠魏无忌这个昔日的好友!心中一阵一阵作痛,眼圈渐渐红了。

荆云无声地走进来,扶起吕不韦,轻声地说:"丞相,何必这样呢,你的身子骨也禁不起这样折腾啊。"

吕不韦抬头看着荆云,问道:"荆云,你说,我是不是太狠毒了?"

"没有,丞相,你走的是正义之道。"

"那为何一个个朋友都离我而去。魏无忌走了,薛公、毛公、鲁仲连,这些人现在也都不肯进秦国半步,你说说,我是不是走错路了。"他摇晃着荆云的胳膊,一声一声地哭诉。

荆云从没有见吕不韦如此失态,将他使劲儿抱起,放到坐榻上,安慰道:"丞相,我们没错,错在他们。"

"丞相!哈哈……丞相,荆云,我是秦国丞相!"吕不韦仿佛疯了,"你说,我会不会有一天,也像魏无忌一样……"

荆云忙捂住他的嘴,责怪地说:"公子,你喝醉了!哪有你这样作践自己的!快歇歇吧,睡一觉,一切都好了。"

吕不韦却不依不饶地只管叨叨:"真到了那一天,荆云,你一定要管好夫人,带着白露,远走高飞。不要陷入这种斗争里……"

荆云听的心里难受，不觉也落下泪来："公子，荆云誓死守护着你，不叫你受半点委屈。谁敢动你，我和他拼命！"

"荆云，你，还有荆轲，你还有荆轲啊！我吕不韦有什么？有什么？不对，我还有夫人，你带着夫人和公子们走得越远……越好！不要……管……我……"

荆云没有想到，魏无忌的去世会如此震动吕不韦的心，可见他内心里是真的把魏无忌当作最亲的朋友来看待的。他跟着吕不韦一路从濮阳、阳翟、邯郸走到这咸阳，经历了太多太多的磨难，从来也没有见吕不韦如此颓废过。

他是哭瞎了！内心里被巨大的悲痛缠绕着。荆云像呵护儿童一般，将吕不韦抱在怀里，看着他渐渐平息了情绪，酣酣地进入了梦乡，轻轻地拍打着他的后背，自己说给自己听："公子啊，你太累了！瞧瞧，这里是十来根白发，这里，这里，都是……公子啊，要不咱回濮阳、洛阳都行……看看你这么受折磨，我快撑不住了！"

吕不韦长长短短地吹气，说着梦话："白露啊，你快走，快走……你……走……"两只手不住地胡乱在荆云的腿上拧着，又忽然就使劲儿推着荆云，身子发抖，牙齿互相咬着，发出"嗒嗒"的声响。

荆云用扇子为他驱赶着蚊虫，任由他如何折腾自己，始终不离开半步。

东方渐渐发红，窗户里射进一缕缕亮光。看着怀里的吕不韦，荆云渐渐有了困意。

吕不韦醒来后，挣扎了几下，见自己躺在荆云身边，十分难为情地爬起身来。

他一动，荆云也醒了。

吕不韦羞愧地说："喝糊涂了，叫你笑话了。"

荆云伸了个懒腰，一脸严肃地说："丞相，你再也不能这样喝了，毕竟岁数不饶人！"

吕不韦领情地答："好，听你的。"说完话，大步走出屋，活动下腿脚，对荆云说："走，功曹们都来了吧。"

荆云连忙叫道："你还没吃饭呢。"

"吃什么饭，昨夜的还没消化呢。"

荆云望着他远去的背影，无奈地摇着头。

秦军凌厉的攻势，让魏国君臣十分惊恐，慌乱之中，魏王向赵国求救。

赵国也表示出浓厚的兴趣，同意魏王的请求，派大将军庞煖率军，再次发起魏赵韩楚燕五国合纵。赵王则想趁机收复河间之地。

吕不韦听闻后，当然要极力阻止，他首先就要将这个阴谋扼杀在摇篮中，思来想去，他想起了在邯郸时和子楚交往的赵国丞相建信君。

这个靠美貌赢得赵王宠爱的家伙，虽然此时已经不再那么受宠，但毕竟还是赵国三公，通过他说说话，总还是有用的，于是就派出世钧到赵国去。

派他去有两个优势。一来便于瓦解赵国，让他和春平侯保持联系。二来希望通过建信君，瓦解赵王合纵的决心。

建信君见到世钧后，推荐他当了丞相府属臣，赐五大夫爵。

但也仅仅限于此，之后任凭吕不韦再催促，世钧一再逼问，建信君就是不肯轻易答应劝说赵王。

建信君的这种犹豫态度，深深激怒了吕不韦。他给建信君去了一封信，信中，言辞犀利地指出：五国合纵，赵王不能当盟主，否则秦国将加大对赵国的进攻力度，建信君一定要制止赵王，别犯糊涂，给全国惹来大灾祸！

这封信一改往日里的宽容大度，用词尖锐。信的最后，吕不韦提醒建信君，当初秦王居留在邯郸时，与你交往最为密切，你就不怕赵王知晓后降罪吗？

这样赤裸裸的威胁，让建信君十分恼恨："这个可恶的吕不韦，太欺负人了。秦国派世钧来赵国做官，我让他做丞相的属宫，还赐爵五大夫。你说说，我为什么这么做，还不是看在往日的友谊上，他竟然如此无礼地威逼我！真是可恼！"

建信君的谋士希写见他咆哮震怒，反而劝说他冷静。

"我怎么冷静？吕不韦，你现在当了丞相，就这么高傲。你不就是个卑贱的商人吗？当初要不是我周旋，你怎么会走到今天呢，忘恩负义的小人！"

见他说出如此不理智的话语，希写反而不劝了，直截了当地说："臣以为，你不如这个低贱的商人！"

这样一说，建信君顿时面红耳赤地争论道："足下什么意思？莫非你与吕不韦暗通款曲，抬高商人，轻看我这相国？"

希写见状，反而不疾不徐地说："相邦莫急，听臣道来。商人不都是奸商。那些成功的商人，从不与人简单地争论买卖的价钱，而是谨慎地选择时机、等待时机。贱的时候买进来，看起来是吃亏买了贵货但还是占了便宜；等到时机成熟，价格贵了，即便以最优惠的价格卖出去，也是赚了一大笔。这就是会掌控时机！"

"你不要给我讲这些生意，我最看不惯那些低贱的商人。吕不韦不就是这样吗？"建信君依旧怒气不消。

"相邦莫慌，听臣说完。当年，周文王曾被拘在牖里，周武王也被羁押在玉门，他们不是一样选择隐忍吗？可最后，砍下了殷纣王的头悬挂在太白旗上，是不是武王的功劳？话说回来，如今，虽然你是赵国相邦，吕不韦是秦国相邦，看起来一样重要，可你的权势已经无法和吕不韦相比了，一是秦国强大胜过赵国，二是他看起来是相国，实际掌控着整个秦国，您不但没有看清楚形势，还责怪吕不韦出言不逊，这不是不合时宜吗？所以，臣以为，你恼恨吕不韦，这种想法万万不可有。"

"依你之见，我该如何？如今是他在步步紧逼。"建信君问。

"观望，等待时机！"希写说道。

"好，就听你的，再等等。"建信君就这么一直拖着，无论世钧如何传话，就是不表态。

可心里总是感觉不踏实。仿佛头上悬着一把剑，说不定啥时候就掉下来了。建信君是十分了解吕不韦的能耐的，若是他真的把自己之前做的那些事都告诉赵王，只怕自己真就要吃大亏了。

就在建信君苦苦等待的时候，转机出现了。

他的另一位谋士苦成常给他出了个主意——装病！

建信君将信将疑："我如果装病，吕不韦肯定会感觉到。"

苦成常说："当年魏国杀了秦国大夫吕辽，天下人都笑魏国不知轻重。现在如果赵国攻打河间，这不是和当年魏国的做法一样愚蠢吗？所以，相邦一定不要主张收复河间之地。现在，你声称有病——这就是告诉吕不韦，你不同意收复河间。即使吕不韦猜测到了，也不能怨恨你。"

建信君嘿嘿一笑，拍手叫好："卿这办法妙不可言。"

苦成常说："还有个妙处。五国合纵一旦成功，河间自然就收复了。那样赵王也满意您！可若是合纵不成，您想想，河间能保住吗？所以，唯有装病，你才能两头都不惹，赵王满意，吕不韦也满意。"

于是，建信君这天召集群臣在丞相府研究国事，忽然"扑通"一声，栽倒在地上，众人七手八脚地把他扶起来，只见建信君紧闭双眼，浑身抽搐不止，医家来后反复诊断，也不敢轻易确定病因，只好让他卧病修养。

从此后，建信君就躺在床上，整天哼哼唧唧，好似疼痛不已。

他的这种行为被世钧看在眼里，汇报给吕不韦。

吕不韦冷冷一笑："这家伙，如今倒比以前聪明多了。"但既然他已经"病重"，当然不能再催了。

既然赵国这里走不通路子，吕不韦便转而将目光投向另外的国度。

这一次，他一定要吸取教训，不能让五国像上次魏无忌指挥一样，取得胜利。那样的话，苦心孤诣经营这么几年的心血就白费了。

祸不单行。本来以为韩国最弱，别国说合纵，他们便跟随，不必理会。可这时间者却从韩国得到了一个确切消息：郑国是韩国间者。

听到这个消息，吕不韦后脖子一阵发冷，担心的事情变成了事实。

原来，韩国见秦国日益强大，担心自己被消灭，可国家实力又薄弱，无法与秦国抗衡，于是韩王就和大臣们商量对策。这个可笑的国家，发展国力没有一点主意，出馊主意却是水平一流。君臣们商量来商量去，最后想出一条他们自认为绝妙的计策——疲秦。

于是，就利用水工郑国，以帮助秦国修建水利为名，企图通过大量人力物力的长时间投入，使秦国消耗国力。

吕不韦当即就要下令抓捕郑国父子，决不能让秦国被这个间者利用了！耗费数十万人，十几年苦心投入，一旦成为废渠，这个滔天的罪过，无论谁都是无法承担的。

话到嘴边，吕不韦忽然改了主意：抓了郑国，现在已经进行半截的工程就要停工，秦国又缺少这方面的水工。这两年投入的财力人力，都将化为乌有。最重要的是，一旦这样的局面形成，传到别国，势必会成为秦国最大的笑柄。秦国国内，君臣和百姓也都会陷入恐慌中——不行，这个消息不能传出去！

现在最重要的，是要了解实情，于是命人连夜召回李斯。

一天后的傍晚，李斯回到丞相府。

吕不韦一见，李斯常年在太阳底下，整张脸被晒成了紫红色，颧骨高耸，整个人瘦得有些变形，心疼地说："你怎么成这样了。这样下去可不行，恐怕会累出病来的。"当即就吩咐下人，端来肥腻的牛羊肉，要李斯先吃了再说话。

李斯边吃边问："丞相这么急促叫我回来，定是有要事吧。"

吕不韦问："那郑国父子如何？"

李斯说："丞相若是见了，只怕会掉泪。他们比臣还要吃苦，活脱脱就是不要命。"

吕不韦脸上稍微露出点喜色："他们一心只管修渠？"

李斯说:"是的。"

吕不韦这才告诉他:"现在已经得知,郑国就是韩国间者。他们来修渠,就是要拖垮我们。"

李斯愣住了,问:"那怎么办?工程可正进行的火热。"

"你感觉,郑国会不会故意使坏?"吕不韦郑重其事地问。

"他脾气倔得很,只要是不合乎质量的,他全部让返工。照当前看,没看出什么端倪。"说到这里,李斯稍一停顿,"如果这时候停工,对秦国来说,可真就成了灾祸了。"

吕不韦点点头:"先不讨论郑国是间者这件事,如果照当前的形势,你感觉渠能不成修成?"

"能!渠首已经修成,现在正在山谷里忙。"

吕不韦微微颔首:"我们能不能大胆一些,冒冒险,继续任用郑国。若他能安心修渠,按照你我设想的,最终渠修成,关中数县,可真就成了粮仓。"

"别的需要你拿主意,但臣觉得,此时工程不能停。"

吕不韦大手一挥:"你继续留在工地,监视郑国。对于他是间者这件事,仅限于你我知晓,再不外传!我们要利用好他,让他真正为秦国修水渠。"

李斯不免担心:"丞相,他既然是间者,万一藏有私心,臣该如何处置?"

吕不韦说:"我们对他要真诚相待,当作不知道。要让他陷入'伟大工程'的荣誉中,难以脱身。韩国这边,我会派人去,瓦解他们的阴谋。只要我们真诚相待,郑国或许就会成为秦国最大的恩人!"

李斯听着听着,被吕不韦的胆略镇住了——明知道是间者,还肯主动"中计",而且是如此巨大的工程,万一被别有用心的人抓住不放,吕不韦很可能会身败名裂!他这种强大的定力,正是自己所欠缺的。

吕不韦逼着李斯,多饮了几杯,又让侍者一个劲儿帮他夹肉,要让他好好补养。李斯感激不尽,最后实在吃不下了,拍着鼓囊囊的肚皮说:"丞相,你叫臣回来,是要养胖我呀!"说完两人哈哈大笑。吕不韦笑着笑着忽然落下两滴热泪:"李斯啊,要不是为了秦国大业,我真舍不得这样累你!"

李斯也动情地说:"你又何尝不是如此呢。上一次我见你还是一头黑发,如今也两鬓斑白。丞相,你更要注意身体啊。一国之谋,全仰仗你呢。"

这时,魏、韩、赵、卫、楚五国合纵,由于信陵君魏无忌已经去世,战国四公子之一的春申君已经在楚国为相二十二年,权势熏天。五国虽然以赵国庞煖为帅,却推楚国为纵长。

第八章 国柄在握

五国寄希望于借助春申君的威名，再打一次像上次魏无忌为帅的大胜仗，第一战就夺取了秦国的寿陵。

这一次，吕不韦早已做出充分准备，五国这时本就各自为政，因缺乏强有力的将领，遇到秦军，一击即溃，五国撤军。

这时，前线的秦军又夺取魏国的朝歌，清扫卫国故地，俘虏了魏国设立的傀儡卫元君。

蒙骜将军派人把元君押回咸阳，交给吕不韦处置。不仅仅是因为吕不韦是卫国人，因为蒙骜知道，商鞅也是卫国的。所以，如何处置这个亡国之君，分寸还真不好把握。

吕不韦本不想见这个所谓的卫君，可总感觉，就像心里长了一个毒瘤，切掉吧会疼，不切又总觉得多一块东西，想来想去，还是到咸阳监狱中见了他。

元君正蜷缩在一个角落里，听到牢门响，缓缓转过身来，见面前站着位一袭白袍的汉子，遂冷冷地问："君何人？"

"别管我是谁？我且问你，你把国家亡了，感到羞耻吗？"

元君迟疑一下，蛮有理由地说："亡国？没有吧？大魏国只不过丢了几个城而已。"

"你就如此心甘情愿做魏国的走狗？"吕不韦鄙夷地朝他唾一口。

"我，不做魏国臣子，我能怎么办？"元君半是猜疑半试探地问，"你是吕不韦吧？"

说完这句，他突然身子一软，赶紧改口："我说错了，是吕相邦吧。"

吕不韦见他卑微地弯着身子，双眼中露出哀求的光，呆呆地看着自己，一时间觉得真不该来这里浪费时间，可又觉得不说几句难以卸下心头的恨，就冰冷地说："我是吕不韦。"

没想到，元君听罢，顿时双腿一软，磕头如捣蒜，一个劲儿求饶："饶了我吧，我也没有抵抗秦军，我不想和秦军作对……丞相啊，求你看在你也是卫国人的份上，放我一条生路吧。"

"你还有脸提卫国两个字！你不是愿意做那个大梁的狗吗？"吕不韦本来心里还残存一点念头，觉得自己不该如此斥责自己母国的君主，可见他不但没有一丝愧疚之心，竟然只顾保命，死皮赖脸地和自己硬攀关系，顿时心头涌起一股恶臭之气，恨不得生啖其肉。

元君一听吕不韦的语气，立刻改口，哭着说："不怨我的，是他们要我做卫君的，我本无意做这个。相邦啊，你大人大量，又何必和我这阶下囚计较呢，就当我是你府中养的一条狗，放我一条活命吧，听说你最讲仁德，行行好，放过小人……"

吕不韦见他已经卑贱到如此地步，为了活命，竟然连一句亡国过失都不提，只顾苟延残喘保住小命，顿时心悲凉到极点，慢慢转身，咬牙切齿地骂道："有你这样的人在，卫国不亡国，天地不容！"

元君见吕不韦要走，突然猛地朝前一扑，抓住吕不韦的脚，双手牢牢抱住，再次号啕大哭："相邦啊，放过你的狗吧，放过我吧，只要叫我活着，哪怕叫我端屎尿都行……"

吕不韦勃然大怒，抬起脚，一下将他蹬开："滚！你这个卑贱的东西，别脏了我的脚！"

元君跪在地上，双手拍地，哭喊着："救命啊，救命，吕相邦，放过小人……"

吕不韦怒气冲冲地走到牢门口，对狱卒说："明天一早，拖出去砍了，多半天都不行，这烂人，脏污了秦国的牢房！"

回到府上，吕不韦还余怒未消，一踏入书房就说："有此败国之君，实在可恶。"

荆云深知他对卫国的感情，接着说："也别太生气了，为这种人不值得。"

吕不韦说："你也先出去吧，我想静一会儿。"

荆云出去后，吕不韦独自坐下来，沉浸入一种复杂的情感中。

为了卫国能够振兴，他曾多次捐资给王室，希望王室们能够痛定思痛，某一日醒悟过来，重新让卫国恢复昔日的风采。可他也知道，这些举动和想法都特别不切实际。卫国王室，已经像一个烂掉的果实，从内到外都烂透了。要想再吃到优质的果实，除非重新种一棵树。可这是吕不韦最不愿意看到的景象。比如，魏国吞并卫国，实际上就是"重新栽树"，但吕不韦希望的是卫国君亲手栽树，而不是移栽或者换了树种。

由此他愈加感觉，对嬴政的教育，一定要注重培养他的家国情怀，不然就会陷入只图自己奢靡享受，不管国家未来走向的小安逸中。

从卫国亡国这件事中，他也体悟出：一个国家和一个家庭都一样，如果没有一种精神支撑，缺少规划，丧失理想，最终就会在一代代的消磨中变得软弱、懦弱和迷惘，而这一切，都需要一个强势而富有正义感、拥有王者气度的人来掌控全局。

应该说，培养好一代君王，就是培育了一个强盛的王国。

第八章　国柄在握

吕不韦是卫国人，卫鞅也是卫国人，他自然而然就拿自己和卫鞅比较。想起卫鞅改革时遭遇的种种艰难险阻，想想孝公那种完全信任的支持，君有君的气魄，臣有臣的涵养。确实，也正是有了这样的君臣一心，默契谋国，才让秦国从一个不被人承认的弱国逐渐成为战国最强大的国家。他想想自己，应该从孝文王嬴柱即位开始算起，可这个君王只当了三天王就去世了，根本来不及和他沟通谋国理念。想到这里，他忽然觉得，当时的夏姬听从自己的"提醒"，结束了嬴柱的性命，确实是个明智之举。倘若嬴柱在位时间长了，必定还是听从那华阳夫人的枕边风，只图自己淫乐。想到嬴柱，吕不韦猛地醒悟过来——他就是卫君一样的人。幸好自己果断出谋划策才不至于让秦国陷入"卫国一样"的境地。越想越觉得是，这嬴柱也是只懂怜香惜玉，根本不去想秦国强大的事情。

说起信任，这时倒觉得，庄襄王子楚还算够意思，按照当初的承诺，给予了自己绝对的信任，这倒是让自己重建天下的梦想往前走了一大步。

可还是觉得有缺憾。尽管子楚对自己极大信任，对自己的主张不反对，但那时自己的"独自跳舞"，缺少像孝公与卫鞅那样的君臣联手的酣畅。子楚也是光图享乐，胸无大志，掌控国家权柄后，不是努力思考秦国的命运，而是只顾弥补自己之前丢失的享乐账，整天窝在王宫内，和嫔妃们亲热温存，活脱脱就是"又一代卫君"。

想着想着，吕不韦愈加气恼。一个男人来世上走一遭，如果仅仅为了自己的小我而沾沾自喜或者小富即安，那活着还有什么意义。人活着最大的价值，就是要肯为他人付出，肯为社会奉献，将自己的小我价值依靠国家振兴来实现，这样才不枉来世上走一遭，才不愧当一回男人！

他猛地起身，来回走两步，做出两个决定：一是培养嬴政成为摒弃安逸思想的君主，造就一代雄主；二是恢复卫国，不绝祭祀。

他拈起笔，在帛书上写下：

> 立卫国公室后裔卫角为卫君。卫君角迁徙到野王县，把濮阳合并到东郡。

写好后，轻轻吹了吹墨水，看着墨水一点一点干了，才卷起来，亲自封存到铜管内。计划第二天派人送给在濮阳的蒙骜将军，让他派人护送卫君到野王县。

起身来到院子里，微风吹来，感觉清爽无比。他走过来，拉住低垂的柳条，低声呢喃着："商君啊，你我同为卫人，我不能让你绝了祭祀啊。"

这时，仰头望着天空，繁星璀璨，无边无际的浩瀚天宇，一颗一颗亮着的星是如此众多，顿时觉得心中开阔了许多，他长长地吁了一口气，好像一下就吐尽了卫国那些亡国之君带来的郁闷气息。

朝着院子西边走了十多步，忽瞧着前面一个人立在亭子里，身形修长，抱臂而立，望去颇像一尊雕塑，不由得就踱步过去。

走近时，吕不韦看出来了，越走脚步越轻，呼吸却越发急促起来。他不知是怎么了，稳稳地走过去，从后面抱住她："别动，就这么站一会儿。"

白露将头仰起来，眼睛微微闭上，十分享受这难得的亲昵。吕不韦闻着她头发的香味，贪婪地吮吸着含着体香的独特味道，深深陶醉："真想就这么不想任何事，一直待下去。"

"那就不是你了。"白露轻轻地说。

"你不知道，我刚才，"吕不韦一把将白露转过身来，面对着她，有些兴奋地说，"我替商君做了一件事！"

"商君？"

"是的，卫人商君。我要让他在九泉之下也能安息。我把卫国又恢复起来了。"

白露微微笑着说："吕君，有时候，你真像个孩子。"

"其实每个男人心里都住着一个孩子，你说不是吗？"吕不韦俏皮地吹了吹她垂在耳边的秀发。秀发飘动起来，吕不韦用手指卷着她的头发，一圈一圈地转动着。

"你说，我们就这样做个夫妻，可好？"

"现在不是吗？"吕不韦问。

"你整天忙得晕头转向，我真替你担心。"

"有什么好担心的。你看，我这不是好好的吗？"

"还好好的。你自己照过镜子吗？这才多大年龄，你瞧这白头发越来越多了。"白露心疼地说。

"好了好了，不说这些了。对了，我感觉你是不是胖了。"吕不韦忽然歪着头问。

"我现在生意也懒散了，哪会不胖。想想之前，我们在商社里讨论生意，那时光多好啊，可惜一去不复返了。"白露感慨地说。

"你是希望我整天陪着你，做一个纨绔公子？"

"你肯吗？"

"同为卫国人，同为秦臣，我虽说一时没商君贡献大，可我也不能落后啊。你等着，天下一统时，我就陪你，浪迹天涯。"吕不韦双手举向天空，来回摆动着，仿佛要把一天的星星捧在手中。

白露却不无伤感地说："商君有什么好！他一心为了秦国图强，最后不还是为秦国贵族残害！这样的'商君'，你觉得好吗？"

吕不韦苦笑一声，指着她说："你看你，好好的景致，叫你一说，大煞风景。"

"好好，我不说了，你肯定比商君做得好！"

"你等着，我马上就让你看到！一件惊天动地的事！"

第九章 培育强君

一、暗处

吕不韦所说的惊天动地的大事，发生在楚国。

之前，吕不韦为了削弱楚国的力量，曾安排赵十八到赵国去寻找美女，祸乱楚国。后将李园的妹妹李嫣嫣送给春申君，怀上春申君的孩子后，春申君又悄无声息地将李嫣嫣送给楚王，楚王宠幸有加，后来，李嫣嫣生了个儿子，立为太子，李嫣嫣封为王后。楚王器重李园，于是李园参与朝政。

这件事吕不韦做得不漏手脚，当年听到楚国重用李园后，他一个人待在书房里，很享受地独自多饮了几杯。

可现在这关键时刻，听闻楚王病重，感觉到重要时刻来临，于是召回赵十八，再次派他到楚国去，协助李园完成楚国两代君主的交替。

赵十八自然是不能直接参与楚国的王宫之事的，他所能依靠的只能是李园。

话说，当年李园把妹妹李嫣嫣送进宫里封为王后之后，亲眼看着妹妹的儿子被立为太子，渐渐地，心中有了恐惧。最大的担心来自春申君。他只怕有朝一日春申君说漏嘴泄露了秘密，同时也怕春申君有恃无恐，觉得太子是他的儿子更加骄横，于是就暗中豢养了刺客，以备有朝一日应对危局。

春申君在楚国深耕多年，早就自认为是楚王之下最大的权臣，因此极为自负。当李园暗中养刺客的消息在大多数人群中传开时，春申君的谋士朱英就对他说："世上有不期而至的福，也有不期而至的祸。如今主人处在生死无常的世上，侍奉喜怒无常的君主，又怎么会没有不期而至的人呢？"

朱英的提醒，不可谓不中肯。但春申君正是权势熏天的全盛时期，哪里能听进去，他自诩在楚国担任丞相已经二十五年，在"谁敢动我"与"谁能动我"的思想支配下，他骄矜地问朱英："你别慌，一项一项说来听听，什么叫不期而至的福？"

朱英回答说："你任楚国丞相二十多年了，虽然名义上是丞相，实际上就是'楚王'。现在楚王病重，一口气上不来就可能去世，你辅佐年幼的国君，必定会代他掌握国政，如同伊尹、周公一样，等君王长大再把大权交给他。丞相，你想想，这不就是你南面称王而据有楚国？这就是所说的不期而至的福。"

春申君听罢，颇为受用，笑着说："不慌，你再说说，什么叫不期而至的祸？"

朱英回答道："我有一句话不得不说，李园如今不执掌国政，他无形中就成为你的仇人，他不管兵事却豢养刺客为时已久，楚王一下世，李园必定抢先入宫夺权并要杀掉你灭口。这，就是所说的不期而至的祸。"

春申君心说：你就不知道实情，李园就是我的人！他妹妹就是我的夫人！

可他觉得不便说出来，只好硬憋着："你再说来听听，什么叫不期而至的人？"

说这句话的时候，春申君是带着调侃口吻问的。他心里已经认定，朱英是小题大做了。当然，春申君暗自告诫自己一声——他不了解实情，说这些话情有可原。之所以问朱英这句话，完全是出于礼貌。

朱英却慷慨激昂地表态："你若安排我做郎中，楚王一去世，李园抢先入宫时，我替你杀掉李园。这就是所说的不期而至的人。"

春申君听完，嘴角一歪，已经明白，朱英是为了当郎中。他就安慰朱英："你不要慌，别说是个郎中，就是御史，我也能给你安排，也不急在这一时。"

朱英听春申君说完，已经明白他一句也没有听进去，内心里感到十分憋屈，但他毕竟是春申君的谋士，不能因为主人几句不中听的话就发怒。

谁知道，春申君这时却反过来劝朱英："你要放弃这种打算。李园是个软弱的人，我对他很友好，况且又怎么能到那种地步呢！"

朱英听春申君对自己的话置若罔闻，已经清楚了一切，于是唯恐祸患殃及自身，趁着夜色，逃离了楚国都城。

赵十八就是这时到达楚国的。

他知道自己的使命，始终牢牢地跟在李园左右。

楚王的病情越来越严重，朱英走后半个月的一天晚上，楚王悄然去世。李嬷嬷马上通知哥哥李园进宫早做准备。

李园一面将赵十八等武士藏在暗处，一面派人通知春申君进宫。

春申君一进入王宫，赵十八第一个跳起来，一剑将春申君的人头砍下来。

武士们一见，大惊失色。李园一不做二不休，又派人将春申君家满门抄斩。

当赵十八返回咸阳，喜气洋洋地将这一切报告给吕不韦时，他本以为，吕不韦该大喜过望，给予他极高的奖励，没想到，吕不韦却十分恼火："叫你去，是协助李园，不是叫你去暴乱的。"

赵十八不解地问："这有什么不同？"

吕不韦说："李园杀掉春申君，必定会惹众怒。毕竟，春申君作为战国四公子最后一个知名的公子，他的死，会引起震动的。一旦有人知道你的身份，岂不是把秦国也陷入不仁不义之中。"

赵十八还是有些脑子转不过弯来："那你何必派我去楚国？"

"我叫你去是协助李园，不是要你做刺客。你要知道，即便是我们最痛恨的敌人，也不能用刺杀的方式，这是小人行径，非君子所为。君子讲究的是阳谋，而刺客是阴谋，这种手法注定不受中原各国承认。"

在吕不韦心中，无论任何事情，都要让中原各国承认才是王道。

"何必叫他们承认？"赵十八还没认识到问题的严重性。

吕不韦说："荒唐！中原各国的承认不是简单的口头认可，这是对仁义道德的肯定。即便各国都有争斗，但基本的道德规范还是要讲的，像你这样认识，一旦别国都知道是你杀了楚王，会对秦国愈加仇恨的。"

赵十八也不纠结在这件事上，他觉得，既然吕不韦嚷他，自然有一定的道理。可此刻他更加关心的是，妻子生病了。这是从隐宫里传来的消息。

他也不仅仅是关心妻子，因为妻子身边还有个儿子赵高。一旦母亲去世，小小年纪的赵高如何在隐宫活下去，因此他十分关心母子的安全，于是就对吕不韦说："小人恳求丞相，让我进隐宫内见见糟糠，听说她最近病的严重。"

吕不韦没有多想，当即说："这不能够。王宫里有王宫的规矩。对了，你如何知道这消息的？"

听话音，吕不韦不但不同意探视，还要追究泄密者的责任，赵十八当即跪倒："小人不知轻重，私自买通了人，犯了糊涂，请求丞相责罚。"

吕不韦见木已成舟，也乐得做个顺水人情，就宽慰地说："既然事情已经出了，念在你我的交情上，这次就不深究了。"

赵十八听说妻子时常咯血，十分担心她的安危，忍不住又试探："小人绝不停留，看一眼就回来。"

吕不韦不知道赵十八妻子的情况，见他纠纠缠缠，又联想起方才教育他不能当刺客的事，不禁有些生气地说："王宫若没有了规矩，还是王宫吗？你下去吧。"

赵十八无奈之下，只好蔫巴巴地走出丞相府。

站在墙外，他忽然生出一股怨气：凭什么都是男人，我就不能看看自己的妻儿！

越想越生气，无论是子楚迎娶赵姬，还是子楚从邯郸出逃，再到子傒一步步暗杀吕不韦等人，他都是直接参与者。包括李园送妹妹怀孕，到这一次杀了春申君，一次次，他赵十八完全够得上一个男人！可现在，吕不韦竟然一句话就将自己拒之门外，不容自己探视妻儿，这是多么残酷啊！

赵十八朝着自己的住处走，脚步开始踉跄，心里也更加迷惘：他想不通，为什么自己出生入死替吕不韦卖命，却得不到他的认可。

如果是子楚当初恨自己，还是情有可原的。毕竟，在就要逃出邯郸城的危急时刻，是自己亲口说出来要留下赵姬和嬴政的，这对于任何一个男人来说，都会心怀仇恨。因此，赵十八不恨秦王子楚，反而这一刻恨起了吕不韦，觉得他不近人情。

因为，在赵十八心里，吕不韦是完全具备这样的权势的。他不仅仅是丞相，还是仲父。秦王嬴政，不过是毛孩子。

赵十八回到家中，思念妻儿，加上对吕不韦的怨恨，就多饮了几杯，不知不觉昏睡过去，嘴里一个劲儿嘟囔着：丞相，你不该这样的，我赵十八把命都给你了，我就是想去看看孩子，你就这样无情……丞相，不应该啊！

人就是这样，一旦认定自己该得到的东西得不到，就会将原来坚守的一切推翻。

回到军营，樊於期见赵十八整天郁郁寡欢，就催问原因，赵十八觉得有口难言，愈加憋闷，于是就天天饮酒。樊於期心知他是吕不韦派来的，也乐得送个人情，认为他只要不妨碍军务就行，睁一只眼闭一只眼。

一个雷雨交加的夜晚，樊於期和赵十八等人巡逻军营完毕，披着一身湿衣裳匆匆跑进军帐内，樊於期叫嚷着："好一场急雨，只怕要下一夜，明天要全部排水。"

赵十八也抖擞着身上的雨水，不断拧自己的衣裳。

樊於期边换衣服边说："这么大的雨，你别回去了，就在我帐内歇息，拿我的衣裳换上。"

赵十八感激不尽地说："小人改日一定敬酒致谢。"

"何必改日，今日就可。"樊於期哈哈大笑地说。

赵十八尴尬地摊开两手："今日两手空空，何以致谢？"

"咱们这军营中，还分什么你我。我瞧着你也是个豪爽汉子，怎么这会儿倒扭扭捏捏。"

说话间，樊於期让军中司马弄来酒肉，两人就坐在军帐内对饮起来。觥筹交错间，听着帐篷上哗哗的雨声，不知不觉就多饮了几杯。

"你来军中时间也不短了，倒凡事看得开，如今连个百夫长都不是，也不见你抱怨，难得丞相喜欢你。"樊於期双手抱拳，敬佩地赞道。

"我本就是个舍人，做不做官无所谓。"可不知怎么回事，赵十八突然觉得胸口处针扎一样疼了一下，神情一下变得颓然，"咱是没那做官的命啊。"

樊於期一愣，觉得他情绪不对："听君话里有话啊。"

"能有什么话，无非是吐出心里话而已。将军待我不薄，改日若有机会，我定替将军美言几句。"说这话，是赵十八觉得樊於期对自己不错，无以回报，就有意夸张自己与吕不韦的关系，让樊於期觉得这顿酒没有白管，其实并无他意。

樊於期此时越听越清醒，试探地问："你和丞相，是莫逆之交，原本该给你个官做的。兄既然肯替我美言，若有机会，我也替君说上几句，不枉你我交往一场。"

"敬兄长！"

"满饮此杯。"

在这个雨夜，两人觉得越谈越投机，渐渐都饮到酣畅。

赵十八舌头开始打结："将军……有所不知。先王在邯郸时……那……真是……"

樊於期说："你知道的，都是我一点也不知道的，不妨说来听听。"

"说出去，可……是……要杀头的。"赵十八强睁开蒙眬的眼睛，东倒西歪地提醒。

"这个我自然懂，哪里会开这样的玩笑。我的命也是命。"

听了这个承诺，加上酒的后劲儿，赵十八摆摆手，示意樊於期坐过来。两人坐在一张软榻上，赵十八搂着樊於期的脖子说："你根本想不到……"说到这里，即使是已经酒醉，赵十八还是扭头看看左右，见空无一人，仅有风雨声，才低声说："王上，实不是……先王子嗣。是……是……丞相之……"

闻听如此惊天之语，樊於期顿时目瞪口呆，大张着嘴，低声问道："此事可当真？"

赵十八本以为一说这个，樊於期就该顶礼膜拜，和自己亲密，不想他却怀疑，立刻瞪大眼睛，将樊於期的头扶正："你疑我？"

喝醉的人，最怕别人小瞧自己，赵十八朝着地下吐了口，直直地瞪着樊於期。

樊於期摇晃了两下头，惊恐未定地问："此事你可还与其他人说过？"

赵十八说："你当我傻，不要命了。"

樊於期当即意识到，今晚自己犯下了一个大错，不该留赵十八在帐中吃酒。如今已经没有退路，自己听到这个惊天秘密，要想再回到之前的那个樊於期，已经不可能了！

有些话，听到就是罪过！无论你是否有心。

樊於期慢慢缩着身子，移动到自己的坐榻上，思考着……

赵十八此时已经大醉，见樊於期主动退回自己的位置，还纠结在"樊於期不信"的情景中，想着如何叫他相信。

连续吐了几口，歪歪倒倒中，赵十八猛然想到一个办法，就扶着地，急速靠过去，咬着樊於期的耳朵说："你不信也是有道理……的，可还有……一件事，说来你……就信了！"

樊於期果断地说："君醉了，不说也罢。"

他越是阻止赵十八，赵十八越觉得要证明自己，反而大声说："楚国，……春申君……楚王……也是春申君……春申君死……我……"说完，由于过度兴奋，酒力上头，"扑通"一声，栽倒在樊於期身边，鼾声连连，沉睡过去。

这时的樊於期越来越清醒，他看着身边沉睡的赵十八，陷入了极大的恐惧中。没有想到，秦王嬴政竟然是吕不韦的儿子！刚才还担忧知道了这个秘密后，说不定自己小命就随时不保了，可赵十八又说楚王也是春申君儿子，这秘密越知道越多，危险性越来越高，他使劲儿敲打着自己的头，甚至用手使劲儿揪头发，想知道这是不是幻觉。

武将樊於期，从军以来，从没有遇到过如此严重的问题，他觉得一时已经陷入了生死两难的地步。

这件事既然已经知道了，无论真假，无论是嬴政追究还是吕不韦追究，自己都难以逃脱当替罪羊的命运。可自己又不是秦国老族，无力还手，只能任人宰割。他知道，今后若是整天活在这种无边无际的惊恐中，总有一天会被折磨疯掉的。

唯一的办法，就是找个可以倚靠的靠山。

可偌大的秦国,这个靠山,去哪里寻找啊?

听着身边赵十八呼噜震天,他真想拔出剑来,一下结果了他的性命。这样的话,自己就当从来没有听到过今夜的信息。

一不做二不休,武将处理问题的办法简单又直接,他"欻拉"一声拔剑出鞘,挥剑砍向赵十八的脖子……

"当啷"一声,他还是扔掉了剑,双手空空地僵硬在空中,攥紧拳头,朝着空气中狠狠地挥舞了几下,心情才稍微有所缓解。

不行,不行!这样下去怎么可以,与其等死,不如主动出击。但很快他就冷静下来,朝哪里出击?朝谁出击?如何出击?这一切都是茫然。

雨声越来越大,帐篷上开始有小雨滴滴滴落,溅到地面上,被砸的瓷实的地面立刻弹起雨滴,樊於期无助地看着雨滴,心里感慨,自己何尝不是这弱小的雨滴啊,知道这滔天秘闻,无异于自寻死路。

昏昏沉沉中,樊於期仿佛看到了一道惨白的闪电划破暗夜,紧接着听到隆隆的雷声,他一拍脑袋:依靠成蟜!

对,就是他!

再怎么说,他也是秦国王室公子,倘若嬴政是假血统,成蟜就是最值得依赖的坚强后盾!他忽然笑了,甚至为自己的这一发现沾沾自喜。一旦成蟜成为自己牢牢掌控在手里的武器,还有什么可担忧的。

天色渐渐亮了,雨还在下,樊於期再也没有睡意,索性就喊起司马,让做饭的士兵今天添点骨肉给兄弟们改善,趁着这难得的雨天,让连日训练的士兵放松一下。

等他再回到帐内时,见赵十八呆呆地坐在案子边,眉头紧锁。

樊於期正要开口,赵十八一骨碌爬起来,耷拉着头,惭愧地道歉:"昨夜在将军这里一通糟蹋,悔不该喝多。"

樊於期不清楚他此时是否还记得昨晚的话,就试探着说:"昨夜你只不过吃多了酒,又没失态,不妨事的。"

赵十八浑然不觉地说:"小人这就去收拾,将军休要动手。"

说完不等樊於期回话,当即利落地钻进雨幕中,去寻找盛放杂物的筐子。

留下樊於期怔怔地立在帐内,吃不准赵十八到底有没有想起昨夜的泄密。看样子,似乎他并没有记起,或许是真的喝多失忆了。忽然又从他急匆匆而去的背影里思忖,这个人一直跟着吕不韦,不会这么没有一点城府的,也许是在故意掩饰。还好,自己已经打定了主意,即便将来有什么闪失,一可以依靠成蟜，再可以拉赵十八当垫背的。

看着赵十八低眉顺眼地打扫着昨晚的杂物，樊於期一声不响，决定在合适的机会，将这个人发展成自己的过命兄弟，这样，吕不韦的好多事情，也就尽在掌握了！想到这里，樊於期露出阴险的笑容，他走过去，拍一拍赵十八的肩膀："好样的，兄弟，改天我提拔你当百夫长。"

赵十八的身子哆嗦了一下，低声说："小人一定竭尽全力！"既没有表示过多的感谢也没有推却。

樊於期知道，赵十八一定是回想起了昨夜的失言，只不过故作镇静，想搪塞过去。

吕不韦无论如何也想不到，仅仅拒绝了赵十八去隐宫探视妻子，竟然埋下了一颗巨大的祸事种子。

荆云这天正要去野外遛马，白露喊住他："我要出去一段时间。"

荆云答："好。"

白露见他头也不抬，就再次说："我是说，要出去很长一段时间。"

荆云这才抬起头，问："你去哪里，我告诉丞相。"

"不能告诉他。"

"哦？"荆云这才回过神来，见白露一脸严肃，似乎有什么话想说，却欲言又止，不免问道，"究竟什么事？"

"你晚些时候，到山上庄园里吧。"

荆云就感到这件事情不简单，只好连连点头，到野外遛马的间歇，他还一直在想，究竟是什么事情，严重到不能让吕不韦知道。可想来想去，最终也没有理出个头绪。

不到傍晚，荆云就早早来到骊山边的宅院。

抬眼远眺，当初为了送芈容院子，白露看到这里景色秀丽，又有灞水、渭水、泾水三河汇聚，的确是绝佳的地方。

路过芈容院子的时候，荆云还不住感慨，想起那时候初来秦国，为了帮助子楚回国，真是费了不少心思。尤其那时候吕不韦和他都不太了解秦国，全凭了白露用心周旋，现在想来，吕不韦找白露姑娘真是找对人了。

其实说起来白露和吕不韦的关系，荆云是最了解的。她心里有吕不韦，虽然并没有举行严格的迎娶仪式，但两人确实已经是有了夫妻之实了。这白露姑娘为了吕不韦，几次忍辱负重，甘愿冒生命危险替他顶罪，付出的牺牲确实不是一般人能比的。

来到院门口时，早有一个年轻姑娘等着，引着荆云穿过两个院子来到宅院的最高处，也就是一座小山包。

这里有个简易的客厅，虽然没有奢华的布置，但从这里可以看到整座山的风景。从窗户里看出去，仿佛阳光雨露都是这客厅的装饰品，因此显得极为雅致。

姑娘把他送到这里就退出去了，荆云一个人不知不觉来到窗前，见西边的天上，好一片红彤彤的云彩，云彩里霞光万丈，将云彩晕染得如一匹锦缎，不禁慨叹：若能摆脱烦琐的事务，每天傍晚在这里坐一坐，喝杯茶，再惬意不过了！

就在他沉浸在美景中陶醉时，听得身后轻轻地一句招呼："来了？"

荆云扭回头，见白露一袭白纱，缥缥缈缈，如仙女落入凡间，一时竟然看呆了。

"坐吧。"白露轻柔地说。

荆云这才回过神来，夸道："夫人越来越美了，岁月在你面前好像是停止的。"

"荆云也学会说笑了。"白露呷一口茶，甩一甩衣袖，"嘴也变得这么甜了。这可少见。"

荆云羞赧地说："夫人这不是笑话俺吗。"趁机也坐在了榻上。

白露面朝东方，荆云面朝北边，两人坐在客厅的西半部。这时候，从窗户里吹进来的微风，轻轻吹起白露的裙裾，恰似飘入屋里的朵朵白云，荆云忍不住又说："你看看，不是我夸张，这时你真就成了仙子。"

白露不再纠结这个，开门见山地问："你看我与往日有什么不同吗？"

这一下把荆云问傻了，呆呆地看着白露："什么不同？"

白露轻轻慨叹一声，略显失望地说："你呀，也是跟着他太久了，连性格也受传染了。"

荆云知道，是说吕不韦，可他又仔细看了看，实在看不出有什么不同。

白露忽然露出极为甜蜜的笑容，柔柔地说："我怀孕了！"

荆云当即惊呆："真的？"

白露慢启朱唇，微露皓齿，轻轻地咬着茶碗边缘，俏皮地歪着头："怎么？不像吗？"

荆云急忙追问："丞相还不知道吧。"说完这句，他忽然醒悟，上午白露说

第九章 培育强君

"不能让他知道",原来就是这件事,所以急忙补充道:"这是好事啊,为何不让他知道。"

白露没有接着他的话,眼神迷离地看着东边的窗子,说:"有些事,瞒住他,就是最好的选择。"

荆云不明白她心里怎么想,但还是要问一下的:"是怕丞相担心?"

"也是,也不是。我想着,最好能瞒住天下人!"这句话虽然说得很轻,但荆云听起来却觉得十分沉重,仿佛是要别离的那种分别话一样,略有些凄凉。

荆云这才意识到,白露选择告诉自己,是把她自己和肚子里的孩子的性命都全部托付,事态重大,一时挺直身子,准备着听白露说出后面的话。

刚才还是欢声笑语,不想白露忽然低声地啜泣起来:"我总有一种感觉,我知道不能说也不该这时候说,可每过几天,总会在梦里,有个仙人告诉我——看护好吕不韦……"

荆云不以为然,安慰道:"或许是夫人受孕劳累,生了幻觉,多歇息歇息就好了。"

白露说:"按说,他现在位极人臣,你我是最清楚的,这付出了多少心血,又躲过了多少次性命之忧,我们看着他一步步实现自己的理想,如今也意气风发,正是鸿运当头,我们最应该多替他分忧。可不知怎么回事,我看着他一天天憔悴下去,为国事操劳,总觉得于心不忍,有心劝说他放手,可也知道这绝对办不到。"

荆云十分理解:"吕相是要建立一个理想的国。"

白露问:"可能吗?天下有绝对的善和绝对的美吗?我是心疼他,可又总害怕失去他。像他这样操心,迟早身体要受不了的。"

荆云说:"那也没办法,我多操操心,你也不必太悲观了。"

白露说:"不是悲观。我见多了这世间太多的繁华和失败。就拿丞相来说吧,他一心要拯救卫国,怎么样?不是也只能在野王搭个空架子,看着是有一个卫国存在,可真的存在吗?全天下的人都知道,卫国已经不存在了,丞相当然也知道,其实,这是他在和'自己'较量。这个自己,就是在他之外的另一个他。"

荆云若有所悟地说:"照夫人说来,我也就理解那天晚上了。"

白露问:"什么晚上?"

荆云这就说起,得知魏无忌去世的那天晚上,吕不韦在屋里哭得地动山摇,那时自己还不理解为什么一个魏无忌就让吕不韦如此伤心,现在想来:"大约他是觉得，自己把真正的对手挤到墙角，手段有些太残忍。"

白露听罢，摇摇头说："你错了，他是想到了自己。越是感慨魏无忌遇到昏君，他就会越发珍惜现在每一寸时光，就会更加拼命。我担心就在这里，他是不知死活地为秦国卖命。"

荆云猛然想起来，说："那天丞相还专门交代，要我好好保护你！"

白露听闻，仰起头，不让感动的泪花滚落，少顷，才说："这就是他最怕的地方。不顾自己，心里装着所有人！这也是我今天叫你来的原因。"

荆云问："你是怕他又多操一份心。"

"嗯。"白露说罢，又摇摇头，"还有一份担心，我想将来发生不可逆转的事情，总得留个后路吧。"

乍闻此言，荆云立刻脸色惨白："不会吧，谁敢？"

白露却坦然地说："丞相身居要职，不得不防。如果牵动了谁的利益，总有人时时刻刻想要他的命。再说了，即便什么危险都没有，咱做个准备总是好的。"

荆云赞许地同意。

白露又说："他自比商君，可我一想起商君下场就不寒而栗。"

荆云连连摇头："不会的，夫人多虑了。商君那时，老族势力太大。再说了，现在的秦王，每走一步，都是丞相在指导，这感情不是谁能比的。"

白露突然反问一句："你真觉得嬴政会处处听丞相的？"

"是啊，不然他能怎样？"

"日后他亲政呢？"白露问。

"这？"荆云一时也不敢轻易回答了。他忽然也觉得，白露说得好像有道理。因为，荆云每次见嬴政，也总觉得他有种咄咄逼人的气势，虽然他还是个十几岁的孩子，也并没有过多地反对什么，但一到他身边，总觉得阴森森的，有股凉气，如影随形。

所以，白露就特别交代，这个孩子一定要保密，不但要瞒住吕不韦更要瞒住所有人。吕不韦一旦知道了这个孩子的存在，必定会暴露，真到有一天局势对吕不韦不利了，敌人也一定不会轻易放过这个孩子的。荆云经过一番思考，也发誓要保住这个秘密。

可荆云马上就想到，如果白露几个月不出现，吕不韦势必会引起怀疑，该如何撒这个谎，而且要说的圆满不能露出一点破绽。白露告诉他，早已想好了，最近蜀地出现了一种传染病，需要大量的药物。就说她去蜀地运送草药去了。这样说，吕不韦肯定不会怀疑的。因为他心里装着秦国的百姓，得知白露去救百姓的命，自然就信了。

边说边谈，渐渐夜深了，两人又商量着，在洛阳吕不韦的封国，建造一处秘密宅院，养一批死士，平日里看家护院，重要时刻可以派上用场。荆云作为吕不韦最信任的男人，觉得这个责任自己必须担下来，所以不想让白露过多地牵扯进来。白露也尊重他的意见，打算洛阳的事情不插手，由荆云一手布置。

白露又问起嫪毐最近的状况，荆云知道的也并不多，但确切的消息听起来振奋人心。赵姬确实最近不大请吕不韦进宫了。白露听到这里，顿时释然，容光焕发，把一下午担心气氛抛的远远。

白露问起赵十八的下落，荆云告知，已经派到军中历练。白露说着说着就想起了最开初认识赵十八的场面，还觉得，这个人也算忠心耿耿，在那场病马事件中，这么一个小人物却好像处处离不开，开玩笑地和荆云说，世间的某些相遇，总是那么不经意，可有些事和有些人，总感觉是上天的安排，躲也躲不开。就像赵十八。

荆云见天色不早，就要辞行，白露不让他去，荆云却坚持要走。实在挽留不住，白露也知道他是担心吕不韦。看着眼前这个魁梧的男人，白露觉得，吕不韦有这样的朋友赤胆忠心，真是他的福气，不禁脱口而出："我替公子谢谢你！"

不料荆云却说："我应该替东主谢谢你，你才是他最可信赖的人！"

白露一乐："你我这样，听起来好假。"

走到院门口，荆云蹁腿上马，正要抖搂缰绳，白露忽然说："我就不去辞行了，你告诉他，我往蜀地去了！"

夜风一吹，荆云忽然心头掠过一丝寒意，头也不回地说："放心吧，我会用命守住秘密的！"

一声吆喝，骑着高头大马钻入暗夜……

二、杂树开花

这天没有朝会。嬴政一早就约了熊启，要到郊外去狩猎。

备好了一切装备，嬴政让熊启牵着两匹马先出去，到王宫外的西门等候，他需要找个合适的理由，好瞒过吕不韦。

吕不韦有个习惯，每天早上都要到王宫内看一看嬴政的功课。

嬴政今天以肚子不舒服为由，骗过了太傅，正在默念一堆说辞时，猛然一转身见吕不韦站在身后,"啊呀"一声,吓得跳出去两步,惊慌地问:"仲父何时到的?"

吕不韦不接他的话,问:"太傅呢?"

"我告诉他今天我病了,让他走了。"

"怎么病了?有没有叫太医?"吕不韦走过来拉住他的手关切地问。

"嗨,我没病,是故意支走他的。"嬴政从吕不韦手里抽出手。

"你怎么能这样欺骗师傅呢!荒唐!"吕不韦脸色一变,呵斥道。

"那我问你,你是要我日后做先生吗?"嬴政盯着吕不韦的眼睛问。

"你是王者,多读书,是……"

嬴政忽然截断:"我知道,又是那一套,王者要胸怀天下……可你想过吗?一个整天窝在王宫里的王,能有什么出息!"

他这一问,吕不韦一愣:"怎么?你要去哪儿?"

"我想出去看看。"

"'欲胜人者必先自胜,欲论人者必先自论,欲知人者必先自知。'①昔者先圣王,成其身而天下成,治其身而天下治。这些道理跟你讲了多少次了,你如今在王宫里读书,就是学习先圣,修习自己,只有这样,才能治理天下。我说的你都当成耳旁风了?"

嬴政答:"汤问于伊尹曰:'欲取天下,若何?'伊尹对曰:'欲取天下,天下不可取;可取,身将先取。'"

吕不韦满意地说:"就是嘛,难得你都理解了。你是秦王,将来是要治理天下的,所以,必须先修身。这读书,就是修身最有效的办法。"

可没想到,嬴政却反驳道:"我以为,只会躲在书屋里读死书,不若到社会去读真正的书。仲父总是教导,目光要放长远,如果我连王宫之外是什么样都不知道,又如何判断对错呢?"

吕不韦仰头看看天气,觉得他说的颇有见地,赞道:"难得你有这番见识,说明读书用心了。至于你说要到社会去看看,尚需时日。过一段吧……"

嬴政将身子一挺:"我今天就要去!"

"不要闹,毕竟你还年轻。"

"我已经十九岁了,不是孩子了,求仲父让我出去,就现在!"嬴政突然提高声音,朗朗地说。

---

① 《吕氏春秋·季春纪·先己》。

第九章 培育强君

"大王，您虽然十九岁但还没有行冠礼！"吕不韦圆瞪双目，盯着嬴政。

这时的嬴政，却依旧不肯服输："我就是要去！但不是为了违逆你，我是觉得，仲父修改律法，不是亲自到社会上察看了吗？仲父体察民情，一样也是亲自到乡村里，为什么你能去，到我这里，就不能去了！同样的事情，为何不能同样对待！"

吕不韦看着眼前的这个青年，猛然意识到：十九岁了！他不是少年了！

看着他站在自己身边，身高已经超过了自己，方才说出的话，句句在理，如果不同意……他顾不上想不同意，忽然反省，是不是平日里自己管束得太严格了？若是叫他走一走，或许并没有什么大不了的。

"你想好了？"

"这世上的事情，没绝对想好才去做的。遇到问题解决问题，才是最合适的状态！"嬴政说道。

"好！就冲你这份豪气，就需要出去走一遭。这样，我马上安排人。"

嬴政却急忙拦住："仲父，我想独自出去。"

"那绝对不行。万一出点事，谁能承担得起。"吕不韦说。

"你看看我，有谁能欺负！"嬴政一下把袖子捋上去，露出健壮的手臂。

"这不是逞强的时候。社会并不是大王想象的那样。"

"也没有那么可怕，我和母后在邯郸时，什么没见过，那时我才几岁。"嬴政自信满满地说。

吕不韦见他如此偏执，虽然有几分担心，可内心里也有几分欢喜。毕竟是自己的儿子，这样雄武的回答，怎能不让当父亲的骄傲！他决定冒险试一次。

"你一个人肯定不行，至少得带几个卫士。"吕不韦犹豫起来。

嬴政见有戏，当即爽朗地说："昌平君已经在城门外等我了。"

"这么说，你早已算计好了？"吕不韦笑吟吟地带着鼓励意味说。

难得见吕不韦这样的表情，嬴政知道今天自己胜利了，就索性撒了个娇："仲父最讲理了，我料定能说通。"这样边吹捧边显摆，吕不韦心说，毕竟还是年轻啊。罢罢罢，随他去吧。

"玩一天吧。"

不想嬴政却说："不是玩，我是真的要体验民情。"

吕不韦很满意，饶有兴趣地问："那具体说说，你有什么打算？"

嬴政便和盘托出他的计划：在渭水南林中狩猎一天，到乡村里看看百姓的起居，晚上住在山里，吃一吃真正的农家饭等等。

吕不韦听他说得头头是道，当即刮目相看。内心里感慨，时光过得飞快，一转眼，从邯郸归来的那个八九岁的倔强的小男孩已经生出了翅膀，这就要腾飞了。想着他出去了，可能会饮酒，虽说不主张他饮酒，但一些必要的礼节还是要告诉他些，以免失礼，丢了王家脸面。

吕不韦就告诉嬴政，如果遇到乡间老者，一定要尊重。尊卑座次一定要牢记。如果遇到官场中人或者名士交友，客人尊位必是坐北面南，主人则在对面或东侧相陪。若是非官场之客人，则客人尊位必是坐西面东，主人坐东面西相陪。寻常师生朋友间饮宴待客，虽然无须过于拘泥，但至少也要保持非官场的礼仪，不可太过于随便。

嬴政见吕不韦如此认真地教授这些礼仪，听得十分认真，牢记于心。

一番叮嘱后，吕不韦这次彻底放开了手脚，不再派卫士相随，要嬴政装扮成普通人，去历练一番。

嬴政千恩万谢地辞别吕不韦，慌慌张张找到熊启，两人朝着渭南策马扬鞭，飞奔而去。

自从回到秦国后，嬴政还从来没有这么痛快地到野外自由活动，心情极为放松。下午时分，在一片林间追逐野兔时，不知不觉就进入了森林腹地。眼看着天空越来越暗，到天黑时，非但没有猎到一只动物，饥肠辘辘中，还迷了路。听着山风呼呼地刮，两人开始心慌起来。林中没有现成的路，二人只好下马，牵着马前行。

两人不停地往前走，行了一个多时辰，忽听得林中传来阴森的吼叫声，两人止住脚步，仔细聆听，尚在疑惑之间，猛然间窜出一只猛虎，朝着熊启就扑过去。马儿受惊，立刻挣脱缰绳，朝边上躲开。嬴政见猛虎已经扑住熊启，将他压在身下，须臾之间，拔剑便刺。猛虎臀部中剑，长啸一声，回头就朝嬴政扑来。嬴政两步躲到树后，老虎爪子正落下来，一爪就撕破了树皮，"刺啦"一声，扯开树皮，尾巴一摆，将身子调整，绕过树干，一只爪子朝着嬴政面部就抓过来。嬴政此时由于被树干挡住，无法挥剑，只好一扭身子，朝着虎爪猛砸一拳，顺势"哧溜"一下爬上了树。老虎紧追不舍，趁势一爪一爪挠着树干，追着嬴政也上了树。嬴政见往高处并无优势，就朝着一支粗壮的树枝攀过去，吸引老虎往横向爬。树枝上下晃动得厉害，嬴政牢牢抓住树枝，手中的剑攥不稳，也掉在地上。眼看着老虎爪子就要抓住嬴政，嬴政往旁边一躲闪，一脚踩空，两只手紧紧抓住树枝，整个身体坠在树枝上来回摆动。老虎使劲摇晃着树枝，试探着往前走，它也不敢贸然行动，怕树枝禁不住掉下去。一人一虎正在僵持，熊启已经站起身来，仗着手里有剑，大声地朝着老虎吼叫，吸引老虎的注意力。老虎听到吼叫，见进攻嬴政有困难，又无法抓住树下的熊启，气得嗷嗷大叫，震得树枝摇晃，不断有树叶落下。

这一切都只是转瞬之间，还能听到两匹马发出恐惧的嘶鸣声，树上的乌鸦和猫头鹰哇哇乱叫，树下的小动物也都四散奔走，林间呼呼吹过的风吹动树叶，发出哗啦哗啦的声响……

就在这时，听得一群人越走越近，两人刚要喊叫，"嗖"的一声，一支响箭已经射中老虎眼睛，它疼得用一只爪子来回抓挠，将箭杆弄断。由于只剩一只爪子抓住树枝，老虎身子一摇动，"扑腾"一声，跌到树下厚厚的树叶上。老虎气恼之际，正好看到头顶上嬴政来回晃动的两条腿，它两条后腿发力，猛地一窜，就要抓住嬴政的双腿。嬴政见状，两条腿猛然发力，紧紧地勾住树枝。老虎往上跳跃了几下，几次都是差一点就将嬴政抓下来。不过，虽然没有拽下来嬴政，可嬴政的背上，衣裳已经被扯得稀烂，背部被虎爪抓破的地方不断往外滴血。

三个猎人已经来到跟前，一手举着火把，一手挥刀砍向老虎。老虎气恼地四处攻击，却总是被背后的刀砍伤，不一会就咽了气。

嬴政也支撑不住，两手一松，"扑通"一声跌到老虎身上，又弹跳滚落到了树叶上，双手一撑站起身来，三个猎人举着火把，照亮嬴政的后脊梁，掏出止血的药为他抹上。嬴政疼得大声叫唤，熊启死死地攥住他的手臂，上完药，嬴政才停止了叫声，颓然地坐在地上，大口大口地喘着粗气……

三个猎人都是壮年，从怀里拿出干粮，从腰间解下水壶，递给嬴政和熊启。两人也顾不上客气，大口大口地咀嚼起来。

两人分别吃了点干粮，稍事休息，才问起猎人的身份。猎人们说，他们就是附近的村民，最近受这只猛虎侵害，村庄里不得安宁，于是就躲在林中，伺机猎杀猛虎，可几日都没有遇到。不想今日正好撞见，因此就救了他们。

五天过后，嬴政回到王宫，吕不韦一见他的伤情，又问起他们在猎户家住宿后了解的情况，十分后怕，从此再也不允许嬴政轻易外出。

嬴政通过这一回出行，也意识到盲目出行确实会遇到不可抗拒的危险，所以之后再出去时，就多多准备了武士，并提前做出准备和规划好行程。

吕不韦见嬴政慢慢长大，原有的书简上的老知识，解决实际遇到的问题总有这样那样的困惑，就一直在思考，有没有一种办法，既结合实际，又不脱离诸子学说。学问中有实例，可以迅速让嬴政接受、吸收，又能解答他的疑惑，同时，还能根据秦国遇到的现实问题，抒发自己的观点。

带着这样的问题，一直思索了半月多，始终没有找到合适的办法，和太傅聊天，也说起这样的问题，太傅觉得，自古以来，学问就都是诸子总结的，要脱离这些很难。

见吕不韦整天心中藏有心事，荆云不免劝说："丞相，操劳国事总是会遇到新问题，有些一时解决不了也不必太焦急。"

吕不韦说："荆云，你不了解，如今国事虽多，可解决起来都得心应手。唯独对王上的教导，现在是个大问题。"

"不是有太傅专门教授？"

"太傅已经气得吹胡子瞪眼睛，几次要辞，王上问的问题刁钻古怪，他有些吃不消。"

荆云说："嗨，这多简单，丞相抽空去教不就可以了。"

吕不韦问："我是可以教，可这么多烦琐的国事，谁来管？"

荆云急口答道："丞相可以写下来，让王上看。"

吕不韦忽然觉得脑子里闪过一丝光亮，问："你是说，著书？"

荆云点点头。

吕不韦自言自语地说："主意倒是不错，就是时间不够用啊。"

荆云说："嗨，这好办。咱府上养了三千食客，哪个平日里不是吹嘘说满腹经纶，丞相说话，交给他们办不就妥了。"

吕不韦双手一拍，激动地跳起来："荆云，你解决了大问题！"说完情不自禁地摇头晃脑，兴奋地在屋子里走来走去，越想越难以抑制情绪："对，就这么办。"吕不韦从来就是行动派，当即要荆云去召集府中的食客们，组织到院子里来。

半个时辰后，食客们陆续聚集到院子里，或站或坐，或聚成团互相讨论，或聚在一起开着玩笑，这里一簇，那里一堆，挨挨挤挤，纷纷扰扰，好不热闹。

吕不韦站在廊下台阶上，看着一群人，大声地说："大家静一静，听我说件好事。"

大家好一阵子才安静下来，都仰头看着吕不韦，希望他宣布什么晋升的好消息。毕竟，他们这些人都自诩满腹才华，如果能有用武之地，再好不过。

吕不韦咽一咽唾沫，高声地说："大家聚在这里时间也不短了，各自又都深谙学识，如今，给大家提供一个机会。"说到这里，停顿一下，以吸引大家的注意力。果然，大家都不说话了，等着他宣布。

"我们要编一部书，大家各自把熟悉的学问写下来。"

这一说，有人就问："哪一类的？是要儒家吗？"

另一人说："秦国最敬法家，当然是要补充法家。"

"墨家的主张最符合现在的时局，要写就写墨家。"

"老子的主张，可是大境界，我们还是写老子的……"

这一点，吕不韦早就料到了，此刻见大家议论纷纷，愈发感到这件事做的有意义。

他往前站了站，见大家议论得差不多了，高声喊道："诸位士子，大家安静一下，我有话说。"

众人渐渐再次安静下来。

"我们要编有史以来第一部有组织的书，这本书要杂，对，就称杂家！凡儒、道、阴阳、法、名、墨、纵横、杂、农等诸子百家，有什么写什么，多多益善。"

有人问："我们平日里见闻可以写吗？"

吕不韦说："可以！尤其欢迎这类小故事实例子，通过故事讲明道理，实用又新颖。"

又有人问："这部书要分类吗？"

"当然要分类，不过现在大家可以随便写，到一定时候我们再商量如何分类。"

有人问："为什么忽然要组织写这么一部书，是嫌我们白吃白住吗？"

众人哄笑起来。

吕不韦说："大家在这里这么久了，总要做点事吧。人活着，你的思想有人赏识，等我们哪一天去了，这些学问留在世上，就是我们的贡献！"

有人又问："这书要拿给谁看？"

吕不韦答："谁都可以看！书嘛，写出来就是要人阅读的，范围越广说明我们做得越有价值。"

又有人问："光是这些高深的学问，百姓的普通事情能写吗？"

吕不韦这时思路越来越清晰，说："我们要写一部书，思想要有深度，但也不排斥浅显易懂的。既然是杂家，就要博大、广阔，任何有思想、有价值的东西都可以收录。一年有十二个月，我们不妨就先按照'十二纪'写。写孟春、仲春、季春各适合做什么，国家适合举行什么仪式，社会需要按时做些什么，国君应该注意什么等等，大家要广开思路，不拘一格，凡是能想到的，敢想的，都可以写出来。这一次就是要不设限，可以一个人写，也可以几个人合作写一个论点。总之，从今日开始，我们就主要编纂这部书。我相信，在大家共同努力下，一定能完成这部惊世之作。"

有人问："可以写酒吗？"

当即有人回道："你是怕吕相国不管你酒喝吧！"众人哄笑。

吕不韦却一本正经地说："当然可以写，不仅是酒，粟米、稻谷、饼这些与人生活有关的都可以收录，我们要的是一部百科全书，要详细，要有积极意义。要给人以指导，让大家读过这部书后有所启迪……"

有人又问："这书要多久写完？"

吕不韦说："这要看大家的进度，可以三五年，也可以十来年。我们要出精品，显示咱们这些人的学识，叫天下人知道，吕府的三千食客，个个都是有学问的。"

他这一说，众人听得心里滋润，齐声呼叫："吕公英武！拥护相国！"

有人就喊："我这里缺少笔墨。"

"充足供应。"

有人又问到细节："写好是我们刻出来，还是专人负责？"

吕不韦说："诸位只管写，有专人负责篆刻。竹简木简我这就派人大批量供应，还有一点说清楚。你们写出来后，我负责总编纂，把讹误差错修改好，才能正式刻书。"

"这书若成，空前绝后！"有人称赞道。

"浩瀚工程，非一日之功！"

"相国胸怀，如此博大，我们当尽心尽力。"

听大家讨论得如此热烈，吕不韦心中欣慰，捻着胡须微笑着看着这群人，心里感慨，终于给大家找到了用武之地，而且，如此繁复巨大的体量，写出来的书，一定能取得最好的效果。

零零散散，也有一些爱说怪话的人发出声音，几天内，不断传到吕不韦耳中。

有人说："吕相国这是沽名钓誉。"

"耗费如此精力，有好多我知道就是胡充数的，他们能写出来什么好东西。"

"好大喜功，吕不韦做这件事毫无用处。"

"吕不韦是通过这样的方法，撵我们走。"

"自古以来，谁有这么大的魄力，这事一定弄不成。"

等等，这些言论不一而足，带着冷眼看热闹的心态，准备看吕不韦的笑话。他听说后，微微一笑，不做解释。他反而觉得，一个人做的事，若是没有反对意见，这件事做的就没有价值。很多人提出反对意见，是站的角度不同，因而看到的本质就不同。

你以为的对，未必就是对。

吕不韦从商界转到政治场上，深谙此理论。这世上，本就无绝对的对错。

因为他心里明白，如此庞杂的书若写出来，必定会对君王有很大的借鉴意义。可这些话，又不能全部都告诉这帮人，否则他们就会蹑手蹑脚，担心犹豫，反而写不出最佳的文章。

吕不韦自从布置这部书写作以来，经过深思熟虑，确定了他作为总编纂的地位，所以不怕大家写的知识杂，也深知有些东西肯定是糟粕，但有自己最后把关，他相信，一定会编纂出一部空前的书来。

为了鼓励大家编纂书籍，吕不韦根据食客来自中原各国，人员较杂的特点，专门为他们准备了醇爽的齐国临淄酒、甘美的魏国大梁酒、香气醇和的宋国酒、红亮甘醇的鲁国泰山老酒、殷红醇厚的越国会稽酒等诸多地方特产，以激发他们的积极性。还彻底让这些人放开，把酒具也准备得十分齐全，故意抬高这些人的地位，像上层官场、官吏聚宴用的各种豪华酒爵、觯、觚、樽等器具，一应俱全。

这些人中，不乏颇有见识的各国士子，他们有真才实学，借着这次机会，充分发挥自己的才智，撰写出一篇又一篇精美绝伦的妙手文章。吕不韦每天处理罢公务，首先就是来到刻简处，用心浏览每一篇文章，调整其中太偏颇、尖锐、极端的观点，加上自己的理解和剖析，取其精华，去其糟粕，去伪存真，合理编纂。三五个月过后，看着一篇篇文章被编入书中，极为受用。

由于是吕不韦负责编纂的书籍，经过商讨，书名暂定为《吕览》，后有人提出不同意见，说按照以往的惯例，这部书应该叫《吕氏春秋》。吕不韦对这两个书名也没有发表太多的意见，最后他还是按照最初商定的名称，称为《吕览》。在他心里，自己的位置虽高居相国，又是仲父，但毕竟秦国是秦国民众的，自己毕竟不是"秦王"，若称《吕氏春秋》，显得有些过于高调，容易引起秦国老世族们的对抗情绪。

文章汇总越来越多，吕不韦看着看着就笑了，真是五花八门，写什么的都有。古往今来、上下四方、天地万物、兴废治乱、士农工商、三教九流，全都有所论及，而且，这其中的许多文章还有重复。吕不韦就选出几位学识渊博的食客，先行对重复的、低俗的、无价值的进行筛选，然后自己再过目，修订。

　　修订过程中，吕不韦加进去很多自己的独特见解。对于认同的观点，积极补充并给予扩大，而对于那些认识较为尖锐的说法，则进行了中和，使得法家里有儒家思想，阴阳学说里又有天文历法的科学道理。他既不刻意推崇某一家学问，又不抵制前人的精髓。在不断地修订过程中，他写好一篇就让嬴政学习一篇，嬴政看到后，深深感到吕不韦思想的博大厚重，愈加觉得他深不可测。

　　说来说去，此前并没有人有意识地著书立说。平日里官府写的东西，都有史或卜官来做。即便后来有了诸子学说，也都是一家之言，为的是宣传自己的思想和理论，并没有人系统地编纂一部书，用来容纳综合性的内容，这种创新首屈一指，众学子也都佩服吕不韦的气度和胆魄。

　　由于这部书吕不韦是准备拿给嬴政看的，虽然他并未对旁人明说这件事，但聪明的士子们还是有人揣测出了意图，于是，关于"君臣之义"，吕不韦很轻松就选出了两个小故事。

　　一则故事说。春秋时，晋国的贵族智伯被赵襄子所害，部分土地也被瓜分，见晋国遭此劫难，智伯的臣子豫让决心为他报仇。他想出了一个绝妙的办法，先是将自己的胡子眉毛剃光，用黑漆将自己涂黑，又残忍地将自己弄成残手断肢，然后他穿上破烂的衣服，像个乞丐一样回到家中，向妻子乞讨。

　　豫让夫人看着面前的这个乞丐，心中生疑："看你这个乞丐，十分可怜，本想给你点什么，可是，听声音我怎么觉得像我丈夫，看来你别有用心。"

　　听妻子这样一说，豫让感觉自己的装扮还不足以以假乱真，就生吞木炭，将嗓子烧坏。此时再发出声音来，像个破锣，连他妻子也听不出来了，于是他就决定去行刺赵襄子。

　　豫让的一位朋友见他如此糟践自己，就问起缘由。

　　豫让赤诚以待："我要为智伯报仇，唯有如此才不至于引起怀疑。"

　　朋友极不赞成："你这样残害自己，不会有什么用处。虽然你的精神可嘉，但这种做法一点都不明智。"

　　豫让就问："我替君主报仇，难道有错？"

　　朋友劝说："你应该听我的建议，去投奔赵襄子。以你的才能，赵襄子必然重用你，等他对你很信任，疏于防范时，你再动手杀他，岂不是更为容易。"

　　豫让当即反驳道："你错了！照你的办法，虽然能成功，但是，那不是出卖新朋友报答老朋友吗。为了旧日君主而害新君主,这是违背君臣之道义的。这样做,我既对不起老君主,也对不起新君主,这和我报仇的初衷背道而驰。我为智伯报仇,正是为了维护和弘扬君臣之义,而不是走捷径!"

吕不韦看到这个故事就采用了,对他来说,能够不惜生命维护君臣道义,豫让可谓忠贞之士!

还有一则故事,也是春秋时期的事情。

莒国的柱厉叔在莒敖公手下当大臣,可是,柱厉叔发现莒敖公并不怎么信任自己,于是就找个时机知趣地辞官而去,闲居在海边,夏天靠拾菱芡充饥,冬天靠捡橡果填饱肚子,过着饥寒交迫的日子。然而,有一天,当柱厉叔听说莒敖公被敌人围困,情况危急,柱厉叔立即辞别友人,要去与莒敖公一同受死。朋友就劝说柱厉叔:"当初莒敖公那么怀疑你,你才离开他,可现在你又主动去送死,这岂不是自寻死路,不分是非?"

柱厉叔却义正词严地说:"当初他不信任我,所以我才离开他。现在他有难,如果我不去,岂不就证明他当初不信任我是正确的。可我这时候如果去与他共患难,用这种行动给后世做个表率,让后世的君主感到羞愧、自责,那些做臣子的就不会像我一样被君主误解。忠臣不被君主误解,则君王的地位就会永远稳固。"

吕不韦看到这个故事时,拍手称快。他最需要这样的内容了。这些实际例子,足以教育大臣们,该如何对待自己的君王。他不但采用了这样的故事,而且还专门在《贵信》篇中主张君主不可失信于民,《慎大》篇中劝说君主不可骄矜,《达郁》篇中提醒君主要注重纳谏,还在《举难》《权勋》篇中强调,君主要用人得当。他把这些儒家思想有关君臣关系、君民关系都按照自己的理解,重新做出定义,希望嬴政看后能有所感悟。

对于道家无为而治的理念,吕不韦也没有排斥。有个食客写了一个孔子与老子对待事物态度的故事。

故事说,楚国人丢了弓,他明明知道在什么地方丢了,却不去找回来。朋友问他为什么,这人说:"楚国人丢了弓,楚国人捡到了,何必去找它。"孔子听说这件事后,对丢弓人的做法十分赞赏,但认为这个人还是不够豁达、淡泊:"何必强调楚国呢。"意思是,只要是"人"拾到了就和在自己手中一样。孔子的老师、道家祖师爷老子听到这件事后,又高了一层境界:"人也不必强调。"按照老子的思想:不是被人拾去也无所谓,天地万物并不属于某个人,让其随大自然安排,不可刻意追求。

吕不韦希望通过这样的故事，教诲嬴政，在治国时，有时候完全可以无为而治，不必过分干预国政，这样才能让百姓感到幸福。而且，紧接着吕不韦就举例说明，齐国的丞相管仲就是这么治理国家的。在管仲病重时，齐王要他推荐下任丞相。管仲不推荐清正刚直、有错必纠的鲍叔牙，反而推荐小事不做、不苛求于事、懂得放任的公孙隰朋。意在说明：杰出的工匠不需要亲自操作斧、锯，高明的厨师不轻易动锅、盘，最勇敢的人很少和人打架，大军事家不必亲自率兵战斗，治理国家，有时候引导好就可以了，不必事事躬亲，这才是君主应该有的姿态。

秦国振兴靠的是法家，几代人延续的《商君书》已经根深蒂固，吕不韦深知这一点的重要性，在编纂这本书时，自然不会放弃这个宗旨。法家主张君主、贤臣治国，而不必为舆论所左右。

说魏襄王派大臣史起去治理漳水，史起临行前，已经预料到会遭遇阻力，所以对魏襄王说："我去治理漳水，百姓开始不理解，一定会反对。说不定我会被人杀死。如果我被杀死了，希望大王不要顾及众人反对而停止，应该继续派人坚持治理。"

果然，史起就任后，因为治理漳水要动员大量劳力干活，引起百姓极大不满，认为他加重了赋税，不少人恨不得杀死他，吓得他不敢出门。魏襄王得知消息后，想起史起临行前的叮嘱，于是不顾众人反对，再次派人继续治漳，最终百姓受益，才想起史起的好来，作歌纪念：

邺有圣令，
时为史公。
决漳水，灌邺旁，
终古斥卤，生之稻粱。

引用这则故事，最终目的，吕不韦总结道："民不可与虑化举始，而可以乐成功。"

在《吕氏春秋》中的《长见》《乐成》等篇均有见解：建立非常之功业，必须贤臣有计划，君主有决心，而不必顾虑众人是否理解。百姓不可能一开始就凡事都理解，但当真正有了成果，百姓却愿意歌颂你。

商鞅之法，体现的是法家"不别亲疏，不殊贵贱，一断于法"，就是说不论亲疏远近、高低贵贱，所有的事情都依靠法律，赏罚分明，不去费时间教化百姓，去除琐碎的仁义教化过程。

吕不韦在执行商君之法的同时，又加入儒家、道家等思想，多方融合，既讲法，又注重修德，多措并举，让人性和法律均有了适度的空间。

三、一字千金

吕不韦一面主持编纂《吕览》，一面料理国事，战争还继续进行，忙得不亦乐乎，竟然忘记了赵姬。直到这天赵姬派人来请他到王宫议事，他才猛然醒悟：也不知道嫪毐和赵姬最近怎么样了。

到了殿内，却只有赵姬一人。她远远望见吕不韦来到跟前，竟然露出纯真的一丝笑容，就那么远远地笑着，目光不移动，死死地盯住吕不韦。

吕不韦见她笑容满面，以为定是和嫪毐相处得不错，十分满意，才这么笑的，也就露出笑容来，轻松地问候："今天的天气够暖和啊，走几步，后脊梁竟然黏糊糊的。"

赵姬轻柔地说："谁让你走这么急。不怨自己倒怨天气。"

吕不韦左右瞧瞧，疑惑地问："嫪毐呢？"

赵姬忽然止住笑容，问："你是来见他的？"

吕不韦觉得自己说得太直接，忙道歉："也就一问，何必认真。"

本以为这么长时间不见，又有嫪毐陪在宫中，赵姬对自己该是不冷不热，没想到赵姬依旧如此依恋，吕不韦虽说心里略有得意，但还是小心地提防着，生怕赵姬又不肯放自己走。

有心问问赵姬喊自己来有什么要紧的事，可看她闲悠悠问东问西不肯交实底的样子，就耐着性子陪她议论天气和女人感兴趣的事情。说了半天，实在忍不住了，吕不韦显得有些心不在焉，赵姬看见，就问："你就这么忙，陪我说会儿话，瞧你浑身像长了虱子一样难受。"

吕不韦说："一堆杂事，你又不是不知晓，哪有这福气聊闲天。"

赵姬嘴角一歪："跟我说话，就是闲话，是不是？"

吕不韦忽然明白，决不能再陷入以往那种纠缠不清的语境里，当即说："我不忙，有事你只管说，今天有时间陪你。"

赵姬听他这么说，好像宽容地说："也难为你了，两个月不见，更瘦了，国家的事再忙，也要注意身子骨。"

吕不韦听得心里暖和，点点头，说："岁月不饶人啊，以前一忙就忙到半夜，可如今熬一会儿夜，就有些困意了。"

赵姬说:"自己都不知道心疼自己,还指望别人啊。不过,不跟你扯这么多了,今天叫你来,是商量一下嫪毐的事情。"

吕不韦听她终于说出重要事,急忙说:"有什么想法,你只管说出来。"

赵姬说:"不是我有什么想法,当初你派他进宫来,我们不是说好了吗,让他吸引一下华阳太后的注意力。如今我想来想去,给他个一官半职的,思想了好多,都觉得不合适。若是职位太轻,怕也不会引起华阳太后注意。可若是轻易就封个爵位,又怕无故生出事端来。"

吕不韦说:"你说得是。我如今权势太重,华阳太后处处盯着我,要是照着之前我们设计的,让嫪毐无意中顶替些压力,确实再好不过。这件事不急,容我好好思谋一番。"

赵姬说:"嗯。既然你费脑子了,我就不操心这个了。还有一事,政儿也不小了,是不是该为他操办一下婚事了。"

"这可不能慌。他现在是王,每走一步都至关重要,轻易迎娶都会影响未来朝局。"

"我当然知道不能轻易决定。可我也想过,你我来操办,即使办得再好,也不过是些民间女子,咱们都缺少贵族血统。你看看,从哪国娶个合适?"

吕不韦稍一思忖,条分缕析地说:"韩国已经有夏太后和韩太妃,自然是不能考虑了。这赵国嘛,如今战事紧,又缺少合适的人选。倒是这魏国、燕国,虽然对朝局来说,更为合适,可对于战事,只怕是最不恰当了。这两国巴不得我们迎娶个公主,这样就可以止战,一旦止战,我大秦国的统一速度就会减缓,不合算。"

赵姬问:"照你一说,唯有楚女合适?"

吕不韦刚要开口,赵姬已经明白,两人异口同声地说:"可惜是华阳太后母国!"

说完相视一笑,各自都为很久没有这么默契而欣慰,甚至还带着一丝羞涩。两人都低下了头,不好意思地掩饰着。

生疏太久的默契,好像突然被人掀开被子看到裸体一样,很不自然。

吕不韦首先打破尴尬,说:"一旦大婚,楚女成为王后,加上华阳太后、昌平君和芈容、阳泉君,这宫内唯一可以与他们抗衡的就只有老秦贵族了。可现在老秦贵族都无实权,难以平衡啊。兹事重大,容我慢慢权衡。"

赵姬说:"拖也拖不了多久了,你当回事吧。还有,再过了一两年,政儿就该行冠礼了,这些你都得考虑进去。"

这一说，吕不韦身子震了一下，猛然说："行冠礼后，就该亲政了！"

赵姬见吕不韦细微的这个变化，知道他心里一定舍不得丢下丞相职位，就给他宽心道："他再亲政，你这仲父还不是一样要操劳。"

吕不韦说："大不一样！"

"你不要想多了，他从小就是你看着长大的，你一手培养起来的新君，还怕他忤逆你不成？"

"你说呢？"吕不韦声音仿佛来自遥远的地方，问的连他自己都感到空旷沧桑。

赵姬一见吕不韦情绪有所变化，当即转移话题，问："我最近出宫少，听说你正在编著一部书，这要耗费不少精力吧。"

"你别说，如今，好多事情都是愁事，唯有这编书，一陷进去就忘记了时间，我现在想想，真想当个纯粹的先生，专门研究学问，这可大有乐趣。既能把思想表达出来，又发现了许多新的道理，受益无穷啊。"

"你是为政儿准备的吧？"赵姬乐呵呵地问。

"那当然，不为给他看，何必费这么大的工夫。不过，现在书越写越多，我倒发现了很多有意义的论点，这书出来后，一定要大力推广，让更多的人看到读到，成为我大秦的国宝才好。"

"你还是这么意气风发。瞧着你永远不变的劲头，我真替你高兴。很多人忙碌忙碌，就忘记了初心。吕君，唯有你，再忙再乱，还始终保持着曾经的理想，记得自己曾经立下的誓言，要替国家活着，替民众活着，真为你感到幸福。"

吕不韦也深有感触地说："想想当年在濮阳，每次心烦意乱时，到那个小岛上坐一坐，真是醍醐灌顶啊。如今，经历的事情多了，反而没有那时的酣畅，很多时候，总觉得神经一直是紧绷的，不敢有丝毫松懈。这样想想，管理国家确实不容易。也难怪历代卫君一个不如一个，只知道享乐安逸，原来一个人要只图安逸，是十分轻松的。真要朝着一个目标行进，途中遇到的困难是谁也无法预料的。"

赵姬见他发出如此慨叹，心知他的确是累了，不知不觉就朝他伸出手，想抚摸一下，安慰一下。谁知眼看就抓住吕不韦的手了，吕不韦却蓦地一下抽回手，瞪着眼睛连连摇头。

赵姬的心一下空了，生气地问："我就这么怕吗？瞧你躲的这股劲儿，像碰到蛇一样。"

吕不韦低声说:"你是太后!"

赵姬故意逼迫:"我问你一句,若是我肯放弃太后,跟你远走高飞,你可愿意!"

吕不韦说:"臣该告退了!"

赵姬看着他缓缓起身,没有言语,盯着他步子迈出大殿,才赌气地说:"当好你的相国吧,相国比命还重要!"

吕不韦几步快走,生怕这几句话砸到身上一样。

回到府上,接到司空马传来的一件帛书,书上说,最近赵十八和樊於期过从甚密,两人经常通宵达旦地在帐篷里嘀咕,究竟做些什么,现在还不清楚。吕不韦仰头想了半天实在想不出他俩能弄出啥动静来,但还是回书给司空马,要他多留心,一有异常就及时汇报。

又听荆云说,夏太后病了。吕不韦不禁感慨,子楚、夏太后、毛公、薛公、魏无忌等等这些故人,现在基本都渐渐听不到声音了,如今自己整天只顾忙着秦国的国事,已经完全没有了私人空间。感慨半天,忽然问荆云,白露最近有什么消息吗?荆云回答说,白露派人捎回来口信,在蜀地一切都好,请丞相放心。吕不韦交代一定要尽快催白露回来,不要长期待在那个荒凉的地方……

料理完这些事情,吕不韦忽然感到一种前所未有的疲惫,枕着案子悄然进入了梦乡……

半夜里,他被一阵浓烟呛醒,睁眼一看,案子边的九枝连灯已经倒在地上,引燃了架子上的竹简,他连忙冲出屋子大声呼叫,一面又返回架子旁,手忙脚乱地抢救已经写好的竹简。

窗户开着,风助火势,架子东边已经燃起熊熊大火,浓烟布满屋子。他从西边开始搬运竹简,迅速往院子里扔。可是,由于浓烟布满屋子,不一会儿就看不清楚了,他就弯下腰来,爬向西边的架子。架子上是已经写好的竹简,他绝对不能让这些心血付之东流。

眼看着东边的竹简越烧越旺,那些都是新制作的竹简和木牍,灯油泼在上面,越烧越旺。吕不韦抢救了西边的部分竹简,见一时难以搬完,几步来到院内,抄起水桶就从大缸里盛水,迅速往火上浇……这时,荆云等人听到喊声已经跑了过来,大家立刻跑进屋里,有用扫帚扑的、有提着水桶浇的、有抄起沙子盖的、有的折断树枝用树叶猛打的……顿时屋里挤满了人。火势很快得到控制,渐渐熄灭了。

第九章 培育强君

吕不韦满脸黑灰，看着被水和泥土搅在一起的竹简炭块，痛惜连连，只呼可惜。所幸的是，东边堆放的大多是没有写字的竹简，所以这次损失并不大，但还是烧了部分刻好的竹简，吕不韦不断拍打着大腿，连声说："可惜啊，这都是我的错啊。"

火灭了，荆云安排人把残存的有字的竹简归拢到一堆，将那些烧成木炭的残料扫出去，又派人重新布置房间，一直忙活到天亮时分，屋子里才渐渐有了模样。

吕不韦为了表示对自己粗心大意失火的惩罚，主动罚金一百，上缴国库。

有了这次深刻的教训，他意识到了火灾的严重性，于是顾不上歇息，当即组织人补充律法里有关火灾的律条。

首先就认识到史料典籍对国家的重要性，专门规定：

> 毋敢以火入臧[①]府、书府[②]中，吏已收臧，官夫及吏夜更行官，毋火，及闭门户，令令史循[③]其延府，节[④]新为吏舍，毋依臧府、书库。

这就明确规定，任何人不得携带火种进入仓库、书库、档案库等。因为还未发明火柴，实际上就是规定不许携带灯火、火镰、阳燧等取火物进入上述场所。每天入夜时分，要经过确认无火种之后，再锁门。规定了要派专人进行巡逻，并且规定，在仓库和图书馆附近建设房舍，要同仓库等保持一定的安全距离，更不得依附仓库等建设官、民房。

由此牵扯到其他方方面面。为了防止山林火灾，规定了春夏不许上山伐木砍柴，以免引起山火：

> 春二月，毋敢伐材木山林及雍隄；不夏日，毋敢夜草为灰。

还特别强调，官府的衙署、仓库等建筑，要筑起高高的墙垣，防火防盗。不许民房与官署毗连而建，不许闲杂人等接近重要的衙署和仓库：

[①] 臧：同藏。臧府：即收藏器物的仓库。
[②] 书府：收藏书的处所，即图书馆、档案馆。
[③] 循：同巡。
[④] 节：同即。

>有实官，高其垣墙。它垣属焉者。独高其置乌庙及仓茅盖者。令人勿纤（近）舍，非其官人殹（也）毋敢舍焉。

为防止火灾，特别指定了巡夜和惩罚制度，每天入夜时分，必须闭门上锁，熄灭火源，并派专人值班守卫。如果不遵守这项律令而引发火灾，造成人员伤亡的，除了追究直接责任人罪责外，还要对相关上级治重罪：

>善宿卫，闭门辄，靡其旁火，慎守唯敬，有不从令而亡、有败、失火、官吏 有重辠，大啬夫、丞任之。

侍曹见吕不韦对防火如此精细制定律条，不由得问："若是已经被罢官的官员，该如何处置？"

吕不韦赞赏地说："你说的这一条很重要，如果因为失火被罢官的，坚决不能再任用，因为这些人一旦再任用，还会犯同样的错误。如果谁敢任用，罚两副铠甲！"

于是，侍曹写道：

>任法①官者为吏，赀②二甲。

这样一鼓励，侍曹又想起一条："如果到了夜晚关闭门窗不严的，是不是也该处罚？"

吕不韦说："必须处罚，罚一副铠甲。"

侍曹写道：

>实官户关不致，容指若抉，廷行事，赀一甲。

接着，吕不韦又对公馆放火殃及衙署、民房的官员追责，以及饲养马匹的人员应该时刻看护马匹，不得在附近生火做饭等做了详细规定：

---

① 法：同废。

② 赀：同罚。

舍公官（馆），旗火燔其舍，虽有公器，勿赀？今舍公官（馆）旟火燔其叚乘车马，当负不当出？当出之。

旟火延燔里门，当赀一盾。其邑邦门，赀一甲。

志马舍乘车马后，毋敢炊饬。犯令，赀一盾。

由于吕不韦这次制定了详细的防火措施，使得后来人们对火灾引起足够的重视，秦国之后也一直采取这种高筑墙、慎火烛、重惩罚的制度，约束百姓和军政人员都必须无条件服从，减少了很多火灾隐患。

对于在火灾中损失的内容，吕不韦一边自己回忆一边让原作者一同恢复，总算又刻录完遗失的部分。

这次火灾也给他提了个醒，于是在后来的刻竹简过程中，就同时刻三份，每天刻完之后，分别放置在三个不同的屋子里，以防万一。

一年有余，《吕览》终于成书，吕不韦看着成卷成卷的竹简堆积如山，极为高兴，大赏食客，连醉三天，庆祝这一巨著诞生。

《吕览》第一次采用分章节的办法，将全书分为《十二纪》《八览》《六论》三大部分。其中，《十二纪》即以季节名区分，春夏秋冬四个季节按照"孟、仲、季"各有三纪，共十二纪。每一纪又分为五篇文章；《八览》分为"有始览""孝行览""慎大览""先识览""审分览""审应览""离俗览"和"侍君览"。每览有八篇文章；《六论》为"开春论""慎行论""贵直论""不苟论""似顺论"和"士容论"。每论有六篇文章。加上序言——《序意》，共一百六十一篇。

如此巨大的工作量，竟然在这么短的时间内完成，书中包含了之前所有的百家学说，岳家、法家、阴阳家、纵横家、墨家、儒家、道家、名家、五行家等理论、学说一览无余。整部书杂而有序，各派并非平分秋色，收罗百家而有中心。全书不是将重点放在热门的儒家、法家、墨家上，而是用大量的笔墨用来描述、概括阴阳家学说。整部书中，表面上看，阴阳家学说似乎只有《有始》《应同》两篇，而实际阴阳家的思想是贯穿其中的。

在吕不韦的思想中，所谓的阴阳家，是观星辰天象以确定季节、时辰的人，其中有些人则专门注意禁忌、相信鬼神，成为算命先生。用这个标准来衡量"十二纪"的每纪首篇、"八览"的各览首篇、"六论"的各论首篇以及《明理》《精通》《至忠》《长见》《应同》《首时》《如类》等篇，都应该是属于阴阳家的学说。书中的很多观点、字句，如"春令生""夏令长""秋令杀""冬令死"这些将四时、四季与人事相配合，阐明春生、夏长、秋收、冬藏的规律，也都属于阴阳家的学说。而且，在作为序言的《序意》中，还特别指出本书的主旨："所以纪治乱存亡也，所以知寿夭吉凶也"，也透露出是崇尚阴阳家的特点。这是因为，吕不韦在邯郸时，和阴阳家邹衍相处时日很久，觉得"天人合一"的理论是十分有道理的。而且，吕不韦经过深度思考，提出了"太一"、"道"或者叫"精气"的观点。与邹衍理念不同的是，吕不韦虽然信奉阴阳学说，可也同时客观而理智地看待阴阳，提出凡事还要靠自己奋斗的观点。

吕不韦还十分注重全书的文采，如"日月星辰，或疾或徐，日月不同，以尽其行。四时代兴，或暑或寒，或短或长，或柔或刚。万物所出，造于太一，化于阴阳"这些排比整齐、读起来像诗一样的文句在书中俯仰皆是。

他在这本书中，不采用过去纯说教的写法，而是用大量翔实的故事作为例子，这就增加了可读性，让整本书读起来不再晦涩。

写完一部分，他就送给嬴政看。

嬴政刚看这部书内容的时候，不以为然，觉得这不过又是吕不韦以往逼迫他读书的延续。可是，当他仔细阅读时才发现，这部书和原先所有的书都不一样，几乎每一篇都有有趣的故事做例子，这样读起来就像在听贤人讲故事，读得颇为愉悦。他几乎是钻进了整部书中，常常忘记了吃饭和睡觉。

吕不韦见他如此喜欢这部书，也感到十分欣慰。毕竟，写这部书的初衷，就是要对嬴政这个君王进行系统的教育。如今看到效果如此明显，自然高兴。

《吕览》这部伟大的著作完成后，吕不韦虽然送给秦王嬴政一套，可他总觉得还缺少点什么。如果说仅仅为了培养秦王，他大可不必费如此周折，很多道理直接面对面讲述就可以了，何必耗费如此巨大的人力物力。可如何才能让这部书发挥其应有的作用，吕不韦一时也没有想明白。

他本是一介商人，之前无论积攒多大的财富，地位总是居于社会最底层，不被人看得起。为了摆脱这个身份，吕不韦可以说付出了全部家当，从投资异人开始，一步步铤而走险，甚至有时是拿性命在博弈，可每一次遇到危险都凭借聪明才智闯了过来，直到如今成为权倾天下的秦国丞相，可以说已经走到了人臣的顶峰。

第九章 培育强君

下一步该往哪里走？这对于吕不韦来说，已经成为最迫切的问题。可，没有人能回答他。秦王嬴政终究是要亲政的，这一点他已经明显感觉到了，越来越大的嬴政虽然没有当面否定他的任何一项决定，但那虎视眈眈的眼睛已经出卖了他自己。所以，吕不韦在想以一种独特的方式，来成就更大的事业。他要做比卫鞅、范雎更高地位的秦国丞相，而不是停留在步他们的后尘中。

这确实极费脑细胞。

以至于吕不韦想了三天后，还没有捋出个头绪来，这时候忽然想起：若是白露在，或许就能找出答案。可白露不在，还有谁？脑子里虽然猛地闪出一个人——赵姬！可他马上就否定了。如今的赵姬已经不再是濮阳那个小岛上的可以洗心润肺的青荇了！她是太后！王太后！人不怕地位发生变化，就怕在内心里承认了地位带来的变化。赵姬是太后，所以很多时候，她已经不是吕不韦的"磨砺石"了，而成了吕不韦头顶悬着的一块石！

想来想去，吕不韦想到了一种方式——借用华表的方式，宣传这部书。相传，尧、舜为了纳谏，在交通要道和朝堂上树立木柱，让人在上面书写谏言，后来这木桩渐渐成为一种象征，称"华表"。

可他不想完全采用这样的方式。他让人找来硕大的竹片，做成巨大的竹简，将《吕览》全部刻录其上。

于是，一天早上，在咸阳城东市门口，张挂起了这副尺寸巨大的《吕览》，特别引人注目的是，在这部书的下面，放了一张案子，案子上放置了一堆金子，号称"一千金"，官府的昭告称：现将《吕览》全文公布，欢迎指正，若有能增、损一字者，给予千金奖赏。

这一下，围观的人越来越多，大家看着巨大的书稿，有人开始念出来。也有人开始议论，商量的核心，最后都停留在这一千金上。

有人偷偷说："你平日里读书多，快改一个字，拿走千金。"

另一人说："做梦吧。你知道这部书是谁写的吗？"

"谁？"

"当今丞相吕不韦！"

"你是说，吕相说话不算数？"

有人就开始质疑："你只要能改一字，吕相定会让你拿走金子的。你忘记了，当初商君也是这样，为了推广法律，徙木立信。叫我瞧，吕相也是这意思。"

"你快拉倒吧。"有人开始窃窃私语，"商君是为了给国家树立律法，现在吕相是为了展示自己的才华。你拿走金子了，岂不是说他写得不好嘛。"

"有理有理。"

那人捻着胡须，为自己分析透吕不韦心态而沾沾自喜，又说："别说我们了，就是东方六国的士子们，也断不能增删一字。"

这件事众说纷纭，奖金丰厚，消息还是很快传遍了咸阳城。

"一字千金！一字千金呢，快去看看吧。"众人远远跑来，不为看这部书上写了什么，只为一睹千金有多少。很快，从东方诸国传来消息，他们也在传说《吕览》这部旷世奇书，大家都赞叹吕不韦做了一件空前绝后的大事。

吕不韦展示这部书，首先是为了精益求精，希望能够吸引有识之士，来为这部书润色，让书稿更加完善。当然，还有一个私心，就是要通过这部书，树立更大的威信。眼看着嬴政越来越大，距离亲政的日子越来越近，他不想费心经营的统一大业，毁在嬴政手中。所以，通过这样一种方式，无形中给嬴政施加压力，让他知道仲父的超凡能力。

也确实起到了他预计的效果。不久，从东方传来消息，各国都在传说，看似吕不韦是丞相，其实就是掌握实权的"秦王"，嬴政只不过是个摆设。

吕不韦想要威名，但他并不想给自己制造麻烦。当大家传说他是"秦王"时，他感到十分不快。

"荆云，我们需要加紧步伐，培养嫪毐的势力了。"吕不韦忧心忡忡地说。

"可他一个宦官，如何能同丞相比呢？"荆云感到为难地说。

"总有办法的。要给他制造机会，不然的话，所有的矛头都将指向我们。我们虽然巴不得将王权全部交给王上，可你看出了没有，这个年轻的嬴政，可不是软柿子。"

"丞相，你行得端走得正，也不必太担心了。大不了，王上一亲政，把王权全部给他。"荆云说得干脆利落。

吕不韦却深有顾虑："你考虑太简单了。现在他不亲政，我说什么，他自然是言听计从，一旦行了冠礼，亲政了，我就要躲到幕后了。我倒不贪恋权位，就是担心他太年轻，到时候不听话，反而只会记住我的严厉，到那时，若是有人撺掇，只怕就危险了。他亲政后，只要还能听进去我的话，就再好不过了。"

"丞相多虑了，再咋说，你的一片好心，王上会看懂的。"

"你还是听我的吧，尽早想个办法，让嫪毐分担一些流言，这样是有好处的。"吕不韦胸有成竹地说。

第九章 培育强君

荆云答:"听丞相的,我多留心。"

自此以后,每回上朝,商议完国事,吕不韦总要高声地喊一句:"请王上定夺。"

嬴政也总是一如既往地回一句:"按丞相说的办。"

表面上看,秦国的王和丞相并无一点不和谐,可吕不韦已经感到了压力,比如在修建陵墓这件事上,嬴政虽然没有明确反对,但话里话外,总是不愿意听从吕不韦简朴建造的建议。

按照惯例,每个王登极后,就开始修建陵寝。嬴政登极时,才十三岁,自然难以掌控陵寝这一巨大工程,一开始是完全按照吕不韦的意图在实施。吕不韦认为,之前的秦王下葬时,不但耗费大量的财力,更有甚者,还主张活人殉葬,他是极力反对的。他对陵寝修建的高大寝殿、宫室甚至城邑,主张简朴。"凡生于天地间的生物,都难逃一死。"他觉得,死亡是非常正常的自然规律,不必太厚葬。有限的国力,应该用在统一上,用在为民上。

可嬴政渐渐长大后,虽然没有明确表示自己的陵寝要大兴土木,但几次都对吕不韦说的简朴从事表示不认同。他说:"一国之大,表现在多方面,对先王陵寝的崇敬,也是彰显国力的象征。"

别人的陵寝已经固定成型,他说这话,自然是对现在建造的陵寝不满。可他毕竟还未亲政,所以说出来的话轻飘飘的,大臣们宁愿听吕不韦的话,而不愿意接受他这个秦王的建议。这一点让嬴政开始有了抵触情绪。

尤其是吕不韦在市场上张挂《吕览》后,东方诸国不断传来流言,说吕不韦是实际的"秦王",嬴政虽然心里有气,却无处发泄,只好暗暗告诫自己:这是敌国的离间计谋,千万不能上当。

嬴政也想着,好好了解一下吕不韦,看看他究竟有无二心,于是就潜心钻在屋里读《吕览》,他希望通过这样的方式,读透吕不韦的思想,彻底看透这个仲父。

每一次看《吕览》前,嬴政都会回忆一下《商君书》里的一句话:

> 成大功者不谋于众。
> 论至德者不合于俗。

他非常赞成商君这句话。越信奉这句话,就越变得沉默寡言。

自从有了《吕览》,一下朝,不需要谁督促,嬴政就钻进殿内不出来,一篇一篇地翻看这部书。

"当当当",宫中巡夜的卫士敲着警器已经响了三次,滴漏刻度指示已经是夜过中了,再就该是鸡鸣时辰了,可大殿内的灯光还一直亮着。秦国流行的是十六时制,即:平旦、晨、日出、夙食、日中、日西中、日西下、日来入、日入、昏、暮食、夜暮、夜未中、夜中、夜过中、鸡鸣。

宫女、侍卫们小心翼翼地朝着殿内张望,不敢发出一丝声响,生怕惊动了这个脾气暴躁的年轻秦王。

自吃过晚饭后进入殿内,宫女们时而听到拍案叫绝、时而听得怨气连连,忽然又寂静无声,不一会儿又听到他笑出声来……

伺候的宫女们实在熬不住了,只好偷偷地打瞌睡,互相提醒着,生怕殿内的嬴政听到了。大家虽然又困又累,可没有谁敢去劝说嬴政休息。

"好,妙不可言!"嬴政忽然大声地呼叫道。宫女急忙跑进殿内,看到嬴政穿着袜子在地毯上手舞足蹈,兴奋地跳来跳去。

宫女忙说:"王上,鸡叫了,你快歇歇吧。一整夜了,这样熬对身体不好。"

嬴政摆摆手:"拿新鲜的浆来,我要喝了继续读。"众人一听他要饮浆,当即忙碌起来,不一会儿就准备了热乎乎的浆,嬴政端起来就饮,大约确实是渴了,"咕咚咕咚"两大杯下肚,这才听得他朗诵起来:

> 今周室既灭,而天子已绝,乱莫大于无天子,无天子则强者胜弱,众者暴寡,以兵相残,不得休息。

"无天子!天子谁灭的,我大秦!"嬴政也不管这些人能不能听得懂,只顾自言自语地说,"的确如此,以强胜弱,自古皆然,非武力不可以!"嘴里一边叨叨着,一边又翻开一篇,正好是说武力统一大业的:

> 故攻伐者不可非,攻伐不可取;救守不可非,救守不可取;惟义兵为可。兵苟义,攻伐亦可,救守亦可。

"嗯,嗯,天下之兵,唯秦兵为义兵!"嬴政连连赞叹,"丞相真神人也,此书真宝贝也!"

鸡叫了,天亮了,一夜未眠的嬴政沉浸在《吕览》这部书中,陶醉地吮吸着其中的精髓，心中思忖，怪不得东方列国要传出流言，挑拨秦国君臣关系，这吕不韦的确是难得的人才。有他辅佐，秦国一定能早日实现统一大业。

但读来读去，有些篇幅，嬴政读后，气得一脚踢翻了案子，咬牙切齿地说："这种说法太可恶了，都像你这样，还有哪个国家能消灭！"

引起嬴政强烈不满的，是吕不韦提倡的儒家"仁义"、怀柔言论，尤其是"兴灭国、继绝世"的做法，让他极为不满。

如果一个国家消灭了，还让所谓的"国君"享受祭祀，这不等于没有灭掉吗！天下怎么可以有秦王以外的王存在呢？

嬴政素来主张武力征服，年轻气盛，又兼在邯郸停留期间，受够了很多人的压迫，遇事就想着以暴制暴。在他年轻的胸膛里，流淌着滚烫的血液，有一种冲动，被他压制着，那就是"谁不服就打他"。他小小年纪在赵国和母亲度过的那段屈辱日子，已经留下深深的烙印。那时候，反抗都不敢过于冒尖，连最起码的普通百姓的穷孩子都不如，遇事只能选择忍让。

对于吕不韦来说，编纂《吕览》这部书，最主要的目的就是要培育强大的君主，因为吕不韦知道，即使自己有再大的抱负，也必须通过秦王这个角色来完成。一旦嬴政亲政之后，观点和自己不一样，原先的很多努力就会白费。所以，他有意识地往这里引导，在《尊师》中，专门说：

> 神农师悉诸，黄帝师大挠……吴王阖闾师伍子胥、文之仪，越王勾践师范蠡、大夫种。圣贤者，未有不尊师者也。今尊不至于帝，智不至于圣，而欲无尊师，奚由至哉？此五帝之所以绝，三代之所以灭。

这就是举例说明，一个君王要想国家长久兴旺，唯有尊师。他要培养的是建立统一国家的君主，所以必须要让君主有这种气度和胸怀。可嬴政心里却在暗暗抵抗：你如此说，无非是要让我成为软弱的君王，做一个听话的君王，那样的话，当这个王，还有什么意思！

他决心做一个前无古人后无来者的强势君王，坚决不做柔弱的傀儡！

一部《吕览》，虽然很多观点，嬴政都认可，但同时也坚决反对吕不韦的某些观点，只不过他已经懂得，现在自己还未亲政，必须表现得乖巧听话，否则，能不能顺利亲政都将成为问题。

第十章　渐成乱局

一、平衡中的躁动

华阳太后和姐姐芈容端坐在凉爽的宫殿内，却一点也感觉不到清凉，内心里的焦灼让两个人都坐卧不安。

"你不是已经提过了？"芈容问。

华阳太后愁眉苦脸地说："提是提了，可吕不韦吞吞吐吐，就是不肯说个准信儿，说还要经过老族们烦琐的仪式。"

"这明显就是搪塞。这个吕不韦，如今越来越狡猾了。"芈容没好气地说。

"我倒觉得，或许他也为难呢。"华阳太后摇动着扇子说，"赵太后恐怕会从中作梗。"

"你倒真成了老好人，不说他们一句坏话，还替他们打掩护。"芈容急促地说，"即便有点障碍，那吕不韦想办什么事，如今谁还能拦住？"

两人正说话，忽然熊启走进来，芈容一见，忙说："快听你舅母说话，新鲜得很。"

熊启是晚辈，自然不敢乱发言，就含糊地说："外甥愿听太后教诲。"

华阳太后不理姐姐的揶揄，只管说："我说的是实情。反对嬴政迎娶楚女，最大的障碍肯定是赵太后。你想，秦王毕竟是她亲生的，在这大婚之事上，当娘的肯定要推荐赵国人。"

熊启点点头："太后言之有理。"

"左右都是有理。我不想听你们说这些话，现在商量的是如何叫嬴政迎娶我楚国女子。"

"我们这边自然要再催吕不韦，这会儿我倒想着，启儿既然和秦王亲如一人，叫他去劝说，或许是最好的办法。"

芈容冷冷一笑："痴人说梦。那嬴政如今连自己都顾不了，他说话谁肯听。"

华阳太后说："这不一样。毕竟，是给他完婚，他的意见多少也起作用的。"

芈容说:"那好,启儿你就多试试。不过,我还有一层担心,如果那夏太后此时插手,可就真不好弄了。"不想华阳太后却连声叫好:"姐姐,你错了,如果夏太后真的插手,也推荐韩国女子,倒真是帮了我们的忙。""这是怎么说?"别说芈容糊涂,就是熊启也迷惑不解,这何以成了好消息。华阳太后说:"别看韩国弱,可如今这宫廷内,韩国力量却不弱。夏太后是先王子楚的亲娘,韩太妃又是子楚的庶夫人。如果她们再推荐韩女为王后,吕不韦就是再傻,也不至于让整个后宫都成为韩天下。所以说,她们若一搅和,说不定赵太后也会倾向于咱们这边。"

"到手的利益,那赵姬肯留给你?"芈容疑惑地问。

"赵太后,说来说去,还不是吕不韦的人。他们的利益是连在一起的。即便赵太后糊涂,吕不韦心里也清楚得很,赵太后是民间女子,和赵国贵族并无瓜葛,即便推荐赵女当王后,也不是一心。"

"呵呵,叫你一说,好像还是我们胜算大一些。"芈容忽然乐了。

熊启却反复摇头,说:"未必。吕不韦最懂平衡了,说不定会出奇招,迎娶别国女子也未知。"

"说来说去,问题还在吕不韦这里。要叫我说,不妨给吕不韦施加压力,当初他如何回国的,又是如何当上丞相的,还不是靠我们!若是当初我们不收子楚为嫡子,哪里有他吕不韦后来这一切。"

"姐姐差矣!所谓此一时彼一时。那时我们占有主动权,吕不韦当然要千请万请,可现在不一样了,他正如日中天,在秦国朝野,谁敢忤逆他!这得势之人,最大的忌讳就是翻他旧日落魄时的老账。姐姐真要旧事重提,只怕吕不韦恼羞成怒,我们或许一点希望也没有了。"

芈容不服:"我就不信,他吕不韦敢一点情面也不讲。无论如何,你如今是大秦的老太后,先祖的王后,位置摆在这儿,谁敢动一丝一毫。"

"我的亲姐姐,你也知道,闹僵了只会两败俱伤。对吕不韦来说,秦王大婚,正是他最头疼的地方。倘若我们一逼,恰好给了他口实,他再联系老王族们,耍个计谋,说我们干政,那就有口难辩了。"

三个人你一言我一语,讨论了半天,最终商量出一个结果,暂时还不能硬来,最好的办法,就是让熊启先争取嬴政的同意。这样一来,至少就有了同盟军。

熊启和嬴政年龄相当,又是伴读,平日里两人同来同往,他摸准了嬴政的脾气——硬戗着来,绝对行不通。

可是，若是一味地哀求他，更会让他看不起。这嬴政的性格，软硬不吃。而且，最叫熊启发憷的是，嬴政确实有当王的秉性，说翻脸就翻脸，急恼时，六亲不认。更可怕的是，嬴政的城府远远超过了同龄人，平日里即便仅剩他们俩人时，嬴政私下里也没有说过吕不韦一句坏话。熊启明明知道他对吕不韦的好多见解不认同，可他就是不表态，总是挑逗着熊启："你说，丞相这一点对不对。"当熊启说出不同意见时，他就会说："我可什么也没说，都是你说的。"熊启有时也故意说他没主见。每当听到这样的话刺激时，嬴政的脸色是铁青的，咬着嘴唇一语不发，可他就是不从嘴里亲口说出吕不韦错！

还有，嬴政聪明过人，若是叫他看出来你是利用他，自然一口就回绝了。

硬来不行，恳求也不行，熊启就只好迂回想办法了。

早晨，两人对罢刀剑，不住擦汗之际，熊启说："我要准备成婚了。"

"你才多大，就想这些。"嬴政笑嘻嘻地说。

"男大当婚，自古皆然。像我这远离母国的游子，早成婚早安生。"

"那多拖累啊，有个女子管束着，还能做成什么事情。"

熊启说："我能有啥大成就，不像你，是秦王，整个国家都是你的。"

嬴政没有追着问，仰头看看温热的太阳，悠悠地问："那你是要回国了？"语气里带着一丝苍凉。熊启说："我也不想离开啊，可家里一催再催，有什么办法。"嬴政倏地一扔汗巾到案子上："我有办法，让你留在秦国。"

"什么办法？"

"你娶个秦国女子。"

熊启一听，正中下怀，说："这办法好，我其实也不愿意回去。可是，我在这里人生地不熟的，谁家女子肯嫁我。"嬴政说："我来想办法。咱们算一算啊，这宫中的公主，啊呀，岁数都大了，不合适。那就从大臣家里找。王龁的孙女，和你年龄倒是相当，可我听说腿有疾，不合适！王绾的女儿年龄合适，可王绾职位太低，门户不相当……有了，蒙骜的孙女、蒙武太尉的二女儿，爵位也相当，年龄也合适。就这么定了。"熊启高兴地说："反正我在这里就你一个朋友，你说了就做主。"

"你是不是要问问华阳太后？"嬴政又问。

"那自然要问问的，舅母做主，旁人也不能说没有大人为我做主。"

嬴政说："老太后那里，你想好了再说，我也多帮衬帮衬你，想来这总是好事，太后不至于阻拦的。"

"谢过王上。"

两个朝着大殿内走，熊启有意无意地说一句："我迎娶了秦国女子，只怕你就不能娶楚国女了。"

"为何？"

"我们俩这么亲密，别人肯定会担心我们互相联手，不利于朝政。"

这样一激将，嬴政高声说："我偏要娶！你也给我举荐个。"

熊启支支吾吾地说："还是算了吧。想来丞相不会同意的，恐怕赵太后也不会应允。"

嬴政把嘴片一撅："这些你先别管，只管推荐。"

熊启见目的达到，生怕错过机会，就装作想一想："你是秦王，自然是楚国公主。对了，我有个妹妹，年方二八，十分合适。"

嬴政双手一拍："就她了！"

熊启接过嬴政手里的剑，放到架子上，嘴里嘟囔着："你的婚事事关国家，还是等你亲政后吧。"

嬴政毕竟也是年轻人，这时听着自己还不如一个公子轻松，就赌气地说："我偏要现在娶！"

熊启当即催问："你当真不怕丞相？"

嬴政一拍胸脯："我的事，我做主。怕啥？"

熊启竖起大拇指，极力称赞道："王上果然好气度！"

没想到嬴政听完这句话，顺手忽然抽出寒光闪闪的青铜剑，指着熊启鼻尖，说："你是在激将我，包括迎娶你妹妹，都是设计好的，对吧！"

熊启顿时脸色惨白，结巴着说："这……不是……我……"

嬴政一见他惊恐的惨状，抽回剑，狡黠地一笑："不过没事，我愿意！"

这就一下让熊启摸不着头脑了，愣怔地看着嬴政，紧张得手都不知道该往哪儿放了。到底心中疑惑，眼睛眨了又眨，希望嬴政给个答案。

嬴政轻声地问："你知道为何？"

熊启彻底懵了，一个劲儿摇头，他实在不知道这个年轻的君王心里在想什么。

嬴政一字一顿地说："因为，我需要你这个朋友！记住，我们一定要交心，我们一同征服天下！"

这句话一出口，熊启当即跪倒在地，眼含热泪地表示忠心："臣何德何能，叫王上如此看重！虽九死而不惧！"可即便是嬴政这样诚恳托付，十多年后，昌平君还是反了！他的反叛，导致嬴政一生再也不信任任何人，并做出一个痛心的决定——永远不立王后！这是后话。

熊启见嬴政肯把这样的知心话说给自己，知道是取得了他的绝对信任，但同时也更加深深佩服嬴政的忍耐之心——即便如此信任他，也不肯当着他的面说吕不韦一句坏话。

很多人并非做不成事，而是平日里说话太随便，提前给自己竖起了障碍之墙，还不自知，等到事情做不成时，才懊悔不已。这种自己给自己制造障碍的做法，就是"事业成熟度"不够。干大事的人，"事业成熟度"往往会超过了实际年龄，走在前头。嬴政就是这样的人，小小年纪，心里装着天大的心事，却从不表露出来，以至于大家只感觉到了他的冷酷和沉默寡言。这样的人，内心与自己对话千万遍，只是不说出来而已。

吕不韦也看出了这个苗头，随着嬴政年龄越来越大，交流反而越来越困难。心里有话偏不说，已经成为嬴政的标签。

当熊启把嬴政同意迎娶他妹妹的想法告诉华阳太后时，华阳太后欣慰地夸赞这个外甥："多亏你聪明伶俐，是我楚国血统好啊。"

熊启听舅母如此夸赞，忍不住就说："这王上，如今和我成了最好的朋友。"

华阳太后身子往前倾一倾，详细询问，熊启就把嬴政的嘱托和盘托出。他觉得这是炫耀的最大资本，没想到却招来华阳太后一顿斥责："你真是糊涂，这样的话，传到我耳朵里就是最后一人。"

熊启不解，明明是好事，舅母何以如此较真、害怕。

华阳太后见他不开窍，就解释道："你心里一认定秦王是你的知心朋友，说话做事就会放肆，天长日久，吃亏就不是小亏！"

华阳太后如今已经大变了性情。之前有安国君嬴柱在时，她乐意做个小女人，只管温柔撒娇，讨好嬴柱。那时候，所有的点子都是姐姐芈容在想，所有的事情都由姐姐安排。可如今，嬴柱已经不在人世，她十分清楚自己的位置。虽然同样是太后，但赵太后是当今秦王的母亲，这是最亲的关系。比起赵太后来，她这个"老太后"就隔着许多层关系。而芈容和熊启等人，并没有清醒地认识到这一层，反而觉得有她这个"老太后"撑腰，还像以前嬴柱在世时一样的做派。华阳太后心里清楚，可她不能说出来。一旦她把自己最后的这点脸面也说破了，只怕芈容等人不但不会收敛，反而会逼迫如今的当权派——吕不韦和赵太后！这是最要不得的！所以，华阳太后在嬴柱去世后，心静了，反而想通了很多事情，也懂得了"识时务"。当然，她也不能主动示弱。若是一点也不争取自己的利益，那样的话，吕不韦等人更会将她踩在脚底。

后宫不能干政，可真正有几个后宫不干政的，只不过干政的形式不同而已。如果没有当初自己"干政"，哪有子楚立为太子并成为秦王这件事。这件事，就是吕不韦的七寸。但这种最有效的武器，只能到万不得已的时候用一用，如果随时拿来用，就不管用了。这是后宫的学问，也是华阳太后躲在深宫里感悟出来的。当事人深谙这个道理，所以说话做事的风格就变了，她已经改变了，可芈容和熊启等人却并不了解，所以就常常觉得她"越来越胆小"。她从不争辩，胆小不是毛病，盲目才会吃亏！

正是这种既攻又守，或退或进，熟练掌握这种"王宫智慧"，让吕不韦对华阳太后刮目相看，又不敢太过逼迫，凡事提前"请教"，实际就是互相妥协，形成权力平衡。这种过程表面上波澜不惊，实际上是惊涛骇浪。一着不慎，满盘皆输。

吕不韦最近就因为这个平衡，颇为烦恼。安排嫪毐进宫已经很久了，却一直没有让他按照提前设定好的角色开演。

找到一个合适的点，是最难的。

让嫪毐无缘无故地担任什么官职，缺少充分的理由，即使硬安排成，朝臣们一定不会服气的。可是，若长久地拖下去，显然就失去意义了。为此，吕不韦想过多次，总是找不到合适的办法解决。

和赵太后也说过几次，始终找不到突破口。

后来，出于整体考虑，以赵太后的名义，先安排嫪毐做了内史，总算是有个眉目了，吕不韦才稍稍放了心。

更让吕不韦感到头疼的是，眼看着嬴政一天天长大，不久就要亲政，可是，如何顺利交接，成为十分棘手的一件事。

嬴政是秦王，这一点是毋庸置疑的。吕不韦担心的是，如果嬴政亲政后，自己敢不敢大撒手。

假如自己不再过多地插手朝政，那么，华阳太后一方的势力，必定会趁势而起。但这只能是隐忧，无法摆到明面上来说。一旦朝政落入华阳太后一方，嬴政就成了孤家寡人，到那时，自己一心要实现的东征大业，一定会停滞不前的。华阳太后毕竟是女人，她更关心的是国内的安稳，女人对战争的理解，往往是宁可不战，绝不冒险。

即便嬴政能够强硬地执行之前既定的战略，可凡事掣肘，会丧失良机的。

话说回来，如果自己依旧像现在一样，做一个硬派丞相，对嬴政来说，就会形成抵抗情绪。如果君臣龃龉，秦国统一大业更会受到牵连。

最好的状态，就是嬴政主动恳请吕不韦依之前一样，时时处处当家做主。可吕不韦隐隐感觉到，这个年轻人已经羽翼丰满了，虽然表面上并未表露出来一点，可从他的眼神里，总能读到一种威慑力，一种霸气。

吕不韦的雄心，是要建立统一大业，任何不利于统一的事情他都不想做，包括他继续担任丞相。

他知道，嬴政亲政后，让他继续担任丞相这件事，应该是没问题的。问题的关键是，他要如何做。一天天思考，让吕不韦头疼不已。可他知道，这种忧愁，没有人能够替他解开，唯有自己找到合适的方式。

就在这时，出现了一个重要的转机！

五国合纵攻秦，虽然已经失败，但吕不韦还是难以咽下这口气。凭什么你们想来就来？他要杀一杀这股风气。因为如今的秦国综合国力和军队的战斗力已经成为七国里最强的，所以他要彻底遏制这种风气，让东方六国以后不敢再轻举妄动。他要让任何一个国家都只顾自保，无力反抗。

只有一条出路！战斗！

秦国果断出击，攻打五国。

第一拨，派出老将蒙骜，会同将军张唐，督兵五万，伐赵。

三日后，派出第二拨，命令长安君成蟜会同樊於期，率兵五万作为后援。

秦军出函谷关后，蒙骜率领前军取路上党径直进攻庆都，在都山扎下营寨。成蟜后军赶到后，驻扎在屯留。

赵国派庞煖为大将，扈辄为副将，率兵十万抗拒秦军。

蒙骜是老将，庞煖也是老将。两人谁都不敢草率出击。双方僵持不下。

为保住庆都，庞煖查看地形后，下达命令：庆都的北边，只有尧山最高。如果我们攻下尧山，就可以控制都山。

于是，庞煖派扈辄率领两万大军先行，到达尧山后，由于秦军在这里只有一万人马，不久赵军就攻下了尧山。秦军见丢了尧山，只好增派军队前来夺取，庞煖的大军也已经来到，双方在尧山脚下展开激战。

由于赵军占领了山头，占据了优势。扈辄在山头竖起红旗，指挥山下的庞煖大军。张唐率领的秦军往东，红旗便指向东边，张唐往西，红旗便朝西边指。这样一来，秦军的排兵布阵全部暴露在赵军之下，眼看着节节败退。庞煖趁机激励将士们，谁能抓住秦将张唐，封地百里。赵军听到后，个个血战，誓要生擒张唐。张唐率军苦苦血战，却始终无法突破包围圈，眼看秦军就要全军覆没。

危急时刻，老将蒙骜率军赶到，接应张唐，里应外合，最终杀出重围，撤回都山大营，坚守不出。

庆都城内守军，见秦军不能取胜，信心大增，防御愈加顽强，秦军一时陷入僵持战中，久攻不下。

为顺利攻下庆都，蒙骜将军便派人到屯留催促成蟜率领的后军前来支援。成蟜只有十七岁，不谙军务，急召樊於期商议。

这就要说说樊於期了。

自从赵十八那天雨夜醉后告诉樊於期嬴政的身世，樊於期就常常和赵十八亲密接触、喝酒。喝醉了就要议论一番嬴政和吕不韦。久而久之，在赵十八心里，已经开始憎恨起吕不韦。他觉得，自从追随吕不韦以来，多次冒着生命危险救吕不韦等人于危难中，可最后却落个如此凄惨的下场，被派到这军中受苦。最叫他耿耿于怀的是，得知妻子有病，他仅仅提出一点小小的要求，要去隐宫探望一下妻子，吕不韦竟断然拒绝。这是多么冷酷无情啊。

"凭什么他就如此绝情？当初，他不也就是个商人！"赵十八想不通，得势后的吕不韦竟然翻脸不认人。

樊於期之所以要和赵十八交谈，是觉得，既然嬴政不是秦国王室血统，而自己身边的长安君成蟜是正宗的王室血统，刚开始出于不忿，替成蟜鸣不平。后来渐渐就转变了想法，也和赵十八一起恨起吕不韦来。他觉得，这一切都是因为吕不韦造成的，倘若没有他的一番安排，嬴政根本不可能即位。

"秦国是嬴姓的，是老秦人的，不能让吕不韦阴谋得逞。"樊於期十分同情赵十八，劝他说，"既然我们知道实情，合适的机会就要大白于天下。"

于是，一来二去，樊於期就和赵十八达成同盟，要做拯救秦国于危难的英雄。

现在，成蟜召樊於期商讨军务，樊於期觉得：机会来了！

樊於期有着明显的武将脾气，脾气暴躁，遇事鲁莽。他认定了要将秦国王位还给嬴姓血统，就永不回头。

"我们不能去！"樊於期见了成蟜第一句就发出响亮的声音。

成蟜吃惊地盯着樊於期，问："将军为何这样说？"

"你想想，如今，蒙骜老将军都打不赢，我们去就能就改变战局？如果去了，不能取胜，丞相要怪罪。秦法无情，公子是知道的。"

成蟜发愁地说:"可不去,贻误战机,更是罪责难逃啊。"

樊於期点点头,说:"这下你知道了吧。朝中那么多将军,丞相为何派你前来。"

成蟜茫然地问:"莫非不是丞相所说,要我增加军功?"

樊於期长叹一声,道:"公子,你好糊涂。吕不韦派你前来,打赢了是蒙骜指挥有度。打输了,轻则削籍,重则刑诛。你知道为什么吗?"

"为何?"

"因为嬴政并不是我大秦老贵族的血统,是吕不韦的儿子,如果你留在咸阳,怕你和他争权夺利,所以才把你支到这荒山野岭来,让你左右为难。"

成蟜大吃一惊:"这话可不敢乱说,你听谁说的?"

樊於期这才将赵十八呼唤进军帐,将事情的前前后后说了个够。

成蟜不信,问:"你是说,赵太后怀孕后才嫁给先王的?"

赵十八答:"是!"

"王兄是不是足月出生的?"

赵十八脱口而出:"大期而生。"

成蟜身子挺一挺,面色严肃地问:"既如此,你为何捏造说是吕不韦儿子?"

这一下,樊於期顿时脸色大变,感到问题很严重,自己怎么没有想到算算日子,当即也大声逼问:"是啊,你倒说说,这是怎么回事?若是捏造事实,我现在就斩了你。"

赵十八却面不改色地说:"那几年,我几乎天天跟着丞相,这话,是我偷听到的。那一晚,赵太后和丞相在屋里说话,我全听见了。她嫁给先王时,已经怀孕两三个月了。"

"胡说!天下哪有迟生这么久的人,定是你捏造事实,诬陷丞相和王兄。真的如你所言,先王岂不是昏昏沉沉!"

这一句追问,将赵十八逼到了墙角,如果不能拿出强有力的证据,不但玷污了吕不韦和嬴政,甚至连庄襄王子楚也作践了,这可是担待不起的天大罪过。

赵十八"扑通"一声跪倒在地,发誓道:"长安君饶命,小人若有半点谎言,天打雷劈。"他哆哆嗦嗦地将子傒公子派他杀悼太子起,如何躲避追杀,最后被吕不韦所救,后来又如何在邯郸负责联络子楚,帮助他出入赵国贵族家庭,三番几次被子傒陷害等等,一并说了个透,最后哭喊着再次盟誓,所言没有半句假话。甚至为了取得成蟜信任,连楚国李园的事情也说了个透彻。

这一通话说完,成蟜陷入了沉思。

这些话,并没有回答嬴政是吕不韦儿子的问题,也缺乏足够的证据。但对于一个十七岁的公子来说,内心的震动确实是非常巨大的。他自知现在无力抗衡吕不韦、赵太后、嬴政组成的联盟,但一听说唯有自己是老秦王族血统,确实是激动了很久的。当王,这是任何男人都梦寐以求的事情,如果有一点希望,自然要不断争取的。可成蟜心里也十分清楚,这种事,若是有人强力支持,就是最大的翻牌机会,若是没人支持,自己提出来,就成为十恶不赦的罪徒。

当他还在沉思之际,樊於期已经扭转了思路。尽管前段时间自己和赵十八过从甚密,可自己并没有细致地询问赵十八有关嬴政的出身问题。今天一听,存在很大漏洞。此时,尽管没有人逼迫,但樊於期已经陷入一种过度的兴奋之中,他觉得,此时若是偃旗息鼓,无异于承认自己是个懦夫。倘若嬴政真的就是吕不韦的儿子,自己拥护成蟜独立,就成为盖世英雄。

所以,樊於期当即表态:"我能救公子!"

成蟜正在犹豫间,听到这句话,就问:"将军怎么说?"

"如今,蒙骜兵困于赵,急切间不能回来,而君手握重兵,如果散布檄文,以宣告吕不韦与太后淫人之罪,说明宫闱之诈,臣民谁不愿侍奉适嗣以主持社稷!"

成蟜被他说得热血偾张,愤然按剑说:"大丈夫死则死尔,怎么能屈膝于商人儿子之下,希望将军好好谋划一番。"

樊於期见成蟜决心已定,就对前来报信的司马说:"回去告诉蒙将军,大军不日移营,请将军放心。"

军中司马走后,樊於期当即派人起草檄文,大意说:

> 长安君布告天下臣民知悉:传国之义,适统为尊,覆宗之恶,阴谋为甚。文信侯吕不韦者,以阳翟氏贾人,窥咸阳之主器。今王政,实非先王之嗣,乃不韦之子也。始以怀娠之妾,巧惑先君,继以奸生之儿,遂蒙血胤。恃行金为奇策,邀反国为上功。两君之不寿有繇,是可忍也?三世之大权在握,孰能御之!朝岂真王,阴以易嬴而为吕,尊居假父,终当以臣而篡君。社稷将危,神人胥怒!某叨为嫡嗣,欲讫天诛。甲胄干戈,载义声而生色。子孙臣庶,念先德以同驱。檄文到日,磨砺以须,车马临时,

市肆勿变。

樊於期将檄文写好，呈给成蟜看。

成蟜看后，吓得额头不断冒汗，犹犹豫豫地问："这样写，是不是太激烈了？"

樊於期说："君如今举起的是义兵，不要心里有负担，你要知道，如今只有你的条件最符合当秦王，只要我们这边一动静，相信秦国嬴姓老族都会支持的。"

成蟜毕竟没有做过这么大的事情，一直感觉心悸不止，担心地问："我们只有这些军队，能成事吗？"

樊於期说："长安君，我们一定能赢。听我说说咱的优势。第一，我们是匡扶正义，只要旗帜一打出来，整个秦国人都会支持的。再说了，咱们现在有五万秦国精锐，这些将士都身经百战，个个能以一当十。"

成蟜倒不傻："蒙骜的军队也是精锐啊。"

樊於期说："我们要恢复秦国正宗血统，说不定蒙骜见了也会支持呢，即便他不支持，料也不该反对。何况那么多秦国将士，谁愿意让秦国天下拱手送给吕姓呢。"

成蟜听听也在理，可心里总是惴惴不安，忍不住又说："现在吕不韦当着丞相，又是王兄的仲父，权势熏天，只怕不会有你说的这么容易。"

樊於期此时早已听得烦躁，可他知道，如今自己只能依靠成蟜这个公子，别无他法。既然已经走出了第一步，想要回头，已经不可能了。他清楚，过不了三两日，蒙骜就会警觉，加强防范。自己率领的这支队伍要想取胜，只有采取速战速决的办法，占领几个城池，才能有立足之地。可这成蟜，优柔寡断，黏黏糊糊，真是气死人。

但樊於期还是得耐着性子，一遍遍劝说成蟜，鼓起勇气，做出最后的决定。

但成蟜偏偏不急于给他答案，迟疑着说："就我们这几万人，行不行啊？"

樊於期气得眼珠子都红了，可毫无办法，只好耐着性子解释，千说万说，成蟜就是不吐囫囵话。

为了稳住成蟜的心，樊於期忽然想到一个办法，说："我们可以倚靠赵国啊。"

成蟜说："不可不可，你方才说的是肃清秦国内政，如今一投靠赵国，就是叛国了。"

樊於期赌气地说："你做决定吧，时间可不等人，反正蒙骜很快就会打过来的。"

这样一说，成蟜忽然后悔地说："我就说要商量商量，你偏偏不听，现在没有准备好就仓促应战，这可怎么办？"急得如热锅上的蚂蚁，在屋里团团转。

樊於期见状，生怕他真的做出决定不起兵了，如果那样的话，他是庄襄王之子，又"阻止"了反叛，说不定还能得到嘉奖，而自己就将成为替罪羊，承担一切后果。虽然此时檄文并未向外公布，但这样的秘密已经不再是秘密，总有一天会透露出来的，到那时，他必死无疑。无论吕不韦还是嬴政，都不会允许他活着的。所以，尽管很恼火，他还得忍住性子，苦劝成蟜，莫要再迟疑，丧失当秦王的机会。

成蟜听到秦王两个字，确实也动了一下心，就怯怯地问："如果我们依靠赵国，派谁去联络？"

樊於期一听有戏，不假思索地说："当然是赵十八。他最痛恨吕不韦，也最了解实情，让他去，赵国一定会同意的。"

成蟜刚要下定决心，忽然想起："不行，如果我们这样做，祖母肯定不同意的。"

樊於期一愣："你还管什么祖母，她又不是嬴姓人。"

樊於期以为说的是华阳太后。

可成蟜却说："我说的是亲祖母，夏太后！"

"她怎么会阻拦，你是亲生的，她巴不得你继承王位呢。以前是出于无奈，让嬴政隐瞒得了势，知道真相后，夏太后一定会支持——她的亲孙子的。"

成蟜反问："你说，真的能成事？"

"现在是最好的时机，趁着嬴政还未亲政，手里没有握着军权。"

成蟜一想，的确如此，但还是举棋不定地说："你容我再想一晚上，这不是小事。"

樊於期哭笑不得，像这样的人，的确无法和吕不韦抗衡。可箭在弦上，不得不发，如今只能朝前走，后退不得，只好给了他最后一个晚上的思考时间。

就在成蟜瞻前顾后、百般担忧之时，发生的一件事，最终促使他下定了决心，要推翻嬴政，自己登位，当秦王。

二、举起反旗

东方还未露出鱼肚白,值班的军士们发现了一个奇怪的现象,朝西望去,一颗闪亮的彗星频繁出现。大家窃窃私语,惊诧不已。

有几个知道点实情的老军卒就偷偷地说:"我们这是惊动了上天!"

年轻的军士胆怯地问:"会不会降罪于你我?"

"嗨,我们只是些士兵,将军指挥到哪里咱就战斗到哪里,这倒不必担心。"

"要是能成了,我们就能赢得爵位……"

老兵摸一把胡须,抽一口烟,慢慢地说:"战争都是大人物们发起的。擦好刀,只管砍杀就行。剩下的,就交给命运吧。"

老人不无苍凉的语气,让几个年轻的士兵心里发怵,轻轻地念叨着:"家里还有妻儿啊。"

老兵及时制止了这凄凉的情绪:"军中散布谣言,扰乱军心,小心将军拿你们祭旗。"

他这一吓唬,年轻人赶紧挺直身板,又精神抖擞地各负其责。负责巡逻的,背起长戈步伐矫健地沿着营帐巡逻;站岗的身体笔直,眼睛盯着远处军灶里袅袅的炊烟……

成蟜睡了一夜,刚睁开惺忪的眼睛,就听到军帐外传来急促的脚步声,紧接着听到樊於期的喊叫声:"公子,醒来了吗?我要进来了,好消息好消息!"

成蟜忙说:"你快进来,什么好消息?"

樊於期三五步走进军帐内,压着兴奋,说:"夏太后宾天了!"

成蟜双手正在忙着挂玉佩,一听这话,悲愤地说:"将军胡说什么!"

樊於期双手抱拳,认真地说:"臣所言千真万确。"

成蟜声音哽咽地说:"祖母去了,将军怎么说是好消息!"带着责问的语气,让樊於期一时明白过来,急忙掩饰地说:"臣有罪!怪我这拙嘴笨腮。"

成蟜也不太会训斥人,只是温柔地说:"让将士们为夏太后致哀吧。"

樊於期差点跳起来,都这时候了,你不想着出路,却想着办丧事,大声地说:"公子,臣说的虽有毛病,但你想想,夏太后这一走,是不是就没人管束你了,我们该下决心举起义旗了吧!"

他一提醒,成蟜才明白他说的好消息原来是这个,也附和地说:"对呀,我怎么没有想到这一层。你这消息可靠吗?怎么这么快就知道了?"

"昨天去的，刚刚接到快报。"

"祖母真会选日子，昨天？五月十六，这日子不冷不热，她老人家也是寿终正寝，安享晚年，不用再操心了……"成蟜对这个时刻保护他的亲祖母有着极为浓厚的感情，心中沉甸甸的。

由于夏太后不是秦孝文王的正室，所以无法与之合葬，但嬴政等人根据夏太后生前留下的遗言，单独将她葬在杜东，为的是方便她"东望吾子，西望吾夫"——子楚葬地芷阳，在其墓东；安国君葬寿陵，在其墓西。这些都是后来按程序举办的。

成蟜伤心了一个多时辰，由于不再害怕夏太后责难，又在樊於期的不断催促下，终于再无牵挂，下达了正式命令，军营里飘扬起起兵的旗帜。

樊於期派人将早已准备的檄文到处发散，很快，不远处的秦国蒙骜军营、赵国庞煖军营等都接到了檄文。

蒙骜看到檄文后，马上下令，一面布置将士们做好战斗准备，一面快马将此檄文送往咸阳。

庞煖接到檄文后，也做了两手准备，一边稳住赵十八，同意接纳成蟜队伍。一边也派出快骑，将檄文送到邯郸，由赵王做出最后的决定。

夏太后的去世，让嬴政感到十分悲伤。他不是对夏太后过度思念，而是在为她举办葬礼的过程中，目睹她简朴的家居、寒酸的衣着等产生了极度悲凉感，他感悟到了王宫的无情。即便庄襄王是夏太后的亲儿子，可由于孝文王时期长期失宠给她造成的心理阴影，始终并未散去。同样身为太后，但夏老太后和华阳老太后以及赵太后的起居饮食、随侍人数、衣装奢华程度等等，都有着巨大的差别。

正当吕不韦和嬴政都陷入夏太后故去的事情中忙碌时，成蟜的反叛檄文也传到了咸阳。

这个檄文，在秦都咸阳迅速掀起了一场地震。嬴政雷霆震怒，发出怒吼："定要斩杀这不知羞耻的乱臣贼子！"

吕不韦满面蒙羞，他心里知道，整个秦国朝野，无数人都在鼓唇摇舌。这是他从政以来遇到的最无所适从的事。如果强势介入，势必会引起嬴姓老族更大的反叛力量，不知道有多少暗中窥间伺隙的力量正蓄势待发。

前线的成蟜并不是难以对付的敌人，最怕的是咸阳发生暴乱。可现在这一切都在暗处，无法预料。

但是，如果吕不韦采取软弱的对策，更会授人于口实，有些人会觉得"吕不韦心虚"，所以不敢下硬手。

这时候，嬴政的强硬性格起到了决定性作用。无论如何，他是先王遗诏定下的秦王，这时候秦王说话，最有威慑力，也最是恰当。

华阳太后首先发力，提出，要委派昌平君熊启作为平叛监军。她要好好利用这难得的机会，既能让昌平君通过这场战争，赢得嬴政对昌平君的绝对信任和依赖，而昌平君有了这样的资历，就可以顺理成章地成为王宫内"楚系势力"的实权派人物。以后楚系势力要发声，再也不用顾忌"后宫不得干政"的忌讳，凡事都可以让昌平君站出来发声。

吕不韦明明知道华阳太后的险恶用心，但此时却无法拒绝。如果直接拒绝，万一华阳太后趁机联合暗中蓄力的秦国老族，以"嬴政是吕不韦儿子"为由，发起逼宫，自己将陷入外有成蟜反叛，内有华阳逼宫的艰难境地。这是吕不韦最不愿看到的。但是，总要对华阳太后有所制约，才能使得日后朝政不至于陷入楚系掌控之中。

关键时刻，赵太后站了出来。

赵姬，这个曾经的吕不韦的女人，尽管在这个檄文里也被贬低得一无是处，但她有一个最好的挡箭牌——子楚的女人！

这是不容置疑的，也是谁也无法撼动的。

庄襄王嬴子楚对赵姬的宠爱，这是所有人都看到的，这个是绝对假不了的。赵姬利用这个优势，果断站出来澄清事实，就具备了先决条件，她以"先王后"的身份主持公道。

很显然，儿子嬴政是她亲生的，无论是吕不韦的血统还是子楚的血统，只有她最清楚。她以"先王后"的身份来验证这件事，旁人无可辩驳。

至于檄文里提到，吕不韦害死孝文王嬴柱，以至于只当了三天王。害死庄襄王嬴子楚，也只当了三年王。这些事情，都是空穴来风，因为当年的调查并无定论，此时只能说是成蟜为了叛乱捏造出来的谣言。

赵姬到底是被吕不韦培养的优秀间谍，抛开儿女情长，她是具有极其冷静的洞察力的。

"这时候，你少说话，让我和政儿出来，你保存实力，做最坏的打算。"赵太后对吕不韦说。

吕不韦说："这样也好，咱不能一窝蜂乱打，要打有准备的仗。"

"你预计成蟜会朝哪里进攻？"赵太后问。

"不论他有什么打算，这场战争必须速战速决，不能让他成了气候。一旦这件事拖久了，对朝政十分不利。"吕不韦分析道。

"我担心华阳太后会趁机作乱。"赵太后说。

"不排除这种可能。我这两天就让荆云多派人时刻盯着，即便是有一只鸟进了华阳太后的寝宫，也要揪出来。"

赵太后赞许地点点头，说："这宫内的事，我觉得倒不必用荆云，你叫他操心城防吧。我这甘泉宫内，还是有三分力量的。我让嫪毐派人去监视，他是内史，在宫内做任何事都名正言顺。"

"这样也好。不过，我忽然有个想法，咱们不是一直找不到机会吗？现在机会来了，华阳太后要昌平君去掌印，实在不好找出理由来拒绝。索性就派嫪毐也去平叛，趁机拿个军功，这样也能为将来布置他攒些理由。"

赵太后微微颔首："名义上去就可以了，他还要在宫内看护呢。这生死时刻，身边不能缺少这样忠心耿耿的死士。"

"那就这样安排。昌平君想去就让他去，我再找几个老将军，一同前往，不让昌平君真正掌握军权。"

吕不韦说完这句话，忽然担心地交代："这宫中保卫，我今天就多派些自己人来，你这里一点问题都不能出。"

赵太后见吕不韦如此担忧自己的安危，眼神里荡漾出柔情，也关切地说："你多操心外面吧，这咸阳城守卫要增加，周边也要增兵。"

"这个你放心吧，我从灞上和北坂军营里挑选几万人，秘密来到城外，总不会让城内乱的。"

赵太后还是不放心地问："这些老将军里，最好找那些并非嬴姓的。"

"这是自然。如果老族里再出来人响应成蟜，那就坏了大事。"

"人心不古啊，你说这成蟜，放着好好的富贵不要，非要反叛，图什么呢？"赵太后说。

吕不韦歉疚地自责："这那里是他要反叛，完全是那樊於期听从了赵十八的挑拨，才起了贼心。不过也不必过于担心，那樊於期是个鲁莽的人，并没多少韬略。先前有人秘密报信，说樊於期与赵十八偷偷交往，我没有当回事，怪我粗心大意了。"

"这赵十八，你待他不薄啊，他何必做这小人？"

"说来，他可能早就生了小人之心。当初从邯郸出逃时，为了先王安全，他提出来要留你和政儿在邯郸，后来先王怪罪于他，将他妻子打入隐宫，他便怀恨先王。前一段他听说妻子生病，要进隐宫探视，我也没有答应，大约就是因为这些鸡毛蒜皮的小事,他生了歹意。"

"人心叵测啊。他知道的事情可不少,真要乱嚷嚷起来,只怕还会有谣言。"赵太后提醒道。

"现在倒不必担心了,他已经反叛,再说出来什么话,大家也会以为是他胡说呢。只是……这一次……让你也跟着受牵连了。"

"你我之间,说这些做什么。若不是为了成全君,我何必生死相依来到秦国。"

"难为你了。"

"我的命是你救下的,为了报恩,死则死了,提什么难为不难为的,不就生分了嘛。"赵太后慨然地说。

吕不韦也想起以前的种种过往,不无感慨地说:"若是我安生在濮阳、阳翟做生意,也没有今天这一堆事情。"

赵太后听他言外之意,是怀念和自己的那段感情,心中慰藉,忍不住轻轻地叫一声:"不韦……何必说这些呢。"

吕不韦还沉浸在往事中:"有时候想想,这政治真是残酷。经商毕竟容易些。"

"谁叫你心中一直有梦呢。"

"唉,若是和平年代,我哪里还用操这许多心。你我本是小小百姓,过咱的安生日子,其实也是其乐无穷的。"

"那,咱干脆不当这什么太后、丞相了,你我私奔吧。"赵太后眨巴几下眼睛,笑吟吟地盯着吕不韦。

吕不韦也盯着她的眼睛,问:"有些路,走过了,你觉得还能走回去吗?"

"有什么不能的,我们什么都不要了,就要自己的小日子,怕什么。"赵太后好像动了真感情,眼窝里竟然盈满了泪水。

"你看看你,都已经是太后了,还是这么稚嫩,动不动就耍脾气。"吕不韦说。

"你当然可以成熟,你是男人。看来你还是不懂女人啊,天底下,唯有女人是最痴情的。女人可以为了心爱的人,放弃一切。可你们这些男人,在霸业和女人之间,总是轻易就放弃了女人。"她含情脉脉地看着吕不韦,"你说是吗?"

吕不韦被问得哑口无言,只好转换话题:"不说这些了,如今形势危急,按照我们商量的,各自行动吧。"说完起身,头也不回地快步走出了甘泉宫。

第十章 渐成乱局

今天是嬴政即位以来,两个人商量事情最默契的一次,吕不韦因为谈得愉快,商量的事情得当,走出寝宫后,抬头看看头顶的太阳,暖融融的,不禁心生愉悦。

他沉醉在往事的美好和今天的和谐气氛里,忘记了此刻正面对着一场生死之战。短时间的情感麻醉,让他整日不得放松的身心,竟然有了几分轻松。

可一当走到王宫门口,看到守卫森严的武士们面无表情地挺立的身影,他顿时回过神来——成蟜正在叛乱,此时可千万不敢有半点分心!

坐在荆云赶的辎车上,透过车厢上的小窗口,吕不韦看到街上熙熙攘攘的人流,暗暗告诫自己:这一切都来之不易,一定要守住!守住!

秦国是要统一天下的,要实现"大同世界",自己还有很长的路要走呢!个人的一切,都要牺牲给秦国才对!

檄文发出后,秦国迅速掀起了一场议论纷纷的讨论热潮,很多人之前仅仅是听到过吕不韦进妾的传闻,等见到檄文中有"怀妊奸生"等语,大都信了此事。但都忌惮于吕不韦的威名,即便是掌握军权的也都不敢轻易起兵响应,只是采取观望的态度。

嬴政当然不能容忍,因成蟜要推翻的不仅仅是吕不韦,连他这个秦王也不承认了,这就迫使嬴政必须站在吕不韦这一边。

他紧急召集吕不韦商议。

吕不韦说:"成蟜尚年幼,定是樊於期撺掇,不过这个人有勇无谋,只要王上发兵征讨,定能消灭。"

"派谁去合适?如今蒙骜老将军在外。"

"昌平君、嫪毐为征讨监军,王翦有勇有谋,可任大将。"

"全听仲父的。"以往说这句话,嬴政没有什么感觉,自从听到檄文里的传说后,忽然心里疼了一下。当然,他自己也不知道,是出于知道吕不韦是生父而懊恼,还是觉得不是秦国血统而气愤,总之是和以往不同了。

"桓齮、王贲可作为左右先锋,军队人数十万吧。"吕不韦十分熟悉将军们各自的特点,指挥分配十分恰当。

嬴政不免有些担心:"咸阳城的安防,是不是也要做些准备。"

"这些我已经安排妥当了,大王不必担心。"

本是省了嬴政的心,可此刻嬴政却觉得,丞相强势到关系政权存亡的事情也不同自己商量就私自决定了,猛地脑子里生出一个念头——成蟜会反,万一吕不韦有一天要反呢?

一念及此，不禁冒出冷汗。一个成蟜尚且好对付，像吕不韦这样手握生杀大权，可不是闹着玩的。但他知道，此时，吕不韦和他必须同仇敌忾，联手对付成蟜。

"昌平君和嫪毐担任监军，会不会引起议论？"嬴政内心里排斥嫪毐，他不过是个宦官，为何一次就这么重用，可他没有说出来。

"大王只需下令就行，非常时期，不必朝会上讨论。成大功者不谋于众。你可还记得！"

这样一说，正合嬴政心事，他方才所问，不过是按部就班觉得要说一说这句话，更符合"流程"。他可以提，吕不韦可以不采用，但这样一来，所有决定就会让吕不韦满意。

羽翼未满，只能看吕不韦的眼色，这是目前自己必须守住的底线。

樊於期举起反叛旗帜后，首先就整编了屯留县的丁壮，扩充到队伍里，增加武装力量，立即进攻了屯留附近的长子、壶关两县，威名大振，起义军顿时声名远扬。

蒙骜老将军听到成蟜反叛的军情，顿时意识到，这是秦国存亡的拼死一战，自己必须有个明确的态度，马上召开军帐会议："我与长安君同事，今他攻打赵国无功，反而反叛，我们必定受其牵连，众位只有同心协力，挥戈平定逆贼，才能脱罪。"众将士也明白，他们正处在一个十字路口，如果选择错误，必定会严加治罪，于是异口同声地响应蒙骜的号召，做好了决死一战的准备。

蒙骜将军队分成三支，他作为最后坐镇的，军队稳稳地前行。这就是老将军的稳妥之处。因为此时赵国庞煖的军队还在身边，突然冒出这么一支叛军，以一敌二，确实需要小心行事。庞煖获知秦军动向，抓住这难得的机会，庞煖派扈辄率领精兵三万埋伏于太行山深处林中，特别吩咐："蒙骜一定会亲自断后，等到秦军大部过完后，你从后面发动袭击，定能一举取胜。"

蒙骜率领的秦军，虽然小心翼翼地行军，见前军无事，遂大胆前行。正在行进间，突然听得一声鼓响，三万伏兵倾巢而出，蒙骜仓促中应战。战不多时，庞煖率军赶到，前后夹攻，秦军大败。蒙骜身负重伤，仍旧奋力死战，左冲右突，完全不像是年迈的老将。庞煖见围住蒙骜，大声叫喊："如有杀死蒙骜者，赏金百两。"赵军听到奖赏，一齐向蒙骜猛攻。蒙骜张弓搭箭，一箭射中庞煖。赵军见状，愈加顽强进攻，用乱箭将蒙骜射死。

可怜一代秦军名将，就这样殒命疆场。庞煖得胜，领兵回赵修养，不久后箭伤发作，也死于非命。

第十章 渐成乱局

张唐、王翦率军赶到屯留，成蟜见如此规模的秦军来攻打，又是名将出征，十分害怕。

吕不韦在咸阳每天都在等消息，却不料等来了蒙骜的尸体。闻听此讯，极为震惊。

震惊之余，开始了无边无际的担心。

一代名将蒙骜战死，这对咸阳朝中的大臣们来说，震动是巨大的。本来成蟜造反，就已经让大家议论纷纷，这时蒙骜又战死，无形中增加了成蟜胜利的筹码。

老臣中，有些在等着看热闹。

吕不韦和嬴政在章台宫大殿内，做了一次深入的对话。

"现在情况危急，大王也看到了。蒙骜老将军的死，会让成蟜无所畏惧。虽然我们做好了速战速决的准备，但大王也要心中有个底，闹不好就演变成一场拖久的大战。"吕不韦说。

"可以多派兵！一定不能拖。"嬴政焦急地说。

"重要时刻，保住都城，至关重要，我已经做了最周全的布防，能确保咸阳无虞。可，"吕不韦略一迟疑，说，"现在人心左右摇摆，谁也不敢把话说得太死。若是成蟜占了上风，只怕秦族老臣们会趁机作梗，王上这时要运用铁血手腕，绝不能心慈手软，懂吗？"

嬴政坚定地点点头，说："我知道，此时所有的诏令，都由我来发布，不劳丞相多费口舌，省得他们指责你。"

吕不韦见嬴政领会到这一层，稍微宽心，又说："我们的命运是连在一起的。若是他们照着檄文上的谣言，不把你当王了，我肯定也就不是丞相了。所以，这是生死之战。有你就有我，有我就有你。我们来分一下工。你负责王宫内的一切，记住，此时谁也不能信，便是睡觉，也要睁着半只眼。我负责外面军队，尽快消灭。"

嬴政迟疑一下："谁都不能信？"

"是的，唯有我，你不必担心。你想，假如我掌兵作乱，不正应验了谣言吗？如果真如谣言所说，上百万老秦肯服帖？我同你讲，此前我就说过'形势'，这时告诉你，'势者，因利而制权也。'就是说利用优势，制造机变，才是势。如今，手握兵权就是我们的势。'强弱，形也。'强弱对比悬殊，所以，形势对我们是有利的。如今，形、势都对我们有利，千万要利用好。"

嬴政默默无语地听吕不韦教导，此刻心悦诚服。见吕不韦布置得井井有条,被他临危不乱的气度,深深折服。

"还有一点十分重要。'勇怯,势也。'说到底,这天下所有的势,都取决于勇怯。这天下所有的斗争,都取决于勇怯。勇当然不是盲目冲动,是建立在形之上的,是有勇有谋的谋定而后动,不是有勇无谋的勇。牢记!政治斗争,不到最后一刻,决不可自己退却。"

嬴政咬一咬牙,表态说:"仲父放心,嬴政便是到了最后一刻,也是宁死不屈。"

"好,大王有此决心,即使天塌地陷,也必胜无疑。"

第二天,吕不韦和往常一样,紧张忙碌,有条不紊地安排将蒙骜将军厚葬。他主持这样的仪式,一下消除了蒙骜战死的劣势。本来,咸阳城上空笼罩着一股阴霾,很多人都在观望,蒙骜死了,看你吕不韦如何派遣军队。可没想到,在吕不韦眼里,只是怀着深深的痛苦,亲自为蒙骜主持葬礼,看起来一点也不担心前线的战事。

这样一来,那些蠢蠢欲动的暗中势力,只好暂时躲藏起来,不敢公开反对吕不韦。

吕不韦一面在朝中做出各种有利于政局稳定的决策,一面派出快骑催促前方将士,一定要活抓樊於期和成蟜,迅速结束战斗。

前方指挥作战的张唐、王翦将屯留城团团围住,成蟜哪里见过这种阵势,顿时慌了手脚,樊於期宽慰他道:"我军现在有三城之兵,不下十五万,我们背城一战,胜负未定,长安君不必担心。"

樊於期主动列阵于城外,王翦列阵相对。王翦在阵前劝说:"国家没有辜负你樊於期,为何要引诱长安君造反?"

樊於期站在高高的战车上,哈哈大笑,说:"王将军好糊涂。嬴政是吕不韦的私生子,这是人尽皆知的事实。我们世受国恩,理应报效秦国。怎么能眼睁睁看着嬴氏血统被吕氏夺走?长安君是先王血胤,将军应该规劝军队,和我一道,杀回咸阳,废掉假主,扶长安君为王,这可是封侯赐爵的大好机会,望将军不要被蒙蔽了双眼。"

王翦见他死不悔改,大声地斥责道:"你休要血口喷人,太后怀胎十月,诞下大王,他为先王所出千真万确,你休要造谣诽谤,污蔑丞相等人。你做出这等灭门之罪,还巧言令色,蛊惑军心,众将士恨不能将你碎尸万段!"

樊於期听罢,圆瞪双目,大叫一声,全军出动,掩杀过来。樊於期膂力过人,如入无人之境,数次被王翦军围住,数次又冲出包围,愈战愈勇。王翦见樊於期如此骁勇,一时难以降服,只好鸣金收兵。夜晚,王翦苦思冥想,见制服樊於期靠武力行不通,就想着用计破他。于是询问帐下,何人与长安君熟识。不多时,军中司马回复,找到一位小将,自称是屯留人,曾在长安君门下为客。

派人请来,得知此人名叫杨端和。

王翦说:"我今修书一封给你,你送给长安君,劝他早日归顺,莫要一条道走到黑。"

杨端和为难地说:"现在两军对垒,我如何才能进到城内。"

王翦说:"这好办,明日两军交锋,趁收军之际,你假扮作敌军,混入城内。"

"喏!"

第二天攻城,王翦亲率军队攻打屯留,派桓齮引一军攻打长子城,王贲率一军攻打壶关城,三面出击,使樊於期顾不上救援。

成蟜见状,战战兢兢地说:"樊将军,要不我们就投降吧,我想着王兄念在兄弟之情上,说不定能网开一面,不再追究。"

樊於期说:"如今正是难得的机会。秦军分兵,攻打屯留城的人数少,如果等长子、壶关攻破,三军汇合到一处,我们想再取胜可就不容易了,长安君莫要迟疑,贻误良机。"

成蟜毕竟年幼,昨日已经见双方苦战的血淋淋的阵势,早已吓得胆战心惊,哭着说:"这件事从头到尾都是将军谋划的,现在全听你的,只要不耽误大事就好。"完全一副听之任之的模样。

樊於期率精锐出战,王翦佯装战败,退军十里,樊於期得胜回城,杨端和趁机混入城内。

樊於期得胜回到城内,成蟜还是放心不下,问:"如果王翦一直不退兵,我们总不能就被围困在城里吧?"

樊於期豪情满怀地说:"今天交战,王翦的锐气已经被挫,明日我率全军出战,一定生擒王翦,直入咸阳,拥立君即位。"

成蟜听后,觉得他说得有理,也渐渐没有那么担心了,直盼望着早日结束这场战争。他甚至忽然幻想着,登上秦王位置后众臣朝拜的样子,想到这里,不知不觉就微笑了一下。樊於期不知他想的是这个,可见到他微笑,夸赞道:"公子就该这样,一定要有信心,毕竟我们是正义之师。"

杨端和虽然进入了城内,可一直没有找到机会接近成蟜居住的府邸,只好暂时住在客栈内，等待机会。

王翦领兵撤退后，采取深沟高垒、分守险要、加强关卡的防御措施，坚决不出战。却悄悄拨出两万兵马，分别去援助桓齮、王贲攻打长子、壶关两城。

樊於期一连数日出城约王翦再战，王翦始终不肯出战，于是樊於期就觉得是王翦胆怯，便和成蟜商量着分兵去救另外两县之困，不料却有斥候来报，两座城已被攻下。为了安抚成蟜，樊於期下令将军队驻扎在屯留城外。

桓齮、王贲率军来和在伏龙山驻扎的王翦军汇合，王翦召开军中会议："二位将军攻下长子、壶关，他们就缺少了支援。接下来，我们只需生擒樊於期，就能很快平定这场战乱。"

桓齮说："我军来得匆忙，粮草有限，如今虽然叛军势单力薄，可我们也不能支撑多久了。"

王翦问："还够多少天？"

桓齮说："最多十天。"

王贲说："既然攻下了长子、壶关，我们可不可以从这两县调粮？"

王翦说："若是平日里作战，是与他国决战，临时调粮，随后补上，自然是可以的。可如今是平叛，非常时期，私自调动粮草的事情，还是得大王下令，恐怕只有多等几天了。"

桓齮着急地说："军情危急，恐怕等到王诏，早已误了战机。"

王贲却劝他："桓兄莫急，你是没看懂王将军心思。若是我们此时私自调动军粮，同样会让大王疑心。"

王翦含笑地点点头："确实。这时候任何风吹草动，都会让大王不悦。"

桓齮气得拽一拽胡须，说："那就只好让将士们饿肚子了！"

王翦规劝："兄不必气恼，我相信大王会有安排的。"

话音刚落，军卒来报："有将军辛胜，奉秦王令，已到营外。"

王翦十分高兴，说："快快请进帐来。"

辛胜进帐内后，传达秦王令，说："大王思虑军士们劳苦，命赍犒赏颁赐。"

王翦谢恩后，问："可有粮草？"

"丞相命监军督促，明日粮草即可到。"

"太好了，这仗，打得有底气了！"桓齮兴奋地叫起来。

王贲说："刚才你还哭鼻子抹眼泪呢。"

桓齮摸着肚皮说："不填饱它，哪有力气挥舞刀枪。"

王翦等人哈哈大笑。

辛胜又说:"王上痛恨樊於期,让传话给将军:'务必活抓樊於期,王要亲自斩首他!'我与诸位将军一同出力。"

三人齐声唱喏。

为鼓舞士气,王翦下令,将秦王赏赐的物品分给三军,紧接着布置辛胜带五千兵马前去引诱樊於期,命桓齮、王贲率军在左右埋伏,他亲率大军攻打屯留城,准备一举消灭叛军。

成蟜获知长子、壶关二城已经失守,心神难安,多次催促,请樊於期进城商议。

樊於期此时心中也开始有些动摇,但为了安抚成蟜,还是说:"公子莫怕,现在到了决死一战的时刻,只要我们勠力同心,定能取胜。即便失利,我们就向北,去联络赵、燕,共同讨伐假主,安定秦国社稷。"

成蟜忧虑地问:"若赵、燕两国不答应,可怎么办?"

樊於期说:"公子应该这时就派出人去联络赵国,提前做好准备。"

成蟜问:"派谁去合适?"

"当然是赵十八,此事不是商量过了吗?"樊於期说。说完这句,樊於期忽然扭头看了看,警惕地问:"赵十八呢?我们这么忙,这几天怎么不见他的影子。"

成蟜也恍然大悟,连声说道:"就是,他不会已经逃跑了吧?"

樊於期于是立刻派人去找,找来找去,毫无结果。二人顿时心生悔恨,只顾忙碌,让赵十八钻了空子逃走了。

不想事情却有了转机。两人正在城内商量时,斥候来报,说城外一个自称辛胜的将军带着五千兵马来约战,樊於期为找不到赵十八正在气恼,闻听辛胜来战,当即说:"无名鼠辈,也敢轻易来挑衅,公子莫慌,瞧我去杀了这个辛胜。"

樊於期来到城外,率军与辛胜战了不几个回合,辛胜败退,樊於期猛追,结果中了埋伏,桓齮、王贲率军夹击,屯留军惨败,樊於期率军躲进城内。王翦大军赶到,团团围住屯留城。

为保住这最后的立足之地,樊於期一刻也不敢卸甲,昼夜沿着城墙巡逻,组织军士抵抗。

杨端和见时机成熟,趁着夜色来到长安君府邸前,让门客报称:"有机密事要面见长安君。"门客不敢懈怠,立刻回禀。成蟜听说有人要讲机密事,吩咐请进来。一见是昔日门下宾客，忙屏退左右，悄悄问是何机密。

杨端和说："秦的强大，君是知道的。六国都不能战胜，就凭君这一城之兵，能取胜吗？"

成蟜听罢，懊悔地说："只因樊於期说，如今的王兄不是先王子嗣，哄骗了我，起兵造反，不是我的本意啊。"

杨端和说："樊於期依仗匹夫之勇，不计后果，他只是想借助这件事攫取富贵，希望能侥幸取胜。倘若战败，他必定会只身逃走，不管君的安危。现在王翦将军攻破城池，只在一两日，破城之时，君该如何？"

"怎么办？"成蟜焦虑地来回踱步，"那只好投奔赵、燕两国了，图谋合纵。"

杨端和摇着手说："君好糊涂！你倒不想想，合纵这件事，赵肃侯、齐湣王、魏信陵君、楚春申君都曾做过，可哪一次不是刚组织起来，很快就被秦军打散。你觉得你比这些人都高明吗？如今六国都惧怕秦国，若是君到了赵国，只怕秦王派一个人去责怪两句，他们就会亲自绑缚君送给秦王。你想想，这还有活路吗？"

"合纵又不能，那我该何去何从？"成蟜大惊失色地说。

杨端和不慌不忙地掏出一张帛书，说："王将军也知道你是被樊於期蒙蔽，特意修书一封，托我转交给君。"

成蟜仿佛抓住了救命稻草，一把拿过来，慌慌地看：

君为王上骨肉，富贵自不必说，又封长安君，为何会无端听信无稽之谈，做出如此荒唐之事。今危急时，君若能幡然悔悟，手刃祸首樊於期，献于军前，我定极力说服王上，念在骨肉之情上，宽恕君一时糊涂。若执迷不肯回头，怕攻破城，懊悔不及。

成蟜看完，泪流不止："樊将军是忠义之士，我岂能背信弃义杀他。"

杨端和叹息道："今日君妇人之仁，来日必为患。既然不听劝告，我只好告退，君好自珍重吧。"

成蟜当即一把攥住杨端和，说："暂时不要走，你说的话，容我再好好思虑思虑。"

缺少决断的人，多少时间都没用。第二天，成蟜依旧举棋不定，但杨端和觉得不可错过时机，因此就没有走，等待合适的机会。

樊於期见王翦军队攻城紧急，就劝说成蟜："王翦军多，我们恐怕保不住这座城了，公子，你我现在就弃城而走，往赵、燕去，我已派人联络，赵国愿意接受。我们先走出这座城，等安定下来再图良策。"

成蟜慌了手脚，一点主意也没有了，扯着嗓子喊："我的宗亲都在咸阳，叫我抛弃母国到赵国避难，不是逼我不忠不孝嘛，我以后还有何颜面见秦国列祖列宗。"

樊於期说："情况紧急，再不走只怕日后就没有机会了。"

"你不是说能杀回咸阳，夺取王位吗？这才过了几天，怎么就改变主意了。"

樊於期被成蟜问得哑口无言，又气又恼，可想一想，成蟜还是手里的一张王牌，不能轻易放弃，就说："既然公子不肯走，我便再去杀敌。"

正在这时，王翦再次攻城，在阵前推出一人，高声喊叫："樊於期，看看这是谁，你的过命兄弟！"

樊於期定睛一看，阵前骑在马上的，正是赵十八。

赵十八高喊："将军，不如献城！"

王翦说："樊将军，赵十八已弃暗投明，你何必执迷不悟。"

樊於期一见赵十八，早已气得心肺炸开，不多言语，张弓搭箭，"嗖"的一声，正中赵十八眉心。赵十八连呻吟一声都没来得及，就一命呜呼了。

原来，赵十八逃跑出城后，越想越怕。由他挑起的这场战争，无论最后结果如何，都不会给他带来好运。他清楚地知道，成蟜是不可能取胜的，因为他太了解吕不韦的能力了。但隐隐中，他还不甘心，于是就不断打探消息，当最后得知樊於期等被围困在城内时，心知大势已去，便计划着逃往赵国。

谁知走到半路上，被在周边巡逻的斥候抓住，押往军营。按说以赵十八的功夫，是完全可以逃脱的。但他此时还抱有侥幸心理，希望推脱自己的责任。来到军营后，说明自己曾是樊於期军中士兵，王翦便押着他，希望能说服樊於期，不想却让赵十八轻易送了性命。

樊於期射杀赵十八后，率军出城门，和王翦军队杀成一团。杨端和与成蟜登城观战，鏖战半天，樊於期抵挡不住，窜到城下高叫开门。成蟜犹豫不决，杨端和仗剑站在成蟜旁边，高声喊："长安君已经归降，请你放弃抵抗，主动投降。"

樊於期声嘶力竭地喊："长安君，你为何要如此负我！"

长安君成蟜此时已经抖作一团，只会哭鼻子，见杨端和气势慑人，吓得不敢再多说话。

樊於期仰天长啸："老天不公，孺子不足以辅佐啊！"心灰意冷之际，扭回头率军重新杀入王翦阵中，拼死血战，竟然一时谁也无法降服他。因秦王有令，要活抓樊於期，因此众兵只围不杀，倒给了樊於期可乘之机。樊於期瞅着一个空当，杀出一条血路，朝着燕国逃跑了。不过最终，多年后，樊於期还是在燕国太子丹准备刺杀嬴政时，被太子丹利用他的项上人头做诱饵，白白送了一条性命。

杨端和指挥屯留城内守军，开门迎接秦军。王翦将成蟜囚禁在府邸，派辛胜往咸阳报捷，同时请示秦王如何发落成蟜。

成蟜被囚禁的消息传到宫中，他的亲娘韩太妃惊恐万分，但还是出于舐犊之情，穿上朴素的衣服，摘掉头上的首饰，以戴罪之身亲自到吕不韦府上求情，希望免除成蟜的死罪。

吕不韦说："太后休要折煞老臣，这叛国治罪，秦律早有定论，请恕老臣不能做主。"

韩太妃深深鞠躬，悲切地说："我知道，长安君这次不该做出荒唐之事，污蔑丞相和王上。可他毕竟年幼，未及弱冠，又受那樊於期蒙哄，今不求赦免，但求能免去死罪，望丞相成全！"

吕不韦面无表情地说："太后好糊涂，长安君是要夺取秦王，只怕我也做不得主。"

"秦王尚年轻，举国之事，还不全赖相邦！"太后再次哀求。

"你身为太后，自然懂得，越俎代庖之事，非小臣所敢为！"吕不韦道。

韩太妃还要再哭，吕不韦嗤之以鼻地说："望太后自重，莫要纠缠。真要求，就去求大王吧。"

韩太妃果然"听话"，转而去求嬴政。人在身处绝境时，明知毫无希望，总会幻想能侥幸获得好运。明明知道嬴政年轻，不会顾及她的面子，可还是觍着脸去哀求嬴政。

嬴政年轻气盛，一句话将她回绝："你儿是要我的命！像他这样的叛国贼子，如若不杀，秦国骨肉都会造反的！"

韩太妃听罢，仰天长哭，昏厥在地。可众人见嬴政铁青着脸，竟然没有一个人敢去扶她，只好任由她软瘫在地，慢慢醒来后，拖着疲惫的身躯，孑然而去。看着她远去的背影，嬴政还咬牙切齿地骂："好个不知羞耻的女人，竟然有脸来为贼人说情，若不看你是太妃，一并杀了雪恨。"众侍者听得心惊肉跳，吓得都不敢吭一声，生怕激怒嬴政。

嬴政当即命人拟诏，命王翦将成蟜就地斩首，凡是成蟜的随从一并杀死。屯留城内的百姓，全部迁往临洮。悬赏捉拿樊於期，如有擒献者，赏五城。

诏书拟定，嬴政第一次没有请示吕不韦，盖上王玺，直接就派人送往屯留。成蟜听说未能免赦，在府中上吊自杀，王翦割下他的头颅，悬于城门之上。此次叛乱，约上万人同时被斩杀。

一场轰轰烈烈的叛国夺位之战，就这样草草收场。可是，因为这次战争，朝内的局势却发生了巨大变化。

三、因恨种下祸根

成蟜叛乱平息后，按说该对有功之臣进行论功行赏。可吕不韦和嬴政都觉得无法启齿，于是就达成默契，没有举行赏赐。

唯一的最大获利者，是嫪毐。

他由于在平叛中担任监军，虽说并未到战场去，可这毕竟是个理由。但给多大的官合适呢，吕不韦并没有想清楚。

再说赵太后，本以为平息了成蟜之乱，该好好庆祝一下。毕竟，这一次，她和吕不韦的配合太默契了，这种畅快的感觉，很久都没有体会到了。

可一等再等，吕不韦仿佛根本不知道这件事一样，始终只字不提。

实在等不下去了，赵太后就派人去请吕不韦，可几次都被他以忙于政务搪塞过去了。

一轮冷月高悬夜空，甘泉宫内，孤独的赵太后走到院子中间，仰望星空，感觉空旷的星空竟然如她的内心一般，看起来繁星满天，可到头来一个星星也不属于自己。一股凉气袭上心头，她觉得吕不韦变了，变得自己已经不认识了。两个人仿佛天上距离遥远的两个星星，永远也无法到一起了。

她孤独地走来走去，反复揣测着，思量着……

经历了这次成蟜叛乱，吕不韦已经把和她的那段往事，当作一件丑事，要彻底做个了断了。他是堂堂的秦国丞相，百官之首，他是丢不起这个人了。他要洗清自己，两人不可能再续前缘了。

长久以来抱着的一丝希望，如今彻底破灭了。

赵太后长长地叹了一口气。她知道，这口气，将两个人吹到了两个世界。

朝野都知道了，吕不韦为了"做个良相"，为了做好"仲父"，要牺牲她了。

为了避嫌，也为了给嬴政做个样子，吕不韦定然会铁了心。

想起曾经，赵太后心有不甘。你吕不韦让我配合你，安排嫪毐，我一直帮着做。一个女人，可以牺牲一切，包括名誉、感情等等，可现在为了你的政治，你就准备将我抛弃到脑后，这是多么薄情啊。

赵太后越想越气，既然你让嫪毐来顶替你，扮演你，好，我反正是出不去这个深宫了，这辈子就被封在宫内了。既然你吕不韦不当我是你的女人了，我也就豁出去了，索性和嫪毐实打实地来。

她出手了！

正当吕不韦踌躇着，要如何封赏嫪毐时，赵太后发话了："我觉得，嫪毐应该封侯！"

吕不韦脸色一变，当即反驳："这太明显了，即便以这次平叛有功，也不能超出太多。"

赵太后说："如何就多了，这次为了稳住宫中，他勤勤恳恳，操心不少。"

"我看，最多，就封个伯吧。"吕不韦为难地说，"要不，大家会不服的。毕竟，寸功未立，一下子封侯，老臣们会说三道四的。"

"不是有你在吗？谁敢反对！"赵太后坚定地说。

"我也不能皂白不分啊。一下子封侯，行不通！"吕不韦也坚定地反对。

不想，赵太后冷冷一笑，说："当初，先王即位时，你不是寸功未立，一下就拜相封侯了吗？也没见谁推翻呀。"

听到从赵太后嘴里说出如此激烈的话，吕不韦一下愣住了，他张着嘴，却发不出声，嘴唇抖动着，心里想不通面前的这个女人何以就疯狂到如此地步，竟然敢当面揭自己的短！而且，是为了一个宦官！

"说话呀，行还是不行！"赵太后继续逼问。

吕不韦耳中嗡嗡作响，只看到赵太后嘴片动作，仿佛听不到她说的什么话。

"既然你不乐意，那我只好让大王下诏书了。"赵太后慢慢地行走两步，猛然转身，带动深衣的下摆旋转起来，脚步轻盈地走了几个碎步，做出极为得意的样子。

这个动作深深刺激了吕不韦，可他却毫无办法对付这个女人。如果真的自己不答应，他知道依她的性格，是绝对会让嬴政直接下诏的。

那样一来，自己和嬴政努力做出的君臣和谐的局面就被打破了，说不定会有多少朝臣趁机借题发挥的。

不行，要阻止她。

可用什么办法呢？还像以前一样，带着感情和她讲理，显然会越描越黑，事倍功半。可若是不讲感情，干巴巴地谈政治，对于此时的她来说，已经行不通了。

罢罢罢，索性先依从她，看看她要做什么。

这样一想，吕不韦忽然觉得，赵太后为嫪毐讨要封侯这件事，就是故意气他的，是想让他吕不韦"回心转意"。

不，不！决不能再藕断丝连了，男人在情感问题上必须快刀斩乱麻，虽然疼也只能忍着。

反过来一想，本来安排嫪毐就是要给他官职的，他的势力大了，华阳太后等人就会把一部分注意力转移到嫪毐身上，这样就可以减轻自己的压力。如此一想，反而成了好事。

"好，就依你！"吕不韦爽快地答应。

"你是文信侯，他就长信侯吧。"

吕不韦不明白，女人恨起男人来，竟然如此的严重。他忙说："不妥，和我一字之差，有人会笑话的。"

"笑话什么，再说，你有什么可笑话的。你的封地在洛阳，我看，就把山阳作为他的封地吧。"

吕不韦说不出话了，女人一旦发起疯来，是谁也拦不住的。她这种明目张胆的挑衅，任是个傻子也会看懂的。

封号差一字，封地差一字，而且都是和赵太后亲近的男人，这不是明摆着要告诉整个秦国朝野，她赵太后要换男人了！

吕不韦忽然后悔起来，真不该安排这个嫪毐。如今，自己竟然沦落到和他一个假宦官争风吃醋上来。他不想再听赵太后说话了，感觉到了女人的恶毒。

走出甘泉宫，坐在车上，吕不韦一言不发。他感到无限疲惫，浑身酸疼。

半辈子争来争去，努力将自己从一个商人转变为天下第一大国的丞相，本以为已经是人上人，征战东方诸国，纵横捭阖，在朝中一呼百应，不想却输给了一个女人。看来这世界上的任何事情，或许本来就是一物降一物。虽然，这个女人曾经只是自己的一个妾室，但如今身份不一样了，她已经是秦国的太后，成为权势熏天的王者。而最叫他如鲠在喉的是，偏偏自己还要维持她的身份，一点也不敢揭穿她的往事。

车轮碾压地面，发出"咯吱咯吱"的响声。望着车窗外匆匆忙忙的人流，吕不韦甚至恍惚中回到了过去，觉得自己就是那个濮阳富商，正从阳翟往大梁城赶路。

商人！这个吕不韦最不想提及的身份，此时极为讽刺地回响在他耳畔。

我何曾脱离了商人身份？为了一些目的，竟然不得不和别人交换利益。想一想，这天下的所有人，几乎都是"商人"，只不过每天交换的东西不一样罢了。

想到此处，心里多了几分酸楚……

一路上尽管想了很多，可一到府中，吕不韦就陷入紧张忙碌的状态中，只有沉浸在处理事务的忙碌中时，他可以做到心无旁骛，专心致志。

他在朝着自己的目标一步步前行，可惜无声息中，另一个人却在不断给他制造事端。

自从被封为长信侯之后，嫪毐一下感觉到了"人上人"的优越。之前自己只是个宦官时，走到人前，虽然人家不说，可鼻孔里发出的气息都带着咸咸的味道，他总感觉到每个人憋着没有发出来的鄙夷之声，他已经听到了。虽然他不服气，可他知道自己无非就是个宦官。现在不同了，有了赵太后的撑腰，一切都变得不同了。

听着别人尊敬地称呼自己"长信侯"时，那种发自内心的优越感一日日在增长，渐渐有些膨胀起来，以至于嫪毐想着，还要继续将这种能量再扩大一些。

终于，一天，赵太后连和吕不韦商量都没有商量，直接对嬴政说："应该封嫪毐为'假父'。"

吕不韦听到时，着实愣了愣，仲父、假父，这赵太后是彻底要推翻吕不韦了。吕不韦还替她想着，或许，是嫪毐这个莽夫纠缠得不行了，赵太后不得不故意弄出来一个"假父"的称呼，来满足他的虚荣心。

小人得志便猖狂。吕不韦完全理解嫪毐的心理，他是要公开表示——我嫪毐并不比你吕不韦差！你当上丞相，靠的就是和赵太后亲密。如今，我是赵太后最亲密的人，你有的，我也同样要有！

嫪毐再上街时，其排场已经超过了吕不韦。他总是并排三辆辎车同行，他坐在中间一辆上，显示着超越众人的奢华气派。

虽然嫪毐并不管理国家大事，但他才不管这些。他不但要插手国家大事，还私自接见中原六国的使者，扮演着在秦国一言九鼎的角色。每日里，一有空闲，他就组织歌姬，其欢愉的场面往往不次于王宫内的任何一场演出。随着他日渐嚣张，追随者也越来越多。他来者不拒，只要是愿意跟着的，统统收入门下。

渐渐，有人就撺掇："长信侯，你既然有了自己的封地，何不建立封国。我们都愿意做你的子民，跟着你享福。"

"你的能力在秦国无人可敌，要我说，丞相的位置都应该是你的。"

"你为人宽厚，又豪爽大方，连战国四公子都没法和你比。"

……

这些包裹着蜜糖的话语灌入嫪毐的耳朵里，极其痒痒。他甚至开始吹嘘，早在邯郸时，自己就和赵太后有了接触，是赵太后回到咸阳忘不掉自己，才千方百计请来的……

赵太后呢，对这些都充耳不闻，好像她根本就不知道一样，凡事都依着嫪毒。只要是他开口的事情，无不同意。

盲目的信任导致极端的恶果。终于有一天，嫪毒又发挥他甜言蜜语的功夫，将赵太后哄得迷迷糊糊之时，他提出要再扩大封地。赵太后就同意将耗费无数将士鲜血夺回来的河西之地，封给嫪毒作为食邑，并改名为毒国。

有一次，嬴政在宫内见到了嫪毒，没有同他说话，嫪毒就停下车，问："王上，为何看到不与我说话。"

嬴政看了看他，没有言语。

嫪毒又说："我是你的假父，你是秦王，要懂得尊重长者。"

嬴政此时已经快二十岁了，不再是懵懂无知的少年，可碍于嫪毒的身份，自己又没有亲政，只好隐忍不发，轻轻地说："明白了。"

嫪毒虽然意犹未尽，但他毕竟也知道自己的身份，可到了王宫内还心有不甘，就和太后说起这件事。

赵太后听罢，呵呵笑着说："你要给他时间，别逼迫得太急了。"

嫪毒撒娇地说："臣是想着，将来这天下还不都是我们的。总要替他守着点，不想他却不领情。"

赵太后哄他："好了，知道你是好心，等我有时间说说大王。"

嫪毒不服气地说："你说说，我比那吕不韦少了什么，瞧着王上对他百般顺从，听话得很，想起这个就来气。"

不提吕不韦还好些，一提起吕不韦，赵太后就感觉有一股怒气从心头升起，忍不住说："好，抽个日子我专门说说政儿，叫他一样尊重你。"

嫪毒建立毒国后，刚开始还担心吕不韦会恼羞成怒，做出一些不利于自己的举动。可过了一段时间后，见吕不韦竟然毫无动作，以为吕不韦已经害怕他的势力，就想着再向前一步。

可究竟再做什么，能够比得过吕不韦呢？

想来想去，这天无意中听人说到《吕览》，他为之一振：这不正是我苦苦寻找的机会嘛。

他也就想着学学吕不韦，开始养士。

刚生出念头，手下人说："公不可如此。"

"为何他能养食客，我就不能？"

"你想啊，他是秦国丞相，掌管一国政务。而且又是读书人，他养士名正言顺。可如果公也这样，怕会引起秦王的不满。"

"不满要怎样？咱有太后撑腰。"

"太后终究是太后，不能插手政治的。"

"那吕不韦凭什么威风，还不是仗着自己有门客三千，我也要养你们三千人，不能输给他。"

"公既然有这样的想法，依小人看，不如换个说法。"

嫪毐眼睛一瞪，问："换什么，莫非我怕他不成？"

"公现在的势力还不能与吕不韦抗衡，不妨换换说辞，咱就说收'家僮'。你有自己的封国，又有自己的府邸，养些家僮，他们就是想阻拦也没有理由。"

嫪毐仰天长笑，说："我倒要看看谁敢阻拦。"

"忍一时，图的是将来做大事！"

"好，就依你所言。非要把事情搞得又复杂又费脑子。"

不久，嫪毐几乎是公开招收家僮。所有的街上的地痞、混子，人传人，一股脑涌进嫪毐府中，充当家僮。嫪毐看着一天天增长的人数，心中愈加得意，甚至叫嚣着也要编一部传世之作，要和吕不韦比较一下。

这天夜晚，吕不韦坐在书房里心神不宁，烦躁地在屋子里来回踱步，荆云悄悄走进来，说："相国，你听到的是真的！"

这句话一出口，吕不韦猛地停住脚步，恶狠狠地骂："不知羞耻。"

荆云没有接话，默默地走到灯架旁，慢慢拨弄着灯芯，屋里顿时明亮了起来。

吕不韦蓦地扭转身，问："荆云，司空马最近忙啥？"

荆云说："他自从回来后一直无所事事，整天借酒浇愁。"

"你喊他来……"

荆云利落地就朝门口走去，谁知前脚刚迈出门槛，吕不韦却颓然地说："算了，容我再想想。"

荆云担忧地说："再不下手，只怕羽翼丰满，越来越难收拾。"

吕不韦说："我何尝不知。可是，倘若真的动手了，太后那边……"

荆云见他又愁苦起来，为了给他宽心，就说："我听说，白夫人快回来了。"

"哦？真的吗？"吕不韦脸上带出一丝笑容。

这稍纵即逝的笑容还是让荆云捕捉到了，他锦上添花地描述："前几天就听说到泾阳了，许是还有什么事情没办妥，估计这两天就到了。"

"好，这总算是几天来听到的一个好消息。"吕不韦将手里拿着的《孙子兵法》放到架子上，推开窗子，看着屋外黑黢黢的夜景，喃喃道，"要说起来，我最辜负她。"

荆云不忍打断他的思绪，拿起手边的掸子，只管轻轻扫去架子上的灰尘。

"你停一停，荆云，来，坐下来。"吕不韦招呼着。

荆云就规矩地坐在吕不韦的对面，两人面对面，互相都能看到彼此。荆云不吭一声地为吕不韦倒上茶，又给自己也倒上茶，静静地等待着聆听教诲。

"你说，他们真的生了孩子？"吕不韦用手反复敲打着额头，问。

荆云不声不响地点点头。

"怎么能这样呢？这不是不顾廉耻了吗？你说说，这赵太后如今是……"他觉得说不下去了，不知道该如何形容。这个女人，曾经是自己的女人，一直都保持着和谐、知心的关系，忽然就变得面目可憎，竟然做出了吕不韦想都不敢想的事情。

荆云低沉地说："不过，我觉得，该下决心还是要……"

吕不韦低下头，以手托腮，痴痴地问："必须采取手段？"

"养虎为患，相国最知道。"

"可是……"吕不韦忽然忧心地说，"一个赵十八，让我彻底失去信心。你说，司空马，合适吗？"

"要不，我去！"荆云果断地说。

"荆云啊，斩除嫪毒容易。若是因此惹恼了赵太后，她会做出什么过激的事情来，你想过吗？"

"这个，我倒不曾想过。"

"荆云啊，这女人，真是……"他忽然觉得不知道用什么合适的词语来形容赵太后，过于激烈，他不忍，可太过平淡，他又觉得难以表达，"恨起一个人来，是疯狂的。你说说，我们何曾辜负过她，可她现在做的这些事，还顾忌一点我们的感受吗？一个宦官，她竟然为他生了儿子，这还要一点脸面吗？这不是把秦国的脸面都丢尽了吗！"

荆云不声不响，他知道，此时作为一个下人，议论这些敏感的话题，说多说少都是错，缄默不语才是王道。

吕不韦的声音越来越低沉："不到万不得已，我们还是不走那一步吧。相信一个嫪毐，还不至于对付不了。我们难以面对的，主要还是赵太后。"

荆云说："相国说得一点不错，我随时等你的吩咐。"

吕不韦腼腆地一笑："荆云，也就你一个人，能够完全信任。"

荆云答："小人就是为相国而生。"

"对了，荆轲有十来岁了吧。"

"他整天只顾舞枪弄棒，在咱濮阳淘气得很。"说起儿子，每个男人都难以掩饰内心里的骄傲。

这时，忽然一道闪电划过黢黑的夜空，不久就听得撕破天幕的轰隆隆的雷声滚滚传来，紧接着，闪电和惊雷赛跑似的，一个接着一个，刚见天空明晃晃跳出白光，又听震聋的响雷接踵而至……

吕不韦连忙关上窗户，不安地说："荆云，这才刚进六月，你说，会不会连阴？"

荆云说："夏日的雨，下得急，去得也快。"

"黔首百万，不得不防，若是连日暴雨，只怕要有灾害，你快去叫来治粟内史，我有话要同他商量。"

荆云刚踏出屋子，就听得"啪啪"的大雨点已经落在地上，吕不韦呼喊着："快回来，拿上斗笠。"已经看不见荆云的影子了。

吕不韦站在门口，瞧着雨幕从天而降，虽然在黑夜里，借着屋里的灯光，仍旧能瞧见地上不一会儿就积存了一脚脖深的水，雨水砸到存水上，溅起凸起的小泡泡，吕不韦惊叫："不好，真要连阴。"急得在屋里来回走动，心里惦记着如何救灾。

暴雨连续下了三天，还没有一点要停的迹象。吕不韦和丞相府的司曹们在屋里紧张地忙碌，猛地窜进来一个司曹，边脱下湿漉漉的蓑衣边呈报："丞相，出大事了。"

第十章　渐成乱局

"莫慌，你先拧一拧衣裳的水。"说着话，吕不韦递给司曹一块干布。

司曹说："连日暴雨，河水泛滥，河里的鲤鱼们也疯了，竟然掉头朝上游，这不，已经西游到了渭水里。渭水也暴涨，如今，平地上尽是扑腾的活鱼，关中平原已经是一片汪洋。"

"房倒屋塌的数量出来没有？"吕不韦扭头问另一司曹。

"每天都有新倒塌的房屋，正在统计呢。"

"要尽快有个数字，国家好安排救灾。"看着一点也不肯减弱的雨，吕不韦唉声叹气，"今年本来说是好收成，这一场雨，只怕秋收是难以保证了。"

"谁说不是呢？也不知道咋回事，今年的雨来得这么早。"

"这天黑得可怕，以前没有这么凶啊。你瞧瞧，哪里都是潮乎乎的。"一司曹说。

"会不会有什么不祥之兆？"一个司曹嘟哝着说。

"不要胡说，这是天灾！"另一个司曹赶紧碰了碰说话的那人胳膊肘，示意他说话注意点。

果然，吕不韦还是听到了，义正词严地说："莫要乱说，要知道，我们这些人是百姓的主心骨。你们随便的一句话，都可能导致流言四起。老天降灾给秦国，本身已经是灾祸了，如果再传出谣言，这罪过可就大了。"

他这样一说，那个嘟囔的司曹急忙说："是小人思绪不宁，求丞相莫怪。"

吕不韦也没有与他计较，只是心里嘀咕，这雨何时能停止啊。他担心的还有另一件事，就是郑国修渠的事情。那可是数万人在野外，若是出现什么意外，处理不当，一时激起民变都有可能，便急忙嘱咐人，冒雨前去打探消息，告诫李斯，一定要保证干不成活儿的民工能够填饱肚子，还有就是要防止山坡上的暴雨冲刷泥石，造成灾祸。

晚上，所有的属官都走后，吕不韦呆呆地站在大厅里，望着这丝毫不肯减弱的雨，愁绪不宁。院子里已经积下了小腿肚深的水，所有人行走都是蹚着水不敢太快怕滑倒。他又开始担忧前方的将士们，若是攻打魏国的将士们远征遇到这场大雨，岂不是进退两难，一定要派人前去探一探，其他国家有没有经历这样一场连绵不绝的暴雨。想着想着，他决定救灾。可是，这么大范围的救灾若是展开，东征计划就要搁浅，恐怕，郑国正在进行的修渠也要停下来，如何救？救多大范围？这些问题困扰着吕不韦，他一时难以捋清楚，隐隐中，他想考考嬴政，听听他怎么说。

当即就命荆云驾车赶往章台宫。街上，也尽是流淌的水，由于不明前路有

489

没有损坏，荆云驾车走得很慢。平日里一刻钟就能赶到王宫，这一次竟然走了半个时辰。

此时虽然是六月天气，可连日暴雨，温度已经很低，守卫宫门的将士们虽然披着蓑衣，瞧上去也都缩着脖子，不再是平日里高大挺拔的模样。将士们见吕不韦的车到了跟前，急忙振作精神，迎接丞相。

吕不韦没有多计较，一路将辎车赶到了大殿前的台阶前，这才从车上下来。荆云要扶着他上台阶，他轻轻地用点力推开，说："你也别在这雨中淋着，到南配房等候。"

早有眼尖的侍者看到吕不韦，急忙去禀报嬴政。吕不韦走到台阶最上边时，嬴政正好走到殿门口，着急地问："相邦莫非有要紧事？冒这么大雨前来。"

吕不韦边抖落蓑衣上的雨水边说："大王，雨太大了还是里面说。"

嬴政接过蓑衣递给侍者，进了大殿。

嬴政刚刚坐下，就盯着吕不韦，不知他要说什么急事。

"大王，这会儿来，是和您禀报一下救灾的事。"吕不韦向嬴政汇报。

嬴政答曰："相邦做主就是，依你说的算。"

"您也一天天长大，您说说想法，毕竟，您是秦王。"

嬴政虽然不明白何以今夜吕不韦要听他发表意见，但看看他的神态和蔼，语气和缓，稍作思考，说："我以为，不必救灾。"

"哦？"这是吕不韦不曾想到的。他疑惑道："你快说说，民众受灾，何以倒不该救灾。"

"国之要事，分为急缓。国之大事，分为轻重。今遇暴雨，虽是急事，然受灾黔首众多，范围广博，若要救灾，则非举国之力不可。而军事、修渠皆为大事，若因救灾耽误这两件大事，则国无安宁。国不安宁，则救灾就导致本末倒置，有害无益。"嬴政郎朗地说道。

吕不韦往左倾一倾身子，满眼好奇地又问："若是灾民食不果腹，流离失所，扶老携幼，离家出走，该当如何？"

"自当约束流民，提倡生产自救。激励精神，共克难关。我老秦自有血性，居无定所时都能强势生存，何惧这小小雨灾。"嬴政有些慷慨激昂地说。

"若是大家不肯，当如何？"吕不韦越听越有兴趣，追着问。

"树立典范，弘扬正气。自救有绩者，给予奖励。惩罚懒惰、逃跑者。国家给种子，但不发粮食救济。"

吕不韦听得振奋，又问："有人趁乱起兵，当以何计策挡之。"

第十章 渐成乱局

"剿灭匪患，治乱用重典！"

"好！说得好啊！"吕不韦猛地站起身来，大踏步在殿内行走几步，走到嬴政跟前，夸道："这才是王者气度。难得大王有这样的认识，少年老成！说得好！"连连几个夸赞，嬴政不觉脸上飘过一丝羞涩的红晕。他自从当上秦王以来，还没有受到吕不韦如此褒奖，反而觉得极为不自在，站起身来，竟有些忸怩。

"一个王，就要有自己的独到见解，越是危急时刻，越要保持清醒。看来，你读书真是读到脑子里去了。"吕不韦继续表扬。

嬴政说："仲父谬赞，还需多加学习。"

吕不韦此时也稳定了情绪，发现自己高兴得有些过度，当即正色地说："王者，决不可因一时之思而张扬，因一事之高而得意。"

"记下了！"嬴政又恢复了往日规规矩矩的模样。

往回走的时候，吕不韦就在想一件事。为什么今天自己无法做出的决定，嬴政却能如此清晰地判断。看来，他真的是成熟了。已经不再是自己一直督促、教导、辅佐的那个小孩子了。他已经长成了他的样子。

或许，他骨子里就要当王的，这些年只是自己把他当成孩子了。他茁壮成长了，可自己却有些胆怯了。面对整个国家，自己已经有些疲惫了，纠缠在一些杂事中难以解脱出来。反而是嬴政，迎着风长成了他自己的模样，虽然他提出的方案并不是最佳方案，但却是"他的方案"。这种独特的认识事物的能力，是一个王者最需要的。

如果从此放手，就把国家交给他，或许也是个不错的选择。

这时候，他想起了白露。她很早就劝自己放手，然后两个人过普通人的生活，自由自在，逍遥地过完后半生，那是多么惬意啊。越往这方面想，越觉得喜欢。车还在雨中赶路，可吕不韦的心已经飘到了天宇之中，他仿佛插上了翅膀，自由地翱翔在天空中，俯瞰着美丽富饶的大地，人们已经过上了幸福、安宁的生活。整个天下，已经归于一统，不再有战争，不再有灾难……

听得荆云一声喊，车慢慢停了下来。就在下车的一瞬间，吕不韦忽然醒悟过来：莫非我老了？怎么会这样胡思乱想。

今天对嬴政这种亲切的态度，会不会让他以为，他已经成了真正的王者。他不断摇头，不该这样的。自己太莽撞了，简直是失态。嬴政毕竟心智还未完全成熟，管理一个国家，哪有这么容易。今天的言论，不过是一时凑巧，说中了几点。

你想想，东方六国还在虎视眈眈地觊觎秦国的版图，华阳太后正在处心积虑地要统治后宫，即便是一个桀骜不驯的嫪毐，就够嬴政应付的……

糊涂了，自己的闯劲儿哪里去了，正是关键时刻，可不敢有丝毫的松懈啊。边往府中走，吕不韦边叨叨着："一不操心，就会火烧身的！"

四、苗头

最叫吕不韦没有想到的是，冒雨赶往书房，却见屋里亮着灯。他还纳闷，这么晚了，谁会在里面？

推开门，看到一个背影，有点熟悉又有点陌生，忍不住咳嗽一声。

她转过身来。

吕不韦忍不住鼻子发酸，努力压制住激情，哽咽地轻轻地叫了一声："你什么时候回来的？"

白露眼眶里盈满了泪花。她看着浑身湿漉漉的吕不韦，温柔地说："你还是这么拼命！"

两人各自朝前走了几步，愣了愣，忽然就紧紧地抱在一起。温存了片刻，吕不韦盯着白露说："黑了，也瘦了。"

白露嫣然一笑："你眼花了，明明白了胖了。"

"才不是这样，这么长时间，难为你了。"吕不韦关切地说。

白露拔下头上的簪子，一头乌发倾泻而下，她边整理边说："这次疫情，不比往日，蜀地百姓，感染者七八。所幸药物运送及时，才没有死那么多人。若是迟到半月，怕就真的难以挽回了。"

"多亏你操心。"

白露说："也不尽是我费心，两家商铺的伙计都出力流汗，不辞劳苦，这才救百姓于水火之中。"

"我替国家谢谢你。"吕不韦说着话，深深地鞠躬。

"你这是干什么。叫你这样一弄，好像功劳全没了。不行，你要奖赏我。"白露说着，笑嘻嘻地伸出手，"说吧，奖赏什么？"

吕不韦朝胸脯拍一拍："把他给你，可行？"

"我才不要，一个糟老头子。"白露撅起嘴说。

"老吗？"吕不韦转了个圈，浑身上下看一看，"正当年呢。抢手货。"

"抢手？我怎么看不出来。"白露调侃道。

"秦国第一大美男子，你不要，很多人想要还不给呢。"

"你敢！"白露不知怎么的，倏地潸然泪下。

"这又是怎么了？"吕不韦不知所措地走过来，牵住她的手，摇晃了两下。

"真像！"白露自言自语地说。

吕不韦懵懂地问："什么？像什么？"

白露不再言语，忽然问："若有一天要你选择，留在秦国还是跟我走，你会怎么选。"

吕不韦扭一扭脖子，连日劳作，脖子有些僵硬："没头没脑，这是从何说起？"

白露悠悠地说："逗你呢，知道你离不开秦国。秦国也离不开你。"可她内心里知道，吕不韦的此生，注定要奉献给秦国了，自己奢望私自拥有，是不可能的。心里想定了，反而坦然了。他既然选择了这条路，只好让他愉快地走下去。自己能做的，就是陪着他，一直走下去，直到天荒地老。尽管她始终感觉到，身居高位的吕不韦身上，总隐隐带着一种不安，可她也知道，自己无法改变这一切。既然选择了爱他，只好接受他的全部。

吕不韦并不了解白露此时的想法，见她开玩笑，还只顾还嘴道："我才不在乎秦国呢，心里只有你。"

听到这句话，也知道是一时玩笑话，白露还是心里暖乎乎的。

白露这才坐下来，安安静静地和他说起蜀地的一些事情。蜀地土地肥沃，若是能早日全部尽归秦国版图，定是鱼米之乡。百姓们对土地的热爱，完全超过了秦国，她认为秦国应尽早派人去治理，远比收复中原一个国家更重要。

吕不韦静静地听得入神，心里感慨着，一个女人家，本是去送药物的，却能有这样的见识和心思，的确不是一般的女人。想算起白露这么多年的付出，愈加感觉亏欠了她太多。

两人正在亲昵地交谈，不想荆云急匆匆走进来报，褚夫人故去了。

这一下，三个人都愣怔在屋里，一时不知说什么好。

白露第一个缓过神来，说："国不可一日无主，丞相忙你的大事，我和荆云去料理后事。"

吕不韦眼圈红了："此去洛阳，几百里，你刚回来，本该歇几天。"

荆云也说："有白夫人和我去，丞相尽可放心。"

吕不韦说："她一生贤淑勤恳，事情要办得体体面面。"

白露问："夫人就安葬在洛阳？"

吕不韦点点头，悲凉地说："濮阳老家，已经尽是魏国之地，就在洛阳吧。"

墓地，我派人跟着你们去选。"

白露对荆云说："还等什么，这就上路吧。"

吕不韦一把拦住："不行，你才回来，再急也要等到明天。"

白露说："夫人去世，无人主事，这天又一时不晴，现在可是夏天，有了味道，谁负责？"

这一说，吕不韦顿时哑口无言，只是心里觉得酸楚。没想到就在今晚，嫡夫人忽然撒手而去，白露刚刚相聚又要离去，觉得好像都要抛弃他一样，十分难过，可又实在找不出阻拦的理由，只好悻悻地甩了甩两只胳膊，嘟囔着说："莫非，这刚扒住五十的边，就算老了？"

他在感慨自己的衰老，荆云也知道此时离别两人定有话要说，就主动退下说去套车。

四目相对，默默无言。白露轻轻地为吕不韦拔取簪子，理了理鬓角的白发，然后用牛角梳子一下一下梳理着，嘴里叮嘱着："不比从前了，再做事情，真要注意了，熬夜是熬不起了。你看看，这一缕一缕的断发，都耗费精血啊。"

吕不韦挺立着身体，任由白露安排，回应道："快了，等到王上亲政了，我就撒手不管，让他去忙吧，我也真该歇歇了。"

"你这脾气，会撒手？"白露碰了一下他的后背。

"学着吧，学吧。"

白露攥一攥吕不韦的手："你多吩咐厨上，弄点补汤，这夏天，你看看手多凉。"

吕不韦说："不必担心，我好着呢，手凉是这几天下雨天冷。"

"我瞧着，我说的话你就听不进去。"白露从背后抱住吕不韦，将头靠在他的长发上，轻轻地摩挲着。

"听话。夫人的话，我都记着呢。"

"这次去洛阳，要不要把亮儿带来，照顾你以后的生活？"白露问。

吕不韦说："千万不要，还让他在封地管些小事情，对他也是一种锻炼。说话间，他也小三十岁的人了，便是臻儿，也有二十多了。韶华不等人啊。"

"所以说你要悠着点，还当自己是年轻人。"白露叮嘱。

"好。我都记下了。"

白露一转身来到吕不韦面前，两手扳正他的面庞，仔细看了两眼，双手一撒开，说一声："走了！"头也不回地钻入雨幕中……

第十章 渐成乱局

吕不韦呆呆地望着渐渐消失的白露，竟然一个字都吐不出来，犹如心被掏空一样，望着黑洞洞的雨，心里掀起一阵又一阵疼痛的波纹。

这时，白露就站在院子里的暗处，盯着书房门口站着的吕不韦，早已双眼流泪，泣不成声，她用手掩住口鼻，生怕发出一点声音，引起吕不韦难受。这一场别离，像生死离别一样，双方都感觉有一种说不出的沉重。

路上，白露才和荆云说起。她从蜀地归来已经三个多月了，儿子也生了，在那个庄园里有人伺候着。这一次她去蜀地，才真正体会到了为什么吕不韦一心只操在百姓身上。蜀地流行的这场病，看起来并不严重，得病的人只是不停地咳嗽。可后来才知道，很多人最后都是咳出血要了命的。眼看着一群一群的人倒下，无力救治的那种揪心疼痛，谁没亲临现场是体会不到的。为了营救百姓，她和当地的官员们，一面施粥一面用药，官府拿不出更多的钱来，这次几乎耗费了积蓄的大半，总算是抢在死神前面，大面积控制住了疫情。

荆云一面听一面小心地盯着湿滑的路面，生怕有半点闪失。

天快亮的时候，来到了城东的一个村庄，到村里讨要了点水，嚼了几口冷冰冰的干粮，继续上路。又走了一天多，路过河水转弯处，看到那个孤零零的砥柱山，依旧挺拔地立在那里，任由湍急的河水疯狂地冲刷，荆云不禁感慨道："人生谁不遇到灾祸啊，可谁又能如这山一样，始终挺拔，不知疲倦。"

雨渐渐停了，阴沉的天幕透出了一丝光亮，白露抬头看看天空，也感慨地说："褚夫人这就算是解脱了。想想她，跟着吕相当年经商时，也是聚少离多。后来他只身去往邯郸，留下一大摊子事，全靠夫人一力承担，这副担子不轻啊。"

"要说起来褚夫人，我可是看着迎娶进门的，说话轻柔，性子也不急，可她耐力十足，有时候全家人都急躁了，唯有她能一如既往地轻声吩咐，下人们才不会有一点紧张之感。"

"我们此去，吕亮和吕臻不会反感吧？"白露认真地问。

"他们哪里敢！你是奉丞相之命来料理后事的，谁敢说半个不字。再说了，两个公子都通情达理，不会为难夫人的。"荆云说着说着就走了神，"大公子，现在一定很像丞相，他小时候长相就特别像，性格也是一样，从不发火，可决定了要做哪件事，八头牛也拉不回来。倒是小公子，生来淘气，我出来时，他才两三岁，如今，也不知道长成什么样子了。"

"这几年，多亏有你陪着丞相，事事操劳，他才不至于想家。荆云，你的功劳太大了。"白露说。

荆云说:"夫人快别这么说,我本来就是这命。再说,我和东主年龄也差不了几岁,算是一起长大的。他的性子我摸得最透,放手让谁伺候我都不放心。也算是我这辈子该着有福,东主从未对我发过脾气。有时候看着他难受,我真恨不得他好好骂我几句出出气,可他对我,从来都是当成兄弟一样。"

"也就只有你,不惜性命地保护他。丞相心里,是果真把你当兄弟待了。"白露深有感触地说。

荆云说:"夫人,这又是一天了,眼看着天就黑了,咱找个地方住一晚再走吧,天不下雨了,明天能多赶点路。"

"这路上的事,你做主。"

"即便咱人能挺住,可马也得喂草料啊。一路上,就指望这两匹马了。那就听我的,咱进城找个旅舍。"

荆云有他的打算。眼见着白露过于悲伤,怕她也赶路赶出病来,真到了洛阳出不上力,那就更为作难了。吕不韦刚失去一个夫人,他不能眼看着另一位也憔悴下去。

不几日到达洛阳王城,荆云和白露并没有按照仪式到王城里接受属官们的接待,而是直接来到吕家府邸。

府邸位于洛阳城东的偃师县。好大一片。

此时府中所有的人都沉浸在悲伤之中,荆云见到吕亮、吕臻两位公子后,把吕不韦的意思向他们阐述。两位公子自小就受到良好的教育,对于父亲的安排没有一点异议。这一点让白露感到战战兢兢,她觉得自己若不尽全力办好褚夫人的丧事,便是最大的罪过。从住下的当晚起,白露便开始指使人选墓地、布灵堂、按规范礼仪、分配下人等等一切事物,事无巨细,都要亲自指挥、布置、参与,生怕有半点疏漏。

最后选定的墓地在府邸东北、北邙山南边。

之所以选取这个地方,首先是觉得风水绝佳,其次,白露取偃师这个地方,有着深深的含义。

"周武伐纣,回师息戎,因我偃师。"昔日,周武王伐纣取得胜利后,回师西亳,息偃戎师,马放南山,牛放桃林,表示不再用兵,偃师因此而得名。周朝末,设偃师、缑氏两县。白露认为,吕不韦一生的理想就是让百姓能够安居乐业,偃师此地,正好是放下兵戈的地方。墓地这一片,又正好唤做龙虎滩,乃大吉大利之地,所以就做主在此地安葬褚夫人。忙碌半月,安葬褚夫人后,白露又用心安排,建造了大殿、厢房等祭奠场所,要保持香烛常年不灭,庇佑吕家万世享福。

由于嫪毐的势力无人压制,迅速膨胀。他整日里带着家僮们在咸阳城内横冲直撞,没有人敢阻拦。吕不韦听到这种奏报时,也只是略略皱一下眉头,并无过多的干涉。他始终忌惮于赵太后,感觉到无法寻出一个有效而合理的办法。这并非吕不韦缺少谋略,而是因为有短处捏在赵太后手里。一是他之前与太后有染,二是太后现在纵容嫪毐,也是他安排的。无论从哪个角度说,对吕不韦都是十分不利的。

这天晚上一个人独处时,吕不韦想找到嫪毐作恶的"证据"。

忽然想起,前一段时间,平原上鱼跃出河面,到处蹦跳,这不正是阴阳学说里的"鱼者阴类,臣民之象也"。他忽然脑子里蹦出一点欣慰来,看来,嫪毐这个"小人"必定要作乱。对于他作乱,吕不韦一点也没放在心上,他倒希望,嫪毐早日露出尾巴,让嬴政练练手,处理一下这棘手的问题,也趁机考验一下嬴政的手段是否老练。

吕不韦专门测试嬴政时,不想嬴政却说:"我以为嫪毐不足挂齿。"

吕不韦讶异地望着他,问:"你是怎么看的?"

嬴政说:"最近,魏国接连遭遇失败,被我大秦攻陷几座城池,为了挽救危局,我听说他们派人来,贿赂嫪毐。听说这嫪毐大放厥词,说是要和丞相你比试高低,既然有了你阻挡在前面,我有何忧虑。"

吕不韦瞧一瞧嬴政,觉得他话里有话,就问:"秦国又不是我吕不韦的,是大王您的。看似嫪毐是针对我,其实是对你不满啊。"

"我并没有看出来。"嬴政稳稳地说。

吕不韦看了嬴政两眼,丝毫没看出来端倪,就劝导:"大王不可掉以轻心。说来说去,这嫪毐毕竟是长信侯,他手下又有三千家僮,若是真的为祸作乱,不容小觑啊。"

嬴政微微一笑:"有丞相布局,我最放心。"

吕不韦此时也不了解嬴政的想法,仅仅从表面看,嬴政是绝对依靠他这个丞相的。可吕不韦总觉得嬴政并没有说出真心话,好像在试探自己。于是,吕不韦说:"丞相是辅佐大王的,你每走一步都需要自己体会,这是亲政前必须走完的过程。"

嬴政依旧嘻嘻哈哈地说:"丞相莫要谦虚,有你在,谁也不敢轻举妄动。"

吕不韦从未见嬴政如此荒唐过,一时着急:"大王,遇事不敢表态,吞吞吐吐。以后军国大事，都要你自己拿主意，谁也代替不了您的。"

嬴政败下阵来："仲父莫生气，是我有意试探，望丞相莫怪。"

吕不韦听后，暗想："原来你小子生了这心，怪不得见你不慌不忙。"

"仲父这多年操劳国政，我都看在眼里，记在心上了。对嬴政的无私教诲，我也深有感触。平日里严厉，是为了整个大秦国。那嫪毐凭什么就能和你平起平坐，飞扬跋扈。还不是仗着母后给他撑腰，我几次忍住不说，就是怕你和母后为难。"

如此一说，吕不韦顿时觉得他成熟了，具有一个王者该有的胸怀，不禁喜悦地问："这番话，你可还对别人说过？"

"仲父尽管放心，这怎么会轻易透露呢。"

两人从没有这么亲密地交谈过，吕不韦觉得，他眼看就到了行冠礼的时候，看来经过这么多年的历练，的确已经做到了喜怒不形于色，方才连自己都骗过了。心里既为他高兴，又多少有些失落，还带着一丝隐忧。如果嬴政的心越来越大，会不会有一天，他的心思，真的自己都不知道了？

尽管有些许不快，但还是被忽略了。嬴政是他一手栽培的学生，看着自己的学生出息了，他这个当"师傅"的该高兴才是。

"现在时机还不到，大王还要继续伪装下去，不可轻举妄动。如果这嫪毐做出什么有损于秦国的事，我拼了性命也不叫他得逞，请大王切记！"吕不韦叮嘱道。

"仲父放心，我一定谨遵教诲。"

吕不韦又说："你要记清楚一件事，方才你说我为了整个大秦国，不然！我为的是整个天下！如今，魏国大片土地已经尽收秦国版图，韩国也不堪一击，我们要联手建立一个强盛的大秦国。在这个国度里，黔首安居，乐业耕种，不再有无休止的战争，人人都感到幸福，这才是一个王者应该考虑的事情。"

嬴政说："记下了。还要扩大我们的版图，东方六国收复后，我们要向南、西、北扩大，让中国变成真正的大国。"

"好，有此雄心，大好事！"吕不韦表扬道，"可大王也要记住，人有冲天之志，非运不可通。这个运，说是就是时机、契机，和我一贯给你讲的'势'是一回事。人要做某件事，自身必须时刻做好准备，一旦'势'来临，果断出击方可成事。反之，若是准备好了，'势'还不足，也是不能动的。"

"这些我都理解了。我举个例子，就像现在，嫪毐发狂，但其'势'还不足，所以，我们还要隐忍。"

第十章 渐成乱局

吕不韦结结实实地点了点头："你可千万不要流露蛛丝马迹，让他察觉，一旦他真的作乱，远比成蟜要难对付。"

"成蟜还有义旗可假借，他凭什么？"

一见嬴政轻敌，吕不韦心里又开始担忧起来："成蟜是人太年轻，无勇无谋。尽管有樊於期撺掇，可樊於期毕竟没有主动权。可现在嫪毐是有胆，他敢胡来，说不准谁能帮他出谋划策，可我们现在抓他，证据不足，也会引起朝局动荡。他譬如是个毒疮，必须烂透了，才能一举挤出脓血，彻底治愈。"

两个人就这么亲密无间地讨论着决定秦国政局稳定的策略，第一次这么默契而气氛和谐。吕不韦没有过于严厉，嬴政也没有过多地抵触。这时候，两个人心里都装着一件事，就是携手同心，处理朝政。因为，他们都有一颗端正的心，一心想着秦国好。

人与人的变化常是潜移默化的。吕不韦觉得嬴政逐渐长大，口气没有以往严厉了。嬴政则因为经历的事情多了，反而能够理解吕不韦的不容易了。

其实，在年轻的嬴政心里，已经有了一个秘密。他隐隐觉得，或许成蟜说的是事实，吕不韦就是亲生父亲。假如这个是事实，那么往前回顾，成长中的一切就都顺理成章了。吕不韦教导他时那种恨铁不成钢的急迫神态，教育他胸怀天下时那种毫无保留的奉献，甚至自己做错事时吕不韦不择手段的"谩骂"，都带着一种温度，反而有了感情。这，可能就是一个父亲对儿子无私的爱吧。因为，他在"秦王父亲"子楚那里，并没有感受到这种疼中带爱、爱里有反抗的独特心理体验。当然，嬴政也知道，这个秘密，这辈子是不能同任何人交流的，只能埋藏在心底深处，自己闲来无事独自品尝、领悟。自从有了这个秘密，他便无形中向吕不韦靠近了很多，也才有了今天敢于先试探而后带着点撒娇地对话。他见吕不韦并没有像以往那样大声呵斥，心里愈加坚定了这个揣测。

最重要的是，他感觉自己与吕不韦的性格更像。都是那种说干事就干事，不惧困难，不畏艰险，成蟜叛乱时，两人就联手上演了一出完美的好戏。可像"父亲"子楚一样，整天泡在后宫里嬉戏，他着实有些看不上也看不惯。与其说"觉得"吕不韦是父亲，还不如说，是他内心里的"本我"在主动向吕不韦靠拢。

吕不韦并没有停留在这种空洞的讨论上，这天，他专门约上嬴政："走，到野外转一转。"

嬴政虽然不知道他葫芦里卖的什么药，但已经感知到，吕不韦是要带着他做事，于是愉快地答应了。

两人叫上荆云就出发了。三人三骑朝着东北方向只管快马急赶，一路上，三人尽管催马，一时半刻也舍不得歇息。嬴政难得这么自由地到野外来，显得十分兴奋，连连呼叫："丞相追我。"他本以为，丞相年纪比他大，他又自幼习武，应该远远超过吕不韦和荆云。不想，他刚扬起马鞭，吕不韦已经箭一般飞了出去，任他如何紧追，始终隔开一段距离。刚开始，嬴政还不服气，以为是吕不韦的马好的缘故，吕不韦笑笑，猜透了他的心思，就下马来和他换乘，结果依旧如此。这一下，嬴政着实吃惊，他没有想到，平日里看起来温文尔雅的丞相，竟然是骑乘的高手。

带着这种疑问，嬴政一路追赶，三人于傍晚时分来到一处忙碌的工地。此时，晚霞满天，但太阳还没有落下，工地上，数万人铺开了一个硕大的场面。看上去，漫山遍野都是人，山谷里，山腰处，山脊上处处都是挥舞着锹镐的民工，很多人赤裸着上身，黝黑的皮肤上流淌着滚热的汗珠。

吕不韦站在山头上，俯视着劳作的宏大场面，兴奋地感慨道："好久没有见过如此热闹的场面了。这样的黔首，你有什么理由不爱他们呢。"

嬴政也被这场面感染，激动地走来走去，说："秦国的民众是最亲的，为了家园，他们愿意付出一切。"

远远望见一个人朝着他们奔来，干瘦的身影一会儿淹没在树林间，一会儿又冒了出来。时间不长，这个人气喘吁吁地来到吕不韦面前，说："臣参见丞相大人。"

吕不韦这时往旁边一躲，说："李斯，你看谁来了。"

李斯一见是嬴政，当即行礼："河渠丞李斯拜见秦王。"

嬴政说："快快请起，你受苦了。我只是陪着丞相来观看的，有事以丞相说的为准。"

然后，李斯就开始向吕不韦汇报渠道进展情况："你眼前所见的谷底，是北山山谷，看起来只是一个荒凉的山谷，可我们已经计算好了，这两日就能放过水来。丞相若是过个十来天来看，这里就是渠水绵延了。"

吕不韦顺着李斯手指的方向看去，只见宽约五里的山谷里，一个个人仿佛肩膀挨着肩膀，正在清理低处的砂石，忍不住问："这边上，渠岸是不是要比平地垒砌得更厚一些？也要防止山上冲下来的洪水啊。"

"这个，郑国早就预测到了，这渠墙，比低处平缓处要厚三尺多，丞相尽管放心。"

吕不韦朝着东南方向望去，一片广袤的大平原呈现在眼前："王上，你看，要是这渠修成了，数百里的关中平原，本来已经荒废的土地都会成为良田，到那时，我们今年受的这些小灾，还算得了什么。这是好大一片良田啊，上万顷良田，几个县的黔首都要受益，这可是功在千秋的大好事啊。"

嬴政也被看上去硕大的平原看得惊呆了，说："丞相料事，果然气度非凡。"

吕不韦却说："叫大王来，就是要大王养成这种亲民的作风，要记住，一个君王，心里得时时装着天下，装着百姓。再大的工程，最后还不是要靠君王来管理？"

嬴政听得仔细，谦恭地说："丞相如何敢下这么大的决心，我没来之前还想着，无非就是长一些罢了，没想到是在山根和山腰挖渠，这可真是前所未有的壮举！"

吕不韦豪迈地一挥手，说："走，转过山头看一看。"

李斯问："要不要让郑国来见见。"

"不用，我们不要耽误他的时间。"吕不韦说。

李斯好像正中下怀，说："真要去叫他，他未必就肯来呢。这老头也是不惜性命，没白天没黑夜地和黔首们搅在一起，研究方案，商讨最佳线路，光是这渠底衬砌，他就先后解除了不知多少波人。这老头又怪又倔，一般人根本说不动他。"

四个人边在山路上行走边说话，道旁伸出的荆棘划破了衣裳，可吕不韦竟全然不觉，只顾绕着山头走。

刚转到西北边，嬴政就惊叫道："好大的水！"

吕不韦几步赶到，往山下一看：碧波荡漾的湖水一望无际。

大坝位于瓠口正狭窄处，高高堆起的石头大坝，似一个黑脸将军，牢牢守住这方硕大水面的大门。浩荡无边的湖面，汇聚了三五个山谷的流水。湖面波光粼粼，不断有微风吹拂湖面，一群群野鸭子在水面上自由游弋。

吕不韦吩咐朝山下走去，叮嘱李斯，为图安全，不可暴露大王的行踪。

往下走，渐渐就感觉到一股潮气扑面而来，这是积蓄数条河流之水荡起的水汽，更是五万人奋战六七年的血汗成果。由于有了水源的涵养，这面并不向阳的坡上，树木竟然十分茂盛。

走到山下，四人从人群中穿过，有小官吏认出吕不韦，纷纷叫着："丞相来看咱们了，兄弟们，好好干，叫丞相瞧瞧！"众人齐声喝彩，一阵铁器和木器碰撞的声音响彻云霄，众人欢呼："丞相万岁，丞相万岁。"此起彼伏的呼声淹没了劳作的声音。听着大家的欢呼声，吕不韦说："李斯，布置下去，今晚吃肉改善伙食，叫兄弟们好好填饱肚子。"

李斯高声地呼喊道："丞相赏肉吃，大家吃力干！"

听到山呼海啸般的"丞相万岁"声，嬴政脸上依旧露出笑容，可却使劲儿攥了攥两只手，直到指甲抠疼了手心才作罢。

工地上，到处是热火朝天地干活场景，吕不韦眼神四处寻觅，却看不见郑国的影子。李斯急忙答："郑国此时正在人群里干活，不太好找。"

慢慢来到低处的平地上，大家都留心注意脚下的活石头，吕不韦忍不住又催："李斯，怎么还不见郑国的踪影。"

李斯说："我多派人去找，这个人简直就是疯子，一到帐篷内，沉默寡言，可一到工地，仿佛就跟换了个人似的，不惜命不顾身体。"

吕不韦忙伸手拦住，说："不，我们不能耽误他工作，一起找吧。"

这几个人就沿着河沟的低洼处行走，眼神不停地往四处看。走着走着来到一个锻石头的旁边，听一个长者正弯腰示范："这样的石料，不能直接放进去，要锻出净面来，挂浆才牢固，你方才放上去，非返工不可。"年轻的匠人说："郑大人，这是里面的填料，何必这么认真！"长者正是郑国，头也不抬地发怒道："屁话，都像你这样修，用不了几年，渠岸就倒塌了。"年轻匠人吐了吐舌头做个鬼脸，认真地抡起锤钻忙活起来。

郑国直起身来，吕不韦一见，心中顿时酸楚："郑国，你怎么成了这个样子，这是不要命了吗？"

只见他已经瘦成一根木杆，肤色黝黑，嘴皮和脸庞蜕了皮，像蜕皮未蜕干净的蛇一样，再不是以前在朝中见到的模样。

郑国一见是吕不韦，说："丞相，且先到帐内待我，属下安排一下就来。"说罢，不等吕不韦搭话，就带着身边的儿子，拿着一块硕大的绢布，大踏步朝东边山腰处的一处渠岸跑去，嘴里喊着："错了，这里的墙要砌成楔形，山根的洪水冲下来劲儿大着呢。"

嬴政见状，觉得此人太过孤傲，忍不住喊道："郑国，你眼里还有丞相吗？"

郑国头也不回地答："丞相要听汇报，也可以跟过来！"

这样一说，吕不韦怕嬴政生气，忙扭回身轻轻地说："大王莫急，咱到大坝上看看去！"

嬴政虽然不情愿,可见吕不韦不急不恼,心知他是心疼郑国。边走边想:这郑国真是个怪老头,连丞相也不放在眼里,莫非工匠都是些"不会做人"的性格?

真正来到大坝面前,仰头看,整座大坝有数十丈高,一块一块石头都如精美的艺术品,严丝合缝地咬合在一起,和大坝一比,才感到人类的渺小。吕不韦赞叹地说:"这郑国,幸好来替秦国修渠,若是别国都这样搞,粮食堆积如山,只怕东征就难矣。"

嬴政也慨叹道:"想不到几年时间,郑国在这里做了这么大的事情。"

吕不韦说:"你不看看李斯,白白净净一书生,现在成了黑脸汉子。"话语里透出丝丝关切。

李斯听得心里舒坦,忙说:"属下领了命令,自然要鞠躬尽瘁,不敢半分懈怠。"

吕不韦望着牢牢关闭的闸门,几多钦佩:"这江山,也如大坝一样,看似牢不可破,若不是那坚固的闸门守着,湖水泛滥,便要成灾啊。"

嬴政听得仔细,不住点头,将这些牢记在心头。

几个人回到帐篷内,等了一个多时辰,天已经黑透,还不见郑国回来,连吕不韦都有些坐不住了。

李斯又去催郑国了,吕不韦就在帐内来回看。西边是木棍搭起像墙一样的一个硕大平面,挂着一幅渠道山川流域图,图上详细标注了高度、长度、负责人的名字等等;在北边,有两双穿烂的布履,底子早已破得不成样子;东边挨着帐篷,是两张水工锹,边缘已经破损严重,一个个豁口活似将军刚从战场下来时拼砍过的刀剑的样子,一看就是使用过度;对着南门摆放着一张低矮的案子,这案子倒很特别,比一般的案子既宽又长,几乎是个方形。案子是用几块粗糙的木板拼接成的,并没有经过精细的打磨,也没有上漆。案子边放着两个坐榻,拍一拍,上面尽是灰土……除此之外,再无别物。

吕不韦越看越心疼,忍不住眼窝发酸:"大王,你看看,这样的臣工,拼着命做事,他虽然不会花言巧语地汇报,但我们现在振兴秦国正需要这样踏踏实实做事的大臣。如果人人都像郑国一样用命,何愁大秦不强大。"

嬴政说:"我也看出来了,他就是一心都操在渠上了,生活简单得很。"

又等候了一刻钟,李斯才引着郑国进入帐内。郑国身上的衣服已经有了一股馊味,借着灯光看,后背上一片一片的白碱,全是汗水干后留下的痕迹。他朝吕不韦点点头,先自拿起瓦瓯里的半个葫芦水瓢,舀起满满一瓢冷水,"咕咚咕咚"直着脖子一口气饮完,这才擦着胡子上的水,问:"丞相可是担心水渠,才前来检查?"

吕不韦低头一看,郑国脚上的布履也已经露出了脚趾头,伤感地说:"你又何必这样,叫大家干活,你指挥就好。"

"我就是这样啊。"郑国憨厚地勉强挤出个笑容,"莫非你要我坐在帐篷里指挥?"

吕不韦一闪身,指了指嬴政,说:"这是大王。"

郑国一看,说一声:"臣见过大王。"见礼过后,就匆忙铺开扔在案子上的修渠地图,低头看起来。

弄得一屋子的人都尴尬起来,李斯当即再次提醒:"郑大人,大王和丞相来看你来了。"

他头也不抬地说:"要是那样,大王和丞相就回去吧,我好得很,吃得好,睡得好。我有什么好担心的。"

吕不韦见他一点也不懂规矩,倒没产生多少不快,可见嬴政小脸上已经有了一丝不快,就说:"歇一歇,你再说说,现在最缺少什么支持。也说说,什么时候,渠能修成。"

这一说,郑国忽然就像变了一个人,双眸如电,放出精光,滔滔不绝地说起,如今,渠道已经全面铺开,到了最后的收尾阶段,再用个一年多时间,就能全线通水。就是在这山里施工,要多派点良医来,眼看着夏天蚊虫多,最近民工因病难以上工的逐日在增加……

"叫百工坊多派些工匠来,这里器具耗费大,光是从国库里拿,一来距离远,二来有些工具需要在现场改一改,更好用。"

李斯说:"这我已经反映过了。"

郑国说:"你说是你说,我心急得不行,最好一两天就派来,木工、铁匠,只要是工匠,只管来,有多少用多少。"

他说到激动处,伸出手臂来回划拉,吕不韦看到,忙说:"你等一等。"走过去,捋开衣袖,只见郑国的手臂上,一个创口接着一个创口,有的是旧疤痕,有的还在渗血,"你这也不包扎一下,真就缺少医家到了这种地步?"

李斯长叹一声:"没有哪个医家能说动他,他就不给人家时间。"

郑国摆摆手:"不说这些。大王也在,说说以后。渠道修好只是第一步,下面接着还要往各县修进地里的毛渠,毛渠也要照着大渠的质量来,因为还要'注填淤之水,溉泽卤之地。'泾水含沙量大,渠道若是缝隙不密,不断冲刷,日久天长，渠会塌的。"

　　这番话，一下吸引了嬴政和吕不韦，两人都惊讶地望着郑国，没想到他考虑得这么长久，确实是不可多得的经国之才。

　　秦国朝政，本来就有讲究民主、直谏的良好风气，只要有合适的意见，只管说出来，不必看君王的脸色，这是秦孝公之前就定下的规矩，嬴政虽然还未亲政，但平日里这种风气早听吕不韦和太傅不断讲过，这时早已忘记了刚才郑国不懂规矩的不悦，激动地一把拉住郑国的手："你要升，不能一直当渠工。"

　　郑国并不领情地挣脱出手，正色地说："我只会治水，不会当官。"

　　吕不韦见状，又详细询问了郑国其他的要求，要荆云先记下来，不久各自睡去。翌日吕不韦和嬴政又到山里的乡村调查了两日，才赶回咸阳。他这一次并没有过多地说什么，而是引导着让嬴政体会大事的决策该如何选人，民间琐事该如何调理。

　　吕不韦一步步引导，只为让嬴政早日成为真正的王！用心良苦，天下难得！

　　而对嬴政来说，一场关乎生死的考验，正在悄悄来临。

第十一章 交回政权

一、隐忍是最佳方案

赵太后和嫪毐生了儿子的事情，虽已被吕不韦坐实，可他始终无法找到合适的方式告诉嬴政。吕不韦深知，这对于一个有尊严的人来说，是奇耻大辱。尤其，嬴政是秦王。

赵太后虽然纵容嫪毐，可她也知道和嫪毐生儿子这件事对于一个"死去丈夫"的太后来说，终究是丑事。于是，生育期间，她就声称天气炎热，想清净，搬到了雍城的大郑宫内居住。嫪毐既要时时取悦太后，又不想失去在咸阳的威风，于是就常常往返于雍城和咸阳之间。这也给了他炫耀的机会，每一次出行，都准备十多辆车，前后派上百名骑马的家丁簇拥，摆足了排场，生怕沿途的人不知道车里坐的是谁。

魏国为了延缓秦国攻打魏国的速度，派人来秦国贿赂嫪毐，嫪毐收到礼物后，确实动了些手脚，让供应粮草的军队放慢了速度。这样一来，秦军攻魏的军队放慢了步伐，魏秦关系稍有缓和。魏国得到好处，自然大力吹捧嫪毐的实力，于是，中原国家都知道嫪毐在秦国的地位如日中天，纷纷前来拜见，嫪毐的势力迅速膨胀，他本人也越来越觉得地位已经超过了吕不韦。

出身市井的嫪毐，私欲越来越膨胀，虽然也想在政治上取得地位，可毕竟见识有限，以为到了"高处"，就要时时显示出不一样的威力来。于是，仗着太后撑腰，经常和手下的人做一些欺男霸女、为非作歹的事情来。他手下的人做了坏事，他不但不加制止，反而要他们出去宣扬"长信侯的人，谁也不敢动"这样的话，渐渐地，嬴政就听到耳朵里越来越多这样的话。可他总是装作没听见，依旧不动声色地任由其发展下去。

有一次，嫪毐和宫中的宦官、秦王左右的近臣吃酒、赌博，玩到兴处，众人都喝得烂醉如泥，互相之间就发生了口角。本以为就是吃酒的场合，大臣们也无拘无束，大声地辩论，这时，嫪毐一瞪眼，高声地喊道："我是秦王的假父，你们这些屁货竟然和我争执，是不是想死！"

第十一章　交回政权

他这样一吼叫，那些人顿时吓得战战兢兢，不敢作声。嫪毐看着他们畏惧的样子，哈哈大笑："老子说话，秦王都不敢反驳，你们还不跪下道歉。"众人虽然醉了，可也知道厉害，纷纷俯下身子，低头认罪，嫪毐爽朗而狂放的笑声在大殿内回荡……

可这些与嫪毐玩耍的人，心里也藏着脏事，听到他公开如此叫嚣，就到嬴政那里告状："嫪毐这小子竟然公开说他和太后的事情，大王不能不管啊。这是国丑！"嬴政听后，却好像听的是别人的事，稳稳地说："你们不要乱挑拨，长信侯不会做恶事的。"

告状的人再次提醒："嫪毐肯定不是真正的宦官，他是假的，我们听说，他和太后有了儿子！"

嬴政当即大怒："汝等不知羞耻，竟然捏造太后丑事，若不看在往日对国家有功的份上，非治你们死罪不可。"

这些人见嬴政不分好坏，气得纷纷逃离，不再搭理这个"胆小怕事"的软弱秦王。

嫪毐得知情况后，随便找了些理由，就将这几个告状的人送入大狱，还到处叫嚣："秦王都怕我三分，谁若再不知深浅，惹老子不开心，看我不抽了他的筋。"

于是，再也无人敢去向嬴政报告嫪毐的种种劣行，嫪毐也愈加放肆自己的言行，并且，他还开始勾结咸阳那些掌握着兵权的武士和小官吏们。这些手里多少掌点权的人，看到嫪毐势力大，秦王和丞相都不敢与他对抗，自然就乐得做个好人，通过投靠嫪毐为自己和亲属谋取好的职位、攫取财富。

吕不韦将这些都看在眼里，可他也不动声色地冷眼旁观下去。他在等待机会，等待嫪毐这个"毒疮"烂透了，流出脓水来的时刻。因为他知道，毒疮没有烂透，如果过早动手摘除，必将沾染自己一手的毒液。到那时，若嫪毐不能一举拿下，别有用心的人再趁机往他身上泼脏水，尚未亲政的嬴政，定然不能控制局面。所以，他在等，也告诫嬴政，一定要学会等待、隐忍。所有露出的"形"在未形成"势"之前，一定不可轻举妄动。

而年轻的嬴政，却在悄悄进行着一场动作，他要按照自己的心事，一步步来实现既定的目标。

这天，嬴政和昌平君一同听了太傅讲课，等太傅走后，嬴政说："你最近到雍城去一趟，熟悉一下地形。"

昌平君当即问："是要做什么准备吗？"

"你先好好看看几个旧宫殿,哪个适宜埋伏,哪个能够藏兵。"

"是有什么危险吗?"昌平君悄声问。

"我要唱一出好戏,你只管去,装作闲人游逛,不可暴露心事。可能办好这件事?"

"能,放心吧,我一定办得机密,不叫露出一点痕迹。"昌平君拍着胸脯打包票。

嬴政也在等,他心中十分清楚,目前自己手里一无军权,二无亲信,所有事情只能悄无声息地进行,要让每个人都看不出一点蛛丝马迹。甚至,连吕不韦也要瞒着。

这个少年秦王,心智已经成熟,他要独自谋划一出属于自己的战争!他知道,要想成为真正的王者,必须要打一场翻身仗,一场能够震慑天下人的战争!一场自己和自己较量的真正的战争。唯有如此,将来坐到王位上,才能压得住台!才能控制住局面!

雍城,这是秦人发迹的地方,也是旧日的都城。

处在关中平原最西边的这个昔日的都城,西南两面临水,东边是原,北边是山,因此形成了独特的以河流为城的"城堑河濒",是"水上秦都",秦人以水御敌200年后才开始筑城墙。

由于这里地势平坦,土壤肥沃,交通便利,既是秦人定居的第一个大都城,同时也是秦人西出的重要关口。秦人祖先自西方崛起后,一路向东,来到此处定居,建立大郑宫,曾作为秦国国都294年之久,19位国君在这里执政,可见其重要地位。

大郑宫在城内,而后来建立的蕲年宫、橐泉宫则建在城外,大约是为了防止"一城丢则秦国丢"。另外,再略小些,城内还建有棫阳宫、羽阳宫等大殿。

城池也采用了护城河的做法,一股清流从西北入城,于大郑宫前流过,这样就方便为宫中湖泽注入活水,水过城从东南出,流入雍水。这股清流,后来用秦将白起的名字命名,称"白起河"。由于这里是秦国的立国之本,宫殿建设得非常庞大,均超过咸阳的规模。

随着秦国从一个小国逐渐扩大,君臣均感觉此地过于偏僻,秦献公二年,将都城迁到栎阳,之后又迁都咸阳。秦国向东扩充的步伐,是徐徐展开的。

虽然经过两次迁都,但雍城是秦国的根本,因此,这里的一切都保持着原样,并未废弃,很多祭祀或者重要的国家盛典,都还要来这里举行。好多秦王

第十一章 交回政权

和贵族去世后,也多以能埋藏在雍城为荣。

赵太后为避免生儿子时被大臣们发现,选择来雍城躲避,这样既安全又能享受到最豪华的服务。而且,生了一个儿子后还不收手,竟然又生了第二个。她和嫪毐自以为来这里最为安全,所做的事天衣无缝,殊不知,该知道的人都知道。

昌平君来雍城私自打探,自然是普通装扮,并未引起过多人的注意。嬴政交给他的任务,除了留心如何驻军外,还特意叮嘱要将城外的地理地貌都勘察五十里,以防不测时,能够快速出走。昌平君处处留心,把嬴政交代的事情都办得妥妥帖帖,一月多过后才回到咸阳向嬴政报告。

"你确定找准了地方?"嬴政问。

"蕲年宫最为合适。一是这座城在都城外,便于调兵遣将,四面出击都无阻挡。二来,如果提前在这里布置兵力,由于不在城内,很少能引起城内人的注意。"昌平君详细汇报。

"照你所言,这蕲年宫就是座孤城,若一旦被围,岂不危险?"嬴政反问。

"我想过了。蕲年宫在城南,南临渭水。我们可提前在渭水到蕲年宫之间的平原上,埋伏好军队,一旦作战对我不利,可直接撤出,从渭水向南而去,这样可保立于不败之地。"

"从雍城到咸阳,军队需要几天?"

昌平君说:"三百里路程,两天即可到达。"

嬴政又问:"若全部是骑兵呢?"

"那就更快了,一天一夜就能赶到。"

嬴政稳稳地点头,忽然又问:"橐泉宫在蕲年宫的东边吧?"

昌平君说:"是的。问橐泉宫干啥?"

嬴政说:"既然两个宫都在城外,橐泉宫就要当作粮草、兵械的储存地。不然,打什么仗?拿什么打?"

昌平君到这时,还一直没有问,这是准备要和谁打,忍不住就问:"是戎狄又要作乱?"

嬴政模棱两可地说:"或许是吧,凡事总要做最坏的打算。"

昌平君听得糊涂,忍不住就说:"要说这戎狄,可是不太好围歼。他们太过狡猾,真要作战,必须利用好水战。"

嬴政兴致很大,急忙问:"为何要准备水战?"

"你想啊,陆地上作战,戎狄擅长马战,我军肯定要吃亏。可要是我们能引诱他们到西南部，后有秦军追兵围堵，前有河水挡道，他们就是插翅也难飞。"

嬴政赞许地夸道："你说得极有道理。若是让你领兵，打一场恶战，你觉得多少人你能打赢？"

"什么仗？去哪里？雍城？"昌平君摸不着头绪，茫然地问。

"不是两军对垒，是要……举个例子吧，就像成蟜一样的战争，你有几成把握？"嬴政盯着昌平君，目不转睛地问。

"三五万足矣。"

"这么有把握？"嬴政不放心地问。

昌平君说："我们自小在一起长大，你还不了解我吗？什么时候说过大话，这是事关社稷安危的大事，我自然不敢掉以轻心。我说三五万足矣，是有道理的。你想想，这些人要起兵，一般手里都没有军权。他们拥有的，无非是些乌合之众，正规军出动，一个要顶三四个，所以你听着是三五万人，若是真的两军对垒，超过数十万的威力呢。还有一条，如果是和别国作战，天长日久，军队还可能懈怠，可若是保卫王室，每个军卒必定拼死出力，自然就又多了几分胜算。"

"你最近，要多和昌文君商讨些兵法，他比你心思缜密。"嬴政叮嘱道。

"我那哥哥，性子太过柔弱，你倒看好他？"昌平君不屑地说。

"骄兵必败。就你这样子，我就不敢把军权交给你。他毕竟是你的兄长，多读些书，虽然没有你我勇猛，毕竟心中有些韬略，所以，你必须多向他讨教，才有保障。"

昌平君见嬴政面色凝重，想想也有道理，说："全听大王的安排，我多向兄长请教。"

说过这些话后，昌平君本来想着，过不了一两个月，嬴政就会给予自己使命，天天想象着，如何叱咤疆场，做出一番功绩。可没想到的是，连续过了三个月，眼看着已经来到十月，天气寒冷，还不曾听到嬴政说过一个字。他几次都想催问一下，可看到嬴政那张铁青的脸，吓得就不敢多加询问。

十月初一，秦国正旦。咸阳章台宫内，张灯结彩，到处一派喜气洋洋的节日气氛。

这天一早的朝会上，大臣们先是议论了一些日常的事情，吕不韦像往常一样一一回答着大臣们的问题，眼看着已经没有什么重大事情要讨论了，国尉蒙武说："大将杨端和前一段已经攻占了魏地的首垣、蒲、衍氏，请大王和丞相论功行赏，鼓舞将士们斗志。"

吕不韦说："这三座城虽都不大，可自成蟜叛乱后，也是一大喜事，大王，你看是不是应该趁着过年，赏赐下将士们。"

嬴政一如既往地说："全听丞相安排。"

吕不韦就对蒙武说："国尉布置下去，凡是在外军人的亲属，今年过年格外照顾，每户多发二斤肉。在外将士，依秦律论功行赏。"

蒙武领命，众臣散朝。

回到府上，吕不韦见荆云正安排人在屋檐下补挂灯笼，就笑着说："荆云，也就你心细，差几个不影响照明就行，何必非要挂这么稠密。"

荆云说："丞相，这大过年的，处处都喜庆，多挂灯笼，图个吉利。"

"你可操心脚底下，地冻冰滑，梯子放稳妥点。"吕不韦站在远处看着，叮嘱道。

荆云说："这不，都是些年轻人在忙活，我们可不敢轻易上梯子了。老胳膊老腿的，闪着哪里都碍事。"说话间揉了揉鼻子，吸溜两下，"你瞧，说着说着清水鼻涕就流下来了。"

吕不韦不知从哪儿来的兴趣，抓起亭子边未化掉的雪，团成团，一把朝荆云脖子扔过去："我叫你装老人！"

荆云赶紧缩脖子，可冰凉的雪团还是钻进去一小部分，顿时全身抖动，哈哈大笑着说："丞相欺负人，你也小心我给你点。"说话间装作要拿起脚边的雪，吕不韦一见，急忙跑掉了，边走边喊："你小子哪儿追得上我。"

荆云看着他远去的身影，欣慰地露出笑容，自言自语道："难得见你这么高兴了。"

梯子上挂灯笼的少年舍人也乐呵呵地说："家老，从未见丞相和你这么戏耍，一定是咱吕府上有什么大喜事！"

"咱吕府上，天天都有好事情，你不听，喜鹊天天叫！"荆云也一改往日板正的面孔，和颜悦色地和年轻人说。

荆云虽然不知道吕不韦因何高兴，但知道一定有什么好消息，才让他也"得意忘形"，返老孩童，竟然和自己玩起了扔雪球。

尚在纳闷间，见从院门处传来一声喊："快来人，公子们来了！"

荆云就急忙去院门口接，一看，怪不得吕不韦欣喜若狂，原来白露和吕亮、吕臻两位公子都到了。

"今年，这可是难得的大团圆啊！"荆云快步跑过去，边走边埋怨，"夫人现在是越来越和我生分了,这么大的事情竟然瞒得我好好的。"

白露已经来到身边,笑吟吟地说:"怕你操心,瞧着你一天天累得直不起腰,让小孩儿们多伺候着就行,不劳你费心了。"

荆云似乎真的生气了,撅起嘴说:"老奴这是真的老了,只怕年后就该回老家了。"说完话,竟然伤感地落下了两滴泪,装作没事人一样扭头擦了。

"荆叔,瞧你,大过年的,何必呢。怨我,我怕小辈儿受你接待为难,才私自做主,不让他们告诉你的。"吕亮过来一把拉住荆云的手臂,亲昵地解释道。

"别理他,一个大男人,倒忸怩上了。这年还过不过了。"白露说道,"大门口还一车家什呢,天寒地冻的,不怕冷,都在院儿站着吧。"

她这样连"骂"带说,荆云才醒悟过来,赶紧安排人去大门口接车,又慌慌地引着两个公子去见吕不韦,白露早利落地往后院里去了。

吕府今年这年过的,虽然看起来与以往并无太大的不同,但其实是很热烈的,整座府邸充满着浓浓的温情。自从离开濮阳老家到邯郸后,吕不韦就没有回过老家,后来封地到了洛阳,褚夫人和子女们到洛阳后,他也从未到封国去过。这一次的相聚就显得格外意义不同。

眼看着两个儿子出落得一表人才,也都知书达理,吕不韦愈加觉得对褚夫人有所欠缺,可是,斯人已去,再深沉的思念也只能化作对儿子的关切,吕不韦还觉得两个儿子是少年,就格外关照厨房,多做珍馐,让他们放开吃。大儿子吕亮,早已接管吕家商铺诸多业务,俨然已经是个商界老手,自然不会迷恋于这些吃喝玩乐上,他已经钻进书房里和刻简处,找出《吕览》,如饥似渴地翻找着适合的内容阅读。小儿子性格外向,整日里让咸阳吕府的人陪着,到咸阳街头观景,游玩,享受着难得的清闲。

整个府中的用度和人员调配,都有白露总负责,荆云管具体杂务,十多天里,吕不韦仿佛一个悠闲的公子,每天除了到丞相府官邸处理些事务,就回到家中,尽情享受着天伦之乐。

这样的场景,对白露来说,堪比神仙。她醉心于这种氛围里,觉得每个人都是美好而善良的,即便某个下人事情出了纰漏,也总是宽恕地处理,不深究不苛责,她内心里隐隐地觉得,这样的时光不会永远继续下去,依照吕不韦的性格,这不过是短暂的心灵休憩而已。

有一件事白露也曾问过,但吕不韦支支吾吾没能说清楚过。按说他从前是个成功的商人,可由于商人地位低下,叫人看不起,于是他发愤图强,通过异

第十一章　交回政权

人逐渐成为一名出色的政治家，常为自己终于摆脱了"商籍"而慰藉。可是，他高居秦国丞相，却并没有让儿子们从事政治，反而让他们"走老路"，从事商业。

这一点白露始终想不通，既然你自己都看不起商人，又为何还要让孩子从事商业。若是认为商人并不低贱，自己何必倾尽全力踏入秦国朝堂。

或许，正是因为吕不韦从事了政治，才发现政治上的很多事，并不适合他的子女的性格，所以支持他们搞商业。最起码，搞商业不至于受穷挨饿。又或者，他觉得，有他献给秦国，已经够了。

白露问时，吕不韦说："或许，兼而有之吧。"他一心要拯救民众，才不惜以命相抵，投入政治，可当看到政治的残酷和无情后，却反而怀念起经商的那段纯粹岁月。到这时候，他忽然理解了父亲当初为何要苦苦相劝，不让他从事政治。大约，天下的父母都是这样，自己吃过哪份苦药，就永远不希望孩子们再品尝这药的苦味。每个父母都有"医家心"，希望借助经验来帮助孩子摆脱生命中所有的病痛和灾难。

时间果然不长。过了十月十五，吕不韦就开始催促孩子们到封国去，各自忙各自的事情，不要沉溺于温柔乡里，不思进取。

孩子们走后，吕不韦和荆云关上门，几乎一天没有出书房，在屋里商量事情。

这天夜里，章台宫大殿内，依旧还洋溢着过年的气氛，到处悬挂着红红的灯笼，值日的禁军们一队队按时巡逻，确保宫廷内节日的安全。

就在章台宫偏殿的台阶旁，禁军刚刚走过，猛地跳出来一个黑影，几步就窜到了台阶上，闪转腾挪，几下就看不到踪影。

嬴政正在偏殿内挑灯夜读，忽然觉得有一股凉风吹进来，瞧了瞧窗户，关闭的严严实实，不禁裹了裹衣裳，说："再往火盆里加点炭，这会儿还有点冷。"

随身侍者应声而入，手里提着一桶木炭，走进来后，不多言语，稳稳地夹起十多块儿放到火盆里，轻轻地拿起小铁铲，将灰白的炭灰铲到一个瓦盆里，用扇子轻轻地闪动木炭，不一会，木炭就燃气火焰，屋里顿时温暖了许多。

侍者出去后，嬴政继续读书。

这时，听得东边的窗户一声响，还未回过神来，"咚"的一声，一支铁镖直直地钉在屋里的木柱子上，嬴政顺势一滚，猛地一窜，已经拔出架子上的剑来，一转身吹灭了灯，手里举着剑，炯炯的眼神警惕地盯着四周。他不挪步，也不出屋，生怕中了歹人的埋伏。

过了一阵儿，听听没有什么动静了，他才提着剑，走出大殿，顺着台阶四处看了看。按说侍者见殿内灭了灯，应该有所警觉。可毕竟这两天还是过年，随身的侍者是四五个年轻人，此时正躲在一个厢房里说笑。

嬴政没有大呼小叫，而是稳稳地回到殿内，点燃灯烛。殿内顿时再次明亮起来。他见铁镖系着一块红绸，走过去，一拽绸子，铁镖落入手中。这才看清楚，镖上扎着一块绢布，抖搂开一看，上面写着八个字：

嫪毐两子，躲在雍城。

嬴政怒火中烧，这是谁如此嚣张，竟然闯入王宫内行刺。而且，专门说这件卑鄙的丑事。虽然嬴政也早有耳闻，可碍于母亲的名声，他一直不肯承认母亲与宦官嫪毐生育了儿子。盯着眼前的这块布，他恨不得迅速抓住这个刺客，将他碎尸万段。

略微平息一下心情后，嬴政忽然朝着东边的窗户狡黠地一笑，拱了拱手，仿佛看到"刺客"还在窗户边。

是啊，如此戒备森严的秦国王宫，哪是刺客能轻易进来的。这"刺客"，一定有着特殊的渠道，能够顺利进出王宫。从这个消息来看，一定是他！

所以，嬴政才心照不宣地朝着窗户那里笑，遥遥中感觉那双眼睛正盯着自己，他稳重地点点头，表示一切都已了然。

这件事过去了两个月，一天晚上，嬴政刚刚歇息，听得屋里"咚"的一声响，侍者应声而入，连忙点灯，地上有一块布，包裹着一块石头。侍者一看，嚷嚷着叫起来："有刺客！"很快，在附近的武士们迅速将大殿围起来，这时，却见嬴政缓缓走出殿来，摆一摆手，说："都散了吧，不必大惊小怪，是一个猫儿踢翻了东西。"大家听他这么说，才慢慢散去，留下七八个武士在殿外看护。

嬴政手里捏着的那块绢布，已经快被他撕成碎块。他的心在滴血，心脏"咚咚"地跳个不停，眼珠子气得快要掉出来了。

这块布上，墨书九个字：

嫪毐扬言，让他儿即位。

如果嫪毐仅仅是做点出格的事，处事荒唐，为人嚣张，独霸朝纲，这些嬴政都还可以忍受。即便是嫪毐和母亲在一起厮混，不是亲眼所见，也可以装聋作哑。可如今，嫪毐已经将剑架在了自己脖子上，如果再忍耐下去，只怕秦国真的就让这个宦官毁掉了。是可忍孰不可忍！嬴政抽出短剑，用锋利的剑尖切入自己的左臂，一点点用力，将手臂割出一个血口子来，他要用这种血腥而疼痛的方式唤醒内心的"雄狮"，再不能这么蛰伏下去了。已经到了你死我活的地步，此仇不报，枉为人，更别说是秦国的王子！嬴政用这块绢布，一遍遍地擦拭着短剑，任由手臂上的血流淌。看着这鲜红的血，他异常兴奋，像个嗜血的猛兽一样，嗅到了那种甜蜜和着咸味的血的诱惑，他模拟着用牙齿撕咬敌人尸骨的快感，仰头发出无声的"哈哈"大笑。如今，他还不能发出声音，不能畅快地大笑。要憋着，要忍着，他已经快憋疯了，狰狞地扭动着整张脸，恨不能生吞活剥了那贼人！

此刻，嬴政只能喊："来人，拿纱布来。"

侍者听到喊，快速进殿来，一见嬴政满手臂都是鲜血，大惊失色地叫："大王，这是怎么了，快喊太医！"

嬴政稳稳地说："不必惊慌，不小心弄破了手臂，自己包扎一下就行。"

侍者说："这可不行，要是有什么闪失，小人可担待不起。"

不一会儿，来了两个太医，仔细地上药，将嬴政的手臂包扎完毕才慢慢退出去。

这，就是嬴政目前最合适的状态。他知道，只有这样，紧紧盯着他的任何一方才会满意。

躺到床上后，嬴政睁着眼，盯着高高的屋顶，咬一咬嘴唇，默默地和那个"刺客"说："瞧着吧，不会一直这样了。"

二、强压怒火放烟幕

早朝，嬴政端坐在王座上，听着大臣们和吕不韦布置完各项事情，见众人皆无要事要奏报，眼见得又要听到那句熟悉的"散朝"时，他忽然开口了："丞相，寡人筹划着，要举行冠礼，你觉得呢？"

吕不韦听到后，仿佛怀疑自己的耳朵，忍不住又问一声："大王是要行冠礼？"

"正是！"

这一次，所有大臣都听得清清楚楚，年轻的秦王要行冠礼了！

不等吕不韦开口，内史说："臣拥护王上行冠礼。毕竟，今年，大王已经二十二岁了。"

"是啊,在这个年龄行冠礼,已经算迟了。"大司农也附和道。

郎中令说:"臣附议。"

御史大夫也说:"一国之君,确实也该举行这样的仪式了。"

吕不韦这时面无表情,谁也看不出他心里的波澜,不知道他会赞成还是否定。不过,这件事是迟早的事,或许很多大臣都觉得,反正迟早要举行这个仪式,趁机巴结一下秦王,也属正常范围之内。

吕不韦眼神四处扫视一遍,问:"奉常大人,这件事该你说话呀,是不是该举行了?"

奉常见问,当即说:"大王已过弱冠,正当举行冠礼。"

吕不韦说:"好,你是主持宗庙礼仪的,既然你说该举行,就按照你说的办吧。"

嬴政心里高兴:"谢过相国。"

这时,突然听到一人说:"臣有异议。"

这句话一出口,所有人都朝他看去,集中的眼神快把他烤焦了。

只见詹事稳稳地说:"诸位大人、大王,未行冠礼前,朝政由相国辅佐,太后监督。臣以为,此事应当禀告太后,请她认可,方为妥当。"

嬴政当即回绝:"这是国事,不必劳烦母后。"

吕不韦听詹事这样说,正要开口,又听得内史也说:"按照旧制,并非必须请太后恩准,但,毕竟大王还未亲政,行冠礼这样的好事,请太后和老太后决断,并无不妥。"

嬴政这时有点后悔,生怕自己说出的话不做主,就反驳道:"这事我已经想好了,会主动向母后禀报的。"

吕不韦见大方向已定,问一句:"大王要在哪里举行?"

"旧都雍城。"嬴政高声地答。

"可是已经有成熟的计划?"吕不韦问。

嬴政说:"这套礼仪,由丞相负责布置吧,好多事寡人也听不懂。"

今天第二次听到"寡人",吕不韦的心再次加速——少年等不及了!他这是急于要摆脱辅政之臣,准备亲政啊。

知道了他的心事,吕不韦就说:"奉常听令,这次冠礼,是为王上亲政作准备,所以,仪式一定要举办得圆圆满满,不能出一点纰漏,可有把握做到?"

奉常愉悦地说:"臣一定竭力办好。"

吕不韦这才说:"那就等你的消息,准备好后就开始。"

嬴政提到的这个冠礼,实际上区别于一般男子的冠礼,他所说的冠礼,是举行加冠大典。加冠,是自西周就开始的重要礼仪制度。按照规范,士子过了二十岁才算成年,可以入朝为官、结婚生子,也才可以取个别名——字!这是从男孩儿到男人的过渡,所以,即使是一般人家的冠礼,也都极为正式、隆重。举行仪式时,有家族长者拿着一顶提前制好的帽子,戴在受冠者的头上,称"冠礼",以示成年。一般都在二十岁举行,因此,二十岁被称为"弱冠"。这对于任何一个男人来说,都是必须经过的一个过程,是成年的重要标志。当然,对于年龄,并没有绝对严格的规定,有时候特殊的情况下也灵活而行。如周文王十二岁就已加冠,十五岁就生子伯邑考。春秋战国时,也有不少国君十三四岁就已加冠。这些都是因为,君王是个特殊的角色,有时候出于国家的需要或者政治的需要,可以提前举行,目的是为了国家的稳定和便于国君发号施令。

嬴政本来二十岁就可以举行冠礼,可吕不韦始终觉得嬴政年幼,加上秦国连年正在举行征讨东方诸国的战争,很多棘手的问题都还依赖自己处理,况且,嬴政的母亲赵太后也不同意他提前举行冠礼,最巧的是,华阳太后也综合考虑,不想放弃难得的"辅佐"机会,所以,宁肯提前介入说婚姻大事,而假装糊涂闭口不提加冠之事。

青年嬴政,尽管到了二十岁就知道该举行冠礼,却因为朝中无人提及,自己又怕难以控制局面,所以就一拖再拖,拖到了二十二岁。

今天,之所以嬴政敢明目张胆地提出来加冠,正是因为他敏锐地把握到一个时机——嫪毐已经坐大,再不加冠,危及朝政。

他提出举行这个仪式,实际上是和"刺客"达成的默契。他心中已经明白,此事一说出来,所有人肯定都无话可说。

回到丞相府,吕不韦就把荆云叫过来,吩咐道:"大王马上就是成人,要加冠了。"

荆云心领神会地答:"这也是你一直盼望的,该高兴才是。"

"我说他成熟了,不是说年龄大了。你知道吗?他要到雍城去行冠礼。"吕不韦笑吟吟地说。

"哦?这是为何?"荆云一时没有扭转过来。

"你说呢。"

荆云仰头想一想,恍然大悟:"你是说,他怕在咸阳,有人捣乱?"

吕不韦这才赞许地说:"他的想法不错。去雍城,这样确实可以让很多暗处的势力露出头来,毕竟,两地差着几百里,谁要调动人马,再隐蔽也藏不住。"

荆云说:"这秦王胆子够大的。去雍城,他那边也没有布置啊。万一……"

吕不韦说:"他既然敢这么做,就一定提前做了准备。这件事竟然连你我都瞒住了,可见他是早就有所防备。"

荆云还是有点担心:"万一,咱们都走了,咸阳这边……"

吕不韦略一沉吟:"你说得是,这些,确实也很重要。这样……"他让荆云附耳过来,一一做了叮嘱。

对于大多数大臣来说,嬴政现在做的事,他们已经看花了眼。就在准备去雍城行冠礼的前夕,嬴政突然宣布,将吕不韦府邸的舍人荆云捉拿入咸阳监狱,说是他僭越使用车辇,违背了秦国祖制。本来,这不算是什么重大消息,荆云本来就不是国家官职人员,捉拿他简直是小菜一碟。可因为他是丞相吕不韦的舍人,此时就显得"颇有深意",而且,吕不韦虽然没有在朝堂上公开反对,听说他回府后"大发雷霆",一直骂着说,有人在背后陷害荆云,这其实是和他吕不韦作对。丞相府属官们见他骂骂咧咧,都噤若寒蝉,不敢大声说话,生怕灾祸降临到自己头上。

听到这个消息后的嫪毐,却是眉飞色舞:"他吕不韦不狂了吧,这是秦王要对他下手了,说不定在雍城一行冠礼,就要制裁吕不韦了。"

可他手下也不乏谋士,内史劝说道:"公也要早做准备。这秦王既然敢对吕不韦下手,也要防止对公不利。即便现在吕不韦的实力不如咱们,可他毕竟也是辅政大臣,秦王不打招呼就抓他的人,这可是从来没有的事情。"

"照先生说,我们直接在路上截杀?"嫪毐莽撞地问。

内史大为摇头,说:"这次秦王在朝上提出行冠礼时,不是用商量的口气。我全都听出来了。他是在宣布一件事,而不是像之前一样,凡事都要征询吕不韦的意见。"

"照你的意思,嬴政是要动手了?"嫪毐急躁地问。

"我一说,行冠礼要经太后同意时,他就慌张了,我是仔细看过的,吕不韦好像并没有太大的反应,倒是秦王,手足无措的样子,好像生怕太后插手。"

嫪毐一听,喜上眉梢:"就是嘛,咱和吕不韦是不一样的。咱们做事,太后都是支持的。他嬴政再狂妄,还敢对太后动手吗?那可是他亲生母亲呢。"

第十一章 交回政权

内史说:"话是这样说,也要做些准备了。"

"如何准备?"

"臣以为,"内史降低声音,环顾四周,警惕地说,"秦王去雍城,长信侯若有打算,这是一个难得的良机。"

嫪毐问:"你是说,咱直接反?可咱没有那么多人啊。"

"你听我说……"这位叫"肆"的内史,已是嫪毐死党,见机会难得,便将心中的谋划一股脑儿地灌输给嫪毐。他希望,通过这次政变,也尝尝当丞相的滋味。人在憧憬美好前程时,由于过度兴奋,往往会丧失对事物的准确判断能力。

四月十三,嬴政率领上千人的队伍,浩浩荡荡,不慌不忙地朝着雍城出发了。一路上不紧不慢,倒不像是急于行冠礼,而像是出巡。

这一次,几乎带上了所有的大臣,咸阳城内,只留下重要的守卫城池的少数大臣。吕不韦、昌平君、昌文君都在队伍里。

有一个奇特的现象。来之前的一个朝会上,嬴政提出,任命昌平君、昌文君为左丞相,吕不韦担任右丞相,亦称"相国"。所有的大臣都认为,这样一宣布,吕不韦当反对,这不是明显削弱他的力量嘛,可吕不韦却朗声道:"按大王的意思办。"

别说大臣们想不通了,就是嬴政,虽然已经取得了吕不韦的信任,可在这件事上,他还是很犹豫的,生怕吕不韦不同意。没想到吕不韦轻轻松松就同意了,这就让嬴政心生疑窦。本来,为了提名这两个人,他想了很多说辞,一旦有人提出反对意见,他就准备据理力争,有理有据地让大家服气。可现在,却如打出去的拳头砸在棉花团上,一点劲儿也使不出来,感觉索然无味。但同时,这一刻,他觉得吕不韦太强大了,连自己的私心都看得透透的。

按说他该佩服吕不韦,可越是这样,他越偏偏觉得,你吕不韦太可怕了,可怕到我嬴政在你面前没有一点尊严,没有一点能力可以施展出来,因此就心里埋下了一点祸根。

若是普通人,这样的想法肯定是错误的,可嬴政是一把手,一把手最讨厌自己的聪明被人识破。仇恨的种子,就是这么一点点积累的。

当然,这只是坐在王位上那一瞬间的想法,这时候,到雍城去举行冠礼,嬴政还需要吕不韦的大力配合。

五天之后,君臣一行人到达雍城,住在城外的蕲年宫。这时候,奉常就带着人开始操练、布置烦琐而冗长的冠礼仪式,其余大臣们则配合着做些事情或者闲来逛逛这个旧日都城。

到了十九日夜，所有大臣都接到一道命令：任何人无王命，不得私自外出。

接到这个王命后，开始大家还不以为然，以为是为了确保仪式正常进行，怕大家私自行动耽误了活动。可到了后半夜，所有人都睡不着了。听得街道上传来整队步兵脚步声和马蹄声，有胆大的大臣悄悄从门缝里往外看，只见街道上全部军队戒严，个个举着火把。看到这种情况，那些文臣们顿时慌了手脚，纷纷聚在一起，胆战心惊地议论着，莫非有人要谋害秦王，或者是西北边的戎狄趁机作乱，猜疑充斥每个人的心头，却不见有一人出来解释。

二十日这天上午，嬴政在蕲年宫大殿内举行朝会，大臣们个个神情严肃，都在等待谜底揭晓的那一刻。

"我们要练兵！"嬴政大声地说。

"在这里练什么兵？莫非附近有了战事？"一人说道。

"休要胡乱打听战局，各自保持镇静，保证大王按时行冠礼即可。"国尉蒙武大声地说。

"昌平君何在？"嬴政道。

"臣在。"昌平君答。

"命你领北坂军三万，在东边负责操练弓弩手防御。"

"喏！"

"昌文君？"嬴政喊一声。

"臣在。"

"命你率北方营三万到西园负责步军演习。"

"喏。"

"蒙恬可在？"

"臣在。"

"命你率一万精锐，负责保护正面大殿。"

"喏。"

"相国、国尉，命你二人负责整体协调，保护王都万无一失。"

"臣遵命。"

大臣们听清楚了，连吕不韦都被安排在这场战斗中，而且是秦王自从登基以来第一次对吕不韦发号施令，可见事情已经严重到什么程度。

众人也不再问了。又听得嬴政说一声："奉常大人可在？"

第十一章 交回政权

奉常答："臣在。"

"行冠礼日子选定了吗？"

"己酉日。"

"好，今天是二十日，二十四日，准时举行冠礼！"嬴政高声地说。

众大臣无事可奏后，便朝着大殿后面的院子走去，各自三五成群地聚在一起，小心翼翼地讨论战况。

从二十一日起，每天，这蕲年宫内，就传出喊杀声，军队操练声，处处回荡着厮杀的气息。大臣们被困在大殿后的几个院子里，不敢私自外出，生怕自己做了牺牲品。

二十四日这天一早，风和日丽，秦王行冠礼仪式正式进行。早早搭好的大台前，沿着台阶铺着长长的红地毯，两边排列的丝竹鼓瑟等乐器同声奏响闳达的乐曲，所有人在奉常的指挥下，有条不紊地站到自己的位置上。秦王嬴政披着黑红的大氅，缓缓从台阶底下，一步步朝着台阶上走来，器宇轩昂，挺拔威武。

他登上高台后，奉常等秦族老臣颤巍巍地登上台阶，为嬴政戴上了冕。这是一种黑色的大礼帽，上有一个长方形的板子，称为"綖"，前后各有十二串小圆玉石，成为旒。下有两根丝带，称"纮"。戴冕时装饰用的丝穗，称"缨"。綖的下方还有一个像簪子的器物，称为"衡"，用来插在头发内起固定作用。衡的下端系一块玉，称为"瑱"，系玉的丝线称"纩"。

还有一项最重要的仪式——佩剑！这是秦国特有的礼制。成年人佩剑，是一种地位和权力的象征，秦国历史上一直十分严格地加以限制，直到秦简公六年才允许"吏初带剑"。作为秦国国君，也只有举行加冕礼表示成年时，才郑重地将剑佩在身上。这之前，虽然也能佩剑，但并非这种特制的象征王权的剑，而且也不能在正式的场合佩戴。

所有的这一切仪式，自始至终，吕不韦只作为旁观者，或者说只在需要他这个丞相必须出现时，才十分配合地进行。他知道，一个王者，面临如此重要时刻，必须靠自己做出抉择。加冕礼，只是一种表面上的仪式，来雍城的实际目的，嬴政是要看看，"亲政"会给哪些人带来威胁，会暴露出哪些祸事。最重要的，他要看看嫪毐究竟有没有胆量反叛。

加冕礼成后，嬴政仿佛变了一个人，以前一直微微笑的面庞变得棱角分明，异常严肃。眼神里透出冷冰冰的光。他的内心也掀起了巨大的波澜，从此不再依赖吕不韦，不必事事请教了，他有一种终于自由的释放感。这天晚上，他喊来昌平君、昌文君和蒙恬，在大殿内交谈了很久，主要还是交代用兵布防的事情。但这些都不重要，在他内心里，是要释放一种信号——秦国所有的事，以后由秦王说了算。

就在嬴政踌躇满志精心布防，准备铺开亲政后的第一次大动作树立威信的同时，吕不韦一个人静静地坐在偏殿的屋内，感觉有些落寞，又有些欣慰。失落的是，或许不用经历太久，嬴政就会全盘接过秦国政权，用他的方式管理国家。欣慰的是，终于可以卸下包袱，能够安安静静地享受美好时光了。想想自己多年经营，终于做到最强大的秦国丞相，把年轻时立下的宏大志愿也基本完成了，如今嬴政已经亲政，无论他对自己是否会像以前一样崇敬，但有一点他是很有信心的，那就是嬴政比他更有着强烈的征服欲望，嬴政一定不会放弃东征，一定不会忘记振兴秦国，也一定不会浑浑噩噩地混日子，他有这个能力，也有这个决心，将国家治理的更加强大、繁荣。

这就足够了！

吕不韦缓缓地闭上眼睛养神，脑海里此刻空空如也。像是一个苦行僧，终于抵达朝圣地，可以美美地歇歇了。

朝政终究是嬴姓的！忽然，这一个念头从心底冒出来，吕不韦猛地睁开眼睛，警惕地盯着黑洞洞的屋子：我这是怎么了？难道我并不是自愿交还大权？莫非我还有野心，夺取王位？

他被自己内心里的这个声音吓住了。浑身开始发冷，牙齿不自觉地上下抖动，发出的响声止不住，他用手捏住腮帮子，强制地使牙齿不再动弹，可一放手，上下牙反而叩击得更厉害了。他想：我是病了吗？还是心有不甘？

他觉得自己彻底迷惘了，仿佛进入了一个迷宫，用力想让脑子转转圈，可脑子像一个顽皮的猴子，故意躲躲闪闪，与他作对，什么也想不起来。

不行，这怎么可以！他站起身来，点燃灯，故作镇静地端坐到案子前，手拿一卷书简，想用阅读这种仪式来控制大脑，使它安静下来，恢复运转。可即便是这样，手里捧着书简，眼里看着字迹，脑袋里却是嗡嗡作响，乱作一团。他气得攥起拳头，使劲儿敲打着头脑，感觉到疼痛了，却依旧是嗡嗡声一片……

斗争毫无效果，吕不韦累了，软软地瘫在席子上，放平四肢，躺成了一个"大"字形，想睡去，两眼却睁得比任何时候都大。

这时候，起风了。听得屋外忽然刮起肆虐的狂风。各种被风吹乱的东西碰撞在一起，稀里哗啦地发出声响。听得"咔嚓"一声，好像一棵树被刮折了。

第十一章 交回政权

呼呼的风顺着门缝钻进来，明亮的灯火苗被刮得歪歪扭扭，屋子里闪烁着飘忽不定的光。吕不韦懒得动弹，只是直起身来，呆呆地望着火苗，说："灭就灭了吧。"说完这句话，却突然感觉脑子里灵光一闪，好像恢复正常思维了。

他揉了揉眼睛，甩了两下头，回过神来，开始认真思考。

自己是心甘情愿把政权移交给嬴政的呀，要不然，何必主动给他透露嫪毐的消息；要不然，为何同他商量，将荆云暗中拿下，配合他的策略？要是不同意，一定能找出各种理由，延迟嬴政加冕亲政……他相信，依照目前自己的实力，是可以阻止嬴政亲政的。

把政权交给嬴政，这对秦国政权稳定，也是最正确的选择。经过多年调教，嬴政也已经具备了掌控局面的能力。就从这次提前来雍城布阵，也看得出，嬴政是具有王者气质的。他做事果断，思路清晰，敢于承担，不惧危险，就从将加冕礼放到雍城来举行的气度上看，这就需要极大的勇气。因为一旦咸阳出事，超出了预期之外，很可能就会失去咸阳的主动权，可他还是这么决定，不带半点犹豫。从各方面说，这次加冕礼，都将成为君臣和谐的典范。

可是，为什么刚才会有那一句心里话呢——朝政终究是嬴姓的！

这还有错吗？当然是嬴姓的。总不能自己盼望姓吕吧。自己决不能做这种祸国殃民、有违道德伦理的事情。将政权交给本应该属于的人，这有错吗？可这句话是什么意思呢？莫非自己真的还准备干预朝政？

风继续刮，听得前面院子里，军队一片嘈杂声，或许是嬴政在调动军队布防吧。管他呢，既然这是一场属于他的战争，就由他去吧。忽然，火苗忽闪了两下，灭了。

吕不韦站在黑暗中适应了一会儿，直到能模糊地看清楚屋内的情形时，才慢慢移动着，再次点燃了灯。

重新焕发光明，盯着红红的火苗，吕不韦一下想清楚了——自己是不放心！

他还像以前一样担心嬴政心智并未成熟，害怕他做出荒唐事来，更害怕他一着不慎，将自己辛辛苦苦建立起来的东征大好局面给毁了。那样的话，自己的这次主动交权就将成为罪过。

不，决不能让他这样做。吕不韦重新振作起来，又还原成了那个挥斥方遒、纵横捭阖的政治家。他不能就这么撒手不管，你想想，即便铲除了嫪毐，还有一摊子棘手的事情呢。比如，赵太后如果因为降服嫪毐强行介入如何办？华阳太后若借着昌平君此次平叛组织起后宫楚国力量，左右朝政，怎么办？中原国还有几个年长的大王坐镇,如果他们见秦国换了年轻的嬴政亲政,趁机再发起合纵怎么办?秦王究竟应该迎娶哪一国的公主才合适?

这么多看得见的危险,仅仅靠一个二十多岁的年轻人,如何能应付得了。还有更多的看不见的潜在危险,更是深不可测,他一个缺乏经验的年轻人,会不会顾了这头顾不了那头。

吕不韦慌了,他觉得,自己差点酿成大祸,于是,一推门,大步走出去。

风太大了,每走一步,都要付出两三倍的力气。身子被刮得摇摇晃晃,吕不韦刚要张开嘴喊一声,呼地被大风呛了一口,他急忙弯下身来,大口地喘气。气息均匀后,他直起身闭着嘴,朝着前面高大的蕲年宫走去。

顶风来到蕲年宫前,看到在大风中依旧挺拔站立的值守士兵一动不动,吕不韦暗暗佩服嬴政军纪严明。这时,抬头一看,正殿前,嬴政和蒙恬正指挥几十个士兵在扶着粗粗的旗杆。旗杆歪斜着,可能是风太大刮倒了,只见嬴政高声地呼喊着:"旗帜不能倒,老秦人不能倒。"众人齐声呼喊:"旗帜不能倒,老秦人不能倒。"于是,众人一起喊:"一,二,一,二。"眼看着高耸的旗杆一点点被抬高,扶正,在大殿前廊下无数火把照耀下,大旗上的"秦"字随着迎风飘扬的旗帜发出呼啦啦的响声。众军士见旗帜扶正了,急忙拴的拴,扶的扶,围在旗杆四周,一人突然喊出来:"秦王万岁。"众人高呼三声:"秦王万岁,秦王万岁,秦王万岁!"一声高过一声,远处的将士们听到了,也高声地喊起来:"秦王万岁!"此起彼伏的呐喊声压过了风声,震耳欲聋。吕不韦的情绪受到感染,也情不自禁地喊起来:"秦国万岁!"

他眼含热泪,激动地喊着走着,渐渐来到距离嬴政十多步的地方,认真地观看着。年轻的嬴政,和蒙恬、众将士手拉手,围成一个圆圈,亢奋地用脚跺着地面,整齐的踏步声,震动着周边,吕不韦仿佛能觉察到地面在抖动。这时,见嬴政走进圈子中间,站在一个高台上,大声地说:"将士们,考验你们的时候到了。如果有贼人胆敢踏入这个王宫一步,我们定叫他有来无回。赳赳老秦,不惧死难!"众人齐声吆喝起来,一浪高过一浪。

吕不韦放心了,他看到嬴政不光手腕强硬,还很会利用人心。这种看似很小的场面,却被他渲染得激情澎湃,蒙恬这些年轻的将领们,也早已成为他的铁血追随者。

翌日一早,吕不韦刚吃过饭,就接到了荆云传来的消息,他急忙去找嬴政。

嬴政刚练完剑,正在擦汗,吕不韦说了句:"大王,快进殿,出事了。"

嬴政急忙跟进来,让所有人都出去,屋里就剩下他们两人。

第十一章 交回政权

"荆云来信了,嫪毐果然反了。"吕不韦将绢信递给嬴政。

嬴政匆匆一看,猛地往案子上一扔,咬着牙说:"反得好!"

"咱们现在要商量一下,如何出兵的问题。"吕不韦说。

"你说一说,我听着。"

吕不韦一愣:这就改了态度?变化也太快了吧,以前可都是别人说,然后我来定的。

不过,这只是一瞬间的念头,形势紧迫,来不及多考虑。

"我们应该静观其变,然后才能决策,正所谓,知己知彼,方能百战百胜。"

"相国的意思,我们就躲在这雍城,不做任何动作,等待叛军杀过来?"嬴政问道。

"现在情况不明,草率出击,确实不妥。不过,我建议,要将雍城内的大郑宫也控制住,以防太后从中为难。"

嬴政面无表情地说:"昨夜,已经派人把大郑宫围起来了。"

这一说,吕不韦顿时目瞪口呆,不相信地问:"太后可还在里面,真的围起来了?"

嬴政点点头,说:"昨夜风大,为防贼人趁机作乱,临时布置的。"

吕不韦没想到,嬴政的雷霆手段,竟然连自己的母亲也一点不顾及。关键时刻,他能够以大局为重,不顾私情,这是非常难得的决策者应该具有的胸怀。想一想自己,有时候真的慈悲心太重,反而不如面前的这个年轻君王果断利落。

意识到嬴政的这个优点,但吕不韦还是忍不住劝:"你有没有交代,将士们不敢为难太后吧。"

"那倒没人敢胡来。"嬴政说,"关键时刻,保护太后,也是臣子们的责任嘛。"听他冷冰冰说"太后"而不提母亲,吕不韦心里总是觉得不太得劲儿。他忽然有些陌生地看着嬴政发呆,心里窜出一个念头:我是他父亲,会不会有一天他也这样对待我?

看着脸色铁青的嬴政,吕不韦回过神来:"要做最坏的打算,前方的将士不可轻易调动,叫我看,大王可速速派出特使,持虎符暗中调动蓝田大营的驻军,另外,再下王诏,命雍城周边县郡地方军速速前来集结,以防不测。"

嬴政双手叉腰,右臂往前一伸:"谅他嫪毐老宦官,不至于有多大能耐,何必如临大敌。"

吕不韦一看，当即反驳："这一战，事关国家社稷，来不得半点马虎，大王不可掉以轻心。荆云说得很清楚，嫪毐已经联合了宫内卫士、内史等人，虽说不是正规作战军队，实力也不容小觑，都是些精锐啊。"

嬴政说："咸阳距离这里不近，我料他无作战车，难以长距离奔袭。"

"现在形势到了哪一步，我们还不太清楚，荆云能组织的，也只是小股势力，如果说之前我们来雍城，是故意蒙蔽他们，那么，现在，'形势'俱全，必须一击而溃，速战速决，才能掌控国柄，不然，一旦拖长久了，其他的势力就会乘虚而入。"

嬴政说："对呀，要不我就说，咱们直接杀回咸阳，杀他个片甲不留。"

"大王，千万不可草率从事，需缜密谋划。不如喊蒙恬等人过来，再商量个稳妥的策略来。"吕不韦说。

嬴政答："也好。"遂喊人进来，去叫蒙恬、昌平君、昌文君来议事。

不久，三人来到。

嬴政开门见山："寡人正在这里加冕，宦官嫪毐在咸阳发动了政变，大家都议一议，该如何对付。"

蒙恬跺一跺脚，义愤填膺："大王，臣这就率一万人，去咸阳斩杀了这贼。"

昌平君却另有主张："不如我们就在这雍城等待，贼人长途来袭，趁其立足未稳，主动攻击，更有胜算。"

昌文君却提出最稳妥的办法："我们分作三队，一队迎敌于城外，一队埋伏于来路上，另留一队守在城中，护卫大王和众臣。"

"不行不行，你这样一分，每一队都成了孤军，反而减弱我们实力。"昌平君反对地说。

蒙恬办事稳妥，思忖片刻，说："我还是主张率军攻击咸阳。这里的全部军力分为两队，攻打咸阳四万人，留下三万在雍城。这样做，一是能摸清敌军实力，二来也便于王上在这里调动军队。"

吕不韦问："若咸阳失守，这里岂不更加危险？"

蒙恬说："我秦军调兵，非有大王虎符不可，因此我料那嫪毐并没多少战力。而且，咸阳城大，他们人不多，肯定守不住。我四万人攻城，胜券在握。"

蒙恬所说调兵制度，在场的人都熟悉。秦国的军制非常严密，自从商鞅变法后就建立了一套有利于作战的统一指挥体系。军事武装力量分为正规军和地方武装两种。正规军包括边防、野战及都城警卫部队，直接受朝廷掌握。地方军由

第十一章 交回政权

郡、县尉统率，作为正规军的补充和后备力量，随时可调归中央。所有武装力量的指挥权，则完全掌控在国君手中，这就是为了防止军队作乱，或者将军培养自己的亲信部队。平日里，即便是调动县卒，也必须有国君的命令盖上御玺方才有效。平日里，武将们并无固定的统属部队。每次出征时，凡用兵五十人以上者，均需有国君委任并同时持有虎符才能调兵。虎符形状如虎，分为左右两半，左半发给统兵将帅或地方长官，右半在国君手中，专符专用，一地一符，绝不可能用一个兵符同时调动两个地方的军队，调兵遣将时需要两半勘合验真，才能生效。所以，蒙恬说嫪毐难以调动军队，便是这个原因。即使嫪毐想伪造虎符，也无法保证和将领手中的左半个正好匹配。

吕不韦本来不同意率军攻打咸阳，可听蒙恬说得有理，而且，留下三万军队在雍城，距离较远，便于赢政有时间调动军队，他相信蒙恬的能力，主要还是蒙骜战败那次，蒙恬曾提出不同主张，可见这个年轻将领并不冒失，所以就附和道："我同意蒙将军的主张。"

赢政本来就想这样做，顺势做出指令："蒙恬率军守在雍城，昌平君和昌文君率军攻打咸阳。"

这一来，既同意了蒙恬的主张，又出乎所有人的料想之外，吕不韦不禁问道："论作战，蒙将军更胜一筹，为何反而留下？"

赢政说："寡人自有主张。"

这不仅堵住了吕不韦的口，也显示出一个王者不可违拗的态度，吕不韦咽了咽唾沫，没有再争执。

赢政自有他的心事。留下蒙恬守卫雍城，一是因为蒙恬更具有大将水准，万一咸阳失手，可以委任蒙恬指挥更大规模的战争。二来他是想给昌平君、昌文君一个立功的机会，他已经在着手培养自己的嫡系，所以要给他们立功的机会。

还有一个原因，他故意这么做，就是要让吕不韦感到，亲政与没有亲政的区别。这种暗中施加的压力，是要摆脱吕不韦势力的一个重要信号。

吕不韦当然也感觉到了。回到偏殿内，他回味着赢政今天的说话，共使用了两次"寡人"，他知道，这是赢政在向他"宣战"，是要摆脱他的控制。

"寡人自有主张！"这句话说得掷地有声，好似专门说给吕不韦听的。以前赢政说话时，虽然是秦王，出于尊重，和吕不韦谈话时，很少使用这个王者特有的词，偶然说得快了，蹦出"寡人"两个字时，赢政总是会露出极不自然、难为情的表情，生怕吕不韦不高兴。可现在大不一样了，赢政亲政了，说出这个"寡人"时,那么自然那么底气十足。看来,他等待亲政这一天,他早已等不及了。罢罢罢,由他去吧,只要他做的都是有利于国家的决策,索性就放手不管,倒也省心。

吕不韦长长地叹了一口气:"孩子大了,不由人了!"一个人独处时,他才敢心里承认,嬴政是他的儿子。不论如何,亲父子,即便意见不同,嬴政终究是自己一手调教出来的王,这就是最大的成功。

很多时候,吕不韦都在避讳这件事,不提或者警告自己连想也不能想嬴政是自己儿子这件事。想的多了,好像就真的忘记了似的。可今天,当着三个年轻人的面,嬴政竟然直接拒绝回答自己的提问,还炫耀地说"寡人自有主张",这种毫不顾忌他脸面的事情,做得这样无情,让吕不韦束手无策,为了挽回自己的面子,只有暗中"偷偷得意"——你是我儿子,顶撞我,你也是儿子!

但很快,吕不韦就为自己这种有些阴暗的心理而羞愧。一个堂堂君子,立志要拯救民众于水火中的成大事者,竟然如此斤斤计较,简直和睚眦必报的范雎一模一样,想着想着,脸有些红了……

三、一击即溃

四月二十三夜里,嫪毐府邸。一干人围在一起,叽叽喳喳,纷纷为嫪毐出主意。

这群人里,卫尉竭是个核心人物。他掌管着宫内的保卫。平日里宫门部署屯卫、夜间宫内巡逻,都是他一手负责的。谁要想进入王宫内,必须经过卫尉批准,下属设有公车司马令、卫令等官员。

卫尉竭粗声粗气地说:"不要犹豫了,长信侯,趁着嬴政还未亲政,一切都还来得及。整个王宫,我保证一只鸟都飞不出来。"

有他做了保证,嫪毐笑着夸赞道:"有兄的支持,这第一道头疼事就解决了,不过,王宫内现在已经没有嬴政的人,这里还不是最主要的。"

内史肆说:"这咸阳周边的军队,我都能调动,请长信侯放心。"

和卫尉同名的佐戈竭捏着细嗓子说:"我去军械库里看过了,武装一两万人,一点问题没有,保证咱有最锐利的武器。"

嫪毐哈哈一笑:"这真是老天助咱成功,样样俱全。你们瞧瞧这是啥?"说着话,他拿出两个晶莹的玉器来,像是玺的样子。

中大夫令齐两眼放光:"这可太重要了,长信侯想得周到。"

"这是秦王和太后玉玺,中大夫,咱们这些人,就你最细致也最有文化,

第十一章 交回政权

拟诏书可就看你的了。"中大夫平日里经常给君王提供政事思路，拟定个诏书自然不在话下。

戎翟君公捻着胡须说："这样一来，成事已有九分把握。"

嫪毐说："公何必还留一分，是觉得哪里有漏洞？"

"谋事在人，成事在天！这是亘古道理。"

"这不是长他人威风吗！"卫尉鼻孔里"哼"了一声。

中大夫令和稀泥道："二人所言，皆有道理。听天命不错，卫尉大人也不必计较长他人志气。这不，咸阳所有兵权都在我们手中，怕什么。"

其余的二十余个大小官员们叫嚷道："哪有这么复杂，那嬴政也才是个毛孩子，有什么好怕的。"

"他定没有算到，那边正在行冠礼，这边已经丢了咸阳。哈哈！"

"他还有吕不韦呢。"宫骑提醒道。

"吕不韦又怎样？不过是个商人，他如今已经日落西山，不能和长信侯同日而语了。"

"这倒是，咱的食客不比他少。"卫卒吵闹着恭维嫪毐。

嫪毐边剔黄牙边说："嗯，吕不韦还是有点小本事的，也别说的他不值一提。"

其他人听罢，当即说："对对，是有点小本事。"说完后，会心地开怀大笑。

嫪毐见大家讨论得差不多了，说："我说一下，让卫尉当咱们的总领兵，分作几队，如何出击，都要好好谋划一番的。"

"今夜，就商量到此，由卫尉给大家安排部署，我有点吃醉了，先歇息去。"嫪毐说完，不等大家搭话，已经由人搀着，歪歪扭扭地走出屋子。望着他渐渐远去的背影，这些人更是放开了手脚吃喝，不一会儿，醉成一团的就有好几个。

第二天早上，嫪毐醒来后，和他达成攻守同盟的这些官员们，纷纷行动起来，各自占领应该占领的地方。

这时候，荆云已经和咸阳令取得联系，组织了三百多人的队伍，准备随时从内部瓦解嫪毐势力。

吕不韦对嫪毐的密谋早有察觉，隐忍不发，是吕不韦和嬴政商量好，故意离开咸阳给嫪毐机会。嫪毐却并没有察觉到这种变化，以为一下撤退了吕不韦和嬴政两股势力，正是自己起势的最佳时机，受手下人怂恿，当即公开反叛，要占领王宫，夺取秦国政权。

攻占王宫进行得非常顺利，因为有卫尉的参与，宫内的众多女人根本无法抵挡叛军，只能眼睁睁地看着嫪毐攻占王宫毫无对策。

荆云和咸阳令，因为知道自己兵力有限，只能装作什么也不知道，等待嬴政大部队攻打时，里应外合。

嫪毐组织的各方面兵力也有小一万人，他们轻易取得咸阳胜利后，狂妄地以为，已经掌握了秦国国柄，下一步就是前去征服远在雍城的嬴政，取得最后的胜利。

休息一天后，嫪毐命令军队，由卫尉竭率领，向咸阳城西门出发，准备朝着雍城进攻。就在他们刚刚走出西门五里多，忽然瞧见从远处奔袭来一支部队，马蹄荡起的尘土遮天蔽日，等来到跟前一看，正是昌平君带领的雍城守卫军三万多人。

双方在城外拉开阵势，本以为嫪毐的部队能够抵抗一阵子，不想这些军卒平日里只是站岗执勤，根本没有阵前作战的经验，双方交手不久，嫪毐的部队便节节败退，昌平君趁机率军攻入城内，叛军顿时只顾自己逃命，四散而逃，战斗迅速结束，斩杀叛军数百人。昌平君取得绝对性胜利。

嫪毐一见形势不妙，迅速装扮一番，逃出咸阳城，朝着雍城方向逃窜。他心里只有一个念头，早日见到太后，伺机说服太后，让她钳制嬴政，为自己脱罪。

嫪毐一行六七人，白天不敢在大路上行走，专挑晚上赶路。这一天夜里，一行人走到半路上，又饥又饿，嫪毐骑在马上，忽然一头栽倒，几个小随从一见，慌忙将他扶起，放到一个墙角。这时候，虽说已经是四月天，可这几天格外冷，嫪毐这几年尽享受人间奢华生活，哪里受过这样的罪，竟然发起高烧来。

可这是一个荒凉的废弃村庄，村里根本没有人家，随从们见嫪毐发起烧来，各自又都缺少吃喝，到后半夜，竟然逃得只剩下两个人，还傻傻地跟着他。天渐渐亮了，却飘起了小雨。是那种笋面小雨，细细的如针一般，飘飘忽忽地下来，落在人脸上、身上，看不见一丝痕迹，可淋得时间长了，感觉身上潮乎乎的。这两个舍人还算忠诚，瞧着嫪毐始终迷迷糊糊，眼皮沉得抬不起，就相约留下一人照顾，另一人去附近看看能不能找点填饱肚子的食物。一上午嫪毐哼哼唧唧，时而还说胡话，舍人觉得形势不妙，就将马驮着的包裹拿下来，找出两件厚衣裳，给嫪毐披在身上遮雨。嫪毐大约恍惚间回到了王宫，嘴里开始喃喃着："上汤，乳鸽银耳汤。渴……"舍人一直追随嫪毐多年，见他此

第十一章 交回政权

时悲惨状况，不禁也眼窝里噙着泪花，感慨地说："我的侯爷啊，如今，咱哪还有那福气啊，就是一口热水，恐怕也难以寻到。"人到倒霉的时候，说话往往像预测，非常准确。这个舍人话音未落，另一位舍人也回来，两手空空，饥肠辘辘，一副垂头丧气的样子。见到嫪毐还未好转，累得一屁股坐到地下，嚷嚷着："我的爷诶，快醒醒，咱赶路要紧，若是被官府抓住，可是要命的。"任凭他们两人如何发愁，嫪毐却一直不肯醒来，摸摸他的额头，依旧烫手。实在没办法了，两人就开始凑到一起商量，最后，年长的舍人到附近的草丛里找到些蒲公英，用嘴嚼烂，找了个残缺的瓦片，盛了点小泥坑里的水，给嫪毐灌下，两人就开始苦苦等待。见嫪毐还是没有好转，两人就商量着，如果等待明天早上，嫪毐还是这样，他两个也算是做到了仁至义尽，就分别乘马，把包裹里的东西一分，各自逃命去吧。两个大男人，说到这里，都是眼圈红红，长吁短叹。毕竟他们也一天水米没打牙，饿得连说话都没力气了。夜里，两个舍人都冻醒了，小雨还在一直下，两人只顾缩成一团，怕被小雨浇得凉了前胸后背，谁也没有发觉有什么异常。可等天一亮，两个舍人惊恐地望着嫪毐躺着的地方，空空如也，一时慌张地以为遇到了野兽，夜里把嫪毐吃掉了，可四处找找，并未找到残余的尸首。两个人茫然地望着雨地，四周走动寻找，还是没有踪迹，这一下就更慌了。这人，平日里被别人管着约束着，一直觉得不自由，可一旦没人管了，心就像被掏空一样，一时不知该如何是好。两人商量着，要不就按照昨天商量的办法，分分行李各自逃命吧。这时才猛然醒悟一般，拍着胸脯大叫，原来刚才只顾着找嫪毐并未注意，两匹马和行李都不见了。

两人破口大骂：这个挨千刀的嫪毐，平日里看着就不是好东西。我们玩命地保护你，你可倒好，一醒来偷偷跑掉了，还将所有的行李、马匹都裹走了。真是没看透这个狼心狗肺的东西。

骂着骂着骂累了，两人才起身，互相鼓励着，朝着西边慢慢行走，希望能遇到个村庄，碰碰运气，填饱肚子。

单说嫪毐，半夜里醒来后，看看四周都是黑乎乎的，不远处还躺着两个人，当时也没多想，挣扎着起身后，摸到马旁边，将两匹马连在一起，好不容易翻身上马，就慢慢赶着马朝西边走去。他倒也不是要故意摆脱这两个舍人，是病了一天还有些迷糊，不明情况，生怕惊动了别人。

趴在马上，嫪毐有气无力，忽然就想起和太后在一起的幸福时光，再想想这时候的落魄模样，开始有些后悔，不该听从众人的撺掇起兵造反，若是就听话地蜷缩在王宫内，何必来受这差点丢了性命的罪。走着走着，天渐渐亮了，又走了大约一个时辰，好不容易来到一处田地，见一个老者在冒雨牵牛耕地，他实在饿得走不动了，就停下马，用足力气喊道："老人家，给口饭吃吧。"

老人正在耕地，听到喊声，就走到地头，一看嫪毐饿成这样，就说："我家在西边的山上，来时匆忙，也没带多少吃食，给你，勉强凑合几口吧。"说话间递给嫪毐一点儿干粮，又端起一个瓦罐，"这里还有些冷汤，这干粮咽不下，喝几口吧。"嫪毐一把接过，狼吞虎咽地吃了两口，果然呛住了，连忙喝了几口汤，才缓过劲儿来，三五下就吃完了干粮。这饿到极点的人，一直不吃东西还好点，猛然一吃，唤起了更加饥饿的欲望，他就把手伸向老人："老人家，太饿了，再给点吧。"老人为难地说："我也就带了一点儿，一直到傍黑才回去呢。实在没有了。"嫪毐此时吃了一点儿干粮，又灌了几大口汤，恢复了些力气，就再次哀求说："你都给我，我给你金子。"不想老人偏偏有些执拗，见此人吃喝了不但不感激，还要将他的食物据为己有，有些生气地说："你这娃，莫想着有金子就啥都能买。老汉我老老实实做人，不是商人，请自便吧。"嫪毐一下就被激怒，平日里谁敢如此和他顶嘴，这一会儿却被一个老农教训得脸皮燥热，赌气说道："我又不是抢。你这老东西好不识趣。"老者闻听，顿时大怒："你这烂人，好心救你，却如此不知羞耻，简直不是男人！"

明明是男人，老者却骂他"不是男人"。嫪毐本身在王宫内身份是宦官，最讨厌别人说自己这个短处，这时忘记了正被追捕的身份，怒从心头起，拔出随身短剑，一下朝着老者心窝戳去。一股血"滋"地喷溅到脸上，嫪毐用舌头舔着热乎乎的血，恶狠狠地骂道："我看谁不是男人！老子是不是男人！"说完还不解恨，趁着老人身子没倒，拔出剑来，又连刺三下，看着老人"扑通"一声栽倒在地上，嫪毐还余怒未消地说："也不打听打听爷是谁，爷爷是毐国的王！"这句话一出口，他才猛然意识到，此时自己已经是个逃命的罪犯，浑身一激灵，急忙朝着四周警惕地张望，生怕被人看到。四处看了看，只有远传的牛发出"哞"一声长叫，空无一人。

嫪毐此时也不多想，一把抓过来老人的篮子，将剩下的一点儿干粮快速塞进嘴里，又连续灌了十来口汤，这才摸着肚子，觉得稍微有了些饱腹感。

为掩盖罪行，嫪毐将老人拖到一片树林里，用剑草草挖个坑，埋了，索性把自己身上的脏衣服也一道埋在坑里，这才缓过神来，从马上拿出包裹，挑出一件深衣换上，收拾停当，慢慢走出树林，思虑着，该朝哪里行走。

嫪毐在树林里一番收拾，耽误了不少时辰，就在他走出树林时，两个舍人也正好赶到。三个人在这细雨中相遇，双方都吃了一惊。各自询问，嫪毐只说

第十一章 交回政权

是夜里醒来没有看到他两个人，所以才独自行走。两人此时也浑身没有一点力气，觉得多个人总是多个伴，就两个人挤在一匹马上，嫪毐独骑一匹，朝着西边不紧不慢地走去。

咸阳胜利的消息，用快骑传递到雍城，嬴政听到消息，激动不已，当即下令："众武士听令，随我去大郑宫，清除残余势力。"

吕不韦一听"大郑宫"三个字，当即阻拦："大王，不可去！"

嬴政一瞪眼："如何不能去！"

吕不韦不便明说："臣是说，大王不可亲去！"

"除恶务尽，寡人不去，谁去？你去吗？"嬴政逼问。

吕不韦见他好像没有明白，稍一迟疑，提醒道："这里，原本只有太后。"这话说得已经够明朗，大郑宫内，居住的是你母后，又不是嫪毐，也没有什么反动军队。嬴政如果前去，母子反目成仇，尴尬不说，作为秦国的王，处理不当，你会大丢面子的。

不想，嬴政却不管不顾，扬一扬手中的青铜剑，说："相国休要再劝，寡人心意已决。"说完，一挥剑，带着上百名武士就冲出蕲年宫。

吕不韦瞧着杀气腾腾的嬴政率铁骑绝尘而去，双手拍打着胸脯，痛心地直喊："去不得啊，大王，你是秦国的王！"无奈，听到的只有一些大臣，就是这些人中，有的还在暗中窃笑，这下有好戏看了，秦王不听吕不韦的话了！

嬴政骑在马上，一路狂奔中，脑子也没闲着。吕不韦提醒的话，他不是没有听明白，他是故意这么做的。而且，他现在已经不相信吕不韦。如果此事交给吕不韦去办，一定会留下隐患。毕竟，自己的母亲——赵姬——曾是吕不韦的妻妾。这个深深的烙印，一直刻在嬴政的心里，时机一到，就会被连皮带肉地撕开。所以，此刻，嬴政不仅仅痛恨嫪毐，同时还憎恨母亲，连带着也有些讨厌吕不韦。他要用手中的剑，一了百了，彻底了断这段肮脏岁月，这些丑事像吸附在嬴政身上并未剪短的"脐带"一样，牢牢地将他束缚，每每想起这些事，这"脐带"就会越束越紧，勒得他喘不过气来。

蕲年宫距离雍城并不远，早早就有斥候提前报信，嬴政率队达到时，城门早已大开，他马不停蹄地来到大郑宫外，看着这座宏大的建筑，嬴政忽然勒住了马，抬头看了看炫目的阳光，问了自己一句：确定了吗？！

收回目光，朝着大门一看，两边站立的武士手持戈戟，惊恐地望着面前的军队。嬴政喊一声："去，开门！"

军中先锋跑马过去叫道:"开门,大王驾到。"

本以为会遇到小小的抵抗,不想几个武士一听,当即缴械投降。嬴政下马,提着剑径直而入,几个慌乱的宫女和宦官们四散逃窜,叫嚷着跑出宫去。嬴政喊一声:"留下人马盘查可疑人员,搜查太后寝宫。"

虽然他下达了命令,这些军卒们还是小心翼翼地走动,生怕惊动了太后。

转过一个帷帐,嬴政一下愣住了:他的母亲——赵太后,正端坐在一张软榻上,死死地盯住他。

嬴政和母亲对视了一眼,当即转过眼神,朝太后身后的一个小门看去。他没有说话,直接走过去。这时,赵太后说话了:"政儿,你要做什么?"

"搜查叛党余孽。"

"谁是叛党?"赵姬声音抬高了,带着怒气问道,"我吗?"

"宦官嫪毐!"嬴政没好气地回答,可脚步却一点也没有停止。

"他,他反了?"赵太后似乎不太确定。尽管此前嫪毐说过要把两人的孩子扶持成王之类的糊涂话,但她只当是哄着她玩,并没有当真。此时见嬴政一脸杀气,就知道可能是真的。心里骂一声,这个没脑子的蠢货!

迟疑间,嬴政已经来到那扇小门前,他一把拉开小门,里面是张床,床上,躺着两个酣睡的小孩儿。嬴政看到此处,怒不可遏,义愤填膺,左手一把攥住两个小孩儿的腿,提着就出来了,快步走到母亲跟前,逼问道:"这是谁?"

赵太后一看两个孩子被倒提溜着,心疼得一下站起来,手朝前伸着:"政儿慢点,轻点。"眼睛牢牢地盯着两个孩子,生怕嬴政一松手,孩子头朝下跌落了。

"这是不是嫪毐的……"嬴政停顿了一下,即使刚才怒气冲冲朝殿内赶时,他还幻想着,屋里并没有所谓的"嫪毐的孩子",可真的搜到两个孩子时,一下像失控的野兽,情绪再也无法遏制,后面的字他忍住了,实在太脏,无法出口。

两个孩子此时醒来过来,惊慌地哭起来,哇哇的哭声扰乱了赵太后的思绪,她猛地窜过去,抱住两个孩子的头,眼神里流露出母性的温柔,哀求嬴政道:"政儿,你先放手。"见嬴政不松手,赵太后撕心裂肺地怒喊:"你放手!这是你的亲兄弟啊!"

如果她不言语,或者服个软,嬴政也许无法对付这两个孩子,可蓦地听到母亲说"这是你的亲兄弟"时,顿时感到攥着青铜剑的右手难以控制,不住

第十一章 交回政权

抖动，他感到一股从下而上的血猛地冲击着头颅，气得"哇"的一声，吐出一口热血，喷溅的血染红了赵太后的头脸，她腾不出手来擦，又说一句："政儿不可！"

这一下，唤醒了嬴政，他猛然后撤一步，将孩子猛地从母亲怀里夺过来，因为用力过猛，脚步跟跄，退了三五步才站稳。

瞪着血红的眼珠子，看着眼前瘫坐在地上的母亲，听着两个孩子哇哇的哭声，嬴政一时扬起有力的手臂，将胳膊抡圆，然后猛地朝着地下一摔，道："狗杂种！杂种！"

两个孩子的哭声骤然止住了，几乎没有挣扎就咽气了。

赵太后惊呆了，她看着眼前的一幕，大张着嘴，好像气息也停止了。

安静了片刻后，赵太后倏地发出轻轻的、悠长的、细细的哭声，她仿佛用尽了所有的力气，只能发出这么轻微的哭声。她不知道自己为谁而哭，也不知道为什么而哭，但她知道，此时一切都完了，自己已经一无所有，在这个世界上毫无存在的价值了。仅仅哭了两三声后，她止住了哭声，双手撑地，像一个猛然出击的猛兽一样，双眼紧紧盯住嬴政右手提着的剑，冲了过去，嘴里同时发出绝望的吼叫："你连我也杀了吧。"

嬴政迅速往后撤退一步，这时，其他搜索的军卒正好赶过来，嬴政用不大的声音吩咐道："太后有恙，把太后移到棫阳宫。"铁青着脸，拖着剑，头也不回、杀气腾腾地走出了大殿。

走到大政宫门口，嬴政长长地吁了一口气。就在刚才，终于了结了一桩压抑多年的心事。这桩天大的丑事，不能与任何人诉说的肮脏事，终于做了了断。尽管方才自己做出如此残忍的事情时，也确实觉得下不去手。可他更愿意自己亲自了结此事，甚至还庆幸那一刻只有母子两人在场。如果是别人执行杀戮，总要给个理由。这理由是最难以启齿的，是作为秦王心里最憋屈的，如果整个天下都以这个嘲笑他这个秦王，他何以有脸反驳。毕竟，这是活生生的事实。

嬴政还不太适应撒谎。他还没有修炼到吕不韦曾经无数次告诫他"政治无对错"的地步。他毕竟是个血气方刚的年轻人，还特别计较事情的真伪。

嬴政一亲政就显示出性格暴烈、刚愎，他和吕不韦不同。吕不韦是决断，但从不轻易起杀戮心。嬴政不一样，这与他的出生有关。一出生，他就和母亲躲在邯郸城内。假如他就是普通人家的孩子，倒也没有什么委屈可言。可偏偏时不时就有人提醒他，要奋发，你是秦国王室的血统。这样一来，一遇到欺负与凌辱，他就总会感慨时运乖蹇，所以日积月累，心中就常存一股怨气，举手投足带着一股狠劲儿。

咸阳城内战火刚刚熄灭，嬴政就率领众臣从雍城返回，进了城就举行大朝。这一次，嬴政一个人端坐在王位上，右边没有了吕不韦的身影。

秦王嬴政，第一次独立面对朝臣的汇报，他要做出自己的判断。

静静地听昌平君、昌文君汇报了平叛嫪毐反军的经过后，秦王嬴政下令："凡是参加平叛有功之臣，皆按功劳大小，依秦律拜爵。"

昌平君听罢，叩谢王恩后，忽然想起来一件事似的："臣听说，在这次平叛中，宫内不少宦官也参与了，在宫内与嫪毐叛党苦斗，保护了华阳太后等人的安全。"

嬴政当即宣召："也给这些宦官拜爵一级。"

昌平君爽朗地答："臣遵旨。"

看着两人一唱一和的表演，吕不韦默不作声。尤其是昌平君为华阳太后身边的宦官请功，他本来是要说两句不同意见的，可见嬴政当即就下了诏令，自知这时是他树立威信的第一次朝政，不宜过于违拗和为难他，就没有反驳。

倒是昌平君，下了朝，走在吕不韦身边，竟然格外的"热情"："相国，瞧着今天脸色发白，莫不是身体有恙？"对于这种过度的关照，吕不韦心知肚明，只是轻轻而不露声色地说："谢昌平君关心，改日定当好好查查。"

很快，秦王嬴政颁布诏令："凡能生擒嫪毐者，赐钱百万；击毙者，赐钱五十万，擒杀其他余党者依秦律重赏。"各郡县城门、关隘口，凡是人口稠密的出入处，均张贴有嫪毐等人画像和诏令，一时间百姓们纷纷传播，穷困潦倒者祈祷自己能有福气遇到那贼人嫪毐，赚他个百万钱奢侈一番。

且说嫪毐和两个舍人，渐渐听到路过的人传闻，愈加警惕，白天就找地方躲起来，晚上才匆匆赶路。由于跑得匆忙，忘记带盘缠，只有半是乞讨半是抢劫地一路朝着雍城而去。

在嫪毐心里，到了雍城，想办法见到太后之后，再大的罪过都可以扭转过来。

"那是他亲娘，我就不信，儿子再狠毒，还敢杀了娘？"嫪毐不断给两个舍人打气。

这天来到郿邑，三个人躲在城外三里一座石房内。这是野外放牧和耕种者随便搭建的房子，简陋得很，也窄小的很。

第十一章 交回政权

嫪毐不敢轻易出动,就对年纪稍老的舍人说:"你进城去打探打探,若是没有什么危险,咱就溜进城去,找个地方歇息。这个石头房子,这么小,咱们三个人住不下。"

这时,他们因为饥饿,已经宰杀了一匹马。如今只剩下一匹马,三人不能同时骑乘,又要躲避行人,生怕被举报,所以走得特别慢。

年长的舍人也乐意去城里看看,毕竟画像上没有他们这些小人物。等进了城门,见一群人凑在一起,他也挤进去看,果然挂着嫪毐等人的画像,也写着悬赏百万钱的诏令。他的心"咯噔"动了一下,可最后还是忍住了。叫他吃惊的是,边上写着已经捕捉到的人物名单,他胆小怕事,当即就快速返回了石头屋子。

"内史大人、中大夫令、卫尉都被抓了。"他气喘吁吁地描述,"那墙上写得清清楚楚,爷,咱能躲过吗?"

嫪毐给他宽心:"不要叫吓住了,等咱到了雍城,一见太后,屁事没有。"

年轻的舍人问:"万一,太后那里也出事了呢?"

嫪毐说:"你这么笨,那是秦王的亲娘,他敢怎么样。你倒想想,你还能怎么样慢待你娘吗?"

"大人一说,我也想娘了。要不,咱们分开走吧。"年轻舍人说。

"瞧你这没出息的样儿,这时候回家,你不是尽给你娘添乱吗?万一她问起来,你怎么说,官府可是天天在抓呢。"

年老的舍人这时嘟囔一句:"墙上挂着长信侯你的画像,倒没看见我们这些小人的。"

嫪毐一拳砸过去:"你说这话,是不是该打?"

"该打该打,是我说秃噜嘴了。爷放心,我们都跟了你一路了,有难同当。"老舍人说。

嫪毐这才放下心来,对二人说:"这已到了郿邑,再走两天,怎么也到雍城了,你们都打起精神来,到时候,我进王宫里,忘不了你们俩的好处。"

"会给个官做?"年轻的舍人骤然来了精神。

"那还不是一句话的事。"嫪毐打着包票说。

这样,两个舍人陪着嫪毐,也顾不上歇息了,趁着夜色,连忙赶路。

两天后,他们千辛万苦来到雍城,一打听,太后已经不在大郑宫内居住,听说秦王和太后闹翻了,将太后押解回咸阳了。

闻听这个噩耗,嫪毐彻底崩溃了,他反复说:"这不是真的,我们明天再去打探一番。"

结果又等了一天，消息依旧如此。尽管说法各异，但没有一个人能给出准确消息——太后在大郑宫内。万念俱灰之际，嫪毐茫然四顾，竟然不知道该往何处走。如今，咸阳是肯定不能回去了，可雍城也已经不能待下去，去往何处是安身之地。他这几年已经过惯了奢侈的生活，陡然间遭受这样的磨难，本来心里已经承受不了压力，加上雍城寻太后不遇遭受的无情打击，再也承受不住，只知道摸着头皮长吁短叹。

还是年轻的舍人有主意，说："我们往毐国去。"

"这点子好！"嫪毐一下醒悟过来，"毕竟咱在那里建过国，或许还有一丝希望。"

年轻舍人说："爷你发达时，我曾在一个朋友那里，投资了一笔钱，他买了地，现在我们去投靠他，或许还有活路。"

老舍人说："也罢，就是整日里耕地荷锄，也比这饥一顿饱一顿的日子好过。"

三个人转而向着太原郡而去。他们带着极大的希望，想着能在那里立住脚。不想，沿途几次，差点被认出来，虽然都巧妙逃脱了，可整日里神经紧绷，心情愈加烦躁，三个人开始互相指责，这时嫪毐已经不敢以主人自居了，变得有些乖巧，很和谐地听从两个舍人的意见。

半月后，三个人衣衫褴褛地来到太原郡，费尽心机找到那个年轻舍人的朋友时，朋友听说这件事，给了他们一些钱，再也不敢收留。

这几乎断送了嫪毐等人的所有希望，如此下去，迟早会被秦国抓住的。最后，年老的舍人出了个主意，他们老家在深山里，或许秦王的诏令并没有传到那里，于是一致决定，回老舍人的老家。

这还真是个好办法，老舍人的家，安在半山腰，很少有人来。家里只有侄子一家。整日里，四个男人凑在一起说说笑笑，暂时都忘记了逃难的悲惨时光。如果生活就这么悠闲地过下去，或许嫪毐他们三个人就这样终老一生了。

老舍人这个侄子，平日里也很勤劳，就是有个毛病，农闲时间爱赌博。赌博要到山下十多里的一个大村里，尽管很远，可这个侄子三天五日不见人影，输了钱后回来唉声叹气，好不伤心。可过一段日子，等家里略有盈余后，就又去赌博。眼见着嫪毐等人带来的一些稀奇玩意都被他偷去赌博光，可嫪毐也不敢多说什么，毕竟在人家家里吃喝住着。

这天，一个无风的下午，嫪毐和年轻的舍人到山上闲逛游，嫪毐忍不住说：

"这山上就他们一家人，干脆咱赶走他们，长期居住下来，采点野果，种些田地，也能活下去，要不然，终究要叫这家主人给败落了。"

年轻舍人犹犹豫豫地说："这不太好吧，况且，还有我们自己的人，毕竟是他叔叔，要是知道了，肯定不同意。"

嫪毐说："那你说说，有什么办法，能长期生存下去，这家伙偷完我们带的东西，终究会赶我们走的。"

年轻舍人说："走一步看一步吧。"

谁也没有想到，他俩的谈话，被老舍人无意间听到了，吓出一身冷汗。他见识过嫪毐的毒辣，想着万一嫪毐要起了杀心，这不是把侄子一家人都害了嘛，因此就留了个心眼，时时处处提防着他们。

嫪毐始终寻找不到机会。可叫他们没想到的是，转天早上，当嫪毐和年轻舍人还在睡梦中时，却突然涌进来七八个官府的缉拿武卒，将二人带上枷锁抓了回去。

嫪毐二人只呼叫命苦，却不知，老舍人的侄子因为赌博输了钱，回家来要卖女儿，正好被老舍人看到，又想起嫪毐前一段的话，于是就劝说侄子到官府里告密，企图拿到百万钱报酬，一下改变穷困的面貌。

不想，嫪毐到牢里后，前思后想不对劲儿，索性将老舍人和他侄子连带揭发，说都是他的舍人。嫪毐不甘心就这么死去，索性多捎带两个人——他只是出于心里不平衡想报复，并不知道是老舍人的侄子举报了他。

最后，想获意外之财的没有得到钱，反而被抓入狱，平白无故送了性命。可见，天下的好事，并不是随便就能得到的。

嫪毐被抓后不久，便被押解回咸阳，同其他人犯一起接受秦国法律的制裁。

四、立威

嫪毐余党全部落网，吕不韦并不高兴。当初，安排嫪毐进宫，是他的主意。只是没想到弄巧成拙，尤其是赵太后的变化，在其中起到了决定性作用。如果赵太后按照既定的方略，培植嫪毐势力，让华阳太后有所顾忌，又不至于让嫪毐过于嚣张，那该是多么理想的场面啊。

可如今，赵太后被软禁在械阳宫内，不得自由，吕不韦一面替她惋惜一面又觉得她是咎由自取。他想不明白，聪明睿智、很顾大局的赵太后，何以会变得如此丧心病狂，竟然真的和嫪毐搞到了一起。最可恶的是，还生育了孩子。

看来，无论多么强势的女人，即便在掌控政治局面时，不是使用情感诱惑设计就是陷入情感中难以自拔。

隐约中，吕不韦还有一点担心：若是那嫪毐在生命的最后尽头，胡乱叨叨，将当年自己送他进宫的事情说出来，甚至添油加醋地诬陷，也不是没有可能。

现在，吕不韦虽然仍旧是秦的相国，可在嫪毐这件事上，嬴政明显并不想吕不韦多插手，这就让"堵住嫪毐的嘴"难为情。但吕不韦自诩，这件事上问心无愧，即便那嫪毐真的栽赃，料想聪明的嬴政会做出准确的判断，所以也就不准备在这件事上多做手脚。

但一种从未有过的失落感，还是很快就袭来了。吕不韦一直是忙碌的命，自从嬴政亲政以来，很多事他自己就做出决断了，不再需要请教、请示吕不韦，这就是吕不韦感到失落的原因。虽然表面上看，吕不韦依旧在丞相府中忙碌个不停，可他自认为核心的问题，至少嬴政应该问一下自己意见的那些奏报，嬴政竟然都自己处理了。吕不韦感觉，已经被这个秦国的王疏远了。尽管嫪毐整件事上，嬴政并没有说一句吕不韦的坏话，但吕不韦已经能敏锐地感觉到这种无形的压力正从四面八方涌过来。

等等再说。吕不韦目前只能采取这样的措施。他相信，等嬴政醒悟过来，真正遇到难处了，就会想起相国的一心为国之忠诚和高瞻远瞩之能力。他在等……

就在吕不韦等待的时候，嬴政对嫪毐一派实行集中处理。这一次的处置，具有非常大的震慑作用，几乎到了恐怖的地步。嬴政要让后来的人看到这个场面，提起"反叛"两个字始终都心有余悸。

对嫪毐反叛集团的主要人物：嫪毐、卫尉竭、内史肆、佐戈竭、中大夫令齐等二十余人，全部枭首、车裂示众。

在此之前两三个月，已经对上述人员的舍人、余党、随从以及其他叛乱者处以鬼薪徒刑，罪行较重者处死或者夺爵流放。

这遵循的是法家"以刑去刑"的主张，即刑罚的目的不仅在于惩罚犯罪者，还在于威慑未犯罪者。

行刑这天，在咸阳最大的闹市区广场上，早早就竖立起二十几根粗壮的木杆，数十匹烈马在高杆下扬蹄嘶鸣。上千的百姓们从四面八方围拢过来，紧张地等待着惊心动魄时刻的来临。

人群刚开始还是乱嚷嚷的，既有谈论今日斩杀罪犯的罪行的，也有互相讨论今年庄稼收成的,也有交流商品置换意见的,众说纷纭,人群也散漫地散开,执勤的武卒们都挺立着身体,神情严肃,只要百姓不越过提前划好的白灰道儿,武卒就不加管束,任由大家熙熙攘攘地乱拥挤着。

"来了,来了!"几个人高声地一喊,整个场子都安静了,大家伸长脖子、踮起脚尖往远处望去。只见顺着宽宽的街道,驶来了二十多辆囚车。囚车里的囚犯们耷拉着脑袋,披散着头发,站在囚车里,像一截突出的木桩。人群里开始有人叫起来:"罪该万死!""祸国殃民!""你看看那嘴脸,凶神恶煞,死了不亏!"

罪犯们听到沿道旁百姓的唾骂声,更是神情沮丧,将头埋得更低了,生怕遇到熟悉的故人。

嫪毐嘶哑着嗓子不住地喊:"冤枉……大王饶命……冤枉啊……"

等着所有囚车一起来到广场上,监斩官一声高喊,全场肃静下来。

先是将嫪毐从囚车上拖下来,分别用五条绳索,一头捆住他的脖子和四肢,一头拴在马身上。

这时,听得行刑官一声喊:"行刑!"

五个牵马人拿起马鞭,狠狠地朝着马抽打,烈马受疼,只管往前硬拉,听得"砰、砰"声不断,四肢和头颅被硬生生从躯体上撕扯下来。这就是所谓的"车裂",因以前是在车上进行,故保持原名。又见一名刽子手走过去,齐整地割下嫪毐的头颅,挂在已经备好的高杆之上,这就是"枭首"。

人群里有胆小的,早已吓得捂住眼睛不敢看。胆大地看着也是浑身战栗,惨烈的场面令人心里发紧。

紧接着,将余下的嫪毐同党,也照着这个办法,分别施行车裂。顿时,这片硕大的广场上,弥漫着血腥的味道。

二十多个人头全部挂到高杆上后,这场惨烈的行刑才告一段落。随着武卒们不断撤走,人群也慢慢散去。

原先那些跟随嫪毐反叛的人员,按照轻重,分别给予处罚,很多人被处以夺爵流放之刑罚。由嫪毐一案受到牵连的四千余家都被迫迁往蜀地的房陵(今湖北房县)。偏偏可恶的是,这一年,蜀地气候异常,已到初夏仍旧很冷,这些拖家带口的人群中,不乏年老的和年幼的以及身体虚弱的,很多人在迁往蜀地的过程中,活活冻饿死在半路上。后来,因为这件事,百姓们中流传出这样一句话:"秦法酷极,天寒应之。"

吕不韦最初对处理四千多家受牵连的人颇有争议,他劝说嬴政:"由嫪毐反叛被一击即溃来看，其从众者，并没有这么多人。我王新近亲政，应该施行仁政，抚慰人心。"

嬴政却另有说辞："如相国所言，你能分清楚这四千家里哪个是参与的，哪个没有参与？"

吕不韦说："老少孤寡，体弱多病者，总不会动手吧。"

"没有行动，不表示心里没有反叛。"嬴政反驳道。

"那些孩童，能有什么坏心？"

嬴政瞪一下眼，诘问："成蟜是不是孩子？"

一下将吕不韦噎住，说不出话来，迟疑了一会儿，才说："成蟜，毕竟还有怂恿者，他身份不同嘛。"

嬴政问："若是这些留下的孩子，日后知道自己的父辈曾参与反叛，你能保他们心里没有仇恨？人犯了罪，就应该受到惩罚，难道相国忘记了秦国的立国之本？"

"抑商重农，强兵固法。这当然是不能动摇的。"

"这就是了嘛。既然相国心中有数，为何还要为这些自作孽的叛党求情，这不是助纣为虐吗？"嬴政竟然露出少有的笑容，和蔼地问。

吕不韦不是驳不倒嬴政，只是觉得，嬴政这种不容置疑的态度，和以前已经完全不同了。以前是大臣汇报给秦王，然后由"丞相"决断。那时的丞相，其实才是真正意义上的秦王。可现在一切都变了，自己在这里苦口婆心地劝诫，竟然真的成了"劝诫"，采用不采用，决定权在秦王嬴政手中。

他感到有些心凉，所以就不再坚持了，毕竟，每一个君王处理反叛余党都是充满血腥而且是残暴的。这或许就是自己一直教授给嬴政的"政治无对错"观点起作用了吧。

他是被自己驳斥倒了。这也才有了嫪毐被抓回后，吕不韦更深的失落感，他已经没法再去和嬴政辩驳了。嫪毐及其势力被铲除，吕不韦也不再受到重用，华阳太后心中甚是欣慰，于是就谋划着扩大势力范围，抓住这一最佳时机。华阳太后趁着嬴政来给她请安的机会，说："这一次除掉嫪毐，昌平君兄弟俩可是出了大力。"

嬴政说："祖母看得清楚。"

"你是一国之君，管理着这么大的国家，大大小小的事情都需要你处理，可要保重身子骨。"

嬴政说："谢过祖母关心。孙儿正是身强力壮的年纪，祖母多虑了。"

第十一章 交回政权

"你这孩子,早就知道你聪慧过人,也颇有雄主之能,我这也渐渐老了,帮不上你什么忙。可再强硬的身子也抵不住事多啊,你要学着多使唤手下人。"

嬴政说:"孙儿记下了。不过,以前的都是些老臣,难免暮气沉沉,容我慢慢挑选。"

华阳太后甩一甩手帕:"你是忙晕头了,昌平君和你年龄相当,不正好当你的左右手,还用舍近求远?"

嬴政说:"对于昌平君,孙儿另有重用。"

华阳太后笑呵呵地说:"你现在可真是越来越厉害了,我还没说话,你早就想好了。政儿,大秦能否振兴,就全靠你了。你只管放手去做,这后宫里的事,放心交给祖母。"

嬴政说:"有祖母坐镇,孙儿还有什么不放心的。"

"对了,之前和你说的大婚之事,可得给祖母个准信儿了。听昌平君有一次说闲话,你同意迎娶他妹妹?"

嬴政说:"孙儿刚刚亲政,事务繁多,暂时不考虑这些了。"

"这叫什么话。我秦国的王,怎么能少个王后。既然你愿意,我这就差人去楚国提亲,这亲上加亲的好事,料那楚王还不乐出声来。"

嬴政本来就同意,听华阳太后这么说,想想迟早的事,就说:"那就劳烦祖母了。"

华阳太后说:"你这孩子,跟我也客气起来了。我不是跟你说了嘛,这后宫的事情,我都替你操心管着。等哪一天,你有王后了,我也就省得操这份闲心,该安享晚年了。"

嬴政说:"祖母早该歇息,叫我们管。"

"谁管?现在后宫里,还有谁来管?"

这样一说,嬴政一愣,脸色当即沉下来:确实,母亲赵太后本是后宫领袖,可惜……这件事他不能想,一想起就头疼,感觉脸上发热、害臊。

他抬起头望一望屋顶,心里忽然问了一句:也不知道她在雍城怎么样。但这只是一闪念,更多的是仇恨占据了上风,当儿子的有个这样不知羞耻的母亲,真是奇耻大辱。

见嬴政忽然不说话,华阳太后也觉察到这句话不妥,忙转移话题:"我听说,韩国已经快全部攻下了。"

"只是迟早的事。"嬴政恢复意气风发的神情,大手一举,"我就计划派昌平君去镇抚新近攻取的韩国之地。"

华阳太后面露喜色，嘴上却说："你们年轻人的事，都是大事，我这老婆子也不懂，只要你觉得好就好！昌平君从小与你一块儿长大，最是知心，事儿交给他做，总是最贴心的。"

她这样既说不管国事又极力夸赞昌平君，嬴政并非听不懂。但是，嬴政喜欢听这样说，而且，现在他最信任的人也是昌平君。两人一块读书时，就结下了深厚友谊，如今亲政了，自然要当作自己的嫡系。

说话间，十月来到。这是秦国每年的第一个月。今年又特别不同于往年，这是嬴政亲政后的第一个年，又刚刚除掉嫪毐，自然要大力庆祝一番。

嬴政特别喜欢讲排场。

他做事一改往日吕不韦"抠抠搜搜"的老路子，大张旗鼓地庆祝正旦。

王宫内，每个大殿都被装饰一新，挂上灯笼，彻夜长明；木柱子油漆得闪闪发亮，崭新的油漆裹挟着新年的气息在王宫里飘荡；各种餐具全部更换一遍，漆器盒子大量使用，为庆祝新年单独铸造了大量的鼎、簋、鐏、爵等酒器和祭祀器具；就连侍女们的服饰，也都更换一批，颜色上更加注重红色元素的使用，以透出喜庆的气氛……

朝贺仪式在章台宫举办。辰时一到，钟典齐鸣，朝贺仪式正式开始。首先是公、卿、将、大夫、百官，然后是中原诸国使节，接下来是郡县计吏[①]等人鱼贯而至殿前。二千石俸禄以上的官员上殿进觐，其余则上陛（台阶）进觐。宗室诸嬴姓着黑红深衣官服，立于西面，计吏立于中庭北面。这一次的规模远超以往，达两千余人。这么多人挤在偌大的殿内，顿时显得殿有些小了。待座位排定后，公、侯和其他官员向秦王奉献礼物，太官代表秦王赐给献礼者食酒。各地计吏则呈上反映本年度当地情况的文书（图籍），而后，向秦王"上寿"，口呼万岁。上寿完毕，太官赐群臣酒食。宴会在"九宾彻乐"曲的伴奏和百戏表演中进行。

在朝会后，还举行了祭陵活动。祭陵人员与朝会人员相同，仪式与朝会有相似之处，主旨则是履践孝道和祈求神灵庇佑。

尽管娱乐和欢乐弥漫着正旦朝宴，但秦王的威严和交往时的礼仪规范却没有稍减。为规范行为，防止有人胡闹，殿前有"弧弓搢矢"的虎贲、羽林卫

[①] 计吏：郡、县掌簿籍并负责上计的官员。战国秦、汉时称地方官年终向国家汇报情况为"上计"。

士"陛戟左右";宴会中也有贡事御史四人"执法殿下",检查是否有人违背礼仪;宴会结束后要按照"卑官在前,尊官在后"的原则依次退出。着装、举止、言行是礼仪的重要内容。

举办这么规模庞大的正旦庆贺活动有三层意思:一是嬴政要昭示他亲政后与以往的不同,他是"大手笔",如果谁还按照以往的惯例寒酸,就是不合时宜;二是,他少年时受尽苦难,这时正要通过这样一种极端奢侈的方式显示"王"的荣耀;三是通过这种规范化的形式,让大家都懂得自己的"站位",该有的荣誉王一点也不会少给,而一旦超出范围之外,则要接受更大的惩罚,显示王权的威严。

虽然吕不韦有心劝阻,但当看到嬴政铺开的摊子已经达方方面面,如果自己这时再提意见,就是"全盘否定",嬴政肯定不会接受。他一直在思虑着,找到一种嬴政亲政后能够接受的方式,让嬴政既不感到威胁,又能愉快接受,这是最好的方法,也是不易引起嬴政反感和警觉的办法。可惜,一直没有找到。

嬴政还沉浸在欢乐中,这时发生了一件令他大跌眼镜的事情。这天,嬴政刚刚用完餐,就接到急报。

秦国派往韩国的间者奏报说:"王上,请立刻抓捕郑国父子,他们是韩国的间者。"

嬴政听闻,问:"他们以何为策?"

秦国间者说:"臣等在韩国贵族府上听到,韩国派郑国父子来秦国修建渠道,是为了疲劳秦国,让我们耗费人力财力,这样就可以使秦成为弱国,不再有能力攻打中原。"

嬴政冷笑一声:"小小韩国,雕虫小技。如今我秦国修渠好几年了,哪里就国力弱了,他们是痴心妄想!"

"可郑国父子是间者,千真万确!"

嬴政虽然嘴上还在强硬,可心里已经燃起一团烈火:可恼的郑国父子,你们看似忠厚的面目下,竟然隐藏着滔天的阴谋。人心不可信,谁也不可信!

继而想起,吕不韦还带着他到郑国的工地去慰问,还一个劲儿夸赞郑国痴心修渠的决心。吕不韦啊吕不韦,你这一次还有什么话说。任你再聪明,还不是被装憨厚的郑国给欺骗了!我这一次要好好地惩治郑国父子,叫你瞧瞧,我是什么样的秦王!你吕不韦发现不了的真相,我嬴政轻松就找出来了。

嬴政当即下令:"将郑国父子抓拿到咸阳来,寡人要亲自问罪!"

吕不韦听到要捉拿郑国父子时,什么也顾不上了,当即就让荆云驱车,紧急赶往章台宫，他必须劝住嬴政，像郑国这样的优秀水工，正是秦国最缺少的，万万不可治罪。

马车在路上疾驰，吕不韦还嫌不够快，一个劲儿地催："快，再快点，要不就赶不上了。"他见过嬴政处理嫪毐的狠劲儿，也了解嬴政急于"铺开新政"的心理，生怕去晚了，救不了郑国的命。

眼看就要到王宫了，荆云忽然问一句："相国，你拿什么保郑国？"

吕不韦猛然愣住了，是啊，现在这样的关键时刻，自己拿什么来保郑国？难道要告诉嬴政："我早就知道郑国是间者！"这可是欺君之罪啊。即使像吕不韦这样的三朝元老，也难承受这样的罪名。

"等一等，荆云，等一等。"吕不韦在车上喊道，"容我想一想。"

荆云勒住缰绳，马车一动不动地停在王宫前一百多米远的地方，静静地伫立着。

少顷，听得吕不韦轻轻地说："你赶着车回去吧，若是有不测，你就去洛阳，带着公子回濮阳……"他说不下去了，甚至不知道，如果罪名成立，洛阳的家人们还有没有机会逃离。

"相国，咱回去吧，何必这样不顾一切呢！"

"荆云，这是天大的事，如果连这个都不管了，我活着还有什么意思！你，"吕不韦头也不回地摆摆手，"回去等消息吧……"

吕不韦迈着铿锵的步伐，义无反顾地朝着章台宫走去。看着他如此不管不顾而去，荆云默默地擦了擦眼角的泪花，将辎车停在一个墙边，倔强地等待着吕不韦。他深信，吕不韦会没事的！

吕不韦见到嬴政后第一句话就说："大王，绝不可治郑国的罪！"

嬴政十分吃惊："敌国间者，相国还要庇护？这是什么道理。"

"王上，郑国为修渠，连命都快搭上了，你也看见过，这样的人才正是我大秦最需要的。"

嬴政说："秦国需要水工，但不是需要敌国搞破坏的水工！"

"郑国没有搞破坏！他是一心修渠！"

"韩国王族亲口说的，难道有错？"

"可我们亲眼所见，难道比不过什么韩国贵族吗？郑国父子，吃住在工地上，不惧艰险，几年如一日，又特别注重质量，这哪里是破坏，分明就是救国救民的大英雄！"

"相国为何要死保郑国，是有什么企图吧？"嬴政冷冷地说一声，"是不是觉得，当初是你让郑国修渠的，治他的罪，你怕受牵连？"

吕不韦朗声说道："为君者，当权衡利弊，分清缓急！现在，利用郑国为大秦修渠，就是最大的利益！大王不可糊涂啊。臣纵是粉身碎骨，也不能见我王做出滔天错事。"

一句话说恼嬴政，他大声咆哮："究竟是谁糊涂！我没有见过比你更糊涂的人。明明知道是敌国间者，却要为他求情，你居心何在！"

"我是为民请命，眼看渠道就要修成，这可是惠及几个县数十万人的大好事啊，王上，定要三思啊！"

"听丞相的话，寡人若是不听你的劝告，便是昏君了？"嬴政诘问。

吕不韦说："敢杀郑国，你就是大秦的罪人！"

嬴政气得一把推翻案子，用脚踢着滚落在地上的杯盘："寡人自有主张，寡人是亲政的王，不是叫谁辅佐的小孩子了！"扭头就走，扔给吕不韦一个高大的背影。

这是两个人第一次这么凶狠地吵架，吕不韦感到了从未有过的疲惫。他像被抽干了血液一样，慢腾腾地走出了大殿，嘴里喃喃着：这是真大了，管不得了！

荆云看到吕不韦从王宫内出来，急忙赶着车过去，扶着吕不韦上车时，感觉到他的手冰凉冰凉的，心中一阵酸楚，抬起鞭子，吆喝一声，驱马前行……

回到府上，吕不韦一想到，如果惩治了郑国，这条惠及数十万人、四万顷良田的大渠眼看就要功亏一篑。他忽然想到了李斯，当即写好书信，派人连夜送去。信中，吕不韦让李斯只字不提丞相府，就说清楚利害关系，从支持国家的角度分析形势，不要叫嬴政做出误判。

尤其告诫李斯，万万不可说，当年你我已经知道郑国是间者。

不久后，郑国父子被押解回咸阳。在大殿上，嬴政看到，眼前的郑国，还是那么清瘦，面庞黑黝黝的，穿着的还是工地上的破烂衣服。嬴政想起那次到工地上见他劳作的模样，心有不忍，可作为一国之君，他又不得不做出选择，这是方向的问题："大胆郑国，你父子因何来到秦国，老实说来。"

本以为郑国应该隐瞒，没想到他挺直身子，说："臣是韩国间者。"

嬴政见他说的干脆，大声怒斥："秦待你不薄，你竟以韩国间者身份来欺骗大秦，不杀你父子，岂不让天下藐视秦国！"

郑国却弯下腰，作个揖，道："臣开始确实是间者。然，这条渠修成，受益的是秦国。臣作为间者，为韩国延长了数年国运，臣的使命已经完成了。可是,大王,你也看到了,臣为秦国却建立了万世之功业,四万多顷良田眼看就要修整好,请大王让我完成此心愿,再杀不迟!"

嬴政已经提前收到了李斯的劝谏书,也早已想通了其中的道理,此时听郑国说得有理,就问道:"诸位大臣,大家议一议,郑国父子可不可留。"

自古以来,只要是公开的讨论,就总是分作几种声音。赞成留下的,理由充足——这是造福秦国的事情,先让郑国完成;同意斩杀的,当然也是以国家利益为理由,说——如果宽恕间者,就是为自己树敌;也有骑墙派,觉得,留下自有留下的道理,杀掉也有杀掉的必要……

见他们乱哄哄地吵得差不多了,嬴政才表态:"郑国父子听着,暂缓惩戒,命你们戴罪立功,全力修渠。"

方才大家乱作一团时,吕不韦没有吭声,而是牢牢地盯着嬴政的表情,生怕他突然发怒,做出不理智的选择。当听到这一声赦免令后,他禁不住热泪涌动,第一个就高声呼叫道:"大王圣明,秦国幸甚!郑国,快谢恩!"

郑国父子这才慌忙跪下,连声谢恩。

嬴政听到吕不韦如此高声地赞扬,心中颇为慰藉,这是一种无声的胜利,更是一种"让你心服口服"的帝王攻心战,嬴政自诩已经掌握的精熟。

吕不韦为嬴政留下郑国而欣慰,嬴政也为自己留下郑国而陶醉,觉得自己终于战胜了冲动,完全具备了一个王应有的优良品性——以国家利益为重!

可是,谁也没有想到。就是郑国这件事,却引起老秦族人的极大愤慨,他们口口声声叫嚣,要坚决抵制外来人员,一切外国客卿都靠不住。

驷车庶长亲自找到嬴政,说:"嫪毐是外来的,事实证明是靠不住的。郑国明明是韩国的间者,王上却留下了他。暂且不说留下他的危害,可其他人呢,谁能保证他们都是心里装着秦国。"

嬴政说:"老庶长言之有理,东方各国来的人,确实要重新审视。"

"他们都是为各自的国家效力,不值得信赖。王上要果断做出决策,不可等形成危害,那就迟了。"

嬴政说:"你的话,寡人记在心里了。要给寡人时间,来处理。"

驷车庶长好像对此事深恶痛绝:"王上要分辨是非,千万不可叫蒙蔽了双眼。"

秦国老贵族之所以选择这时候出击,是有道理的。他们看到嫪毐余党被铲除,可吕不韦也是濮阳人,而且,吕不韦手下还有那么多东方各国的谋士,将这些人赶出秦国,此时正是最佳时机。甚至,他们说:"当初成蟜为什么反叛，就是因为吕不韦余党掌控朝政，被逼无奈，为了夺回秦国朝政，才不得不反叛。"

嬴政虽然并不认同这个观点，但他知道，这些老秦贵族，不论出于什么目的，是想让秦国政权保持纯粹，因此并没有过多苛责。

秦国贵族见驷车庶长和嬴政谈话后并未奏效，于是就联名上奏，不断扩大人群，造成群起而攻之的强烈攻势，希望借助嬴政之手，彻底铲除秦国以外的掌权人士。

吕不韦在这时候，只能选择隐忍。嫪毐势力的坍塌，对他多少也是个警醒。看来嬴政对秦国老贵族之外的势力，动起手来确实是心狠手辣。

这所有的攻势都是无声进行的。吕不韦虽然看在眼里，却不能轻易反对。他知道，这时候自己一露头，正好成为大家的攻击对象，所以万万不可露面。

秦国老贵族见所提的建议，嬴政并没有直接反对，就认为说到了嬴政心坎上，更加加大攻势，再次扩大郑国为奸细这件事，反复权衡对秦国的利弊，最后嬴政同意了，发出诏令，驱除秦国境内的所有外来宾客，限时必须撤离，否则就要治罪或者驱逐出境。

"逐客令"一发出，秦国境内的士子们人心惶惶，都无心在秦国停留，但同时，他们也不清楚嬴政为什么要大动干戈，惹遍天下士子。

李斯听到这样的诏令，感到深深的无奈。毕竟，他也是楚国人，按照逐客令，他必须离开秦国。可现在大渠正在关键时刻，如果一走，势必造成巨大损失。但不走就是违抗秦王诏令，这是要被治罪的。无可奈何之下，李斯也开始准备整理行李，要离开秦国。离开秦国去哪里，李斯心中没底，这时候他感到了无限憋屈和愤懑。空有一身抱负，本来想着来秦国实现，可现在还未等全力施展才华，就不得不离开，越想越不甘心，于是，坐下来，一口气写了一篇《谏逐客令》给嬴政，将秦国面临的形势和危险都说了个透：

> 臣闻吏议逐客，窃以为过矣。昔穆公求士，西取由余于戎，东得百里奚于宛，迎蹇叔于宋，来丕豹、公孙支于晋。此五子者，不产于秦，而缪公用之，并国二十，遂霸西戎。孝公用商鞅之法，移风易俗，民以殷盛，国以富强，百姓乐用，诸侯亲服，获楚、魏之师，举地千里，至今治强。惠王用张仪之计，拔三川之地，西并巴、蜀，北收上郡，南取汉中，包九夷，制鄢、郢，东据成皋之险，割膏腴之壤，遂散六国之从，使之西面事秦，功施到今。昭王得范雎，废穰侯，逐华阳，强公室，杜私门，蚕食诸

侯，使秦成帝业。此四君者，皆以客之功。由此观之，客何负于秦哉！向使四君却客而不内，疏士而不用，是使国无富利之实而秦无强大之名也。

今陛下致昆山之玉，有随、和之宝，垂明月之珠，服太阿之剑，乘纤离之马，建翠凤之旗，树灵鼍之鼓。此数宝者，秦不生一焉，而陛下说之，何也？必秦国之所生然后可，则是夜光之璧不饰朝廷，犀象之器不为玩好，郑、卫之女不充后宫，而骏良駃騠不实外厩，江南金锡不为用，西蜀丹青不为采。所以饰后宫，充下陈，娱心意，说耳目者，必出于秦然后可，则是宛珠之簪、傅玑之珥、阿缟之衣、锦绣之饰不进于前，而随俗雅化佳冶窈窕赵女不立于侧也。夫击瓮叩缶，弹筝搏髀，而歌呼呜呜快耳者，真秦之声也；《郑》《卫》《桑间》《昭》《虞》《武》《象》者，异国之乐也。今弃击瓮叩缶而就《郑》《卫》，退弹筝而取《昭》《虞》，若是者何也？快意当前，适观而已矣。今取人则不然，不问可否，不论曲直，非秦者去，为客者逐。然则是所重者在乎色、乐、珠玉，而所轻者在乎人民也。此非所以跨海内、制诸侯之术也。

臣闻地广者粟多，国大者人众，兵强则士勇。是以泰山不让土壤，故能成其大；河海不择细流，故能就其深；王者不却众庶，故能明其德。是以地无四方，民无异国，四时充美，鬼神降福，此五帝三王之所以无敌也。今乃弃黔首以资敌国，却宾客以业诸侯，使天下之士退而不敢西向，裹足不入秦，此所谓"藉寇兵而赍盗粮"者也。

夫物不产于秦，可宝者多；士不产于秦，而愿忠者众。今逐客以资敌国，损民以益仇，内自虚而外树怨于诸侯，求国无危，不可得也。

李斯本以为，这样一篇洋洋洒洒的文章有理有据，理应得到秦王的赞赏。可叫他没有想到的是，秦国老贵族看到这封劝谏书后，竟然藏了起来。他们要等外国客卿全部走尽了，才准备交给嬴政看。

李斯以为上了这样一封言辞恳切的奏章后，秦王会给出回音，没想到左等不来右等不来，一点消息也没有。眼看着被驱逐出境限定的日子越来越近，李斯也感到，恐怕此事是没有回旋余地了，嬴政已经下定了决心，秦国将再回抵制士子的时代。

令嬴政感到纳闷的是，逐客令这么大的事，吕不韦却纹丝不动，这忽然又让嬴政感到一丝丝不安。究竟吕不韦心里如何想的，这么大的动作，所有的大臣都在讨论，可吕不韦却好像真的老了，一句话也没有说。难道，他真的服输了？嬴政反复权衡，觉得不可能，这绝不是真实的吕不韦！

五、重组班底

大家聚在吕府大厅里，神情肃穆，再没有往日的风采。

一个年轻的赵国士子说："秦国又要走回头路了，没有了中原士子，不是恢复到过去那个蛮荒的民族了吗？"

韩国一士子撇撇嘴："人家秦王要的就是这样。秦国是秦人的国家，终究不是我们的国家。"

"我早就看穿了暴秦的本来面目，当初求贤令，只是吕相国的想法。如今秦王亲政，又要推行穷兵黩武那一套了。"

一个老夫子，使劲儿裹了裹衣领，鄙夷地说："走就走，怕什么，有学问还怕没有君王要！"

"就是，这样的王，不扶持也罢。"

"我们应该唤醒吕相，与我们一同走，不受这老秦人的窝囊气。"

一干人嚷嚷了半天，始终不见吕不韦露面，不由得心中恐慌。

"难道，吕相国真的不管我们了？"

"秦国要是没有了吕相国，还如何振兴。我们再等等看。走，回屋喝酒去。"

稀稀拉拉地走掉了几个人，其余的还站在原地不动，不住朝着大门口张望。他们已经熟悉了这种无忧无虑的日子，习惯了这种衣食无忧的时光，突然要他们离开这个地方，再到处流浪，所有人心中都充满怨恨。可是，他们同时也知道，秦王下达的逐客令，绝不会轻易就撤销的。

但是，左等右等，始终不见吕不韦的影子，这一下，这些食客们是确实有些慌乱了。

"总不会，连见我们一面都不见吧。"

"吕相国一向待我们不薄，这关键时候，不会丢下我们不管的。我猜想，他是去王宫内为我们争取去了。"

"你看错了吧，我看从前天开始，荆云就一直待在门房里，闷闷不乐。相国若是出去，能不叫他？叫我说呀，相国也是遇到难题了。如今不比从前了。"

"莫非，秦王还敢动一动吕相国？"

"这时候谁能说清楚，听说嬴政这小子性格乖张，刚愎自用，根本听不进任何人的话。"

"我说什么来着，年轻人心狠手辣，对谁都敢下手，你们还不信。就说上次在市场上杀嫪毐吧，你瞧瞧那血腥场面，要是一般的王，谁敢如此大开杀戒。你们没听说吗？嬴政长相就吓人，蜂准①，挚鸟膺②，说话豺声。这样的人薄情寡恩，六亲不认。"

就在大家吵吵嚷嚷的时候，吕不韦已经悄无声息地站在了大厅的中央。前面的食客看到了，立刻噤声。后面的还只顾发表自己的言论，前面的人就依次传递眼神，制止大家发出杂音。

很快，大厅里安静了。

吕不韦深深鞠一躬，拱手作揖道："对不起诸位了。"

大家见他行此大礼，纷纷回礼，齐声说："相国言重了。"

吕不韦说："如今，秦王下了逐客令，我们这些来自中原各国的士子，虽然饱读诗书，个个才华横溢，但如今不得不遵守秦律，要各自散去了。我是舍不得你们的。可又有什么办法呢？秦王是一国之君，我们身在咸阳，就要遵守秦律，这是没法子的事情……"

他神情悲戚，说到这里，眼窝一热："对不住各位了。"说完再次鞠躬，久久不肯直起身子。

食客们本来都有一腔怨气，可见吕不韦如此重情义，早已没有了怨言。韩国年轻的士子说："相国对我们的好，大家都牢记在心，你不必为难。"

"是啊，大不了，我们离开秦国就是。"

"咱肚子里有的是学问，离开咸阳，一样吃得开。"

吕不韦说："是我连累了大家。"

"话不是这么说，这逐客令又不是相国的主意，怎么能怨你呢。"

吕不韦大声地吩咐道："摆下谢客宴，答谢这么多年与我们不离不弃的夫子。"

荆云一摆手，众多侍者早已奉命等在厅外，听得荆云一声招呼，端着各种盘、盏、樽和蒸好、煮好的牛羊肉，有条不紊地摆放到案子上。

食客们见此状况，谁也不肯提前坐下，都愣愣地站在案子前，等到吕不韦一声令下。

---

① 蜂准：意为马鞍鼻。

② 挚鸟膺：鸡胸；胸骨突出貌。

第十一章　交回政权

吕不韦见大家都规规矩矩站立，心中愈加珍惜这份友谊，说："这战国时代，但凡有血性的人，都有一套说辞，不是拯救国家于危难，便是解救百姓于水火，种种学问，都要卖于君王。可能大家此刻觉得，要回归母国，一腔热血就无以报国了。是这样的吗？不是！绝不是！我们前段时间编的《吕览》，已经呈给了秦王，他看到后大加赞赏，对大家提出的观点十分认同，也从中受益匪浅。"

这时候，有人叫起来："那为何还要赶我们走！"

这一声喊，立刻传染了众人。

"是啊，接受我们的学问，为何不留下我们。"

"秦王这不是耍奸吗？"

"吕相国何不与秦王理论一番，我们可不是白吃饭的。"

"我们一心振兴秦国，到头来却落得如此下场，岂不叫后来人伤心。"

吕不韦一声不吭地看着大家，他何尝不知道大家此时心里的怨恨，可他能说什么。如果公开表示反对秦王，非但不能阻止逐客令，反而会招来更大的灾祸。他心里知道，说不定秦国老族们在嬴政那里说了多少坏话，或许已经把他吕不韦当成了嫪毐一样的有害人物。遣散秦国境内所有外国士子只是个借口，真正要削弱他吕不韦的势力，或许才是最终目的。

可这些话，只能在心里想，说不出口。秦王既然选择"装聋作哑"，吕不韦此时也只能"奉陪到底"，若是中间某一方沉不住气，提前揭露谜底，无疑是自讨没趣。

所以，吕不韦又说："我们做学问的，最终传播的，无非是我们的学问，至于个人得失，我觉得各位都不在乎。"

这样一顶高帽子一戴，大家自然不好意思再争辩。此时，谁也不想扮演斤斤计较的小人。毕竟，这么多食客里，各自的观点并不相同，吕不韦这样统一赞扬，谁也觉得无法反驳。

吕不韦接着说："虽然我们人离开秦国，但《吕览》的思想已经被秦王接受了，大家要相信，终究有一天，秦王还是会请我们回来的。这逐客令，是秦王暂时不得已采取的手段。"

"谁在左右秦王？"有人问。

"我们可以替秦王说话！"

"天下是天下人的天下，相国不是早就说过嘛。又不是秦王一个人的天下，凭什么他说让我们走，我们就要走。我们坚决不走，就留在咸阳，看他能怎么样。"

"是啊,我们就留在咸阳!"

"留在咸阳!"这样的呼声顿时充斥整个大厅。

吕不韦一时间也被这种情绪感染,饱含深情地说:"大家再等一两天,我就不信秦王真的不明白大家的好处。求贤强国,这本是历代秦国君王的心愿,我深信秦王也不会想不通的。"

"就是,秦王会想通的,我们不必走了。"

"虽说现在瓦釜雷鸣,可秦王毕竟会分辨清楚好赖人的,不会把事做绝的。"

"我听说,李斯已经献上了《谏逐客令》,秦王不会无动于衷的。"

"一个小小的河渠丞,他说话轻如鸿毛。"

"那可不一定,听说秦王很看好李斯呢。"

"李斯是谁?还不是吕相国安排的一个卒子,秦王哪会轻易就听从他的劝告。"

"就是,秦王现在狂傲得连吕相国的话都不放在心上,哪里会在乎李斯。"

尽管现场人声嘈杂,但很多话,吕不韦还是听进去了。李斯的奏章迟迟不见效果,或许嬴政真的就不在乎每个人的谏言,他注定要一意孤行。

吕不韦府中的食客们,在等了几天不见动静后,就主动选择了离开。他们在咸阳日久,已经明白秦律的严苛并非某个人就能改变的,所以,为避灾祸,主动选择撤离。

也有心存幻想的人,因为无处可去,就赖在府上不肯离去。还有一部分人,其实什么手段也没有,肚里也没有学问,面对逐客令,甚至不知道该往哪里去。回故乡,显然会遭人耻笑。可到别的国家去,未必能寻到像吕不韦一样厚道的东主,所以就死活赖在府上,希望借助吕不韦的力量,成为漏网之鱼,混在咸阳。

这一天,荆云把剩余的人都召集到一起,每人送上十金,说:"这是相国的一片心意,大家拿到金子后,就各自散了吧。相国平日里待你们不薄,大家可不要这时候连累相国。毕竟,你们心里也明白,秦王已经亲政,很多事情,不是相国说了就能管用的。将心比心,我们要对得起相国。"

荆云这样晓之以理地一说,余下的众人也都解散了。

这些天,看着昔日热闹非凡的府邸如今空空如也,吕不韦心里也空荡荡

第十一章 交回政权

的，处理完公事后，他就躲在书房里不出来。荆云和下人们都知道他心里憋屈，也就很少有人去打扰。

吕不韦在屋里常常自言自语："都走吧，走了安生。"荆云听到后，默默地站在屋外，一等就是一两个时辰，生怕吕不韦闷出病来，可又无可奈何，只能眼巴巴地瞧着他发愁。唤来白露，进去照料吕不韦，情况才有所好转。

尽管白露劝说有效，可她还找借口忙于商务，时不时就出去几天。荆云知道，她是去照料孩子去了。

这天早上，天气很冷，荆云驾车坐在前面，边驾车边对吕不韦说："相国，看这情形，今年冬天又要多备木炭了。"

吕不韦说："荆云，咱是不是老了？去年可一点没感觉，你瞧今年就腿冷脚冷。"

"是天变了。现在这天，该是这四五年最冷的一年。"

吕不韦步入早朝大殿时，故意使劲儿跺着脚，缓解麻木。

大臣们按照以往的惯例，将各自管辖的一摊子事汇报完毕，本以为该散朝了。不料，就在这时，嬴政忽然说："陵寝的事情要改一改方案。"

宗正问："如何改？"

嬴政说："之前的陵，格局太小，要扩一扩。"

"扩多少？"

"至少一倍。"

吕不韦听到这里，劝谏道："王上，这建造陵寝，咱都是经过计算的，国家财政现在应该大部分用在东征和修建渠道上。如果陵寝扩大一倍，耗费的资财，从哪里来？"

嬴政说："陵寝也是大秦的脸面，只有足够大，才能显示秦国的强大。至于钱财，总有办法的，不行就增加点赋税。"

御史大夫说："增加多少赋税？若是多了，只怕黔首承受不住。"

吕不韦也趁机说："我们的赋税已经够重了，随意再增加，十分不妥。"

嬴政话题一转，说："寡人听说，骊山东北，修建陵寝时挖的土坑蓄满了水，这样极为不利。需要在陵园西南修筑了一条东西向的大坝，让这股由南向北流的水改一改道，流向西北，可庇佑大秦福运长久。"

宗正问："大坝要修多长？"

嬴政说："总要有三五千尺吧！"

吕不韦听罢，头嗡嗡作响："王上，这个办法，固然不错，可动辄就要几千尺的大坝,恐怕也要有三五百尺宽,这不是小数目啊,大王三思。"

"三思,三思,相国的目光越来越短浅了。"嬴政硬邦邦地怼一句。

吕不韦苦苦相劝:"为君者,以民为本。大王当以民之疾苦为先,不该耗费巨资用在修建陵寝上。"

"寡人的心思你不懂,日后,举凡大秦之事,务必要大气。寡人不但要大修陵寝,更要扩修万里长城,做这些一劳永逸的事情。大秦大秦,何以称大,唯我有,别国无,才可以称其大!"

吕不韦气得手发抖,说:"大王,这要耽误一统大业的。"

嬴政忽然温柔地问:"你是王,寡人是王?"

吕不韦郎朗地说:"自然您是王!"

"这就对了嘛,现在又不是辅政之时,相国何必苦苦纠缠。"

吕不韦听到这时,始明白嬴政是在较劲儿,高声喊:"我大秦从来就有直谏之风尚,王上莫非要闭塞言路!"

"你可以谏,寡人自由明断,自然也可以不听!"

吕不韦还要再辩,嬴政已经站起身来,宦官尖着嗓子喊:"散朝!"

大殿内,挨挨挤挤的大臣们,主动让出一条道来,吕不韦铁青着脸,谁也不跟谁搭话,甩着长袖扬长而去。

这一次的朝堂对话,给秦国大臣们释放了一个信号:吕不韦时代结束了。

年轻的秦王嬴政已经公开对吕不韦的干预表示不满,这是一个积极的信号。任何时候,总不缺乏对时局把握很透的大臣,他们看到吕不韦的谏言竟然被嬴政批驳的一无是处,于是转头开始考虑,如何自然地将精力转向嬴政,而不显露痕迹。政治场上,能够不露痕迹,是最高明的做法。很多大臣就开始用心思做这件事。国君思想的方向,很多时候就成为一国的方向。

吕不韦见自己不能左右朝政,就开始思想以后的去路。像他这样的强势当权者,一旦失去话语权,留在朝中毫无意义。可如果自己主动撤退,又感到有些矫情。所以,他在等待一个合适的机会。撤退出去,让嬴政放手做吧。

"孩子长大了!"吕不韦感慨地想,由不甘心慢慢转成心甘,他在逐步调整着。孩子不会飞时,恨铁不成钢。孩子羽翼丰满要独自飞翔时,又生怕他飞不高飞不好。吕不韦在一天天规劝自己:该放手了!这是千古不变的规律,想通想不通,都得想通。

这天晚上,嬴政在翻阅奏章的过程中,忽然翻到了李斯的《谏逐客令》,看后,大吃一惊。他没有想到,自己随便发出的逐客令,竟然到了如此严峻的程度。嬴政对李斯进言所说的历代秦王如何接受谏言的话，并不以为然，可是，读到中间部分，李斯说：现在陛下罗致昆山的美玉，宫中有随侯之珠，和氏之璧，衣饰上缀着光如明月的宝珠，身上佩戴着太阿宝剑，乘坐的是名贵的纤离马，树立的是以翠凤羽毛为饰的旗子，陈设的是蒙着灵鼍之皮的好鼓。这些宝贵之物，没有一种是秦国产的，而陛下却很喜欢它们，这是为什么呢？

嬴政不禁拍案叫好："这李斯，说的都在理呢。"

接着往下看：李斯说，如果一定要是秦国出产的才许可采用，那么这种夜光宝玉，决不会成为秦廷的装饰；犀角、象牙雕成的器物，也不会成为陛下的玩好之物；郑、卫二地能歌善舞的女子，也不会填满陛下的后宫；北方的名骥良马，决不会充实到陛下的马房；江南的金锡不会为陛下所用，西蜀的丹青也不会作为彩饰。用以装饰后宫、广充侍妾、爽心快意、悦入耳目的所有这些都要是秦国生长、生产的然后才可用的话，那么点缀有珠宝的簪子，耳上的玉坠，丝织的衣服，锦绣的装饰，就都不会进献到陛下面前。

嬴政越看越兴奋，高声叫道："宣李斯觐见。"

宦官说："大王，这时候是半夜。"

嬴政说："这样的年龄，却有如此见识，是不可多得的人才。明天一早，宣他上殿。"

结果是，第二天一早，宦官急忙告诉嬴政："李斯是楚国人，如今已经奉逐客令，正在离开秦国。"

"你们要快马加鞭，把李斯给我追回来。"嬴政不由分说地吩咐。

众武士答："喏。"飞快地骑马朝着秦国边境赶去。

此时，函谷关内外，已经聚集了太多的中原士子，大家吵吵嚷嚷，停留在函谷关里面，争取着属于"秦国人"最后的利益。

守城的关吏一遍遍催促士子们："再不离开，我们就要采取手段了。秦王下令，凡不是秦国士子这个月底不得停留在关内，大家要分清，严苛的秦律是必须执行的。"

所有的士子们只好来到函谷关外，找个客栈住下，企图听到秦王最后的召唤。等了一天两天，不见秦王的诏令，于是很多人便开始无奈地离开，一面念叨着在秦国的好处一面又讨厌如今无情的秦王。

李斯也已经来到关外，正准备和几个楚国士子离开，忽然听得远处传来急促的马蹄声，几个武卒连声高叫："李斯慢走，谁是李斯，请跟我回去见秦王。"

这在本来很不稳定的士子群中顿时掀起轩然大波。

有人说："就知道秦王会后悔的，这不，已经在宣李斯回去了。我们再等一等。"

"李斯是李斯，我们的命运肯定不会改变的，不要心存幻想了。"士子举着手上的包裹甩一甩说。

"终究还是楚国人吃了香，我回去也无憾了。"一个楚国士子慨叹道。

"李斯此去，我估摸着凶多吉少，那嬴政薄情寡恩，怎会为了他一个小小的渠丞改变主意呢。也许是他说了什么不该说的话，要治他的罪呢。我们还是快快离开这是非之地吧。"

可多年读书，反复修炼，许多士子总是不甘心就这么碌碌无为地离开秦国。秦王紧急召见李斯，或许就是最后的希望。

就在士子们眼巴巴地等着消息时，果然就等到了消息。不过两天，消息就传到了函谷关。

"秦王下令，撤销逐客令。众位士子，可以重新返回秦国。"守城的门吏大声地宣布这一消息，很多士子听到后，喜极而泣，仰天高呼："大秦不灭，秦王万岁！"然后，马不停蹄地走进关内，兴冲冲地朝着咸阳进发。

前几天往关外走时，士子们拖拖拉拉，走得垂头丧气，很多人还骂骂咧咧，此时却精神焕发，神采飞扬，恨不得生出翅膀，早日飞到熟悉的咸阳城。

嬴政见到李斯后，兴奋地从坐榻上站起来，快步走到李斯身边，一把拉住他的手，激动地说："差点错失先生。"

李斯见嬴政如此厚待，一时激动，说："王上好气度，撤销逐客令，做了一件功德无量的事。"

"嗨，不说这个了。来，坐下，我们好好聊一聊天下大势。"

两个人面对面坐着，嬴政亲自为李斯倒上茶，摆着手说："莫急，你先多喝几口再说话。"

李斯喝了两口茶，摸一把胡须，说："王上，可以了。"

"你是楚国人？"

"是。"

"多久没回家了？"

"十多年了，从出来就没有回去过。"

"可愿做我大秦的良臣？"

李斯拱手作揖："我不就在做吗。虽是小吏，不敢忘国事。"

第十一章 交回政权

嬴政说:"寡人召回你,是欣赏你。你说的穆公求贤,从西方的戎请来由余,从东方的楚国请来百里奚,从宋国迎来蹇叔,任用从晋国来的丕豹、公孙支。就是任用了这五个人,我大秦才兼并了二十国,称霸西戎。这些话有道理啊。"

李斯说:"臣所言不虚,王上可以想想,孝公重用商鞅,实行新法,移风易俗,国家富强,打败楚、魏,扩地千里,秦国才强大起来;惠王用张仪的计谋,拆散了六国的合纵抗秦,迫使各国服从秦国;昭王得到范雎,削弱贵戚力量,加强了王权,蚕食诸侯,秦成帝业。这几代王,哪个不是全心任用客卿!如果这四位君王也下令逐客,哪有今日秦国之强大!"

嬴政连连点头,称:"卿说得好啊。我大秦就缺少你这样有远见卓识的人才啊。寡人要重用你,助我大秦早日完成统一大业!"

"臣能如此幸运,是臣的福分。"李斯高兴地说。

"那你来说说,如今,秦国对待六国,当是什么态度?"嬴政诚恳地问。

李斯说:"抓住时机,逐个击破。"

"秦统一六国,在你我手中,可能实现?"

"如今的秦国灭六国,如同扫除灶上的灰尘,现在是完成帝业、统一天下的最好时机,千万不能错过。"

嬴政亢奋地站起身来,大步走了两圈,挥舞着手臂说:"说得好!一定要在我们手中,完成统一大业。"他站住仰头想一想,问,"你说逐个击破,先灭哪个合适?"

"韩国!"

嬴政往前探着身子,鼻尖几乎挨着李斯的头顶:"理由?"

"韩国最弱,又同秦国接近。彻底灭掉韩国,可以起到震慑他国的作用,然后,再根据其他五国的国力,逐渐蚕食。"

"好!这个办法好。我也总觉得,强攻赵国,未必是最好的选择。"嬴政不知不觉露出对吕不韦先前布局的不满。

李斯虽然急于改变现状,但他不是个糊涂人,尽管听懂了嬴政的这句话,但他没有接着往下说,因为他觉得,吕不韦还远远没有到倒台的地步,所以他绝不轻易踏这个雷。

李斯说:"国家战略,需要大王调整,臣等一心出力就是。"

嬴政这时拿出几卷竹简,在手里掂一掂,说:"寡人有话问你,这几卷书,读来甚有意味,你们士子们游历甚广,可知晓是何人所著?"

李斯接过来，低头看着。

嬴政边走动边感慨："嗟乎！寡人得见此人与之游，死不恨矣！"

李斯不是从头看的，看到其中的句子，觉得十分熟悉，书中说，要以法来约束民众，施刑于民，才可"禁奸于未萌"。

嬴政还在沉醉："这先生说得真好。施刑法，恰恰是爱民的表现。"

李斯这时有点明白了，这是法家的著作。法家？他脑子里忽然蹦出一个人。正要开口说话，忽然迟疑了一下，别叫说错了，于是就低头再次看竹简。

书中又提出，人是"性本贪"的，民众的本性是"恶劳而好逸"。确定了，一定是他。

李斯朗声说道："此书乃韩非所著！"

嬴政猛然扭回身，弯下身子问："你可确定！"

"千真万确。"

"说来听听。"

"此人是韩国没落贵族，说话结巴，因我与他都师从荀子，故而十分熟悉。"李斯高声说话，也站起身来，"他为人孤傲，极度崇尚法家，王上现在看到的就是《孤愤》《五蠹》。"

嬴政瞧着李斯的眼睛，很久不说话，忽然双手抓住李斯的肩膀，摇晃两下，乐不可支地说："李斯啊，若是能邀请你这个学兄来秦国，那就太好了。对了，你听听他说的话。"嬴政摇头晃脑地背诵起来，"对于臣下，要去'五蠹'，防'八奸'。①这话说得多透彻。寡人以前对这个理解的还不深，最近经历了两三场大事，才深深理解韩非子的话，真是至理之言，值得我们深思啊。"

韩非子所说的五蠹是：1.学者。指儒家；2.言谈者。指纵横家；3.带剑者。指游侠；4.患御者。指依附贵族并且逃避兵役的人；5.商工之民。他认为这些人会扰乱法制，是无益于耕战的"邦之虫"，必须铲除。

而所谓的"八奸"，则是指：1.同床。指君主妻妾；2.在旁。指俳优、侏儒等君主亲信侍从；3.父兄。指君主的叔侄兄弟；4.养殃。指有意讨好君主的人；5.民萌。指私自散发公财取悦民众的臣下；6.流行。指搜寻说客辩士收买人心，制造舆论的臣下；7.威强。指豢养亡命之徒，带剑门客炫耀自己威风的臣下；8.四方。指用国库财力结交大国培养个人势力的臣下。这些人都有良好的条件

---

① 《韩非子·八奸》《韩非子·五蠹》。

第十一章 交回政权

威胁国家安危，要像防贼一样防备他们。

嬴政尤其对"父兄"这个理解，成蟜叛乱就差点祸乱秦国；对嫪毐这样的人，他觉得既是"流行"也兼有"威强"，确实应该时刻提防他们这些人。他觉得韩非子说的话，真是说到了他的心窝里，因此格外仰慕。

李斯见嬴政如此赞赏韩非，心中略有不快。李斯少年时，在上蔡做小吏，总觉得难以施展远大抱负，郁郁寡欢。有一次上茅房，发现茅房里的老鼠，骨瘦如柴，胆小谨慎，一听到有人来吓得躲着不敢出来。可想起仓库里的老鼠，个个肥硕巨大，胆子也特别大，后来感悟，人生的成功是需要舞台的，因此才开始了孜孜求学之路。师从荀子后，又遇到韩非，两人观点不尽相同，因此有些看不起韩非。但他同时也知道，韩非是个很有思想的人。

刚才，嬴政见到李斯，说起《谏逐客令》时，李斯马上就感觉到，自己多年千辛万苦等待的时机就要来临了，如果能够在天下第一强国的王面前任职，完全可以一展平生所学。正在兴奋之时，嬴政突然提到韩非，竟然发出"见一面死而无憾"的感慨，让李斯的思绪一下跌入了谷底。甚至有些恍惚和怀疑：莫非，这次又要输给韩非？

这样难得的机会，对学富五车、饱读诗书的李斯来说，是千载难逢的。他决不能就这样拱手让给任何一个人。因此，李斯忍不住发出一声感叹："唉，可惜韩非是韩国人！"

刚刚还在研究先灭韩国，李斯这句话，可谓一下击中嬴政的要害。嬴政揉着鬓角，连声感叹："可惜了，韩国老贼，守着人才不知道用。"稍一停顿，他好像不甘心地说："时机凑巧了，还是要见一见的，不然，太遗憾了。"

李斯听嬴政这样说，等于放缓了节奏，也乐得做个好人："臣留心记下了，若有机会，一定带学兄来，跪拜王上！"

嬴政赞赏地说："李斯，那样的话，寡人真就是左右无敌了！"

这一句随口的话，李斯顿时醍醐灌顶，仿佛头上闪过一道璀璨的光芒，慌忙激动地跪下说："臣谢过大王夸赞！"

嬴政拉起他，神秘地说："以后就你我二人时，你不必拘谨。你我同龄，总要说点悄悄话的。不要老是板着脸，学那些老朽。"说完，嬴政甚至扮了个鬼脸。

李斯刚才还一直觉得距离嬴政十万八千里，此刻一下就近在咫尺了，顿时热泪盈眶，颤抖地说："王上，如此待臣，若不鞠躬尽瘁，肝脑涂地，天地不容！"

"瞧瞧，才说什么来。"嬴政用肩膀碰了一下李斯的肩膀，又拉着他一同坐到案子两边，对饮起来。

"你觉得，如今朝中的年轻一代，武将里，谁可担当大任。"嬴政问。

"臣对朝中武将知之不多，不敢妄言。"

"叫你说你就放开说，莫要有顾虑。"

"臣以为，蒙恬可以。"

"就是嘛，咱们想到一起了。李斯啊，这秦国的朝政，要年轻，年轻才有活力，少了暮气的秦国，才能征服天下。你看着吧，在我们君臣一起努力下，天下很快就会一统的。到那时，我们就是中央之国！"

李斯这次忽然心里涌上一点疼痛感来，像针扎一样。虽然吕不韦一直也在培养他，却总是强调年轻人要吃苦，一步步来，踏实做事。以前他也认为吕不韦的人才培养观十分正确，可此时一下和秦王相处得这么融洽，他发现，或许，之前是吕不韦妨碍了自己发展，因此就这一刻，虽然谈不上恨吕不韦，却也一下消失了之前的感恩心态。

年轻！对，秦王说的，年轻就是优势！现在的秦国，是年轻人的秦国！李斯越想越兴奋，端起杯来，多敬了嬴政几杯。

没过多久，李斯被嬴政任命为长史，蒙恬为内史，王绾为少府。同时任命了许多年轻的官吏。这样一种改天换地的做法，很快就在秦国朝政引起不小的震动。

吕不韦已经敏锐地捕捉到这一信号：这是嬴政在组建全新的班底，是要做个真正的说一不二的王了！

很多大臣都以为，这个时候，吕不韦应该第一个反对如此破格提拔这么多年轻的官员，很多老臣都等着吕不韦发声，他们好附和，一起反对年轻的秦王嬴政，给他施加一些压力，要不然也太小瞧他们这些为秦国出过很多力的资深大臣了。

可是，左等右等，硬是没有等来吕不韦的反抗之声，而且，偷偷去相国府上套话，看到的竟然是吕不韦笑嘻嘻地招待他们，还有说有笑地谈起往日的乐事，仿佛对现在的朝政十分满意，简直到了麻木不仁的地步。

很多老臣们就开始议论：吕不韦这是怎么了？真的老了吗？还是他私下里与嬴政达成了什么协议。愈是这样猜疑，愈看不透吕不韦葫芦里卖的什么药，于是老臣们开始缄默了，他们害怕，在不知情的情况下，自己成为替罪羊。整个秦国朝政，开始回荡着一股神秘而隐晦的气息，表面上大家都客客气气，可私底下都是人人自保，也都人人防备着对方，生怕保不住官职。

吕不韦虽然对嬴政布置自己的年轻班底不加干涉，甚至还带有一丝欣慰。多年培养，终于唤醒嬴政内心的斗志，不再是那个"依丞相所言"的传话筒了，已经有了自己独特的主见。想一想这一切，嬴政是自己的徒弟，徒弟有成就了，自己这个当师傅的，自然高兴。尽管徒弟已经不再事事请示，可毕竟多年心血没有白费，这是一个师者最大的骄傲。

当然，还有一层隐私，是吕不韦始终不能想也不能提的，嬴政是他儿子。这种孤独里带着的甜蜜，是最大的抚慰。

可有一点，吕不韦却觉得，尽管嬴政强势地和自己对抗，但有些必要的隐患和危险，还是要提醒他的。比如王宫内以华阳老太后为首的楚国力量，如今已经一支独大。以前还有夏老太后、赵太后抗衡，夏老太后故去后，有自己和赵太后力量钳制，如今，赵太后被嬴政软禁，自己也开始准备撤退，将来，祸乱朝政的，必定是王宫里的楚国力量，这是绝对不能忽视的，防不好，是要亡国的。

第十二章　魂归故都

一、免去相位

尽管吕不韦见嬴政组建了自己的班底，可他是相国，依旧每天处理大量事情。嬴政也显得极为谦虚，君臣两人仿佛一点也没有怄气一样，和谐地处理着朝政。

这天，嬴氏老族长哆哆嗦嗦地出现在早朝上，很多人一见，知道定要发生大事。可直到嬴政处理完所有事情，老族长也没有说话。这就奇怪了，众大臣感到十分蹊跷，却又不知道老族长要做什么。

连着上了几次朝政，嬴政终于忍不住，问："老族长，你这般年纪了，为何不在家休养，却来朝堂上受罪。"

老族长颤巍巍地直起身，嘶哑着嗓子说："老臣是来提醒王上，别叫恶人蒙骗了大王，让我大秦上当。"

嬴政听他"话里有话"，就劝道："老族长不必担心，寡人自有明断。"

老族长摇摇头："大王还年轻，容易轻信人。"

这就逼迫着嬴政"不得不问"："那你不妨说说，何人危及朝政？"

老族长说："那些心怀不轨的人，就在这朝堂上站着，老臣不指认他，是给他留面子，大王应该早点痛下决心，铲除这些害人虫。"

叫你说你又不说，嬴政显得"有些失落"，摆摆手说："好的，寡人记下了，你也不必每日都来了。"

老族长咳嗽两声，吐了一口浓痰，使劲儿用拐杖敲打着地面，喊："大王不可心慈手软，一定要看清楚，这朝中不稳啊。"

嬴政站起身来，挥挥手："都散了吧。"显得很烦躁的样子，已经走出去大殿。

君臣二人的这场"双簧"，吕不韦看在眼里，十分清楚。嬴政是想借用老族长的口，来对自己和老臣们开刀，可惜老族长因为久不参与朝政，实在找不出具体的理由来，所以就含含糊糊地"完成任务"，嬴政当然不高兴了。

吕不韦有一些心寒，回到府上，闷闷不乐，荆云见了，问："相国，要不要休养一段日子?"

吕不韦眼睛一瞪:"荆云,你也觉得,我真该离开了?"

荆云忙解释:"我是心疼你。为了大秦,费尽了心思,可如今眼看着一天天受气,却不吭不哈,我都替你委屈。叫我想着,不妨去外面游一游,让他们这帮年轻人试试,也就知道了厉害。"

"然后,他们就请我回来?"吕不韦捏一捏颈椎,问。

"嗯。这么多国事,日夜不敢停歇。他们作难了,不请你请谁?"

吕不韦笑了笑,指着荆云说:"你呀,也就是个不操心的命。这朝政要像你想的这么简单,怎么还会有血雨腥风。"

"再不行,咱就回老家,回洛阳,扔下这摊子,叫他们忙去吧。"

"行,明天就收拾收拾,咱回老家!"吕不韦兴冲冲地说。

荆云一下愣住了,张着嘴问:"真决定了?"

"决定了,我也图个省心。"

荆云顿时愁云满面:"我就这么一说,图的是你开心。你真这么不管不顾甩手就走,不合适吧?"

吕不韦绷紧面孔,眼睛直直地盯着荆云,看了好一会儿,才缓缓地说:"你也觉得不合适啊!不合适,为什么要说。"

荆云当即低下头,嘴里嘟囔着:"我要有当相国的本事,我才不说呢。"

吕不韦走过来,拉住荆云,说:"很多事,即使想到了后果,不到揭晓的时候,咱也不能轻易放弃。尤其是自己付出心血的事情。"

荆云似懂非懂地点点头,说:"我只知道,谁让东主不高兴,我跟他拼命。"

"你的心,我懂!"吕不韦使劲儿攥了攥他的手,两兄弟的心都热乎乎的。

吕不韦吃过饭后,到西边的院子里独自坐了半天。最近很少见到白露的影子,他知道,这个庞大的家交给她,够她忙碌的。想想自己也算是连累了白露。本来人家好好的当个商人,找个合适的人嫁了,幸福无忧地过一生,多自在啊。跟着自己,整天提心吊胆的,有什么好。眼见着嬴政那种迫不及待的样子,吕不韦也想赌气一走了之,过自己的清闲日子。可是,一想到,嬴政毕竟年轻,万一遇到棘手的事情,说不定还是需要自己的。他在等待一个时机,一个嬴政需要他的时机。

在相国这个位置上久了,吕不韦也已经习惯了凡事都要拍板的这种决断感,尽管心里已经自劝过无数次,可总是有些舍不得,或者说有些担心。毕竟,秦国是天下第一大国。处理好秦国国政,难呢!

这九月的天气，一入夜，便开始有了重重的寒露。为了抵御凉气，吕不韦站起身来，不住走动，走着走着，心里竟然生了一丝恨意：我一心为你嬴政小儿成人，不想你长大后，竟天天容不得我。

走到井台旁边，吕不韦借着朦胧的月光，低头朝着井里望，清白的井水如一面镜子，一下将他的整个面庞照亮。吕不韦看到一张写满憎恨的面孔，双眼里有仇恨的光芒，像一个仇恨世界的恶鬼模样。他一下惊醒了：这是怎么了！他慌忙摸一把脸，再朝水里照，这时，一阵寒风吹来，井水轻起波纹，这张脸变得模糊起来。他自言自语道："可不敢心生怨气。所有的一切，自己都是自愿的。这一点气量，我吕不韦还是有的。"

调整好心态，吕不韦便朝着书房走，他要沉浸在浩瀚的书简中，忘记这一切烦恼。走到门口时，见一位女子，轻手轻脚地关上门，快步朝东边走去。

吕不韦边走边想，这个侍女看起来不像原来那几位，莫非是新换的？想想可笑，竟然连白露给他新换了侍女都没有注意到，连连摇头，感慨着岁月不饶人。

推门而入，屋里灯火通明，书房收拾得干干净净。关上门，顿时将寒冷也关在门外，他走到书架前，抽出一卷书简，缓步移动到案子前，正要摊开书简看，却发现案子上放着一个淡绿色的绢布，十分好奇，这是谁的手帕？莫非是方才那侍女的？

边思索边抖开，吕不韦一看，当即扯开嗓子大声地喊："荆云，快关门！"

寂静的寒夜里，他的一声大喊，顿时惊动了院子里的武卒们。

吕不韦边朝大门口跑边喊："快关门！查人！"

很快，十多个武卒和荆云都跑到前院，惊慌失措地看着吕不韦。

吕不韦一把拉过荆云，在大厅下的长廊里，低声交代着什么。

很快，荆云就大声招呼着："所有人，都到前院来。去，找几个人，多点起灯笼火把。"

吕不韦喊"关门"的时候，大门始终是紧闭的，所以荆云知道，不必理会关门这件事。

不长时间，偌大的吕府大院前院，亮起几十个火把，悬挂起无数的灯笼。

所有人员都聚集齐了，荆云亲自过目，一个一个查过，并未发现陌生的人。他就踅回吕不韦身边，轻声地说："要不你亲自过目。"

吕不韦走到这些人面前，仔细瞧了个遍，心知人可能已经离开府邸，便对大家说："召集大家来，不为任何事，就是清点一下人数，散了吧。"

众人本不知道为了何事而来，听到吕不韦这样说，愈加生疑，不知自己做错了什么，慌慌地悄无声息退下了。

吕不韦和荆云回到书房，这才拿出绢布给荆云看，上面写着：

退位才能安

荆云瞪大眼睛，诧异地问："能进入相府，定是有手段的，我再去问问门房。"

吕不韦摇着头："不用去问，肯定问不出来的。如果是从门进来的，想必门房已经被买通。若不是从门房进来的，就是有手段的，查也查不出。"

荆云听他这么说，越发感到愧疚："都是我管束不严，才出了如此严重的事。"

"也怨不得你。这来头，非你能拦得住的。"

的确，既然敢来送这么明显的字条，就是明显的挑衅。敢挑衅相国的人，小小一个荆云如何能拦得住。

"会是谁呢？"荆云歪着头，愁怅怅地问，"秦王？"

吕不韦用右手食指点着左手手心，一下一下，节拍很慢："不排除秦王。可他，为何要用如此手段呢？"

吕不韦难以想明白的是，嬴政性格刚烈，凡事做起来直来直去，为何这次会采用这样曲折的手段。是为了给他吕不韦照顾面子？那派个人来说一说，不是更明显吗？既能阐述意思，又能彰显王恩，何必偷来？

吕不韦反复掂量："肯定不是大王！他不会这样暗中来。"

荆云说："老族长的事，不也是他吗？"

吕不韦说："那不一样。他叫老族长上朝，是为了当面说，这才是嬴政的性格。"

"那会是谁呢？"荆云问。

"如果我不当相国了，谁会受益？"吕不韦反问。

"当然是左相。"荆云脱口而出，吃惊地望着吕不韦，"你是说……昌平君？"

吕不韦微微颔首。

荆云却疑惑地说："相国平日待他不薄，也与他往日无怨，何必如此相逼？不会是有人借机陷害他吧？"

吕不韦说："理解的肤浅了。这朝中当官，从来就不是讲友谊的。主要是，不能挡路。"

"可相国在先啊。"荆云委屈地说。

"这就又错了,从来历史都是新人换旧人,此一时彼一时,这便是形势论。从表面上看,我们还是形势具备。可往深层里看,昌平君如今已经是蓄势待发。他如今,既有王上信任这个'形',又有华阳老太后这个潜在的'势',所以,不是他和我有隔阂,而是我在相国这个位置上,挡住了他的升迁之路。"

"这可真是人心险恶。叫我说,不做官也罢。"

"如果天下之事,都像你这样,遇到难事了就放手,大丈夫如何还能做成大事。"

荆云憨厚地笑一笑:"所以,我就只能给相国做个车夫。"

吕不韦也笑着说:"其实,每个人还不都是车夫!不是做事业的车夫,就是做生活的车夫。"

"那现在怎么办?"荆云问。

"我本来还想着,合适的机会,主动让出来这个位置。结果,年轻人这样一闹,若是不斗一斗,倒叫他们小看了。"

"就是,竟然耍这样的阴谋。再说了,闯进相国府,这本身就是挑事。"

吕不韦说:"这样,你布置两个人,今夜就潜入昌平君府邸,也送他一句话。"

荆云摩拳擦掌:"好,我亲自去。"

吕不韦看他一眼,反问:"是你亲自去吗?"

荆云顿时涨红了脸,说:"要不……还是叫……"

"荆云啊,你也年纪不小了。到了我们这个年龄,不要轻易就自己动手,要善于调度人,不到万不得已,不可亲自出动。"

"知道了。"

吕不韦把颈椎活动了几圈,写下一个绢布,上面写着:

布石[①]有迟早,高低在弈手。

吕不韦这句话,带着浓浓的应战味道。他知道,此时嬴政、昌平君、华

---

① 布石:布局。围棋术语。

阳太后这些势力都合在一起，自己对付起来有些困难。但，作为曾经的左右秦国、独掌国柄的风云人物，不能做缩头乌龟，不敢应战。那样的话，不但会在这场较量中落败，更会让对手们看不起。这是最起码的尊严，一定要保持。

然后，吕不韦让荆云去安排人，他自己泡了茶，安静地坐下来分析形势。对手如果要进攻，会从哪个点上入手。

处理国事，他自信无愧于心，对手也很难从这事上挑毛病。那么，他们就只能从和太后的关系上说事。可赵太后是嬴政的母亲，如今还被嬴政软禁在棫阳宫，昌平君自然知道，这件事是嬴政感情上的伤疤，绝对不会去触这个霉头。

那就只剩下一件事：嫪毐。

嫪毐是自己安排的，如果昌平君从这件事入手，自己确实有责任。但思虑一下后果，还不至于有多严重。毕竟，在处置嫪毐这件事上，自己和嬴政是站在一起的。有没有什么办法，让嬴政找不出理由呢？吕不韦想了半天，始终觉得，这件事，自己确实是做错了。如果为了掩饰这种过失，找个替罪羊，是很好找的。可是，那样一来，自己就成了"赖"在相国位置上，贪恋权势的人，会让大臣们看扁的。

吕不韦不想成为这样的人。

可是，不这么做，那不就等于主动向昌平君服软了吗？方才还让荆云去暗送绢布，最后却一点动作也没有，岂不是显得有些"只会嘴头功夫"。

端着腮思索了很久，吕不韦做出了一个决定，找嬴政谈谈。

他要给嬴政出个题目，最后再考试一下这个年轻的君王。

谈话在第二天上午。章台宫偏殿内。

只有嬴政和吕不韦两个人。

吕不韦开门见山地说："臣思虑日久，王上已亲政，臣也年迈，欲辞去相国一职，安心休养。"

嬴政一愣，尽管他想到吕不韦有重要事情说，但没有想到他这么直接这么爽快，这不是吕不韦的性格。他做事，从来都是滴水不漏，为何今天显得这么急躁？嬴政就问："可是听到什么传闻？"

吕不韦说："肺腑之言。"

嬴政问："有什么条件？"

吕不韦说："条件自然是有，就怕大王听不进去。"

嬴政心中暗叫：我就知道你不是真心，还要以前的老一套。表情上却没有露出一点，问："相国只管说来听听。"

"接回你母后。"吕不韦稳稳地说。

嬴政听罢，顿时脑子炸开，脸色变得铁青，气得嘴唇发抖，一只手指着吕不韦："你！你……什么居心！"

吕不韦与母亲的往事，在嬴政心头一直是当成耻辱的。如今，吕不韦当面这样说，简直是公开承认与母亲有染，怎不叫嬴政怒火中烧。

嬴政说完这句话，还觉得没有出够恶气，又恶狠狠地说："相国是非要激怒寡人吗？"

吕不韦却慢条斯理地说："臣来这里和大王说有两层意思：一是因为只有君臣二人，成与不成，别无他人；二是大王不是以前的少年，如今是秦王，当树立孝道典范，以孝治天下，臣是为王上着想。"

"不用你操这好心！"嬴政怼了他一句。

吕不韦说："臣是为大王计，为秦国计。"

嬴政冷冷一笑："听你的意思，寡人若不同意，你辞相就有了借口？"

吕不韦说："辞去相国职务，是臣真心所想。毕竟，大王的很多想法，臣已经跟不上，所以，大王接回母亲这件事不是与辞相交换。"

"交换？亏你说得出口！相国公器，岂容你如此践踏！"

吕不韦再劝："大王可以轻贱臣，此事却不可不思。"

"好了，寡人累了。"嬴政不由分说地站起身来。

吕不韦见状，只好离开。

这就是吕不韦想好的策略。他主动说出来辞职，就让昌平君和嬴政会有一种挫败感。本来嬴政把吕不韦当成最棘手的"对手"，吕不韦知道，嬴政从小一直在自己的教育下，急于通过某件事压住自己的风头。可如果自己主动放弃，虽然嬴政看起来是胜利了，但这个胜利是吕不韦主动扔给他的"果实"，咀嚼起来会很没味道的。

吕不韦这么做，确实抛给了嬴政一个难题。同时，他还提出"接回母亲"这样一个令嬴政不敢正视的问题。

这样一来，即使嬴政勉强同意吕不韦辞去相国，可总不会"接回母亲"，这样一来，吕不韦的胜算就多了一分。不论吕不韦是不是真心，他扔给嬴政的这两个选题，的确很挠头。

两个人在暗中较量着。

偏偏这个时候，出了另一件事：因为郑国身份暴露，韩王见弄巧成拙，一怒之下，要杀郑国全家。

这个消息，是昌平君提供的。

嬴政还在犹豫，吕不韦已经急不可耐，焦急地说："王上应该果断出手，营救郑国一家。"

嬴政正要发怒，怎么事事有你！刚要开口，脑子一转，借机发难："为何要营救郑国一家。这是韩国之事啊。"

"郑国为我大秦修筑水渠，功劳极大，倘若全家被杀，必定心神不宁，受害的还是大秦啊。"

嬴政反问："郑国是韩国间者，莫非相国倒忘记了？"

吕不韦说："可我们现在用的是他的才能！"

这下叫嬴政揪住辫子，大声说："相国是百官之首，不问他国间者之罪，却为间者庇护，还要营救他全家，这不是鼓励他国来我大秦作乱吗？寡人看，相国是真的老朽了，莫不是之前你就知道郑国是间者？有意纵容！"

这一下，让吕不韦目瞪口呆，他没有想到，嬴政会突然在这件事上发难。的确，自己为郑国发声，和"相国"身份不符，可吕不韦内心里焦灼的是，一旦郑国全家被杀，他心绪必定大乱，那对于正在修筑的渠道，是十分不利的呀。和数十万人吃喝、几万顷良田相比较，他也顾不了那么多了，索性就说："臣还是坚持以为，必须拯救郑国亲属，若是王上肯给韩王施加压力，救出郑国全家，我愿意领任何罪！"

他这样一说，正合嬴政心思。嬴政刚要发话，不料昌平君见形势对自己有利，当即说："臣以为，相国之罪，不仅仅在此。嫪毐反叛，举荐人连坐，这是秦律早就规定的。当年，郑安平投赵、王稽通敌，丞相范雎可是有先例的。"

嬴政此刻，已经完全掌控了局势，索性就饶有兴趣地问："依昌平君之言，该当如何处置。"

昌平君看一下四周群臣的面色，似乎鼓足了勇气，高声回答："臣以为，当诛杀！"

此言一出，朝堂顿时大乱。嗡嗡声不断，诛杀吕不韦，这可是惊天的大事。吕不韦在秦国权势如日中天，哪个人敢说出这样的话来，看来这昌平君想权想疯了，简直不知天高地厚。

当即就有蒙武将军说："昌平君，此言差矣。相国操劳国事，鞠躬尽瘁，诸位大臣都看在眼里，不能因为一件事就套用大刑。毕竟，铲平嫪毐，相国也是平叛者。"

昌平君说:"大秦素来功过各表。嫪毐的连坐之罪,不能因平叛而消失啊。"

蒙武说:"那也不至于死罪吧。你这年轻人,心咋这么狠。"

昌平君此时知道,开弓没有回头箭,只能硬撑到底:"可刚才,他还替韩国间者郑国求情,这不又是一条罪状吗?数罪并罚,可用极刑。"

就在大家吵吵嚷嚷针锋相对、辩论不休时,嬴政稳稳地看着大殿内的群臣,他此时思路十分清晰,仿佛根本听不到大家说的话。他在快速做出自己的判断,要显示出一个王者的气度。既要处理的得当,又要显示出威严。

嬴政见大家吵闹得差不多了,朗声说道:"相国年事已高,又因为嫪毐之事,连坐之罪不可免。但念其追随先王多年,不可过于苛责,免去相国,此事休要再议。"

秦王的这个决定,让大家都不再吭声。可以说,这是一石三鸟的做法。

其一,昌平君虽然口口声声要取吕不韦性命,他也知道这要求有些过分,所以,免去吕不韦相国,至少让昌平君得到部分满意。嬴政这么做,主要是考虑到,倘若真的杀了吕不韦,会激起众多大臣的反对。而且,杀了吕不韦,昌平君、华阳太后势力就过于强大,必须有个制约平衡的力量,所以免去吕不韦相国,就是给昌平君等人释放信号——我这个王不全部受你们控制!

其二,免去吕不韦相国,让蒙武等吕不韦的支持者无话可说。毕竟,吕不韦是犯了错的,若是数罪并罚,不至于只是免除相国这么简单。这样处理,显示出秦王嬴政的"宽厚之心",对老臣的情绪能起到稳定作用。

其三,郑国是韩国间者。本来嬴政一开始准备利用这个罪状处理吕不韦,可听到吕不韦在朝堂上的话后,顿时觉得,如果利用这一条,只能让吕不韦赢得"爱护百姓"的好名声,反而不利于他这个秦王。如果不接受吕不韦的建议,不营救郑国全家,就成了秦王不体恤大臣。毕竟,郑国现在正全力以赴帮助秦国修建水利工程。他一定要让百姓们知道——秦王是爱护百姓的,也一定会保护好肯为秦国出力的大臣家属的安危。所以,嬴政就闭口不提郑国这条罪状。

说是不提,其实他还是震慑了吕不韦的。现在看来,当初吕不韦任用郑国,很可能已经知道了他是韩国间者,只是为了百姓受益,看到郑国一心修渠,才支持的。现在看来,当初吕不韦带着嬴政去瓠口看修渠,是有意让这个秦王看看郑国的功劳,是在给他提前灌输"不能杀郑国"的思想。

相国支持修渠为百姓,秦王当然也要"看懂"本质才对。所以,嬴政就不提吕不韦的这条罪状。

回到府邸，吕不韦感慨地说："这嬴政，老辣的很！"

荆云见罢免了相国职务，他还为嬴政叫好，十分不满："东主，你这是怎么了，还为他喝彩。"

吕不韦笑而不答，只是摆摆手，让荆云坐下。

两个老朋友，就这么面对面坐下。

"相国……"荆云端起杯正要说话，吕不韦急忙拦住："以后可不敢叫相国了，你我现在都是平民了。"

荆云可不这么认为："不叫相国可以，但在我心里，你永远是相国。"

"荆云啊，找个机会，你我到郊外走一走吧，难得这么清闲。"

荆云说："找什么日子，明天就可以，我陪着你。"

吕不韦端起酒杯，一饮而尽："好，明天，我们就去郊外，叫上夫人。"

翌日一早，荆云早早收拾停当，看着吕不韦慢条斯理地洗漱吃喝过，本有心催一催，可见他又在书房里看竹简，就不忍心去打扰。左等右等，不见吕不韦出来，荆云就来到书房，问一声："咱可以出发了吧？"

吕不韦指着书简上一行字，说："这兵制，还是要调整一下，受伤后如何处置……"

荆云一声不吭地听他说，没有答话。

"你咋不吭声？"吕不韦见荆云怔怔地站着，就问。

"还去不去了？"

吕不韦抬起头，望着荆云，懵懂地问："去干甚？"

"车已经套好了，不是去郊外吗？"

"哦。瞧我这脑子……走，走！"

荆云却突然扭回头，无声地落下了两行酸楚的泪。吕不韦这是忘记早已不是相国了，还沉浸在忙国事的情绪中。突然扭回头的这一瞬间，荆云分明瞧见吕不韦眼神里的落寞和无奈。荆云真替他感到憋屈，可又不能说多余的一句话，生怕引起他更多的不适来。

两个人无声地走到门口，上了车，吕不韦忽然大声地说："成了闲人了，咱就好好享受生活吧。荆云，你放马多跑几里，看看这青山绿水。"

这时正是十月间，到处都是荒凉苍茫的景象，说实话，究竟该去哪里找到美景，荆云心里也没数。不过，昨夜他已经和白露商量好了，就去骊山边的宅院里。

还好，吕不韦这会儿只顾看着前方的路，心里不知道在想什么，竟然没有询问白露为何没有一起来。荆云也懒得解释，本就和白露商量，要给吕不韦一个惊喜。提前揭开谜底，就失去意义了。

"荆云，你怎么赶着赶着，又来山里了？"

"东主是忘记了吧，咱在这里是有座院子的。"荆云答。

"什么时候的事，我怎么没有印象？"

车已经行驶到山路上，开始颠簸起来，荆云说："刚来秦国时，莫非你真的忘记了。"

吕不韦敲着头皮："你是说，送芈容那院子？"

"就是嘛，白夫人当时也购置了一处。"

"好，这样好。正好养老。"吕不韦高声地说。

可荆云听到这句话，又觉得他说的苍凉，就劝道："你才多大啊，别动不动就说养老的话。"

"荆云，你我都不年轻了。说一说，不碍事的。"

"这秦王，真是糊涂了，相国正当年！"荆云忽然憋不住了，冒出来一句。

吕不韦宽容地说："老伙计啊，别发牢骚了。有句话说得好，'尺之木必有节目，寸之玉必有瑕瓋。'①我也不是圣人，也会犯错误。秦王也有他的难处，不要老是揪着不放，再不行，我们还跑商路去，天塌不下来！"

这时，看到两边山坡上，一片红得耀眼的黄栌，一丛丛，点缀在黛色的树林间，倒有一种泼墨的写意感，吕不韦心胸顿开，大声地赞美道："如此美景，早该来赏。有福之人，吕不韦也！"

荆云见他高兴，情绪也跟着高涨起来，问："要不要停下，到山上走走！"

"好，弄几株，移到咱的宅院里！"

"现在可不是移栽的时候。"

"管它呢，只要有心，总会养活的。今年不红明年红嘛。"吕不韦说着已经跳下车来。两人将缰绳拴牢在一旁的树干上，一同走上山坡来。

山坡上，到处是活动的石头，两人穿的衣服又是深衣，下摆不免被灌木挂住，脚下也不时踩住一些活石头，因此走得十分用心。

置身于红叶丛中，才发现，其实还有很多并没有红透的黄色叶子。近处虽然看不到远景那样的宏大场面，可人却成了这些树木中的景物，感觉十分惬

---

① 《吕氏春秋·举难》。

意。吕不韦说:"才还说要移栽两棵,我们靠双手,可挖不动啊。"

荆云抖一抖手中的剑,说:"我来。"

吕不韦抓住树摇晃两下,说:"还是算了吧,改天找个人来弄。"

这时,惊出草丛中的一只野兔,"蹭"地一下窜出去,从吕不韦身边跑过,经荆云两腿之间,一晃就没影了。仓促之间,荆云惊叫一声,脚一动,再活动时,脚崴了,吕不韦只好苦笑着说:"看来今天真是没这移栽树的命。"

荆云要强忍着自己行走,无奈疼痛难忍,只好让吕不韦搀着,慢慢走下山坡,吕不韦让荆云坐到车上,他亲自驾车。荆云几次推辞,都被吕不韦拦住了:"怎么?你替我赶了半辈子车,我给你赶一回就不行啊。"

荆云心神不宁地坐在车厢里,一个劲儿说:"这真是使不得。"

吕不韦说:"以后,咱们就是一样的。老哥俩,每天这样喝喝酒,看看风景,就这样终老一生,多好。"

荆云指挥着,吕不韦赶着马,说说笑笑,已经拐进山间小路。路旁林深叶茂,这深秋的天气,山上仿佛并未受到侵扰一样,很多树木尤其是低矮处的灌木都还挂着绿色和黄色的树叶,这对于整日忙碌很少到户外活动的吕不韦来说,感觉十分新鲜,忍不住哼哼了几句卫国歌谣。

到达大院前,门口早已等待着两个小姑娘,都在十五六岁,打扮得亭亭玉立,清秀可人,吕不韦站在门前的石头台阶上,遥望远处的蓝天白云,壮阔辽远,顿时觉得心胸开朗,大手一挥:"走,进院。"

石头铺成的甬道上,雕刻的都是飞鸟传说,吉祥神兽,栩栩如生,十分雅致;小道旁,栽种了多种菊花,此时开得正艳,缤纷多彩,弥漫着淡淡的清香;又见一个浅浅池塘,条条鱼儿翻飞出水面,荡起白色水花;绿色的菖蒲,装点着岸边的土岸,很有一种大河边那孤岛的意味……吕不韦忍不住走到水池边,蹲下来,撩起水。这水温温的,有种想用它洗脸的冲动。

吕不韦玩了一会儿水,站起身来,见白露一身白色夹袍上点缀着片片蓝花,恰似这野外自然生长的一幅图画,正站在西边小院的门口,笑靥如花地望着他。吕不韦远远地拱手作揖:"夫人好兴致,来此清闲,怎不早叫老吕来。"

白露"揶揄"道:"你这大忙人,哪肯来此荒野之地。"

吕不韦边走边夸:"小院经你一收拾,便有了灵气。这骊山本就云蒸霞蔚,叫你这样修整,倒好像借了天地之气,雾霭蒙眬,神仙也羡慕。"

"觉得好,就多住几日。"白露已经牵住吕不韦的手,指着西边说,"这边临悬崖处,更有妙景。"

荆云远远地看着，慢慢蹲下来揉着受伤的脚踝……

进入小院，只见一个石案子前，站着一个清秀的小男孩儿，约莫两三岁的模样。吕不韦诧异地问："这是谁家孩子，长得真是眉清目秀，小小年纪，这么稳当地站在这儿不吵不闹。"

白露歪过头问："你看他可爱不？"

"着实叫人喜欢。"吕不韦伸出手来，"过来，叫我仔细看看。"

这孩儿倒不眼生，见到吕不韦，不躲闪也不忸怩，拉着吕不韦的衣角，轻声地叫一声："叔叔好！"

好似通灵宝玉碰撞的声音，童音清脆，把吕不韦乐得直叫唤："这谁家孩子，如此聪慧可人。"

白露说："商铺一姐妹家的。"

偏偏这时候，孩子叫一声："母亲，儿渴了。"

"母亲？"吕不韦吃惊地盯着白露，瞪大两个眼珠子。

白露却十分自然地对孩子说："你去东边院子里找姐姐玩，娘和叔叔说说话。"

孩子或许已经很熟悉这个院子，不需要大人看护，就朝东边院子走去。

白露这才对吕不韦说："这孩子是我一手带大的，所以叫我母亲。他母亲出了远门，替我打理生意。"

"哦？原来这样，我还纳闷，你何时有了孩子！"吕不韦用手指点一点白露的额头，"要是私自有了孩子，瞧我如何嚷你。"

"有也只能有你的孩子。"白露故意这样提醒吕不韦。可吕不韦并没有往这方面想，听她这么说，一把抱过来，两人站在临近悬崖的一块巨石上，眺望远处，静静地站立着。白露不知不觉将头靠在了吕不韦的肩头，远远望去，两个人像两尊石雕一样伫立着……

二、不立王后

吕不韦被罢免相国后，国政暂时由昌平君管理。

嬴政也听从李斯的建议，趁着各国都忙于应付秦国攻打的时候，多拿金玉等财物去各国收买、贿赂、离间君臣，很快就收到不错的效果。嬴政一高兴，又将李斯封为客卿。

他任用桓齮统兵在前线，同时朝魏、韩、赵三国开战，但集中精力攻打韩国。韩国此时已经无还手之力，因此嬴政为营救郑国全家，只是派了个使者去，向韩王索要这些人，韩王掂量轻重，只好拱手相送。送走郑国全家后，韩王气得吹胡子瞪眼睛，懊悔不该听从大臣们的馊主意，把一个优秀的水工郑国白白送给了秦国，最主要的是，还真的帮助秦国修成了长渠，为秦国改造出数万顷良田。

一切都捋顺了，嬴政踌躇满志地要大力调整，准备开展他的大一统计划。可这天早朝就要结束的时候，一个宾客突然高声请求奏事。

"卿有何事？"嬴政感到奇怪，这个东方来的士子，不过是一般宾客。

"臣请求王上赦免太后。"这个奏事的宾客本以为，嫪毐已经铲除，吕不韦也被罢了相国，嬴政已经扫清了和太后有牵连的两个男人，这时候，自己提出这样的主张，必定会赢得嬴政的青睐。按照他的理解，秦王碍于母子亲情，如果没有大臣提出来，无法给自己台阶下。

宾客还在沾沾自喜，为自己的"睿智"欣慰，没想到嬴政勃然大怒："你这满口胡言的乱臣，无事休要乱奏。"

宾客没有等来嬴政的奖赏，却等来这么一顿呵斥，很不甘心，就直着脖子涨红了脸说："王上容臣细说。太后乃王上之母，仁慈贤德，对王上有养育之恩，虽说……可，事情已经过去，王上应该为民树立孝道典范，所以……臣请王上请回太后……"

不等他说完，嬴政猛地抓起案子上的长条玉石砸过去，骂道："来人，把这个满口喷粪的家伙拖出去处死！"

宾客闻听，吓得瑟瑟发抖，跪倒在地，连声求饶。

廷尉听到秦王下令，就问："大王，当用何刑！"

嬴政咬牙切齿地吐出两个字："蒺藜！"

听到这两个字，满朝文武都一颤，变了脸色。大殿内静得鸦雀无声，只听见嬴政粗重的喘息声。少顷，廷尉派两名武士拖着双腿发软、瘫成一团的宾客往殿外走，宾客凄厉的哀号声在大殿内回荡，令人听后毛骨悚然。这个"蒺藜"之刑，是秦国最残暴的刑罚之一，即用铁制的蒺藜抽打受刑者，铁蒺藜浑身是尖锐的刺，所以，每抽打一下，受刑者就会皮开肉绽，多处出血，但却不会立刻死亡。随着施行者不断抽打，受刑者在无数次惨叫后常常会疼昏过去，施行者仍旧会继续用刑，直到受刑者全身血肉模糊，血流不止，呻吟到无力而丧命。这是一种精神和肉体的双重折磨，不但对受刑者是一种惩罚，更是对观刑者的一种威慑，观看者无不胆战心惊，心存恐惧。

这种具有惩戒性质的处罚就在殿外，所以，大家虽然没有看到宾客血肉横飞的悲惨场面，但却听到了一声接着一声的垂死呼号。宾客每喊一句，大臣们就会跟着心悸一下，有些胆小的甚至双腿抖动如筛糠。

嬴政坐在王座上，听着宾客的惨叫，心里反而升起几分满足。

宾客劝谏嬴政迎回母亲，却遭受最残酷的蒺藜刑罚，这件事很快就在群臣中传开。刚开始，大家迫于嬴政的残暴，都还沉浸在宾客惨死前那一声声呼喊中，有些人不自觉地摸一摸自己的后背，仿佛那蒺藜是砸了自己的脊梁上，能感觉到疼痛。

可渐渐地，有人就开始分析，秦王再残暴，也不会不念母亲的养育之恩，处死这个宾客，或许只是为了树立新秦王大义灭亲、刚正不阿的形象，并非真的不愿意接回母亲。这些大臣里，不乏自诩为纵横家的人，觉得自己聪明过人，于是就选择走"劝谏秦王迎回母亲"这条捷径，一旦秦王接受了自己的主张，这将是名垂青史的佳话。

于是，就有人铤而走险，再次上奏，劝谏嬴政迎回母亲，当个孝顺的秦王。而嬴政，丝毫不在乎自己落下恶毒的名声，一个个将这些劝谏的人用同样的办法处死。先后有二十七人，因此丧命。大家见嬴政真的不肯饶恕自己的母亲，又见到了血淋淋的二十七具尸体，便再也无人敢劝谏。毕竟，再风光的事业也比不过保命要紧。

这件事沉寂了好一阵子。期间，吕不韦听闻如此骇人听闻的凶残事情后，要去劝谏，被荆云死死拦住，不肯放他前去。

荆云自有道理："这些被处死的大臣，至少还是在朝的臣子。秦王连这些在朝的臣子的话都听不进去，东主你大约忘记了，你现在已经被罢免了相国，秦王随便一句话就能要了你的命。"

吕不韦气得吹胡子瞪眼："这么多人无辜送命，我若不去劝谏，他就真成了桀纣之王了。"

"可你想过吗？天下人都去劝，你也不该去！"荆云道出真相。

吕不韦反问："为何？我就是普通黔首，也有为国直谏的权利啊。"

荆云拍着胸脯说："公子倒是想想，太后因何被禁？"

这样一说，吕不韦登时愣住：是啊，太后被禁，就是因为与嫪毐之私啊！瞬间，他明白了荆云的言外之意——太后和你吕不韦也是纠缠不清。

吕不韦顿时双腿一软，瘫坐到坐榻上，沉默不语。

荆云生怕自己说的话重了，就劝说："秦王是你一手栽培出来的，如今他已经为此事杀了二十七个人，你若去劝，想过他的为难之处吗？"

第十二章　魂归故都

吕不韦抬起头，望着荆云，示意他说下去。

荆云也坐在对面，柔声地说："你觉得，秦王会为了你的面子，放弃他的面子吗？"

一句话惊醒吕不韦：的确如此。作为秦王，无限制的权力的诱惑力，为维持这一权力所要进行的种种残酷的斗争，都需要权力拥有者摈弃常人的情感，把自己变成冰冷的机器。这不正是自己常给嬴政讲解的"政治无对错"吗？从小就给他灌输这样的思想，现在遇到棘手的问题了，却希望受教者忘记这些，这岂是轻易就能改变的。

这是一种权力的嬗变。改变不成功时，教育者恨铁不成钢。而一旦接受者能够得心应手地使用这一妙招时，所要对付的，往往是"老师"。这就像蛇，在极端饥饿的时候，会蚕食同类一样。

一想通这些，吕不韦陷入矛盾中。若是任其发展，嬴政会不会更加残忍。若是去劝说，他反问自己，将何以回答？这是一个全新的难题，吕不韦没有想过，自己挽成的绳疙瘩，还需要自己来解开。这不是"以子之矛，陷子之盾"吗？

凡事总有例外。当所有人都认为，劝嬴政迎回母亲是个大忌讳时，却有一个人，再次掀起此事的波澜。他在宫门外自报家门："我是齐国人茅焦，是因为太后的事情来劝说大王的。"

此前，嬴政已经发出诏令，有敢为太后事诤谏者杀无赦。嬴政听到事情过了这么久，还有人敢于挑战这件事，没有太在意，就派侍者提醒茅焦："你难道没有见到那些因为来说太后的事儿被杀掉的人的尸体吗？"

茅焦答："正是为此事而来。我听说天上有二十八星宿，如今已经有二十七个了，我来就是要凑够二十八之数。我不怕死！"

和茅焦一起前来投奔秦王的士子们，一听他如此挑衅秦王，感觉形势不妙，认为他必死无疑，于是大伙就把茅焦的行李私自瓜分，各自逃亡了。

侍者将茅焦的话转述给嬴政，嬴政听后顿时火冒三丈，大怒道："这小子是故意来违背我的命令的，赶快准备一口大锅，我要煮了他。"说完，端坐在王座上，满面铁青，怒气冲冲地等着看茅焦何许人也，如此大胆。

茅焦听说秦王要召见自己，就故意慢悠悠地迈着步子往大殿走。侍者知道秦王的急躁脾气，就催促道："先生快点走，惹恼了秦王可不得了。"

茅焦在殿外，虽然并没有听到秦王要人准备大锅的话，可他已经猜测到了，说："我到了那里就要被处死了，你就不能让我慢点吗？"

侍者也替他感到伤心，连连摇头，说："你既然这么聪明，何必要来送死。"

茅焦缓步走进大殿，不慌不忙，按照规范礼仪，向秦王行礼，然后说："臣听说，长寿的人不忌讳谈论死亡，国君不忌讳研究国家灭亡。人的寿命不会因为忌讳死亡而长久，国家不会因为忌讳亡国而保存。人的生死，国家的存亡，都是开明的君主最希望研究的，不知道大王是否愿意听？"

嬴政本来一肚子气，可见这个人开口说的话，不是劝他行孝，而是分析国家大事，顿时觉得肚子里的气少了一些，便问道："此话怎讲？"

茅焦察言观色，见嬴政并不是一意孤行的暴君，心中有数，就徐徐说道："臣以为，忠臣不讲阿谀奉承的话，明君不做违背世俗的事，国家才能长久兴盛。"

嬴政忍不住点点头默许。因为秦朝素来就有允许朝堂上直谏的旧例，作为一国之君，他懂得，很多时候，有些看似"反对意见"往往是最正确的。嬴政就挥一挥衣袖，示意他继续说下去。

"现在，大王有了极其荒唐的作为，我如果不对大王讲明白，就是辜负了大王。"茅焦抬高声音说道。

嬴政一时竟然忘记了他的来由，问道："先生要讲什么？说来听听。"

茅焦深深一鞠躬，说："天下之所以尊敬秦国，不仅仅是因为秦国的力量强大，还因为大王是英明的君主，深得人心。现在，大王车裂你的假父，是为不仁；杀死你的两个弟弟，是为不友；将母亲软禁在外，是为不孝；杀害进献忠言的大臣，是夏桀、商纣的作为。如此的品德，如何让天下人信服！"

嬴政听得心里咚咚乱响，暗自忖度：这茅焦说话，句句说到点子上。虽然中间说到嬴政杀嫪毐、摔孩童，都深深刺痛了嬴政，但他的焦点聚集在茅焦这句话上——天下之所以尊敬秦国，不仅仅是因为秦国的力量强大！还因为有英明的君主！

嬴政觉得，茅焦这是对事物的分析，不是简单的说教，就有心听他说完，催促着说："你有话一次说完！莫要吞吞吐吐。"

茅焦说："臣所言，皆是肺腑之言，是为秦国好，不是单独为秦王好！王上，你可以想想，天下士子现在最想投奔的国家就是秦国。可假如天下人都不佩服你的品德，还会心向秦国吗？所以，臣一番言论，实在是为秦国担忧啊！"

慷慨激昂地说完这一通话，茅焦见嬴政并没有表态，就主动解开衣衫，走出大殿，伏在殿下等待受刑。

第十二章 魂归故都

嬴政怔怔地坐在王座上，回味着茅焦的话。他不是简单地像之前的人一样，一味地巴结献媚，只会规劝秦王孝道，却不考虑国家利益。而这个茅焦，看似比所有人"揭短"都严重，却一句话击中要害——你是秦王，当以国家利益为重。

嬴政深深认识到，自己前一段斩杀那二十七个人，确实对收买人心、统一天下大业极为不利。

做大事的人都非常懂得抓住时机，于是，嬴政快步走下王座来到大殿前，扶起茅焦，宽容地说："赦你无罪！先生请起，穿上衣服，我愿意听从先生的教诲。"

茅焦见嬴政做出如此行为，趁热打铁地劝谏："以前来劝谏大王的，都是些忠臣，希望大王厚葬他们，别寒了天下忠臣的心。秦国正图一统天下，大王更不能有迁徙母后的恶名。"

嬴政斩钉截铁地说："以前的人，都是来指责我的。没有一个讲明事关天下统一的道理。先生的话使我茅塞顿开，哪有不听的道理？你就是寡人的仲父！"

"仲父"这两个字，嬴政是随口蹦出来的，却不是随意脱口的。他挑出这两个字来称呼茅焦，就是要昭告天下，"仲父"只是秦国尊敬有才华的人的雅称，并非真的就是父亲。他是要摆脱吕不韦曾是"仲父"这个阴影。

茅焦闻听，当即跪倒："臣恳求王上收回这称呼，担当不起啊。"

嬴政这次却不听他的，扭转身，背对着茅焦说："寡人说话，岂可收回！"他以不容置疑的王者气度，不容受惠者推辞。

过了两日，嬴政采纳了茅焦的建议，厚葬被杀死的那些人。

可在选日子要去雍城接回太后时，嬴政总是迟迟下不了决心，直到茅焦又一次在朝堂上提醒时，嬴政觉得，事已至此，不能再拖，就说："寡人明日亲自前往雍城，接太后回咸阳。"

如此一来，大臣们纷纷高呼，秦王万岁！

明天就要去雍城了，嬴政却陷入左右为难之中，犹豫不决。接回母亲，尽管他已经答应了，可心里还是有障碍的。母亲会不会不搭理自己？万一不回来该如何办？这些他都想了过后，忽然心头又泛起一处酸楚的味道——万一回来了，母亲与吕不韦鸳梦重温，如何办？这些都是要筹划清楚的。这一次，既要让天下知道自己的孝心，又不能为日后造成恶果。想来想去，他终于想到一个万全之策。这才欣慰地露出笑容，安心睡去。

嬴政亲自驾车，向着雍城而去。路上走了三天，当看到棫阳宫大殿时，嬴政竟然感到一丝恐惧。这是从来没有过的事情，对于他来说，再大的困难也没有屈服过，可明显的，心里竟然升起一丝害怕。

下车，嬴政让众多随行者都停在大殿外，他独自一人走进去。本以为一眼就能看到母亲，可偌大的大厅里，却没有母亲的影子。这是怎么了？她到哪儿去了？嬴政开始有些担心，不禁加快了脚步，转过楠木屏风，他忽然愣住了，只见一个佝偻的身躯正背对着他。嬴政禁不住有些心酸。在他从小到大的记忆里，母亲一直是个绝色女子，强硬的女性，可此刻，他看到的却是一个弱小而柔弱的身躯。

他轻轻地叫一声："娘，儿来接你回家。"

赵太后仿佛耳背了，竟然没有转身，慢悠悠地说："回家好啊，我儿肯定会接我回家的。"

嬴政再也看不下去了，提高声音说："母亲，政儿来接您回咸阳。"

赵太后猛地扭过身来，双手朝前伸出，做怀抱状，下巴不住抖动地问："政儿，真的是你吗？"

"母亲，是我，你的政儿。"嬴政缓缓走向母亲。

赵太后一把抱住嬴政，哽咽着说："我就知道，政儿不会不要母亲的。政儿不会的……"说着说着，忽然破涕为笑，"我的儿是秦王，秦王……"

嬴政抽两下鼻子，说："母亲，我们这就回咸阳去！"

赵太后忽然慌乱起来，说："你等一等，我去拿点首饰。你瞧我这乱糟糟的样子，怎么见人！"

嬴政说："好，我在殿外等着，让两个婢女来帮着您妆扮。"

赵太后兴高采烈地说："好好，娘都听你的。你等着娘。"

当赵太后走出大殿时，在明媚阳光的映照下，嬴政再次看到了那个绝色倾城的母亲，他的心情这才逐渐好转。嬴政拉着母亲的手，母子二人就这么不疾不徐地走在棫阳宫硕大的院子里，亲密的如同从未发生过罅隙一样。

嬴政亲自将母亲扶上装饰华丽的驷车，骄傲的马儿高扬着头颅，身披的绶带在阳光照耀下闪闪发亮。

嬴政待母亲坐稳当后，抬起鞭子，高叫一声："驾！"四匹高大的马抬起蹄子，用力地朝前拉车。前呼后拥的武士和大臣们，个个面带笑容，为能被选中参加这一极具象征意义的仪式而得意。

母子一路上有说有笑，车厢里不时传出赵太后清脆的笑声。

第十二章 魂归故都

返回都城咸阳后,嬴政举行了盛大的仪式庆祝母亲的回归。赵太后一路上已经详细打听了来龙去脉,在这庆贺的时刻,自然没有忘记她作为王宫太后该有的礼仪,专门喊过来茅焦,端起酒杯敬他:"先生是天下最正直的大臣。在危急时刻,敢于挺身而出,安定秦国的江山社稷,使我们母子重新相会。茅君,妾身敬你这一杯薄酒!"

茅焦接过酒杯,一饮而尽,摸着胡须上的酒渍谦虚地说:"为臣者,当为王思虑,此事不足赞扬。"

赵太后说:"大秦就需要你这样的诤臣,家有诤子不败,国有诤臣不衰。秦王,你要好好地给茅君奖励啊。"

嬴政见母亲如此高兴,为了让她更为安心,当即就说:"升茅焦为太傅,列上卿。"

如此褒奖,茅焦感激涕零,忙高声说:"臣定当肝脑涂地,效力大秦。"

一场热热闹闹的"秦王孝举"赢得喝彩声一片,不久,之前被嬴政逐客令吓跑的学子们,纷纷邀友同来,秦国一时又掀起人才涌入的高潮。

吕不韦听到这些后,着实高兴了一阵子。他替嬴政高兴,为他这么执拗的性格终于能够"权衡利弊"做出正确选择而慰藉,更为赵太后终于脱离苦海,不用再困于械阳宫内不得自由而庆幸。

吕不韦甚至还邀请荆云,两人喝上了庆贺的酒。虽然无法亲自到章台宫内目睹母子深情,但吕不韦摇头晃脑地说:"终究是母子亲情,这是天下最真切的血脉情,割不断的。"

荆云也喜滋滋地祝贺:"毕竟,秦王在邯郸时,是太后一直在保护他,他总会记得母亲的恩情的。"

吕不韦深有感触地说:"那段日子,真是苦了他们母子。"

荆云也回到了那个时节,慨叹道:"当时走得太急,如果不是这么分配,只怕会耽搁时间的。那时候,多一刻钟就可能陷入敌手啊。"

"要说起来,当时毛公果断拦阻,有勇有谋,多亏了他。"

荆云说:"那赵十八……"他忽然闭了嘴巴,连忙掩饰地说,"今天这高兴的日子,不该提这晦气的人。"

吕不韦却宽容地说:"这赵十八,确实也是出过力的。只不过,我怎么也没有想到,就是不同意他去隐宫看妻子,就惹出这么一出。荆云,你说说,这人咋会说变就变呢,有时候变得都不认识了。"

"他可能是鬼迷心窍,走了极端吧。"

吕不韦敲打着案子边缘，说："不是的。有些人，你一直对他好，慢慢他就觉得大家都该这样对他。一旦有一件事对不住他，他就会露出本性。这是人的劣根性，是品质问题。"

"说的是。说来这赵十八，头脑简单，或许，也受了樊於期的撺掇也有可能。"荆云与赵十八经历过多次生死，多少还有点替他转圜。

"苍蝇不叮无缝蛋。樊於期怂恿是有的，但毛病还是在赵十八身上。你没看他，平日里就常以功臣自居，我说过几次，嘴上说是听进去了，并没有记在心上啊。可惜了。"

荆云舀起一勺酒倒入吕不韦爵中，若有所悟地说："你这样一说，我倒发现一个事，不知当讲不当讲。"

"咱俩人，还有什么可隐瞒的，说！"

荆云说："自从李斯做了客卿，几乎没有来府上走动过一次。"

吕不韦无声地饮下爵中酒，甩一甩残留的渣子，悠悠地说："这难怪他。如今，咱们是普通人了，他需要的是舞台！"

"相国对他，很是看重的，这也太露骨了吧？"

"人走茶凉，自古皆然。再说，替他想一想，这时候若来见我们，徒惹王上不高兴。"

"这人叫我看，也是个急功近利的人。"

"他是太想出人头地了！不怪他。"

"如今想来，东主，还是在阳翟经商的好，自由自在，不受这无缘无故的鸟气。"荆云愤愤地说。

"好吗？"吕不韦用手指弹着铜爵，发出嗡嗡的声响，"天下的烦恼，都是自找的。我若不入朝，哪来这烦忧！"

荆云长长地"唉"了一声，再舀起满满一勺酒，分别倒入两个人的爵中……

赵太后被迎接回咸阳王宫，让华阳老太后感到了危机。于是，她趁着赵太后立足未稳，催着嬴政迎娶楚国王室公主。

嬴政满口答应，但却迟迟不办。华阳太后急了，就找来昌平君，说："如今，你是一国之相，就该负起这责任。"

昌平君有些为难，说："这是迎娶我的妹妹，若是我过多干预，只怕不合适。"他现在已经迷恋这个相国位置，怕一句不妥当的话惹嬴政不高兴。

华阳太后敲打道："仅凭你一个人的能力，要想长期保住相位，怕有难度。

此时正该扩大势力，一旦你妹做了王后，还怕保不住你一个相国？"

"如今和以前不一样了，他是王，我说话再也不敢像之前那样随便了，容我想想。"

华阳太后鄙夷地训斥道："瞧你这点出息，人家茅焦都有勇气当二十八宿，你如今却胆小如鼠，还是不是楚国男儿！"

昌平君顿时觉得脸上燥热，一赌气说："好，就听老太后之言，我这就去说说去。"

见了嬴政，昌平君说："老太后今日里叫了我去，好好教训了一番，说我如何不懂礼节，说话言而无信，真正是丢尽了面子。"

嬴政问："说什么？婚事吗？"

昌平君说："大王也知道，不是我不愿意将妹妹迎来，你得给我申冤。"

嬴政明知昌平君是正话反说，却故意顺着他说："本也怨不得你，是寡人最近忙昏了头，这桩好事，何必闹成这样，找个日子，就办了吧。"

昌平君没想到嬴政会如此爽快，激动地说："好，我这就带话过去，叫楚国做些准备。"

嬴政却当即拦住："寡人大婚，这是国事，君不必操劳，自有两国使者去办。"

昌平君听出了话里的意思，懊悔自己不该说这句话。这也是太急躁了，将心底的私心暴露个全部。

嬴政如今是王，绝对不会把"王后"当成"昌平君的妹妹"对待，这是明显摆出一副公事公办的样子。昌平君暗自忖度：这嬴政，如今果然深不可测。自己随便的一句话就被他逮住漏洞，以后可要万分留心。

果然，嬴政也不再去请示华阳太后，甚至连自己的母亲赵太后也没有再去请示，而是让奉常按照礼仪规范，先是向楚国王室派出使者求婚，楚国听到这个消息，自然求之不得，乐得通过联姻与秦国达成同盟，这样就可以减轻战争压力。

大婚仪式按部就班地进行，当嬴政将楚国公主迎进秦国王宫后，华阳太后喜形于色，几次要同昌平君商议，让他催促嬴政立楚女为王后。但这一次，昌平君却因为妹妹进宫，为了避嫌，躲着不见华阳太后。

自有热心人提起此事。这天在朝堂上，奉常就提议："臣以为，大王已大婚，后宫不可一日无主，王上当立王后！"

当即就有三五个大臣附议，奏请嬴政立王后。

如今，嬴政只迎娶了楚女，虽然大家都没有明说，可要立王后，只能立楚女。

嬴政却说："不急。一国之后，需好好斟酌。"

奉常负责办理这桩婚事，见办得秦王满意，自然想扩大效果，于是就再次说劝："大王，此事不可再推，立王后，乃一国大事。后宫无主，百姓不安。"

嬴政闻听，高声地问："如何就百姓不安了，恐怕是你不安吧。"

"臣有什么二心，无非是想让大秦后宫有个主心骨。"

"怎么就没有主心骨了？这后宫里，不是还有太后，老太后吗？她们一样可以管理后宫啊。"

奉常是个执拗的老头，偏偏不知轻重，又说："太后是太后，王后是王后，很不一样呢。总之，王后迟立早立，必定要立，这是祖训规制，不可违背。"

一句祖制，惹恼了嬴政，他突然高声反驳道："少拿祖制吓唬寡人。这王后，立不立，如何立，寡人心里早有打算。今日既然你步步紧逼，索性今日就定下个规矩，寡人之后，秦国不立王后！"

奉常惊愕地看着嬴政，连连呼叫："大王，万万不可呀！"

老族长也说："大王万不可轻改祖制！"

驷车庶长说："老臣也以为，不立王后，于理不通，于情不顺。"

嬴政本就是好斗的性格，见他们越说越有劲儿，大声地驳斥道："王后者，非贤良淑德之人不可。今楚女新进，如何就知她是最适合的人。寡人不立王后，是有说辞的。王后若是立了品德不正之人，往往会祸乱朝政，干预国事，此乃社稷之大忌；若是立了柔弱之人，又会遭后宫嫔妃嫉妒，争来斗去，反而不利于王宫安宁；再说，王宫之内，一有王后，就会牵扯到以后太子之事，我大秦今后立太子，不以嫡庶区分，而以才能确立，所以，这立王后之事，有害而无利。以后，此事休要再议。王宫内，各管一处，人人操心，本是好事。若有不均，不是还有寡人嘛！"

他的一番话，于情于理，都让众臣无话可说。可偏偏就有不懂变通的老夫子，硬要死扛到底。

老族长说："听王上这么说，立个王后，倒反而会乱了朝政？"

嬴政见他顽固不化，铁青着脸说出狠话："怎么？没有先例吗？你是非要逼着寡人一一给你数出来吗？"

嬴政这样一说，所有人都震惊了：秦王嬴政，这是要拿自己的母亲当例子！

当即有十多个大臣就一起跪倒，齐声说："臣等明白大王之意，大王万不可再提后宫干政往事。"

奉常和老族长等人虽然不服，但并不糊涂，到此时也明白过来，嬴政刚刚接回母亲，母子和谐，万不可再挑拨亲情，只好把话咽到肚子里。

事实上，嬴政迟迟不肯大婚，本就是受了母亲的影响。从少年时期起，他就或多或少地见识了母亲在吕不韦、父王和嫪毐之间纠缠不清的感情。在他小小年纪，就对女性的忠贞产生了怀疑，认为女人都不可靠，因此才一再推迟婚期。

从华阳太后不断逼迫他大婚开始，嬴政其实内心里早就定了主意：不立王后！华阳太后和昌平君催得越紧，嬴政越感觉到压力。他之前受了"母亲不忠"的伤害，所以不想再陷入华阳太后和将来的王后圈子内，他要给自己将来的子嗣们排除这个隐患。

别看他已经迎接回了母亲，那是为国家好。内心里，他还没有从记恨母亲的阴影里走出来。一想到那二十七个活生生的生命，还不都是这件事惹的祸，这残暴的骂名，究其原因，都是母亲造成的。

不但这时候不立王后，就是在之后，嬴政统一中国后，第四次出游，巡行至今天绍兴境内的会稽山，为了彰显自己的功德，同时镇抚当地百姓，命属下立下石碑一座，这座石碑被后世称为"会稽刻石"。在这块石刻中，一改往日为王者歌功颂德的内容，专门强调：

> 饰省宣义：有子而嫁，倍死不贞。防隔内外，禁止淫佚，男女洁诚。夫为寄豭，杀之无罪，男秉义程，妻为逃嫁，子不得母，咸化廉清。

这话已经够重了。并非这个地区有伤风化，这是在昭告全国：寡妇有子后就不准再嫁，男女之间不得任意接触，以防伤风败俗事件发生。做丈夫的如果与妻子以外女性外遇，就如同跑到别家圈里的猪一样，任何人都可以将其杀死；女子嫁人后随情夫私奔，也同样罪该万死。这当然是后话，只是为了证明嬴政对女子的痛恨程度。

迎接回母亲后，嬴政又大婚，让吕不韦稍微心安。他正准备好好地当他的普通人，不想嬴政却发出一道诏令："令文信侯就国河南。"

所有人都在揣测这个诏令发出的深意。分析后，大家懂了，这是为了防止吕不韦与赵太后旧情复发。

吕不韦感到受了屈辱。再怎么说，嬴政毕竟是自己的儿子，对他这个父亲和亲生母亲,竟然怀着如此大的仇恨。

心凉透了。

叫我走,我就走。躲得远远的。

"就是不让我走,我也要走!"吕不韦这一次是真的恼怒了。

荆云说:"或许东主把秦王想错了。你听听诏令——令文信侯就国河南!秦王没有称呼其他,称呼你文信侯,看得出他还是很尊敬您的。"

"尊敬?这样的尊敬,我宁可不要!"吕不韦气恼地说,"他是在宣示权力——你这个文信侯是我这个秦王封的!他这是明目张胆地炫耀!"

荆云低声说:"也别太生气了,让咱到洛阳去,也是好事,在咸阳一摊子杂事,眼不见心不烦。"

"这是逃避!荆云,我不做这样的懦夫!"吕不韦气得一拳砸在案子上。

荆云不说话了,他很少见吕不韦这样发脾气,知道他是在和自己的儿子怄气,这时候插话,无论说什么都是错的。

荆云无声无息地收拾着地上散落的杯盘,一件一件摆放好。

吕不韦就这么眼睁睁地盯着荆云,问:"你说,我是不是就不该来这秦国?是不是就不该钻入这政治圈里?"

荆云不搭话,只管收拾。

"荆云,你说,你是最了解我的。你说,我是为了自己的私心吗?我是为了当官吗?要是图享受,做个富裕的商人多好啊,不愁吃喝,像卫君那样,悠然自在,过奢侈的日子,吃喝玩乐,多自在啊。你说,我是不是糊涂,是不是太贪心了!"

荆云听到这时,觉得内心一阵一阵疼痛。他明白,吕不韦的这些话,像一把把锥子,正在扎着他自己的心!荆云不愿意吕不韦这么作践自己,可又找不出合适的话来安慰他,只好任由眼泪扑簌簌落下。

"你哭什么?我不还没有死吗?荆云,我就看不起你这个性格,凡事逆来顺受。你也是血性男儿,怎么就这么没骨气!"吕不韦一下一下用拳头砸打着自己的大腿。

"东主,你不要这样糟蹋自己了,若是有气,就朝我撒吧,何苦这样呢。你的身子骨,禁不起这样折腾了。"荆云实在忍不下去了,规劝道。

"他不是让我去洛阳吗?我就不去,看他能怎么样?有骨气,让他杀了我!"

"可不敢这么赌气。那秦王的脾气,你又不是不知道,从小就是拧着来的性子,他小的时候不敢顶撞你,可他拿起刀剑来,对付那些动物的血腥,你又不是没见过。"荆云战战兢兢地说。

"照你的意思，是要我去求他，跪下求他，饶恕我，是不是？"吕不韦问。

"让咱去洛阳，咱去就是了，何必跟他在这里怄气。"

"荆云，若是别的人当了秦王，这么对待我，我心甘情愿。可你说说，嬴政，这个我一手调教出来的孩子，咋会变得冷血？他的路是怎么走的？他这样，我算明白了，谁也不怨恨，就该怨恨我自己，这是我一手调教出来的徒弟，如今他要对付自己的师傅，要用我的办法对付我，你说说，我是不是活该受着。"吕不韦的眼圈红了，眼神有些呆滞。

荆云长叹一声："这人都是会变的，怎么能怨你呢。是他不懂感恩，你不要自责了。"

一阵冷风吹进来，门子被吹得啪啪作响，来回晃荡。紧接着，一道耀眼的闪电照彻了房间，"咔嚓咔嚓"连声响雷。从窗户看去，乌云漫天翻滚，屋子里一时间几乎看不到人。两人来到门前，见榆树在风中疯狂地扭动着枝条，带着风吹过的哨音，一声声响起。

吕不韦倏地兴奋起来："荆云，套车！他不是要看我的惨相吗？我就惨给他看，我们这就往洛阳去！"

荆云为难地说："眼看就要下雨了，这雨可不是小雨，等雨停了再……"他忽然看到吕不韦瞪着血红的眼珠子，正死死地盯着他。

"怎么？连你也使唤不动了？"吕不韦咬着牙说。

"我实在不能听！"荆云一动不动地说。

"那好，我自己套车去！"

刚走出屋子两步，大雨瓢泼而下……

三、心中忌惮

按照吕不韦的要求，大大小小的二十多辆车，步行的四五十人，全部被雨淋着就上路了。

沿途虽然人不多，可那些躲在屋子里看到的，不免唏嘘，当年风云一时、显赫无比的大秦相国，竟然落到这步田地。一家人虽然并无哭泣的，可队伍里不乏年老体弱者和刚刚走路的稚童。队伍走得很慢，在暴雨中穿行，似乎要去赶赴一场不得不去的约会。

这约会，是吕不韦和嬴政的心灵较量。

荆云是最受罪的人。他既不能违背吕不韦的指令，又不得不来回招呼家老，照顾好队伍里的每个人。有人跌倒了，黄泥汤沾满一身，站起来像个落汤鸡；有女人受不了这冷雨浇头，头上顶着湿漉漉的包裹；三个老家人互相搀扶着，一个人在前面牵着辀车的车架，生怕脚下滑倒；两个六七岁的孩子，倒是十分欢喜的样子，在雨中热闹地穿梭嬉戏；还有那些绑在车上的猪、羊、鸡鸭，吱吱哇哇地乱叫唤着……

荆云说："东主，这样下去不行啊，非淋出病来不可，要不叫大家找个地方避避雨吧。"

吕不韦说："躲什么，哪有这么娇贵。我吕府上的人，怕过什么，这点小雨浇不死人。"

荆云在车辕上扭回头劝道："这样大规模行动，秦王一定会知道的。他是让我们到洛阳去，又不是流放，东主何必这样做。"

"这样才能满足王上，只管走就是了。"

荆云见劝说无效，只好再次交代老管家，一定负责好众人的安全，待走到合适的地方再想办法过夜。

走着走着，天气渐渐转晴。这酷热的天气，只要一晴朗，太阳就毒辣地炙烤，大地上升腾起一股股湿热的气息，头顶上顶着个火球，一行人就像在蒸笼里，个个汗流浃背，不停地用衣服擦拭着汗水。

这种情形当然瞒不过嬴政派出的密探。当他得知吕不韦带着一家人这么凄惨地离开咸阳时，心底竟然泛起一丝恼怒：我给你留了面子，你却故意与我作对！

吕不韦这一次不是不明白嬴政的意思，他就是要故意对着干，要保留最后的尊严！

十多天后终于来到洛阳。走进府中，两个儿子见父亲如此惨状，心中悲苦，落下泪来。

吕不韦劝他们："不必悲伤，这点苦，我还是受得了的。"

吕亮说："如今，父亲既然已经不做相国了，就闲下心来享受天伦之乐。其他事，有我和弟弟忙碌。"

吕不韦听了颇为欣慰："好啊，有你们哥俩撑起这个家，我还有什么不放心的。"不知不觉就问起生意上的事情，吕亮对答如流，吕不韦连连赞叹："这生意上的事，我绝不插手，你们各自还照以前的样子来。"

"我还想着父亲能多教我们点商业诀窍呢。"吕亮诚恳地说。

"那是以前，现在父亲哪有这闲心。"吕臻摇着手，不断劝阻。

第十二章 魂归故都

"你小子，是怕我来了，你不得自由吧？"吕不韦一下看透了吕臻的心思。

吕臻哈哈一笑："父亲既然看透了，又何必费这心思呢。我们做我们的生意，你只管享福就行。"

"照你说，我倒成了闲老汉了。"

"孙子的教育是大问题，由你教育，我们才放心。"吕亮说道。

"这话说到点子上了，我还真乐意管这个。"吕不韦说。

荆云说："你俩小子，光顾着说话，也不看看，我们身上又脏又臭，走了一天，还饿着肚子呢。"

吕臻忙说："对了，父亲快去洗个澡，换换衣服。"

吕亮说："我这就让厨房安排大餐。"

人是回来了，可心还在咸阳。吕不韦整天里，除了陪着孙儿们时会露出笑容，一个人独处时，总还是闷闷不乐。荆云把这一切都看在眼里，可劝说了几次，一点不奏效，也发愁用什么办法才能让吕不韦开心。

这天，荆云提来一个鸟笼，笼子里一只五彩斑斓的鸟儿上下蹦跳。荆云说："这鸟儿能学人说话，给你解解闷。"

吕不韦看着鸟儿，鸟儿也歪头看着他。相对对视了一会儿，吕不韦不声不响地突然开了门，谁知鸟儿竟然不飞，就在笼子里蹦跳。

"拿走拿走，你看看，困久了就这样！"吕不韦喟叹一声说。

荆云见状，一把将鸟儿拿出来放在手上，鸟儿"秃噜"一下飞到高高的树枝上。荆云说："没人关它，是它自己关住自己了。"

一句话惊醒吕不韦，他吃惊地盯着荆云，赞叹道："你说得好啊。我们在这里装惨，秦王并不知道啊，何必与他计较呢。"

荆云见吕不韦豁然开朗，笑哈哈地说："我早就说，东主会想开的。"

"这多少天了，真是白白荒废了。"吕不韦招呼道，"荆云，准备笔墨，做咱的正事去！"

荆云闻听，双腿带风，朝着书房走去。

从咸阳来的时候，吕不韦故意不让通知白露，怕她受到牵连。荆云也觉得他考虑的周到，所以就没有告诉白露。就在他走到书房前时，猛然愣住了：白露正站在书房里，静静地立着，远远地看着荆云，面容严肃。荆云见状，当即扭转身就要去告诉吕不韦，却听得白露喊一声："怎么？到了这里，还要躲着我吗？"

这是实在躲不开了，荆云就满面堆笑地走过来，装作惊讶的样子："夫人，你来也不提前说一声，派人去接你。"

"荆云，你现在也学会说谎了？"白露冷冷地说，"走的就那么绝情，连说一句话的时间都没有？"

荆云忙掩饰道："当时，东主正在气头上，没有想到这些，是我疏忽了。"

两人正说着话，吕不韦已经步履匆匆地赶来了，一到门口，瞧见白露正在和荆云说话，他猛然一愣。

"怎么？这才几日不见，不认识了？"白露歪着嘴角，揶揄道。

"你怎么……来时打个招呼啊。"

"你们现在可真是成了一个人，连问候都一模一样。"

荆云连忙圆场，笑出声来："方才我也是这么问的。"

吕不韦拉住白露的手，道歉地说："是我不让告诉你的，怕你担心。"

"偷偷走了，我就不担心了？"

"怎么叫偷偷溜走？我们一路上光明正大，何曾偷做什么事。"

"你还把我当家人吗？"白露挣脱吕不韦的手，生气地问。

"怎么不当家人，就是家里人，才不和你客气。一路上，又是淋雨又是暴晒，本想着来这边安顿好了，再喊你来。"吕不韦说。

白露猛地攥起拳头，就要砸，手抬起来了，意识到荆云在场，就又放下了手，关切地说："知道你心里苦，可有苦应该大家一起吃，不要总是独来独往。"

荆云趁机说："瞧瞧，我就说，凡事得有夫人主持，你偏不听。"

吕不韦叫起冤屈来："荆云，你何时说过这话？"

荆云呵呵一笑，说："夫人来了，我不用发愁了。"不等话说完，主动走了出去，将门关上。

就剩下两个人了，吕不韦示意，两个人就挨着坐下来。

"知道你心里凄苦，憋屈，有啥话，不妨和我吐一吐。"白露看着吕不韦的脸，温情地说。

吕不韦说："真是苦闷了这许多天，整天觉得心里像坠着一块大石头，压得喘不过气来。多年辛苦，最后落得这般下场，叫谁能忍得下这口气！我就是不服，若是做错了什么，哪怕治我点罪，都比这般不冷不热地晾着好……"

白露就这么稳稳地看着他，不言不语。可心里，已经疼得不行。她知道，除了她，这些话，他对谁也不能说，不能说得这么痛快淋漓，无所顾忌。即使对荆云，他也不能这么毫无遮拦地发泄。一个男人，如果没有这样的发泄出

第十二章 魂归故都

口,是会精神崩溃的。这时候,她就像是一把心灵梳子,通过无声的眼神,一下一下,缓缓地,轻轻地,为他梳理心灵上的疙瘩。每疏通一个疙瘩,其实也就是帮自己疏通了疙瘩。知心日久,两个人的心已经联通在一起,任何一个人些微的变化,另一个人都能感知到。

说累了,吕不韦仿佛经历了一场长跑,浑身毛眼里都出了透汗,整个人通畅了,身体心灵再无一丝阻滞。

"我想通了,利用这难得的闲暇,正好把之前《吕览》不满意的地方再重新订正一下,这著书立说,是个良心活,容不得半点掺假。"

"好,你就只管著你的书,其余的事情,你都不要管了。"白露起身给他倒了一杯茶。

吕不韦呷一口:"还是夫人好,热茶润心。"

"就这你还不告诉我!也不知道你是真傻还是装傻!"白露埋怨道。

"在你面前,当个傻子最好。"吕不韦心满意足地说。

从这天起,吕不韦果然专心修改《吕览》,再也不打听朝中的消息了。令人没有想到的是,听说吕不韦到了洛阳,不长时间内,以前的好多门客就都主动来投奔。吕不韦见了,十分高兴,整日里与他们商讨书中的细节,反复推敲字句,斟酌用词,校正其中不完善的观点。

为了搜集书中的素材,吕不韦再次扩大了门客范围,大量吸收各国著名的学子。中原各国的学子们听闻消息后,纷纷前来,一时间,洛阳吕府又像往日咸阳吕府那样,热闹起来。

荆云开初看到吕不韦潜心著书,也为他高兴。可渐渐地,随着人员越聚越多,隐隐就开始感到不安,抽时间就劝吕不韦:"咱不能太热闹了,若是被秦王的人听到了,又该无事生非。"

吕不韦说:"我又不参与国事,荆云莫要担心。"

"整日里这乱哄哄的场面,我是生怕东主遭人陷害。"

吕不韦宽慰他:"你也不要小瞧了大王,他会分辨清楚的,只要我不参与国事,就相安无事。"

荆云的担心并没有显现出来端倪,可过了两天,却发生了一件奇怪的事。家老进来禀报,声称魏国使者求见。

这可不是小事,荆云急忙来叫吕不韦,征求意见。

荆云担心地说:"东主,这时候,魏国使者来见,恐怕不是什么好消息。"

吕不韦却宽厚地说:"莫要风声鹤唳,或许人家只是来交朋友呢。"

"现在秦王已经对我们生疑，最好还是不见为好。"

吕不韦说："见是必须要见见的，若是国事，咱不参与就好，倘若是其他的事，不见岂不叫魏国人笑话我。"

听他如此坚持，荆云只好领着魏国使者见面。

魏国使者一见面，便鼓动如簧之舌，极力歌颂吕不韦的功绩和才能，一副摇头摆尾的巴结相。

吕不韦本不爱听这类赞美的话，可此刻却饶有兴趣地听着，还面带微笑连连摇头以示谦虚。

唱的赞歌差不多了，魏国使者觉得火候已到，就说："论吕公之才能，待在这洛阳城里，不得施展，委屈先生了。我大魏国魏王，诚意邀请吕公入魏，担任相国，一同振兴吾国。"

吕不韦听罢，面带笑容地拒绝："我本乡野村夫，为商尚显能力不够，为相更是心力不足，回去禀告魏王，深谢好意，确实难当重任。"

"吕相莫要推辞，魏王是真心相邀，哪怕不同意，请吕相到魏国看看，和我王互诉衷肠，也是一段佳话。"

吕不韦连连挥手："老朽矣，请魏王另寻高明。"

魏国吃了闭门羹，使者刚走没几天，陆续的，他国的使者带着礼物，发出同样的邀请，要请吕不韦到他们国家任丞相。荆云整天愁容满面，觉得这样太危险了。

"再来使者，咱不能接待了。"荆云担心地说。

"怕什么，咱每一家都回绝了，相信秦王总会知道实情的。"吕不韦反而劝说荆云不要过于害怕。

"我觉得，还是忍一忍为好。平日里你不是老教育我们，做事要学会忍，怎么现在你竟好像看不透了。"荆云终究还是说出了重话，希望"震醒"吕不韦。

"我是故意的，你没看出来？"吕不韦反问一句。

这一下可让荆云糊涂了，在这里开门迎客，俨然就是在洛阳的又一个"相国府"，这怎么倒成了故意为之？荆云挠着头皮问："这叫谁看都是在对抗，怎么东主说是故意？"

吕不韦弯曲手掌，手心朝着自己，示意荆云靠近些，意味深长地说："我不能忍。"

越说越糊涂，荆云皱着眉头说："你直接说吧，我是实在看不懂，你越说我越糊涂。"

"我是怎么样的一个人？"

荆云抬头想一想，说："做事有分寸，心中有大志！"

"性格呢？肯服输吗？"

荆云脱口而出："当然不肯服输，哪一件事你不是做得有始有终。"

吕不韦神秘一笑："这就对了。若是我一个人也不接待，全部拒之门外，秦王听到了，一定会觉得我'另有阴谋'！"

"哦！原来是这样！"荆云拍着脑门，恍然大悟，"你是要故意这样做，让秦王知道你'不去他国'！"

"对啊。你真的以为我们来到洛阳就安全了，如果他放心不下，你做任何事都是错的。既然错，何不错个'明明白白'呢。"

荆云竖起大拇指："东主这一招，确实高！可是，万一……秦王看不懂呢？"

吕不韦慈祥地一笑："他会吗？"

从这天起，荆云明白了吕不韦的心思，是故意这样释放出消息：他没有野心，要专心修改著述。

荆云明白，吕不韦其实是通过这种透明的方式示弱，这已经是最后的底线了。他是不敢隐忍！若是隐忍不见任何人，嬴政反而更加怀疑，怕吕不韦城府太深，琢磨不透。

互为对手的人，怕的是对方隐藏实力。对方隐藏实力还不是最怕的，明知道对方有实力却不还手才是最可怕的。

嬴政和吕不韦就这样博弈，吕不韦通过故意的"明白做事"，就是要嬴政放松警惕，不再揪着自己不放。

这是一种精神的较量，意在较量双方心胸大小。

这天，吕不韦用过晚餐后，躲开众多的食客，单独来到西边的院子里乘凉。此时，西边的天幕挂着红彤彤的彩霞，一片片被染红的云朵宛如大块儿的织锦，金光从云朵里钻出来，四散开去……

"好一副壮阔的飞霞图！"吕不韦不禁激情地赞叹道。

他正在感慨，不想听的身后一句喊："也不怕鸡毛塞到嗓子里，瞧你嚷嚷的这股劲儿！"

吕不韦刚要发怒，定睛一看，当即喜上眉梢："呀呀，这可真是大喜事，快来快来，坐。"

"你站着在这里喝风，是吃饱了撑得慌，我们可还没吃一口酒呢。"毛公叫嚷道。

吕不韦对着薛公问："两位什么时间到的？我这就准备饭菜去。"

"怎么，你这吕府里的人都跑光了，要你准备？"毛公叫着说。

吕不韦听他这么一说，知道他是故意要自己回到以往的状态，摆架子，以表示并未受挫，心里发酸，走过来，一把拉住毛公的手，说："谁敢欺我，来人，上酒菜。"

荆云在远处喊道："早就准备好了，只是毛公非要先见你。"

吕不韦说："到底是亲兄弟，先诉衷肠后饮酒。"

"快别这么扯淡了，是你家人抠唆得要命，不见你发话不给吃肉。"毛公还不停不休地调侃。

多年老友来访，让吕不韦的情绪一下回到了邯郸得意时，高兴地一挥手："走，吃酒去！"

薛公这时走过来关切地问："瞧你这状态，还不错呢。"

吕不韦知道他们是关心他心情不好，顿时觉得心窝里暖融融的，说："就等二位来，要不然，早就气死了。"

三个人来到大厅内，侍者早已摆放好熟牛肉、手撕羊肉、炖荪菜、葱丝笋尖等菜肴，吕不韦招呼大家坐下，谦虚地说："比不得薛公手酿，只好委屈二位了。"

毛公说："看看我说的准不准，这吕不韦现在是越来越小气了，定不肯给我们喝他的好酒。"

薛公却打圆场道："吕公素来待人宽厚，哪有你说得这么刻薄。吃吧，一路颠簸，我看你还是不饿。"

毛公说："罢罢罢，就你会做人，我就胡乱填饱肚子再说。"

三人边吃边聊，说起在邯郸的旧日时光，个个兴奋不已，尤其说到第一次在城外被薛公设店欺骗时的情景，更是乐不可支。

"嗨，要是那赵十八还在，也不错呢。你说说，这孩子，咋就迷了心窍呢。"薛公惋惜地说。

毛公"哐"地吐出半截软骨头，说："我早看他难受，哪一次不是正赢钱的时候他进来捣乱。"

"人各有命，这或许就是他的归宿。"吕不韦说。

薛公轻轻敲打着案子角，很有节拍地说："总有些人，目光所限，也怨不得他。毕竟,小人物也操不了那么多的心。"

"先生从来没有怨恨过他,还一直替他惋惜呢。"荆云趁机说。

"叫我说,你早该听我的话,不来这苦秦。"毛公毫不掩饰地说。

薛公忙阻拦:"今夜刚来,你又吃醉了。"

"就你爱当老好人。我哪里醉了,再来三罐,老子也不会喝高。我还是要说,我早就看出这暴秦不是人待的地方,结果你吕兄非不听,怎么样?吃亏了吧。"

薛公听他越说越难听,就说:"今夜累了,来日再叙。"

吕不韦却说:"不怕,毛公说说心里话,他舒畅我也自在。"

"听听,人家心里清楚得很,你还非要在这里装好人。"毛公说。

"不过,我倒没觉得秦国有什么错。招揽人才,你说说,现在中原哪个国家舍得像秦国这样,条件优越,实心厚待。你再说说,哪一国肯耗尽半国之力为民修水渠?这是暴秦吗?我不觉得。"吕不韦侃侃而谈。

"你听听这嘴,有多硬。"毛公指着吕不韦对着薛公说,"我来时怎么说的,咱们来也白来,你非不信,这个人已经疯魔了,什么话都听不进去。"

薛公说:"吕公,真不行,就随我们到赵国去,至少图个安然,不必受这浑小子的窝囊气。"

吕不韦说:"君臣之间,自古难免有分歧。秦王虽一时糊涂,终有醒悟那一天。"

"现在的嬴政,性格暴戾,刚愎自用,听说连兄弟都不放过,这样的人怎么能当王呢?秦国在他手里,迟早要暴发反抗的。"毛公说。

"要战争,就要有流血。一个没有主见的君主,未必就是明君。韩王糊涂,魏王自大,赵王猜忌,燕王不自知,这些就是明君吗?"吕不韦反问道。

"今夜不再说这些,既然来了,就多给吕兄耗费些,让他心疼。"薛公转移了话题。

三个人就只管议论些别后思念之情,吃着喝着,已经过了后半夜。

自从毛公和薛公来后,吕不韦也放下手里的著述,只管陪着他俩到洛阳王城附近观看周天子遗留下来的古迹,购买遗留在民间的天子使用过的器物,整天忙得不亦乐乎。

这天来到城西的山边,骑马走在路上,忽听得头顶苍鹰呼啸,薛公忍不住慨叹道:"还是仲连兄懂吕兄啊,他是看透了你。"

这一说,吕不韦急不可耐地问:"鲁兄如何评价我?"

"他说你是，"毛公学着鲁仲连的样子，摸一摸下巴上胡须，严肃地板着面孔说，"打了一辈子鹰，竟然不懂鹰的习性。"

"他是说，我看不透我王？"吕不韦问。

"你瞧瞧，他是执迷不悟啊，怪不得鲁仲连这夫子不肯来白费口舌。"毛公对着薛公说道。

薛公认真地劝说道："随我们走，咱一块儿隐居山林，过自在日子去，不管这乱糟糟的战国。"

吕不韦摇一摇头，说："我不是那样的人，做事要做的透亮。悄悄躲起来，算什么英雄！"

"那嬴政小子，阴毒的很！"毛公说，"在邯郸的六年时间里，我看着他长起来的，你不要不信。"

"我何尝不知道。他的确是有性格的，但还不至于像你说的，要阴招。"吕不韦说。

"兄弟一场，我们这也算仁至义尽了。毛兄，不要再强人所难了，吕兄既然这么说，一定有他的道理。"薛公说。

"他有什么道理？他是被蒙蔽了双眼，祸事就在眼前，偏偏还不信，气得我都不想搭理。"毛公赌气地说。

吕不韦拱手作揖："多谢二位直言相告，吕某此生不忘这恩情。"

三人自此后，就只管各取所需，忙碌起自己的事情来。吕不韦一心修订《吕览》，薛公开了个酒坊，潜心酿制美酒，毛公则钻进赌场里，好几天不见人影。

时间凝固了，三人重新回到了在邯郸的那段时光。

但很快，这种幸福时光就被打破了。

这天傍晚，吕不韦正陪着薛公在商议改良秦酒入口比较辣的问题，荆云哭喊着就跑进来了。

荆云这么失魂落魄，吕不韦还是第一次见，忙站起身问："怎么了？"

这时，跟在荆云背后的两个商铺的年轻伙计，满身尽是血污，其中一个胳膊上带着伤，两人异口同声地哭着说："东主，少公子……"

吕不韦闻听，急促地追问："不要哭，怎么了，说。"

荆云"哇"的一声哭出来，说："两个公子……都遇害了。"

吕不韦听罢，愣了片刻，忽然身子一歪，就要倒下来。荆云和薛公急忙扶住他坐下，又掐人中又弯手指，忙活了好一阵子，吕不韦才"啊"的一声，缓过劲儿，他颤抖着双手，问："谁做的？怎么就一块儿……"

年轻的伙计这时不再哭喊，眼泪忍不住地流，这才详细说起事情的来龙去脉。原来，两个公子带着二十几个商铺的伙计，从阳翟贩回来几车瓷器，走到洛阳南郊外，已经是下午时分。虽然长途跋涉很累，可为了给大家鼓劲儿，吕亮就说："大家再努力一把，晚上赶到家中吃酒，这一趟大家这么辛苦，好好叫厨房准备点酒菜犒劳一下。"众人听后就急催马儿，车队很快就走进山路。因为临近洛阳王城，车队又打出了吕家商铺的旗幡，大家对走山路就放松了警惕。

眼看来到山道中间，突然从山上窜下来二十几个黑衣黑裤的人，直奔车队。车队主事的吕亮就吩咐吕臻和伙计看住货物，他站到车队前面，大声吆喝一句："各位，我是吕家商铺做主的，你们要财物，只管开口，莫要伤了我们的人。"

本以为这样亮明身份，对方会有所顾忌，不想，为首的两个黑衣人，低沉地喊一句："要的就是你的命。"还未等吕亮明白过来，两人齐出手，吕亮自然招架不住，一条右胳膊顿时被砍了下来，鲜血一下喷溅出很远，两个黑衣人朝后面一声招呼，顿时，后面所有的黑衣人飞一般就朝车队包抄过来。吕臻一见兄长被砍断胳膊，大喊一声："兄弟们，和贼人死拼，保护大哥。"他的话音刚落，黑衣人却张弓搭箭，呼呼的箭矢密集地朝着守护车队的伙计们射来。

这帮黑衣人，一看就是训练有素的军人，箭无虚发。伙计们几乎都中了箭，大家这就慌乱起来。吕臻一看，豁出命来，眼里喷火，狂叫道："弟兄们，围成圈，血战到底。"他这一喊，伙计们也缓过神来，所有人围成一个圆圈，那些黑衣人虽然骁勇，但十几个人将伙计围住，一时也斗不过这些拼命的人。

这时，两位领头的黑衣人同时向吕亮进攻，吕亮已经断了一臂，强忍疼痛挥剑还击，怎奈重伤在身，不敌对方，被刺中身亡，其中一人将吕亮的头颅砍了下来。这个人提着吕亮血淋淋的头，猛地跳到车上，大声叫："都放下剑，饶你们不死，你们领头的已经死了！"

吕臻一看亲哥哥的头被砍下，气得"哇哇"大叫，蓦地冲出圈子，扑奔这两个黑衣人。没跑出几步，就被十几个黑衣人同时用剑刺穿身体，"扑通"一声栽倒在地，连呼叫都没有发出一声。

众伙计见东主已死，这时也毫无取胜的可能，惊恐之下，紧紧地缩成一团，那些黑衣人跑过来，手脚利落地砍死几个，留下两个身负重伤的人，对他们说："回去给你家主人报信，就说我等并非盗匪。"说完话，点亮火把，将十几车货物全部烧个精光。

"东主，你要给公子报仇啊。"伙计连连捶打自己的胸部，"他们死得太惨了。"

薛公见吕不韦嘴唇发紫，双手抖动，知他已是气愤伤心到极点，就替他做主："荆云，快派人去，将两个公子和伙计们的尸体找回来，厚葬。"

荆云眼含热泪地说："已经派人去了，薛公莫担心。"

吕不韦双目一闭，扑簌簌落下泪来："荆云，动用全部力量，查一查，是谁对我吕家下此毒手。"

荆云答："我一定亲手宰了这帮刽子手。"说完，领着两个伙计往东院走去。薛公搀扶着身体发软的吕不韦，跟跟跄跄地朝书房走去。

安置吕不韦瘫坐在软榻上，薛公冷静地说："这事只怕是个信号。"

吕不韦双手扶住欲裂的头，问："你是说，真不是盗匪？"

薛公说："你想，如果是盗匪，无非是图钱财，他们既然烧光财物，证明就是要公子俩的性命的。"

"我吕不韦与他人无冤无仇，为何要遭此灾难。"

"这是要斩尽杀绝啊。"薛公拍了拍书架子，"两位公子都姓吕，对谁威胁最大？"

"你是说……嬴政？"吕不韦反复摇头，"不会的，他不会这么狠毒无情的。两个孩子又对他没任何威胁！"

"可你有啊！"薛公说。

"我，我……"吕不韦猛然站起身来，攥紧拳头挥舞了几下，"我做什么了？我已经成了躲在角落里的老鼠了，还要我怎么样！不会的，他不会的……"吕不韦有一句潜藏在心底的话没有说出来——我毕竟是嬴政的父亲！他不会如此歹毒的。

可薛公却慢悠悠地说："成蟜是谁？下场如何？为王者，最是薄情。"

吕不韦痴呆地望着薛公，质问："你说，真的会是他吗？难道王室就真的没有一点人味了？"

薛公这才轻轻地点点头："你当真不知道王室残酷吗？"

问完这句，薛公过来拉着吕不韦，两个人稳稳地坐下。薛公给吕不韦倒了一杯茶，说："早做打算吧。"

吕不韦喝了一口茶，说："或许，是他国趁机利用，戕害了我儿！"

薛公见他执迷不悟，就顺着他说："即便是别国，利用的也是你！早劝你做打算，你总是不听。"

吕不韦还是只管摇头:"我害死了孩儿,还有什么脸面活在世上。这是要断我吕家的后啊。"

这一说,薛公当即醒悟似的叫道:"快来人,叫荆云来。"

侍者应答一声,飞跑着去喊荆云。

不长时间,荆云喘着粗气跑进来。薛公吩咐道:"速速将吕公的孙辈秘密转移到赵国。"

"好,我亲自去办。"荆云意识到问题的严重性。

"不,你一定不能亲自去送,你一出现,就会害了孩子们。"薛公说。

荆云再次紧张起来,小声地问:"真到了这一步?"

"不得不防,一定要给吕家留下后代!"薛公说。

荆云道:"今夜三更天,我多派几拨人,总要躲过贼人的眼。"

薛公赞许地点点,又叮嘱:"这帮黑衣人的底细,不要去查了,越查对我们越不利。"

荆云咬牙切齿地说:"这太便宜他们了。"

"杀了他们又怎样?他们不过是替主办事的奴才。"

吕不韦这时插话道:"荆云,全听薛公安排吧,他说的有理。"

"两公子就这么白白送了命?!"荆云气恼地跺跺脚。

"不然呢?你要吕公也……"薛公说。

"那,我们该怎么办?"荆云问。

吕不韦说:"我倒要看看,还有什么灾祸。"

"你呀,非要把命搭进去,才肯服气。我就不明白,一个秦国,有什么好留恋的。"薛公有些生气地说。

吕不韦反问一句:"你是要我像魏齐一样,为活命,做个流浪鬼吗?"

这样一说,薛公知道,依照吕不韦的性格,很难再劝说动他,就端起一杯茶,喝了两口,说:"你也知道,'得时之禾,长稠长穗。'①时机一过可就回不来了。作为朋友,我尽到心了,老兄,保重!"说完,将剩下的茶一饮而尽,对荆云说:"走,我和你一同布置少公子的事去。"

吕不韦虽然痛失了两个儿子,可他坚决待在洛阳,哪儿也不去,等心情慢慢恢复后,又开始专心修改著述,不问其他任何杂事。

---

① 《吕氏春秋·审时》。庄稼播种耕耘及时,就会有收获。比喻做事得其时,就会事半功倍。

白露见他整天沉默寡言,知道他心里苦,有心告诉他,还有一个亲儿子。可深思熟虑后,还是决定不告诉他。因为一旦透露出这个秘密,说不定会带来什么灾难。

　　等了一个多月,毛公和薛公商量着,要回赵国去。薛公是担心吕不韦孙子们的安全。

　　就在刚要准备启程时,吕不韦却再次收到秦王的诏令。诏令里,嬴政斥责吕不韦道:你对秦国有什么功德,竟然号称仲父,食十万户!你还是带家属回到蜀地去吧!

　　吕不韦手拿着诏书,冷冷一笑:"哼!如此铁石心肠!好得很!"

　　薛公说:"这下,不用再抱幻想了吧。不过这样也好,总算让你认清了形势。"

　　吕不韦说:"或许你猜错了,他真要我的命,何必送我去蜀地。两个孩子,可能是别国做的乱。"

　　毛公一脚踢了吕不韦屁股一下:"你简直成了白痴。听听他说的话'你对秦国有什么功德',这还不够明白啊。这不就是赶尽杀绝的口气吗。若不是你吕不韦,恐怕现在中原诸国也不至于个个遭受亡国之危。瞧你做的好事,到头来落这一个下场。"

　　吕不韦拱手行礼:"我对秦国,无怨无悔!"

　　毛公在屋里走两步,连连叫着:"这是疯魔了,无药可救。你又不是秦国人,何必如此死心眼呢。"

　　吕不韦扭过头问一句:"叫你叛逃赵国,你肯吗?"

　　毛公快嘴地回一句:"这能一样吗?"

　　吕不韦问:"为何不一样?"

　　毛公说:"赵国多仁义,秦国多暴虐。非要我说这么清楚吗?"

　　"既仁义,为何守不住邯郸?为何连国家都难以保住危亡。"吕不韦追问一句。

　　"死疯子,我不同你计较。"毛公说完,一摔门子,走出屋去。

　　薛公见状,说:"或许,你吕不韦命该如此!"

　　吕不韦正色地说:"人终有一死,如何死,要看形势。想我吕不韦一生,从一个商人走上相国,自信没有做恶事,便是最大的安慰。"

　　"你没有操刀杀人,但你助长了邪恶。"薛公说。

　　"我们身处的位置不一样,或许你永远不会明白我的心。"

"但愿你没错!"

四、无愧离世

等静下来一个人独处时,吕不韦才深深思考毛公薛公说的话,并非没有道理。他们是站在公正的立场上,劝说老朋友。虽然去赵国吕不韦并不赞成,可嬴政露出的忌惮之心,昭然若揭。

名义上说是要吕不韦去蜀地,可谁又能保证,到了蜀地后,他会再发什么诏令。吕不韦感到一种深度的孤独感。他没有想到,从小看着长大的嬴政,现在竟然对他这个昔日的相国戒备之心如此强烈。

尽管自己之前一直告诫嬴政,政治无对错,可当事实真的降临自己头上时,吕不韦才感到,嬴政这个徒弟,的的确确掌握了精髓。他不是仅仅悟透了这个道理,心肠也跟着硬了起来。这作为王者,的确是无可厚非。可是,亲情呢?师徒情呢?难道,追求王者权势就一定要做一个冷酷无情的人?这并不是吕不韦教授他的本意啊。

但现在无论怎么说,事实已经到了这一步,留给自己的路已经没有多长了。

沉默了半天,吕不韦忽然想到了一个人——卫鞅!

自己和他真是极其的相似。都是卫国人,都曾是秦国炙手可热的人物,左右了朝政,做出了巨大贡献,可卫鞅呢?最后被秦国老族围攻,新秦王一上任,就把卫鞅车裂了。

吕不韦不知不觉就像看到卫鞅坐在对面,两个人互相目视,谁也不肯开口。

吕不韦长吁一口气,率先打破了僵局:"你后悔吗?商君?"

卫鞅淡淡一笑:"大丈夫做事,岂会懊悔!"

吕不韦说:"可你想过自己的下场吗?一心为秦国,呕心沥血,付出全部的精力,到最后却被当成罪人,用自己的法治自己的罪,我就不信你一点都不后悔。"

卫鞅惨然地摆摆手,说:"你后悔吗?"

吕不韦稍一愣怔,当即说:"我不后悔。付出了,也得到了,现在想想,没有什么缺憾了。"

卫鞅狡黠地一笑:"当真就不遗憾?若是现在依旧让你为相国,君臣联手,岂不正是实现人生抱负最好的时刻。全力以赴,将相和谐,举国百姓戮力同心，何愁不能完成一统大业。"

吕不韦被卫鞅说得眼睛热辣，含着几滴泪花，慷慨地说："那将是多美好的事情啊。要是整个中国一统了，就能变成一个强大的国家，统一设立郡县，统一制定制度，百姓们从此摆脱战争之祸，安居乐业，人人都能吃上饭，这该是多么幸福的事情啊。可惜呀……"

"可惜现在这一切都与你无关了。成了嬴政、昌平君、蒙恬、李斯这些年轻人的事情了，秦国的事情，与你吕不韦无关了！"

"我不服啊！你听听秦王给我的诏令，无缘无故就来个'文信侯就国河南'，这算哪门子道理。是我有什么罪过？还是我威胁了朝政？多多少少，你总得给个理由吗？"

卫鞅说："什么是理由？我当年执行严格的秦律，调整税收，管理军爵，你说说哪一项不是为了秦国发展，可最后呢？还不是因为妨碍了老王族们的特权，侵害了他们的利益，他们当然要和我拼个你死我活。对王者来说，是不需要理由的。理由是给不掌权的人说的美丽谎话，真正强权的人，哪个肯讲理？"

吕不韦慢慢饮下一爵酒，蒙眬着双眼，指着"卫鞅"，颇为理解地说："看看，我说你心里有气吧，你还不承认。孝公若是还在，你的地位会动摇吗？"

卫鞅快嘴地回敬道："若是庄襄王还在，你的相国谁敢动？"

吕不韦仰天大笑："说的好！你我同病！来，商君，满饮此爵！"

卫鞅又问："你想好了吗？"

吕不韦说："想好了。"

"真想好了？"

"真想好了！"

卫鞅却喟叹一声，说："我当年本可以走的，但是，往哪里走？想我卫鞅，自从来到秦国，结识了秦孝公，君臣相知，天下少有。那种绝对的信任，胜过我的父母。我毕生的抱负都得以展现，可以说，我的价值就在秦国，离开了秦国，即便给我再大的官职，又有什么意义呢？难道，要我觍着脸去曾经的敌国就职，为了活命，苟且偷生？这不是卫鞅，这还是顶天立地的卫鞅吗？我老卫人，不做这样的逃兵！所以，我不走，我就要留下来，用性命和那帮老族们斗争，我要用鲜血来染红土地，让秦国将我的律法、制度永远延续下去！他们谁敢拿性命和我赌？我就是认定了这一点，才宁愿主动牺牲的！吕相国，你真的肯学我吗？肯像我一样，把性命贡献给大秦吗？"

"我愿意!"吕不韦"啪啪"拍着胸脯,语气激昂地说,"我老吕为什么不肯?又为什么不敢?不就一条命嘛,只要我献出了性命,能换来秦王的觉悟,那是绝对值得的。"

卫鞅突然眼睛死死盯住吕不韦,逼问道:"你知道,你为何而亡?为谁而亡吗?"

吕不韦说:"这我当然知道,心里清楚得很。如若我一直在,华阳太后、昌平君、秦国老族们就不放心,他们最怕你我这样心中只存公心、一根筋的人。他们为了自己的利益,肯定会百般刁难大王,制造这样那样的困难,逼迫大王,因为他们害怕咱!尤其最怕大王也像当年庄襄王信任我、孝公信任你一样,那样的话,他们的私心就不可能达成。你说不是吗?当年,你还不是用自己的性命,给新王一个台阶下。用你的鲜血,换来人民对这些腐朽的老王族的仇视,最终帮助王上树立了权威吗?"

卫鞅说:"吕公说的透彻啊,也算我没有白死,多年以后,有你这么一个知音,我也知足了。"

吕不韦说:"我也打算和你一样,用自己的性命来给新王立威!让天下人感受到他的王者威严不容有半点侵犯。叫大家知道,即便像吕不韦这样的'国之功勋',新秦王也是可以随时控制的,这样,有谁还敢挑战他的权威!"

卫鞅举起酒爵,豪爽地说:"来,再饮一爵,我佩服你这个老卫人!"

吕不韦却将酒爵举在空中,羞愧地说:"尽管我还保留了卫国的昏君,使国无绝祀,可,对不起你啊,商君,到底卫国还是没有保住啊。"

卫鞅说:"这也怨不得你。一代不如一代的卫君,真是命该如此。有时候想想他们,真是恨不得早日铲除这个毒瘤。可惜当年我没有这个勇气。"

吕不韦说:"我又何尝不痛恨他们。这些蛀虫,只会喝百姓的血,只知道自己享乐,从来就缺少血性。你说,这战国时代,凡有血性,皆有争心。他们这些卫国老贵族,咋就不会像秦人老贵族一样,有那铮铮铁骨,有那勃勃雄心!"

卫鞅长叹一声:"终究,这都是命数啊。卫国有君如此,你我再有争心,也挽救不了他们这帮软骨头。"

吕不韦忽然想起一个人,说:"不过,咱卫国从来不缺少血性英雄啊。我身边就有个,司空马,当初我们一遇到,就相知相惜,位卑不敢忘国,一直和你我一样,总想着振兴老卫国呢。"

卫鞅却毫不客气地回绝:"谁也办不到,大周朝都灭了!对了,这不还是你吕不韦的功劳嘛。"

吕不韦客气地摆手："有些事，气数到了，自然而然就办到了。要说，周天子可是天下共主，可他们不争气，也像卫君一样，盲目自大地活在虚幻中，灭亡是迟早的事情。"

卫鞅好像累了："我要走了，你好自为之吧。"

吕不韦无限留恋，但却无法挽留，只好颓然地说："走吧，走了心清净。不久，我也找你去。"

……

就这么昏沉沉地睡在书房里，吕不韦爬在案子上，两肘已经压得麻木。黎明时分，吕不韦渐渐醒来，起身走到窗边，看着渐渐露出通红的霞光，将东方照得如着火了一般明亮，他伸了伸懒腰，双手归拢一下杂乱的头发，思想者该从哪件事做起。可此刻脑子里一片空白，双目茫然地望着院子里的树，又抬头看着蓝蓝的天，心里盘算着，要在走之前，把几件事处理妥当。

他抱定了必死的决心。

可是，走出屋子，听到东院里忙碌的人声，不禁悲从中来。这些人跟着我这么多年，如今，还心存幻想，准备着要追随我到蜀地去。这样的想法，固然不错。毕竟，活在这世上虽然艰难，但能够活着，到底还是一件美好的事情。

我吕不韦不能当反臣，我可以撒手而去，我不能给吕家祖上抹黑，可这些人呢？我该如何给他们一个交待？这是必须要解决的现实问题。

首先就是白露，她如果知道了自己的抉择，会怎么办？若是她也糊涂地追随自己而去，那可真是苦了她。这么多年，为了帮助自己，她可以牺牲一切，也可以不要任何名分，在这生命的最后关头，我该如何把她安置好呢？

在院子里慢慢踱步，吕不韦猛然抬头间，见荆云站在面前，就轻声地说："你让大家都散了吧。"

荆云不紧不慢地说："我说了好几遍了，大家都不走，非要随着你去蜀地。"

吕不韦颇为感动，可还是说："蜀地不比这里，瘴气多，蚊虫多，路又难走，一般人都吃不了这个苦的，不要连累大家了。"

"要不，你亲自去说服大家吧。"

吕不韦说："既如此，也罢，就随大家吧。"说完，停顿了片刻，又说："荆云，那两个小孙子，就拜托你了。"

"东主怎么这样说，去蜀地，能少得了我？"荆云急迫地问。

"我走后，凡事就都靠你了。白夫人那里，你要多操心，别叫她伤心过度。"吕不韦凄然地说。

荆云感觉到气氛不对,就问:"东主,你不是想什么拙主意吧?"

吕不韦还想隐瞒,就说:"瞧你说的,我能有什么心思,还不是想着蜀地苦寒,怕一路上有个闪失。"

"你莫骗我,瞧瞧你的脸色,黑青黑青的。"荆云关切地说。

"许是昨夜喝酒过度,又没睡好的缘故。"吕不韦掩饰地说。

"秦王是一时糊涂,总有想明白的那一天,东主,你可是大家的主心骨。若是你……"荆云不忍再说下去。

"好,荆云,既然你说到这里了,你进屋来,我跟你说!"吕不韦先快步走进屋里。

荆云紧随其后,走到屋子中央,站着不动。

"荆云,我个人和秦国社稷比起来,孰重孰轻?"吕不韦突然问道。

荆云却说:"在我眼里,君比国重。国是无情的,君是活生生的。"

"你好糊涂。难道不懂,我只有以死报国,才是最好的归宿吗?"

荆云说:"你可以一死,可你想过吗?白露呢?整个家族呢?即便你想用真心唤起嬴政的良心发现,可能吗?"

"我不这样,又能如何?"

"你应该带领我们,就到蜀地去,看秦王怎么说。莫非他真要做个赶尽杀绝、忘恩负义的人。"荆云咬牙切齿地说。

吕不韦摇了摇头,说:"我没有想到,一个人到最后,竟然连死都做不了主。悲哀啊。"

荆云摇着他的肩膀说:"我们不能没有你。只要有你在,就总有翻身的那一天。"

吕不韦愣一愣,说:"你今夜来,我有话和白夫人说。"

荆云想了想,或许现在只有白露能劝说动他,就答应了。

是夜,三人坐在书房里,很久很久,都不说一句话。

还是白露首先发话:"到现在了,也不瞒着你了。在这里还有个秘密宅院,养着一批死士。你说句话……"

吕不韦吃惊地瞪着她和荆云:"你们!要做什么?这不正是那帮人和嬴政希望的吗?"

"可,总不能坐以待毙吧。"白露说。

"我吕不韦,一生磊落,最后若是落个反叛的罪名,岂不是让人耻笑。"

"都这个时候了，还图这些虚名干啥？"司空马一步踏进来，"走，吕公，找个山头，你我还做自由的盗匪去。世道混沌，何必为难自己！"

吕不韦吃惊地问："兄如何这时候来了？"

司空马拍一拍胸脯："兄弟有难不来，还算什么兄弟。"

吕不韦也不纠缠，诧异地看着三人，问："这是你们早商议好的？"

司空马说："我是听到要先生去蜀地才匆匆赶来的。这是连个活命的机会都不给留了，他不仁，你何必还讲义气。"

吕不韦听罢，顿时恢复了往日的精神，果断地说："你们把人都散了，我随你们去蜀地。"

三人都愣住了。怎么也没想到，他竟然如此坚决。可看吕不韦的表情，知道这是他最后的决定，只好遵照他的意思，第二日就将众多家人驱散，只留下少数人，准备好车辆，一同前往蜀地。

临走之前，吕不韦又提出要求："白夫人坚决不能同去，否则我宁愿立刻死！"白露明白他的心思，含泪留在了洛阳。

吕不韦伙同司空马、荆云和二十几个伙计，不紧不慢地朝着蜀地走去……

来到蜀地，尽管已经很少有人来探望了，可周围总能发现不少密探。荆云和司空马对此已经司空见惯，视若不见。他们都在用心地保护着吕不韦，生怕他想不开。

终究，还是在一天夜里，吕不韦留下一片竹简，上面写着：

审近所以知远也，成己所以成人也。①

他静静地瘫倒在案子前，手里还握着酒杯……

荆云看到后，没有哭泣，没有声张，只是把司空马喊来，两人商量了很久。

这天后半夜，等周围所有的人都熟睡后，从吕不韦居住的府邸悄悄赶出来一辆车，前后簇拥着七八个人，朝着东边走去……

这辆车走后不久，又赶出来一辆破旧的车，周围有十多个人，悄无声息地朝着北边的山路走去。

---

① 《吕氏春秋·孝行览·本味》。

第十二章 魂归故都

这是一场无声的接力,也是一场有准备的行动。在窄窄的山路上,人们丢弃了车辆,两个人一组,抬着担架,在山路上盘旋。前面有望风的人,后面有断后的人。一组人累了就换上另外一组人,大家都不言语,专门在黑夜里行走,白天就找个地方躲藏起来。

遇到平坦的道路了,一行人就换上车辆,警惕地保卫着这辆车。车上,躺着的吕不韦被严密地包裹起来,不再受一丝风吹日晒。

车来到偃师吕不韦妻子褚夫人墓地时,正是半夜时分。墓穴早已被挖开,棺椁也已经准备停当。正当要下葬时,天空突然划过一道闪电,接着"咔嚓咔嚓"一阵滚雷,急雨紧接着就从天而降。在场的人没有一个人躲避,全都淋在雨中,有条不紊地将吕不韦稳稳地入殓完毕,埋好坟丘。数百人集体静默祭拜后,便各自消失在黑夜之中。

章台宫偏殿内,当嬴政听到吕不韦尸体被偷走时,先了一阵沉默:这是真的死了?从此,王座旁边再也没有相国指点了!他忽然觉得有些凄凉——毕竟他是我的老师,还是我的……他揉了揉眼睛,甩一甩头,立刻恢复了王者气度,咆哮着说:"谁说我冤枉了他!看看,死而不僵!还有人竟然盗走他的尸体,这不就是早有预谋吗?"

他吼叫了几句,觉得心里的仇恨还是无处发泄,喊道:"来人,下诏!"

诏令里说:凡曾参与吕不韦葬礼者,秦国之外的人,皆逐出秦国;是秦国人,爵位在六百石以上者,处以削爵、流放;爵位在五百石以下且未参与葬礼的吕不韦舍人,不削爵,但要处以流放……

"今后,如有和嫪毐、吕不韦这样对抗朝政者,一律处以族刑,灭门!"嬴政最后一句话说完,举起右臂,狠狠地朝下一甩!吕不韦与他的恩怨,他希望就这么一甩而撇清!

一年后。

邙山北。民间暗传的"吕夫人墓"前。

天天准时来祭祀送饭食的老者,再次摆放好食物,行礼后,就开始说话:"相国,该用餐了!"然后,他一样一样仔细地将酒菜和饭食弄好,自己就开始坐在旁边,恭敬地看着这个无碑无名的坟丘……风吹过,老人的簪子掉了,花白的头发飞舞着,像秋日落尽叶子的枯枝……他喃喃着:"今年,相国就五十六了!老奴也不小了,荆轲也长大了……"

老人走后,在远处伫立的那个女人,牵着一个男孩儿,默默走到坟前,行礼,上祭品……走出很远了,女人回头一望,蒙眬中,似乎吕不韦正焦急地摆着手,催她快走……

2021年7月8日 完稿

参考文献

［1］蔡希芹. 中国称谓词典 [M]. 北京：北京语言学院出版社，1994.
［2］冯梦龙. 东周列国志 [M]. 北京：西苑出版社，2016.
［3］谭其骧. 中国历史地图集（先秦）[M]. 北京：中国地图出版社，1982.
［4］刘向. 战国策 [M]. 济南：山东画报出版社，2012.
［5］闻人军. 考工记 [M]. 上海：上海古籍出版社，2008.
［6］司马贞. 史记索隐 [M]. 北京：中华书局，2014.
［7］林剑鸣. 吕不韦传 [M]. 北京：人民出版社，1995.
［8］吕思勉. 先秦史 [M]. 南京：江苏人民出版社，2014.
［9］李零. 兵以诈立 [M]. 北京：中华书局，2012.
［10］高诱，毕沅. 吕氏春秋 [M]. 长春：吉林文史出版社，2016.
［11］高诱. 吕氏春秋 [M]. 上海：上海古籍出版社，2014.
［12］郭志坤，陈雪贞. 提问吕不韦 [M]. 上海：中西书局，2012.
［13］李开元，秦谜 [M]. 北京：中信出版集团，2017.
［14］上海辞书出版社文学鉴赏辞典编纂中心. 先秦诗鉴赏辞典 [M]. 上海：上海辞书出版社，2016.
［15］吕宗力. 中国历代官制大辞典 [M]. 北京：商务印书馆，2015.
［16］刘叙杰. 中国古代建筑史（先秦卷）[M]. 北京：中国建设工业出版社，2009.
［17］彭卫，杨振红. 中国风俗通史（秦汉卷）[M]. 上海：上海文艺出版社，2002.
［18］王子今，张经. 中国妇女通史（先秦卷）[M]. 杭州：杭州出版社，2010.
［19］郭沫若. 中国史稿地图集 [M]. 北京：中国地图出版社，1990.
［20］杨宽. 战国史 [M]. 上海：上海人民出版社，2016.
［21］钱穆. 先秦诸子系年 [M]. 北京：九州出版社，2011.
［22］杨天宇，周礼译注 [M]. 上海：上海古籍出版社，2016.

［23］张双棣. 吕氏春秋辞典［M］. 北京：商务印书馆，2009.
［24］沈长云. 赵国史稿［M］. 北京：中华书局，2000.
［25］朱本军. 战国诸侯疆域形势图考绘［M］. 北京：北京大学出版社，2019.
［26］杨华，段君峰. 中国财政通史先秦财政史（第一卷）［M］. 长沙：湖南人民出版社，2013.